기호유학 연구

기호유학 연구

황의동 지음

서광사

기호유학 연구

황의동 지음

펴낸이—김신혁, 이숙
펴낸곳—도서출판 서광사
출판등록일—1977. 6. 30.
출판등록번호—제 406-2006-000010호

(413-756) 경기도 파주시 교하읍 문발리 534-1
대표전화 · (031) 955-4331 / 팩시밀리 · (031) 955-4336
E-mail · phil6161@chol.com
http://www.seokwangsa.co.kr
http://www.seokwangsa.kr

제1판 제1쇄 펴낸날 · 2009년 12월 30일

ISBN 978-89-306-4010-7 93150

【이 책을 내면서】

한국유학은 크게 보면 기호유학과 영남유학으로 구별할 수 있다. 특히 16세기 이후 퇴계, 율곡 시대를 거치면서 학연과 지연 그리고 정치적 당파가 얽히면서 양대 학맥은 나름대로 형성되어 왔고, 그 과정에서 학파적 정체성도 보여 주었다. 기호, 영남 양대 학맥은 곧 한국유학사라 해도 지나치지 않는다. 양 학파는 때로 경쟁하고 갈등하면서 발전해 왔고, 뜻있는 유학자들에 의해 양 학파의 절충과 보완이 시도되기도 했다.

필자는 율곡철학에 지속적인 관심을 갖고 연구해 왔고, 또 발표기회를 통해 많은 기호유학자들의 학문과 사상을 접할 수 있었다. 특히 2005년도에는《우계학파 연구》(서광사)를 출간하여, 기호학파가 곧 율곡학파가 아니라 정암 조광조의 도학에 연원을 두고, 우계 성혼을 정점으로 윤황, 윤선거, 윤증으로 이어지는 우계학파의 실재를 학계에 문제 제기한 바 있다. 향후 우리 학계의 뜨거운 논의가 이어지기를 기대한다.

그동안 기호유학에 대한 체계적인 연구 성과가 전혀 없는 것은 아니다. 이병효의《조선전기 기호사림파 연구》(일조각, 1984), 충남대 유학연구소 편《기호학파의 철학사상》(예문서원, 1995), 이상익의《기호성리학논고》(심산, 2005),《기호성리학연구》(한울아카데미, 1998) 등이 있다. 이 가운데 충남대 유학연구소가 펴낸《기호학파의 철학사상》은 기호유학의 형성과 전개에서 기호성리학, 기호예학, 기호양명학, 기호실학, 기호경학의 형성과 전개를 심층적으로 다루었고, 기호유학자들의 철학사상을 비교적 자세하게 소개하고 있다는 점에서 대표적인 연구서로 평가된다.

이러한 기존 연구 성과에 유의하면서, 그동안 필자가 발표한 기호유학 관련 논문들을 다듬고 보완하여 기호유학 연구서로서의 체계를 세워 보았다. 제1부에서는 기호유학과 영남유학의 철학적 특성, 퇴계, 율곡의 철학정신을 비교, 검토하였다. 제2부에서는 기호유학의 중핵적 위치에 있는 율곡사상에 대한 현대적 조명을 시도하였다. 즉 율곡의 경세론, 성리학의 현대적 의미를 새겨보았다. 제3부에서는 각론으로 조선 초 도학 시대 기호유학자들의 학문과 사상, 율곡학파의 학문과 사상, 우계학파의 학문과 사상, 비사승(非師承) 율곡학파인 도암 이재 계열의 학문과 사상을 심층적으로 탐구하였다.

이렇게 볼 때, 기호유학의 종합적 그림에는 미흡하지만, 기호유학의 대체(大體)와 각론(各論)을 이해하고, 또 기호유학이 영남유학과 구별되는 학문적 특성을 이해하는 것이 어느 정도 가능하리라 생각된다. 특히 규암 송인수, 추파 송기수, 입암 민제인, 연재 송병선, 노서 윤선거, 이재 황윤석, 덕천 성기운, 은진 송씨 유학자들, 창령 성씨 유학자들에 대한 검토는 비교적 새로운 인물의 소개라는 점에서 의미가 있다.

지난해 필자는 태어난 지 61년을 맞았다. 이른바 이순(耳順)의 나이를 넘어섰다. 분주하게 살아온 세월이지만 아쉬움과 회한(悔恨)이 남는다. 부족한 글이지만 그래도 엮어야 하겠기에, 감히 이 책을 만들어 유명(幽明)을 달리하신 아버님과 어머님 영전에 올린다. 끝으로 훌륭한 책을 만들어 주신 서광사 김신혁 사장님과 편집부 여러분의 노고에 감사한다.

2009년 12월 10일

태암서재(台巖書齋)에서 황의동

【차례】

제1부

기호유학과 영남유학

제1장
기호유학과 영남유학의 특성

제1절 기호유학과 영남유학의 흐름

1. 기호유학의 흐름

지역적으로 기호는 경기, 충청, 호남을 아우르는 말이다. 기호유학의 연원을 살펴보면, 멀리 백제에까지 소급될 수 있지만, 16세기 조선전기를 중심으로 보면 조광조(趙光祖; 1482~1519), 서경덕(徐敬德; 1489~1546), 이항(李恒; 1499~1576), 김인후(金麟厚; 1510~1560), 기대승(奇大升; 1527~1572), 이이(李珥; 1536~1584), 성혼(成渾; 1535~1598), 송익필(宋翼弼; 1534~1599), 박순(朴淳; 1523~1589) 등이 중심적 인물이다.

16세기는 성리학의 전성기였는데, 이황(李滉; 1501~1570)과 기대승 간의 사단칠정(四端七情)에 관한 논변에 이어 이이와 성혼과의 성리논변이 기호유학과 영남유학을 구분하는 하나의 계기가 되었다. 이 논변은 율곡이 기대승의 설에 동의하고, 퇴계의 설을 본격적으로 비판함으로써 이후 영남유학자들의 반론이 야기되었다. 그리하여 17, 8세기에 이르러서는 영남의 이현일(李玄逸; 1627~1704) 등이 퇴계의 호발설(互發說)을 지지 옹호하면서 율곡학파를 주기파(主氣派) 또는 기학(氣學)으로 호칭하게 되고, 이에 송시열(宋時烈; 1607~1689), 한원진(韓元震; 1682~1751) 등이 자파의 이론을 옹호, 변명하는 과정에서 기호학파의 색채가 드러나기

시작하였다. 이제 기호학맥의 흐름을 간략하게 개관해 보기로 하자.[1]

15세기 도학(道學)의 중심적 인물인 조광조는 서울 출신으로 김굉필(金宏弼; 1454~1504)의 문인인데, 유교적 이상정치를 추구하다 기묘사화(己卯士禍)에 희생되었다. 그의 동료, 문인으로는 기준(奇遵), 한충(韓忠), 김정(金淨), 박상(朴祥), 김구(金絿), 김식(金湜), 안처순(安處順) 등이 있어 기호에 도학의리의 싹을 틔웠다.

서경덕은 개성 출신인데, 독학으로 일가를 이루고 특별히 기(氣)철학을 열었다. 그의 문인으로는 민순(閔純), 박순(朴淳), 허엽(許曄), 박민헌(朴民獻), 이지함(李之菡), 홍인우(洪仁祐), 박지화(朴枝華), 이구(李球), 남언경(南彦經), 서기(徐起), 정개청(鄭介淸) 등이 있었다. 이들은 기를 중시하였고, 적극적인 현실참여보다도 '안빈낙도(安貧樂道)', '은거자수(隱居自守)'의 학풍을 지니면서도 나름대로 우환의식을 갖고 있었다.

그런데 기호학맥에서 가장 큰 줄기는 율곡학파라고 할 수 있다. 이이는 강릉 출신이지만, 친가는 경기도 파주에 자리하고 있었다. 그는 성혼, 송익필과 평생 우의를 돈독히 하면서 기호학파의 중심적 위치에 있었다. 율곡은 기호학파의 조종(祖宗)으로 이황, 이언적(李彦迪; 1491~1553)의 주리론(主理論)과 서경덕의 기철학을 종합하는 위치에 있었다.[2] 그의 문인으로는 김장생(金長生; 1548~1631), 조헌(趙憲; 1544~1592), 정엽(鄭曄), 이귀(李貴), 안민학(安敏學), 박여룡(朴汝龍), 김진강(金振綱) 등이 있었다.

율곡의 적전(嫡傳)인 김장생은 '동방예학(東方禮學)의 종장(宗匠)'으로서 연산을 중심으로 강학하였고, 그의 문하에 많은 제자들을 거느려 율

---

1 황의동, 《율곡학의 선구와 후예》, 예문서원, 1999, 68~77쪽 참조.

2 황의동, 《율곡사상의 체계적 이해 1》, 서광사, 1998, 22쪽.

곡학파의 융성에 크게 기여하였다. 그의 문인으로는 아들 김집(金集; 1574~1656)을 비롯하여 송시열, 송준길(宋浚吉; 1606~1672), 장유(張維; 1587~1638), 이유태(李惟泰; 1607~1684), 조익(趙翼; 1579~1655), 김경여(金慶餘), 이시백(李時白), 신흠(申欽) 등이 있었는데, 이들이 주로 예학 연구에 몰두하여 예학 시대를 여는 데 크게 기여했다.

김장생의 적전인 송시열은 성리학, 의리학, 예학 등에 밝았고, 율곡 성리학의 계승에 주력하였다. 그의 문하에는 권상하(權尙夏; 1641~1721), 김창협(金昌協; 1651~1708), 임영(林泳; 1649~1696), 이희조(李喜朝), 이단하(李端夏), 김만중(金萬重), 박광일(朴光一), 정호(鄭澔) 등이 있었다.

송시열의 적전인 권상하는 충북 제천의 청풍(淸風)에서 강학을 하였는데, 그의 문하에서 인물성동이(人物性同異) 논쟁이 벌어져 조선조 성리학의 심화에 크게 기여하였다. 이 논쟁의 대표적 인물로는 한원진, 이간(李柬; 1677~1727), 이이근(李頤根), 성만징(成晩徵), 최징후(崔徵厚), 현상벽(玄尙璧), 채지홍(蔡之洪), 윤봉구(尹鳳九) 등이 있었다.

또한 김창협의 문하에는 어유봉(魚有鳳), 민우수(閔遇洙) 등이 있었고, 정호의 문하에는 김위재(金偉材)가 있어 이후 김정묵(金正默), 송치규(宋穉圭), 송달수(宋達洙), 송병선(宋秉璿)으로 계승되었다. 그리고 윤봉구의 문하에는 위백규(魏伯珪)가 있었고, 한원진의 문하에는 송능상(宋能相)이 있어 송환기(宋煥箕)로 이어졌다.

또한 율곡과 직접적인 학맥은 닿지 않지만, 율곡을 사숙(私淑)하고 학설에 동조했던 비사승(非師承) 율곡 계열에는 이단상(李端相) 계열과 이재(李縡) 계열이 있다. 이단상(1628~1669)은 이정구(李廷龜)의 손자로 송시열, 송준길과 깊은 학문적 교유를 나누었다. 그의 문하에는 임영, 김창협, 김창흡(金昌翕; 1653~1722) 등이 있었고, 김창협의 문하에는 박필주(朴弼周), 김신겸(金信謙), 어유봉(魚有鳳) 등이 있었다.

또한 이재(1680~1746)의 문하에는 김원행(金元行; 1702~1772), 박성원(朴聖源), 송명흠(宋明欽), 임성주(任聖周; 1711~1788), 임정주(任靖周) 등이 있었고, 김원행의 문하에는 황윤석(黃胤錫; 1729~1791), 홍대용(洪大容; 1731~1783), 박윤원(朴胤源), 오윤상(吳允常) 등이 있었다. 박윤원의 문하에는 홍직필(洪直弼)이 있어 이후 임헌회(任憲晦; 1811~1876), 전우(田愚; 1841~1922)로 이어진다. 또 오윤상의 문하에는 그의 아우 오희상(吳熙常; 1763~1833)이 있었는데, 그의 학맥은 유신환(兪莘煥), 서응순(徐應淳)으로 이어져 내려온다. 이재 계열은 호락(湖洛) 논쟁에서 주로 낙론(洛論) 계열에 속하는데, 여기에서 홍대용으로 시작되는 북학파(北學派) 실학이 나오게 되었다.

또 하나 비사승 율곡 계열은 이항로(李恒老; 1792~1868)의 계열인데, 한말 위정척사(衛正斥邪)에 앞장섰다. 이항로는 주자와 송시열을 매우 존숭하였는데, 그의 문하에는 김평묵(金平默), 유중교(柳重敎), 최익현(崔益鉉), 유인석(柳麟錫) 등이 있었다.

또한 기호유학에 직접적으로 사승(師承)관계는 닿지 않지만, 철학적 영향을 받은 것으로 볼 때, 이른바 '경세치용실학파(經世致用實學派)'의 유형원(柳馨遠; 1622~1673), 이익(李瀷; 1681~1763) 등도 넓게는 율곡학파에 포함될 수 있다.[3] 또 실학의 북학파 계열도 홍대용이 이재, 김원행의 문하에 있어 이후 박지원(朴趾源; 1737~1805), 박제가(朴齊家; 1750~1805)로 연결되며, 실사구시학파(實事求是學派)의 김정희(金正喜; 1786~1856)도 박제가의 문인이다.

---

3 유형원(柳馨遠), 이익(李瀷)을 중심으로 한 근기실학파(近畿實學派)는 성리학적 연원으로 보면 퇴계학파에 속하지만, 실학적 측면이나 실제로 그들이 주로 활동한 공간이 기호라는 면에서 보면 기호유학의 범주에 포함시킬 수 있다.

또한 기호유학의 또 다른 큰 학맥은 '우계학파(牛溪學派)'라고 볼 수 있다. 성혼은 성수침(成守琛; 1493~1564)의 아들로 조광조의 문인이다. 따라서 우계학파는 멀리 여말 정몽주, 길재의 의리학파에 연원하고 있다. 우계의 문하에는 사위인 윤황(尹煌; 1572~1639)을 비롯하여, 조헌, 안방준, 이귀, 정엽, 황신(黃愼), 강항, 이시백, 김덕령, 김상용(金尙容), 이정구(李廷龜), 신흠, 신응구(申應榘), 성문준(成文濬), 최기남(崔起南), 이항복(李恒福), 권극중(權克中), 오윤겸(吳允謙), 변이중(邊以中) 등이 있어 그 문호가 융성하였다. 이에 따라 우계의 학통은 파평(坡平) 윤씨(尹氏)로 이어져 윤황의 아들 윤선거(尹宣擧; 1610~1669), 손자 윤증(尹拯; 1629~1714)으로 이어졌다. 송시열과 윤증의 갈등 이후 노론, 소론으로 분당되고 박세채(朴世采; 1631~1695)를 비롯하여 윤선거의 문인 나량좌(羅良佐), 윤증의 문인 박태보(朴泰輔), 정제두(鄭齊斗; 1649~1736), 한영기(韓永箕), 권이진(權以鎭) 등이 하나의 정파를 이루면서 학파적 결속을 이루게 되었다. 그 밖에 윤증의 장인 권시(權諰; 1604~1672)도 여기에 포함될 수 있다. 이들 우계학파에는 초기 양명학자들이 포함되어 있고, 정제두는 한국 양명학의 대표적인 학자로 그의 문하를 중심으로 이른바 '강화학파(江華學派)'를 형성하였다.

또한 율곡, 우계와 더불어 학문적 우의가 두터웠던 송익필은 예학과 성리학에 정통했는데, 그의 문하에 정홍명(鄭弘溟), 김장생, 김집, 정엽 등이 있었다. 그런데 율곡, 우계, 구봉의 문인들은 스승의 우의에 따라 서로 문하를 드나들었다.

그 밖에도 퇴계와 사단칠정논쟁을 벌여 한국 성리학의 수준을 높이고 율곡 성리학의 선하(先河)가 되었던 기대승과, 주리론(主理論) 성리학을 극대화시켜 이함만수(理涵萬殊)의 독특한 성리학을 제시했던 기정진(奇正鎭) 등도 기호유학의 대표적인 학자들이다.

2. 영남유학의 흐름

영남유학은 여말 정몽주, 길재, 김숙자(金叔滋)로부터 시작되어, 조선 초 성종 때의 대표적인 사림이었던 김종직(金宗直; 1431~1492)에 이르러 본격화되었다고 볼 수 있다. 영남사림의 영수라 일컬어지는 김종직을 비롯하여 김굉필(金宏弼; 1454~1504), 정여창(鄭汝昌; 1450~1504) 등이 중앙정계에 진출하기를 꾀하면서 학파로서의 특징을 드러내기 시작하였다.[4] 또 이언적(李彥迪; 1491~1553)은 그의 외숙 손숙돈(孫叔暾)에게서 배웠는데, 손숙돈은 김종직의 문인이었으므로 이언적도 김종직의 학맥에 연결된다.

그러나 기호유학과 병칭될 때의 영남유학이란 이황과 조식(曺植; 1501~1572)을 중심으로 한 퇴계학파(退溪學派)와 남명학파(南冥學派)가 주류를 이룬다.[5] 그런데 16세기 후반에는 퇴계학파와 남명학파가 영남의 2대학파로 존재하다가, 인조반정을 계기로 남명학파가 남, 서인 양편에 분속되면서 자체의 학파로 존속되지 못하고 17세기 후반부터는 거의 퇴계학파에 통합되다시피 하였으니, 이때부터 영남학파는 바로 퇴계학파를 지칭하게 되었다.[6]

먼저 퇴계학파의 전개양상을 살펴보면 퇴계의 문인으로는 김성일(金誠一; 1538~1593), 유성룡(柳成龍; 1542~1607), 정구(鄭逑; 1543~1620), 조목(趙穆; 1524~1606), 오건(吳健; 1521~1574), 김우옹(金宇顒; 1540~1603), 윤근수(尹根壽; 1537~1616), 이덕홍(李德弘), 권호문(權好文), 구

4 이종태, 〈전기사림파〉, 《조선유학의 학파들》, 예문서원, 1996, 66쪽.

5 한국철학사연구회, 《한국철학사상사》, 한울아카데미, 1997, 190쪽.

6 이수건, 《영남학파의 형성과 전개》, 일조각, 1995 참조.

봉령(具鳳齡) 등이 있다. 이 가운데 김성일 계열이 퇴계학의 전통을 비교적 순정(醇正)하게 지켰다. 퇴계학은 김성일을 통해 장흥효(張興孝; 1564~1633)에게 이어지고, 다시 장흥효의 외손인 이현일(李玄逸; 1627~1704)에게 전승되었다. 이는 다시 이현일의 아들인 이재(李栽; 1657~1730)에게 이어졌다가 이재의 외손 이상정(李象靖; 1710~1781), 이광정(李光靖; 1714~1789) 형제에게로 전해졌다. 율곡에 의해 퇴계의 호발설(互發說)이 비판받게 되자, 이현일, 이재, 이상정, 이광정 등은 율곡의 기발이승일도설(氣發理乘一途說)을 본격적으로 비판하면서 퇴계설의 옹호 논리를 정립하는 데 열중하였다. 퇴계학은 다시 이상정을 통해 남한조(南漢朝; 1744~1810)에게 이어지고, 남한조는 이를 유치명(柳致明; 1777~1861)에게, 유치명은 이원조(李源祚; 1792~1871)와 이원조의 조카인 이진상(李震相; 1818~1885) 및 김흥락(金興洛; 1827~1899)에게 전해 주었다. 이진상에 이르면 퇴계학은 리(理)의 절대성과 주재성, 그리고 리의 가치적 우위성이 극단화되어 퇴계학의 계승이냐 변질이냐 하는 논란마저 생기게 된다. 퇴계학은 다시 곽종석(郭鍾錫; 1846~1919)과 이진상의 아들인 이승희(李承熙; 1847~1916)에게 이어졌고, 곽종석은 이를 김황(金榥; 1896~1978)에게, 이승희는 이를 김창숙(金昌淑; 1879~1962)에게 각각 전승하였다.

한편 퇴계학은 유성룡을 통해 정경세(鄭經世; 1563~1633)에게 계승되었는데, 정경세는 송준길의 장인으로 이들 간에 퇴계학풍과 율곡학풍의 교감이 오고 갔다. 또 퇴계학은 정구를 통해 허목(許穆; 1595~1682)에게로 전해졌는데, 허목이 서울과 경기도 연천에서 생장하면서 그 학맥이 이익(李瀷; 1681~1763)에게 이어졌다. 그리하여 이익의 문하에서 안정복(安鼎福; 1712~1791), 윤동규(尹東奎), 이중환(李重煥), 이가환(李家煥), 이벽(李蘗), 신후담(愼後聃; 1702~1761), 신경준(申景濬; 1712~1781), 이

병휴(李秉休) 등 많은 실학자들이 배출됨으로써, 이른바 기호 퇴계학파(기호남인) 또는 기학파(畿學派)[7]가 출현하게 되었다. 이들은 성리학적 측면에서는 비록 퇴계의 학맥에 닿아 있었으나 실학적 측면에서는 율곡의 영향을 많이 받았다.

영남유학의 또 하나의 큰 학맥은 남명학파(南冥學派)라고 볼 수 있다. 조식은 경상도 김해, 진주를 중심으로 학단(學團)을 형성했는데, 그의 문인으로는 오건, 김우옹, 정구, 최영경(崔永慶), 정인홍(鄭仁弘), 김효원(金孝元) 등이 있었다. 오건, 김우옹, 정구 등은 조식과 이황의 양 문하를 드나들었다. 남명학파는 퇴계학파와는 달리 성리논쟁에 비판적이었으며, 독실한 인격함양과 의리실천을 중시하였다. 그리하여 조식의 문하에서 곽재우(郭再祐), 정인홍, 김면(金沔), 조종도(趙宗道), 이대기(李大期) 등 50여 명의 의병장이 배출되었다. 이 밖에도 역학에 조예가 깊었던 장현광(張顯光; 1544~1637)과 성리학에 조예가 깊었던 정시한(丁時翰; 1625~1707)이 있다.

전체적으로 볼 때 영남유학은 퇴계학파와 남명학파로 대별할 수 있는데, 전자를 강좌학파(江左學派), 후자를 강우학파(江右學派)라고 한다.[8] 이는 낙동강을 중심으로 왼쪽의 안동 지방과 오른쪽의 김해, 진주 지방을 구별하여 부르는 이름이다. 퇴계학파는 17, 8세기에 와서 이현일, 이재, 이상정, 이광정 등의 영학파(嶺學派)가 퇴계학의 정통성을 지키는 데 주력하였고, 허목, 이익 등의 기학파(畿學派)는 실학의 길을 열면서 율곡학파와도 교감을 나누게 되었다.[9] 또한 퇴계학파는 김성일의 호파(虎派)와

7 최완기, 《한국성리학의 맥》, 느티나무, 1993, 124쪽.

8 같은 책, 150쪽.

9 같은 책, 133쪽.

유성룡의 병파(屛派)로 나뉘기도 하는데, 이는 김성일을 받드는 호계서원(虎溪書院)과 유성룡을 받드는 병산서원(屛山書院)에서 연유한다.[10]

---

10 같은 책, 97쪽.

제2절 기호유학과 영남유학의 특성

1. 일반적 특성

기호유학과 영남유학은 각기 다른 역사적 배경과 지역적 분위기에서 형성, 발전되었다. 이제 이 양대 학맥의 학문적 특성이 무엇인지 일반적 특성과 성리학적 특성으로 나누어 고찰해 보기로 하자.

첫째, 영남유학은 비교적 단조로운 학풍을 보여 준 데 비해서, 기호유학은 율곡, 우계 이후 매우 다양한 학풍을 보여 주고 있다. 성리학만 하더라도 김장생, 송시열, 권상하, 한원진으로 이어지는 율곡직계 계열은 율곡 성리학의 충실한 계승과 옹호에 주력하였다. 그들은 율곡의 기발이승일도설(氣發理乘一途說)을 움직일 수 없는 철학적 원리로 삼고, 리(理)의 발(發)을 극력 부정하였다. 또한 사단칠정, 인심도심설에서도 율곡의 입장을 충실히 계승하고자 노력하였다. 특히 이현일 등 영남유학자들의 도전에 대해 이론적으로 방어할 만한 준비를 하였는데, 그 예가 바로 송시열, 권상하, 한원진 3대에 걸쳐 50여 년 만에 완성한 《주자언론동이고(朱子言論同異攷)》이다. 따라서 이들의 학풍은 같은 율곡학파 내에서도 보수적이다. 이는 율곡의 학풍을 온전하게 계승하고 지켜 가려는 데서 야기된 불가피한 현상이다.

한편 권상하의 문하에서는 인성(人性)과 물성(物性)의 동이(同異) 문제를 중심으로 격렬한 논쟁이 벌어져, 이후 약 2백여 년에 걸쳐 하나의 학풍을 조성하였다. 이간은 인물성(人物性) 동론(同論)을 주장하였고, 한원진은 인물성 이론(異論)을 주장하였는데, 권상하의 문인들뿐 아니라 당대 대부분의 유학자들이 저마다 견해를 밝히며 참여하였다. 이들은 그 밖에도 미발심체(未發心體)의 선악문제를 가지고 논쟁을 벌이기도 하였는데, 동론(同論)을 낙론(洛論), 이론(異論)을 호론(湖論)이라 부르기도 하였다. 이는 16세기 성리학이 인성의 본질 문제를 중심으로 했던 데 비해, 이제 인성(人性)과 함께 물성(物性)을 철학적 주제로 삼았다는 데 그 의의가 있고, 특히 인물성동론(人物性同論)은 북학파 실학의 연원이 되기도 하였다.

또한 임성주(任聖周; 1711~1788)는 율곡철학에서 주기(主氣) 쪽으로 선회해 인간과 자연을 보는 새로운 관점을 제시하였고, 기정진(奇正鎭; 1798~1879)은 주리(主理) 쪽으로 선회해 인간과 자연을 보는 새로운 관점을 제시하였다. 이들 임성주와 기정진의 성리학은 독창성이 크다는 점에서 높이 평가되며,[1] 기호유학의 다채로움에 크게 기여하였다. 또 이항로는 윤리적 입장에서 주리론(主理論)을 천명하고 위정척사(衛正斥邪)의 철학적 근거로 삼았다. 한말의 전우(田愚; 1841~1922)는 율곡 성리학을 계승하면서도 도학적 측면에서 '성사심제(性師心弟)'의 설을 통해 존성학(尊性學)의 기치를 높이 들었다.

그리고 김창흡(金昌翕; 1653~1722), 조성기(趙聖期; 1638~1689), 임영(林泳; 1649~1696), 조익(趙翼; 1579~1655), 박세채(朴世采; 1631~

---

1 현상윤은 《조선유학사》에서 서경덕, 이황, 이이, 임성주, 기정진, 이진상을 조선성리학의 6대가로 부르고 있다. (민중서관, 1948, 67쪽)

1695) 등은 율곡학설에 맹종하지 않고 퇴계설을 부분적으로 수용하여 절충적 성리학을 보여 주기도 하였다. 이와 같이 성리학에서도 매우 다양한 면모를 보여 주었다.

기호유학은 예학의 융성함을 보여 주기도 하였다. 김장생은 예학이 주자의 유업(遺業)이라 생각하고, 예학의 연구와 저술에 전력하였을 뿐 아니라 그의 문하에서 예학풍(禮學風)을 열었다. 이는 17세기 조선조가 당면한 윤리강상의 위기에서 연유된 것이기도 하고, 또 16세기 성리학 시대가 남긴 미완의 과제 해결이라는 측면도 있었다. 그의 아들 김집은 부친의 뜻을 이어 예학의 발전에 크게 기여하였고, 두 부자의 문하에서 송시열, 송준길, 윤선거, 이유태, 유계(兪棨; 1607~1664) 등 많은 예학자가 배출되었다. 이들 외에 박세채, 권시, 윤증 등도 예학에 정통하였다. 그리하여 김장생의 《가례집람(家禮輯覽)》을 비롯하여 수많은 예학적 저술이 나오게 되었다.[2]

기호유학에서는 양명학(陽明學)이 은밀하게 싹터 하나의 학풍으로 성장하기도 하였다. 양명학의 전래에 대해서는 아직 학계의 이견이 있으나 대체로 임진왜란을 전후로 들어온 것으로 추정한다. 조선조에서 양명학은 퇴계가 《전습록논변(傳習錄論辯)》을 통해 비판한 이후 이단시(異端視)되어 자유로운 연구를 제약하고 있었다. 이런 환경 속에서도 양명학은 기호유학의 울타리 속에서 조심스럽게 잉태되고 성장하였다. 우리나라 초기 양명학자로 분류되는 이시백(李時白), 신흠(申欽; 1566~1628), 조익(趙翼; 1579~1655), 장유(張維; 1587~1638), 최명길(崔鳴吉; 1586~

---

2 김장생의 〈가례집람(家禮輯覽)〉, 〈의례문해(疑禮問解)〉, 〈가례편람(家禮便覽)〉, 신의경, 김장생의 〈상례비요(喪禮備要)〉, 김집의 〈의례문해속(疑禮問解續)〉, 유계, 윤선거의 〈가례원류(家禮源流)〉, 송시열의 〈우암경례문해(尤庵經禮問解)〉, 윤증의 〈명재예설(明齋禮說)〉, 이유태의 〈사례병기(四禮幷記)〉 등이 대표적이다.

1647)이 모두 기호학맥에 닿아 있고, 한국 양명학을 확립한 정제두 역시 기호학맥에 연결되어 있음은 물론이다.[3] 신흠은 성혼의 문인으로 왕양명을 진유(眞儒)로 높이 평가하고 있으며,[4] 장유는 말하기를, 선유들은 궁리로써 격물치지(格物致知)의 일로 삼았는데, 이는 오로지 지(知)에 속한다 하고, 오직 왕양명만이 지행(知行)을 겸하여 말했다고 높이 평가하였다.[5] 최명길은 그 스스로가 각고(刻苦)의 노력 끝에 양명학의 양지(良知)를 깨우쳤다 고백하고 있으며,[6] 평생에 환란을 만난 것이 한두 번이 아니었지만, 마음공부에 힘입어 큰 낭패에 이른 적이 없었다고 말하고 있다.[7]

또한 조익은 장유, 이시백, 최명길과 세칭 '사우(四友)'로 절친하게 지냈는데, 그도 초기 양명학파에 속하는 인물이다.[8] 조익은 성의(誠意) 공부를 매우 중시하였는데, 이는 정주학(程朱學)이 격물치지(格物致知)를 중시하는 것과 구별된다.[9] 그는 또 경(敬)과 심(心)을 중시하고, 대본(大

---

3 정제두의 학맥에 대해서는 다음 네 가지 갈래로 생각해 볼 수 있다. 첫째는 성혼-윤황-윤선거-윤증-정제두의 학맥이며, 둘째는 이이-김장생-김집-윤선거-윤증-정제두의 학맥이며, 셋째는 김식-김덕수-윤근수-김상헌-박세채-정제두의 학맥이며, 넷째는 이황-윤근수-김상헌-박세채-정제두의 학맥이다. 문제는 정제두가 윤증과 박세채의 문인인데, 어느 쪽의 영향을 더 많이 받았는지가 관건이다. 다만 윤증이나 박세채가 모두 우계학맥의 중심인물이라는 점을 고려한다면, 기호유학의 범주 속에서 보는 것이 타당하다.

4 《象村集》, 卷45, 〈彙言 4〉.

5 《谿谷集》,〈谿谷漫筆〉, 卷1, "先儒以窮理爲格物致知之事, 專屬於知, 唯王陽明以爲兼知行而言."

6 《遲川集》, 卷8, 〈論典禮箚〉, "……又能耐久咀嚼, 苦心力索, 故良知之天, 一朝開悟而不可掩也."

7 같은 책, 卷17, 〈寄後亮書〉, "吾非臻此境者, 但心之所存, 常在於此, 亦覺往往有得力處, 平生遭憂患難, 堪非一二, 賴此得不至大狼狽."

8 유승국, 〈한국 근대사상사에 있어서 양명학의 역할〉, 《제1회 한국학국제학술회의 발표문》, 한국정신문화연구원, 1979(12월), 8~12쪽 참조.

9 안재순, 〈조익의 심학사상〉, 《한국 사상가의 새로운 발견 2(조익 연구)》, 한국정신문화연구원, 1994, 201쪽.

本)의 확립과 '위선거악(爲善去惡)'을 말하고, 입심(立心), 입지(立志)를 강조하여 도덕주체로서의 심의 역할과 기능을 중시하였다. 이러한 양명학의 흐름은 정제두에 이르러 그 모습을 분명하게 드러내게 된다. 그는 20대에 양명학에 심취하여 깊이 빠졌다가 50대에 와서 양명학과 성리학이 다르기는 하지만 그 근본 취지는 다를 바 없다는 견해를 밝혔고, 말년에 이르러서는 양명학에 대해 비판적 입장에 서기도 하였다.[10] 이러한 정제두의 양명학은 이후 그의 문인, 인척들에 의해 계승되어 이른바 '강화학파'를 형성하기도 하였다.

다른 한편으로 기호유학에서는 실학이 융성하게 전개되기도 하였다. 우리나라의 실학은 중국에서 들어온 것이 아니라, 역사적, 사상적 배경 속에서 자생적으로 싹텄다는 데 특징이 있다. 유형원, 이익, 정약용으로 이어 온 경세치용실학(經世致用實學)은 성리학적 학맥으로는 영남 퇴계학파에 그 연원이 닿는다. 그러나 실학적 연원으로 볼 때는 율곡의 영향을 많이 받았고, 그들이 평생 활동했던 삶의 무대도 기호 지역이었다고 볼 때, 기호유학의 범주에서 다룰 수도 있다. 유형원의 실학을 대표하는 《반계수록(磻溪隨錄)》에서 그가 전거로 삼아 인용한 통계를 보면, 《경국대전(經國大典)》, 《고려사(高麗史)》 외에 우리나라 사람으로는 율곡이 26회로 가장 많다.[11] 이처럼 율곡의 경세론이나 개혁론은 유형원의 실학 형성에 지대한 영향을 미쳤다. 아울러 이익은 말하기를 "유반계(柳磻溪) 형원(馨遠)은 대개 그 말이 율곡과 부합되는 것이 많다. 잠깐 그 한두 가지만 보더라도 불필요한 관청을 도태(淘汰)할 것, 관직의 임기를 장기간으로 할 것, 사람을 쓸 때는 덕행(德行)을 먼저 볼 것, 작은 군현은 병합할

10 이병도, 《한국유학사》, 아세아문화사, 1987, 369~370쪽 참조.

11 천관우, 《근세조선사연구》, 일조각, 1979, 324쪽.

것, 노비의 종부법(從父法)을 폐지할 것 등은 모두 율곡이 이미 말한 바이다"[12]라고 하여, 반계의 개혁론 또는 정책론에 율곡의 주장이 상당 부분 반영되고 있음을 알 수 있다. 그 밖에도 족징(族徵), 회뢰(賄賂), 이서(吏胥)의 주구(誅求), 역사(役事)의 고르지 못함, 진상(進上)의 과다함, 공물(貢物)의 방납(防納), 군역(軍役)의 문란, 부방(赴防), 선상(選上), 노비 등의 폐단을 지적하여 그 대책을 논하고, 한편으로는 출납회계, 향약(鄕約), 각 학(學) 훈도(訓導)의 정선(精選), 공거(貢擧), 양병(養兵) 등을 주장한 것은 비록 체계적인 서술이 아니었고, 또 체계적으로 반계에게 전수된 것은 아닐지라도 그의 정책수립에 크나큰 도표(導標)가 아닐 수 없었을 것이라 하였다.[13]

또한 이익은 지금 우리나라에서 근세조선 이래로 시무(時務)를 아는 자로서 손꼽을 자는 오직 이율곡과 유반계 두 사람뿐이라 하고, 율곡에 있어서는 태반이 시행할 수 있었으며, 반계에 있어서는 근본문제를 연구, 파악하여 일제히 혁신하여 왕정의 새 출발을 위해 그 뜻이 원래 컸던 것이라 하였다.[14] 이와 같이 이익은 율곡과 반계를 조선조에서 가장 대표적인 시무경세가(時務經世家)로 일컫고 있으며, 반계의 실학에 미친 율곡의 영향을 분명하게 인정하고 있다.

더욱이 북학파 실학의 경우 그 연원이 비사승(非師承) 율곡학파라고 볼 수 있는 이재(李縡) 계열에 있음은 주목할 만하다. 이재의 문인인 김원행(金元行)의 문하에서 북학파 실학의 선구자인 홍대용이 나왔고, 그 뒤를 이어 박지원, 박제가로 이어져 이용후생(利用厚生)의 실학풍을 열었던

12 《星湖先生文集》, 卷30, 〈論更張〉.

13 천관우, 앞의 책, 324~325쪽 참조.

14 《星湖僿說》, 〈人事門〉, 變法.

것이다. 북학파 실학의 주체들은 대개 노론가문의 후예들로 당시 연행(燕行)의 영향을 많이 받았고, 철학적으로는 낙론(洛論)의 사물에 대한 관심과 함께 인물(人物)의 보편성, 인인(人人)의 보편성, 물물(物物)의 보편성, 화이(華夷)의 보편성이라는 새로운 세계관과 가치관이 계기가 되었다. 그리하여 이들은 당시 대청의리(對淸義理) 또는 북벌의리(北伐義理)와는 달리 문호개방을 통해 청의 선진문물을 배워 힘을 길러야 한다는 논리를 제시하였다. 이를 위해 기술개발, 무역통상, 상공업의 진흥 등을 주장하기도 했다.

그 밖에도 실사구시(實事求是) 실학을 대표했던 김정희, 19세기 독창적인 실학자 최한기(崔漢綺; 1803~1877) 등도 기호유학의 범주에 있었다. 이렇게 볼 때, 조선조의 실학은 사실 기호유학의 학맥에서 이루어졌다고 보아도 좋을 것이다.

기호유학에서는 자주적 학풍이 일어나기도 했다. 당시 조선조의 학계는 주자학의 존숭과 의양(依樣)이 하나의 전통으로 자리하고 있었고, 특히 경전의 주석에서는 주자의 해석이 절대적인 권위를 지니고 있었다. 이러한 시대적 환경에서 윤휴(尹鑴; 1617~1680)와 박세당(朴世堂; 1629~1703) 그리고 정약용 등은 주자 해석을 비판하고 독자적인 입장에서 경전해석을 시도하였다.

윤휴는 본래 기호남인 가운데 허목과 함께 청남파(淸南派)의 영수(領袖)로서 서인과 대항하여 당쟁의 중심에 섰던 인물이다. 그런데 그의 부친 윤효전(尹孝全)이 서경덕의 문인 민순(閔純)에게서 수업한 것으로 보면 화담 계열로 볼 수 있고, 또 당색과 문학(問學)한 점을 보면 허목의 문인으로 볼 수도 있다.[15] 그는 22세 때 공주 유천(柳川)으로 이사 와 7년 동

15 이병도, 《한국유학사》, 326쪽.

안 머물며 학문에 전념하였고, 당시 호서의 송시열, 송준길, 권시, 이유태, 윤선거 등과 교유하며 친하게 지냈다. 송시열은 그를 백이(伯夷)에 비유하고 그의 학문을 칭찬하기도 하였으나, 예송(禮訟)을 계기로 반목하게 되었다.

그는《독서기(讀書記)》11권을 쓰고 여기에서《중용》,《대학》,《효경》,《시경》,《서경》,《주례》,《예기》,《춘추》등을 주해하고 차서(次序)를 분석하고 장구(章句)를 주해(註解)하면서 잘못된 것을 고증하였다. 특히 이 가운데에서도《중용》,《대학》의 주해에 가장 많은 노력을 기울였는데,《중용》은 주자의 주석을 따르지 않고 독자적으로 장을 나누어 주해함으로써 송시열에 의해 이단으로 배척받기도 하였다.

또한 박세당은 박태보(朴泰輔; 1654~1689)의 부친으로《사변록(思辨錄)》을 저술하여 역시 노론에 의해 이단으로 배척받았다. 그는 14년에 걸쳐 사서에 대한《사변록》을 저술하고, 그 후에도 계속하여《상서(尙書)》를 완성하고《시경(詩經)》을 연구했으나 65세에 병으로 중단하였다. 그는 또《노자(老子)》와《장자(莊子)》에 대한 주석을 하여《노자도덕경주(老子道德經注)》와《장자남화경주(莊子南華經注)》를 남기기도 하였다.

정약용도 방대한 경학(經學) 연구를 통해 주자학적 해석에서 벗어나 원시유가의 본래 정신으로 돌아가고자 하였다. 그리하여 천(天)에 대한 해석도 성리학에서의 형이상학적 해석을 거부하고,《시경》,《서경》과 같은 상제(上帝)의 종교적 천으로 해석하였다.[16] 또한 인간을 정신과 신체로 분리되기 이전의 전체적 통일체로서 '신심묘합(神心妙合)'의 존재로 해석하고,[17] 인간 내면에 본래적으로 존재하는 욕심(欲心)이 인간의 행동

16 금장태,《한국실학사상연구》, 집문당, 1987, 128쪽.

17 《與猶堂全書》, 1卷, 29章, 〈大學公議〉.

과 활동의 원동력이 된다고 하였다.[18] 그는 또 성(性)을 심(心)의 기호(嗜好)라 규정하고,[19] 형이상학적 실체로 인정하지 않았다. 그 대신 인간 생명의 실체는 심(心)이요 성(性)은 심의 선천적 속성에 불과하다고 하였다. 그 밖에도 태극(太極), 음양(陰陽), 오행(五行), 인(仁) 등 성리학에서의 주요 개념들에 대해서도 주자학적 해석에 매이지 않고 독자적으로 해석하였다.

이렇게 볼 때, 기호유학의 학맥은 성리학만 하더라도 매우 다양한 색채로 전개되었으며, 성리학 외에도 실학, 양명학, 예학, 자주적 학풍, 의리학 등 다양한 갈래로 전개되었다.

그러면 이에 비해 영남유학은 어떠한 모습으로 전개되었는가? 영남유학은 크게 보아 퇴계학파와 남명학파가 그 중심이 되는데, 이들 모두가 윤리적 입장에서 의리학(義理學)의 천명에 주력하였다. 영남학파는 멀리 포은, 야은 이래로 김종직을 거쳐 김굉필, 정여창을 통해 의리의 실천에 주력하였고, 16세기에 와서는 이언적을 선구로 퇴계가 윤리적 입장에서 주리론의 성리학을 열었다. 퇴계는 사화 시대를 불의로 규정하고 올바른 가치질서와 정륜(正倫)을 부식(扶植)하기 위해 리(理)와 기(氣)의 혼동, 사단과 칠정의 혼동, 선과 악의 혼동, 천리(天理)와 인욕(人欲)의 혼동을 경계하였다. 따라서 퇴계는 무엇을 아느냐 하는 문제보다는 어떻게 사느냐 하는 문제에 더욱 관심을 두게 되었다. 퇴계 이후 그의 문인들에 의해 전개된 퇴계학풍을 검토해 볼 때, 대체로 퇴계학의 계승과 수호에 그 특징이 있었다. 율곡이 퇴계 성리학을 비판한 이후 영남유학자들은 율곡의

---

18 같은 책, 1卷, 39章, 〈心性總義〉, "案吾人靈體之內, 本有願欲一端. 若無此欲心, 卽天下萬事, 都無可做."

19 같은 책, 15卷, 10章, 〈論語古今注〉, "天於生人之初, 賦之以好德, 恥惡之性, 於虛靈體之中, 非謂性可以名本體也. 性也者, 以嗜好厭惡而立名."

성리학을 주기론(主氣論)으로 규정하고 퇴계의 주리론(主理論) 또는 호발설(互發說)을 적극 옹호하였다.

퇴계학파 가운데에서도 퇴계학을 순정하게 지켜 온 계통은 김성일 계열이다. 김성일, 장홍효, 이현일, 이재, 이상정, 이광정, 남한조, 유치명, 이원조, 이진상, 김흥락, 곽종석, 이승희, 김황, 김창숙으로 계승되어진 이들은 윤리적 입장에서 리의 우위성과 주재성을 강조하고 리의 회복과 실천에 주력하였다. 그것은 곧 다름 아닌 순선(純善)의 인성 회복 또는 도덕이성의 회복이었다. 그리하여 도덕적 인간에 의한 도덕사회의 건설, 도덕국가의 수립, 도덕세계의 실현이 이들의 궁극적 이상이었다. 기호유학이 다양한 성리학, 예학, 실학, 양명학, 자주적 학풍, 의리학 등 다양한 학풍을 가지며 전개된 것과는 대조적으로, 영남의 퇴계학파는 퇴계학의 계승 발전이라는 범주에서 결코 일탈(逸脫)하지 않았다. 퇴계학파 가운데 이진상은 퇴계의 주리(主理)를 극단화하여 리의 절대성과 주재성을 강조하여 독특한 리 철학을 주장하였는데, 퇴계학파 내의 이단으로 비판받기도 하였다.

또한 영남유학 내의 남명학파도 실천유학을 지향하며 의리의 실천에 주력하였다. 조식은 퇴계학이 지나치게 이론과 경학에 머물러 있음을 경계하고 실천의 유학정신을 계발하였다. 퇴계와 남명이 같은 의리적 전통을 지니고 있지만, 퇴계가 비교적 순정한 의리의 이론 계발과 마음공부에 주력했다면, 남명은 실천적 입장에서 의리의 모범을 보여 주었다고 할 수 있다.

요컨대 퇴계의 평생 학문적 종지(宗旨)가 리(理)와 경(敬)에 있었듯이, 남명의 학문적 종지는 경(敬)과 의(義)에 있었다.[20] 따라서 영남유학의 학

---

20 안병걸, 〈영남학파의 학문적 특질과 현대적 의미〉, 《영남학파의 연구》, 병암사, 1998, 147쪽.

문적 특성은 경과 의리에 근거를 둔 의리의 실천에 있었다고 할 것이다.

물론 영남유학에서도 정구, 정경세 등 예학이 없지 않았고, 기호남인의 실학을 퇴계학파로 볼 수도 있으며, 양명학의 경우도 퇴계-윤근수-김상헌-박세채-정제두의 맥으로 볼 수도 있다. 이렇게 본다면 영남유학도 의리학 일변도가 아니라 다양하게 전개되었다고 볼 수 있지만, 양대 학맥을 단순 비교해 보면 기호유학의 다양한 전개를 인정하지 않을 수 없다.

둘째, 이학(異學)에 대한 입장에서 기호유학은 좀 더 개방적이었다면, 영남유학은 비교적 보수적이었다고 볼 수 있다. 율곡 자신이 불교에 대해 많은 공부를 한 바 있고, 《순언(醇言)》을 별도로 쓸 만큼 도가에 대한 이해도 깊었다. 또한 양명학에 대해서도 퇴계와는 달리 비판적 입장에서 그 장점은 수용하는 태도를 보여 주었다. 아울러 서경덕의 기학(氣學)에 대해서도 퇴계는 매우 부정적으로 평가한 데 비해, 율곡은 이기지묘처(理氣之妙處)를 통견(洞見)한 철학적 경지를 높이 평가하였다.

이와 같은 율곡의 이학(異學)에 대한 개방적 태도는 이후 기호유학의 전개에 많은 영향을 미쳤다. 물론 송시열을 중심으로 한 율곡직계 계열의 경우는 비교적 학문적 경직성(硬直性)을 지니고 있어 박세당, 윤휴를 사문난적(斯文亂賊)으로 몰기도 했지만, 비사승(非師承) 율곡학파나 우계학파의 경우에는 매우 폭넓은 개방성을 보여 주었다.

우선 앞에서 언급한 대로 초기 양명학자군이 거의 우계학파에서 배출되었으며, 성리학 또는 주자학에 매이지 않고 불교, 도가 등 다양한 학문적 편력을 쌓는 특징을 볼 수 있다. 예를 들면 장유는 《계곡만필(谿谷漫筆)》에서 우리나라 학술풍토의 경직성을 다음과 같이 비판하고 있다.

> 중국은 학술이 다양하여 정학(正學)이 있는가 하면 선학(禪學)이나 단학(丹學)도 있으며, 또 정주(程朱)를 배우는 자도 있고, 육씨(陸氏)를 배우는 자도 있

어서 길이 획일적이지 않다. 그러나 조선은 유무식을 막론하고 책을 가지고 글을 읽는 사람은 모두 정주를 읊조려 다른 학문이 있음을 듣지 못하니, 우리의 사습(士習)이 과연 중국보다 낫기 때문인가?[21]

이와 같이 장유는 당시 조선조의 학풍이 정주학 일색인 경직성을 비판했던 것이다. 또한 장유는 〈맹장논변(孟莊論辯)〉을 지어 장자(莊子)와 맹자(孟子)의 논변을 시도하기도 하였고, 《계곡만필(谿谷漫筆)》에서 《노자》 51장을 해석하기도 하였다.

또한 신흠은 그의 저술 곳곳에서 도가, 불교, 양명학에 대한 관심을 적고 있다. 그는 〈불가경의설(佛家經義說)〉에서 불교는 오도(吾道)의 적이요 불교인은 생민(生民)의 좀벌레라고 비판하면서도, 불교 용어에 대한 해박한 설명을 하고 있다.[22] 또 〈도가경의설(道家經義說)〉에서는 수양가(修養家)는 자사(自私)의 소도(小道)에 지나지 않는다 비판하면서도 도교(道教)의 용어를 자세히 설명하고 있고,[23] 〈서도덕경후(書道德經後)〉에서는 《노자》의 도덕(道德)을 유가적 입장에서 해석하고 있다.[24] 그리고 그는 《노자》는 깊으면서도 자세하고, 《장자》는 크면서 거칠다 하고, 《노자》는 뜻의 정밀함을 사용하였고, 《장자》는 뜻의 넓음을 사용하였다고 평하였다.[25]

또한 그는 중조(中朝) 근세(近世)의 학술이 비록 이름은 염락(濂洛)을

---

21 《谿谷漫筆》, 卷1, "中國學術多岐, 有正學焉, 有禪學焉, 有丹學焉, 有學程朱者, 學陸氏者, 門徑不一. 而我國則無論有識無識, 挾讀書者, 皆稱誦程朱, 未聞有他學焉, 豈我國士習, 果賢於中國耶?"

22 《象村集》, 卷33, 〈佛家經義說〉.

23 같은 책, 卷33, 〈道家經義說〉.

24 같은 책, 卷36, 〈書道德經後〉.

25 같은 책, 卷57, 〈求正錄 上〉, "老深而細, 莊大而疎, 老用意精, 莊用意博."

조술(祖述)한다고 하지만, 그 언론을 고찰해 보면 태반이 선불(仙佛)에 섞여 있으니, 어찌 양명(陽明)이나 백사(白沙)의 유폐(流弊)이겠느냐고 반문하였다.[26] 그리고 왕수인(王守仁)은 진유(眞儒)라 평가하고, 그 자신은 매양 왕수인의 호방한 자태와 빼어난 모습을 꿈속에서도 생각한다고 하였다.[27]

이렇게 볼 때, 기호유학의 학문적 경향은 어느 특정 학설에 교조적으로 매이지 않고 자유분방하게 학문하는 태도를 지니고 있었음을 알 수 있다. 이는 퇴계학파가 불교, 도가, 양명학에 대해 부정적으로 보고 경직된 태도를 갖는 것과는 다르다. 영남유학은 벽이(闢異) 정신이 투철하였다. 이러한 경향은 주자학 이외의 철학은 물론이고, 주자학 내부의 다른 이론도 용납하지 않는 엄격성을 보여 주었다. 즉 순정(醇正)한 주자학만이 탐구할 가치가 있다고 본 것이다.[28] 이 때문에 장현광이 율곡의 기발설(氣發說)을 일부 수용하고자 했을 때, 영남유학 내부의 비판이 있었고, 또 이진상이 심즉리설(心卽理說)을 주장하고 극단적인 주리론을 펴자, 저작이 불태워지는 일이 벌어지기도 했다. 이와 같이 영남유학의 경직성은 기호유학의 개방성에 비교되는 것이었다.

셋째, 철학의 내용면에서 볼 때 기호유학은 이학(理學)과 실학(實學)을 겸비(兼備)하고 있다면, 영남유학은 이학(理學) 중심이라고 볼 수 있다. 이는 기호유학이 리(理)도 중요하지만 기(氣)도 중요하다는 율곡의 '이기지묘(理氣之妙)'의 정신을 지켜 가는 데 비해, 영남유학은 퇴계나 남명의 의리적 가치관을 계승하는 데서 비롯된 것이다. 더욱이 퇴계학파의 경우

---

26 같은 책, 卷57, 같은 글, "中朝近世學術, 雖名祖述濂洛, 而考其言論太半雜於仙佛, 豈陽明白沙之流弊耶?"

27 같은 책, 卷45, 〈彙言 4〉, "王文成守仁, 眞儒者也 …… 余每想其豪姿英彩而夢寐之也."

28 안병걸, 앞의 글, 149쪽.

가치적으로 이존기비(理尊氣卑)를 추구하고, 또 리와 기를 엄격히 구별하여 기에 대한 부정적 인식이 자리하고 있기 때문이다.

그러나 율곡을 비롯하여 기호유학은 대체로 리도 중요하지만, 기도 중요하다는 인식이 기본적으로 깔려 있기 때문에 현실과 경세에 대한 관심을 갖게 된다. 기호 퇴계학파를 영남유학의 범주 속에 넣는다면 영남유학에도 실학이 있다고 말할 수 있지만, 적어도 실학적 측면에서의 율곡의 영향을 고려한다면 기호유학 속에서 이해함이 타당할 것이다. 그것은 기호 퇴계학파에 대한 퇴계학의 영향이란 결국 주리(主理)에 있고 윤리적 가치관에 있기 때문이다.

이와 관련하여 주목해야 할 점은 기호유학이나 영남유학이나 모두 현실에 대한 우환의식을 갖는 것은 마찬가지라는 것이다. 그러나 그 현실에 대한 우려와 걱정의 내용은 다소 구별된다. 즉 기호유학의 경우에는 윤리적, 정신적 측면에서의 현실 인식뿐 아니라 민생의 문제, 국가안보의 문제, 제도개혁 등 다양하고 종합적인 시무론(時務論)을 담고 있다. 이는 실학자들은 말할 것도 없고, 이이, 조헌, 송시열, 이유태, 안방준, 조익 등 성리학자들에게서도 보편적으로 보인다.

그러나 영남유학의 경우는 퇴계, 남명을 비롯하여 많은 유학자들이 현실에 대해 우려하고 있지만, 대체로 윤리적 측면에서 의리강상(義理綱常)의 부식(扶植)이나 전통적인 왕도(王道)의 개진에 국한된 면을 볼 수 있다. 설사 민생이나 국가안보에 대해 우려하더라도 그것은 부분적이거나 가벼운 언급에 지나지 않는다. 그러나 기호유학자들의 경우에는 체계적인 현실 분석과 종합적이고 구체적인 대안을 제시하고 있다. 그러므로 기호유학에서는 성리학, 의리학과 함께 실학을 병행했다면, 영남유학의 경우에는 의리의 이론 계발과 함께 의리적 실천에 주력했던 것이다.

2. 성리학적 특성

기호유학과 영남유학에서 성리학적 특성이 무엇인지를 검토해 보기로 하자. 첫째, 기호유학이 이기(理氣)의 조화 또는 균형을 추구하고 있다면, 영남유학은 주리적(主理的) 입장에서 리의 인식과 실천에 주력하였다. 율곡학파는 율곡의 설을 충실히 계승하고자 노력하였는데, 특히 율곡의 기발이승(氣發理乘), 이통기국(理通氣局), 이기지묘(理氣之妙)를 하나의 철학적 기반으로 삼고 있다. 율곡에게 리와 기는 존재구조상 반드시 있어야 할 두 요소였다. 리 없는 기가 없고, 기 없는 리가 없는 것이다. 리가 있으면 반드시 기가 있어야 하고, 기가 있으면 반드시 리도 있어야 하는 것이다.[29] 따라서 리와 기는 상호 보완적 관계에 있고, 상호 의존적 관계에 있는 것이다.[30] 리도 중요하지만 기도 있어야 하는 것이다. 여기에서 율곡은 퇴계와는 달리 기를 긍정적으로 보게 되고, 오히려 기의 가변성을 수기의 변화기질과 사회적 경장(更張)의 원리로 활용했던 것이다. 이에 대해 퇴계를 비롯하여 퇴계학파는 리 중심의 이기론을 고수하고, 윤리적 입장에서 리의 존양(存養)과 실천을 중시했다. 이 같은 리 중심적 철학은 유성룡 계열의 권상일(權相一)에 이르기까지 이생기설(理生氣說)로 진행되기도 하였다. 또한 이현일, 이상정, 유치명 등 퇴계의 학문을 계승한 다른 후학들도 도덕 실천의 주체자로서 인간의 본질적 활동성을 긍정하는 이발설(理發說)을 계속 지켜 나갔다. 이와 같은 리 중심의 철학은 자발적이고 능

---

29 《栗谷全書》, 卷10, 書2, 〈答成浩原〉, "夫理之源一而已矣, 氣之源亦一而已矣 …… 氣不離理, 理不離氣."

30 같은 책, 卷14, 〈人心道心圖說〉, "發之者, 氣也, 所以發者, 理也. 非氣則不能發, 非理則無所發.", 같은 책, 卷10, 書2, 〈答成浩原〉, "夫理者, 氣之主宰也, 氣者, 理之所乘也. 非理則氣無所根柢, 非氣則理無所依著."

동적인 도덕수양이 인간의 심성을 통해 충분히 실현될 수 있을 것이라는 점이 이들 영남유학자들의 공통된 생각이었다.[31]

둘째, 성리학에서 기호유학은 율곡의 기발이승일도설(氣發理乘一途說)을 준거(準據)로 삼는 데 비해, 영남유학은 퇴계의 이기호발설(理氣互發說)을 준거로 삼았다.[32] 퇴계가 기대승과의 논변에서 사단칠정을 설명함에 '사단은 리가 발함에 기가 따르는 것(理發而氣隨之)이고, 칠정은 기가 발함에 리가 타는 것(氣發而理乘之)'이라 하였다. 이처럼 퇴계가 리의 발용과 기의 발용을 함께 인정한 데서 이를 이기호발설이라 했던 것이다. 그 후 성혼이 율곡과 논변함에 퇴계의 설에 동조하자, 율곡이 퇴계의 '기발이이승지(氣發而理乘之)'는 옳지만, '이발이기수지(理發而氣隨之)'는 그르다고 비판하였다. 이에 맞서 후일 이현일 등 수많은 영남유학자들의 반론이 제기되고 율곡설에 대한 비판이 고조되게 되었다. 또 이에 맞서 기호의 송시열, 한원진 등이 다시 율곡의 기발이승일도설(氣發理乘一途說)의 정당성을 이론적으로 주장하고, 퇴계 호발설의 문제점을 비판하게 되었다. 이러한 양 학파의 비판과 옹호는 조선조 말까지 계속되었으며, 이들 양 학맥의 논쟁의 초점은 역시 기발이승(氣發理乘)과 이기호발(理氣互發)이 주류를 이루었다.

여기에서 리의 발용 문제는 기호유학과 영남유학, 율곡 성리학과 퇴계 성리학을 가르는 분수령이 되고 있다.[33] 율곡을 비롯한 기호유학자들은

---

31 안병걸, 앞의 글, 148쪽.

32 물론 기호유학 속에서도 성혼, 조익, 조성기, 임영, 박세채 등에게서 보듯이 모두가 율곡의 기발이승일도설(氣發理乘一途說)에 동조했던 것은 아니며, 또 영남유학 속에서도 장현광 등에게서 보듯이 모두가 퇴계의 호발설(互發說)에 동조했던 것은 아니다. 그러나 대체적인 흐름은 그렇다고 볼 수 있다.

33 이상호, 〈조선 성리학파의 성리설 분화에 관한 연구〉, 성균관대대학원(박사), 1993, 73쪽 참조.

대체로 리의 발용을 부정한다. 리는 형이상자(形而上者)로서 발할 수 없고, 오직 기만이 발한다고 주장한다. 발하는 기 위에 리가 올라타 있는 것이 이 세계의 모습이요 사물의 실상이라고 본다. 이들이 리의 발용을 부정하는 이론적 근거는 리가 형이상자이기 때문이다. 만약 리가 기처럼 발하는 것이라면, 형이상하의 구별이 모호할 뿐 아니라 시간적으로 같지 않고 공간적으로 같지 않아 리의 보편성을 보장할 수 없기 때문이다.

그러나 퇴계의 입장은 리에도 체용(體用)이 있으므로 용의 측면에서는 리의 발용을 말할 수 있다는 것이다.[34] 더욱이 리가 만약 발하지 않는 것이라면 어떻게 인간의 심성 속에서 도덕적 이성의 발현이 가능하며, 윤리적 실천과 행동이 가능하겠느냐는 논리에서 리의 발용을 말하게 된다.

그러나 이러한 퇴계학파 또는 오늘날 그 후예들의 이발(理發) 설명에는 문제점을 안고 있음을 간과해서는 안 된다.[35] 왜냐하면 '이발이기수지(理發而氣隨之)'와 '기발이이승지(氣發而理乘之)'는 한 문장 속의 표현이라고 볼 때,[36] 이발(理發)의 발(發)과 기발(氣發)의 발(發)이 다른 의미로 쓰였다고 보기 어렵고 현상적 의미의 발(發)이라고 볼 수밖에 없다. 만약 퇴계가 사단의 이발(理發)과 칠정의 기발(氣發)을 달리 설명한 것이라면, 마땅히 부연 설명이 있거나 그 표현을 달리했어야 옳다. 또한 퇴계의 리의 발이 용의 측면에서 사용한 것이라는 말도 이해하기 어렵다. 왜냐하면

---

34 《退溪全書》, 卷18, 〈答奇明彥別紙〉, "無情意造作者, 此理本然之體, 其隨寓發見而無不到者, 此理至神之用也. 向也, 但有見於本體之無爲, 而不知妙用之能顯行, 殆若認理爲死物, 其去道不亦遠甚乎?"

35 여기에 대해서는 유정동(《동양철학의 기초적 연구》, 성균관대출판부, 1987, 325쪽), 윤사순(《퇴계철학의 연구》, 고려대출판부, 1983, 215쪽, 241쪽) 교수가 이미 지적하고 있다.

36 《退溪全書》, 卷7, 箚, 〈心統性情圖說〉, "四端之情, 理發而氣隨之 …… 七者之情, 氣發而理乘之."

리의 용의 측면에서의 발이란 결국 리 자체의 발이 아니라 기로 인한 간접적 발용의 의미로서, 율곡의 '기를 타고 유행하는 리(乘氣流行之理)' 와 다를 바 없기 때문이다. 또 퇴계의 이발(理發)을 이렇게 본다면 칠정의 기발(氣發)과는 다른 것임은 물론이다. 이러한 리의 발용 문제가 기호유학과 영남유학 사이에 가로놓인 첨예한 쟁점이었던 것이며, 이는 오늘날까지도 완전히 해결되지 않은 문제라고 생각된다.[37]

셋째, 심성론(心性論)에서는 기호유학이 전인적(全人的) 인간관을 견지하면서 칠정(七情) 중심의 감정론, 기질지성(氣質之性) 중심의 본성론, 인심도심(人心道心)의 상호 가능성을 기본으로 삼고 있었다면, 영남유학은 도덕적 인간관을 전제로 사단(四端) 중심의 감정론, 본연지성(本然之性) 중심의 본성론, 도심(道心) 중심의 심론을 기본으로 삼고 있었다고 볼 수 있다. 율곡을 중심으로 하는 기호유학은 인간을 보는 관점에서 덕성뿐만 아니라 지성, 감성, 욕구, 의지 등 전인적 인간을 추구하였다. 그것은 그들의 심성정론(心性情論)을 통해 잘 알 수 있다. 즉 기호유학은 율곡의 '칠포사(七包四)' 의 감정론을 원칙으로 하여, 칠정이라는 일반감정 속에서 사단이라는 도덕적 특수감정을 이해하였다. 따라서 율곡에게는 사단도 부중절(不中節)일 경우가 있고, 칠정의 선도 사단의 선과 다를 바 없다고 본다. 또 기질지성이라는 현실적, 실존적 본성 속에서 본연지성이라는 특수한 도덕적 본성을 이해하고자 하였다. 이는 율곡이 주자의 말을 인용하여 '본연지성은 리(理)라고 불러야 옳지 성(性)이라고 해서는 안 된다' 고 한 데서도 여실해진다.[38] 또한 율곡은 도덕적 마음인 도심(道心)도 인

37 퇴계의 이발(理發) 또는 호발(互發)의 문제는 표현상의 불비(不備)에서 연유한 것으로 오늘날까지도 논쟁이 계속되고 있지만, 퇴계의 진의가 무엇인가는 역시 과제로 남는다.

38 《栗谷全書》, 卷10, 書2, 〈理氣詠呈牛溪道兄〉, "性者, 理氣之合也. 蓋理在氣中然後爲性. 若不在形質之中, 則當謂之理, 不當謂之性也."

심(人心)으로 끝날 수 있고, 신체적인 마음인 인심도 도심으로 끝날 수 있다고 하여, 도심과 인심의 상호 가능성을 활짝 열어 놓았다.[39]

이에 대해 영남유학은 기(氣), 기질(氣質), 형기(形氣), 물질, 신체, 욕구가 연관된 마음, 본성, 감정은 결코 선할 수 없다는 인식 아래, 기가 배제된 리만의 순수한 심, 성, 정을 강조하여 추구했던 것이다. 여기에는 인간 존재의 본성을 순수한 선으로 보는 유가 본래의 인간관이 자리하고 있으며, 기에 대한 부정적 인식이 자리하고 있다.[40] 인간은 현실적으로 육신을 떠날 수 없고, 기질을 떠날 수 없는 한, 기호유학의 인간관이 현실적이라고 볼 수 있다. 반면 사단, 본연지성, 도심을 중시하는 영남유학의 인간관은 이상적 인간관이요 도덕적 인간관이라 할 것이다.

다만 기호유학에서는 이러한 양자의 심성론적 차이를 절충해 보려는 노력도 활발하였다. 우선 성혼을 들 수 있는데, 그는 심(心)이 아직 발하기 전에는 칠정 속에 사단이 있다고 보아, 사단칠정을 구별할 수 없다고 하였다. 이때의 이기(理氣) 구조가 이기묘합(理氣妙合)을 전제로 함은 물론이다. 그러나 발하기 시작할 때에는 의욕(意欲)이 리에서 발하게 되고 기에서 발하게 되는데, 리에서 발한 것이 사단이요 도심이며, 기에서 발한 것이 칠정이요 인심이라 한다.[41] 여기에서 주리(主理), 주기(主氣)의 다름이 있을 수 있다고 보았으니, 퇴계가 아직 발하기 전 이기(理氣)의 근원처에 따라 발하여 사단칠정이 생긴다고 한 것과는 다르다. 결국 아직 발하기 전일 때 '칠정 속에 사단을 포함한다'는 구조는 기대승, 이이의

39 같은 책, 卷9, 書1, 〈答成浩原〉, "人心道心相爲終始者何謂也? …… 是始以道心, 而終以人心也 …… 是始以人心, 而終以道心也.

40 《退溪全書》, 續集, 卷8, 〈天命圖說〉, "理爲氣之帥, 氣爲理之卒.", 같은 책, 卷12, 〈與朴澤之〉, "理貴氣賤."

41 《牛溪集》, 卷4, 〈第6書〉.

설과 상통하고, 리의 발용 이후에 있어서 사단칠정을 주리(主理), 주기(主氣)로 상대적으로 비교해 보는 것은 퇴계의 설과 상통한다는 점에서 그의 절충적 성격이 잘 나타나 있다.[42]

또한 조익(趙翼)은 기발이이승(氣發而理乘) 위에 다시 이발이기발(理發而氣發)의 논리를 펴, 율곡의 설을 수용하면서도 일면 퇴계 성리학을 수용하는 입장을 취하고 있으며,[43] 임영(林泳)도 율곡의 이기불상리(理氣不相離)의 입장을 따르면서도 기발이승(氣發理乘)은 반대하고 이기(理氣)의 호발(互發)을 주장하여 퇴계의 설을 따랐다.[44]

조성기(趙聖期)는 이기론에서 합이기(合理氣), 기발이승(氣發理乘)의 존재구조를 전제하면서 리의 발용을 부정한다. 이 점에서는 율곡과 견해를 함께한다. 그러나 리의 기에 대한 주재능(主宰能)을 극대화시켜 본다든지, 리를 만물에 명령하는 자, 만물을 낳는 자로 보아 절대리(絶對理) 또는 초월적인 리를 승인하고, '리가 기를 낳는다', '리가 기를 포함한다'고 인정하는 것은 그의 윤리적, 주리적 성격을 보여 주는 것이다. 이는 퇴계의 철학정신과 그 궤를 함께하는 것이다.[45]

박세채는 존재론적 관점에서는 율곡의 기발이승(氣發理乘)을 인정하면서도 가치론적 관점에서는 퇴계의 호발설(互發說)을 인정하였다. 특히

---

42 황의동, 《율곡학의 선구와 후예》, 예문서원, 1999, 235쪽.

43 《浦渚全集》, 卷第22, 〈讀栗谷與牛溪論心性情理氣書〉, "自旣發之後觀之, 則皆氣發而理乘之, 自發之始觀之, 則皆理發而氣發也."

44 《滄溪集》, 卷25, 〈日錄〉, "栗谷謂牛溪旣知理氣之不能一瞬相離, 而猶戀着互發之說. 愚未知所謂理氣不能相離者, 指何理而言乎? 若指淸氣之所以爲善, 濁氣之所以爲惡者, 皆謂之理, 則誠不能以一瞬相離矣. 凡人物之作用 不揀善惡, 無非此氣之所爲, 而氣又皆本於理, 則宜不可以互發言也."

45 황의동, 〈조성기의 철학사상에 관한 연구〉, 《동양철학》, 제9집, 한국동양철학회, 1998, 104~105쪽.

율곡이 사단을 '전언리(專言理)', 칠정을 '겸언기(兼言氣)' 라고 본 것은 퇴계의 호발(互發) 논리와 상통한다고 보았다.

또한 김창협, 김창흡 형제도 퇴계와 율곡의 성리설을 절충하는 입장에 있었다. 김창협은 사단칠정론에서 리의 절대성과 선행(善行)의 자발성을 확보하고자 했던 퇴계의 취지를 율곡의 이론 틀인 기발일도설(氣發一途說) 내에서 해결하고자 하였고,[46] 김창흡도 퇴계와 율곡의 설을 각기 비판하였다.

윤휴도 이기설에서 퇴계의 이기호발설(理氣互發說)과 율곡의 기발이승일도설(氣發理乘一途說)을 절충하여, 이동기수설(理動氣隨說)과 기화이승설(氣化理乘說)을 아울러 주장하였다.[47] 그가 말하는 이동기수(理動氣隨)란 퇴계의 이발기수(理發氣隨)와 다를 바 없고, 기화이승(氣化理乘)이란 율곡의 기발이승(氣發理乘)과 다를 바 없다.

이렇게 볼 때, 기호유학과 영남유학은 성리학에서 극명하게 구별되고 있었다. 기호유학은 이기(理氣)의 조화를 추구한 반면 영남유학은 리의 인식과 실천에 주력하였다. 또한 기호유학은 성리학, 예학, 실학, 의리학, 양명학, 인물성동이론 등 매우 다양한 색채를 띠며 전개되었다면, 영남유학은 의리학 중심으로 전개되는 단조로움을 보여 주었다.

그리고 기호유학은 불교, 도가, 양명학, 화담의 기학 등 이학(異學)에 대해 비교적 개방적이었다면, 영남유학은 퇴계의 양명학 변척(辨斥)에서 보듯이, 정주학(程朱學) 중심의 경직성을 보여 보수적이었음을 알 수 있다. 아울러 양 학파의 철학적 내용도 기호유학의 경우는 의리학, 성리학과 실학을 겸비하고 있지만, 영남유학은 의리학 또는 성리학 중심으로 전

---

46 김용헌, 〈농암 김창협의 사단칠정론〉, 《사단칠정론》, 서광사, 1992.

47 《白湖全書》, 卷25, 雜著, 〈四端七情人心道心說〉.

개되었음도 알 수 있다. 이는 현실적 관심에 있어서도 기호유학은 윤리적 관심과 더불어 민생, 안보, 개혁 등 경세적 우환의식을 가졌다면, 영남유학은 주로 윤리적 측면에서의 우환의식에 관심을 집중했다고 볼 수 있다.

제2장

화담, 퇴계, 율곡의 이기관 비교

제1절 철학적 입장

철학사에서 학설의 차이란 관점 또는 입장의 차이에서 연유한다. 동일한 사태도 입장에 따라 달리 보일 수 있기 때문이다. 사화 시대가 끝나 가고 그 여독이 아직 남아 있는 16세기 전후반을 살았던 화담, 퇴계, 율곡의 학문적 관심은 각기 달랐다. 화담 서경덕은 무엇보다 '자연'을 관조하며 우주자연의 이치를 알고자 했다. 자연세계는 곧 현상세계다. 기(氣)가 만물로 드러난 세계라고 볼 수 있다. 화담의 관심사는 '기(氣)'였다.[1] 그는 스승의 가르침이 아니라 독학자득(獨學自得)한 것으로 알려져 있다. 그러나 그가 비록 일정한 스승의 직접적인 가르침은 받지 않았더라도 주렴계(周濂溪), 장횡거(張橫渠), 소강절(邵康節), 정명도(程明道), 주희(朱熹)의 영향을 받았고, 《주역》과 《중용》의 영향이 컸다.[2] 그의 태허설(太虛說)이나 기의 취산(聚散)이론 등은 장횡거의 《정몽(正蒙)》에서 비롯되고 있는데,[3] 이는 홍인우(洪仁祐)가 화담에게서 《정몽》 〈천도(天道)〉로부터 〈대심

---

1 그의 저술이 집약된 《화담집》을 볼 때 기(氣)에 관한 관심과 성찰이 주류를 이룬다. 비록 그가 글의 제목으로 〈원이기(原理氣)〉, 〈이기설(理氣說)〉을 말하고, 또 이기(理氣)를 병칭하고 리나 태극(太極)에 대한 설명을 부분적으로 하고 있지만, 주된 관심, 논의의 초점은 기였음을 부인하기 어렵다.

2 안병주, 〈서경덕의 기일원론을 읽고〉, 《한국철학연구》, 중, 동명사, 1978, 173쪽.

편(大心篇)〉까지 배웠다는 데에서도 잘 알 수 있다.[4] 또 박순(朴淳; 1523~1589)은 장횡거의 미진한 말을 미루어 언론을 다했으니, 가히 지극히 높고 밝다 할 수 있다고 평하였다.[5] 그러므로 율곡은 화담의 학이 횡거로부터 나왔다고 규정하는 것이다.[6]

또한 화담의 학은 소강절의 영향을 많이 받았다. 그는 평생 소강절의 기수학(氣數學)을 연구, 〈황국경세수해(皇國經世數解)〉, 〈육십사괘방원지도해(六十四卦方圓之圖解)〉, 〈성음해(聲音解)〉 등을 저술하여, 그를 '우리 동국(東國)의 소요부(邵堯夫)'라 일컫기도 하며,[7] 그의 강학은 오로지 주(周), 소(邵)를 으뜸으로 삼았다고 한다.[8] 그는 조화와 귀신, 역(易)과 음양(陰陽)의 극치는 후학들이 《계사전(繫辭傳)》과 주(周), 정(程), 장(張), 주(朱)의 설에서 많은 것을 배울 수 있으니, 요컨대 끊임없이 공부하고 큰 힘을 들인 뒤에야 깨달음이 있게 될 것이라 하였다.[9]

그 밖에도 화담의 학에 영향을 많이 미친 이로 주자를 들 수 있다. 그는 박이정(朴頤正)에게 준 자사(字詞)에서 "공자의 심학(心學)을 주렴계와 정자가 계승하였다. 그리고 선현들의 학문을 넓혀 후학들에게 열어 준 공로는 주자보다 더한 사람이 없을 것이다. 주자가 뭇 성인들의 사상을 계승 발전시키고, 그 본말을 자세히 연구하였다. 그러므로 그의 학설은

---

3 박종홍, 《한국사상사논고》, 서문당, 1977, 62쪽.

4 《花潭集》, 卷3, 遺事, 〈出洪恥齋仁祐日錄〉, "十二日, 謁花潭先生學正蒙, 自天道至大心篇……."

5 같은 책, 卷3, 遺事, 〈出朴思庵淳文集〉, "花潭推張子之未盡言者, 極言竭論, 可謂極高明也."

6 같은 책, 卷3, 〈出李栗谷珥經筵日記〉, "敬德之學, 出於橫渠……."

7 같은 책, 尹塾, 〈花潭先生文集重刊序〉, "……眞一吾東國邵堯夫也."

8 같은 책, 〈出明詩錄〉, "花潭講學, 專以周邵爲宗."

9 같은 책, 卷2, 〈鬼神死生論〉, "又曰, 造化鬼神, 易陰陽之極致處, 後學有多得於繫辭傳周程張朱之說, 要在做工不輟, 大段著力, 然後乃有見爾."

근거 없이 생겨난 것이 아니고 모든 경전을 꿰뚫었다. 학문의 목적을 분명히 제시하여 후세 사람들에게 보여 주었다. 이 분이야 말로 믿고 의지할 만한 분이니, 해나 별처럼 우러러 모셔야 할 것이다. …… 일동일정(一動一靜)이 오직 주자를 본받아야 한다"[10]고 하였다.

이렇게 볼 때, 화담이 학문적으로 장횡거나 소강절의 영향을 많이 받은 것은 분명하지만, 그 밖에도 주렴계, 이정자(二程子), 주자의 영향 또한 간과할 수 없다. 이는 적어도 화담의 학이 송대 성리학에 기반을 두고 있음을 분명히 말해 주는 예증이다.[11]

그런데 화담의 학은 다른 경우와는 달리 자연현상의 관찰로부터 철학적 성찰이 이루어졌다고 볼 수 있다.[12] 일반적으로 유학은 인간의 심성이나 윤리로부터 시작되는데, 화담의 경우는 자연현상에 대한 관찰이 그의 주된 관심사였다. 그는 어려서 나물을 캐러 갔다가 종달새의 비상을 보고 지기(地氣)의 원리를 알게 되었다든지,[13] 김안국(金安國)에게서 부채를 선물 받고, 부채에서 바람이 나는 원리를 깨우치기도 했다.[14]

화담은 본래 사색과 궁리를 즐기고 저술을 좋아하지 않았다. 그가 죽기 2년 전 병석에서 "성현의 말씀은 이미 선유들이 주석을 하였으므로 거듭 말할 바는 없지만, 아직 설파하지 못한 부분은 기록하여 전하지 않으면 안 되겠다"[15]고 하여, 겨우 몇 편의 논문을 베개에 의지하여 서술하였

10 같은 책, 卷2, 〈朴頤正字詞〉, "洙泗心學, 濂洛其嗣, 擴前啓後, 莫盛乎子, 朱子紹述群聖, 搜極源委, 說不虛生, 擧經踐履, 明揭學的, 以示來裔, 是可以依歸, 日星仰之 …… 一動一靜, 惟朱是視."

11 황의동, 《율곡학의 선구와 후예》, 예문서원, 1999, 143쪽.

12 박종홍, 《한국사상사논고》, 59쪽.

13 《花潭集》, 卷3, 〈遺事〉, 出朴南溪世采文集 참조.

14 같은 책, 卷1, 詩, 〈謝金相國惠扇〉 참조.

15 같은 책, 卷3, 附錄1, 〈神道碑銘〉, "先生曰, 聖賢之言已經先儒註釋者, 不必更爲疊床之說. 其

으니, 이것이 〈원이기(原理氣)〉, 〈이기설(理氣說)〉, 〈태허설(太虛說)〉, 〈귀신사생론(鬼神死生論)〉이다. 그는 정자(程子), 장자(張子), 주자(朱子)의 학설에 사생(死生)과 귀신의 정상에 대해 거의 완벽한 이론이 구비되어 있으나 궁극의 이치에 대해서는 설파하지 못했다고 평가하였다. 그 단서만 말하고 궁극의 이치를 말하지 않음으로써 학자들이 스스로 알게 하였다는 것이다. 이러한 이유로 후학들이 그 하나만 알고 둘은 알지 못하매, 그 조잡한 것만 알고 충분히 그 진수를 파악하지 못하게 되었다고 하였다. 그리하여 자신이 세 분 선생의 은밀한 뜻을 받아들이며 동시에 종합하여 논하려고 하였으니, 천고의 의문을 설파할 수 있을 것이라 하였다.[16] 이 글에 화담의 진의가 잘 나타나 있다.

이렇게 볼 때, 화담의 관심사는 사생(死生)과 귀신의 정상 그리고 그의 저술에 나와 있는 자연의 생성변화였다. 기의 구극처(究極處)가 궁금하였고, 기로 인해 펼쳐지는 현상세계의 원리를 파악하는 데 관심을 두었다. 그에게 그것은 선천(先天), 후천(後天)의 논리로 나타났고, 기는 영원히 없어지지 않는다는 기불멸설(氣不滅說)로 드러났다. 화담 평생의 관심사가 자연에 있었고, 기를 통해 그 자연을 설명했던 것이다.[17] 아울러 그의

未說破者, 欲爲之著書, 今病亟如是, 不可無傳…….”

16 같은 책, 卷2, 〈鬼神死生論〉, “程張朱說, 極備死生鬼神之精狀. 然亦未有說破所以然之極致, 皆引而不發, 令學者自得, 此後學之所以得其一而不得其二, 傳其粗而不見十分之精, 某欲採三先生之微旨, 以爲鶻突之論, 亦足以破千古之疑.”

17 화담이 기(氣)만 말하고 리(理)를 말하지 않은 것은 아니다. 이미 〈이기설(理氣說)〉, 〈원이기(原理氣)〉에서 보듯이 저술의 제목에서도 이기(理氣)의 병칭(竝稱)이 보이고, 또 그가 ‘氣外無理 理者 氣之宰也’ (〈理氣說〉), ‘理氣之源’ (〈太虛說〉), ‘理氣所以極妙底’ (〈鬼神死生論〉) 등을 쓴 데서도 이기(理氣)의 병칭을 볼 수 있다. 그러나 화담에게서 자연을 설명하는 중요한 개념은 역시 기이며, 전체적인 사상의 흐름에서도 기 중심의 논리를 잃지 않고 있다. 아울러 화담이 자연의 문제만 논하고 인륜의 문제, 사회적 관심을 전적으로 도외시한 것도 아니다. 〈의상인종대왕논국조대상상제불고지실소(擬上仁

설이 비록 독창적 성격을 짙게 풍기고 있지만, 그 스스로도 말하듯이, 주(周), 정(程), 장(張), 주(朱) 그리고 소강절의 송학에 연원하고 있음을 알 수 있다.

이와는 대조적으로 퇴계의 철학은 인간학의 색채를 짙게 풍기며[18] 동시에 리에 대한 관심이 주를 이룬다.[19] 그의 관심은 도덕적 인간과 도덕적 사회의 실현에 있었으며, 이를 위해 리의 인식과 실천을 강조하였다.[20] 그의 친형 해(瀣)가 을사사화 때 이기(李芑)의 모함으로 무참하게 희생된 이후 그의 목표는 사화 시대의 불의를 광정(匡正)하고 올바른 가치관을 세우는 데 있었다. 그는 성균관 사성에 이른 43세부터 벼슬을 그만두고 낙향의 의지를 갖는다. 이 해부터 52세까지 그는 세 차례나 물러났다 소환당하면서 관직생활을 벗어나 야인생활로 접어들고 있음을 알 수 있다. 이는 50세 이후 그의 관직 대부분이 임명과 불취(不就) 또는 사퇴로 일관되었던 것을 통해 알 수 있다.[21]

퇴계는 무엇을 얼마나 아느냐 하는 앎의 문제보다는 인간다운 삶의 내

宗大王論國朝大喪喪制不古之失疏)〉에서는 생원 신분으로 예법질서를 바로잡아야 한다는 적극적인 주장을 펼치고 있으며, 박이정(朴頤正)에게 준 짧은 글에서도 성선(性善)의 인간관과 성인을 목표로 한 그의 수양론을 볼 수 있다. 또 경(敬), 시의성(時宜性), 주정(主靜)을 강조하는 윤리설을 보여 주고 있다. 그러나 전체적으로 보면 그의 관심은 역시 자연에 있었다는 것을 부인하기 어렵다.

18 채무송, 〈퇴율성리학의 비교 연구〉, 《율곡사상논문집》, 제1권, 율곡문화원, 1973, 66쪽.

19 《退溪集》, 卷16, 〈答奇明彥論四端七情 第2書〉, 別紙 , "蓋嘗深思古今人學問道術之所以差者, 只爲理字難知故耳. 所謂理字難知者, 非略知之爲難, 眞知妙解到十分處爲難耳. 若能窮究衆理, 到得十分透徹, 洞見得此箇物事, 至虛而至實, 至無而至有, 動而無動, 靜而無靜, 潔潔淨淨地, 一毫添不得, 一毫減不得, 能爲陰陽五行萬物萬事之本, 而不囿於陰陽五行萬物萬事之中, 安有雜氣而認爲一體看作一物耶?"
안병주, 〈퇴계의 학문관〉, 《퇴계 이황》, 예문서원, 2002, 161쪽.

20 이완재, 〈퇴계의 인간관〉, 《퇴계 이황》, 예문서원, 2002, 135쪽.

21 《退溪全書》, 〈年譜〉 참조.

용과 형식에 더욱 관심이 깊었다.[22] 그는 어떻게 하면 정치적 정의가 확립되고 사회정의가 실현되며, 인간 모두가 도덕이성에 의해 자율적으로 살 수 있는가를 고뇌하였다. 불의의 시대에 처했을 경우 직접 정치 현실에 적극적으로 참여하여 부정과 불의를 시정하는 길도 있으나, 퇴계의 경우는 교육과 교화를 통해 올바른 가치관을 함양하고, 한 시대의 모범이 되어 도덕적 질서를 구현하고자 했다.

그러므로 퇴계의 일차적인 관심은 신도 아니고 자연도 아닌 인간이었다.[23] 하늘로부터 부여받은 선한 인간본성을 실현하여 모두가 인인군자(仁人君子)가 되는 데 있었다. 이러한 관점에서 기보다는 리에 관심이 많았고, 소이연지리(所以然之理)보다는 소당연지리(所當然之理)에 더욱 관심이 많아 순수의리학적 특성을 갖게 되었다.[24]

이에 비해 율곡의 경우는 천인합일(天人合一)의 관점에서 인간과 자연 모두에 관심을 갖는다. 인간에 대한 관심이 우선이지만, 그 인간은 자연과 유기적 관계에 놓여 있기 때문이다. 율곡이 인심도심을 설명하든, 사단칠정을 설명하든 그것은 천지 즉 우주자연과 밀접히 연관되어 있다.[25] 화담이 자연에 경도되어 있었고, 퇴계가 인간에 관심을 집중했다면, 율곡은 자연과 인간을 유기적으로 보았다. 그리고 그 속에서 율곡은 리와 기의 유기적 관계를 성찰한다. 화담이 기에 주목하였고, 퇴계가 리에 주목했다면, 율곡은 이기 양자에 대한 관심을 놓지 않는 데 특징이 있다. 리가

---

22 유승국,《동양철학연구》, 근역서재, 1983, 215~216쪽.

23 퇴계의 철학적 관심이 인간에 있었다는 것은 그의 저술 속에서 잘 드러난다. 그의 문집의 주류를 이루는 사단칠정(四端七情), 인심도심(人心道心), 본연지성기질지성(本然之性氣質之性), 천리인욕(天理人欲), 선악(善惡), 경(敬) 등의 문제가 모두 인간의 문제였다.

24 배종호,《한국유학사》, 연세대출판부, 1978, 81쪽.

25 《栗谷全書》, 卷10, 書2, "天地之化, 卽吾心之發也……."

있으면 반드시 기가 있어야 하고, 기가 있으면 반드시 리도 있어야 하는 것이다. 달리 말하면 리 없는 기가 없고, 기 없는 리가 없는 것이다.

또한 화담은 자연의 존재현상에 대한 탐구가 주였고, 퇴계는 인간 그리고 그 인간의 심성구조와 행위가 문제였다면, 율곡은 자연과 인간의 존재론적 탐구 그리고 사회적 성찰에도 깊은 관심을 기울였다. 퇴계가 가치론 또는 윤리적 관점에서 인간을 해명하고 자연을 해명하고자 했다면, 율곡은 천인합일 즉 자연과 인간의 유기적 관련 속에서 존재의 신비에 몰두했다. 그것이 그의 이기지묘(理氣之妙)에 대한 통찰이다.[26] 형이상자인 리와 형이하자인 기, 전혀 다른 이기(理氣)가 어떻게 하나의 존재양태로 있느냐에 그의 관심이 집중되었다. 존재의 내면구조, 그리고 이에 대한 철학적 통찰이 율곡에게는 중요한 문제였다. 이러한 퇴(退), 율(栗) 양자의 관점의 차이, 입장의 차이는 학설과 주장의 차이를 필연적으로 수반할 수밖에 없었다.

26 율곡은 선유들에 의해 간헐적으로 사용되어 온 '이기지묘(理氣之妙)'를 자신의 철학적 화두로 삼고, 이를 체계화했다. 그는 자신의 문집에서 이기지묘를 설명할 때마다 '묵험(默驗)', '완색(玩索)', '체구(體究)', '활간(活看)' 등으로 부연 설명하거나 강조하고 있고, 이기지묘는 참으로 보기도 어렵고 설명하기도 어렵다(難見亦難說)고 하였다. (황의동, 《율곡사상의 체계적 이해 1》, 서광사, 1998 참조)

제2절 리(理)에 대한 인식

화담, 퇴계, 율곡이 모두 이기(理氣)를 말하지만, 그 개념과 성격 그리고 역할에 대한 해석에는 각기 차이가 있다. 이런 점에서 성리학을 모두 하나의 잣대로 단정하는 것은 매우 위험한 일이다. 화담은 기(氣)로써 이 세계와 사물을 설명한다. 이 세계는 기의 현현(顯現)이다.[1] 선천일기(先天一氣)는 본래 고요하고 맑고 순수하다. 이를 '담일청허(湛一淸虛)', '담연허정(湛然虛靜)', '담연무형(湛然無形)'이라 표현한다.[2] 가치적으로는 리의 순선(純善)과 다를 바 없다. 그러나 기는 속성상 움직이지 아니할 수 없다. 자연세계는 물리적이든, 화학적이든 변화를 일삼는다. 기의 움직임이요 기의 발용이다. 화담은 기가 아직 움직이지 아니한 고요한 본체를 가리켜 선천(先天)이라 불렀다. 그리고 이 선천의 기가 움직여 음양으로 변화를 교대하고, 모이고 흩어지고, 오르고 내리고, 열렸다 닫혔다 하는 때를 가리켜 후천(後天)이라 하였다. 만물의 현현은 이 후천의 때에 비로

---

1 《花潭集》, 卷2, 〈鬼神死生論〉, "吾亦曰, 死生人鬼, 只是氣之聚散而已. 有聚散而無有無, 氣之本體然矣, 氣之湛一淸虛者, 彌漫無外之虛, 聚之大者爲天地, 聚之小者爲萬物, 聚散之勢, 有微著久遠耳."

2 같은 책, 卷2, 〈鬼神死生論〉, "氣之湛一淸虛者……", 〈原理氣〉, "太虛, 湛然無形, 號之曰先天 …… 其湛然虛靜, 氣之原也."

소 이루어진다.[3] 화담에 따르면 리는 선천의 영역에서는 드러나지 않다가 후천의 때에야 비로소 드러난다고 말한다. 기가 능히 열리고 닫히고 움직이고 고요하고 낳고 극복되지 않을 수 없는 까닭의 근원을 이름하여 태극(太極)이라 하였다. 그런데 기 밖에 리가 없으니, 리는 기의 주재라고 한다. 소위 주재(主宰)란 밖으로부터 와서 주재하는 것이 아니라, 그 기의 작용에 있어서 소이연(所以然)의 바름을 잃지 않게 하는 것을 가리켜 주재라 한다.[4] 여기에서 태극(太極)이나 리(理)는 분명히 기를 주재하는 것으로 그 기능이 규정된다. 또 리는 기의 동정(動靜), 합벽(闔闢), 취산(聚散), 생극(生克)에서 그 소이가 되는 것이므로 '그 소이(所以)를 말해 리라 한다'고 한다. 이렇게 보면 화담의 리는 주자나 퇴계, 율곡이 말하는 리와 다를 바가 없다. 그러나 좀 더 깊이 있게 논구해 보면 그 차이를 알 수 있다.

화담에게 리(理)는 기(氣)와 대립하는 실체이거나 기의 밖에 따로 존재하면서 기의 작용을 주재하는 것이 아니라, 기의 속성으로서 기의 취산(聚散)작용에 의해 만물이 생성변화할 때, 그 올바른 방향을 잃지 않고 제대로 작용하게 하는 기에 내재하는 법칙성임을 알 수 있다.[5] 화담철학에서 리와 기는 기로부터 리가 파생되는 종속적 관계나 리와 기가 별개의 시원적(始原的) 존재로 양립하는 이원적(二元的) 관계로 있는 것이 아니

3 같은 책, 卷2, 雜著, 〈原理氣〉, "太虛, 湛然無形, 號之曰先天, 其大無外, 其先無始, 其來不可究, 其湛然虛靜, 氣之原也 …… 一氣之分, 爲陰陽, 陽極其鼓而爲天, 陰極其聚而爲地, 陽鼓之極結其精者爲日, 陰聚之極結其精者爲月, 餘精之散爲星辰, 其在地爲水火焉. 是謂之後天, 乃用事者也."

4 같은 책, 卷2, 雜著, 〈原理氣〉, "倏爾躍, 忽爾闢, 孰使之乎? 自能爾也. 亦自不得不爾, 是謂理之時也.", 〈理氣說〉, "……原其所以能闔闢, 能動靜, 能生克者而名之曰太極, 氣外無理, 理者氣之宰也. 所謂宰, 非自外來而宰之, 指其氣之用事, 能不失所以然之正者而謂之宰."

5 정대환, 〈서경덕의 천인관〉, 《조선조성리학연구》, 강원대출판부, 1992, 179쪽.

라, 리는 기 자신의 운동법칙으로서 본래 기에 내재해 있는 것이다.[6] 따라서 화담에게 리의 주재란 주자나 율곡에서처럼 상보적 의미로 사용된 것이 아니다. 예컨대 화담에게서는 만일 리의 기에 대한 주재가 없으면 기의 운동 변화의 기능 자체가 불가한 것은 아니다. 다만 리의 주재는 기의 변화 자체가 갖는 합리적인 궤도 또는 법칙의 의미를 넘어서는 것이 아니다.[7] 크게는 해, 달, 별의 위치와 운행에 따른 우주의 질서로부터 작게는 세포나 분자의 구조와 기능에 이르기까지 정연한 질서가 섬세하게 그 기 안에 갖추어 있다고 보았다.[8] 화담은 기 속에 이미 갖추어진 자연한 질서 그것을 리라 보고, 이 리는 기의 운동이 시작되는 즈음에야 그 역할을 논할 수 있다고 본 것이다. 따라서 리의 주재나 소이는 타자로서의 기에 대한 영향이 아니라, 기 자체 안에 가지고 있는 기 운동의 질서정연한 조리를 의미하는 것이다. 결국 리는 기라는 실체에 그 속성으로서 내속(內屬)해 있는 것으로,[9] 독립적인 실재가 아니다.[10]

그러면 퇴계에게 리는 어떠한 것인가? 퇴계도 이 세계는 리와 기가 오묘하게 합해진 세계라고 생각한다.[11] 리와 기는 존재 구성의 필요조건이다. 이렇게 보면 리는 기와 함께 있어야 할 상대적 동반자요 반려자다. 즉

---

6 신동호, 〈화담 서경덕〉, 《한국인물유학사 1》, 한길사, 1996, 457쪽.

7 김교빈, 〈서화담의 기철학에 대한 고찰〉, 《동양철학연구》, 제5집, 동양철학연구회, 1984, 31쪽.

8 김영달, 〈서경덕의 기일원론 사상연구〉, 《철학연구》, 제10집, 한국철학연구회, 1970, 75쪽.

9 하기락, 〈서경덕의 주기설〉, 《조선철학사》, 형설출판사, 1992, 589쪽.

10 이동준, 〈16세기 한국성리학파의 역사의식에 관한 연구〉, 성균관대대학원(박사), 1975, 167쪽.

11 《退溪全書》, 卷36, 書, 〈答李宏仲問目〉, "天下無無理之氣, 無無氣之理, 四端理發而氣隨之, 七情氣發而理乘之."

상대적인 리다.

그러나 퇴계에게서는 리에 대한 절대적 규정, 리에 대한 신성한 이해가 특징적으로 보인다. 그는 리야말로 지극히 높아 상대할 것이 없으니, 만물에 명령을 하는 것이지 명령을 받는 것이 아니라 한다. 임금이 본래 높아 상대할 것이 없는 것처럼, 리는 본래 그 높음이 상대할 것이 없어 만물에 명령을 하는 것이지 그 어떤 것의 명령을 받는 것이 아니라 한다. 따라서 기와는 상대할 바 아니라 한다.[12] 여기에서 퇴계의 리는 기와 마주서 있는 리, 즉 이기이원(理氣二元)의 리가 아니라 절대적인 리로 규정되고 설명된다. 리는 이 세계의 이법(理法)이요 신이요 절대자다. 퇴계는 기 없이도 있을 수 있는 리를 상정(想定)한다. 이 세계는 리의 현현(顯現)이다. 기는 리로부터 파생된 2차적 존재에 불과하다. 이렇게 되면 이일원(理一元)의 존재관도 상정해 볼 수 있다.[13] 그리고 그 리는 만물생성의 리로 확대 해석된다. 퇴계는《주역》의 '역유태극(易有太極) 시생양의(是生兩儀)'의 생자(生字)를 생성론적(生成論的)으로 이해한다.[14] 또 주렴계의 '태극동이생양(太極動而生陽)'의 생자(生字)를 역시 생성론적으로 이해한다.[15] 이러한 퇴계의 해석은 주자나 율곡과는 다른 것이다. 여기에서 한 걸음 더 나아가 퇴계는 리를 활물시(活物視)하고 리의 능동성을 인정한다.[16] 이것이 그의 성리학적 특성이라 할 수 있는 이기호발설(理氣互發說)

---

12 같은 책, 卷13, 書, 〈答李達李天機〉, "理本其尊無對, 命物而不命於物, 非氣所當勝也 …… 比如王者本尊無對……."

13 정성철, 《조선철학사》, 좋은 책, 1988, 65쪽.

14 《退溪全書》, 卷41, 雜著, 〈非理氣爲一物辨證〉, "今按孔子周子明言陰陽是太極所生, 若曰理氣本一物, 則太極卽是兩儀, 安有能生者乎?"

15 같은 책, 卷25, 〈答鄭子中別紙〉, "蓋理動則氣隨而生, 氣動則理隨而顯. 濂溪云太極動而生陽, 是言理動而氣生也."

16 같은 책, 卷18, 〈答奇明彦別紙〉, "無情意造作者, 此理本然之體, 其隨寓發見, 而無不到者, 此

이요 이자도설(理自到說)이다. 퇴계의 이발(理發)에 대한 해석에 대해서는 아직도 다양한 논의가 분분하지만, 논자는 퇴계가 실제적인 리의 발용을 인정한 것으로 이해한다. 퇴계의 이발(理發)이 기와의 관계에서 오는 간접적인 작용이라면 율곡과 다를 바가 없다. 그것은 곧 '성발위정(性發爲情)'의 성발(性發)과 같은 의미라면 달리 율곡과 구별할 필요가 없기 때문이다. 이렇게 볼 때, 퇴계의 리에 대한 인식은 무엇보다 리의 이중개념을 적용하고 있다는 데 특징이 있다.[17] 그는 기본적으로는 이기이원(理氣二元)의 상대적인 리 개념을 전제하면서도 그의 간절한 윤리적 소명의식은 절대적인 리 개념을 놓지 않는다. 리의 진리성을 전제로 리에 대한 믿음, 리에 대한 가치적 우위 확보, 순선(純善)한 리의 견지가 퇴계철학의 정신이자 목표였다.

그러면 율곡은 리를 어떻게 이해하고 있는가? 율곡의 리에 대한 이해는 주자와 같다고 볼 수 있다. 그는 이 세계를 이기이원의 존재구도로 이해하고, 리와 기가 오묘하게 합해 있는 것이 존재의 실상이라 보았다.[18] 이를 그는 이기지묘(理氣之妙)라 하였는데,[19] 달리 기발이승(氣發理乘), 이통기국(理通氣局)이라고도 표현하였다.[20] 율곡에게 리는 분명히 기와

理至神至用也. 向也, 但有見於本體之無爲, 而不知妙用之能顯行, 殆若認理爲死物, 其去道不亦遠甚乎?"

17 황의동, 〈퇴계의 리에 대한 고찰〉, 《청주대인문과학논집》, 제6집, 청주대인문과학연구소, 1987, 259쪽 참조.

18 《栗谷全書》, 卷10, 書2, 〈理氣詠呈牛溪道兄〉(小註), "理氣本合也, 非有始合之時, 欲以理氣二之者, 皆非知道者也.", 같은 책, 卷10, 書2, 〈答成浩原〉, "理, 形而上者也, 氣, 形而下者也. 二者, 不能相離."

19 같은 책, 卷20, 〈聖學輯要〉, 2, 修己, 上, "理, 氣渾然無間, 元不相離, 不可指爲二物. 故程子曰, 器亦道, 道亦器. 雖不相離, 而渾然之中, 實不相雜, 不可指爲一物. 故朱子曰, 理自理, 氣自氣, 不相挾雜, 合二說而玩索, 則理氣之妙, 庶乎見之矣."

20 같은 책, 卷20, 〈聖學輯要〉, 2, "理, 無爲而氣有爲, 故氣發而理乘.", 같은 책, 卷10, 書2,

함께 있는 리다. 퇴계처럼 기 없이도 있을 수 있는 리란 애당초 인정되지 않는다. 본체세계에서나 현상세계에서나 모두 리는 기와 함께 있다. 기를 초월해 있는 리란 인정되지 않는다.[21] 이 점이 퇴계와 다른 점이다. 율곡은 리가 형이상자로서 일체 존재의 근거이자 기 발용의 근본이 된다고 생각한다. 이를 리의 주재(主宰), 소이(所以), 근저(根柢)라고 말한다.[22] 여기에서 주재, 소이, 근저란 리가 기 운동의 표준(本)으로서 기가 여차여피(如此如彼)하게 운동할 수 있게 해 주는 까닭 또는 가능 근거가 됨을 말한다. '리가 기의 표준이 된다'는 것은 '리가 이 세계의 이념적 주재자'라는 말이요, '리는 무위(無爲)하므로 기를 통해서만 실현된다'는 것은 '리의 주재는 이념적 차원에 그칠 뿐, 현실을 주도하는 것은 기'라는 말이다.[23]

율곡도 이일분수(理一分殊)를 말한다.[24] 리를 체용일원(體用一源)으로 본 설명이다. 이일지리(理一之理)와 분수지리(分殊之理), 통체일태극지리(統體一太極之理)와 각구일태극지리(各具一太極之理) 즉 리의 체용을 하나로 본 설명이다. 또 율곡은 리를 무형(無形), 무위(無爲)로 설명한다. 리는 형이상자이므로 형상이 없다. 형상이 없다는 말은 시간과 공간의 제약을 받지 않는다는 말이다. 그러므로 리는 언제 어디서나 두루 통하므로 이통(理通)이라 한다. 이에 반해 기는 형이하자이므로 형상이 있다. 형상이 있

〈答成浩原〉, "理無形, 而氣有形 故理通而氣局."

21 같은 책, 卷10, 書2, 〈答成浩原〉, "理氣之妙, 難見亦難說. 夫理之源一而已矣, 氣之源亦一而已矣. 氣流行而參差不齊, 理亦流行而參差不齊. 氣不離理, 理不離氣. 夫如是, 則理氣一也."

22 같은 책, 卷10, 書2, 〈答成浩原〉, "夫理者, 氣之主宰也, 氣者, 理之所乘也. 非理, 則氣無所根柢, 非氣, 則理無所依著."

23 이상익, 《기호성리학논고》, 심산, 2005, 175쪽.

24 《栗谷全書》, 卷9, 書1, 〈答成浩原〉, "夫本然者, 理之一也, 流行者, 分之殊也. 舍流行之理, 而別求本然之理, 固不可."

다는 말은 시간과 공간의 제약을 받는다는 말이다.[25] 그러므로 기는 시공(時空)에 국한되므로 기국(氣局)이라 한다. 또한 율곡은 리는 그 스스로 운동하거나 작용하지 않는 것, 즉 발하지 않는 것으로 규정하였다. 율곡에게는 본체나 현상을 막론하고 리는 발하지 않는 것이다.[26] 왜냐하면 리가 만약 시간과 공간에 따라 달리한다면 이는 이미 리가 아니기 때문이다. 이러한 관점에서 율곡은 퇴계의 이발(理發)을 비판하게 된다. 이에 대한 구체적인 논거와 논리는 뒤에서 논하기로 한다.

이렇게 볼 때, 화담, 퇴계, 율곡이 모두 리를 말하지만, 세 사람의 리에 대한 개념규정과 성격 그리고 역할은 조금씩 차이를 보이고 있다.

---

25 같은 책, 卷10, 書2, 〈答成浩原〉, "理通者何謂也? 理者, 無本末無先後也 …… 氣局者何謂也? 氣已涉形迹, 故有本末也, 有先後也."
황의동, 《율곡사상의 체계적 이해 1》, 서광사, 2001, 146~147쪽.

26 《栗谷全書》, 卷10, 書2, 〈答成浩原〉, "退溪之病, 專在於互發二字. 惜哉! 以老先生之精密, 於大本上, 猶有一重膜子也."

제3절 기(氣)에 대한 인식

성리학에서 기(氣)는 음양(陰陽), 오행(五行)으로도 설명된다. 이 세계는 기의 현현(顯現)이다. 기는 음양의 기로 나누어 볼 수 있고, 이는 다시 금(金), 목(木), 수(水), 화(火), 토(土)의 오행(五行)으로 나누어 볼 수 있으며, 이 오행의 기가 서로 얽혀 만물이 생성된다고 본다. 기는 리를 실현하는 자구(資具)다. 리가 하나의 이치, 관념에서 벗어나 구체적 실제로 나타나게 됨은 기로 인한 것이다. 리는 기를 통해 실현되고 구상화된다. 달리 말하면 기는 리를 담는 그릇(器)과 같고, 리는 기를 타고(乘) 실현된다.

화담은 이 세계를 기의 현현(顯現)으로 보았다. 인간과 사물을 포함한 일체의 존재 즉 하늘과 땅, 해와 달과 별 그리고 인간, 한 포기의 풀, 한 그루의 나무에 이르기까지 모두가 기의 현현이라고 보았다. 화담에게 기는 일체 존재의 근원적 실재다. 하나의 기가 나뉘어 음양의 둘이 되는데, 양(陽)이 그 고동을 다하여 하늘이 되고, 음(陰)이 그 뭉침을 다하여 땅이 된다. 양동(陽動)의 끝에 그 뭉친 정기(精氣)가 해가 되고, 음취(陰聚)의 끝에 그 뭉친 정기(精氣)가 달이 되고, 나머지 정기가 흩어져 뭇 별이 되며, 땅 위에서는 물과 불의 두 정기가 된다. 또 삶과 죽음, 사람과 귀신도 기의 모임과 흩어짐에 불과하다.[1] 기가 모이면 만물이 생성되고 흩어지면 소멸하는 것이다.

그런데 그 기의 본체인 태허(太虛)는 맑고 텅 비어 있으며 고요하다.[2] 화담은 기의 본연은 담일청허(湛一淸虛)하거나 담연청허(湛然虛靜)하다고 말한다.[3] 기가 아직 작용하지 아니한 본체상에서는 담연(湛然)하고 청허(淸虛)하다는 것이다. 이러한 화담의 기의 본원(本源)에 대한 긍정적 관점은 그것이 비록 변화를 그 본질적 속성으로 삼는다 해도 기 철학이 결코 부정의 철학으로 과소평가될 수 없는 까닭이다. 또한 화담에 따르면 기는 무형(無形), 무성(無聲), 무취(無臭)로 감각적 경험을 초월한다. 그리하여 잡으려 해도 잡히지 않아 없는 것 같다.[4] 기는 시간적으로 시작도 없고 끝도 없어 영원하다. 기의 본체는 모였다 흩어졌다 함은 있어도 그것의 있고 없음은 없다. 한 포기의 풀, 한 그루의 나무 같은 것일지라도 그 기는 마침내 흩어지지 않으며, 더구나 사람의 정신이나 지각같이 크고 또 오래 걸려 뭉쳐진 것은 더 말할 필요가 없다. 비록 한 조각 촛불의 기일지라도 그것이 눈 앞에서 사라져 버림을 보지만, 그 나머지 기는 마침내 흩어지지 아니하니 어찌 이를 일러 다 없어졌다고 말할 수 있겠는가?[5] 이처럼 화담은 기를 시작도 없고 끝도 없으며, 그것은 영원히 없어지지 않는다 하여, 기의 항존성(恒存性) 또는 불생불멸(不生不滅)을 주장하였다. 기는 또 우주 공간에 빈틈없이 꽉 차 있으며, 그 크기가 바깥이 없다. 따라서 기는 일체 형상 있는 것들의 바깥을 감싸고 있고 형상 있는 것들은 기의 가운데에 실려 있다. 이렇게 기는 일종의 무한한 공간개념으로

---

1 《花潭集》, 卷2, 〈鬼神死生論〉, "……死生人鬼, 只是氣之聚散而已."

2 같은 책, 卷2, 〈原理氣〉, "太虛, 湛然無形……."

3 같은 책, 卷2, 〈原理氣〉, "其湛然虛靜, 氣之原也."

4 같은 책, 卷2, 〈原理氣〉, "……然把之則虛, 執之則無. 然而却實, 不得謂之無也."

5 같은 책, 卷2, 〈鬼神死生論〉, "雖一片香燭之氣, 見其有散於目前, 其餘氣終亦不散, 烏得謂之盡於無耶?"

모든 것들이 존재하는 장(場)이며 동시에 그 속을 빈틈없이 꽉 채우고 있다.[6] 이러한 의미에서 기는 태허(太虛)와 상통되고 밀접한 의미 연관을 갖는다.[7] 또 기는 그 스스로 운동, 변화, 작용한다. 기가 갑자기 뛰기도 하고 홀연히 열리기도 하는데, 그것은 무엇이 그렇게 하는가? 화담에 따르면 기의 기(機)가 저절로 그럴 뿐이다. 또 스스로 그렇게 하지 않을 수가 없다. 기가 고요했다 움직였다 하지 않을 수가 없으며, 닫혔다 열렸다 하지 않을 수 없다. 그것은 무슨 까닭인가? 기의 기(機)가 스스로 그런 것이다.[8] 이처럼 기는 그 외부의 어떤 도움 없이도 스스로 운동 변화하는데, 그것이 바로 이른바 '기자이(機自爾)' 이다.[9] 이와 같이 화담은 기를 일체 존재를 설명하는 근원적 실재로 규정하였고, 이 세계는 기의 운동 변화로 설명하였다. 이때 기의 본체 즉 아직 작용하지 아니한 때를 가리켜 선천이라 하였고, 기가 운동 작용하여 만물이 생성 변화되는 때를 가리켜 후천이라 설명한 것은 특징적이다.[10]

그러면 퇴계는 기를 어떻게 보고 있는가? 퇴계의 기에 대한 설명은 매우 소략하다. 퇴계도 다른 성리학자들과 마찬가지로 이기이원(理氣二元)의 존재관을 전제한다. 그러므로 이 세계, 모든 사물들은 형이상자인 리와 형이하자인 기로 되어 있다.[11] 그러므로 도(道)는 기(器)를 떠나지 아

---

6 같은 책, 卷2, 〈原理氣〉, "彌漫無外之遠, 逼塞充色, 無有空闕, 無一毫可容間也."

7 같은 책, 卷2, 〈理氣說〉, "無外曰太虛, 無始者曰氣, 虛卽氣也. 虛本無窮, 氣亦無窮. 氣之源, 其初一也."

8 같은 책, 卷2, 〈原理氣〉, "倏爾躍, 忽爾闢, 孰使之乎? 自能爾也. 亦自不得不爾, 是謂理之時也."

9 같은 책, 卷2, 〈原理氣〉, "不能無動靜無闔闢, 其何故哉? 機自爾也."

10 같은 책, 卷2, 〈原理氣〉, "太虛, 湛然無形, 號之曰先天 …… 一氣之分, 爲陰陽, 陽極其鼓而爲天, 陰極其聚而爲地, 陽鼓之極結其精者爲日, 陰聚之極結其精者爲月, 餘精之散爲星辰, 其在地爲水火焉, 是謂之後天."

니하고, 기(器)는 도(道)를 떠나지 아니하며, 리와 기는 본래 상수(相須)하여 체가 되고, 상대(相對)하여 용이 되므로, 진실로 리 없는 기가 있지 아니하고 기 없는 리가 있지 아니하다. 마찬가지로 사단을 이발이기수지(理發而氣隨之), 칠정을 기발이이승지(氣發而理乘之)라 설명하여, 사단칠정의 인간 감정도 이기(理氣)의 묘합구조임을 분명히 하였다.[12] 아울러 인간의 한 몸도 이기의 묘합임을 단언하였다.[13]

그러면 퇴계는 기를 어떻게 설명하고 있는가? 그는 모상(貌象)과 형기(形氣)가 있어서 육합(六合)의 안에 가득 차 있는 것이 모두 기(器)요, 그 갖추고 있는 리는 도(道)라고 하였다.[14] 예컨대 《시경》의 '연비여천(鳶飛戾天) 어약우연(魚躍于淵)'에서, 솔개가 하늘에서 날고 물고기가 연못에서 뜀은 기의 소위(所爲)이고, 그 기가 동작운용(動作運用)하는 소이는 리라 하였다.[15] 이와 같이 퇴계도 성리학 일반의 설명과 마찬가지로 기를 리의 의착처 또는 리를 담는 그릇과 같이 보았고, 운동 작용의 당체는 기라고 보아 현상세계의 모든 운동 변화를 기에 돌렸다. 이러한 기의 설명은 이기이원(理氣二元)의 존재관에서 리와 함께 설명되어진 것이라고 볼 수 있다.

그러나 퇴계는 인간의 심성세계를 설명하면서, 기의 가치 규정과 역할 그리고 그 위상에 대해 비교적 부정적 시각에서 평가하고 있다. 퇴계는 본래 사단을 리의 발로 설명하여 아예 기를 배제하고 싶었다. 고봉의 끈

---

11 《退溪全書》, 卷36, 書, 〈答李宏仲問目〉, "天下無無理之氣, 無無氣之理.", 같은 책, 卷35, 書, 〈答李宏仲〉, "大要死稿土塵亦莫不有其氣, 有其氣便有其理."

12 같은 책, 卷16, 書, 〈答奇明彦論四端七情 第2書〉, "四則理發而氣隨之, 七則氣發而理乘之."

13 같은 책, 卷16, 書, 같은 글, "人之一身, 理與氣合而生."

14 같은 책, 卷35, 書, 〈答李宏仲〉, "凡有貌象形氣而盈於六合之內者皆器也, 而其所具之理卽道也."

15 같은 책, 卷40, 書, 〈答喬姪問目〉, "其飛其躍固是氣也, 而所以飛所以躍者, 乃是理也."

질긴 질문에 하는 수 없이 이발(理發) 뒤에 '기수지(氣隨之)' 세 글자를 덧붙이기는 했지만,[16] 그의 본심은 사단이라는 도덕적 특수감정은 리의 발이라야 한다고 확신하였다. 이는 그가 얼마나 기를 부정적으로 보고 있는지 잘 말해 주는 것이다. 즉 퇴계는 담일(湛一)한 기의 본원(本原)은 악이라 할 수 없다고 하면서도, 기가 어찌 순선(純善)할 수 있겠느냐고 반문한다. 그리고 기의 본원이 순선할 수 있는 까닭은 리의 주재로 가능하다고 말한다.[17] 율곡이 기의 본연을 담일청허(湛一淸虛)하다고 말하는 것과는 다르다. 퇴계에게는 기의 본원의 순선도 리의 주재에 의해서만 가능하다는 논리다. 따라서 순선의 리를 지키기 위해서는 리로부터 기를 격리(隔離)시켜야 한다. 이러한 그의 기에 대한 불신과 부정적 인식은 이귀기천(理貴氣賤), 이존기비(理尊氣卑)의 가치적 위계를 확연히 하게 하는 것이며, 또한 주자의 이기불상잡(理氣不相雜)의 정신을 계승하여 리와 기의 가치적 혼동, 선과 악의 혼동을 극력 경계하게 되었다. 여기에 리를 지극히 높이고 중시하면서 반면 기를 지극히 경시하고 경계하는 그의 색다른 이기관(理氣觀)이 나타났던 것이다. 역시 이는 그의 윤리적 관점, 가치 중심의 철학경향에서 연유한 것이다.

다음으로 율곡은 기를 어떻게 인식하고 있는가? 율곡은 근본적으로 이기지묘(理氣之妙)의 관점에서 이 세계를 리와 기가 오묘하게 합해진 세계로 본다. 물론 리와 기가 떨어져 있다가 어떤 시간적 계기에 합해졌다는 말이 아니라 본래 합해 하나로 있다고 한다.[18] 그러므로 율곡에게는 기

---

16 같은 책, 卷16, 書, 〈答奇明彦論四端七情 第2書〉, "四則理發而氣隨之……."

17 같은 책, 卷39, 書, 〈答李公浩問目〉, "湛一氣之本, 當此時, 未可謂之惡. 然氣何能純善, 惟是氣未用事時, 理爲主, 故純善耳."

18 《栗谷全書》, 卷10, 書2, 〈理氣詠呈牛溪道兄〉, "理氣本合也. 非有始合之時, 欲以理氣二之者, 皆非知道者也."

도 리만큼 중요한 의미를 갖는다. 왜냐하면 리나 기 그 어느 하나만으로는 하나의 존재가 되기에 부족하기 때문이다. 하나의 존재란 리와 기를 반드시 요구한다. 리 없는 기도 없고 기 없는 리도 없다.[19] 존재구조상으로 보면 리도 그 홀로는 불완전자요 기도 그 홀로는 불완전자다. 리나 기는 그 홀로는 반쪽에 지나지 않는다. 리도 중요하지만 기도 중요하다. 율곡의 이기지묘(理氣之妙)의 정신은 리의 가치와 함께 기의 가치도 중요하다고 인식하는 데 특징이 있다.[20] 퇴계에 의해 경시되고 비하(卑下)되었던 기의 의미가 율곡에 의해 긍정적으로 평가된 것이다. 물론 율곡도 인간의 심성세계, 수양론에서 리 중시의 유교적 전통을 벗어나는 것은 아니지만, 퇴계와는 달리 기의 위상과 의미를 긍정적으로 재평가한 것은 율곡의 특징이다.

이미 앞에서 설명했듯이, 율곡은 기를 유형(有形), 유위(有爲)로 설명한다. 형이상자이므로 유형(有形)이라는 것인데, 이는 시간과 공간의 제약을 받는다는 말이다. 또 기가 유위(有爲)라는 말은 일체의 운동 작용, 변화는 기가 하는 것이라고 단언한다. 율곡에 따르면 기는 변화를 일삼기 때문에 인간의 심성수양에서 악의 발생 문제를 야기한다. 그러나 율곡은 퇴계와는 달리 기의 변화성을 도리어 수양론의 근간으로 삼는다. 즉 기질 변화를 통해 본성을 회복할 수 있다고 생각한다.[21] 그리고 사회적으로는 기의 유위성(有爲性)을 변화와 진보의 동력으로 이해하여 경장론(更張論)

---

19 같은 책, 卷10, 書2, 〈答成浩原〉, "夫理之源一而已矣, 氣之源亦一而已矣 …… 氣不離理, 理不離氣."

20 황의동, 〈율곡의 이기설에 관한 고찰〉, 《동서철학연구》, 제3호, 한국동서철학연구회, 1986, 126쪽.

21 《栗谷全書》, 卷10, 書2, 〈答成浩原〉, "聖賢之千言萬言, 只使人撿束其氣, 使復其氣之本然而已."

의 근거로 삼는다.

이렇게 볼 때 화담, 퇴계, 율곡이 모두 기를 말하지만, 리와 마찬가지로 각기 그 개념규정과 역할, 위상이 조금씩 차이가 남을 알 수 있다. 이는 세 사람의 이기관(理氣觀)의 차이를 말해 주는 것이며 철학적 관점과 입장의 차이에서 비롯되는 것임을 알 수 있다.

제4절 이기(理氣)의 관계 및 상호 역할과 위상

위에서 화담, 퇴계, 율곡의 철학적 관점과 이기(理氣)에 대한 견해를 소개하였다. 이제 이를 바탕으로 세 사람의 이기관(理氣觀)을 비교, 검토하기로 하자. 리의 관점에서 볼 때 퇴계가 리를 가장 중시했고, 그다음 율곡이고, 화담은 리를 기 속에 종속시켜 경시했다고 볼 수 있다. 인간을 중시하고 그 인간의 본성 즉 하늘로부터 부여받은 순선(純善)의 리를 존양(存養)하고 인간세(人間世)에 실현해야 한다고 주장하는 퇴계에게는 리가 중요할 수밖에 없다. 그에게 리는 우주이법이고 인성의 근거이며 가치실현의 표준이다. 리는 인간이 지향해야 할 목표며 실현해야 할 가치다. 퇴계가 이기론(理氣論)의 입장에서 기를 말하지만, 강조점, 주된 관심은 리에 있었다. 이 리에 대한 지극한 관심과 강조가 주리(主理)로 표현된다. 그러므로 퇴계에게는 리의 실현이 중요하고, 이를 위해 리의 자발적인 능동성이 요청되었다. 만약 리가 아무런 활동도 할 수 없는 죽은 것(死物)이라면 인간의 도덕적 행위, 도덕사회의 실현을 어떻게 기대할 수 있겠느냐는 것이다. 리는 활물(活物)로서 그 스스로 실현된다는 논리다. 선한 본성의 리가 스스로 작용하여 선한 감정이 되고 의지가 되고 마음이 된다는 말이다.

한편 퇴계의 리는 기의 존재근거가 되는 리를 낳는 리로도 언표된다.

'이생기(理生氣)', '태극생음양(太極生陰陽)'의 구조가 되어 리 또는 태극은 만사만물의 궁극적 근원이 된다. 이 리는 기의 근거가 된다는 의미에서 리일원(理一元)의 존재론으로 해석될 여지를 안고 있다. 그러나 퇴계는 다른 한편으로는 리가 있으면 기가 있어야 한다고 하여, 전통적인 이기이원론(理氣二元論)의 존재관을 전제한다. 여기에 퇴계의 이기관, 세계관 이해의 어려움이 있다. 이는 일종의 리를 이중적으로 해석하는 논리다. 리는 일면 절대리(絕對理)로 기 없이도 있을 수 있다. 그러나 리는 기와 함께하면서 기를 통해 개별자로 존재한다. 이때의 리를 상대리(相對理)라 해도 좋을 것이다. 대체로 주리론자(主理論者)들에게서 리의 이중개념이 보인다. 권근(權近), 이언적(李彦迪), 조익(趙翼), 이진상(李震相), 기정진(奇正鎭) 등에게서 이런 측면을 볼 수 있다.

퇴계는 리의 발을 말하면서 이를 리의 체용(體用)으로 설명한다. 자신이 과거에는 주자와 같이 리를 무위(無爲) 즉 발하지 않는 것으로만 생각했었는데, 말년에 와서 생각해 보니 본체상에서는 무위(無爲)라고 할 수 있지만 용의 측면으로 보면 신묘(神妙)한 작용이 있다는 것이다. 그러면서 자신이 리를 아무런 작위가 없는 사물(死物)로 본 것이 얼마나 잘못된 것인가를 스스로 반성하고 있다.

여기에서 퇴계가 말하는 리의 용이란 무엇인가? 리의 용이란 기와의 관계에서 이루어지는 말이다. 리가 기를 통해 실현될 때 비로소 다양한 모습으로 드러난다. 마치 주자나 정이천(程伊川)이 말하는 이일분수(理一分殊)에서 하나로서의 리가 분수(分殊)되는 것은 기로 인한 것이다. 이일분수(理一分殊)에서 기가 언급되지 않았어도 이미 기를 그곳에 전제하는 말이다. 이기묘합(理氣妙合)의 관계에서 리의 측면에서 체용일원(體用一源)을 이일분수(理一分殊)라 했던 것이다. 따라서 분수(分殊)의 리는 용(用)의 리다. 이 리의 다양한 작용이란 기와의 관계에서 하는 말이다. 그렇다면 퇴계가 이일분수(理一分殊)를 몰랐다는 말인가? 그럴 리가 없다. 퇴계가 만년에 새로운 깨침으로 내놓은 이 리의 용, 리의 발이 이일분수의 의미가 아니라면 도대체 무슨 의미인가? 만약 퇴계가 말한 리의 발이 리의 용의 측면에서의 발을 말한 것이라면, 율곡이 말하는 기발이승(氣發理乘)과 다를 바 없다. 즉 리는 기와 유기적으로 함께 있고, 기의 운동 작용에 따라 리도 운동 작용하는 것이 된다는 의미다. 이때 리의 운동 작용이란 그 자신의 운동 작용이 아니라 기에 실려 있고 태워져 있으므로 불가피한 간접적인 운동 작용인 셈이다. 이러한 의미의 이발(理發)이라면 율곡과 다를 바 없고, 새삼 신기할 것도 없으며, 퇴계가 만년에 특별히 심각하게 얘기할 것도 못 된다.

또한 혹자는 퇴계의 이발(理發)을 '성발위정(性發爲情)'의 의미로 해석하기도 한다. 성발(性發)의 발(發)이라는 것이다. 이때 '성발의 발' 이란 엄밀한 의미에서 발이 아니다. 체용의 측면에서 성(性)이 정(情)으로 드러나고 나타난다는 의미다. 그러므로 성발(性發)은 성(性)의 실제적인 발용이나 작용을 말하는 것이 아니고, 기로 인해 성(性) 즉 리(理)가 실현되고 드러난다는 것을 말한 것이다. 마음이나 감정, 그리고 의지의 발동은 기의 소관이다. 발하는 것은 어디까지나 기의 하는 바이고, 그 기로 하여금 발하게 하는 소이(所以)가 리다. 이렇게 본다면 퇴계가 말한 이발(理發)이란 실제적인 발의 의미라고 해석하지 않을 수 없다. 성리학 일반에서는 리의 발이란 기와의 관계에서 하는 말이었지만, 퇴계의 경우는 기와 관계없이 현상세계에서는 리의 발이 가능하다고 본 것이 아닐까? 퇴계는 우주이법인 리, 인간 본성인 리가 그 스스로 자기실현의 능력이 있다고 본 것이 아닐까 생각된다. 문제는 리의 발이 인간의 심성에서만 가능하고 자연세계 즉 우주자연에서는 불가한가 하는 문제다. 도덕적 인간의 실현, 도덕적 세계의 구현을 염원했던 퇴계의 입장에서는 인간 심성에서 도덕이성의 능동성, 자발성이 반드시 요청되었을 것이다. 문제는 우주자연에서도 리의 능동성을 인정할 수 있는가 하는 문제다. 논자는 퇴계가 우주자연에서도 리의 자발성을 인정했다고 생각한다. 그 예증이 격물치지론(格物致知論)에서 보이는 그의 이자도설(理自到說)이다. 우주자연, 사물세계에서도 리는 그 스스로 자기실현의 의지를 갖고 실현해 나아간다고 보는 것이다.[1] 기는 리 실현의 자구(資具)요 소재일 뿐, 이 세계는 리의 실현에 지나지 않는다. 만약 리대로 실현되지 않으면 불량품이 되고 변이(變異)가 된다. 이 세계, 인간세계는 본래 정상적인 모습으로 현현(顯現)된다. 그것이 리의 본래적 실현이다. 이 세계는 리의 실현이고, 인간도 그 리에 따라 살아야 한다고 본 것이 퇴계다.

그런데 율곡은 이 세계를 리와 기가 오묘하게 조화된 세계로 인식하였다. 율곡도 리가 이 세계, 만사만물의 근본이요 애초의 뜻이자 이상임을 모르지 않는다. 그러나 율곡은 리 홀로는 불완전하다는 인식을 전제한다. 즉 리 없는 기도 없고 기 없는 리도 없다. 아무리 리가 세계의 근원으로 훌륭한 이상을 가지고 있어도 기가 없다면 하나의 관념일 뿐이고 허구다. 리의 실현에는 반드시 기가 필요하다. 따라서 리가 중요한 만큼 기도 중요하다고 보는 것이 율곡의 생각이다. 퇴계도 기가 필요한 줄 알지만, 리가 주도하면 된다고 생각하는 것이 다른 점이다.[2] 율곡이 유학 본래의 주리론적(主理論的) 가치관에서 벗어난 것은 아니지만, 적어도 기의 필요성과 역할 그리고 그 위상에 대해 새로운 의미를 부여한 것은 율곡의 특징이다.

---

1 《退溪全書》, 卷18, 〈答奇明彥別紙〉, "其用雖不外乎人心, 而其所以爲用之妙, 實是理之發見者, 隨人心所至而無所不到無所不盡. 但恐吾之格物有未至, 不患理不能自到也."

2 같은 책, 卷36, 書, 〈答李宏仲問目〉, "理而無氣之隨, 則做出來不成, 氣而無理之乘, 則陷利欲而爲禽獸, 此不易之定理."

율곡이 퇴계의 설에 가장 많은 비판을 한 것은 리의 발이었다. 율곡은 퇴계의 이발(理發)을 기발(氣發)과 같은 의미로 이해했고, 또 실제적인 발용의 의미로 해석했다.[3] 그러므로 율곡은 퇴계의 이발(理發), 호발(互發)은 퇴계 성리학의 일대 흠이요 문제라고 보았다.[4] 물론 율곡이 퇴계가 말한 '리의 발'을 잘못 해석한 것일 수도 있다.

그런데 문제는 퇴계가 한 문장 속에서 사단과 칠정을 설명하면서 이발(理發), 기발(氣發)을 말하고 있을 뿐만 아니라, 그 스스로 호발(互發)이란 말을 사용하고 있다는 점이다. 호발이란 말에서 퇴계가 이발(理發), 기발(氣發)을 같은 의미로 사용하고 있음을 확인할 수 있다. 문제는 퇴계가 말한 이발(理發)이 정말 실제적인 발용, 작용의 의미인가? 아니면 기와의 유기적 관계에서 기의 발로 인한 리의 발을 말한 것인가? 하는 점이다. 전자로 보면 퇴계설의 특징이면서 성리학의 원론에 배치되는 문제점을 안고 있고, 후자라면 주자나 율곡과 다를 바 없는 주장으로 퇴계의 특징적인 설이라 말할 수 없다. 논자는 퇴계가 만년에 자신의 잘못을 시인하고 주장한 것으로 볼 때, 실제적인 리의 발을 주장한 것으로 이해한다.[5] 그것은 앞서 언급한 대로 주리적(主理的) 입장에 경도(傾倒)된 그에게 이 세계는 활활발발(活活潑潑)한 리의 현현(顯現)이고, 모든 인간은 선한 본성의 자기실현이고 또 선한 본성대로 살지 않으면 안 된다는 요청이었다. 먼저 이러한 가치론, 수양론의 관점에서 보기 때문에 존재론적 정합성의

---

3 《栗谷全書》, 卷10, 書2, 〈答成浩原〉, "理則無爲也, 不可謂互有發用也."

4 같은 책, 卷10, 書2, 〈答成浩原〉, "退溪之病, 專在於互發二字……."

5 혹자는 퇴계의 이발(理發)을 심성론에 국한해 보고, 더욱이 도덕성의 발현이라는 측면에서 보아야 한다고 하지만, 이 경우에도 인간의 감정(사단이든 칠정이든)은 기가 발하고 리는 그 근본이 됨은 마찬가지다. 문제는 억지로 존재론적 이해를 가치론적 이해로 정당화하려는 데 있다.

오류를 간과했다고 보아진다. 존재론적 합리성도 중요하지만, 윤리적 당위가 더욱 중요하다고 보았기 때문이다. 율곡에게는 먼저 존재론적 정합성이 문제가 된다. 양자의 시각과 관심에 차이가 상존한다. 오늘날까지도 끝나지 않은 퇴계의 이발문제는 사실 퇴계 자신의 진술이 모호한 데서 연유하는 것이기도 하다.[6]

화담도 기를 말하면서 리를 언급한다. 그의 논문 제목에 〈원이기(原理氣)〉, 〈이기설(理氣說)〉이라 하고 있고, 이기(理氣)를 병칭한 표현들이 많이 보인다.[7] 이 때문에 화담을 단지 기학(氣學)으로 보아서는 안 되고, 주자나 율곡처럼 이기이원(理氣二元)의 틀 속에서 보아야 한다는 주장도 있다.[8]

그러나 화담의 철학, 그의 세계관을 어떻게 볼 것인가 하는 문제는 그

---

6 논자는 퇴계의 이발(理發)에 대한 후유(後儒)들의 논란이 오늘날까지도 끊이지 않는 까닭은, 퇴계 자신의 이에 대한 설명이 부족하고 또 서술상의 애매성에서 기인하는 문제라고 생각한다. 이 문제의 초점은 바로, 이발(理發)의 발(發)과 기발(氣發)의 발(發)의 의미가 같은가 다른가? 만년에 리(理)의 용으로서 리의 발을 주장하는데, 이때 리의 용이란 어떤 의미인가? 리의 용이라면 기와의 관계에서 하는 말이 아닌가? 이렇게 본 리의 용에서의 이발(理發)이라면 율곡과 무엇이 다른가? 또 이발(理發)과 '이생기(理生氣)'의 생(生), '극존무대(極尊無對)'의 절대리(絕對理)와는 어떻게 상관되는가? 하는 것들이다.

7 《花潭集》, 卷2, 〈理氣說〉, "……氣外無理.", 〈太虛說〉, "……不識理氣之源…….", 〈鬼神死生論〉, "……此理氣所以極妙底."

8 이병도, 《한국유학사》, 아세아문화사, 1987, 182쪽.
배종호, 《한국유학의 철학적 전개》, 상, 연세대출판부, 1985, 145쪽.
하기락, 《조선철학사》, 형설, 1992, 594쪽.
최일범, 〈서경덕의 이기론에 관한 시론〉, 《동양철학연구》, 제11집, 동양철학연구회, 1990, 139쪽.
김교빈, 〈서화담의 기철학에 대한 고찰〉, 《동양철학연구》, 제5집, 동양철학연구회, 1984, 32쪽.

의 글 전반에 나타난 정신을 보아야 한다. 그의 관심은 분명 기(氣)에 있었고, 기를 우주의 근원적 실재로 삼고 있다.

또한 그는 기를 퇴계나 율곡의 이기(理氣)에서와 같은 기 개념으로 사용하지 않았다. 그의 기는 형이상하를 포괄하는 것으로, 무형(無形)의 존재요 불멸(不滅)하는 것으로 설명된다. 그래서 퇴계와 율곡이 화담의 학을 비판하면서 기를 리로 잘못 알았다고 비평했던 것이다.[9] 화담의 학을 이기이원(理氣二元)의 구조로 보기 어려운 이유는, 그의 기에 대한 설명 말고도 또 리에 대한 설명에서도 드러난다. 그에게 리는 선천의 영역에서는 잠재해 있다가 기의 운동이 시작될 즈음에야 비로소 드러난다. 그리고 이 리는 밖으로부터 와서 주재하는 것이 아니라, 기의 운동이 정해진 질서에 맞게 하는 하나의 조리에 지나지 않는다.[10] 이러한 화담의 리에 대한 설명은 퇴계나 율곡의 리와는 구별된다. 퇴계나 율곡의 리는 기와 대대(對待)해 있는 리로서, 기의 운동을 주재하는 동시에 기발(氣發)의 소이(所以)가 된다. 그러나 화담의 리는 기 속에 내재해 있으면서 기 운동이 정당성을 잃지 않도록 하는 내재적인 질서에 불과하다. 퇴계나 율곡의 리에 비해 약화된 리요 그 기능과 역할이 상대적으로 가벼워진 리라는 것을 알 수 있다. 퇴계나 율곡의 리는 리가 있으면 반드시 기가 있고, 기가 있으면 반드시 리가 있어야 하는 리였다. 그러나 화담의 리는 기 속에 내재된, 종속된 리로서 기 운동의 자율적 질서라고 할 만큼 매우 약화된 의미였다.

이렇게 볼 때, 리의 측면에서 보면 퇴계가 리의 위상과 역할을 가장 중

9 《栗谷全書》, 卷10, 書2, 〈答成浩原〉, "……此花潭所以有認氣爲理之病也."
《退溪全書》, 卷14, 〈答南時甫〉, "花潭公所見於氣數一邊路熟, 其爲說未免認理爲氣, 亦或有指氣爲理者故."

10 《花潭集》, 卷2, 〈理氣說〉, "氣外無理, 理者氣之宰也. 所謂宰, 非自外來而宰之, 指其氣之用事. 能不失所以然之正者而謂之宰."

시했다고 볼 수 있고, 율곡은 퇴계만큼은 아니어도 기와 함께 반드시 있어야 할 존재구성의 필수적 존재로 인식하였다. 이에 대해 화담은 기 속에 내재된 리로서 그 역할과 위상이 약화된 리였다고 할 수 있다.

다음은 화담, 퇴계, 율곡의 기에 대해 비교 검토해 보자. 기의 측면에서 보면 세 사람 가운데 화담이 가장 기를 중시했다고 볼 수 있다. 화담은 이 세계를 기로 설명한다. 그 기는 우주자연의 근본 실재로 만사만물이 기의 현현이다. 기는 우주공간에 꽉 차 있으면서 만물을 생성한다. 화담은 기가 아직 작용하지 아니한 본체의 때를 가리켜 선천(先天)이라 하였고, 기 운동이 시작되어 만물이 드러나는 때를 가리켜 후천(後天)이라 하였다. 기는 마치 리처럼 보이지도 않고 감각되지 않으며, 그 형체는 달라져도 기의 본질은 영원히 없어지지 않는다. 기의 형태와 질은 달라질지라도 기 자체는 없어지지 않는다고 하여 기불멸론(氣不滅論)을 주장하였다. 화담의 기는 퇴계와 율곡이 비판한 것처럼 형이상자인 리와 같은 기다. 다시 말하면 화담의 기는 마치 이기론의 리까지도 포함하는 기라고 할 수 있다. 그러므로 화담의 기는 형이상의 기와 형이하의 기를 말할 수 있게 된다.[11] 본체로서의 기는 형이상의 기라면, 기가 운동 작용하여 우리 앞에 현상으로 나타난 기는 형이하의 기다. 형이상의 기는 영원히 없어지지 않지만, 형이하의 기는 시간과 공간에 따라 변하고 없어진다. 모습이 달라지고 형태가 변한다.

이에 대해 율곡은 앞서 설명한 대로 이기이원(理氣二元)의 입장에서 기를 이해한다. 즉 이 세계는 리로 설계되지만, 그 설계가 구체화되고 실현되려면 반드시 기가 필요하다. 이 세계, 하나의 사물이 존재하기 위해

---

11 이동준, 〈16세기 한국성리학파의 역사의식에 관한 연구〉, 성균관대대학원(박사), 1975, 175쪽.

리가 있어야 하듯이 기도 반드시 있어야 한다. 율곡의 이러한 기에 대한 인식은 매우 중요한 의미를 갖는다. 대체로 성리학에서 기는 악의 가능성으로 부정적으로 인식되어 왔다. 물론 기 자체를 악으로 보는 것은 아니지만, 기로 인해 악이 발생하게 된다고 보았기 때문이다. 이 세계가 물질, 형체, 기질을 벗어날 수 없고, 또 우리 인간도 육신을 가진 인간인 한 기를 벗어날 수 없다. 이 기에서 형기(形氣), 기질(氣質), 형질(形質)이 발생한다. 기는 본래 변화와 작용을 그 속성으로 하고, 모였다 흩어졌다, 움직였다 고요했다, 열렸다 닫혔다, 오르고 내리는 등 다양한 변화를 일삼는다. 이 과정에서 만물은 낳고 변하고 없어진다. 기의 본체, 본원은 맑고 깨끗하고 순수하다. 하지만 그것이 작용하면서 맑고 흐리고, 순수하고 잡박하고, 바르고 사악하고, 착하고 악한 가치상의 차이가 드러난다. 화담이나 율곡은 기의 본체는 맑고 순수하고 깨끗하다고 생각한다. 율곡은 기가 비록 변화를 그 속성으로 삼아 문제를 야기하지만, 도리어 그 기의 변화성을 개인의 수양과 사회 진보의 동력으로 삼고자 했다. 그래서 율곡은 기질의 변화를 통해 본연의 기를 회복하고, 본연의 기를 회복하여 본연의 성(性; 理)을 회복해야 한다 하였다.[12]

그런데 화담과 율곡에게 기의 발, 기의 운동 작용은 약간의 차이가 있다. 화담의 경우는 기 자체 속에 발용 능력을 담지(擔持)하는데 이것이 바로 '기자이(機自爾)'이다. 다만 리는 기 속에 내재해 있으면서 기 운동의 올바른 방향을 도와준다. 이에 대해 율곡의 경우는 발하는 것은 기의 고유한 능력이지만, 리와 함께 있어야만 그 발이 가능하다.[13] 율곡도 화담의

---

12 《栗谷全書》, 卷10, 書2, 〈答成浩原〉, "聖賢之千言萬言, 只使人撿束其氣, 使復其氣之本然而已. 氣之本然者, 浩然之氣也. 浩然之氣, 充塞天地, 則本善之理, 無所掩蔽, 此孟子養氣之論, 所以有功於聖門也."

13 같은 책, 卷10, 書2, 〈答成浩原〉, "發之者, 氣也, 所以發者, 理也. 非氣則不能發, 非理則無所發."

'기자이(機自爾)'를 차용하여 기의 고유한 발용능력을 인정하지만, 그것도 리의 주재(主宰), 근저(根柢)를 통해서만 가능하므로 화담과는 구별된다.

퇴계의 경우 기는 존재론적으로는 율곡과 마찬가지로 리와 함께 반드시 있어야 한다. 퇴계도 리의 실현에는 반드시 기가 필요하다고 본다.[14] 그러나 가치론 또는 수양론에서 보면 리의 순선(純善)을 방해하는 장애가 곧 기라고 인식한다.[15] 특히 인간의 심성에서 기는 악의 가능성으로 위험한 존재다. 그러므로 기는 가능한 한 격리(隔離)되고 리와 구별되어야 한다. 퇴계의 입장에서는 오로지 리의 실현, 리의 순선을 확보하는 것이 중요하고 시급한 일이다. 가급적 기는 조금이라도 게재되지 않는 것이 좋다. 기에 대한 불신, 기에 대한 부정적 인식이 깊게 자리해 있다. 이렇게 볼 때, 기의 측면에서 보면 화담이 가장 기를 중시했다고 볼 수 있고, 율곡이 그다음이고, 퇴계가 가장 기를 부정적으로 보았다고 할 수 있다.

그러면 이기(理氣) 양자의 관계 그리고 양자의 역할과 위상에 대한 세 사람의 견해를 비교 검토해 보자. 화담, 퇴계, 율곡이 모두 이기(理氣)의 유기적 관계를 전제함은 물론이다. 화담은 율곡이 칭찬했듯이, 이기의 지극히 오묘하게 합해 있는 경지를 통찰하고 있다.[16] 그래서 기 속에 리를 내재(內在)시켜 이해한다. 율곡은 이기지묘(理氣之妙)로 언표되듯이, 퇴계가 지나치게 리와 기를 나누어 보고 있다(물론 가치적, 개념적 구별이지만)고 보고, 리와 기가 본래 합해 있음을 알아야 한다 하였다. 이에 대

14 《退溪全書》, 卷36, 書, 〈答李宏仲問目〉, "理而無氣之隨, 則做出來不成, 氣而無理之乘, 則陷利欲而爲禽獸, 此不易之定理."

15 같은 책, 卷36, 書, 〈答李宏仲問目〉, "張南軒曰 …… 所謂義理, 非在外者, 卽所乘之理也. 所謂血氣非有外至者, 卽所發之氣, 然則氣與理相爲勝負, 氣麤而勝則理負, 理達而勝則氣順也, 此言甚當."

16 같은 책, 卷10, 書2, 〈答成浩原〉, "花潭則聰明過人, 而厚重不足 …… 其於理氣不相離之妙處, 瞭然目見, 非他人讀書依樣之比."

해 퇴계는 모든 사물, 이 세계가 존재론적으로는 이기가 떨어질 수 없는 유기적 관계임을 전제한다. 다만 그의 가치론적 관점 또는 윤리적 관점에 따라 리와 기를 혼동해서는 안 된다는 점을 강조한다. 그가 리와 기의 구별 즉 이기불상잡(理氣不相雜)을 강조하는 것은 존재론적 측면에서 하는 말이 아니라 가치상, 개념적 구별을 강조하는 말이다. 그러나 퇴계는 이러한 관점을 지나치게 강조한 나머지 존재론에서 이기의 격단(隔斷)과 구별의 혐의를 받게 된다.

이기(理氣) 양자의 역할과 위상에 대해서 살펴보면, 화담의 경우는 기가 중심이 되고, 리는 종속개념으로 자리 잡는다. 그가 리의 주재, 소이라는 말을 사용하고 있지만, 주자나 율곡이 사용하는 리의 주재와는 다르다. 기 속에 내재해 있으면서 기 운동의 법칙성 또는 질서로 자리 잡는다. 리는 기의 내재적 속성으로 그리고 기 운동의 조리(條理)로 자리한다.

율곡의 경우는 철저하게 이기의 상호 대등한 위상이 자리한다. 리는 기의 주재요 기는 리의 탈 바다. 발하는 것은 기지만, 리는 그 기발(氣發)의 소이가 된다. 리는 기에 대해 주재(主宰), 소이(所以), 근저(根柢)로서의 위상을 갖는다. 반대로 기는 리에 대해 탈 바, 의착처, 리 실현의 자구(資具), 동력(動力)이 된다. 이렇게 철저하게 이기(理氣)의 상호 대등한 위상을 부여한 것은 매우 의미 있는 일이다. 양자의 역할 분담, 대등한 위상을 통해 이 세계는 생성변화하고 구현되어진다.

퇴계의 경우도 존재론적으로는 이기의 상호 역할과 위상이 율곡과 크게 다르지 않다. 그러나 수양론 또는 가치론에서는 리의 주도적 역할을 요청하게 된다. 리가 스스로 인간의 심성 속에서 활동하지 않는다면 어떻게 인간의 선한 행위를 담지(擔持)할 수 있겠는가 하는 것이다. 기에 대한 리의 주재, 심성(心性)에서의 리의 주도적 위상을 회복해야 한다는 것이 그의 이발(理發) 또는 호발(互發)로 나타난 것이다. 그리고 이러한 리의 주도적 위상은 마침내 만물에 명령하는 자로, 기와 상대할 수 없는 절대자로, 기를 낳는 리로 자리 매김된다. 그리하여 리는 높고 기는 낮으며, 리는 왕과 같이 높고 귀하며 기는 신하와 같이 낮고 천한 것으로 그 위상이 정해진다.[17] 이렇게 볼 때, 화담에게서는 기가 주도적 위치를 차지하고, 퇴계에게서는 리가 주도적 위치를 차지하며, 율곡에게서는 이기(理氣)가 상보적(相補的), 대대적(對待的) 관계로 자리하였다.

17 같은 책, 續集, 卷8, 〈天命圖說〉, "理爲氣之帥, 氣爲理之卒.", 같은 책, 卷12, 〈與朴澤之〉, "理貴氣賤."

제3장
퇴계와 율곡의 철학정신

제1절 문제의 제기

퇴계(退溪) 이황(李滉; 1501~1570)과 율곡(栗谷) 이이(李珥; 1536~1584)는 조선조 유학을 대표하는 위치에 있다. 퇴계가 고봉(高峰) 기대승(奇大升; 1527~1572)과의 사단칠정(四端七情) 논변을 통해 한국 성리학의 심화에 초석을 다졌다면, 율곡은 그 기반 위에서 퇴계철학을 보완하여 한국 성리학을 발전시켰다. 16세기 퇴계의 학문적 위상은 매우 높았고, 그는 당대 최고의 석학으로 존경받았다. 이러한 퇴계의 학문에 대한 기대승과 율곡의 도전은 곧 한국 성리학의 발전적 과정이었다 해도 지나치지 않는다. 17세기 이후 갈암(葛庵) 이현일(李玄逸; 1627~1704) 등 영남 퇴계 후학들의 율곡 비판이 이어지고, 이에 대한 율곡 후학들의 반론과 재비판이 고조되면서 한국 성리학은 많은 발전을 가져왔다. 그리고 이런 와중에 정파와 학파가 연결되면서 조선조 유학은 갈등과 분화 그리고 융합의 과정을 반복하였다.

조선조 유학사는 크게 보면 영남유학과 기호유학으로 대별되고, 영남유학은 퇴계학파가 주류를 이루고 기호유학은 율곡학파가 주류를 이룬다.[1]

---

1 영남유학에서 퇴계학파가 주류를 이루지만 남명학파 등 제 학파의 존재가 간과되어서는 안 되며, 마찬가지로 기호유학의 경우에도 율곡학파가 그 주류를 이룬다고 볼 수

이들 양대 학파는 조선조 17세기 이후 한말까지 이어져 갔고 그 영향을 미쳐 왔는데, 퇴계와 율곡이 그 중심에 서 있다.

또한 퇴계의 이기호발설(理氣互發說)과 율곡의 기발이승일도설(氣發理乘一途說)은 양대 학파의 정체성을 규정하는 논거가 되어 왔으며, 이에 대한 철학적 논의는 한말까지 이어져 왔고 지금까지도 논의 중에 있다. 또 이 속에 내재된 퇴계의 이발(理發)과 율곡의 이발(理發) 불가론은 조선조 유학의 최대 관심사였고 지금까지도 미해결의 과제로 남아 있다. 단적으로 퇴계, 율곡의 철학이 미친 영향은 시대와 학파를 떠나 심대(深大)하였다는 점에서 이들의 위상을 짐작할 수 있다. 이러한 역사적 평가에서 퇴계와 율곡은 문묘(文廟)에 종사(從祀)되어 '동국(東國) 18현(賢)'으로 추앙받고 있으며, 또한 현상윤은 조선성리학의 6대가로서 화담(花潭) 서경덕(徐敬德), 퇴계(退溪) 이황(李滉), 율곡(栗谷) 이이(李珥), 녹문(鹿門) 임성주(任聖周), 한주(寒洲) 이진상(李震相), 노사(蘆沙) 기정진(奇正鎭)을 일컫고 있다.

본고는 퇴계와 율곡의 철학정신이 무엇인가를 비교적으로 검토하는데 목적이 있다. 그동안 퇴계와 율곡에 대한 개별적인 연구는 많이 이루어졌고, 양자의 철학이론에 대한 비교 검토도 없지 않았다. 이러한 기존의 연구 성과를 바탕으로 본고에서는 퇴계와 율곡이 궁극적으로 지향하는 이념적 차이가 무엇이며 철학정신이 무엇인가를 검토하고자 한다. 즉 왜 퇴계가 '이발(理發)'을 고수했고 율곡이 '이발'을 반대했으며, 왜 퇴계가 사단과 칠정을 구별해 보고자 했으며, 율곡이 사단과 칠정을 함께 보고자 했는가 하는 내면의 철학정신을 가늠해 보고자 한다. 결국 그것은 그들의 삶에서도 내면적 자기수양과 높은 도덕적 세계를 추구하는 퇴계

있지만 우계학파 등 제 학파의 존재 의미가 간과되어서는 안 된다.

와 현실 정치에 적극 참여하여 왕도를 추구하는 율곡과의 차이로 나타나게 되는 것이다.

이를 위해 먼저 양자의 철학적 입장을 비교, 검토해 보고, 퇴계의 이기호발(理氣互發)과 율곡의 기발이승(氣發理乘)에 담긴 철학정신의 차이를 찾아볼 것이다. 또한 사단칠정론에서 퇴계의 '칠대사(七對四)'의 논리와 율곡의 '칠포사(七包四)'의 논리에 담겨진 철학정신이 어떻게 다른지를 검토해 볼 것이다. 끝으로 퇴계의 주경(主敬)의 수양론이 갖는 의미와 율곡의 성(誠) 또는 무실(務實)의 수양론이 갖는 철학정신의 함의(涵義)를 새겨볼 것이다.

제2절 가치론적 관점과 존재론적 관점

세계와 인생을 어떻게 보느냐 하는 것은 철학자에게 매우 중요하다. 같은 시대를 살면서도 생각이 다를 수 있기 때문이다. 퇴계와 율곡은 거의 같은 시대를 살았지만 역사적 상황은 약간의 차이가 있다. 퇴계는 율곡보다 35년 선배로서 16세기 초 1501년에 태어나 1570년에 세상을 마쳤고, 율곡은 1536년에 태어나 1584년에 세상을 마쳤다.

1498년에 무오사화(戊午士禍)가, 1504년에 갑자사화(甲子士禍)가, 1519년에 기묘사화(己卯士禍)가, 1545년에 을사사화(乙巳士禍)가 연이어 일어났으니, 퇴계의 생애 대부분이 사화 시대였다고 할 수 있고, 그의 형 해(瀣)가 을사사화에 연루되어 죽임을 당하기도 했다. 이러한 사화 시대는 곧 불의의 시대요 비의리(非義理)의 시대로서, 유학이 추구하는 왕도(王道)와는 거리가 먼 것이다. 권간(權奸)들에 의해 국정이 농단되고 연산 같은 폭군에 의해 광폭한 정치가 자행되며, 양심적인 사림들이 조정에서 축출되고 핍박받는 정치현실이었다.

중종반정으로 집권한 중종은 조광조(趙光祖)를 신임하여 그와 더불어 새로운 정치를 펴고자 했으나, 결국 훈구파(勳舊派)의 음모에 뇌동(雷動)하여 조광조를 비롯한 많은 유학자들을 죽이고 귀양 보냈다. 또한 윤임(尹任), 윤원형(尹元衡)의 대립 갈등으로 일어난 을사사화로 유인숙(柳仁

淑), 유관(柳寬) 등 많은 사림들이 죽거나 귀양을 갔다. 이러한 상황에서 언로(言路)는 위축되고 사림들은 소극적인 대응을 할 수밖에 없었다. 퇴계는 이러한 시대를 맞아 윤리강상의 재건과 올바른 가치관의 정립이 시대적 과제라고 생각했다. 인간 개체로는 천리(天理)가 곧 인성(人性)이므로 그 선한 본성을 회복하는 것이 중요하고, 사회적, 정치적으로는 사회정의가 실현되고 의리가 구현되는 도덕사회의 건설이 주된 관심사였다. 그에게는 인간이나 세계에 대한 형이상학적 탐구도 중요하지만, 그보다 어떻게 인간다운 삶을 살고 도덕적인 사회를 실현하는가가 더욱 중요한 문제였다. 다시 말하면 '어떻게 알 수 있느냐' 보다는 '어떻게 행하느냐'의 문제, 즉 앎의 문제보다 삶의 문제를 중시하였다.[1] 이처럼 그의 일차적 관심은 윤리문제요 가치의 문제였다.[2] 도덕적 인간이 되고, 도덕적 가정을 이루고, 도덕적 사회, 도덕적 국가를 만드는 것이 그의 주요 관심사였다. 그것은 곧 천리의 실현이며 유학이 추구하는 왕도의 이상이기도 했다. 이러한 윤리적 입장에서 퇴계는 리와 기의 가치적 구별을 강조하고 이기(理氣)의 혼동을 경계한다.[3] 리와 기는 본래 존재론적 개념이지만, 때로 가치 개념화되어 사용되기도 한다. 퇴계의 관심은 리에 있었다. 인간의 마음에서도 리는 곧 성(性)으로 선한 것이며, 이는 천리가 인간 본성으로 내재한 것이다. 그러나 인간은 기를 떠나 존재할 수 없기 때문에 선할 수도 있고 악할 수도 있는 기가 문제가 된다. 퇴계는 리를 선한 것, 기를 악의 가능성이 있는 것으로 본다. 또 리가 귀한 것이라면 기는 천한 것이요, 리가 높은 것이라면 기는 낮은 것으로 이해한다.[4] 이러한 가치론

---

1 유승국, 《동양철학연구》, 근역서재, 1983, 216쪽.

2 같은 책, 210쪽.

3 유승국, 《한국의 유교》, 세종대왕기념사업회, 1980, 210쪽.

4 《退溪全書》, 續集, 卷8, 〈天命圖說〉, "理爲氣之帥, 氣爲理之卒.", 같은 책, 卷12, 〈與朴澤

적 이기(理氣) 구별은 그의 윤리 중심, 가치 중심의 철학적 입장에서 연유한 것이다. 리는 존귀한 것, 선한 것으로 지켜 가야 할 가치요, 반면 기는 비천(卑賤)한 것, 악할 수 있는 것으로 부정적으로 인식된다.

그러면 율곡의 경우는 어떠한가? 율곡은 존재론적 사유에 관심이 많았다. 이 세계는 형이상자(形而上者)로서의 리와 형이하자(形而下者)로서의 기로 이루어진 세계로 인식된다. 리 없는 기도 없고 기 없는 리도 없다. 이기(理氣)는 잠시도 떨어질 수 없고, 조금의 간극(間隙)도 허용되지 않는다.[5] 즉 이기는 시간적으로 선후가 없고 공간적으로도 이합(離合)이 없다.[6] 그러므로 율곡은 이기는 본래 합해 있어 비로소 합한 때가 있지 않다고 말한다. 만약 이기를 둘로 보고자 하는 자는 도(道)를 알지 못하는 자라고 단언한다.[7] 이처럼 율곡의 관심은 이기(理氣)가 서로 다른 둘이면서도 하나의 존재양태로 있고, 또 하나의 존재양상으로 있으면서도 리는 리요 기는 기로서 구별되는 데 있다. 이를 율곡은 선유의 말을 인용해 '하나이면서 둘이요 둘이면서 하나(一而二 二而一)'라고 말한다.[8] 여기에서 '하나'라 함은 존재 자체의 표현이고, '둘'이라 함은 개념적, 가치적 표현이다. 그러므로 둘이 곧 하나이고 하나가 곧 둘이라는 식의 모순된 말은

之〉, "理貴氣賤. 然理無爲, 氣有欲, 故主於天理者, 養氣在其中, 聖賢是也."

5 《栗谷全書》, 卷10, 書2, 〈答成浩原〉, "理, 形而上者也, 氣, 形而下者也. 二者, 不能相離."

6 같은 책, 卷10, 書2, 〈答成浩原〉, "大抵發之者, 氣也, 所以發者, 理也. 非氣則不能發, 非理則無所發. 無先後無離合, 不可謂互發也."

7 같은 책, 卷10, 書2, 〈理氣詠呈牛溪道兄〉(小註), "理氣本合也. 非有始合之時, 欲以理氣二之者, 皆非知道者也."

8 같은 책, 卷20, 〈聖學輯要〉, 2, 修己, 上, "有問於臣者曰, 理氣是一物是二物? 臣答曰, 考諸前訓, 則一而二二而一者也. 理氣渾然無間, 元不相離, 不可指爲二物. 故程子曰, 器亦道, 道亦器, 雖不相離, 而渾然之中, 實不相雜, 不可指爲一物. 故朱子曰, 理自理, 氣自氣, 不相挾雜. 合二說而玩索, 則理氣之妙, 庶乎見之矣."

아니다. 리와 기가 서로 다름에도 하나의 양태로 있고, 또 하나로 있으면서도 서로 달리 구별되는 이 오묘한 존재의 신비를 율곡은 관심 있게 보았다. 그래서 그는 이 '이기지묘(理氣之妙)'를 말할 때마다 '묵험(默驗)', '체구(體究)', '난견역난설(難見亦難說)', '완색(玩索)', '심구(深究)', '활간(活看)' 등으로 부연 설명을 했다.[9] 율곡이 인식의 문제나 가치의 문제를 소홀히 한 것이 아니라 그의 일차적 관심이 존재의 형이상학에 있었다. 그러기에 퇴계가 정지운(鄭之雲; 1509~1561)의 〈천명도(天命圖)〉를 수정하면서 '사단은 리(理)의 발, 칠정은 기(氣)의 발'로 보았을 때, 이를 이기론적 구조로 보완해야 한다는 고봉의 지적에 적극 동의하는 동시에 퇴계 이발(理發)의 문제점을 지속적으로 지적해 비판했던 것이다. 단적으로 인간의 심성세계를 윤리적 시각에서 설명하는 퇴계의 입장에서는 '사단(四端) 이발이기수지(理發而氣隨之) 칠정(七情) 기발이리승지(氣發而理乘之)'가 별로 문제될 것이 없었겠지만, 사단칠정의 존재구조를 이기론적으로 보는 율곡의 시각에서는 문제되지 않을 수 없었다. 이러한 양자의 철학적 입장, 철학적 관점은 곧 이들의 철학적 이론의 세부적인 각론에서도 차이를 드러낼 수밖에 없었다.

---

9 황의동, 《율곡사상의 체계적 이해 1》, 서광사, 2001, 43쪽.

제3절 이기호발(理氣互發)과 기발이승(氣發理乘)

우리는 퇴계의 사단칠정론을 가리켜 이기호발설(理氣互發說)이라 규정하고, 또 율곡의 성리학을 기발이승일도설(氣發理乘一途說)이라 규정한다. 퇴계의 이기호발설은 고봉(高峰)과의 성리논변 과정을 통해 성립된 것이라 할 수 있다. 정지운이 〈천명도〉를 그려 설명함에 퇴계의 감수를 받게 되는데, 퇴계는 정지운이 '사단(四端) 발어리(發於理) 칠정(七情) 발어기(發於氣)' 라고 한 것을 '사단(四端) 이지발(理之發) 칠정(七情) 기지발(氣之發)' 이라고 수정하였다. 이에 대해 고봉은 퇴계가 수정한 '사단 이지발' 이나 '칠정 기지발' 이라는 표현은 너무 지나치게 이기(理氣)를 분속(分屬)시킨 표현이며, 또 사단의 경우는 기가 배제된 표현이고 칠정의 경우는 리가 배제된 표현으로 문제가 있다고 지적했다. 이러한 고봉의 지적에 대해 퇴계는 사단이나 칠정이나 모두 이기를 떠날 수 없지만, 중요한 것을 중심으로 지적해 말하면 주리(主理), 주기(主氣)의 표현을 왜 할 수 없느냐고 하였다. 즉 근원처에서 무엇을 중심으로 발하느냐에 따라 사단은 주리, 칠정은 주기로 언표할 수 있다는 것이다.[1] 그럼에도 퇴계는 고

1 《退溪集》, 卷16, 〈答奇明彦論四端七情第1書〉, "由是觀之, 二者雖曰皆不外乎理氣, 而因其所從來, 各指其所主與所重而言之, 則謂之某爲理某爲氣, 何不可之有乎?"

봉이 사단칠정의 구조적 결함에 대해 비판한 것을 받아들여 마침내 '사단(四端) 이발이기수지(理發而氣隨之) 칠정(七情) 기발이이승지(氣發而理乘之)'로 수정하였으니,[2] 이를 이기호발설(理氣互發說)이라 하며 이는 그의 만년 정론이다. 퇴계에 따르면 사단은 우리 마음속에서 리가 주도적으로 작용한 감정으로, 기는 그저 리의 작용에 부수적으로 따르기만 한다. 따라서 사단이라는 도덕적 특수감정은 선할 수밖에 없다. 그러나 칠정의 경우는 우리 마음속에서 기가 주도적으로 작용해 나타난 감정인데, 이때 리가 그 기를 타고 주재한다. 칠정의 경우는 기가 리의 주재를 받지 않고 자의적으로 작용하게 되면 악의 결과를 초래하게 되고, 반대로 기가 리의 주재를 받아 작용하게 되면 선한 결과를 갖게 된다. 이와 같이 퇴계의 사단칠정에 대한 설명은 무엇이 주가 되어 우리 마음이 작용하느냐에 초점이 맞추어 있었다. 발용의 근원처가 문제요 무엇이 주도한 발용이냐가 관건이었다. 이러한 관점에서는 당연히 주리(主理), 주기(主氣)가 가능하고 또 사단과 칠정의 가치적 구별을 강조할 수 있게 된다. 퇴계는 사단이라는 도덕적 특수감정과 칠정이라는 일반적 감정을 혼동해서는 안 된다고 한 것이다. 사단의 감정은 천리(天理)를 근본으로 삼는 인간의 순연(純然)한 본성의 발로이므로 선하지 않을 수 없다. 예컨대 버스에 앉아 있는데 노인이 내 앞에 있을 경우 마음이 편치 않아 자리를 양보하게 되고, 불쌍한 사람을 보면 가슴이 뭉클해지고, 자신의 잘못을 부끄러워하고, 타인의 잘못을 보면 분노가 솟구치는 감정 따위가 그것이다. 고봉이 이의를 제기하기 때문에 할 수 없이 부득이 '리가 발함(理發)'에 '기가 따른다(氣隨之)'라는 말을 덧붙였지, 퇴계의 본의는 처음의 표현대로 사단은 '리의

---

2 같은 책, 卷16, 〈答奇明彥論四端七情第2書, 改本〉, "大抵有理發而氣隨之者, 則可主理而言耳, 非謂理外於氣, 四端是也. 有氣發而理乘之者, 則可主氣而言耳, 非謂氣外於理, 七情是也."

발'이라 하고 싶었다. 칠정은 이와 달리 우리의 신체, 형기(形氣)에서 연유한 감정으로 기의 발로라는 것이다. 눈이 아름다운 것을 보고, 입이 맛있는 음식을 느끼고, 사지팔다리가 편한 것을 추구하고, 성욕이 이성을 요구하는 감정 따위를 말한다. 이러한 일반적인 감정의 경우는 상황에 알맞아야 선할 수 있고, 또 리에 맞는 감정의 표출일 때 선할 수 있다. 즉 칠정의 경우는 선할 수도 있고 악할 수도 있다. 퇴계는 비록 칠정 가운데 선한 것이라 하더라도 그것은 사단의 선과는 구별되어야 한다고 보았다. 사단의 선은 천리에 바탕한 감정의 표출이므로 순수한 선이요 절대선이다. 그러나 칠정의 선은 형기, 육신이 게재된, 다시 말하면 기가 게재된 선이므로 상대적인 선에 불과하다. 이러한 엄격한 가치적 구별은 퇴계의 철학정신을 잘 말해 주는 것이며, 여기에는 칠정보다 사단을 중시하고 성인을 중심으로 한 그의 인간에 대한 이해가 잘 나타나 있다. 따라서 이러한 인간 이해는 이상주의적 색채가 짙다.

이와 같이 퇴계는 가치론적 관점에서 사단과 칠정을 엄정하게 구별해 보았다. 사단과 칠정을 상대적으로 놓고 비교하고 구별한 것이다. 그래서 이러한 퇴계의 사단칠정론을 가리켜 '칠대사(七對四)'의 구조라고 하는데,[3] 여기에는 그의 엄정한 윤리적 관점이 잘 나타나 있다. 그는 고봉과의 논변을 통해 다른 것은 고치기도 하고 보완하기도 했으나, 사단과 칠정은 같은 감정이지만 다르다는 점을 고수했다.

이에 대해 율곡의 경우는 사단칠정을 모두 기발이승(氣發理乘) 하나의 구조로 설명한다.[4] 퇴계가 사단을 이발이기수지(理發而氣隨之), 칠정을

---

3 배종호, 《한국유학사》, 연세대출판부, 1978, 77쪽.

4 《栗谷全書》, 卷10, 書2, 〈答成浩原〉, "所謂氣發而理乘之者可也, 非特七情爲然, 四端亦是氣發而理乘之也."

기발이이승지(氣發而理乘之)로 두 개의 존재구조의 형식을 취한 것과는 달리, 율곡은 사단이나 칠정을 하나의 감정으로 보고 이를 기발이승의 구조로 설명하였다. 율곡은 인간의 감정뿐만 아니라 마음, 본성 그리고 자연세계, 사물에까지도 이 원칙을 적용하였다. 인간도, 자연도, 사물도, 인간의 심성세계도 모두 기가 발하는데 리가 올라 탄 기발이승(氣發理乘)의 구조라고 인식하였다.[5] 이를 기발이승일도설(氣發理乘一途說)이라 한다. 율곡철학을 대표하는 '기발이승(氣發理乘)'이라는 말은 본래 퇴계와 고봉의 사단칠정 논변 과정에서 나온 말이고, 특히 퇴계가 만년 정론으로 제시한 이기호발설(理氣互發說)에서 칠정을 '기발이이승지(氣發而理乘之)'라고 설명한 데서 연유한다. 송대 성리학에서는 직접적으로 '기발이승(氣發理乘)'이라 한 표현은 없고, 리가 기와 함께 있는 유기적인 표현을 탄다(乘), 걸려 있다(掛搭), 깃들이다(寓), 싣다(載) 등 여러 가지로 하고 있는데,[6] 율곡은 퇴계의 말을 빌어 자기의 철학용어로 삼은 것이다.

율곡은 우계(牛溪) 성혼(成渾)과의 논변을 통해 퇴계 이기호발설(理氣互發說)의 문제점을 예리하게 분석, 비판하였다. 고봉이 퇴계를 비판한 것이 1559년에서 1566년이요, 율곡이 우계를 통해 퇴계설을 비판한 것이 1572년이다. 당시 퇴계의 학문적 위상으로 보면 고봉과 율곡의 퇴계설에 대한 비판은 주목할 만하다.

율곡이 퇴계의 호발설을 비판하는 요점은 사단과 칠정의 이기론적 구조와 이발(理發)에 있었다. 율곡은 인간의 감정이란 칠정으로 대표할 수

---

5 같은 책, 卷10, 書2, 〈答成浩原〉, "天地之化, 卽吾心之發也. 天地之化, 若有理化者氣化者, 則吾心亦當有理發者氣發者, 天地旣無理化氣化之殊, 則吾心安得有理發氣發之異乎?"

6 《朱子語類》, 卷1, 理氣上, "無是氣, 則是理亦無掛搭處.", 《近思錄》, 卷1, 〈道體類〉, "其實道寓於器, 本不相離也." "氣旣有動靜, 則所載之理, 亦安得無動靜.", 《朱子大全》, 卷45, "太極者, 本然之妙也, 動靜者, 所乘之機也."

있고, 사단은 그 가운데 선한 감정에 불과하다고 보았다.[7] 따라서 사단과 칠정의 이기론적 구조를 기가 발함에 리가 탄 기발이승(氣發理乘)의 구조로 이해하였다. 율곡이 사단과 칠정을 같은 감정의 범주로 보고 설명하는 것은 보통사람을 중심으로 한 인간 이해이며, 경험적이고 실제적인 인간 이해의 단면을 보여 주는 것이기도 하다. 율곡의 이와 같은 일원론적 사단칠정론을 가리켜 흔히 '칠포사(七包四)'의 구조라고 말한다.

여기에 대해 퇴계는 사단은 리가 발함에 기가 따르는 '이발이기수지(理發而氣隨之)'요 칠정은 기가 발함에 리가 탄 '기발이이승지(氣發而理乘之)'의 구조로 보았다. 앞서 말했듯이 퇴계가 사단과 칠정의 이기론적 구조를 달리 설명하는 까닭은 두 감정의 근원처가 무엇이며, 무엇이 주도한 감정인가를 설명하자는 데 있었다. 단순화하면 퇴계는 사단은 리가 발한 것, 칠정은 기가 발한 것이라 하고 싶었다. 이렇게 윤리적, 가치론적 시각에서 사단칠정을 설명하는 과정에서 퇴계는 사단칠정의 존재론적 설명에 다소 미흡했고, 이 점이 존재론적 시각에 철저한 율곡의 눈에 보이는 것은 당연했다. 율곡은 퇴계의 칠정에 대한 설명 즉 '기발이이승지(氣發而理乘之)'에 대해서는 불만이 없었다. 다만 사단을 '이발이기수지(理發而氣隨之)'라 설명한 데 대해서는 비판을 서슴지 않았다. 하나는 '리가 발함에 기가 따른다'는 표현은 이기(理氣)의 사이에 시간적 선후의 혐의가 있는 표현이라는 것이다. 물론 퇴계 자신은 이기선후(理氣先後)를 말한 것이 아닐지라도 표현상의 문제점은 있다는 것이 율곡의 비판이다. 또 하나는 이발(理發)의 문제다. 이는 퇴(退), 율(栗) 이후 조선조 유학자들에게서 지속적으로 논의되어 온 문제일 뿐 아니라 오늘날까지도 미해결의 과

7 《栗谷全書》, 卷14, 〈論心性情〉, "七情之外無他情, 七情中之不雜人欲, 粹然出於天理者, 是四端也."

제로 남아 있다. 이에 대한 퇴계의 견해가 가장 잘 정리되어 있는 것은 그가 기대승에게 답한 다음 글이다. 퇴계는 주자의 말을 인용하여 격물(格物)과 물격(物格)을 설명하면서 "……그 용(用)이 비록 인심(人心)에서 벗어나지 않으나, 그 용이 되는 묘(妙)는 실로 이 리의 발현된 것이 인심의 이르는 바에 따라 이르지 않는 곳이 없고 다하지 않은 곳이 없으니, 다만 나의 격물(格物)이 지극하지 못함을 두려워할 뿐, 리가 스스로 이르지 못함을 걱정할 것이 없다"[8] 하고, "격물(格物)을 말할 때는 진실로 내가 궁구하여 물리(物理)의 지극한 곳에 이르는 것을 말한 것이지만, 그 물격(物格)을 말함에 미쳐서는 어찌 물리(物理)의 지극한 곳이 나의 궁구한 바를 따라 이르지 않음이 없는 것이라 할 수 없겠는가? 여기에서 정의(情意)도 없고 조작(造作)도 없는 것은 이 리의 본연의 체이고, 깃들인 곳에 따라 발현하여 이르지 않음이 없는 것은 이 리의 지극히 신묘(神妙)한 작용임을 알 수 있다. 전에는 단지 본체가 무위(無爲)한 줄로만 알았고, 신묘한 작용이 드러나게 행해질 수 있는 것을 알지 못하여 거의 리를 죽은 것(死物)으로만 알았으니, 도(道)와의 거리가 어찌 매우 멀지 않겠는가?"[9] 라고 하였다. 《대학》의 격물(格物)과 물격(物格)을 설명하는 가운데 그의 이자도(理自到)의 설과 이발(理發)의 입장이 설명되고 있다. 여기서 이자도(理自到)의 설은 인식의 문제로서, 인식주체와 인식대상과의 관계에서 리의 자발적 능동성을 인정한 이론이다. 퇴계에 따르면 일단 리의 용(用)

---

8 《退溪集》, 卷18, 〈答奇明彥別紙〉, "……其用雖不外乎人心, 而其所以爲用之妙, 實是理之發見者, 隨人心所至, 而無所不到, 無所不盡. 但恐吾之格物有未至, 不患理不能自到也."

9 같은 책, 卷18, 같은 글, "……然則方其言格物也, 則固是言我窮至物理之極處. 及其言物格也, 則豈不可謂物理之極處, 隨吾所窮而無不到乎? 是知無情意造作者, 此理本然之體也, 其隨寓發見而無不到者, 此理至神之用也. 向也, 但有見於本體之無爲, 而不知妙用之能顯行, 殆若認理爲死物, 其去道不亦遠甚矣乎?"

은 인심의 영역임을 분명히 하고 있다. 리의 발현이 인심이 가는 곳에 따라 이르지 않는 곳이 없고 다하지 않음이 없다고 한다. 그리고 나의 격물(格物)이 지극하지 못함을 염려해야지 리가 스스로 이르지 못할 것을 걱정할 필요는 없다고 하였다. 결국 리가 이르느냐 이르지 못하느냐 하는 것은 인식 주체인 나의 격물과 관계되어 있고, 나의 격물이 지극할 때 인식 대상인 사물의 리도 저절로 나에게 이른다는 논리다.

나아가 퇴계는 자신이 리의 본체상 무위(無爲)만 알고 리의 지극히 신묘(神妙)한 용(用)을 몰라 리를 죽은 것으로만 알았으니, 도와는 너무 거리가 멀다고 스스로 반성하고 있다. 퇴계는 이제까지 자신의 리에 대한 이해가 잘못된 것임을 솔직히 인정하고, 이를 깨우쳐 준 고봉에게 고맙다는 뜻까지 표현하고 있다.

퇴계의 이 글에 대한 해석을 어떻게 보아야 할 것인가? 분명한 것은 퇴계가 리의 발을 용의 측면에서 인정했다면, 그것은 이미 리 자체의 발용은 아니라는 점이다. 왜냐하면 용이란 이미 기와의 관계에서 하는 말이요, 퇴계의 말대로 인심에 따라 리의 용을 말한 것이기 때문이다. 또한 리의 발이라 할 때 그 발의 의미가 무엇이냐 하는 문제다. 시간적, 공간적 변화를 의미하는 현상적, 실제적인 발인가, 아니면 '성(性)이 발하여 정(情)이 된다(性發爲情)'는 식의 발인가 하는 것이다. 문제는 퇴계의 이에 대한 언표가 미흡하고 또 혼동의 여지를 주고 있다는 점이다. 이에 대한 전문적인 논구는 차후로 미루고, 여기에서는 율곡이 이를 어떻게 이해하고 있느냐 하는 점만 다루기로 한다. 적어도 율곡의 입장에서는 퇴계의 발(發)을 현상적, 실제적인 발로 이해한 것으로 보인다.[10] 만약 율곡이 퇴

10 《栗谷全書》, 卷10, 書2, 〈答成浩原〉, "若非氣發理乘一途, 而理亦別有作用, 則不可謂理無爲也."

계의 발(發)을 '성발위정(性發爲情)'의 발로 이해했다면 이에 대한 신랄한 비판이 있지 않았을 것이다. 율곡의 눈으로 보면 퇴계가 사단칠정을 설명하는 하나의 문장 속에 있는 '기발(氣發)'과 '이발(理發)'의 '발(發)'을 동일하게 해석할 수밖에 없었을 것이고, '이발이기수지(理發而氣隨之)'와 '기발이이승지(氣發而理乘之)'가 결국은 사단과 칠정의 존재구조에 의거한 설명이라고 볼 때, 이발(理發), 기수(氣隨), 기발(氣發), 이승(理乘)은 각기 이기(理氣)의 기능과 역할에 대한 해석이라고 보지 않을 수 없었다. 이는 고봉이 퇴계와의 논변 과정에서 "기가 리를 따라 발하여 조금도 막힘이 없다면 이것은 바로 리가 발한 것이다. 그런데 만약 이것을 도외시하고 다시 리가 발하는 것을 찾는다면, 나는 헤아리고 모색하는 것이 심할수록 더욱 찾을 수 없을 것으로 생각된다"[11]고 한 것이나, "퇴계처럼 서로 발용함이 있고 그 발용 또한 서로 기다린다고 하면, 리가 도리어 감정이나 의지, 계산이나 헤아림, 조작함이 있고, 또 리와 기 두 가지가 마치 두 사람이 마음을 한쪽씩 나누어 차지하고, 한 마음속에 있으면서 번갈아 나오고 용사(用事)하여 서로 머리를 따르는 것이 되는 것과 같다. 이것은 도리의 가장 기초가 되는 이론이니 조금의 차이가 있어서는 안 된다" 한 것에서 잘 알 수 있다. 이를 통해서 볼 때 고봉의 경우도 이미 그 당시에 퇴계가 리의 발을 잘못 이해하고 있음을 지적하고 있다.

이렇게 볼 때, 율곡이나 고봉은 퇴계의 본의와는 관계없이 퇴계의 이발(理發)이 논리적 의미이거나 용의 측면에서 한 말이 아니라, 현상적인 발용, 실제적인 발용으로 이해하고 있었음을 알 수 있다.[12]

---

11 《高峰集》, 〈四七理氣往復書〉, 下篇, 第1書改本, "氣之順理而發, 無一毫有碍者, 便是理之發矣. 若欲外此而更求理之發, 則吾恐其揣摩橫索愈甚, 而愈不可得矣."

12 이상은은 퇴계가 사단칠정을 통해 리(理)의 발을 의미할 뿐 아니라 사실상으로도 역설한 의도는 무작위(無作爲)한 리에 발(發)의 성격을 부여하여서 혹시 악행으로 유도할

또한 퇴계의 이발(理發) 문제는 그의 '리(理)가 기(氣)를 낳는다'고 보는 '이생기(理生氣)'의 논리나 리를 절대시하고 능발(能發), 능생(能生), 능동(能動)의 활물(活物)로서의 창조적인 리로 보는 데서 더욱 확연해진다.[13] 그는 주렴계(周濂溪)의 '태극동이생양(太極動而生陽)'을 '이동이기생(理動而氣生)'으로 해석한다.[14] 주자나 율곡의 경우에는 생자(生字)의 의미가 소이(所以), 근저(根柢), 추뉴(樞紐)처럼 논리적 개념으로 이해되는 것인데,[15] 퇴계의 경우는 생성론적 개념으로 해석되고 있다. 여기에서 리의 발(發)과 리의 생(生)은 같은 개념으로 이해되어진다. 리가 만물을 낳고 만들고 생성하는 창조적 의미인데, 이는 곧 리의 발용과 다르지 않기 때문이다.

퇴계의 이러한 이발(理發)에 대해 율곡은 단호하게 비판한다. 우선 리는 체용을 막론하고 발용하거나 작용할 수 없다는 것이다. 이는 이미 주자를 비롯해 송학에서의 정론이거니와 성리 이해의 기초이기도 하다. 형이상자인 리가 시간적으로 다르고 공간적으로 다르다면 이는 이미 리가 아니다. 리는 시간과 공간을 초월해 보편자이기 때문이다. 율곡이 생각하는 '발(發)'이란 그가 사용하는 '위(爲)'와 같다. 위(爲)란 행위요 작위로서 그 스스로 자기를 시간적으로 공간적으로 바꾸는 것이며, 양적으로 질적으로의 변화를 의미하는 것이다.

지 모를 기질지성의 장애를 예상하여, 선한 본연지성으로서의 리의 본유와 그 자발적인 발현에 대한 자각을 일깨우려는 의도가 있었던 것이 아닌가 추론하고 있다. (이상은, 〈사칠논변과 대설. 인설의 의의〉, 《퇴계 이황》, 예문서원, 2002, 326쪽)

13 최영진, 《퇴계 이황》, 살림, 2007, 95쪽.

14 《退溪集》, 卷25, 〈答鄭子中別紙〉, "蓋理動則氣隨而生, 氣動則理隨而顯, 濂溪云太極動而生陽, 是言理動而氣生也."

15 《栗谷全書》, 卷20, 〈聖學輯要〉, 2, "第以氣之動靜也, 須是理爲根柢. 故曰太極動而生陽, 靜而生陰."

문제는 퇴계 자신의 불분명한 언표에서 기인하는 것이다. 한 문장 속에 표현된 이발(理發)과 기발(氣發)의 의미를 어떻게 다르게 볼 수 있는가이다. 과연 기발(氣發)의 발(發)은 현상적인 운동 변화, 작용의 의미로 해석하고, 이발(理發)의 발(發)은 용(用)으로서의 발(發)로 볼 수 있느냐는 것이다. 만약 양자의 개념이 다르다면 마땅히 표현을 달리해 글자의 사용을 달리했어야 하기 때문이다. 율곡은 발하는 것은 오직 기뿐이라고 단언한다. 리는 발할 수 없고 기 발용의 원인이 되고 주재가 된다고 생각한다.[16] 이러한 근거에서 율곡은 사단이나 칠정 그리고 일체 모든 존재를 기발이승(氣發理乘)의 구조로 이해하는 것이다. 퇴계의 이발(理發) 주장은 주자와도 구별되는 그의 특징이지만 성리상의 문제로 지적되는 것이다.[17] 과연 퇴계가 실제적인 리의 발을 주장한 것인지 아니면 용으로서의 발을 말한 것인지는 분명하지 않다. 적어도 율곡의 입장에서는 퇴계의 이발(理發)과 기발(氣發)이 같은 의미라는 차원에서 비판한 것이라고 할 수 있다.

---

16 같은 책, 卷10, 書2, 〈答成浩原〉, "發之者, 氣也, 所以發者, 理也. 非氣則不能發, 非理則無所發(發之以下 二十三字, 聖人復起, 不易斯言)."

17 윤사순, 《퇴계철학의 연구》, 고려대출판부, 1983, 215쪽.

제4절 주리(主理)와 이기지묘(理氣之妙)

퇴계의 철학적 지향점은 천리에 근거한 인간성의 완전 실현에 있었다. 즉 선한 본성을 지켜 군자가 되는 데 있다. 그런데 문제는 인간 존재가 기와 무관할 수 없다는 데 있다. 인간은 신체를 가진 존재고 형기를 지닌 존재며, 결코 기를 떠날 수 없는 존재다.[1] 기를 떠난 인간이란 관념이고 이상이다. 인간 실존의 모습은 리와 기의 유기체(有機體)다. 리 없는 기도 없고 기 없는 리도 없다. 이 기는 리를 제약한다. 시간적으로, 공간적으로, 양적으로, 질적으로 그리고 가치상 제약을 한다. 따라서 아무리 리가 선하더라도 기가 리를 가리면 리는 자기다움을 상실한다. 그러므로 퇴계는 이 기를 어떻게 리로부터 격리시키고 구별하는가에 관심을 두었다. 물론 여기에는 퇴계의 이기(理氣)에 대한 가치 규정이 자리한다. 리는 선한 것, 기는 악할 가능성이 있는 것, 리는 존귀(尊貴)한 것으로 높여야 할 것, 기는 비천(卑賤)한 것으로 저급한 것이라는 인식이 자리한다.[2] 여기에 리를 중시하고 리를 강조하는 그의 주리론(主理論) 철학이 존재한다. 어떻게 보면 유학 자체가 주리론에 기반한다고 볼 수 있다. 유교의 인간주의,

---

1 《退溪全書》, 卷36, 〈答李宏中問目〉, "天下無無理之氣, 無無氣之理."

2 같은 책, 卷12, 〈與朴澤之〉, "理貴氣賤……."

도덕주의는 이를 말해 준다. 맹자가 생존욕구(生)와 도덕욕구(義)의 겸비를 이상으로 하지만, 만약 양자택일을 해야 할 경우에는 생(生)을 버리고 의(義)를 취하겠다든지,[3] 공자가 살신성인(殺身成仁)을 말한 데서 잘 나타난다.

그런데 특히 퇴계의 경우는 이러한 도덕의식이 매우 강했고, 도덕성을 지닌 인간에 대한 믿음과 희구(希求)가 더 철저했다고 볼 수 있다. 적어도 퇴계의 관점에서는 이상적인 정치란 선한 인간성을 지닌 군왕에 의해 가능하고, 치자의 도덕적 모범이 왕도의 첩경이라고 보았기 때문이다. 여기에 그의 관심은 인간, 군왕의 도덕적 인격함양에 있었고, 이를 위한 리의 철저한 체인(體認)과 경(敬)의 마음공부를 강조했던 것이다.

퇴계철학에서 리는 경(敬)과 함께 가장 중요한 화두라고 할 수 있다.[4] 퇴계는 자나 깨나 리를 깊이 사색하고 탐구했다. 그에 따르면 고금인의 학문도술(學問道術)이 다른 까닭은 다만 이자(理字)를 알기 어렵기 때문이라고 한다. 이자(理字)를 알기 어렵다고 하는 것은 대략 아는 것이 어렵다는 말이 아니라, 참으로 알고 오묘한 경지를 해석하여 십분 극진한 경지에 이르기가 어렵다는 것이라 하였다.[5] 이는 리에 대한 인식이 관념적인 차원이 아니라 주체적으로 체득하고 신념화하며, 실천에까지 나아가야 한다는 것을 말해 준다.

또한 퇴계는 리를 절대시하고 신성시했다. 퇴계에 따르면 리는 지극히 높아서 상대할 것이 없다. 따라서 만물에 명령을 하는 것이지 만물에게서 명령을 받는 것이 아니다.[6] 마찬가지로 리는 본래 그 높음이 상대할 것이

---

3 《孟子》, 〈告子 上〉, "生亦我所欲也, 義亦我所欲也, 二者不可得兼, 舍生而取義者也."

4 안병주, 〈퇴계의 학문관〉, 《퇴계 이황》, 예문서원, 2002.

5 《退溪全書》, 卷16, 書, 〈答奇明彦後論〉, "盖嘗深思古今人學問道術之所以差者, 只爲理字難知故耳. 所謂理字難知者, 非略知之爲難, 眞知妙解到十分處爲難耳."

없어, 만물에 명령하는 것이지 만물에게서 명령을 받는 것이 아니어서 기가 이길 바가 아니다.[7] 이처럼 퇴계는 리를 절대적 존재로 인식한다. 리는 그 무엇으로부터 명령받지 아니하고 만물에게 명령하는 자로 드러난다. 그리하여 리는 기와 상대할 대상이 아니다. 여기에서 리는 마치 신이요 절대자로 자리한다. 그리고 리는 만물을 낳는 리로 지극히 신묘(神妙)한 작용을 하고 만물을 화생(化生)하는 창조적 활물로 간주된다. 이러한 퇴계의 리에 대한 인식은 기존의 이기론적 리에 대한 이해를 넘어선 것이라 해도 지나치지 않는다.[8] 여기에서 퇴계의 리는 지극히 없는 것 같으면서도 지극히 있고, 움직이되 움직이지 않고, 고요하되 고요하지 않으며, 심히 깨끗하여 조금도 더할 수 없고 조금도 뺄 수 없는 것으로 설명된다.[9] 이 리는 체와 용, 본체와 현상을 뛰어 넘는 것으로, 고도의 철학적 사색과 주체적 체인을 요청하는 것이다.

퇴계의 이러한 리에 대한 절대적 자리 매김은 그의 윤리적 입장에 연유한다. 인간은 윤리적 존재이므로 위대하고, 인간은 윤리적일 때 인간답다는 신념이 자리한다. 그 윤리의 본질이 바로 선한 본성이며, 그것은 천리에 근원한다. 우주자연의 이치가 곧 인간의 본성으로 내재한 것이고, 그것은 순수한 선이라는 논리다. 여기에 천리로서의 리가 문제가 된다. 리는 곧 태극(太極)이며 이 세계의 이법이며 본원적 질서이자 가치적으로는 절대선(絕對善)이다. 이 완전한 선에 일치하고자 하는 인간, 이 선의

---

6 같은 책, 卷13, 書, 〈答李達李天機〉, "……此理, 極尊無對, 命物而不命於物故也."

7 같은 책, 卷13, 書, 〈答李達李天機〉, "理本其尊無對, 命物而不命於物, 非氣所當勝也."

8 주리론(主理論) 철학의 공통점이기도 하지만, 퇴계의 경우도 리(理)에 대한 이중적 개념이 보인다. 즉 절대리(絕對理)와 상대리(相對理)의 이중적 리(理) 개념을 적용하고 있다.

9 《退溪全書》, 卷16, 書, 〈答奇明彥後論〉, "……至虛而至實, 至無而至有, 動而無動, 靜而無靜, 潔潔淨淨地, 一毫添不得, 一毫減不得……."

질서에 맞는 세계가 퇴계의 꿈이요 이상이다. 그러므로 퇴계에게는 리가 중요하고 리가 주요 관심사이다. 상대적으로 기는 부수적 의미를 갖고 관심의 밖에 있다.

이에 비해 율곡의 경우는 퇴계에 의해 경시되어진 기에 관심을 갖고 리와 기의 조화와 균형을 추구한다. 율곡은 앞서 말했듯이 존재론적 시각에서 출발한다. 이 세계는 그것이 무엇이든지 형이상의 리와 형이하의 기로 이루어진 세계다. 리와 기는 서로 필요한 존재로서 상수적(相須的) 관계요 대대적(對待的) 관계다. 하나의 존재가 성립하기 위해서는 리와 기가 반드시 필요하다. 리 없는 기도 없고 기 없는 리도 없다. 리가 있으면 반드시 기도 있어야 하고, 기가 있으면 리도 반드시 있어야 한다. 그러므로 리나 기는 모두가 불완전자다. 리는 기를 통해 보구(補救)되고, 기는 리를 통해 보구된다.[10] 이와 같이 이기(理氣)가 서로 다른 둘이면서 하나의 존재로 있고, 하나로 있으면서 각기 자기다움을 잃지 않고 둘로 있는 이 오묘한 관계를 '이기지묘(理氣之妙)' 라고 불렀다. 그는 이기지묘(理氣之妙)의 신비를 통찰하고, 이 경지야 말로 보기도 어렵고 또한 설명하기도 어렵다고 하였다.[11] 퇴계가 리의 오묘한 세계를 체인했다면, 율곡은 이기(理氣)가 함께 있는 오묘한 경지를 체인했던 것이다. 여기에 양자의 철학정신의 지향점이 구별된다. 율곡도 유학자이므로 궁극적으로는 주리론(主理論)의 범주를 벗어나지 않는다. 인간이 중요하고 윤리도덕이 중요하고 리가 중요하다. 그러나 율곡은 기에 대한 배려를 잊지 않는다. 존재상으로도 리도 중요하지만 기도 중요하다고 보는 것이 율곡이다. 기 없는 리는 관념적이고 이상적이고 이론적이다. 리는 기를 통해 구상화되고 실

---

10 황의동, 《율곡 이이》, 살림, 2007, 72쪽.

11 《栗谷全書》, 卷10, 書2, 〈答成浩原〉, "理氣之妙, 難見亦難說."

현된다. 리가 가야 할 목표요 이상이지만, 그 실현, 실천의 몫은 기에 있다. 리가 추구해야 할 지선(至善)의 가치지만, 기적(氣的)인 환경과 조건이 리의 완전 실현에 영향을 미친다. 이러한 기의 역할과 위상에 주목한 이가 바로 율곡이다.[12]

인간은 높은 이상을 추구해야 하지만 현실에 발을 딛고 있어야 하고, 이론은 실천되어야 한다. 또 윤리가 중요한 가치지만 경제를 도외시할 수 없다. 이와 같이 율곡은 퇴계에 의해 경시되어진 기의 존재 의미를 되살리고 이기(理氣)가 어우러진 세계를 추구하였다. 사실 율곡의 입장에서 보면 주리적 편향은 미흡하다는 생각을 갖게 된다. 윤리도덕에 치우쳐 민생을 도외시하고, 이상에 매몰되어 현실을 도외시하는 것은 바람직하지 않다.

퇴계는 기를 부정적으로 보았고, 마치 엄마가 칼을 손에 쥐고 있는 어린아이를 바라보는 불안한 심정이었다. 그리하여 그는 기를 불안과 경계의 눈초리로 보았다고 할 수 있다. 이에 비해 율곡은 기가 비록 불안한 위험성은 있지만, 반드시 필요한 것이라는 전제하에 기의 가치적 유용성을 주목하였다. 수양론에서는 현실적으로 인간이 기를 떠날 수 없는 한, 기질의 변화가 중요하다는 점을 인식하였고, 사회적으로는 기의 유위성(有爲性)이야 말로 변화와 사회발전의 동력이라고 보았다.

이와 같이 퇴계는 윤리적 입장에서 리를 중시한 반면 기를 부정적으로 보았고, 율곡은 리도 중요하지만 기도 중요하다는 입장에서 기의 역할과 위상을 긍정적으로 이해하였다.

---

12 율곡이 기(氣)에 대해 적극적인 긍정을 하고, 기의 역할과 위상에 대해 주목했다 해서 그를 주기론자(主氣論者)로 규정하는 것은 문제가 있다.

제5절 경(敬)과 성(誠)

퇴계철학이 리(理)의 인식과 체득 그리고 리의 실현에 있었다면, 그 방법론으로 경(敬)을 중시하였다.[1] 퇴계는 선조에게 〈성학십도(聖學十圖)〉를 지어 올리면서 '이 십도(十圖)는 모두 경(敬)으로써 위주했다' 하고,[2] 경 한 글자는 성학(聖學)을 이루는 시작과 끝이 된다[3]고 하였다. 이처럼 퇴계는 성학의 방법론으로 경을 매우 중시하였다. 퇴계는 "군자의 학문은 이 마음이 발용하기 이전에는 경에 입각해서 존양(存養)공부를 하고, 이 마음이 이미 발동했을 때는 경에 입각해서 성찰(省察)공부를 해야 한다"[4]고 하였다. 이처럼 경은 마음이 발하기 전이나 발한 후에나 항상 요구되는 공부의 본령이었다. 존양(存養)이란 존심양성(存心養性)의 준말로 '마음을 간직해서 성(性)을 기른다'는 뜻이다. 마음이 아직 발하기 전에는 오직 내 마음의 본성을 잘 길러야 하니 이것이 존양공부다.

---

1 퇴계가 경(敬)만을 말하고 성(誠)을 말하지 않은 것이 아니지만, 비교적 학문의 방법 또는 수기의 측면에서 경을 중시한 것은 분명하다.

2 《退溪全書》, 卷7, 〈大學經〉, "今茲十圖, 皆以敬爲主焉."

3 같은 책, 卷7, 〈小學題辭〉, "吾聞敬之一字, 聖學之所以成始而成終者也."

4 같은 책, 卷8, 〈天命圖說〉, "君子之學, 當此心未發之時, 必主敬而加存養工夫. 當此心已發之際, 亦必主敬而省察工夫."

또한 마음이 이미 발했으면 그것이 정당한가 사특한가, 또 지나치거나 부족한 점은 없었는가 등을 살피는 것이 성찰(省察)공부다. 이때 존양공부와 성찰공부를 아울러 경(敬)이라고 한다. 경은 퇴계철학의 핵심이다. 그는 말하기를 '마음은 우리 몸의 주재자이고, 경은 마음의 주재자' 라고 하였다.[5] 우리의 몸을 주재하는 것이 마음이고, 또 그 마음을 주재하는 것이 경이다. 그러므로 경은 우리의 몸과 마음을 다스리는 추기(樞機)라고 할 수 있다.

그러면 경(敬)이란 무엇인가? 경은 마음이 순수하고 전일(專一)하게 된 상태를 말한다. 퇴계는 경의 방법으로 선유들의 설을 수용하여 다음 네 가지를 제시하였다. 정이천(程伊川)의 '정제엄숙(整齊嚴肅)' 과 '주일무적(主一無適)', 사상채(謝上蔡)의 '상성성(常惺惺)', 윤화정(尹和靖)의 '기심수렴불용일물(其心收斂不容一物)' 이다. '정제엄숙(整齊嚴肅)' 은 외적인 몸가짐을 단정하고 엄숙하게 하는 것을 말하고, '주일무적(主一無適)' 은 한 가지 일에 마음을 모아 흩어짐이 없는 것을 말한다. 또 '상성성(常惺惺)' 이란 마음이 항상 또렷하게 깨어 있는 상태를 유지하는 것이고, '기심수렴불용일물(其心收斂不容一物)' 이란 그 마음을 거두어들여 아무런 잡스런 생각이 일어나지 않게 하는 것을 말한다.[6] 이러한 경의 경지는 결코 쉬운 것이 아니다. 퇴계에 따르면 "참되게 노력하기를 오래 쌓아 가면 저절로 마음과 이치가 서로 녹아들게 되어 자기도 모르는 사이에 융회

---

5 같은 책, 卷7, 〈心學圖說〉, "盖心者, 一身之主宰, 而敬又一心之主宰也."

6 이완재, 〈퇴계의 인간관〉, 《퇴계 이황》, 예문서원, 2002, 138쪽.
《退溪全書》, 卷7, 〈心學圖說〉, "學者熟究於主一無適之說, 整齊嚴肅之說, 與夫其心收斂常惺惺之說, 則其爲工夫也盡, 而優入於聖域亦不難矣.", 〈大學經〉, "或曰, 敬若何以用力耶? 朱子曰, 程子嘗以主一無適言之, 嘗以整齊嚴肅言之, 門人謝氏之說, 則所謂常惺惺法者焉. 尹氏之說, 則有其心收斂, 不容一物者焉云云."

관통(融會貫通)하게 되고, 나의 행동과 하는 일이 서로 익숙해져서 점차 쉽고 평안하게 되어 간다"[7]고 하였다. 이와 같이 퇴계의 관심은 치국평천하(治國平天下) 즉 외왕(外王)의 근본이 되는 수기(修己)에 있었고, 그 수기의 중핵적 과제가 경(敬)에 있었다. 마음이 아직 발하지 아니했을 때나 이미 발했을 때나, 일이 없을 때나 있을 때나 동정(動靜)을 불문하고 경의 생활화가 수기의 핵심이었다. 경은 퇴계철학의 구경지(究竟地)인 리의 인식과 실현을 가능케 하는 현실적인 대안이었고, 언제 어디서나 항상 지녀야 할 생활철학 그 자체였다. 그래서 그는 경을 이념화한 송대 진덕수(眞德秀)가 쓴《심경(心經)》을 매우 중시하여 말하기를 "심경을 읽은 후에야 비로소 심학의 연원과 심법의 정미(精微)함을 알게 되었고, 평생 이 책을 믿기를 신명(神明)같이 하였고, 이 책을 공경하기를 엄한 아비와 같이 하였다고 하였다.[8] 이와 같이 퇴계의 학문은 경(敬)에 의한 마음공부, 마음공부에 의한 군자의 인격함양, 군자에 의한 왕도의 실현, 성학(聖學)의 구현에 있었다.

율곡의 경우는 성(誠)이 수기와 가치론의 핵심으로 중시되었다.[9] 물론 율곡도 경(敬)을 말하지 않은 것은 아니지만, 성이 중핵적 원리로 중시된다. 성(誠)은 본래《중용》에서 강조되었는데, 주자는 이를 '진실하여 거짓이 없는 것' 으로 해석하였다.[10] 따라서 성(誠)은 참, 진실의 의미를 갖는다. 성은 자연의 도리이고 그 성을 본받아 참되고자 노력하는 것은 인

---

7 같은 책, 卷7, 〈進聖學十圖箚幷圖〉, "……至於積眞之多, 用力之久, 自然心與理相涵, 而不覺其融會貫通, 習與事相熟, 而漸見其坦泰安履."

8 《退陶先生言行通錄》, 卷2, "先生自言, 吾得心經而後, 始知心學之淵源, 心法之精微. 故吾平生, 信此書如神明, 敬此書如嚴父."

9 채무송, 〈퇴율성리학의 비교연구〉, 《율곡사상논문집》, 율곡문화원, 1973, 130쪽.

10 《中庸》, 第21章, 朱子註, "誠者, 眞實無妄之謂, 天理之本然也."

간의 도리이다. 여기에서 성은 자연의 질서인 동시에 인간이 밟아 가야 할 당위로 규정된다. 송대 주자는 이 성(誠)을 실유지리(實有之理)와 실연지심(實然之心)으로 해석하였다.[11] 이를 본받아 율곡은 성을 실리(實理)와 실심(實心)으로 해석하였다.[12] 성(誠)은 우주자연에서는 참된 이치가 되고, 이것이 인간의 마음에 내재해서는 참된 마음 즉 실심(實心)이 된다. 율곡은 인간에게 가장 중요한 것이 바로 실심의 확보라고 보았다. 율곡은 "한 마음이 참되지 아니하면 만사가 모두 거짓이니 어디를 간들 행할 수 있으며, 한 마음이 진실로 참되면 만사가 모두 참이니 무엇을 한들 이루지 못하겠느냐"고 하였다.[13] 이와 같이 율곡은 성을 말하지만 체로서의 성보다 용으로서의 성에 더 관심을 가졌고, 이것이 바로 '성지(誠之)'로서 '성지'의 측면이 그의 무실(務實)사상으로 구체화된 것이라 할 수 있다.[14] 인간 주체의 성실성 확보, 진실심(眞實心)의 확보가 개인의 수기뿐만 아니라 정치에도 근본이 된다고 보았다.

율곡은 이 실(實)의 추구를 '무실(務實)'이라 하고, 진실심의 확보에서 나아가 실천성(實踐性), 실용성(實用性), 실효성(實效性)의 추구를 강조하였다.[15] 율곡은 그의 상소문과 〈동호문답(東湖問答)〉 등을 통해 당시 현실의 실(實)의 부재현상을 통렬하게 비판하고, 매사에 진실성, 실천성, 실용성이 확보되어야 한다고 보았다.

이러한 율곡의 성(誠)의 윤리, 실(實)의 추구는 퇴계의 경(敬)에 비해

11 《性理大全》, 卷37, "誠者, 在道, 則爲實有之理, 在人, 則爲實然之心."

12 《栗谷全書》, 拾遺, 卷6, 〈四子言誠疑〉, "天道卽實理 而人道卽實心也."

13 같은 책, 卷21, 〈聖學輯要〉, 3, "一心不實, 萬事皆假, 何往而可行, 一心苟實, 萬事皆眞, 何爲而不成?"

14 황의동, 《율곡사상의 체계적 이해 2》, 서광사, 1998, 47쪽.

15 같은 책, 53~67쪽 참조.

좀 더 실천성과 현실성을 담고 있다. 율곡에게는 개인의 수기가 바탕이 되지만, 여기에 머물지 않고 철저한 우환의식으로 나라와 민생을 책임지고 경영하는 데까지 나아간다. 율곡의 이러한 무실적(務實的) 학풍은 이후 전개되는 17세기 이후 조선조 실학 발흥(勃興)에 지대한 영향을 미쳤고, 율곡학이 성리학과 실학을 겸비한 특성을 갖는다.[16] 비교적 관점에서 보면 퇴계는 경(敬)을 통해 윤리적 인간을 희구했고, 율곡은 성(誠), 실(實)을 통해 진실한 주체를 확립하고 나아가 진실한 사회, 실천적 기풍, 실용적 가치관을 추구했다. 퇴계의 경이 개인의 수기적 측면에 초점을 맞추었다면, 율곡의 성(誠; 實)은 개인의 수기에서 나아가 사회적 실현에 대한 강한 의지와 관심을 가졌다는 데 특징이 있다. 또 퇴계가 경을 통해 윤리적 심성과 인격을 함양하고자 한 데 비해, 율곡은 성의 윤리적 가치는 물론 실리(實利), 실용(實用), 실질(實質), 실효(實效)라는 경제적, 물질적 가치까지도 함축하고 있다는 데 그 특징이 있다.

16 황의동, 《율곡 이이》, 살림, 2007, 100~104쪽 참조.

제2부

율곡사상의 현대적 조명

제1장
율곡 경세론의 현대적 의미

제1절 율곡 시무론과 성공적 개혁의 길

율곡은 조선조 많은 유학자 가운데 경세에 밝고 또 개혁의 이론과 강한 의지를 지녔던 대표적인 인물이었다. 그는 당시 '개혁을 좋아하는 사람' 으로 회자될 만큼 기회만 되면 말과 글로서 개혁의 이론과 실제를 주장했다. 그의 〈만언봉사(萬言封事)〉를 비롯한 수많은 상소문, 〈동호문답(東湖問答)〉, 〈경연일기(經筵日記)〉, 〈성학집요(聖學輯要)〉, 〈육조계(六條啓)〉 등에 그의 시무책이 나타나 있다.

'시무(時務)' 란 전통적으로 유가의 현실인식과 대책이라는 측면에서 보편적으로 사용되어 온 말인데, 율곡은 '시무' 의 개념을 명확하게 설명한 바 있다.

> 나라는 반드시 근본을 힘써야 하고, 일은 반드시 중요한 것을 알아야 한다. 근본을 힘쓴다는 것은 무엇인가? 안을 무겁게 여기고 밖을 가볍게 여기는 것을 말한다. 중요한 것을 안다는 것은 무엇인가? 양끝을 잡고 중용을 쓰는 것을 말한다. 이 말을 아는 자라야 더불어 시무를 의논할 수 있다.[1]

1 《栗谷全書》, 拾遺, 卷5, 雜著2, 〈時弊七條策〉, "國必務本, 事必知要. 務本者何? 重內而輕外之謂也. 知要者何? 執兩端而用中之謂也. 知此說者, 可與議時務矣."

율곡에 따르면 시무의 요체는, 국가에서는 무엇이 근본이고 무엇이 말단인지 본말을 알아서 근본을 먼저 힘쓰는 것인데, 구체적으로는 안을 무겁게 여기고 밖을 가볍게 여기는 것이다. 또 일에서는 무엇이 중요하고 무엇이 가벼운 것인가를 아는 것인데, 구체적으로 양끝을 잡고 중용을 사용함을 의미한다.

수많은 국가적 과제 가운데 무엇이 근본적인 문제인가를 파악하는 것은 지도자의 몫이다. 안을 무겁게 여기고 밖을 가볍게 여긴다 함은, 현상적인 사건보다 그 사건의 본질적 측면을 더욱 중시하라는 말이다. 지금 우리도 외과적 수술이나 사건에 대한 응급처방에만 급급한 것은 아닌지 반성해야 한다. 문제해결은 근본 원인이 무엇인지를 알아서 그 원인을 제거할 때 완전해진다. 그럼에도 위정자들은 사건의 본질은 외면한 채 대증요법으로 일관하는 데서 개혁은 헛수고가 되고 만다. 예컨대 국가개조나 국민개혁은 근본적으로 국민의 의식개혁이 전제되지 않으면 안 된다. 그러자면 그것은 교육을 통해 할 수밖에 없고 장기적인 과제로 참을성 있게 추진하지 않으면 안 된다. 그런데 임기 동안 가시적인 성과에 매달려 행정에 의존할 뿐 교육을 통한 개혁의 기반조성에는 무관심하다면, 아무리 법과 제도를 고쳐도 부정부패가 끊이지 않는 것이 당연한 귀결이다.

특히 일을 함에 있어서 양끝을 잡고 중용을 사용해야 한다는 것은 참으로 중요한 시사를 던져 준다. 본래 이는 《중용》에서 공자가 순(舜)임금의 위대한 지혜를 예찬하면서, 그 양끝을 잡고 백성에게 그 중용(中庸)을 썼다고 예찬한 데서 나온 말이다.[2]

세상에는 다양한 주장이 있고 다양한 가치가 있다. 보수와 진보, 이상론과 현실론, 경제우위론과 윤리우위론, 반미와 친미, 통일론과 안보론,

---

2 《中庸》, "子曰 舜其大知也與 …… 執其兩端, 用其中於民."

경제의 성장론과 분배론 등 서로 다른 주장과 가치가 마주 서 있다. 지금 우리 사회는 어느 한편에 서서 다른 편과 구별하고자 하는 데서 갈등과 분열이 심화되고 있다.

이제 율곡의 말대로 서로 다른 양 가치, 두 주장의 양끝을 잡고 상황에 따라 적의하게 사용할 줄 알아야 한다. 이는 시중지도(時中之道)의 현실적 운용이며 정치적 적용이다. 그리고 여기에는 서로 다른 양 가치의 대립을 대립으로 보지 않고 상보적 관계로 인식하는 혜안이 필요하다. 오늘의 한국적 상황에서는 편향적 시각에서의 행정이 아니라 상보적 인식의 틀에서 양 가치, 두 주장을 아우르는 노력이 필요하다.

또한 율곡은 〈만언봉사〉에서 "정치는 때를 아는 것이 귀하고, 일은 실(實)을 힘쓰는 것이 중요하다"[3] 하였다. 그리고 시의(時宜)란 때에 따라서 변통(變通)하여 법을 베풀어 백성을 구하는 것을 말한다. 정자가 《주역》에서 논하기를, 때를 알고 세를 아는 것이 역을 배우는 큰 방법이라 하였고, 또 때에 따라서 변역(變易)하는 것은 상도(常道)이다. 대개 법은 때로 인하여 만든다. 때가 변하면 법도 같지 않다[4]고 하였다. 또한 만나기 어려운 것은 때이고 잃기 쉬운 것은 기회[5]라고 하였다. 여기에서 정치에서 상황의 정확한 인식이 얼마나 중요한 것인가를 알 수 있다. 율곡은 시무(時務)는 한결같지 않고 각각 마땅한 바가 있다 하고, 창업기(創業期), 수성기(守成期), 경장기(更張期)로 구별하였다.[6] 그리고 당시야말로 개혁이 필

3 《栗谷全書》, 卷5, 〈萬言封事〉, "政貴知時, 事要務實."

4 같은 글, "夫所謂時宜者, 隨時變通, 設法救民之謂也. 程子論易曰, 知時識勢, 學易之大方也. 又曰, 隨時變易, 乃常道也. 蓋法因時制, 時變則法不同."

5 같은 책, 卷5, 〈玉堂陳戒箚〉, "嗚呼! 難遇者時, 易失者機."

6 같은 책, 卷25, 〈聖學輯要〉, 7, "臣按時務不一, 各有攸宜. 撮其大要, 則創業守成與更張三者, 而已."

요한 '경장기'로 인식하였다. 이처럼 정치에서는 때를 아는 것이 중요하고, 때에 따라 변통하여 법과 제도를 만들어 백성들의 불편을 해소하고 적극적으로 후생복지를 베풀어야 하는 것이다.

또한 율곡은 지도자를 세 가지 부류로 구별하는데, 미연에 위란(危亂)을 알고 미리 대비하는 자를 상지(上智)라 하고, 이미 그런 줄 깨닫고 위란을 알아 치안을 도모하는 자를 중지(中智)라 하였으며, 위란을 보고서도 다스릴 줄 모르고 대처하지 못하는 자를 하지(下智)라 하였다.[7] 지도자는 상황을 정확하게 인식하고 이에 적의한 대응을 할 줄 알아야 한다. 우리의 현대사를 보아도 지도자의 현실인식 부족과 역사의식의 결여로 역사를 뒤로 돌리고 국가와 국민에게 많은 폐를 끼친 경우를 종종 볼 수 있었다. 오늘날에도 지도자의 정확한 현실인식이 무엇보다 요구된다. 진단을 잘해야 처방을 잘할 수 있기 때문이다.

또 하나는 율곡의 개혁논리를 현대적으로 적용할 줄 알아야 한다. 율곡은 '법이 오래되면 폐단이 생기고, 폐단이 생기면 마땅히 고쳐야 한다',[8] '때에 따라 변해야 할 것이 법제이다',[9] '법은 때에 따라 만들어지니 때가 변하면 법도 같지 않다'[10]고 하여, 변법(變法)의 논리를 밝혔다. 여기에서 율곡은 시간과 공간의 변화에 따라 법과 제도도 달라지지 않으면 안 된다는 시의(時宜)에 맞는 법 정신을 말하고 있고, 또 하나는 법이 오래되면 폐단이 생기고 폐단이 생기면 마땅히 고쳐야 한다는 변법(變法)의 당위를 말하고 있다. 아울러 법제의 폐단은 결국 국민에게 불편과 해가 되므로

---

7 같은 책, 卷7, 〈陳時弊疏〉, "臣聞上智, 明於未然, 制治于未亂, 保邦于未危, 中智覺於已然, 知亂而圖治, 識危而圖安, 若夫見亂而不思治, 見危不求安, 則智斯爲下矣."

8 같은 책, 卷15, 〈東湖問答〉, "大抵法久則弊生, 弊生則當改."

9 같은 책, 卷5, 〈萬言封事〉, "大抵隨時可變者, 法制也."

10 같은 글, "蓋法因時制, 時變則法不同."

고쳐야 한다는 민본적 변법정신이 내재해 있다.[11] 이러한 율곡의 변법정신은 곧 개혁의 이론적 근거가 된다. 개혁에는 여러 가지 개혁이 있지만 가장 기본적인 개혁은 법과 제도의 개혁이다. 지금 우리도 잘못된 법과 제도, 잘못된 관행에 대한 개혁의 당위가 있지만 아직도 미흡하기만 하다.

그러나 언제나 개혁이 만능인 것은 아니다. 그것은 상황 즉 때와 밀접히 연관된다. 정상적인 정치상황에서는 기존의 법제를 준수해 다스려 나가면 되지만, 난세를 당해서는 그 폐단을 고쳐 다스리지 않으면 안 된다. 비록 그 일은 다르나 그 도(道)는 마찬가지다.[12] 이렇게 볼 때, 개혁의 당위는 시중지도(時中之道)와 연관하여 판단할 수밖에 없다.

그런데 개혁에는 여러 가지 장애가 따른다. 그 첫째는 일부 보수적 지도층의 개혁신중론이다. 즉 성왕이 제정한 법이니 가볍게 고칠 수 없다든지 조종(祖宗)의 법을 어떻게 함부로 고칠 수 있느냐는 신중론이다.[13] 둘째는 개혁에 따른 후유증 또는 두려움이다. 율곡에 따르면 급진적인 개혁으로 혹시 소요사태가 일어나지 않을까 근심하여 변통과 개혁을 주저하는데, 이는 전혀 그렇지 않다고 한다. 공안(貢案)을 고치고 주현을 병합하는 일은 모두 조정에서 헤아리고 마감 확정할 뿐이지, 백성에게는 한 되의 쌀이나 한 자의 베 같은 비용도 들지 않으니 백성에게 무슨 상관이 있기에 소요할 근심이 있겠느냐고 반문하였다.[14]

그러면 개혁은 어떻게 할 것인가? 율곡은 점진적인 개혁을 주장하여 중종 때 조광조(趙光祖)와 같은 전철을 밟아서는 안 된다고 생각하였다.

---

11 같은 책, "法久弊生, 害歸於民, 設策矯弊, 所以利民也."

12 같은 책, 卷7, 〈陳時弊疏〉, "繼治世則遵其法而治焉, 繼亂世則革其弊而治焉. 其事雖異, 其道則同也."

13 같은 책, 卷5, 〈萬言封事〉, "今者語及改正貢案, 則議者必諉以祖宗之法, 不可輕改."

14 같은 책, 卷7, 〈陳時事疏〉 참조.

율곡에 따르면 오늘날의 형세는 하루아침에 분발하고 기운을 내서 능히 바로잡을 수 있는 바가 아니다. 급히 서두르고 점진적으로 하지 않으면 인심이 동요하고 도리어 화란(禍亂)의 빌미를 이끌어 내고, 느슨히 하여 시기를 놓치면 태만하고 인순(因循)하여 앉아서 패망을 기다리게 되니, 개량하고 진작하는 기회는 다만 임금이 하는 바의 일을 잘 미루어 생각하여 완급(緩急)이 중도(中道)에 맞게 하는 데 달려 있다 하였다.[15] 지나치게 조급한 개혁은 인심을 동요하게 하거나 보수층에게 역습의 빌미를 줄 수 있음을 유념해야 하고, 또 반대로 지나치게 느슨한 개혁 추진은 시기를 놓쳐 실패하게 되므로 완급이 중도에 맞아야 한다는 것이다. 이와 같이 여러 사람의 계책을 수집하고 중도(中道)를 써서 일대(一代)의 훌륭한 정치를 이룩해야 하는 것이다.[16]

이러한 율곡의 개혁론은 오늘의 현실에서도 유용하다. 개혁의 당위가 국민의 불편 해소와 국민의 복리 증진에 있어야 한다. 그래야 국민들은 개혁에 동의하고 협조할 수 있다. 또 개혁의 방법에서도 완급을 조절하여 중도에 맞게 해야 한다. 이는 일종의 개혁의 속도조절이라 하겠다. 이것은 개혁의 성공을 위해 매우 중요한 조건이며 지도자의 통찰력과 추진력이 뒷받침되어야 한다. 개혁의 속도가 너무 빠르면 인심의 동요와 저항을 초래하기 쉽고, 너무 느리면 시기를 놓쳐 개혁이 실패하고 만다. 이를 어떻게 시의에 맞게 조절하여 개혁을 성공시키느냐 하는 것은 지도자의 몫이다.

15 같은 책, 卷7, 〈司諫院進德修政箚(辛巳)〉, "今日之勢, 非一朝發憤作氣之所能矯革也. 急而無漸, 則人情騷動, 反挑厲階, 緩而後時, 則怠惰因循, 坐而待亡, 轉移振作之機, 只在殿下, 善推所爲緩急得中耳."

16 위의 글, "必須收合群策, 擇善用中, 以成一代之政."

제2절 언로개방론과 국시론의 현대적 적용

율곡에 따르면 언로개방은 개혁을 위한 필수적인 조건이다. 법과 제도를 개혁하자면 많은 사람들의 의견이 필요하다. 훌륭한 아이디어를 수집하여 개혁에 반영해야 하기 때문이다. 그러므로 율곡은 "언로가 열리느냐 닫히느냐에 국가의 흥망이 달려 있다"[1]고 하여, 언로의 개방 여부가 국가가 흥하느냐 망하느냐의 관건이 된다 하였다. 따라서 만약 언론의 자유를 봉쇄하고 죄를 다스린다면 그 나라는 망하지 않을 수 없다 하였다.[2]

그는 언로를 넓혀 여러 가지 대책을 모으라[3]고 권하고, 삼공(三公)에게 명하여 자주 의정부에 나아가 앉아 육조(六曹)의 관리들과 회동케 하고, 무릇 경연에서 상주(上奏)한 것이나 장소(章疏)에서 논의된 것 중 폐해를 개혁하고 백성을 구하는 일과 관계되는 것은 모두 정부에 하달하도록 해야 한다 하였다. 그리고 조정의 관리와 선비 그리고 백성들로 하여금 만약 좋은 의견이 있다면 모두 정부에 투서케 하여, 정부는 해당 부서와 이를 상의해서 오늘 한 가지 폐해를 개혁하고 내일 또 한 가지 폐해를 개혁

1 《栗谷全書》, 卷3, 〈陳弭災五策箚〉, "言路開塞, 興亡所係."

2 같은 책, 卷7, 〈代白參贊疏〉, "……防之口而治其罪, 則其國未有不亡者也."

3 같은 책, 卷3, 〈玉堂陳時弊疏〉, "廣言路以集群策."

하라 권고하였다.[4] 따라서 임금이 의견을 구한다는 전교를 특별히 내리고, 거리낌 없도록 문호를 크게 열어 위로는 조정의 신하들로부터 아래로는 일반 서민들에 이르기까지, 안으로는 서울에서부터 밖으로는 먼 변방에 이르기까지, 모두가 각자 현재의 폐단에 대하여 얘기하고 그들의 진정을 다 털어놓도록 힘써야 한다 하였다.[5] 이와 같이 율곡은 언로 개방을 통해 개혁의 구체적인 대안을 찾고자 하였으니, 개혁의 성공을 위해 언로 개방은 반드시 필요한 조건이었다.

또한 언로 개방은 국시의 정립을 위해 반드시 필요하였다. 율곡은 이에 대해 다음과 같이 설명하고 있다.

> 국시(國是)의 정립은 더욱이 구설(口舌)로써 다툴 수 없는 것이다. 인심이 한가지로 그러한 바를 일러 공론(公論)이라 하고, 공론의 소재를 일러 국시라 한다. 국시란 한 나라 사람들이 꾀하지 않고서도 한가지로 옳다고 하는 것이니, 이익으로써 유혹하지 않고 위력으로써 두렵게 하지 않는데도 삼척동자 또한 그 옳음을 아는 것이니, 이것이 곧 국시이다.[6]

국시란 정치학적으로 한 나라의 최고의사 또는 국가의사를 말한다. 결국 정치란 국시에 따라 이루어질 때 정상적이다. 국시가 어떻게 설정되느냐 하는 문제는 정치의 성패를 좌우하는 관건이다. 그런데 율곡은 이에

---

4 같은 책, 卷3, 〈陳弭災五策箚〉 참조.

5 같은 책, 卷3, 〈諫院陳時事疏(丙寅)〉, "伏望殿下特頒求言之敎, 大開不諱之門, 上自朝臣, 下至氓俗, 內自京邑, 外至下裔, 皆令各陳時弊, 務盡其情."

6 같은 책, 卷7, 〈辭大司諫兼陳洗滌東西疏〉, "國是之定, 尤不可以口舌爭也. 人心之所同然者謂之公論, 公論之所在謂之國是, 國是者, 一國之人, 不謀而同是者也. 非誘以利, 非怵以威, 而三尺童子, 亦知其是者, 此乃國是也."

대해 명쾌한 이론을 제시하였다. 율곡에 따르면 국시는 말싸움으로 결정되는 것이 아니라고 규정하였다. 즉 논리로서 국시가 결정되는 것은 아니라는 말이다. 인간의 보편심이 곧 공론이고, 그 공론이 존재하는 바가 곧 국시라고 하였다. 따라서 국시는 어떠한 이익으로 유혹하거나 힘으로 협박하여 만들어지는 것이 아니라, 한 나라의 국민들이 모두가 똑같이 옳다고 하는 것으로 이는 삼척동자 어린아이들조차 그것이 옳음을 아는 것이라 하였다. 여기에서 우리는 국시의 성격과 본질을 이해할 수 있다.

첫째 국시는 인간의 보편심에 근거한다는 것이요 또 하나는 '옳다' 고 하는 정당성을 전제한다는 점이다. 이러한 율곡의 국시론은 멀리 맹자가 인심의 보편성을 리(理), 의(義)로 규정한 것에서 연유한다.[7] 국시는 인간 누구나 가지고 있는 본심에 기초한다는 것이다. 즉 국민의 상식적인 의사가 곧 공론이고, 그 공론에 따라 국시가 결정된다는 것이다. 따라서 국시는 물질적 유혹이나 권력의 강제에 의해서가 아니라 옳다고 하는 정당성을 기반으로 한다.

오늘날 현대사회가 민주주의를 표방하고 있지만, 대중조작의 위험성이나 이로 말미암은 중우(衆愚)정치의 위험성을 안고 있다는 점에서 시사하는 바가 크다. 더욱이 율곡은 공론(公論)과 부의(浮議)를 구별함으로써 국시정립에서 동의의 질을 중시하였다.[8] 부의란 일종의 뜬소문 또는 유언비어로서 그 원천이 묘연하여 국인(國人)을 원천으로 삼는 공론과는 근본적으로 다르다. 부의가 그 내용이 허(虛)와 위(僞)를 바탕으로 한다면 공론은 자발적인 정당성을 본질로 하며, 부의가 일부의 의사라면 공론은 만인의 의사로서 전체의 의사이다. 또한 부의가 그것을 정상적으로 정치에

---

7 《孟子》, 〈告子章 上〉, "心之所同然者何謂也? 謂理也義也."

8 《栗谷全書》, 卷7, 〈陳時弊疏〉 참조.

반영할 수 없을 뿐 아니라 국가적으로 막대한 폐해를 준다면, 공론은 정책결정 과정에서 민의를 가장 합리적으로 수렴할 수 있는 최선의 방법이라는 점에서 그 의의가 크다.[9] 그런데 이 국시의 정립을 위해서 필수적인 조건이 바로 언로의 개방이다. 언로의 개방을 통해 공론이 형성되고, 공론이 형성되는 곳에서 국시가 정립되기 때문이다.

이렇게 볼 때, 오늘날 우리 사회가 안고 있는 현안문제로서 통일문제 또는 북핵문제에 대한 공론의 형성과 이를 통한 국시의 정립은 매우 중요한 문제가 아닐 수 없다. 또 공론의 형성을 위한 언로의 개방 역시 중요한 문제이다. 지난 정부의 햇볕정책이 비판을 받고 표류하는 이유가 바로 공론의 형성 과정 없이 정부 뜻대로 일방적으로 강행을 했고, 또 원칙과 도덕성 그리고 투명성을 결여하고 있는 데서 여론의 눈총과 비판을 받게 되었다. 또한 신행정수도 건설이나 대운하 건설사업도 공론화의 과정을 반드시 거쳤어야 했다. 선거용이나 일부 지역적 이해에 따라서가 아니라, 민족의 장래와 통일시대를 고려하고 또 그것이 미치는 경제적, 사회적 영향을 십분 고려하여 정책결정이 이루어졌어야 했다. 선거공약이었으니 마땅히 추진해야 한다는 논리는 옳지 않다. 다양한 여론 수렴과 공론화 과정을 거쳐 국시가 정립된 후, 추진여부와 방향이 설정되어야 할 것이다. 이 밖에 크고 작은 현안들도 언로의 개방, 공론의 형성, 국시의 정립이라는 과정을 거쳐 기획되고 추진되는 것이 바람직하다.

9 황의동, 《율곡사상의 체계적 이해 2》, 서광사, 1998, 94쪽.

제3절 득중합의론의 현대적 음미

'경제성'과 '도덕성'이라는 양 가치는 한 개인에게나 국가에 매우 중요한 척도이다. 우리는 한편 잘 먹고 잘 살아야 하겠고 또 다른 한편 올바르게 살아야 한다. 이러한 고민은 이미 맹자에게도 있었다. 맹자는 말하기를 "생(生) 또한 내가 하고자 하는 바요, 의(義) 또한 내가 하고자 하는 바지만, 이 두 가지를 겸하여 얻을 수 없다면 생을 버리고 의를 취하리라"[1]고 하였다. 부득이 선택적일 경우에는 '사생취의(舍生取義)'가 유교적 가치관일 수 있지만, 가장 이상적인 것은 경제적 가치(生, 利)와 도덕적 가치(義)를 아울러 추구하는 것이다. 본래 유교는 선진유학에서부터 이러한 경제성과 도덕성의 겸비를 추구해 왔다.[2] 율곡은 이를 계승하여 다음과 같은 '득중합의(得中合宜)'의 이론을 제시하고 있다. 때에 따라서 알맞음(中)을 얻는 것을 일러 권(權)이라 하고, 일마다 마땅함에 합하는 것을 일러 의(義)라 한다. 권(權)으로써 변화에 응하고 의(義)로써 일을 짓는다면 나라를 다스림에 무슨 어려움이 있겠는가? 도(道)에 있어 병행

1 《孟子》, 〈告子章 上〉, "生亦我所欲也, 義亦我所欲也, 二者不可得兼, 舍生而取義者也."

2 이는 《周易》의 '利者 義之和也', 《孟子》의 義·利 논의나 항산(恒産)과 항심(恒心), 왕도지시(王道之始)와 왕도지종(王道之終)의 논의, 《論語》의 '견득사의(見得思義)', '견리사의(見利思義)' 등 많은 곳에서 볼 수 있다.

할 수 없는 것이 옳음(是)과 그름(非)이요, 일에 있어서 함께할 수 없는 것이 이로움(利)과 해로움(害)이다. 한갓 이해(利害)가 급하다고 생각해서 시비(是非)의 소재를 돌아보지 않는다면 일을 만드는 의리에 어긋나고, 한갓 시비가 급하다고 해서 이해의 소재를 살피지 않는다면 변화에 응하는 권도(權道)에 어긋난다. 그런데 권도(權道)에는 일정한 규준이 없고 중용(中庸)을 얻는 것이 귀하고, 의리(義理)에도 일정한 제도가 없고 마땅함에 합하는 것이 귀하다. 중(中)을 얻고 마땅함에 합하면 옳음과 이로움이 그 속에 있게 된다. 진실로 나라에 편안하고 백성에게 이로우면 모두 해야 할 일이요, 진실로 그 나라를 편케 할 수 없고 그 백성을 보호할 수 없으면 모두 할 수 없는 일이다.[3] 여기에서 권(權)은 시간성의 잣대이고, 의(義)는 공간성의 잣대로 설정된다. 그런데 시간과 공간이 결코 떨어져 있을 수 없으므로 권(權)과 의(義)는 밀접히 연관되어 있다. 또한 도리상으로 보면 옳음과 그름은 함께 병행될 수 없고, 일로 보면 이로움과 해로움이 동시에 존재할 수 없다. 그러므로 우리는 옳고 그름의 문제에만 집착하다 이해관계를 간과하기 쉽고, 이해관계에 집착하다 옳고 그름의 문제를 놓치기 쉽다. 여기에 우리의 고민이 있다.

그런데 권도에는 일정한 기준이 설정되어 있는 것이 아니라 때에 알맞은 중용이 귀하고, 의리에도 일정한 제도가 없고 마땅함에 합하는 것이 귀하다. 따라서 중용을 얻고(得中) 마땅함에 합할 때(合宜) 그 속에 이로움(利)과 옳음(義)이 충족된다. 결국 율곡 사상에서 '경제성'과 '도덕성'

---

3 《栗谷全書》, 拾遺, 卷5, 雜著2, 〈時弊七條策〉, "對愚聞隨時得中之謂權, 處事合宜之謂義, 權以應變, 義以制事, 則於爲國乎何有? …… 竊謂道之不可竝者是與非也, 事之不可俱者利與害也. 徒以利害爲急, 而不顧是非之所在, 則乖於制事之義, 徒以是非爲急, 而不究利害之所在, 則乖於應變之權. 然而權無定規, 得中爲貴, 義無常制, 合宜爲貴. 得中而合宜, 則是與利在其中矣. 苟可以便於國利於民, 則皆可爲之事也, 苟不能安其國保其民, 則皆不可爲之事也."

을 아울러 갖출 수 있는 길은 '득중합의(得中合宜)'로 요약된다. 즉 상황에 따라 알맞게 대응하되 그것이 마땅함을 얻어야 한다. 사회발전에서 가장 바람직한 것은 '중용을 지키면서 마땅한 일'을 성취시켜 나가는 것이라는 말이다.[4] 요컨대 율곡의 이러한 득중합의론(得中合宜論)은 그의 이기지묘적(理氣之妙的) 사유를 사회정책론에 적용한 것인데,[5] 유가의 이상인 대동세계로 가는 길이기도 하다.[6]
이러한 맥락에서 율곡이 나라에 편안하고 백성에게 이로운 것은 해야 할 일이고, 나라에 편치 못하고 백성을 보호할 수 없는 것이라면 해서는 안 될 일이라고 한 것은 '국가와 국민'을 표준으로 한 가치척도라는 점에서 의미하는 바 크다.

오늘날 우리의 정치와 행정도 '국가와 국민'이라는 잣대를 통해 해야 할 일과 해서는 안될 일을 결정해야 한다. 아울러 개인에게도 도덕성과 경제성이 중요하듯이, 국가에도 도덕성과 경제성은 어느 하나도 결여되어서는 안 된다는 점에서 중요한 의미를 준다. 정치에서도 정책방향이 지나치게 경제일변도로 편중되어 도덕적 위기를 초래하고 있다면 마땅히 시정되어 균형과 조화를 이루어야 할 것이다. 아울러 교육에서도 경제교육, 실용교육, 과학교육이 이 시대에 절실히 필요하지만, 그것이 너무 지나쳐 윤리교육, 인성교육에 위기를 맞고 있다면 여기서도 양자의 조화와 균형을 추구해야 할 것이다.

---

4 최근덕, 〈율곡의 사회사상과 경세론〉, 《율곡사상연구》, 제3집, 율곡학회, 1997, 23쪽.

5 이동희, 〈율곡 이이의 성리학과 사회정책론〉, 《동양철학연구》, 제18집, 동양철학연구회, 1998, 160쪽.

6 조남국, 《율곡의 삶과 철학 그리고 경제·윤리》, 교육과학사, 1997, 267쪽.

제2장
율곡 성리학의 현대적 의미

제1절 이기론의 현대적 의미

율곡의 이기론은 그의 세계에 대한 관점이자 세계 이해의 논리라고 볼 수 있다. 율곡은 주자의 이기론을 충실히 계승하여 이기이원(理氣二元)의 세계관을 기본입장으로 삼고 있다. 즉 이 세계는 형이상자로서의 리(理; 太極)와 형이하자로서의 기(氣; 陰陽)가 묘합(妙合)되어진 것이다.[1] 이 양자는 시간적으로 선후가 없고 공간적으로 이합(離合)이 없는 오묘한 관계하에 있다.[2] 따라서 리(理)와 기(氣)는 하나의 존재양상으로 있지만, 그것을 이론적으로 개념적으로 설명하자면 리는 리요 기는 기로서 구별된다. 이를 이기불상리(理氣不相離), 이기불상잡(理氣不相雜)이라 하고, '하나이면서 둘이요 둘이면서 하나(一而二 二而一)' 라고 표현하였다.[3] 이러한 이기의 오묘한 존재 구조적 양상(樣相)을 가리켜 율곡은 '이기지묘(理氣之妙)' 라고 불렀다. 이기지묘는 율곡의 철학적 관점으로 세계를 보는 창

1 《栗谷全書》, 卷10, 書2, 〈答成浩原〉, "氣不離理, 理不離氣."

2 같은 글, "大抵發之者氣也, 所以發者理也. 非氣則不能發, 非理則無所發. 無先後, 無離合, 不可謂互發也."

3 같은 책, 卷20, 〈聖學輯要〉, 2, 修己上, "有問於臣者曰, 理氣是一物是二物? 臣答曰, 考諸前訓, 則一而二二而一者也. 理氣渾然無間, 元不相離, 不可指爲二物. 故程子曰, 器亦道道亦器, 雖不相離, 而渾然之中, 實不相雜, 不可指爲一物. 故朱子曰, 理自理氣自氣, 不相挾雜, 合二說而玩索, 則理氣之妙, 庶乎見之矣."

이요 눈이다. 그는 이 세계를 이기의 묘합으로 인식하였고, 이를 다시 '기발이승(氣發理乘)', '이통기국(理通氣局)'이라는 말로 형용하였다. 즉 이 세계는 발(發)하는 기 위에 리가 올라타 있는 '기발이승(氣發理乘)'의 존재구조를 갖는다고 보았다. 운동 변화하는 것은 기이고 그 기의 운동 변화를 주재하는 것은 리라고 보았다.[4] 리와 기의 상보적(相補的) 역할에 의해 이 세계는 존재하고 또 생성 변화해 간다. 그는 또 이러한 이기지묘의 존재양상을 '이통기국(理通氣局)'이라고도 표현하였다. 리는 시간과 공간을 초월하므로(無形) 언제 어디에서나 두루 통할 수 있고, 기는 시간과 공간에 국한되므로(有形) 시공의 제약을 받는다고 보았다.[5] 리의 원융성(圓融性)과 기의 제약성(制約性)을 이기지묘(理氣之妙)로 설명한 것이 바로 이통기국(理通氣局)이다. 결국 기발이승, 이통기국 모두가 이기지묘의 다른 표현임에 틀림없다.

그러면 이러한 율곡의 이기론이 갖는 현대적 의미는 무엇인지 검토해 보기로 하자.

첫째, 상보성(相補性)의 정신이다. 율곡의 이기론 또는 세계관이 보여주는 중요한 정신은 리와 기의 상보성에 있다. 율곡은 리 없는 기도, 기 없는 리도 인정하지 않았다. 따라서 리와 기는 존재적으로 대등한 위상을 갖는다. 리만 중요한 것이 아니라 기도 리만큼 중요한 의미를 갖는다. 서로 반대되는 성질의 것이 마주 서 있지만, 함께 더불어 있어야만 온전해진다. 따라서 리나 기 홀로는 불완전할 뿐이다. 리는 기를 통해 보구(補救)되고 기는 리를 통해 보구된다. 이러한 상보성의 정신은 단군신화 속

---

4 같은 책, 卷14, 〈人心道心圖說〉, "發之者氣也, 所以發者理也. 非氣則不能發, 非理則無所發."

5 같은 책, 卷10, 書2, 〈答成浩原〉, "理通者何謂也? 理者, 無本末無先後也 …… 氣局者何謂也? 氣已涉形迹, 故有本末也有先後也."

에, 원효의 화쟁(和諍)사상 속에, 《주역》의 음양(陰陽)사상 속에 그대로 온존(溫存)해 있다. 나와 마주 서 있는 너를 미워하고 갈등하는 적대관계가 아니라, 오히려 나의 부족함을 보완해 주는 고마운 동반자요 반려자로 이해하는 사랑의 논리가 이 속에 깔려 있다. 이렇게 볼 때, 율곡의 이기지묘는 사랑의 논리면서 평화의 질서라고 볼 수 있다.

둘째, 입체적 사유방식을 배울 수 있다. 율곡의 이기지묘는 일면 리와 기는 구별되어야 한다고 말하면서도 또 리와 기는 결코 둘이 아니라 하나의 존재양상으로 있다고 말한다. 여기에서 우리는 리와 기가 하나이면서 둘이고 둘이면서 하나라고 말할 수 있다. 리와 기를 둘로 나누어 보는 것은 분석적 관점이고, 하나로 합해 보는 것은 종합적 관점이다. 율곡은 이 양자 사이에 어느 한쪽에 기울지 아니하고 분석과 종합을 아울러 보는 입체적 사유를 제시하였다. 진리를 올바르게 인식하기 위해서는 자칫 범하기 쉬운 분석과 종합의 어느 일변도를 지양하고, 이 양자를 상황에 따라 적의하게 조화하는 입체적 사유의 전범을 보여 주었다는 점에서 매우 중요한 의미를 갖는다.

셋째, 기에 대한 긍정적 관점을 이해할 수 있다. 퇴계는 율곡과는 달리 리와 기를 가치 개념화하여 리가 귀한 것이라면 기는 천한 것,[6] 리가 명령하는 자라면 기는 명령을 받는 자,[7] 리가 장수라면 기는 병졸로[8] 리와 기의 가치적 위상을 극명하게 구별하였다. 따라서 퇴계의 경우 리는 지극히 높여야 할 신성한 것이었지만, 기는 타락과 방종의 경향성을 갖는 것으로 경계의 대상이 되어 부정되었다.

---

6 《退溪全書》, 卷12, 〈與朴澤之〉, "理貴氣賤……."
7 같은 책, 卷13, 〈答李達李天機〉, "理本其尊無對, 命物而不命於物故也."
8 같은 책, 續集, 卷8, 〈天命圖說〉, "理爲氣之帥, 氣爲理之卒."

그러나 율곡은 기의 가변성, 유위성(有爲性)을 부정적으로 보지 않고, 인간심성에 있어서는 기질변화(氣質變化)의 원동력으로, 사회적 측면에서는 개혁과 진보의 원동력으로 인식하였다. 퇴계는 기를 마치 어린아이에게 주어진 날카로운 칼로 보아 위험과 경계의 대상으로 보았지만, 율곡은 기를 변화와 진보의 원동력으로 보았다. 물론 율곡은 기만의 변화란 불완전하므로 마땅히 리의 주재 아래 있어야 한다는 점을 망각하지 않았다. 이를 그는 '기발이승(氣發理乘)'이라 불렀다.

넷째, 심오한 존재론적 통찰을 읽을 수 있다. 율곡이 이기지묘(理氣之妙)를 그토록 강조하고 퇴계의 이기호발설(理氣互發說)을 비판하는 논거는 퇴계의 존재인식이 철학적으로 문제가 있다는 데 있었다. 퇴계는 사단을 리가 발함에 기가 따르는 것(理發而氣隨之), 칠정을 기가 발함에 리가 탄 것(氣發而理乘之)으로 설명하였다.[9] 이에 대해 율곡은 발하는 것은 오직 기뿐이고, 형이상자로서의 리는 결코 발할 수 없으며,[10] 퇴계가 사단을 가리켜 '리가 발함에 기가 따른다'고 한 것은 리와 기의 시간적 선후를 인정하는 표현이므로 옳지 않다고 보았다.[11] 즉 형이상자로서의 리가 만약 발하는 것이라면 이는 기와 다를 바 없는 것이 되고, 언제 어디에서나 변화 가능한 것이라면 결코 리일 수 없다고 본 것이다. 아울러 율곡은 리와 기는 본래 합해 있는 것으로 어느 시간적 계기에 합해진 것이 아니라는 점을 누차 강조하고 있으며, 시간적으로는 무선후(無先後), 공간적으로는 무이합(無離合)임을 분명히 하였다.[12] 이렇게 보면 적어도 율곡은

---

9 같은 책, 卷7, 箚, 〈心統性情圖說〉, "四端之情, 理發而氣隨之 …… 七者之情, 氣發而理乘之……."

10 《栗谷全書》, 卷10, 書2, 〈答成浩原〉, "理則無爲也, 不可謂互有發用也."

11 같은 글, "所謂氣發理乘之者可也 …… 若理發氣隨之說, 則分明有先後矣, 此豈非害理乎."

12 같은 책, 卷10, 書2, 〈理氣詠呈牛溪道兄(小註)〉, "理氣本合也. 非有始合之時, 欲以理氣二之

존재인식에 탄탄한 철학적 이론무장을 하고 있었음을 알 수 있다. 반면 퇴계는 윤리적 관점에 몰두하다 자신도 모르는 사이에 존재론적 오류를 간과하는(그것이 사실적이든 표현상의 문제이든 간에) 실수를 범하게 되었고,[13] 율곡은 이를 예리하게 지적하여 비판하였던 것이다.

者, 皆非知道者也."

13 유정동, 《동양철학의 기초적 연구》, 성균관대출판부, 1987, 325쪽.

제2절 심성론의 현대적 의미

성리학은 인간본성의 이치에 대해 끊임없는 철학적 물음을 제기해 왔다. 그것은 인심도심(人心道心), 본연지성기질지성(本然之性氣質之性), 사단칠정(四端七情) 등 여러 가지 형태로 전개되어 왔다. 일반적으로 한국 성리학의 특징을 인간 심성을 중심으로 한 탐구에 있다고 말하거니와, 율곡에게도 인간심성에 대한 철학적 탐구는 그의 주된 연구대상이었다. 퇴계와 고봉의 성리논변을 거쳐 다시 율곡과 우계를 통해 인간심성에 대한 철학적 논구는 깊이를 더해 갔다고 볼 수 있다.

율곡은 주자의 성론(性論)을 계승하여 기질지성을 실제적인 성(性)으로 간주하였다. 기질 속에 리가 부여된 성이 바로 실제적인 인간의 성이다. 다만 그 속에서 기질을 제외한 리만을 가리켜 천지지성(天地之性) 또는 본연지성(本然之性)이라 불렀다. 따라서 엄밀하게 말하면 본연지성은 리라고 해야 옳지 성이라고 할 수 없다.[1] 이는 율곡이 기질지성 속에서 본연지성을 이해하는 관점이라고 볼 수 있다.

---

1 《栗谷全書》, 卷10, 書2, 〈理氣詠呈牛溪道兄〉, "性者, 理氣之合也. 蓋理在氣中然後爲性. 若不在形質之中, 則當謂之理, 不當謂之性也. 但就形質中單指其理而言之, 則本然之性也, 本然之性, 不可雜以氣也."

또한 율곡은 인간의 마음은 본래 하나인데, 그것이 무엇을 소재로 하여 나온 마음인지에 따라 인심(人心)과 도심(道心)으로 구별된다 하였다.[2] 즉 도덕적인 욕구로 나타난 마음이 도심이고 형기 또는 신체적인 욕구에 따라 나타난 마음이 인심이다. 이는 율곡이 마음을 근본에 있어서는 하나로 보았지만, 드러난 결과에 따라 둘로 보고 있음을 뜻한다. 그리고 그는 인심과 도심은 정(情)에서 한 걸음 더 나아가 의(意)를 겸한 마음이기 때문에[3] 인심으로 출발해도 도심으로 끝날 수가 있고, 반대로 도심으로 시작해도 인심으로 결과할 수 있다고 하여, 인심도심의 상호종시설(相互終始說)을 주장하였다.[4] 아울러 인심과 도심의 관계는 성(性)과 정(情)처럼 '기질포본연(氣質包本然)'이나 '칠정포사단(七情包四端)'이 아니라 상대적이라고 보았다.

그러면 이러한 율곡의 심성론은 현대적으로 어떤 의미를 갖는지 살펴보기로 하자.

첫째, 전인적(全人的) 인간관을 엿볼 수 있다. 근본적으로 율곡은 인간의 심성도 기발이승의 이기지묘적 구조임을 분명히 하였다. 기질지성도 기발이승의 존재구조이고 사단칠정도 기발이승의 존재구조라고 보았다. 또한 인심도심도 모두가 기발이승의 구조라고 하였다. 이러한 율곡의 심, 성, 정에 대한 이해는 그의 인간관이 전인적 인간관에 기초하고 있음을 의미한다. 다시 말하면 리 중심의 인간관이 아니라 기를 포함한 조화적, 균형적인 인간관임을 말해 준다. 우리는 흔히 유교를 엄숙한 도덕주의로 오해한다. 또 유교적 인간관에 있어서도 도덕성 또는 지성만을 갖춘 인간

---

2 같은 책, 卷10, 書2, 〈答成浩原〉, "人心道心雖二名, 而其原則只是一心. 其發也, 或爲理義, 或爲食色. 故隨其發而異其名……."

3 같은 책, 卷9, 書1, 〈答成浩原〉, "蓋人心道心, 兼情意而言也. 不但指情也."

4 같은 글, "……是故人心道心, 不能相兼, 而相爲終始焉."

관을 말하는 경우가 많다. 그러나 진정한 유교는 도덕성, 지성, 감성, 욕구, 의지 일체를 포괄한 '전인적 인간'을 추구한다. 마찬가지로 율곡도 도덕성이나 지성만을 인간성으로 보지 않고, 감성, 욕구, 의지 일체를 포괄한 전인적 인간을 추구하였다. 이는 현대사회가 일면 지나치게 지성 중심의 인간으로 치닫거나 일면 감성 또는 본능적 욕구 중심으로 치닫는다고 볼 때, 율곡의 조화적이고 균형 잡힌 인간관을 배워야 할 것을 시사한다.

둘째, 율곡의 현실적이고 경험적인 인간관을 배울 수 있다. 율곡은 성인을 인간의 이상으로 설정하지만, 누구나 성인이 될 수 있다는 만인평등의 인간관을 전제하였다.[5] 성인은 본래 타고난 것이 아니라 누구나 자신의 노력에 따라 가능한 것임을 분명히 하였다. 그러므로 율곡은 '중인의 성인화'에 관심을 집중한다. 보통사람의 본성, 마음, 감정에 대한 이해가 중요하였다. 따라서 그는 인간의 성도 기질지성일 뿐이라고 하였다. 기질 속에 내재한 리는 성이 아니라 리라는 것이다. 왜냐하면 인간은 누구나 이 세상에 태어나면 형체와 기질을 갖게 되므로 형기를 떠나 인간의 성을 논함은 하나의 관념이요 이상이라고 보았기 때문이다. 아울러 인간의 감정도 도덕적인 감정이 우수한 것이나, 일반적인 감정이 현실적 인간의 피할 수 없는 사태라고 파악하였다. 따라서 인간의 감정은 칠정으로 대표되고, 그 가운데 선한 도덕적 감정이 사단이라 하였다. 그러므로 칠정이라는 일반적 감정의 선한 것이나 사단이라는 도덕적 감정의 선한 것이나 가치적으로 다를 바 없다고 보았다.[6] 이는 사단의 선과 칠정의 선을 엄밀하게 구별해 보려는 퇴계의 관점과는 대조적이다. 또한 인간의 마음도 도덕

---

5 같은 책, 卷27, 〈擊蒙要訣〉, 立志章, "蓋衆人與聖人, 其本性則一也."

6 같은 책, 卷10, 書2, 〈答成浩原〉, "四端, 只是善情之別名, 言七情, 則四端在其中矣."

적인 마음(道心)이 이상적이지만, 자연 본능적인 마음(人心)도 그 자체가 악한 것은 아니라고 하였다. 다만 인심이 절도를 잃었을 때 그것은 인욕이 되어 악하게 된다 하였다. 이렇게 볼 때, 율곡은 도심만이 아니라 인심에 대한 긍정적 관점을 가졌으며, 인심의 도심화, 도심의 인심화를 인정함으로써 변화무상한 마음의 공부를 중시하였다. 결국 율곡은 기질지성이나 사단칠정 그리고 인심도심 모두를 기발이승(氣發理乘)의 구조로 보아 어디까지나 발하는 것은 기이고 그 기발(氣發)의 준거, 주재는 리에 있다고 하여, 경험적 인간관에 정초해 있다고 생각하였다. 그 어떠한 것도 기의 운동이나 변화 없이는 생성 변화할 수 없고, 기의 일차적인 지각 없이는 어떠한 인식도 불가능함을 보여 주고 있다. 설사 활연관통(豁然貫通)의 비약적 인식이 가능할지라도 그 이전에 경험적 지식의 축적 없이는 불가능하다는 것이 율곡의 일관된 생각이다.

이렇게 볼 때, 율곡의 심성론은 현실에 기초해 있는 동시에 경험적 기반 위에 서 있다고 볼 수 있다. 이상을 추구하되 현실을 떠나지 아니하고, 활연관통이라는 지식의 비약적 확충을 인정하지만, 결코 경험적 인식의 과정을 간과하지 않는다는 데 율곡 심성론의 현대적 의미가 있다.

셋째, 인간의 심, 성, 정 속에서 리와 기의 상보적 역할을 중시하였다. 율곡에 따르면 인간의 성(기질지성)도 기발이승(氣發理乘)의 존재구조요 정(사단, 칠정)도 기발이승의 존재구조이며, 마음(인심, 도심)도 기발이승의 존재구조이다. 따라서 인간의 심, 성, 정은 리와 기의 상호 역할 분담과 상보적인 협력으로 그 기능을 수행할 수 있다. 심, 성, 정은 모두 리를 갖는다. 그 리를 담는 그릇이 기다. 기가 없다면 심, 성, 정은 우리들에게 인지(認知)될 수 없다. 또 심, 성, 정은 그 리를 지니고 있지만, 기를 통해 드러나고 현실화된다. 리가 심으로, 성으로, 정으로, 의(意)로 다양하게 전개되는데, 그 실현의 당체는 기라고 볼 수 있다. 인간의 희로애락(喜

怒哀樂)의 감정이나 다양한 마음의 양상이 구체적으로 실현되고 나타나게 되는 것은 기 때문이다. 그러나 리가 없다면 애당초 성도, 정도, 심도, 의지도 말할 수 없게 됨은 물론이다.

이렇게 볼 때, 율곡은 인간의 심, 성, 정에 내재한 이기(理氣)의 상보성에 대해 주목하였고, 이 양자의 조화와 협력 속에서 전인적인 인간성으로서의 심, 성, 정이 싹트고 발휘되는 것이라 하였다. 이는 현대적으로 주지적(主知的) 인간관이나 주정적(主情的) 인간관 그리고 자연 본능적 인간관에 치우쳐 어느 특정의 인간성만을 중시하는 편향된 시각을 교정하는 데 하나의 대안이 될 수 있을 것이다.

제3절 가치론의 현대적 의미

율곡의 '이기지묘(理氣之妙)'는 본래 존재 일반의 구조를 설명하는 용어였다. 그러나 가치개념으로 환언하면 리(理)와 기(氣)의 조화, 균형을 의미하는 말이다. 율곡 사상의 일관된 정신은 리와 기의 조화, 균형에 있다. 그것은 존재론적으로 일체의 존재는 리 없는 기가 없고 기 없는 리가 없기 때문이다. 리와 기의 상호 의존성, 리와 기의 상호 보완성이야 말로 율곡 철학의 핵심적 화두(話頭)로서 이는 달리 말하면 리와 기의 조화라고 볼 수 있다.

그런데 여기에서의 조화란 단순히 A와 B의 종합이거나 절충을 의미하는 말은 아니다. 양자는 홀로는 불완전하므로 상대를 요청하고, 타방(他方)을 통해 불완전성이 보구(補救)되는 형식이다. 둘이 하나로 합하지만 일방적인 합이거나 절충적인 합이 아니다. 일방적인 합은 형식은 하나지만 그 속에서 다시 대립과 갈등을 해소할 수 없어 진정한 합이 아니다. 또한 절충적인 합은 합하자마자 양자의 고유성이 훼손되는 합이어서 진정한 합이라 할 수 없다. 따라서 진정한 합은 서로 다른 둘이 하나로 합해도 그 속에 자기의 고유성이 온전히 살아 있는 합이다. 율곡의 '이기지묘'는 이러한 조화의 정신을 그 속에 지니고 있다. 이는 단군신화, 원효의 화쟁(和諍), 《주역》의 음양사상에 내재해 있는 일관된 사유체계요 정신이다.

이제 리와 기를 가치개념으로 전환시켜 양자의 조화를 생각해 보기로 하자. 리가 정신적 가치를 의미한다면 기는 물질적 가치를 의미한다. 리가 윤리적 가치를 의미한다면 기는 경제적 가치를 의미한다.[1] 리가 이상적 가치를 의미한다면 기는 현실적 가치를 의미한다. 리가 이론적 가치를 의미한다면 기는 실천적 가치를 의미한다. 리가 보수적 가치를 의미한다면 기는 진보적 가치를 의미한다. 이들 양 가치는 서로 마주 서 있다. 대립되고 갈등할 수 있다. 그러나 이 양자는 피차 불완전하므로 타방(他方)을 통해 완전해질 수 있다. 여기에 조화의 논리가 성립된다. 그리고 양 가치는 서로 존중되면서 하나가 된다. 이러한 가치적 조화는 사랑의 길이며 평화의 길이다. 또 성숙한 민주사회의 질서이기도 하다.

오늘날 현대사회는 양 가치, 두 주장의 끝없는 대립과 갈등으로 공동체의 위기를 맞고 있다. 상대를 승인하지 않는 한, 싸움은 그칠 날이 없다. 계속 평행선을 달린다. 이 대립과 갈등을 치유할 수 있는 대안을 율곡의 이기지묘에서 찾아야 할 것이다.

율곡은 이러한 관점에서 의리(義理)로서의 도덕적 가치(義)와 실리(實利)로서의 경제적 가치(利)가 상황에 따라 적의하게 조화되는 논리를 '득중합의(得中合宜)'로서 설명하고 있다. 이해(利害)가 급하다고 하여 시비(是非)의 소재를 돌아보지 않는다면 일을 처리하는 옳음에 어긋나고, 시비가 급하다 하여 이해를 살피지 않는다면 변화에 대응하는 권도(權道)에 어긋난다. 그런데 권도는 일정한 규준이 없고 오직 중(中)을 얻는 것이 중요하다. 때, 장소, 사람에 따라 가장 알맞은 지선(至善)의 선택이 있어야 한다. 이것이 이른바 '시중지도(時中之道)'이다. 또한 의(義)라는 것도

---

1 유승국, 〈조선조 철학사상의 전개와 그 특성〉, 《철학사상의 제 문제 2》, 한국정신문화연구원, 1984, 37쪽.

일정한 제도가 없고 다만 마땅함에 합하는 것을 귀하게 여긴다. 따라서 중(中)을 얻고 마땅함에 합하면(得中合宜) '옳음'과 '이로움'이 그 가운데 있게 된다.[2]

이렇게 볼 때, 율곡의 '득중합의(得中合宜)'는 '옳음(是)'이라는 도덕적 가치와 '이로움(利)'이라는 경제적 가치가 하나로 조화되면서, 동시에 그것이 상황에 가장 알맞은 시중(時中)의 논리로 표현된 것이다. 율곡의 득중합의는 도덕적 가치에만 치우쳐 실리(實利)를 망각하거나 실리만을 추구하다 도덕적 가치를 망각하는 현대적 가치관의 혼란을 치유하는 데 하나의 대안이기에 족하다.

또한 율곡은 〈문무책(文武策)〉에서 "지극한 문(文)은 무(武)가 없을 수 없고, 지극한 무는 문이 없을 수 없다"[3]고 하여, 문무의 가치적 조화를 말하고 있다. 우리는 전통적으로 문무겸전(文武兼全)을 이상으로 삼아 왔지만, 한편으로는 우리 역사 속에서 문무의 대립과 갈등이 끊이지 아니하였다. 정치권력의 측면에서도 문무의 갈등은 있어 왔고, 가치적 측면에서도 대학문화(선비문화)와 군사문화의 충돌이 없지 않았다.

그런데 문(文)의 가치와 무(武)의 가치는 근본적으로 상보적 관계에 있다. 문(文)이란 지적(知的), 이론적, 이상적 가치의 특성을 갖는다면, 무(武)란 실천적, 현실적 가치의 특성을 갖는다. 따라서 양 가치는 상보적 위치에 있고 조화되어야 한다. 율곡은 '문'과 '무'는 마치 사람의 두 손과 같고 새의 두 갈개와 같다고 하였다. 따라서 그 쓰임은 비록 둘이지

---

2 《栗谷全書》, 拾遺, 卷5, 〈時弊七條策〉, "對愚聞隨時得中之謂權, 處事合宜之謂義, 權以應變, 義以制事, 則於爲國乎何有? …… 竊謂道之不可竝者是與非也, 事之不可俱者利與害也. 徒以利害爲急, 而不顧是非之所在, 則乖於制事之義, 徒以是非爲急, 而不究利害之所在, 則乖於應變之權. 然而權無定規, 得中爲貴, 義無常制, 合宜爲貴. 得中而合宜, 則是與利在其中矣."

3 같은 책, 拾遺, 卷4, 〈文武策〉, "至文, 不可以無武, 至武, 不可以無文."

만 실은 하나라 하였다.[4] 문무(文武)의 겸전(兼全)을 추구했던 화랑(花郎)에게서 그 모범을 볼 수 있다. 문은 무를 통해 보완되고 무는 문을 통해 보완됨으로써 온전한 인격을 갖추고 지선(至善)의 가치를 추구할 수 있을 것이다.

4 같은 글, "二者, 如人之兩手, 如鳥之兩翼. 其用雖二, 而其實則一."

제3장

율곡 '이기지묘'의 현대적 의미

제1절 유기적 세계관

성리학은 이 세계를 형이상자인 리(理)와 형이하자인 기(氣)로써 설명한다. 그것은《주역》의 '형이상자위지도(形而上者謂之道) 형이하자위지기(形而下者謂之器)'에서 연유한다. 이 세계는 모두 도기(道器)가 하나로 있는 세계요, 이기(理氣)가 하나의 존재 양상으로 있는 세계이다. 이러한 세계 이해는 이미 정주(程朱)에게서 이루어진 송대 성리학의 기본정신이다.

이때 리와 기는 세계 구성의 기본조건이다. 리 없는 기도 없고 기 없는 리도 없다.[1] 리가 있으면 반드시 기도 있어야 하고, 기가 있으면 리도 반드시 있어야 한다. 주자는 이를 이기불상리(理氣不相離)라 하여 합간(合看)의 관점을 제시하였다. 그러나 하나로 있다 하여 리와 기가 동일자는 아니다. 리는 리대로 기는 기대로 독립적 개체로 섞일 수 없는 것이다. 이를 주자는 이기불상잡(理氣不相雜)이라 하여 이간(離看)의 관점을 제시하였다.[2] 따라서 이기(理氣)는 현상세계에서는 불가분의 관계로 존재하지만, 그 존재양상을 이론적으로 설명하거나 가치적으로 설명하자면 리와 기는 구별해 설명해야 한다.

---

1 《朱子語類》, 卷1, 銖錄, "天下未有無理之氣, 亦未有無氣之理."

2 같은 책, 卷74, 〈易10〉.

이러한 주자의 세계 이해는 율곡의 세계 이해에 기초가 되었고, 이를 바탕으로 유기체적 세계 이해의 논리를 심층적으로 정리한 것이 율곡의 이기지묘(理氣之妙)라고 할 수 있다. 율곡은 이러한 주자의 정신을 계승하여 묘(妙)의 세계관을 정립하였다. 율곡의 이기(理氣) 설명의 특징은 양자를 대대적(對待的)으로 설명하고 있다는 점이다. 이를테면 '리가 아니면 기는 근본을 삼을 바가 없고, 기가 아니면 리는 의착할 바가 없다'[3]든지, '기가 아니면 발할 수 없고 리가 아니면 발할 바가 없다'[4]는 표현이 그렇다. 이는 리와 기의 역할과 기능을 상보적 관점에서 본 표현이다. 따라서 리와 기의 존재론적 위상은 대등할 수밖에 없다. 리 없는 기도 불완전하고 기 없는 리도 불완전하다. 일반적으로 성리학 자체가 이기이원(理氣二元)의 존재론을 기반으로 하면서도 리의 구극성(究極性), 일차성(一次性)을 인정하지 않을 수 없다는 주리적(主理的) 시각과는 구별되는 관점이다. 물론 율곡도 그 소이연(所以然)의 근본을 미루어 보면 리가 추뉴근저(樞紐根柢)가 되므로 부득불 리가 먼저라고 말한다.[5] 이는 어디까지나 논리적으로 먼저라는 의미이다.[6]

율곡의 이러한 유기체적 세계 이해는 인간관이나 가치관에서도 일관되는데, 이는 유기체적 세계 이해로부터 비롯되는 것이다.

그런데 율곡은 이러한 이기(理氣)의 유기체적 구조를 '기발이승(氣發理乘)'이라고도 표현했고, '이통기국(理通氣局)'이라고도 표현하였다. 기발이승은 율곡이 퇴계의 말에서 차용하여 자기 것으로 활용하였다. 즉 퇴

---

3 《栗谷全書》, 卷10, 書2, 〈答成浩原〉, "……非理, 則氣無所根柢, 非氣, 則理無所依著……."

4 같은 책, 卷14, 〈人心道心圖說〉, "……非氣, 則不能發 非理, 則無所發……."

5 같은 책, 卷10, 書2, 〈與成浩原〉, "理氣無始, 實無先後之可言. 但推本其所以然, 則理是樞紐根柢, 故不得不以理爲先."

6 황의동, 《율곡사상의 체계적 이해 1》, 160쪽.

계는 고봉과의 성리논변을 통해 사단은 리가 발함에 기가 따르는 것(理發而氣隨之)이고, 칠정은 기가 발함에 리가 타는 것(氣發而理乘之)이라고 결론지은 바 있다. 이는 그의 만년 정론으로 이를 일러 '이기호발설(理氣互發說)'이라 한다. 이에 율곡은 이의를 제기하고 리는 형이상자이므로 발해서는 안 되며, 발하는 것은 오직 기뿐이라고 보았다. 그리고 율곡은 퇴계와는 달리 사단의 이기론적 구조와 칠정의 이기론적 구조가 다를 바 없고, 모두가 기발이승의 한 길밖에 없다고 보았다. 율곡은 천인합일(天人合一)의 관점에서 자연과 인간의 심성이 마찬가지로 '기발이승(氣發理乘)' 하나의 길밖에 없다고 보았다. 이때 기발(氣發)과 이승(理乘)에는 시간적 선후가 없는 것이고, 양자의 공간적 괴리도 없는 것이다. 따라서 기발이승은 이기지묘의 다른 표현에 불과하다.

또한 율곡은 이기(理氣)의 유기체적 존재 구조를 '이통기국(理通氣局)'이라고도 불렀다. 본래 이 말은 리는 형상이 없고(無形) 기는 형상이 있다는(有形) 율곡의 이기 개념에서 비롯된 것이다. 리는 형이상자이므로 시간과 공간에 구애됨이 없이 언제 어디서나 두루 통하는 보편성을 지니고 있고, 기는 형이하자이므로 시간과 공간에 국한되고 제약을 받는 특수성을 지니고 있다.

그런데 리와 기는 결코 잠시도 떨어질 수 없는 것이므로, 이통(理通)과 기국(氣局)은 유기적으로 이해되어야 한다. 리의 보편성과 기의 국한성, 특수성, 개별성이 별개로 존재하는 것이 아니라 함께 공존하는 존재의 형식이다. 즉 보편성 속에 특수성이 있고 특수성 속에 보편성이 존재하는 세계 이해라고 볼 수 있다. 더욱이 이 이통기국은 그 이전에 이일분수(理一分殊)와 기일분수(氣一分殊)라는 사유를 단계적으로 거친다. 이일분수가 리를 중심으로 체용일원(體用一源)을 본 것이라면, 기일분수는 기를 중심으로 체용일원을 본 것이다. 그렇지만 본체상이든 현상계이든 리와 기는 결코 떨어질 수 없으므로 이기지묘(理氣之妙)를 전제하는 것이다. 그러므로 이통기국은 이일분수와 기일분수 그리고 이기지묘를 아울러 표현한 말이다. 리의 보편성과 기의 국한성을 이기지묘의 관점에서 말한 것이다. 따라서 이통기국도 이기지묘의 다른 표현이며, 이기의 유기체적 관계를 표현한 말이다.

동서양의 많은 철학사상가들의 세계 이해는 실로 다양하다고 볼 수 있다. 정신만의 세계로 보기도 하고 물질만의 세계로 보기도 한다. 또 양자의 유기적 관계로 보기도 한다.[7]

그런데 율곡은 이 세계를 리와 기의 유기적 관계로 이해하고, 이기 양자의 상보적 관계를 중시하였다. 보는 관점에 따라 다를 수 있으나 적어도 율곡의 이러한 유기적 세계 이해는 비교적 균형 잡힌 관점으로 볼 수 있다. 세계 이해나 인간 이해의 관점에 따라 가치관도 달라지기 때문이다. 형이상의 세계와 형이하의 세계를 아울러 보는 유기적 세계관이야말로 균형 잡힌 가치관 정립의 기초이기 때문이다.

---

7 김형효는 이러한 이기지묘(理氣之妙)의 존재론적 지평을 메를로-퐁티의 용어인 '살'(la chair)로 표현하고 있다. (김형효, 《원효에서 다산까지》, 청계, 2000, 486~487쪽)

제2절 전인적 인간관

성리학은 사실 인간 이해의 학문이라고 볼 수 있다. 유학 자체가 인간을 알고 인간다운 삶을 추구하는 것이지만, 성리학은 이름 그대로 인간 본성의 이치를 탐구하는 학문이다.[1] 그 인간의 본질을 유학에서는 역사적으로 다양하게 규정해 왔다. 이를테면 심(心), 성(性), 정(情), 의(意), 지(志), 명덕(明德), 성리(性理), 양지(良知), 덕(德), 인(仁), 인의(仁義), 인의예지(仁義禮智), 사단칠정(四端七情), 인심도심(人心道心), 본연지성기질지성(本然之性氣質之性) 등 다양한 개념으로 언표되어 왔다. 그것은 인간의 본질 자체가 단순하지 않고 복합적이기 때문이다. 그러므로 유학에서의 인간 이해도 매우 다양할 수밖에 없고, 논자에 따라 어느 쪽을 중시하느냐에 따라서 인간 이해의 색채도 달라졌던 것이다. 예컨대 성(性)으로 보아도 성선(性善), 성악설(性惡說)이 있는가 하면 성선악혼설(性善惡混說) 등 다양하게 설명될 수 있고, 정(情)으로 보아도 퇴계나 율곡에서 볼 수 있듯이, 일반적 감정과 도덕적 특수감정 가운데 어느 쪽에 비중을 두느냐에 따라 달라졌던 것이다. 또 심(心)의 경우에도 일반적인 마음과 도덕적인 마음 가운데 어느 쪽을 강조하느냐에 따라 달라질 수밖에 없었

---

1 유승국, 《한국의 유교》, 세종대왕기념사업회, 1980, 207쪽.

다. 이러한 문제가 바로 성리학에서는 본연지성(천지지성)과 기질지성, 사단과 칠정, 도심과 인심의 문제로 귀결되었던 것이다.

율곡은 전인적 관점에서 인간을 보았다. 우선 율곡은 인간을 심신일체로 보았다. 마음은 몸의 주인이 되고, 몸은 마음의 그릇이라 하여,[2] 심신(心身)의 상호 의존적 관계를 말해 준다. 그는 또 주자의 말을 인용하여 인간의 형체는 음(陰)에서 생기고 정신은 양(陽)에서 발한다고 한다.[3] 여기에서 형(形)과 신(神)은 인간의 양 측면인데, 음양의 소산임을 말하고 있다. 특히 율곡은 〈사생귀신책(死生鬼神策)〉에서 《맹자》의 소체(小體), 대체(大體), 이목지관(耳目之官)과 심지관(心之官)의 이론보다 진전된 인간관을 전개한다. 무릇 사람에게 형상이 있는 것은 신체(身體)요 형상이 없는 것은 지각(知覺)이라고 한다. 형상이 있는 것은 그 사라져 없어짐을 보지만, 형상이 없는 것은 모이거나 흩어지는 일이 없으니, 사람이 죽은 뒤에도 사람의 지각은 있을 것 같다고 하였다. 대개 사람의 지각은 정기(精氣)에서 나오는데, 이목(耳目)이 총명(聰明)한 것은 백(魄)의 영(靈)이며 심관(心官)이 사려(思慮)하는 것은 혼(魂)의 영(靈)이라 하였다. 그리고 이목이 총명하고 심관이 사려하는 것은 기이며, 그 총명사려하는 까닭은 리라고 하였다.[4] 이처럼 율곡은 인간을 유형(有形), 무형(無形)에 따라 신체와 지각으로 구별하였는데, 이는 신체와 정신으로 본 것과 다르지 않다. 그리고 그는 인간의 지각은 정기(精氣)에서 나온다 하고, 이목(耳目)의 감각(感覺)작용은 백(魄)의 영(靈)함 때문이고, 심관(心官)의 사려(思

---

2 《栗谷全書》, 卷21, 〈聖學輯要〉, 3, "臣按心爲身主, 身爲心器."

3 같은 책, 卷20, 〈聖學輯要〉, 2, "……然形生於陰, 神發於陽."

4 같은 책, 拾遺, 卷4, 〈死生鬼神策〉, "夫人之有形者, 身體也, 無形者, 知覺也. 有形者, 見其潰滅, 而無形者, 不見聚散, 則死後疑若有知矣 …… 蓋人之知覺, 出於精氣焉. 耳目之聰明者, 魄之靈也, 心官之思慮者, 魂之靈也. 其聰明思慮者, 氣也, 其所以聰明思慮者, 理也."

慮)작용은 혼(魂)의 영(靈)함 때문이라 하였다. 이는 율곡이 인간의 지각 능력을 이목지관(耳目之官)에서 나오는 감각기능과 심지관(心之官)에서 나오는 사려기능으로 구분하고 있음을 뜻한다. 이때 감각기능은 인간의 신체에서 나오는 백(魄)의 영(靈)함이고, 사려기능은 인간의 마음에서 나오는 혼(魂)의 영(靈)함이라 이해한 것이다. 이것은 율곡이 인간을 몸과 마음, 신체와 정신, 영혼과 육신, 혼과 백이 일체화된 존재임을 분명히 한 것이다.[5] 여기에서도 그는 이목이 총명하고 심관이 사려하는 것은 기이지만, 그것들이 총명하고 사려하는 소이는 리라고 보아, 총명사려에도 이기지묘(理氣之妙)의 논리를 그대로 적용하고 있다.

또한 율곡은 성(性)을 말해도 성(性; 理)과 기(氣; 質)를 함께 말하였다. 본래 성리학에서의 성론은 크게 보아 천지지성(天地之性; 本然之性)과 기질지성(氣質之性)으로 구별해 본다. 이는 송대에 와서 장재(張載)에 의해 언급되고,[6] 주자에 의해 확립된 이래 보편화된 이론이다. 천리(天理)가 곧 인간의 본성이라고 보면 그 성(性)은 리로서 순선(純善)한 것이다. 이를 본연지성(本然之性)이요 천지지성(天地之性)이라고 한다. 이것이 '성즉리(性卽理)'의 성이다. 그러나 현실적으로 인간은 형기(形氣)와 기질(氣質)을 면할 수 없다. 이미 인간으로 태어나자마자 인간은 기질 속에 구애된다. 따라서 인간의 성은 기질 속에 리를 지닌 성 즉 기질지성을 갖게 된다.[7] 이 성(性)은 합이기(合理氣; 質)의 성으로 선할 수도 있고 악할 수도 있다. 주자에 따르면 천지지성은 오로지 리만을 가리켜 말한 것이고, 기질지성은 리와 기를 섞어서 말한 것이다.[8]

5 황의동, 《율곡사상의 체계적 이해 1》, 서광사, 1998, 82쪽.

6 《正蒙》, 〈誠明篇〉, "形而後有氣質之性, 善反之, 則天地之性存焉. 故氣質之性, 君子有弗性者焉."

7 《二程全書》, 卷6, "論性不論氣不備, 論氣不論性不明, 二之, 則不是."

그런데 율곡은 주자의 입장을 따라[9] 기질(氣質)를 배제한 성이란 '리' 지 '성'이 아니라고 보았다.[10] 본연지성이란 다만 리로서 관념적인 성일 뿐이요 이상적인 성이라는 것이다. 인간이 추구해야 할 구극적 성이지만, 현실적이고 실제적인 성은 아니라는 것이다. 그래서 율곡은 인간의 성을 기질지성 중심으로 보았고 이기가 묘합한 성으로 보았다. 여기에서 율곡이 기 또는 기질을 고려한 성을 말하고 있음은 그의 인간관이 전인적임을 말해 주는 것이다. 만약 율곡이 기를 배제한 채 리만으로서의 성으로 보았다면, 인간에게서의 욕구나 욕망, 감성, 의지 등은 고려되지 않고 오직 지성, 덕성만을 강조하게 되었을 것이다. 이는 분명히 불완전한 인간관이라 하지 않을 수 없다. 율곡의 성이 이기지묘의 전인적 성격을 가져, 단순히 이성(理性)으로서가 아니라 성리(性理)라 부르는 까닭을 깊이 통찰해야 할 것이다.[11]

이러한 관점에서 율곡은 또 감정의 경우에도 사단(四端)이라는 도덕적 특수감정을 칠정(七情)이라는 일반적 감정 속에서 이해함으로써[12] 보통 사람의 전인적 감정을 중시하였다. 인간 누구나 갖는 희(喜), 노(怒), 애(哀), 구(懼), 애(愛), 오(惡), 욕(欲)의 일반적 감정 속에서 측은(惻隱), 수오(羞惡), 사양(辭讓), 시비(是非)의 도덕감정을 이해하고자 했다. 여기에는 사단 특유의 도덕적 감정과 칠정이라는 일반적 감정을 구별하기보다

8 《朱子語類》, 卷4, 〈性理1〉, "論天地之性, 則專指理言, 論氣質之性, 則理與氣雜而言之."

9 《近思錄》, 卷1, 〈道體類〉, "朱子曰, 人生而靜以上, 是人物未生時. 只可謂之理, 未可名爲性."

10 《栗谷全書》, 卷10, 書2, 〈理氣詠呈牛溪道兄〉, "性者, 理氣之合也. 蓋理在氣中然後爲性, 若不在形質之中, 則當謂之理, 不當謂之性也."

11 유승국, 〈조선조 성리학의 특징과 현대적 의미〉, 《대동문화연구》, 13집, 성균관대 대동문화연구소, 1979, 49쪽.

12 《栗谷全書》, 卷10, 書2, 〈答成浩原〉, "……七者之外無他情, 四端, 只是善情之別名, 言七情, 則四端在其中矣."

는, 보편적인 인간의 일반적 감정을 중심으로 그것이 때와 장소에 따라 적의하게 발현되어야 한다고 보았다. 퇴계는 사단이라는 도덕적 특수감정을 칠정이라는 일반적인 감정에서 구별해 강조하고자 했다. 그래서 그 이기론적 구조를 사단은 리가 발함에 기가 따르는 것(理發而氣隨之), 칠정은 기가 발함에 리가 타는 것(氣發而理乘之)으로 나누어 보았다. 여기에서 퇴계의 관심은 그 근원처에서 사단이라는 도덕적 감정은 천리의 순연(純然)한 발로라고 보았고, 칠정은 아무래도 신체 또는 형기와 관련된 기의 발로로 본 것이다. 따라서 사단이라는 도덕적 특수감정과 칠정이라는 일반적인 감정을 가치론적으로 혼동해서는 안 된다는 그의 철저한 도덕의식이 자리 잡고 있었다. 이는 분명히 리를 중심으로 도덕적 감정을 강조하는 인간관이라고 볼 수 있다.

이에 반해 율곡의 경우는 인간의 감정 범주를 칠정으로 일반화시키고, 그 속에서 선한 감정을 사단이라고 이해하였다.[13] 율곡도 물론 사단과 칠정의 차이를 모르는 것은 아니나, 퇴계처럼 사단과 칠정을 별개로 보아 상대적으로 구별해 보지는 않는다. 다만 칠정이라는 전체적인 감정의 범주 속에서 인욕에 섞이지 아니하고 순수하게 천리에서 나온 감정을 사단이라고 보았다. 따라서 칠정 중에 그것이 절도에 맞아 나타난 선한 감정이라면 사단과 가치적으로 다를 바 없다는 것이다. 이는 율곡의 감정을 보는 관점이 성론(性論)에서와 마찬가지로 도덕적 감정에 치우치지 아니하고, 다양한 인간의 보편적인 감정이 알맞게 드러남을 중시한 것이라 하겠다. 즉 기쁨, 슬픔, 노여움, 두려움, 사랑함, 미워함, 욕구와 욕망도 때와 장소 그리고 그 대상에 따라 알맞게만 발현된다면 사단과 마찬가지로

13 같은 책, 卷10, 書2, 〈答成浩原〉, "夫人之性, 有仁義禮智信五者而已, 五者之外無他性. 情有喜怒哀懼愛惡欲七者而已, 七者之外無他情. 四端, 只是善情之別名, 言七情, 則四端在其中矣."

훌륭한 감정이 될 수 있다는 의미이다. 이는 도덕적 잣대를 절대시하는 퇴계와는 다소 구별되는 인간관이다. 여기에서 율곡이 지성, 덕성만을 중시하지 않고, 감성, 의지, 욕구도 인간의 본질로 중요하다는 신념을 읽을 수 있다. 이는 그의 성리학 밑바닥에 깔려 있는 이기지묘(理氣之妙)의 존재관 즉 결코 기를 배제하지 않는 정신과 궤를 함께하는 것이다.

율곡은 또 심론(心論)에서도 도심(道心)과 인심(人心)을 상대적으로 보면서도 인심의 도심화(道心化)와 도심의 인심화(人心化) 가능성을 열어 놓았다.[14] 심은 본래 하나지만, 도덕적 욕구로 생긴 마음이 도심이고, 신체적 욕구에서 생긴 마음이 인심이라 하였다.[15] 그러나 시작은 도심으로 출발해도 인심으로 귀결할 가능성도 있고, 인심으로 시작해도 도심으로 끝날 경우도 있다고 보았다. 이는 인심도심이 단순한 심이 아니라 의지(意志)를 수반한 심이기 때문이라 하였다.[16] 의지를 지닌 정(情)이라는 점에서 사단칠정과 같은 감정과는 다르다는 것이다. 의지적 정향(定向)에 따라 인심과 도심으로 귀결된다는 것이다. 특히 율곡은 인심 그 자체를 부정적으로 보지 않고 인욕(人欲)과 구별해 보았다.[17] 인심은 가치적으로 악한 것이 아니다. 다만 인심은 인욕으로 떨어질 가능성이 크므로 경계하고 조심하지 않으면 안 된다. 이를 통해 율곡이 도심을 추구하면서도 인심을 결코 소홀히 하지 않는 그의 전인적 인간관을 엿볼 수 있다.

---

14 같은 책, 卷9, 書1, 〈答成浩原〉, "人心道心相爲終始者何謂也? 今人之心, 則出於性命之正, 而或不能順而遂之間之以私意, 則是始以道心, 而終以人心也, 或出於形氣, 而咈乎正理, 則固不違於道心矣. 或咈乎正理, 而知非制伏, 不從其欲, 則是始以人心, 而終以道心矣."

15 같은 책, 卷14, 〈人心道心圖說〉, "情之發也, 有爲道義而發者, 如欲孝其親, 欲忠其君 …… 此則謂之道心. 有爲口體而發者, 如飢欲食, 寒欲衣 …… 此則謂之人心."

16 같은 책, 卷12, 書4, 〈答安應休〉, "人心道心通情意而言也."

17 같은 책, 卷10, 書2, 〈答成浩原〉, "夫形色天性也, 人心亦豈不善乎? 由其有過有不及 而流於惡耳."

이러한 인간관은 리에 치우치거나 기에 치우친 것도 아니요, 또 도덕적 인간관이나 생물학적 인간관에 치우치지 아니하고, 영(靈)과 육(肉), 심(心)과 신(身), 이성과 감성이 함께 어우러진 전인적 인간관을 의미하는 것이다. 다시 말하면 그의 인간관이 지나치게 도덕주의에 빠지지도 않고 반면 물질주의 또는 생물학적 인간관에 매이지도 않고, 양자의 구족(具足)과 조화 속에서 인간을 보려는 전인적 인간관을 추구한 것이라 볼 수 있다. 신체적 욕구는 무절제하게 방치되는 것을 허락지 않지만, 그것은 인간을 형성하는 중요한 부분이며, 인간의 이성과 합리적으로 결합되어 있어야 한다는 것이다. 이는 인간의 육신의 가치를 끌어올림이며, 인간 육신의 '복권'을 뜻하는 것이기도 하다.[18] 그리고 이는 덕성 또는 지성 중심의 인간관이나, 감정과 본능 중심의 인간관을 지양하고, 성(性)과 정(情), 리(理)와 정(情), 리(理)와 기(氣), 도덕과 감성이 잘 어울린 전인적 인격을 추구하고 있다는 점에서 현대적 의미를 발견할 수 있다.

이렇게 균형 잡힌 인간관은 신라 '화랑(花郎)'의 정신을 계승한 것이며,[19] 전문가를 추구하는 현대의 문제를 해결할 수 있는 길이라는 점에서 중요한 의미가 있다. 그리고 유교의 바람직한 인간상이 군자(君子)요 인인(仁人)이라고 할 때, 그것은 곧 덕을 갖춘 자요 인(仁)을 체득한 자인데, 이는 다름 아닌 지성, 덕성, 감성, 욕구가 멋지게 어우러진 전인적 인간이라는 점에서 그 의미를 새길 수 있다.

---

18 이동준, 《유교의 인도주의와 한국사상》, 한울아카데미, 1997, 474쪽.

19 《三國史記》, 卷第4, 〈新羅本紀〉, 第4, 眞興王 37年, "……或相磨以道義, 或相悅以歌樂……."

제3절 조화적 가치관

율곡의 이기지묘(理氣之妙)는 존재론적으로 리와 기의 상보적 존재구조 또는 유기체적 관계성을 일컫는 말이지만, 이는 리와 기의 가치적 조화를 의미하는 말이기도 하다.[1] 존재구조상 리 없는 기가 없고, 기 없는 리가 없듯이,[2] 가치론적으로도 리의 가치와 기의 가치는 어느 하나도 결여되어서는 안 된다는 의미이다. 왜냐하면 리나 기는 가치적으로 어느 하나만으로는 부족하기 때문이다. 리는 기를 통해 기는 리를 통해 보완되어야 완전해진다. 이러한 가치론적 조화 논리는 앞서 율곡이 세계의 이해나 인간의 이해에서 이기(理氣)의 균형과 조화를 전제로 한 것에서 연유한다.

이제 구체적으로 리와 기의 가치적 조화에 대해 설명해 보기로 하자. 첫째, 율곡은 도덕적 가치와 경제적 가치를 상보적(相補的)으로 이해하고 양자의 조화를 추구하였다. 유학은 본래 의(義)와 이(利)의 구족(具足)과 조화를 이상으로 삼는다. 《주역》에서는 이(利)란 의(義)의 조화라 하였

1 황의동, 《율곡사상의 체계적 이해 1》, 333~335쪽 참조.

2 《栗谷全書》, 卷14, 〈人心道心圖說〉, "發之者氣也, 所以發者理也. 非氣則不能發, 非理則無所發.", 같은 책, 卷10, 書2, 〈答成浩原〉, "夫理者氣之主宰也, 氣者理之所乘也. 非理則氣無所根柢, 非氣則理無所依著."

고,[3] 《논어》에서는 이(利)를 보거든 의(義)를 생각하라[4] 하였다. 또 《맹자》에서는 항심(恒心)과 항산(恒產)을 상보적으로 이해하였고,[5] 왕도정치의 기초로서의 민생의 안정과 왕도정치의 완성으로서의 윤리가 구족해야 한다고 보면서,[6] 생(生)과 의(義)의 가치적 조화[7]를 말하고 있다.

이러한 유교 본래의 정신은 율곡에게 리와 기의 가치적 조화로 나타났다. 율곡은 개인적으로도 양자의 가치적 조화를 이상으로 보았고, 정치적으로도 교민(敎民)과 양민(養民)의 조화를 통해 대동(大同)의 이상세계를 실현하고자 하였다.[8] 우리는 이해(利害)관계에 급급하다 보면 시비(是非) 문제를 잊기 쉽고, 시비 문제에만 매달리다 보면 이해관계를 소홀히 하기 쉽다. 이에 율곡은 중(中)을 얻고 마땅함에 합하는 '득중합의(得中合宜)'의 답을 제시하였다.[9] 이를 이기(理氣)와 연관시켜 보면 시비의 문제는 의리의 문제로서 리(理)가 되고, 이해의 문제는 실리(實利)의 문제로서 기가 되는 것이다.[10] 결국 '득중합의'는 의(義), 이(利)의 묘합이며 이기지묘(理氣之妙)와 상통하는 것이다.

과거 조선조 사회가 지나치게 도덕주의에 흘러 경제와 민생을 도외시했다면, 오늘의 현대사회는 지나치게 경제주의에 치우쳐 윤리적 위기를

---

3 《周易》, 乾卦, 〈文言傳〉, "利者, 義之和也."

4 《論語》, 〈憲問篇〉, "……見利思義."

5 《孟子》, 〈梁惠王 上〉.

6 같은 글.

7 같은 책, 〈告子 上〉, "生亦我所欲也, 義亦我所欲也, 二者不可得兼, 舍生而取義者也."

8 《栗谷全書》, 卷26, 〈聖學輯要〉, 8.

9 같은 책, 拾遺, 卷5, 〈時弊七條策〉, "竊謂道之不可並者, 是與非也, 事之不可俱者, 利與害也. 徒以利害爲急, 而不顧是非之所在, 則乖於制事之義, 徒以是非爲急, 而不究利害之所在, 則乖於應變之權. 然而權無定規, 得中爲貴, 義無常制, 合宜爲貴. 得中而合宜, 則是與利在其中矣."

10 유승국, 〈조선조 철학사상의 전개와 그 특성〉, 《철학사상의 제 문제 2》, 한국정신문화연구원, 1984, 37쪽.

초래하고 있다는 점에서 율곡 이기지묘의 현대적 의미를 새겨야 할 것이다.

또한 율곡은 이상과 현실의 조화를 추구하였다. 이상적 가치는 리에 해당하고 현실적 가치는 기에 해당한다. 현실성이 결여된 이상은 공허하고, 이상이 없는 현실은 희망이 없다. 이상과 현실은 상호 보완적 관계에 있다. 오늘의 통일문제도 이상에 치우치기만 해도 안 되고 현실에 안주하기만 해서도 안 된다. 통일의 이상을 추구하면서 현실도 냉철히 살필 줄 알아야 한다.

마찬가지로 보수적 가치는 리에 해당하고, 진보적 가치는 기에 해당한다. 진보와 보수는 상보적 관계에 있다. 진보는 보수를 기반으로 하고, 보수는 진보를 지향해야 한다. 우리 사회의 보혁(保革) 갈등은 양자의 관계를 흑백으로 인식한 데서 기인한다. 진보와 보수 양자를 상보적으로 인식할 때, 건강한 사회, 건강한 국가의 실현이 가능하다. 보혁 갈등의 심각한 폐해를 되돌아볼 수 있는 지혜를 율곡의 이기지묘에서 배워야 할 것이다.

또한 이기지묘는 이론(知)과 실천(行)의 조화를 의미한다. 유학은 본래 지행겸전(知行兼全), 지행병진(知行竝進)을 이상으로 삼는다. 《대학》의 격물치지(格物致知)와 성의정심(誠意正心), 성리학의 거경(居敬)과 궁리(窮理)가 바로 그렇다. 현대 교육이 안고 있는 병폐는 주지(主知)교육으로의 편향성에 있다. 지식, 기술, 언어의 습득만이 교육의 전부라는 주지적 병폐는 마침내 입시위주, 취업위주의 교육풍토를 야기했다. 더욱이 가치관의 변화, 인성의 변화, 의식의 변화 없이 지식만을 주워담는 기계적인 공부벌레만을 양산하였다. 율곡은 지행이 병진해야 하고,[11] 지식과 실

11 《栗谷全書》, 卷22, 〈聖學輯要〉, 4, "知行雖分先後, 其實一時竝進. 故或由知而達於行, 或由行而達於知."

천이 조화되어야 한다[12]고 보았다.

이는 달리 말하면 지성과 야성, 문(文)과 무(武)의 조화이기도 하다. 율곡에 따르면 지극한 문(文)은 무(武)가 없을 수 없고, 지극한 무는 문이 없을 수 없다.[13] 실천성이 결여된 창백한 지식인만도 아니고, 지성을 결여한 무식한 돈키호테만도 아니다. 지성과 야성, 문과 무를 아울러 지닌 전인적 인간상으로서의 군자야말로 유학의 바람직한 인간상이요 율곡의 이기지묘(理氣之妙)에 함축된 의미라 하겠다.

이러한 그의 정신은 이기지묘의 가치적 적용이다. 주지적 편향에 방치된 한국교육을 개혁하는 데 율곡의 이기지묘가 갖는 현대적 의미는 매우 크다.

12 같은 책, 卷20, 〈聖學輯要〉, 2, "窮格踐履, 雖是兩項工夫, 要須一時竝進."

13 같은 책, 拾遺, 卷4, 〈文武策〉, "至文, 不可以無武, 至武, 不可以無文. 能文而不能武者, 愚未之信也."

제4절 균형적 사고

율곡의 이기지묘(理氣之妙)에 담긴 중요한 의미 가운데 하나가 균형적 사고다. 율곡은 기본적으로 리(理)와 기(氣)를 상보적으로 인식하였다. 리와 기는 하나의 존재를 구성하기 위해 반드시 있어야 할 요소다. 리는 리대로 의미가 있고 기는 기대로 의미가 있다. 그러나 그 홀로는 불완전자요 반쪽이다. 따라서 상대를 통해 비로소 불완전성이 보구(補救)된다. 즉 나는 너의 불완전을 보완해 주는 고마운 존재요, 너는 나의 불완전을 보완해 주는 고마운 존재다. 그러므로 너는 나의 존재근거가 되고, 나는 너의 존재근거가 된다. 이러한 상보성의 원리는 동양사상의 기반이 되고 있다. 즉 《주역》의 음양(陰陽)논리, 신라 원효(元曉)의 화쟁(和諍)논리가 바로 이것이다. 율곡의 이기지묘는 논리적으로 이들 음양논리와 화쟁논리와 그 궤를 함께한다.

일찍이 덴마크의 원자 물리학자 닐스 보어(Niels Bohr, 1885~1962)는 동양의 이러한 상보성의 원리를 자연과학에 응용하여 노벨 물리학상을 받은 바 있다. 그는 당대 아인슈타인과 쌍벽을 이루었던 물리학자였는데, 항상 그가 고안한 심벌마크(태극의 반원 안에 서로 상대방 색깔의 점이 찍혀 있고, '반대는 서로 보완적'이라는 라틴어 구호가 씌어져 있음)를 코트의 앞섶에 달고 다니며 연구에 몰두했다 한다. 그의 이론적 핵심은

'반대는 서로 보완적인 것'이라는 데 있었고, 이를 우주와 인간 사회 나아가 자연과학에까지 응용하였다.

그럼에도 우리는 서로 다른 의견대립, 가치의 충돌, 주장의 갈등으로 싸우게 되고, 나아가 공동체 전체의 존립을 위태롭게 하고 온 나라를 투쟁의 장으로 만들어 버렸다. 나와 마주 서 있는 상대를 인정할 때 상대도 나를 인정해 줄 수 있다. 남의 주장과 의견을 경청할 때 남도 나의 주장과 의견에 귀를 기울이게 될 것이다. 결국 서로 다른 의견은 본래 반쪽이기 때문이다. 피차의 보구(補救)를 통해 온전해질 수 있다.

오늘의 한국사회는 심각한 갈등구조로 몸살을 앓고 있다. 계층 간, 노사 간, 세대 간 곳곳에서 대립 투쟁이 벌어지고 있다. 극한대립, 사생결단의 투쟁이 우리 사회를 불안과 위기로 몰고 있다. 거기에는 흑백논리, 적대논리라는 편향된 사고가 자리하고 있다. 이는 본래 우리 것이 아니다. 서구의 좌파논리 또는 맑시즘의 변증논리에 기인한다. 문제는 나와 다른 너를 모순의 적대관계로 보는 데 있다. 율곡의 이기지묘(理氣之妙)는 서로 반대되는 주장과 가치를 상보적으로 보는 논리다. 이 상보성의 논리, 상보적인 사고는 상대를 승인하고 자기 겸손을 전제한다. 그리고 피차의 공존과 대화 그리고 사랑을 지향한다. 궁극적으로 평화의 질서를 구축한다.

지금 우리 사회는 보혁(保革)의 갈등, 세대 간 갈등, 노사의 갈등, 교단 내부의 보혁 갈등 등 총체적 위기를 맞고 있다. 그 근본원인은 병든 사고, 편향된 사고에 있다. 율곡의 이기지묘에서 균형된 사고의 교훈을 배워야 할 것이다.

제3부

기호유학의 심층탐구

제1장

조선 초 도학 시대 기호유학자들의 학문과 사상

제1절 규암 송인수의 학문과 사상

1. 삶의 자취와 저술

송인수(宋麟壽; 1499~1547)는 16세기 전반 사화 시대에 이른바 '양재역 벽서(良才驛壁書)사건'[1]에 연루되어 억울하게 희생된 유학자다. 그의 자(字)는 미수(眉叟), 자호(自號)는 규암(圭庵), 채운자(采雲子)이다. 그는 서울에서 태어났는데, 쌍청당(雙淸堂) 송유(宋愉)는 그의 5대조이고, 고조는 송계사(宋繼祀), 증조는 송순년(宋順年), 조부는 송여해(宋汝諧), 부친은 송세량(宋世良)이다. 우암(尤庵) 송시열(宋時烈)은 그의 형 서부(西阜) 송귀수(宋龜壽)의 증손이다.

그가 살았던 16세기 전반은 사화 시대에 해당한다. 1498년(연산군 4년)에 무오(戊午)사화가 일어났고, 1504년(연산군 10년)에는 갑자(甲子)

---

1 1547년(명종 2년) 9월 부제학 정언각(鄭彥慤)과 선전관 이노(李櫓)가 윤원형(尹元衡), 이기(李芑)의 사주를 받아 윤임(尹任) 등 반대파를 모함하기 위해 만든 자작 벽서사건으로, 이들은 '……위로는 여주(女主), 아래에는 이기(李芑)가 있어 권력을 휘두르니, 나라가 곧 망할 것' 이라는 내용의 벽서를 양재역에 붙이고, 이를 발견해 임금에게 보고하였다. 이로 인해 송인수(宋麟壽) 등이 사사되고 이언적(李彥迪), 노수신(盧守愼), 백인걸(白仁傑) 등 20여 명의 사류(士類)가 유배된 사건이다.

사화, 1519년(명종 14년)에는 기묘(己卯)사화, 1545년(명종 원년)에는 을사(乙巳)사화가 연이어 일어났으니, 규암의 생애 전반이 사화 시대에 해당한다. 그는 김안로(金安老)의 재집권을 논핵(論劾)하다가 제주목사로 좌천되었고, 윤원형(尹元衡), 이기(李芑) 등의 모함과 시기로 전라도 관찰사로 좌천되기도 하였다. 그 후 대사헌이 되었다가 1545년 을사사화로 삭탈관직되어 청주 마암에 은거하던 중, 윤원형과 이기의 사주를 받은 정언각(鄭彦愨)이 자작한 양재역 벽서사건에 연루되어 사약을 받고 세상을 마쳤다. 이처럼 그는 불행한 사화 시대에 태어나 결국 사화로 세상을 떠나게 되었다.

그러나 다른 한편으로는 조선이 유학을 국교로 숭상한 이래 유학 본래의 모습을 되찾고, 지치유학(至治儒學)의 기치를 높이 들었던 의미 있는 시대이기도 했다. 연산군의 폭정을 종식하고 중종이 즉위함에 조광조(趙光祖), 김정(金淨), 김식(金湜) 등 도학파(道學派)들은 연산 시대의 모순과 비리를 청산하고 새로운 시대를 준비하고자 하였으며, 중종으로 하여금 유학 본래의 왕도정치를 실현하고자 적극 노력하였다. 그러나 심정(沈貞), 남곤(南袞), 홍경주(洪景舟) 등 훈구파의 음모와 급격한 개혁추진으로 말미암은 반작용으로 조광조의 개혁운동은 실패로 끝나고 소장 도학파들의 희생을 가져왔으니, 이것이 바로 기묘사화다.

규암은 이러한 도학 시대의 학풍 속에서 생장하였고, 이렇게 형성된 그의 사람됨은 불의를 미워하고 평생 의리의 실천으로 귀결되었다. 그러므로 우암(尤庵)에 따르면 그는 형 송귀수(宋龜壽), 매서(妹婿) 성제원(成悌元; 1506~1559)과 함께 삼현(三賢)으로 일컬어졌으며,[2] 또 초당(草堂)

---

2 《圭庵集》, 卷3, 〈三賢閭記〉.
황의동, 《우계학파연구》, 서광사, 2005, 64쪽.

허엽(許曄; 1517~1580)의 《삼현주옥집발(三賢珠玉集跋)》에 의하면, 동주(東洲) 성제원(成悌元), 북창(北窓) 정렴(鄭磏; 1506~1549)과 함께 삼현(三賢)으로 일컬어졌다.

규암의 신도비명(神道碑銘)은 종제(從弟) 송기수(宋麒壽; 1507~1581)가 썼고, 신도비음기(神道碑陰記)는 종증손(從曾孫) 송시열(宋時烈; 1607~1689)이 썼다.

그의 문집으로 《규암집(圭庵集)》이 있는데, 시가 대부분이고 〈인재구폐소(因災救弊疏)〉 등 5편의 소차문(疏箚文), 13편의 계사(啓辭), 이황(李滉), 송기수, 그리고 아들 응경(應慶)에게 보낸 3편의 편지, 2편의 묘갈명(墓碣銘), 2편의 묘표(墓表)가 실려 있다. 그리고 부록으로 전지(傳旨), 사제문(賜祭文), 제가기술(諸家記述), 송기수의 신도비명, 묘지명(墓誌銘), 송시열의 신도비음기, 시장(諡狀), 신흠(申欽; 1566~1628)의 숭현서원기(崇賢書院記) 등 사후(死後) 추숭(追崇)의 자료가 수록되어 있다.

이렇게 볼 때, 규암의 학문과 사상을 알 수 있는 자료는 극히 제한적이다. 직접적인 1차 자료는 소차문과 시, 그리고 일부 전해지는 경연에서의 강의 내용이 전부이고, 연보(年譜), 신도비명, 묘갈명, 시장, 제가기술, 사후 추숭의 여러 문헌을 통해 간접적으로 유추해 볼 뿐이다. 따라서 그의 성리학 등 철학적 내용이 무엇인가를 알기는 매우 어렵다. 다만 유학자로서의 식견과 상소문과 경연 내용을 통해 경세사상의 면모를 짐작해 볼 수 있다.

송인수에 대한 학문적 연구는 거의 전무한 실정이다.[3] 이에 논자는 규암의 학연(學緣)과 인품 그리고 학문적 교유(交遊)관계를 살펴본 후, 그의

3 윤종빈의 〈규암 송인수의 생애와 경세사상〉(충남대 유학연구소 호서명현학술대회발표집, 2005. 10. 27)이 대표적이다.

학문적 특성을 도학풍(道學風)과 무실학풍(務實學風)으로 구별해 검토하고자 한다. 그리고 그의 경세사상에 대해서도 살펴보고자 한다.

2. 학연, 학문적 교유, 인품

규암의 학문연원을 살펴보면, 그는 20세 때 대사성 평와(平窩) 윤탁(尹倬; 1472~1534)의 문하에서 수업한 것으로 보인다. 윤탁은 팔송(八松) 윤황(尹煌)의 5대조요 미촌(美村) 윤선거(尹宣擧)의 6대조요 명재(明齋) 윤증(尹拯)의 7대조가 되며,[4] 주계군(朱溪君) 이심원(李深遠)의 문인이며 조광조(趙光祖)의 친우가 된다. 이때 그는 퇴계와 더불어 윤탁 문하에서 함께 수업했던 것이다.[5] 윤탁은 중종 때의 학자로 1501년 문과에 급제하여 사관을 거쳐 전적(典籍)이 되었고, 1504년 갑자사화 때 삭령에 유배되었다가 1506년 중종반정으로 기용되어 사성(司成)이 되었으나 1519년 기묘사화로 다시 파직당했다. 1529년 한성부 좌윤을 거쳐 1532년 대사성(大司成)이 되었는데, 사림파의 중심인물로 존경을 받았다.[6] 이렇게 볼 때, 윤탁은 당시 조광조와 더불어 도학파의 사림으로 볼 수 있고, 그는 이러한 도학적 배경에서 생장한 것으로 볼 수 있다.

그런데 어숙권(魚叔權)의 《패관잡기(稗官雜記)》에 의하면, 그는 일찍이 엄상사(嚴上舍) 용공(用恭)에게서도 배운 것으로 되어 있는데,[7] 이때가

---

4 윤종빈, 〈규암 송인수의 생애와 경세사상〉, 33쪽.

5 《圭庵集》, 卷4, 附錄, 〈年譜〉, 20歲條, "就學于大司成平窩尹公倬之門. 尹公, 卽朱溪君深源之門人, 而靜庵趙文正公友也. 先生與退溪李先生共師之."

6 유홍열, 《국사백과사전》, 동아문화사, 1975, 1014쪽.

7 《圭庵集》, 卷3, 〈諸家記述〉, "宋參判麟壽, 自號采雲子, 又號圭庵, 嘗受學於嚴上舍用恭……." (見魚叔權, 稗官雜記)"

언제인지 그리고 엄용공이 어떤 인물인지는 알 수가 없다.

그리고 〈연보〉에 의하면 그는 다음과 같은 많은 유학자들과 학문적으로 교유하였다.

> 또 모재(慕齋) 김공안국(金公安國)에게 특별한 추중(推重)을 받았고, 한때 명현(名賢)인 회재(晦齋) 이선생언적(李先生彥迪), 퇴계(退溪) 이선생(李先生), 하서(河西) 김선생인후(金先生麟厚), 일재(一齋) 이공항(李公恒), 몽암(夢庵) 유공희령(柳公希齡)이 혹은 외우(畏友)로 대하기도 하고, 혹은 선배의 친구로 추앙하기도 했다. 동료 친구로는 인재(忍齋) 홍공섬(洪公暹), 임당(林塘) 정공유길(鄭公惟吉), 기재(企齋) 신공광한(申公光漢)이 으뜸이었고, 가정에서는 백씨(伯氏) 서부공(西皐公) 및 매서(妹婿) 동주(東洲) 성공제원(成公悌元)과 더불어 항상 침식을 같이하면서 조석으로 강마(講磨)하였으니, 이것이 바로 선생의 가정과 사우(師友)에 있어 학문연원의 대략이다.[8]

이와 같이 규암은 김안국(金安國; 1478~1543)의 기대를 한 몸에 받았고, 이언적(李彥迪; 1491~1553), 이황(李滉; 1501~1570), 김인후(金麟厚; 1510~1560), 이항(李恒; 1499~1576), 유희령(柳希齡) 같은 당대 최고의 석학들과 교유하면서 외우(畏友)로 존경받았다. 그리고 홍섬(洪暹; 1504~1585), 정유길(鄭惟吉; 1515~1588), 신광한(申光漢; 1484~1555)은 막역한 친우였고, 형 서부공(西皐公) 송귀수(宋龜壽)와 매서(妹婿)인 성제원(成悌元)과는 항상 침식을 같이하면서 학문을 강마(講磨)한 처지였다.

---

8 같은 책, 卷4, 附錄, 〈年譜〉, 癸未 先生 25 歲條, "……又於慕齋金公安國特蒙期許, 而一時名賢晦齋李先生彥迪, 退溪李先生, 河西金先生麟厚, 一齋李公恒, 夢庵柳公希齡, 或待以畏友, 或推以先進, 僚友則忍齋洪公暹, 林塘鄭公惟吉, 企齋申公光漢爲最焉, 在家則與伯氏西皐公及妹婿東洲成公悌元, 恒同寢食, 朝夕切磨, 此乃先生家庭師友學問淵源之大略也."

그 밖에도 주세붕(周世鵬; 1495~1554)은 호당(湖堂)에서 학문을 함께한 벗으로 그의 문집 속에 서로 주고받은 여러 편의 시가 있으며, 김언거(金彦据), 신용개(申用漑; 1463~1519), 김세필(金世弼; 1473~1533), 김연(金緣), 이현보(李賢輔; 1467~1555), 오경부(吳敬夫), 이해(李瀣; 1496~1550), 홍서주(洪敍疇; 1499~?), 김왕여(金王汝), 박응천(朴應川; ?~1581), 이전한(李典翰) 등과도 교유한 흔적이 문집 속에 보인다.

이렇게 볼 때, 그의 학문적 교유의 범위는 매우 넓어 호서와 영호남을 아우르고 있으며, 당대를 대표하는 유학자들과 폭넓게 교유하였음을 알 수 있다.

그러면 이러한 학문적 배경에서 생장한 그의 인품에 대해 간략히 검토해 보기로 하자. 그는 어려서부터 독서를 좋아하고 평생 학문을 좋아하여 게으르지 않았다.[9] 또한 기질이 청명(淸明)하고 덕성(德性)이 순수했으며, 돈독히 배우고 행실에 힘썼다.[10] 그의 문인 이정(李楨; 1512~1571)도 "선생은 기질이 청명(淸明)하고 덕기(德器)가 순수하시어, 배우고 물으며 생각하고 분변함에 독실하게 행하시므로, 거의 의리가 정밀하고 인심(仁心)이 성숙한 경지에 이르렀다"[11]고 칭송하였다.

율곡은 그를 가리켜 충효(忠孝)가 모두 지극했다 하고, 어린 나이에 모친상을 당하자 아직 예를 배우지 않고도 심정에서 우러나오는 대로 지나치게 애통하여, 엎드려 울던 자리가 눈물로 썩게 되었다고 묘사하고 있다.[12]

---

9 같은 책, 卷4, 附錄, 〈年譜〉, 乙丑, 先生 8歲條.
같은 책, 卷3, 〈諸家記述〉, "宋參判麟壽 …… 平生好學不倦."

10 같은 글, "前參判宋麟壽于淸州, 麟壽字眉叟, 恩津人. 寓居淸州之馬巖, 氣質淸明, 德性純粹, 篤學力行……."

11 같은 책, 卷3, 〈贊〉, 門人 李楨 撰, "先生, 氣質淸明, 德器純粹, 學問思辨, 篤以行之, 庶幾於義精仁熟之地矣."

그는 49세의 나이로 양재역 벽서사건에 연루되어 사약을 받으며, 아들 응경(應慶)에게 남긴 유언에서 "독서에 부지런하고 주색(酒色)을 경계하며, 양생상사(養生喪死)에 반드시 그 심정과 예의를 다하여 구천(九泉)의 영혼을 위로하라. 부끄러움을 지고 산다면 부끄럼 없이 죽는 것만 같지 못하다"[13]고 하였다.

그리하여 이영성(李永成)은 그를 가리켜 '청수군자(淸修君子)'[14]라 하였고, 이준경(李浚慶; 1499~1572)은 그를 '역학지인(力學之人)'[15]이라 하였으며, 규암이 화를 당하자 사람들은 그를 가리켜 '어리석은 군자'[16]라 불렀다.

이렇게 볼 때, 그는 유학 본래의 정신으로 돌아가 학문을 좋아하고 몸소 실천한 군자였으며, 기질이 청명(淸明)하고 덕기(德器)가 순수하여 '어리석은 군자'라고 할 만큼 그 인품이 뛰어났던 것이다.

3. 학문적 경향

(1) 도학풍

그의 문집을 통해 드러나는 학문적 경향은 대체로 도학풍(道學風)과 무실학풍(務實學風)으로 규정할 수 있다. 먼저 그의 도학풍에 대해 검토해 보기로 하자. 도학이란 유학의 다른 이름이자 성리학을 의미하기도 한

---

12 같은 책, 〈諸家記述〉, "宋麟壽爲人忠孝俱至, 幼年喪母, 時未學禮, 任情過哀, 所伏苫席, 因淚必腐……." (見栗谷經筵日記)

13 같은 책, 卷2, 〈戒子應慶〉, "勤讀書, 戒酒色. 養生喪死, 必盡情文, 以慰九泉之魂, 負媿而生, 不如無媿而死……."

14 같은 책, 〈諸家記述〉(隴西記事).

15 같은 글(政院日記).

16 같은 글, "圭庵之遭禍, 人謂之愚君子. 嗚呼! 安有君子而愚者哉." (見魚叔權, 稗官雜記)

다. 공맹지도(孔孟之道)의 도(道)요 요순지도(堯舜之道)의 도를 알고 실천하는 학문이 곧 유학이요 도학이다. 이 도(道)는 천도(天道)에 근거한 인도(人道)를 의미한다. 천이 준 본성을 내가 알고 그것에 따라 살아가는 것이 인간이 가야 할 길(道)이다.

그런데 송대(宋代)에서 비로소 불리어진 도학은 조선조 15세기에 와서 하나의 학풍으로 자리한다. 사화 시대에 조광조(趙光祖)를 비롯한 그의 학문적 동지 그리고 문인들에 의해 진작된 이 학풍은 내면적 수기와 더불어 왕도의 실천을 통해 유학 본래의 이상을 실현하고자 하였고, 강한 도덕적 실천과 생사를 각오한 의리의 실천을 강조하였다. 그리하여 한편으로는 성인군자의 자기수양에 성실하면서도 사회정의와 왕도실현에 매우 적극적이었다. 이들은 주로 김종직(金宗直)의 문하에서 《소학》을 중시하고 소학적 실천을 학문의 출발점으로 삼았다.

율곡은 이러한 도학에 대해 그 개념과 성격을 분명하게 규정하였다. 즉 도학은 본래 인륜(人倫)의 안에 있는 것이므로, 인륜에서 그 도리를 다한다면 이것이 곧 도학이라고 규정하였다.[17]

그리고 도학이란 격물치지(格物致知)로 선을 밝히고 성의정심(誠意正心)으로 몸을 수양하여, 자신의 몸에 온축해서는 천덕(天德)을 얻고 정치에 구현해서는 왕도(王道)가 되는 것이다.[18]

이렇게 볼 때, 도학은 인간과 인도를 중심으로 하는 윤리사상이고, 인간 주체의 내면으로 좀 더 깊이 들어가 인성의 본질을 분석하고 궁극적으로는 천도, 천리와의 관계를 해명하려는 철학사상이며, 사실판단으로서

---

17 《栗谷全書》, 卷31, 〈語錄〉, 上, "道學本在人倫之內, 故於人倫盡其理, 則是乃道學也."

18 같은 책, 卷15, 〈東湖問答〉, "夫道學者, 格致以明乎善, 誠正以修其身, 蘊諸躬則爲天德, 施之政則爲王道."

의 객관적 진리와 가치판단으로서의 규범적 지식을 올바르게 인식하여, 참된 인격을 연마하고 사회적 정의를 구현하려는 실천사상이라고 볼 수 있다.[19]

규암은 사화 시대 또는 도학 시대를 살았고, 그의 학연과 교우관계를 통해서도 그의 학풍이 도학과 무관하지 않음을 알 수 있다. 기대승(奇大升; 1527~1572)은 말하기를, "송인수는 일생 기묘지인(己卯之人)을 흠모(欽慕)하였고, 계묘갑진(癸卯甲辰) 연간에 전라감사가 되어서는《소학》을 권면(勸勉)하여 후생을 이끌었으니, 그때《소학》을 읽게 된 것이 모두 송인수의 공이다"[20]라고 하였다. 이와 같이 그는 평생 조광조 등 기묘사화에 연루되어 억울하게 희생된 기묘사림을 흠모하고 존경하였으며, 전라감사가 되어 학생들을 가르침에도《소학》을 권면하여 도학의 기풍을 진작했다. 그리하여 송시열은〈신도비음기(神道碑陰記)〉에서 "아조(我朝)의 유현(儒賢)으로써 도(道)를 자임한 자로는, 과거에는 정암(靜庵)이 있었고, 그 이후에는 규암(圭庵)이었다"[21]고 평가하였다. 이는 규암을 정암과 더불어 조선조 도학의 대표적 위상으로 보고 있는 것으로 주목된다. 이런 평가는 그의 후손인 연재(淵齋) 송병선(宋秉璿; 1836~1905)에 의해서도 강조되고 있는데 그 내용을 보기로 하자.

규암 선생은 정학(正學)과 대절(大節)로써 기묘년 참벌(斬伐)을 겪어 온 나머지 개연히 성현의 학문으로써 반드시 배울 것이며, 삼대의 정치를 반드시 회복

---

19 오석원,《한국 도학파의 의리사상》, 유교문화연구소, 2005, 223쪽.

20 《圭庵集》, 卷3,〈諸家記述〉, "奇大升進啓曰 …… 麟壽一生欽慕己卯之人. 癸卯甲辰年間, 爲全羅監司, 勸勉小學, 引接後生, 其時讀小學, 皆宋麟壽之功也."

21 같은 책, 卷3,〈神道碑陰記〉, 從曾孫 時烈撰, "蓋我朝儒賢, 以道自任者, 前有靜庵, 後則先生……."

할 것이며, 세도(世道)를 자임함으로써 시국의 어려움을 구제하기로 기약했다가, 뭇 소인배들에게 시기를 당해 마침내 벽서의 참혹한 화를 만났으니, 지금까지 말하는 사람들이 기운이 막히고 목메지 않는 이가 없었다.[22]

이와 같이 규암은 정학대절(正學大節)로써 성학(聖學)을 추구하고, 삼대지치(三代之治)의 회복을 기약하며, 세도(世道)를 자임했던 것이니, 이는 정암이 경연석상에서 항상 중종에게 '숭도학(崇道學) 정인심(正人心) 법성현(法聖賢) 흥지치(興至治)'의 설을 반복하여 계달(啓達)한 것과 결코 다르지 않은 것이다.[23]

또한 율곡은 규암을 일러 '충효(忠孝)를 다 갖추어 삼대의 사업을 하고자 하였다'고 평하였으며, 동춘당(同春堂) 송준길(宋浚吉)은 경연에서 그를 '도학의 정통'이라고 극찬하였다.[24]

이러한 그의 도학적 학풍은 그가 주세붕(周世鵬)에게 준 시에서 '평생에 도를 배움이 중요하고, 공업(功業)은 수신(修身)에 있네'[25]라고 읊은 데서도 잘 나타나 있다. 그의 평생 학문은 바로 도학이었고, 그의 평생 사업은 수기(修己)에 있었다.

규암의 도학적 면모는 그의 인물평에서도 잘 드러난다. 《해동문헌록(海東文獻錄)》에 의하면, 규암은 어느 날 신광한의 집을 방문한 적이 있었

---

22 송인수 저, 이종순 역, 《國譯圭庵集》, 1995, 〈圭庵先生文集序〉, "圭庵先生, 以正學大節, 當己卯斬伐之餘, 慨然以聖賢爲必可學, 三代爲必可復, 自任以世道, 期濟時艱, 慍于群小, 竟遭壁書之慘禍, 至今談之者, 莫不氣塞而哽咽……."

23 《靜庵集》, 附錄, 卷1, 〈事實〉, "經席之上, 每以崇道學, 正人心, 法聖賢, 興至治之說, 反覆啓達."

24 같은 글, "嗚呼! 栗谷李文成公, 嘗謂先生忠孝俱至, 欲做三代事業, 同春宋文正公, 於經筵, 極稱先生道學之正……."

25 같은 책, 卷1, 〈次景遊韻 三首〉, "……平生要學道, 功業在修身……."

다. 그런데 그 집에는 양촌(陽村) 권근(權近)의 초상화가 걸려 있었는데, 이를 본 김안국은 절을 하고 말하기를, 양촌이야말로 오도(吾道)에 공이 있다고 칭찬하였다. 그러나 규암은 절을 하지 않고 말하기를, 이분은 절의를 잃은 분이라고 혹평했다 한다.[26] 이는 마치 율곡이 도학적 관점에서 이언적(李彥迪)을 도학자로 추존(推尊)하는 데 미흡하다고 평가한 것과 흡사하다.[27] 이처럼 규암은 도학적 입장에서 양촌의 실절(失節)을 냉엄하게 비판하였던 것이다. 은봉(隱峰) 안방준(安邦俊)도 말했듯이, 진정한 의미에서의 도학은 절의를 내포하는 것이다. 후세에 의리가 밝지 못하여 절의와 도학을 둘로 나눈 것은 잘못이며, 절의를 버리고 도학을 아는 사람을 보지 못했다고 하였다.[28]

규암은 이러한 관점에서 벽이단(闢異端) 의식을 가지고 불교와 도가를 이단지도(異端之徒)로 규정하고, 임금은 마땅히 이를 엄격하게 막고 단절해야 유학의 도가 순정(醇正)하게 실현될 수 있다고 보았다.[29]

이렇게 볼 때, 규암은 그 스스로 도학을 추구했을 뿐 아니라 목숨을 건 의리적 실천을 통해 도학적 삶의 모범을 보였던 것이다.

---

26 같은 책, 卷3, 〈諸家記述〉, "申相國光漢家, 有權陽村畫像, 金慕齋見而拜曰, 此公於吾道有功矣. 宋圭庵, 則不拜曰, 此是失節之人也."

27 《大東野乘》, 卷14, 〈石潭日記〉, 卷上, "若李文元, 則只是忠孝之人, 多讀古書, 善於著述耳. 觀其居家, 不能遠不正之色, 立朝不能任行道之責. 乙巳之難, 不能直言抗節, 乃至累作推官, 參錄僞勳, 雖竟得罪, 類亦泚矣, 烏可以道學推之耶."

28 《隱峰全書》, 附錄, 卷3, 〈神道碑銘(宋時烈)〉, "後世義理不明, 遂分道學與節義爲二. 吾未見舍節義而爲道學也."

29 《圭庵集》, 卷4, 附錄, 〈年譜〉, 先生 28歲, 2月丁卯, 入侍朝講, "人主於異端之道, 必須十分防閑, 痛加遏絕, 然後吾道流行矣. 異端之道, 佛老皆是, 而今之昭格署, 居一也. 國家不崇奉此等事, 然後敎化乃行, 若一有所崇奉, 則下民易惑, 而習俗風靡矣."

(2) 무실務實학풍

송인수에게는 도학적 특성과 함께 무실(務實)학풍이 보인다.[30] 그는 1541년(중종 36년) 재변(災變)으로 인한 시폐(時弊)를 구제하는 상소를 올렸는데, 여기에 그의 무실학풍이 잘 나타나 있다. 이 상소는 그의 몇 편 안 되는 상소문 가운데에서도 가장 대표적인 글로, 그의 시국대안과 우환(憂患)의식이 잘 나타나 있다. 그는 당시 시국의 문제점을 진단하고 있는데, 그 원인의 하나를 실(實)이 결여된 '무실(無實)' 현상에서 찾았다.

> 몸을 돌이켜 닦고 반성하여 재변을 소멸하고 늦추는 방법을 다하고, 근본을 돈독히 하고 실지로 책망하여 하늘의 위엄에 답해야 할 것인데, 다만 문구(文具)의 말단에만 얽매이고 제도와 법령의 사소한 사무에만 급급하여, 한 사람도 반성하여 본원(本原)으로써 미루어 자신을 기울여 하늘에 순응하는 실을 보지 못하였습니다.[31]

이와 같이 그는 당시 재변(災變)에 임하는 임금의 자세에서 반성하고 고치려는 진실한 마음과 의지가 없고, 오직 형식적으로만 대응하는 데 대해 비판하고 있다. 아울러 신하들의 비판과 충고를 받아들이는 태도에서도 익히 들어 항상 너그러운 빛을 보이는데, 내심으로는 깨우쳐 고치려는 뜻이 없고, 다만 간쟁(諫爭)하는 말을 받아들인다는 이름만 있고 마침내 간쟁을 받아들이는 실이 없다고 우려하였다.[32]

---

30 맹현주는 〈율곡철학에 있어서 실학적 성격에 관한 연구 - 무실론을 중심으로-〉(충남대대학원(박사), 2006, 29쪽)에서 율곡 무실론(務實論)의 선하(先河)로써 송인수의 무실론(務實論)을 언급하고 있다.

31 《圭庵集》, 卷2, 〈因災救弊疏〉, "反躬修省, 有以盡消弭之方, 敦本責實, 有以答上天之威, 而區區於文具之末事, 屑屑於制令之細務, 未見反之於一己, 推之以本原, 克盡夫側身應天之實."

또한 내전(內殿)의 다스림이 정숙하지 못하고 내전을 맡은 관리들이 엄숙하지 못하여, 가정을 바르게 하는 실이 부족하다고 지적하였다.[33] 이처럼 그는 당시의 현실이 여러 분야에서 형식과 허식으로 흘러 진실한 노력과 공효가 없는 무실(無實)현상을 심각히 우려하였던 것이다.

그리하여 규암은 수신(修身)으로써 근본을 세우고 근독(謹獨)으로써 성실(誠實)을 힘쓰라는 '무기성실(務其誠實)'을 권면하였다.

> 엎드려 원하옵건대, 성상께서는 몸을 닦으시어 그 근본을 정립하시고, 근독(謹獨)으로써 그 성실(誠實)을 힘쓰십시오. 근본이 진실로 서고 성의(誠意)가 진실로 독실하다면 정사와 법령을 내리는 사이에 시행하고 응접하는 데 마땅함을 얻게 되어, 자연히 질서를 좇아 각각 그 당연한 이치를 얻지 아니함이 없을 것이고, 천인(天人)이 감응하는 이치가 응하기를 기필하지 않고서도 저절로 응하지 아니함이 없을 것이니, 나라를 다스림에 무슨 어려움이 있겠습니까?[34]

이와 같이 그는 근본이 진실로 서고 성의가 진실로 독실하다면, 모든 정사의 시행에 마땅함을 얻게 되고, 자연히 질서에 따라 당연한 이치를 얻게 되고, 나아가 천인감응(天人感應)의 실(實)도 이루어질 수 있을 것이라 하였다. 따라서 먼저 실(實)을 힘써 격려하고 장려하여 마음을 바르게 하고 조정을 바르게 하며 백관을 바르게 한다면, 그 감응과 변화의 속도

---

32 같은 글, "殿下聞之亦熟矣, 每示優容之色, 而內無警改之意, 徒有納諫之名, 而竟無納諫之實, 豈非以爲言之者, 塞其言責而已."

33 같은 글, "內治之不肅, 壺掖之不嚴, 乃至於此, 正家之實, 恐未盡也."

34 같은 글, "伏願修己以立其根本, 謹獨以務其誠實, 根本苟立矣, 誠意苟篤矣, 政事法令之間, 施爲應接之宜, 自然循序, 而無不各得其當然之理矣. 天人感應之理, 不期應而自自無不應矣, 於爲國乎何有哉?"

는 말로써 형용할 수 없을 것이라 하였다.[35]

규암은 옛날 송경공(宋景公)이 임금 된 사람에게 말하기를, "의혹을 물리치고 하늘의 들음이 비록 높다 해도 이 도에 감응이 있어야 하니, 지극한 성(誠)에는 감동하지 않음이 없는데, 성(誠)이 아니면 능히 감동하는 것이 있지 않다" 했다 하고, 대체로 성(誠)이란 진실하여 속임이 없음을 이르니, 어찌 소리와 웃는 모습으로 되겠느냐고 하였다.[36] 《중용》과 《맹자》에 성(誠)의 윤리가 강조되고 있는데, 성(誠)은 '진실하여 거짓이 없는 것' 으로 해석된다. 성(誠)은 일체 존재의 시작이요 끝이다. 그러므로 성(誠)이 아니면 그 어떤 존재도 참 존재일 수 없다.[37]

또한 규암은 《대학전(大學傳)》의 말을 인용하여 다음과 같이 성의(誠意)의 공효에 대해 언급하고 있다.

> 대학전(大學傳)에 이르기를, "이른바 그 뜻을 참되게 한다는 것은 스스로를 속임이 없는 것이니, 나쁜 냄새를 싫어하듯 하며 좋은 여색을 좋아하듯 하는 것, 이것을 일러 스스로 족하다고 하는 것이다. 그러므로 군자는 반드시 그 홀로 있을 때를 조심한다"고 하였습니다. 대체로 성의(誠意)는 자기 수양의 으뜸이요 신독(愼獨)은 용공(用功)의 시작이니, 진실로 능히 치지(致知)의 일에 노력하면, 진실로 이미 그 착한 일은 마땅히 하고 악한 일은 마땅히 제거할 줄 알게 될 것입니다.[38]

---

35 같은 글, "伏願殿下, 先自務實激礪, 正心以正朝廷, 正朝廷以正百官, 則其感應變化之速, 有不可以言語形容者矣."

36 같은 글, "昔宋景公, 有君人之言, 熒惑退舍, 天聽雖高, 有感斯道, 至誠未有不動, 而不誠未有能動者. 夫誠者, 眞實无妄之謂, 豈聲音笑貌爲哉."

37 《中庸》, "誠者, 物之終始, 不誠無物."

38 《圭庵集》, 卷2, 〈因災救弊疏〉, "大學傳曰, 所謂誠其意者, 毋自欺也. 如惡惡臭, 如好好色, 此之謂自慊, 故君子必愼其獨也. 夫誠意乃自修之首, 而愼獨爲用功之始. 苟能用功於致知之事,

이와 같이 성의(誠意)는 곧 '무자기(毋自欺)' 이다. 성의가 수기의 으뜸이라면, 신독(愼獨)은 용공(用功)의 시작이다. 따라서 진실로 격물치지(格物致知)가 이루어지면 선악을 구별할 줄 알아서, 선은 마땅히 하고 악은 마땅히 버려야 할 줄을 알게 된다 하였다.

그런데 규암은 인(仁)을 실리(實理)의 개념으로 사용하는데, 이에 대한 그의 말을 보기로 하자.

> 전(傳)에 이르기를 "정치는 사람에게 있고, 사람을 취해 쓰는 것은 몸에 있으니, 도(道)로써 몸을 닦고 도를 닦음으로써 인(仁)이 된다"고 하였으니, 인이란 사심이 없고 실리(實理)가 있음을 말한 것입니다.[39]

정치의 성패는 인재에 있고, 그 인재를 가려 쓰는 것은 임금 자신의 수기에 있다. 그리고 그 수기의 요체는 도를 닦는 것인데, 도를 닦음으로써 인(仁)이 된다. 규암은 이 인(仁)을 가리켜 사심이 없고 실리(實理)가 있음을 말한다고 하였다. 본래 송학(宋學)에서 공(公)은 인(仁)으로, 사(私)는 불인(不仁)으로 해석되었듯이,[40] 규암은 인(仁)을 사심이 없는 실리로 해석하고 있다.

이렇게 볼 때, 규암의 무실(務實)은 곧 진실의 추구라고 볼 수 있는데, 이는 인간주체의 본래 마음인 인(仁)의 회복이며 공심(公心)의 확보를 의미하는 것이다. 그리고 이 진실한 인심을 미루어 가정, 사회, 국가 그리고 정치, 경제, 사회, 교육 등 각 분야에 걸쳐 진실이 실현됨을 그 이상으로

則固已知其善之當爲而惡之當去矣."

39 같은 글, "傳曰, 爲政在人, 取人以身. 修身以道, 修道以仁. 仁者, 無私心, 而有實理之謂也."

40 《性理大全》, 卷35, 〈仁〉, "朱子曰 …… 仁是愛底道理, 公是仁底道理. 故公則仁, 仁則愛, 公却是仁發處, 無公則仁行不得 …… 公則仁, 私則不仁."

삼았다. 진실한 인간, 진실한 사회, 진실한 학문, 진실한 정치가 바로 규암이 추구한 학풍이었다고 볼 수 있다. 이러한 그의 무실학풍은 이후 율곡에 의해 다채롭게 계승되고,[41] 18세기 조선조 후기실학의 정신적 기초가 되었다.

4. 경세사상

송인수 살았던 시대는 16세기 전반기로 사화의 격동기였다. 정치적 갈등이 고조되어 양심적 지도층이 정권에서 퇴출되고, 훈구대신 또는 권간(權奸)들이 권력을 독점, 전횡(專橫)을 일삼는 시대였다. 따라서 권력의 도덕성, 정당성은 여지없이 무너지고 민생은 도탄에 빠져 신음하는 위기의 시대였다. 연산군의 폭정은 중종반정(中宗反正)으로 끝났지만, 아직도 연산 시대의 비리와 잔재로 얼룩진 암울한 시대였다.

규암은 1541년 재변으로 말미암은 시폐(時弊)를 구제하는 상소에서 당시의 현실을 이렇게 우려하고 있다. 풍속의 습관은 바르지 못하고, 뇌물을 탐하는 것이 풍속이 되어 벼슬길이 맑지 못하고, 기강이 해이해져 사기가 떨어지고 있으며, 민생은 곤궁하고 파리함이 이때보다 더 극심한 적은 없을 것이라 하였다.[42] 조정 위에서는 기강이 서지 못하여 모든 기관이 게으름으로 만 가지 일이 타락되어 있고, 관사(官舍)보기를 전달하는 집같이 하고, 국사(國事)보기를 월(越)나라 사람 보듯이 하며, 뭇 관료들은 녹봉만 챙기고 자기의 할 일은 하지 않으므로, 국가의 형세는 해이해지고

---

41 황의동, 〈제2장 율곡 경세론의 철학적 기초〉, 《율곡사상의 체계적 이해 2》, 서광사, 1998, 43~67쪽 참조.

42 《圭庵集》, 卷2, 〈因災救弊疏〉, 辛丑, 十一月, "……以之習俗不正, 貪汙成風, 以之仕路不淸, 紀綱解弛, 士氣之偸靡, 民生之困瘁, 莫有甚於此時也."

원기(元氣)가 위축되어, 마치 낡은 배 가운데에 앉아 있는 것 같이 점점 빠져들어 침몰지경에 이르게 되어도 알지 못한다고 우려하였다.[43]

또한 윗사람은 아랫사람을 검속하지 못하고, 아랫사람은 윗사람을 승순(承順)하지 못해, 위로는 묘당(廟堂)으로부터 아래로는 모든 백성에 이르기까지, 그 몸에 사정(私情)을 따르고 사람마다 그 마음을 각자로 해서, 맥락이 통하지 않고 체통이 문란하여, 게으르고 해이하여 세월만 보내면서, 유지되고 굳혀 갈 형세는 없고 토붕와해(土崩瓦解)의 걱정마저 있다고 경고하였다.[44]

그리하여 점차 장래에 그러할 것을 걱정하여, 홀로 통곡하고 눈물을 흘리는 데까지 이르렀는데, 하물며 이제 고폐(痼弊)가 너무 심하여 나라의 근본이 이미 흔들려, 위급한 사태가 아침저녁으로 변란이 일어날까 염려되니, 장차 어찌 마음을 가져야 할지 모르겠다고 한탄하였다.[45] 이와 같이 규암은 당시의 현실이 총체적 위기라 진단하고, 현실개혁의 경장(更張)을 말하고 있다.

> 만일 말씀하기를, 성인의 도를 쉽게 행하지 못한다 하시고, 여러 대 내려온 습관을 쉽게 개혁하지 못한다 하여 조잘대고, 고루함으로 인하여 안일에만 빠지고, 일상을 따라 우선 고식(姑息)으로 위와 아래가 태연하여 경화(更化)를 생각지 않는다면, 신 등은 그 정령(政令)을 실수하여 형벌과 시상이 어그러지고,

---

43 같은 글, "……以此朝廷之上, 紀綱不立, 百工惰哉, 萬事隳哉, 視官舍如傳舍, 視國事如越人, 庶僚具祿, 不事其事, 國勢陵夷, 元氣萎薾, 如坐弊船之中, 浸浸然及於胥溺而莫之知."

44 같은 글, "上無以檢其下, 下無以承其上. 上自廟堂, 下至百隷, 士私其身, 人各其心, 脈絡不貫, 體統紊舛, 怠惰解弛, 以度歲月, 無維持鞏固之勢, 有土崩瓦解之憂."

45 같은 글, "嗟夫憂其漸之將然者, 獨且至於痛哭流涕, 況今蔽痼已甚, 邦本已撓, 岌岌然慮其朝夕之變者, 將何以爲心哉."

> 기강이 퇴폐해져 풍속의 박악(薄惡)함이 날로 더욱 깊어, 국가의 형세가 마침내 어느 곳에 다다르게 될지 모르겠습니다. 이것을 참으로 전하께서 다른 날에 근심하시어 구제하려 한다 해도 미치지 못할 것이니, 어찌 왕위에 오르시던 초기에 우선적으로 생각지 않으시겠습니까?

이와 같이 규암은 타성과 안일에 빠져 개혁을 하지 않는다면 국가적 위기가 초래될지 모르니, 집권 초기에 개혁을 우선으로 해야 한다고 임금에게 권고하였다.

이제 규암의 경세사상에 대해 검토해 보기로 하자. 그는 〈진강학납간설교용인사사잉청복천과급정암조선생관작소(陳講學納諫設校用人四事仍請復薦科及靜庵趙先生官爵疏)〉에서 강학(講學), 납간(納諫), 설교(設校), 용인(用人)의 네 가지를 제시하고 있다.[46]

첫째, 강학(講學)은 임금에게 학문을 강론하여 군덕(君德)을 성취해야 함을 말한다. 임금이 경연에 나아가 장구(章句) 해석이나 하고 치도지설(治道之說)로써 섞어 말할 때에 나갔다가 그만둠은 강학의 말단이며, 사유(師儒)의 신하를 밀접히 가까이 하여 강론하는 데 반드시 그 궁극으로 연구하여, 몸소 체험하여서 반드시 자기에게 반성하여 흡족한 데 이르고, 홀로 있을 때는 존양(存養)하고 기미가 발동하는 처음에는 성찰(省察)하여, 연못과 샘물이 흘러나오듯 정치에 시행함은 강학의 근본이 된다고 하였다.[47]

---

46 같은 책, 〈陳講學納諫設校用人四事仍請復薦及靜庵趙先生官爵疏〉, "前古帝王所以致大治, 不過講學納諫設校用人而已."

47 같은 글, "若親於經筵, 解釋章句, 雜以治道之說, 時進而罷者, 講學之末也. 密邇師儒之臣, 講論必窮其極, 體認必反諸己, 知之不至於浹洽則不止也. 存養於獨居之時, 省察於幾動之初, 淵泉時出, 施於爲政, 講學之本也."

둘째, 납간(納諫)이란 신하들의 비판과 충고를 너그럽게 수용하여 간쟁(諫爭)을 용납하는 것을 말한다. 본래 유교의 전통에는 충간(忠諫)이 있는데, 이는 치자(治者)의 부족함을 보완한다는 의미를 갖는다.

간언을 들을 때는 억지로 따라가고 시행할 때에도 구차스럽게 해서, 의사에 합하면 기뻐하고 뜻에 어긋나면 성내어, 혹 안으로는 자주 강학함을 싫어하고 범범히 면강(勉强)하는 말만 따른다면 이는 납간(納諫)의 말단이라 하였다.

반면 사방의 이목(耳目)을 통합하는 자는 대간(臺諫)이고, 그 충직(忠直)을 아름답게 여겨 미친 사람과 참람된 사람을 용서하지 못할까 두려워하는 것은 납간(納諫)의 근본이라 하였다.[48]

셋째, 설교(設校)란 학교를 설립하여 교육을 진작함을 말한다. 규암에 따르면 선비가 늘 집에만 있어 덕을 고찰하고 학업을 묻는 자는 절대 없으며, 관료들이 자리는 비우지 않아도 자리만 의지하고 강론하지 않는 것은, 모두 선비로서 명목만 존재하고 선생으로도 인원만 구비한 것이 학교의 말단이라 하였다.

반면 사유(師儒)의 선택을 바르게 하여 가르쳐 주는 임무를 충실히 하고, 경의(經義)에 밝고 행실을 닦는 자는 조정에 올리고 인재가 못 되는 어리석은 자는 농촌으로 돌아가게 하고, 세속의 학술은 금지시켜 끊고 성인의 이치에 돈독히 온전하여, 반드시 덕을 이루며 인재를 달성하는 것이 학교의 근본이라 하였다.[49]

---

48 같은 글, "聽之勉强, 行之苟且, 合意則喜, 忤志則慍, 或內厭其數而泛爲勉從之辭者, 納諫之末也 …… 通四方之耳目, 臺諫也, 嘉其忠直而恕其狂僭, 聽之如恐不及者, 納諫之本也."

49 같은 글, "士常盈舍而考德問業者, 絕無, 官不闕位而倚席不講者, 皆是, 士存名額而師爲備員, 學校之末也. 精師儒之選, 重敎誨之任, 經明行修者, 升之於朝, 不材下愚者, 歸之於農, 禁絕俗學, 篤全聖理, 必使德成而材達, 學校之本也."

넷째, 용인(用人)은 인재를 등용하는 것으로 인사의 중요성을 강조한 것이다. 규암에 따르면 용렬하고 못난 부류로 심한 과오가 없으면서 자격이 전형될 만하면 준례보다 위의 자리에 배치하고, 영웅호걸의 어진 덕을 갖춘 무리라도 작급(爵級)에 구애되어 가히 발탁되지 못하게 되면 혹 낮은 질급(秩級)에 체류하게 되는 것은 용인의 말단이라 하였다.

반면 내외에 널리 공문을 게시하여 준수한 인재를 불러들여 등용하되, 비록 지극히 한미(寒微)한 사람이라도 고관으로 옮기게 하는 것은, 그 사람은 귀하게 여기지 않더라도 재덕(才德)을 귀하게 여기는 것이니, 이것이 용인의 근본이라 하였다.[50]

이와 같이, 그는 경세의 구체적 대안으로 강학(講學), 납간(納諫), 설교(設校), 용인(用人)의 네 가지를 제시하고, 각기 말단과 근본이 무엇인가를 설명하였다. 여기에서 강학은 경연을 통해 치자의 학문과 덕성을 함양하는 것을 말하고, 납간은 신하의 비판과 충고를 너그럽게 받아들여 국정에 참고하고 보완하는 것을 말하며, 설교는 교육의 진흥을 말하는 것으로 교육의 중요성을 강조한 것이며, 용인은 인재등용의 중요성을 말한 것으로 문벌이나 사사로운 정 그리고 뇌물에 의한 인사가 아니라 능력과 덕행에 의한 공정한 인사를 말하는 것이다.

그 밖에도 그는 임금의 이목(耳目)인 대간(臺諫)의 역할이 매우 중요함을 말하고, 언로(言路)의 개방을 통해 공론(公論)이 쾌활하게 소통되어야 한다 하였고,[51] 당시 사치의 폐습과 그 폐해를 지적하고 절검(節儉)의 기풍을 강조하였다.[52]

---

50 같은 글, "大誥中外, 召收髦俊, 雖在至微, 不憚其遷之高官, 非人之爲貴而才德之爲貴者, 用人之本也. 庸謬闒冗之流, 無甚過惡, 而資格相擬, 則例置之右位, 英豪賢德之輩, 拘於爵級, 不可拔擢, 則或滯於卑秩者, 用人之末也."

51 같은 책, 卷2, 〈陳朝廷時弊箚〉, 甲申, 六月.

이렇게 볼 때, 규암의 경세론은 그만의 독창적 이론은 아니다. 유학 본래의 전통을 계승한 것으로 매우 소박한 내용이다. 개혁론도 원칙적 언급에 머무르는 수준으로 정암이나 율곡에 미치지 못한다. 더구나 경세의 구체성이나 개혁의 전문성은 매우 미흡한 편이다.

그럼에도 사화의 난세에서도 유학 본래의 성학(聖學)을 지향하고 왕도를 추구하려는 그의 도학자적 정신과 의지를 읽을 수 있다. 그리고 나라와 민생을 걱정하는 우환의식과 목숨을 바쳐 의리를 추구한 참된 유학자로서의 모습을 볼 수 있다.

---

52 같은 책, 〈因災救弊疏〉, 辛丑, 十一月.

제2절 추파 송기수의 생애와 인품

1. 시작하는 말

송기수(宋麒壽; 1507, 중종 2~1581, 선조 14)는 16세기 조선조 사화시대의 유학자로서 거의 평생을 국정에 몸담았던 인물이다. 그는 은진(恩津) 송씨(宋氏)로 자(字)는 대수(台叟), 호(號)는 추파거사(秋坡居士) 또는 눌옹(訥翁)이라고 불렀다. 은진 송씨는 호서 지역의 명문 거족으로 송유(宋愉) 이래 송인수(宋麟壽), 송준길(宋浚吉), 송시열(宋時烈), 송기후(宋基厚), 송규렴(宋奎濂), 송상기(宋相琦), 송명흠(宋明欽), 송능상(宋能相), 송덕상(宋德相), 송환기(宋煥箕), 송치규(宋穉圭), 송계간(宋啓幹), 송래희(宋來熙), 송달수(宋達洙), 송근수(宋近洙), 송병선(宋秉璿), 송병순(宋秉珣) 등 많은 유학자를 배출하였는데, 그 가운데 한 사람이 추파 송기수이다. 추파는 을사사화 때 양재역 벽서사건으로 사사된 규암(圭庵) 송인수(宋麟壽; 1499~1547)와는 사촌 간이며, 조선 시대의 대표적인 문장가요 학자였던 상촌(象村) 신흠(申欽)은 그의 외손자이다. 그는 사화기의 인물로 간헐적으로 문헌에 등장하고 있지만, 학문적 연구는 거의 없는 편이다.[1] 《한국문집총간(韓國文集叢刊)》 32권에 실려 있는 초간본 문집은 극히 적은 분량으로 매우 소략하다. 이것은 그 내용을 보면 〈연보(年譜)〉가 맨 앞에 있고, 1권에 시(詩), 만시(挽詩), 일시(逸詩)가 있고, 2권에는 계(啓), 묘갈명(墓碣銘), 묘표(墓表), 묘지(墓誌), 행장(行狀), 행적(行蹟), 과책(科策), 유교(遺敎)가, 3권에는 부록으로 〈언행록(言行錄)〉이, 4권에는 가장(家狀), 신도비명(神道碑銘), 묘지(墓誌)가, 5권에는 〈사우추허록(師友推許錄)〉, 〈퇴계선생서(退溪先生書)〉가 실려 있다.[2] 그 후 1894년 중간본(重刊本)이 나왔는데, 여기에는 〈인종대왕유교(仁宗大王遺敎)〉, 〈사위훈겸사가선소(辭僞勳兼辭嘉善疏)〉 등 4편의 소(疏), 〈진시사차(陳時事箚)〉 등 5편의 차(箚), 101편의 계(啓), 〈성절겸주청시정본국장(聖節兼奏請時呈本國狀)〉, 〈상례부상서문(上禮部尙書文)〉 그리고 회재(晦齋) 이언적(李彦迪), 모재(慕齋) 김안국(金安國), 충재(冲齋) 권벌(權橃), 퇴계(退溪) 이황(李滉), 동고(東皐) 이준경(李浚慶), 용문(龍門) 조욱(趙昱), 미암(眉庵) 유희춘(柳希春), 휴암(休庵) 백인걸(白仁傑), 임당(林塘) 정유길(鄭惟吉), 하서(河西) 김인후(金麟厚), 남명(南冥) 조식(曺植), 동주(東洲) 성제원(成悌元), 대곡(大谷) 성운(成運), 일재(一齋) 이항(李恒), 소재(蘇齋) 노수신(盧守愼), 북창(北窓) 정렴(鄭磏), 나세찬(羅世纘), 상촌(象村) 신흠(申欽), 규암(圭庵) 송인수(宋麟壽) 등과 주고받은 편지 83편, 잡저로서 〈상우책(尙友策)〉, 〈자경(自警)〉, 〈시손배(示孫輩)〉, 〈제례유교(祭禮遺敎)〉, 〈만록(漫錄)〉, 〈잠명(箴銘): 悔箴, 戒箴, 囪銘〉, 〈호당수계록(湖堂修契錄)〉 등이 수록되어, 많은 양이 보완되었음을 알 수 있다.

이상 문집의 내용을 검토해 볼 때 그는 16세기 조선조의 많은 유학자들과 폭넓게 교유하였고, 특히 근기, 호서는 물론 영남과 호남 지역의 유

1 송기수에 대한 연구로는 송기섭의 〈추파 송기수의 생애와 사상〉(《대전문화》, 제7호, 대전광역시시사편찬위원회, 1998)이 대표적이다.

2 이 문집은 서울대 규장각본으로 송기수의 8세손 송현필(宋賢弼)이 수집, 편찬하여 1753년경에 간행한 초간본인데, 그 서문을 성호(星湖) 이익(李瀷)이 썼다.

학자들과도 교유하였음을 알 수 있다. 이는 추파의 인품과 유학사적 위상을 이해하는 데 도움이 된다.

추파는 을사사화를 전후로 한 격동기를 살면서 거의 평생 내외관직을 두루 역임하였고, 특히 을사사화 때 본인의 의사와는 관계없이 위훈(僞勳)에 녹훈(錄勳)되면서 유학자로서의 자괴감(自愧感)을 가지며 살았다. 더욱이 사촌 형 송인수가 양재역 벽서사건에 연루되어 죽임을 당했는데도, 자신은 조정의 중심에 서서 벼슬살이를 하는 데 대한 마음의 고통이 매우 컸던 것으로 보인다. 그러나 그의 〈연보〉를 통해 알 수 있듯이, 그는 현실에 참여하면서도 항상 의리를 잊지 않고 많은 노력을 하였지만, 불의의 시대에 참여한 관료로서 어쩔 수 없는 오해와 시비를 안게 되었다. 더욱이 이러한 오해와 왜곡은[3] 그의 큰아들 송응개(宋應漑; 1536~1588)의 율곡 비판과 이로 인한 당쟁의 와중에서 더욱 증폭되어 객관적인 평가를 어렵게 했다고 볼 수 있다.

이제 그의 연보와 행장 그리고 관련 문헌들을 통해 가리어진 그의 삶을 조명해 보고, 그 삶의 내면에 자리한 인품을 가늠해 보기로 한다.

2. 가계와 수학

송기수(宋麒壽)는 1507년(정묘丁卯, 중종 2년) 12월 29일 서울 돈의문 밖 반송방(盤松坊) 유점동(鍮店洞) 옛집에서 부친 송세충(宋世忠)과 모친 전주 이씨 사이에서 태어났다. 모친 이씨는 성종 때의 도학(道學) 진유(眞儒)였던 주계군(朱溪君) 이심원(李深源)의 딸이다.[4] 그의 7대조는 송명의

3 이긍익(李肯翊)은 《연려실기술》에서 송기수를 윤원형의 일파로 보고, 종형 송인수를 위해(危害)한 공신으로 분류하였다.

(宋明誼)로 고려 말에 사헌집단(司憲執端)의 벼슬을 지냈는데, 처음으로 충청도 회덕에서 살았다. 그는 고려가 망하자 신하로서 두 임금을 섬길 수 없다는 의리로서 개성에서 처가가 살고 있는 회덕으로 내려와 은둔생활을 했다.[5] 추파의 6대조는 진사 송극기(宋克己)인데, 그의 부인 유씨(柳氏) 부인이 회덕 신촌동(新村; 土井)에서 시부모를 봉양하고, 아들 쌍청당(雙淸堂) 송유(宋愉; 1389~1446)를 양육했던 것이다.[6] 송유는 그의 5대조인데, 덕망과 고고한 절개를 몸에 지녔던 인물로 평생 은둔한 백이풍(伯夷風)의 학자였다. 박연(朴堧)은 그의 당(堂)을 '쌍청당(雙淸堂)'이라 편명(扁名)해 기렸으며, 사육신의 한 사람인 박팽년(朴彭年)은 기문(記文)을 지어 그의 고고청명(孤高淸明)한 덕행과 의리를 칭송하였다.[7]

그의 고조는 송계사(宋繼祀)로 사헌부(司憲府) 지평(持平)을 지냈고, 증조는 송순년(宋順年)으로 예조정랑(禮曹正郞)의 벼슬을 지냈는데, 홍문관(弘文館) 부제학(副提學)으로 추증(追贈)되었다. 또한 조부는 송여해(宋汝諧)로 안동대도호부사(安東大都護府使)를 역임했는데 예조참판(禮曹參判)으로 추증되었으며, 부친 송세충(宋世忠)은 가평군수(加平郡守)를 역임했는데 나중에 이조판서(吏曹判書)로 추증되었다.[8]

---

4 이심원(李深源)은 성종 때의 문신으로 호는 성광(醒狂)이며, 송기수의 외조부로 김종직의 문인이다. 갑자사화에 연루되어 아들 형제와 함께 임사홍에게 죽임을 당했다.

5 송염순, 《송촌의 인물과 유적》, 향지문화사, 1996, 2쪽.

6 같은 책, 같은 곳.

7 유남상, 〈여말선초의 유학과 대덕〉, 《대덕군지》, 대덕군지편찬위원회, 1979, 494~495쪽 참조.

8 송영준, 《秋坡實記》, 농경출판사, 1997, 15~16쪽. 〈삼현실록(三賢實錄) 참조〉

宋明宜- 宋克己- 宋愉- 宋繼祀- 宋遙年

宋繼中　宋順年-宋汝諧- 宋世忠- 宋麒壽- 宋應漑

宋汝翼　宋世良　宋應泂

宋汝礪　宋應洵

그는 10세 때 어머니 이씨 부인에게서 기초학문을 익혔다. 공부를 함에 권면(勸勉)과 독려가 없이도 날로 과업(課業)을 부지런히 하여 게을리하지 않았다. 이씨 부인은 성리학에 조예가 있어 반드시 가르침을 옳은 방향으로 하니, 그도 어김없이 몸소 받아들여 학업이 날로 진보하고 덕스런 모습이 일찍부터 보였다고 한다.[9] 이렇게 볼 때 그의 학문적 연원은 특별히 거론할 것이 없고, 모친의 훈육이 전부였던 것으로 보인다. 그럼에도 14세 때 그는 학업이 크게 성취되어 경사자집(經史子集)을 통하지 않음이 없었고, 특히 《논어》에 대한 공부가 깊었으며, 늙으신 부모를 위해 과거공부에 충실하였다.[10]

1522년 16세 때 성현의 학문에 뜻을 두어 동주(東洲) 성제원(成悌元; 1506~1559)과 밤낮으로 강론을 폐하지 않았으며, 이때 기묘사화(己卯士禍)로 사람들이 모두 이학(理學)으로 화근(禍根)을 삼아 성리서(性理書)를 가지고 다니는 사람이 없었는데, 그는 홀로 《근사록(近思錄)》, 《심경(心經)》과 성리제서(性理諸書)에 뜻을 두어 성현이 되기를 기약하였다.[11] 이렇게 볼 때, 추파의 학문은 성리학이었으며, 16세 때 성현자기(聖賢自期)의 입지를 확고히 했음을 알 수 있다. 율곡이 우계(牛溪) 성혼(成渾)과 도의지교(道義之交)를 통해 평생 절차탁마(切磋琢磨)했듯이, 추파도 성제원과의 도의지교를 통해 자신의 학문을 가꿔 나갔다. 성제원은 김굉필(金宏弼)의 문인인 서봉(西峰) 유우(柳藕)의 문인으로 송세량(宋世良)의 딸과 결혼하였으니, 송세량은 그의 백부가 된다.[12] 따라서 서부(西阜) 송귀수(宋龜壽)와 규암 송인수는 성제원의 처남이 되어, 셋이 자주 모여 학문을

9 《秋坡集》(重刊本), 〈秋坡先生年譜〉, 先生 10歲條.

10 같은 연보, 先生 14歲條.

11 같은 연보, 先生 15歲條.

12 송세량은 우암 송시열의 고조가 된다.

강론하고 도를 익혀 사람들은 이들을 '삼현(三賢)'이라 불렀다.[13]

18세에 대사헌 채침(蔡忱)의 딸과 결혼하였는데, 채침은 사위 송기수가 뜻을 돈독하게 하고 학문에 힘씀을 사랑하여, 그의 학문을 시험하고 말하기를 "이는 나의 스승이요 나의 벗은 아니다"라고 칭찬하였다.[14] 이와 같이 그는 스승 없이 독학으로 학문에 정진하여 25세에 식년생원시에서 3등으로 합격하였고, 진사시에서도 3등으로 합격하였다.[15] 그리고 1533년 27세 때 김굉필의 문인인 모재(慕齋) 김안국(金安國; 1478~1543)을 방문하였으니,[16] 모재는 도우(道友) 성제원의 스승이기도 했다. 이러한 그의 학연(學緣)을 통해 미루어 보면, 추파는 모친으로부터 성리학의 기초를 학습하고, 친우 성제원과 더불어 강학하면서 성리학 연구에 더욱 정진하였다. 그리하여 그는 마침내 1534년 28세에 문과시험에 합격해 관계에 진출하였던 것이다.

3. 사화기의 현실참여

그는 28세에 문과에 합격하여 예문관(藝文館) 춘추기사관(春秋記事官)을 시작으로 관계에 진출하였으니, 신흠(申欽)은 추파의 〈신도비명〉에서 그의 국정참여 이력을 다음과 같이 소개하고 있다. 즉 예문관(藝文館)에 들어가 검열(檢閱), 대교(待敎), 봉교(奉敎)를 거쳤고, 시강원(侍講院)의 사서(司書), 문학(文學), 필선(弼善), 보덕(輔德)과 사헌부(司憲府)의 장령(掌令), 집의(執義), 대사헌(大司憲)과 의정부(議政府)의 좌참찬(左參贊),

13 황의동, 《우계학파연구》, 서광사, 2005, 64쪽.

14 《秋坡集》(重刊本), 〈秋坡先生年譜〉, 先生 18歲條.

15 같은 연보, 先生 25歲條.

16 같은 연보, 先生 27歲條.

우참찬(右參贊)과 홍문관(弘文館)의 수찬(修撰), 교리(校理), 응교(應敎), 전한(典翰), 직제학(直提學)과 사간원(司諫院)과 이조(吏曹)의 좌랑(佐郎), 정랑(正郎), 판서(判書)를 역임했다. 또 동부승지(同副承旨)에서 도승지(都承旨)로 승진하였고, 형조(刑曹), 호조(戶曹), 공조(工曹), 예조(禮曹)의 참판(參判)과 판서(判書)를 역임하였고, 동지사(同知事)와 지사(知事)를 역임하였으며, 한성판윤(漢城判尹), 경연(經筵), 춘추관(春秋館), 성균관(成均館), 의금부(義禁府)의 각 관(館)을 겸임하였고, 외직으로는 경기도, 강원도의 관찰사를 지냈다.[17] 이처럼 그의 생애는 화려한 경력으로 가득 차 있다. 이런 추파의 다양한 행정 경험과 국정에 대한 봉사는 비판의 대상일 수 없다. 다만 수기적 측면에서의 도덕적, 전문적 능력이 얼마나 있느냐 하는 것과 자신의 처세가 얼마나 시의(時宜)에 맞게 진퇴를 실천했느냐 하는 것이 문제가 된다. 더욱이 그가 관직에 있으면서 얼마나 나라와 백성을 위해 기여했느냐 하는 정치의 효율성 또한 중요한 잣대가 된다. 이러한 관점에서 보면 추파의 현실참여는 비교적 무난한 평가를 받아도 좋다고 생각된다.[18] 이제 추파의 관직생활을 통해 나타난 행정가로서의 면모를 검토해 보기로 한다.

첫째는 왕권 교체기에 탁월한 위기대처능력을 보여 주었다. 추파는 1545년 도승지로서 인종의 병환이 매우 심각한 상황에서 원만하게 왕위 승계의 절차를 도와 자칫 범하기 쉬운 왕권의 위기를 무난히 수습하는 데 기여하였다.[19] 왕의 병세가 악화되자 대비가 야반에 왕의 병세를 살핀다

---

17 같은 연보, 〈秋坡先生神道碑銘〉.

18 다만 추파는 평생 오랫동안 관직생활을 하여 학문에 전념할 시간적 여유가 없었기 때문인지, 그의 문집에서 보듯이 학자로서의 전문적인 글은 거의 볼 수가 없다. 이 점은 송기수의 생애에서 아쉬운 부분이며 학문적 위상을 언급하기 어려운 점이다.

19 《인종실록》, 국역, 인종 2권, 1년, 6월 29일(경신), 010 ~ 7월 4일(갑자), 003 참조.

는 이유로 행차하려 하자, 분원(分院)의 서리를 불러 "대비의 거동이 야반에 경동하지 못할 것인데, 하물며 분사(分司)의 관원이 본원(本院)의 지휘를 기다리지 않고 급히 호령을 먼저 하니 어찌 있을 수 없는 일을 하느냐?"고 힐난하고, 대비의 야반 행차를 저지시켰다. 그리고 왕의 침소 가까운 충순당(忠順堂)에 거처하면서 왕의 병세를 파악하며, 만일의 사태에 주도면밀하게 대처하였으며, 인종의 유언에 따라 밤중에 경원대군(慶原大君)을 임금 앞에 임석하게 한 후 전위(傳位)의 명을 듣도록 조치하여 전위의 혼란을 방지하고 도승지로서의 책무를 다했던 것이다.[20] 이는 당시 훈척들의 권력다툼이 심각한 상황에서 12세의 명종이 즉위한다고 할 때 야기될 수 있는 왕권의 위기를 슬기롭게 해결했다는 점에서 의미가 크다.

둘째는 사법행정에서 탁월한 면모를 보여 주었다. 1542년 36세 때 그는 충청도 재상(災傷) 경차관(敬差官)으로 차출된 적이 있었다. 이때 통진(通津)에서 딸이 어머니를 시해한 사건이 있었는데, 법관이 이를 심판하는 체통을 잃어 마침내 미결의 옥사가 되고 말았다. 조정에서는 특별히 그를 경차관(敬差官)으로 임명하여 그곳에 가서 심문하게 하였는데, 그는 정밀히 생각하고 깊이 연구하여 죄인을 포착해 형법을 바르게 하여 그 명성을 떨쳤다.[21]

또한 1556년 50세 때 형조참판에 임명되었는데, 형판 조광원(曺光遠)이 윤원형의 당으로 감옥을 사사롭게 이용해 백성들의 원망이 많게 되자, 추파는 스스로 판결하기를 청하여 죄 없이 억울하게 구속된 자들을 모두 석방하여 감옥이 텅 비게 하니, 당시 사람들이 극구 칭찬하였다.[22] 이와

20 《秋坡集》(重刊本), 〈秋坡先生年譜〉, 先生 39歲條.

21 같은 연보, 先生 36歲條.

22 같은 연보, 先生 49歲條.

같이 그는 사법행정에서 탁월한 능력을 보여 주었다.

셋째로 그는 지방관을 역임하면서 선정(善政)을 베풀어 목민(牧民)을 실천하였다. 그는 1545년 39세 때 외직으로 경기감사를 자청하게 되었다. 당시 많은 간흉(奸兇)들이 집권하여 조정에서 자기와 다른 자는 역당(逆黨)이라 부르니, 일시의 명류(名流)들이 모두 함정에 빠지게 되었다. 그의 종형 송인수(宋麟壽) 또한 배척당하고 파직되니, 그는 이미 시대의 위태롭고 참혹함을 상심하고, 또한 규암(圭庵)이 견책 축출된 것을 마음 아프게 여기고, 그 근심과 분함이 병이 되어 부스럼이 발작해 하루에도 세 번씩이나 기절하니, 흉한 소문이 여러 번 나돌아 군흉(群凶)들은 그가 반드시 죽을 것이라 생각하여, 심히 꺼리지는 않았으나 마침내 시배(時輩)들과 어울릴 수 없어 힘써 외직을 구하였던 것이다. 이때 국상이 해마다 나게 되어 중국 사신의 행차가 네 차례나 계속되니, 경기도 백성들의 민폐가 심하고 흉년까지 겹쳐 사방으로 흩어지게 되었다. 이에 그는 힘껏 직책을 다해 지성으로 유리(流離)한 백성들을 위해 폐단을 제거하는 데 마음을 썼다. 그 결과 경기도 백성들이 힘입어 소생하여 명나라 사신이 연속 왕래함을 잊고 노래하고 칭송해 마지않았다 한다.[23]

또한 그는 1549년 43세 때 강원 감사에 임명되어 세 번이나 사임하였으나 받아들여지지 않았다. 이때는 군흉(群凶)들이 국권을 휘둘러 억울한 옥사(獄事)가 연이어 일어나고 여러 해 흉년이 들었는데, 오직 강원도가 가장 심하여 백성들이 모두 굶주려 죽고 흩어지는 지경에 이르렀다. 이에 이기(李芑)가 윤원형(尹元衡)을 시켜 임금에게 말하기를 "송기수가 신병을 핑계로 몇 해 동안 벼슬에 나오지 않으니, 마음의 소재를 알 수 없는데, 하물며 이제 강원도가 흉년이 심하니, 청컨대 감사로 임용하여 그의

23 같은 연보, 先生 39歲條.

근면과 태만을 책임지워야 합니다"라고 하였다. 이에 간흉(奸兇)에게 어쩔 수 없이 밀려 임명되었다. 그는 부임하여 창고를 풀어 굶주린 백성들을 구제하고 많은 부역을 면제하여 안돈(安頓)을 힘쓰니, 백성들이 점차 소생하였다. 그리고 그는 여러 군을 직접 순시하여 유리하는 백성들을 무마하였다.[24] 이와 같이 그는 경기도 감사, 강원도 감사를 지내면서 몸소 선정을 베풀어 백성들의 존경과 신망을 함께 받았던 것이다.

4. 위훈僞勳의 사양과 의리실천

추파의 생애에서 가장 곤혹스럽고 어려웠던 문제는 을사사화 때 위훈(僞勳)을 받았다는 사실이었다. 1545년 9월 5일 도승지로서 위사(衛社) 위훈(僞勳)에 참여하게 되었다. 그 전말을 살펴보면 7월 12일 처음 이기(李芑)가 형조판서 윤임(尹任), 좌의정 유관(柳灌), 이조판서 유인숙(柳仁淑)의 처벌을 주청하였고, 이어 홍언필(洪彦弼), 윤인경(尹仁鏡), 이언적(李彦迪)도 이들의 처벌을 주장하였으며, 추파도 이들의 신중한 처벌을 다음과 같이 주청한 사실이 있다.

> 주상께서 새로이 즉위하시매, 천명과 인심이 모두 빠짐없이 돌아가, 태양이 중천에 올라옴에 만백성이 다 보는 것과 같으니, 어느 누가 감히 조금이라도 그 사이에 이의가 있겠습니까? 윤임, 유관, 유인숙의 죄를 또한 마땅히 조정의 공론에 따라 충분히 상의하여 처리함으로써, 조금도 의심스러운 단서가 없은 연후에 명분이 바르고 말이 순하다 할 것이요, 만약 이를 무시하고 다만 외간의 분분한 말로 상고 없이 갑자기 죄명을 결정한다면, 어찌 당당한 성조(聖朝)의

24 같은 연보, 先生 43歲條.

아름다운 일이라 하겠습니까? 윤임으로 말한다면 왕대비와는 절친간이오니, 일이 혹시 왕대비에게 건네진다면 주상의 성덕에 누가 될뿐더러, 또한 이간하는 말에 의혹된 바가 없지 않으리니, 사림의 화가 장래 이를 계기로 일어날까 걱정스럽습니다.[25]

이처럼 추파는 윤임, 유관, 유인숙의 처벌을 주장하면서도 조정의 공론에 따라 신중히 처리되어야 하고, 자칫 잘못하면 이를 계기로 사림의 화가 걱정된다고 하였다. 결국 윤임은 내쫓고 유인숙은 파직하고, 유관은 전직할 것을 도승지인 추파에게 전교하였던 것이다.

그러나 7월 22일 얼마 되지 않아 정순붕(鄭順朋)이 다시 윤임, 유관, 유인숙이 명종을 왕으로 앉히려 하지 않고 계림군(桂林君)을 옹립하려 했다는 죄상을 적시하여 중한 처벌을 요구하는 상소를 올리자, 이에 대한 중신들의 논의를 거쳐 마침내 윤임, 유관, 유인숙은 사사(賜死)하고, 이림(李霖)은 먼 변방으로 안치하며, 권벌(權橃)은 면직하라는 결정이 내려졌고 이어 계림군도 무고로 죽임을 당했으니[26] 이것이 이른바 을사사화다.

이러한 정치적 격변기에 9월 5일 추파는 도승지로서 위사공신(衛社功臣) 3등에 올라 위훈(僞勳)에 가담하게 되었다.[27] 그는 이에 대해 우찬성 이언적(李彦迪), 대제학 신광한(申光漢), 승지 이윤경(李潤慶) 등과 함께 위훈의 부당함을 이렇게 간청하였다.

신 등이 본래 재덕(才德)이 없이 중종 조에 성은(聖恩)을 얻어 미력이나마 갚

---

25 같은 연보, 先生 39歲條.

26 같은 연보, 先生 39歲條.

27 《명종실록》, 국역 명종 1권, 즉위년, 8월 30일(경신), 009.

으려 하였더니, 한 가지 일도 못한 채 중종께서 이미 승하하셨으니, 중종의 은총을 갚을 길이 없는데, 주상은 어리시고 국사는 걱정이 많으니, 신 등이 중요한 직책에 있어서 진실로 힘을 다하여 은혜를 갚을 때입니다. 낮과 밤으로 생각하되 오직 미치지 못할까 두렵던 중에, 전하께서 능히 살피지 못하시고, 별안간에 위사공신(衛社功臣)의 패를 더하시니, 알지 못하건대 신 등이 무슨 위사(衛社)의 공이 있기에 이러한 대열에 힘입게 되었습니까? 천하에는 공이 없이 그에 대한 녹을 받는 자는 없는 것인데, 하물며 신정(新政) 처음에 더욱 광명정대함을 제일의 급선무로 삼아야 할 것입니다. 비록 한때에 좋게 하고자 하나 만세의 공론이 또한 두렵지 않겠습니까? 신 등이 비록 용렬하고 지식이 없으나 또한 마음으로 부끄러움을 품지 않을 수 없으니, 청하옵건대 주상으로부터 반드시 하정을 통촉하시어, 이루어진 명령을 쾌히 거두시어 조금이라도 넘치는 폐단이 없어야만 인심이 안정되고 국시가 정해질 것입니다.[28]

이에 대해 문정왕후는 이미 정해진 것이니 사양하지 말라 하였는데, 추파는 이튿날 다시 상소를 올리고 다음과 같은 사양의 명분을 밝혔다.

만약 신으로 하여금 나아갈 줄만 알고 물러설 줄을 알지 못하여, 영화만을 알고 욕됨을 알지 못한다면, 자기 한 몸의 수치는 비록 생각할 여유가 없다 하나, 신은 천하 후대에 장차 전하께서 포상하시는 법전이 분명치 않다 크게 의심할까 두렵습니다.[29]

여기에서 추파는 유학자로서의 명분과 의리를 분명히 하고, 그 부당함

---

28 《秋坡集》(重刊本), 〈秋坡先生年譜〉, 先生 39歲條.

29 같은 연보, 先生 39歲條.

을 지적하며 거듭 위훈의 철회를 요청하였다. 그러나 대비는 이에 대해 "승지는 언론을 맡은 중한 위치이므로, 과거부터 비록 공이 없어도 예로 참여되었으니 고사하지 말 것이며, 윤임 등의 죄는 이미 결정되었으니, 다시는 진달하지 말라"고 하였다.[30] 추파에게 위사(衛社)의 공훈을 준 것은 구체적인 공이 없어도 도승지이기 때문에 전례에 따라 공훈을 내렸다는 말이다.

추파는 위훈이 내려진 이후 항상 마음에 울분이 차고 근심이 많아, 하사한 제택(第宅)을 폐기하여 수리하지도 않았다. 이에 윤원형은 항상 이기에게 말하기를 "송모가 하사한 제택을 폐기하고 수리하지 않으니, 훈적(勳籍)을 싫어하는 것을 여기에서 짐작할 수 있다"고 하였다. 추파는 이 말을 듣고 미워하여 곧 남에게 팔고 대금을 별도로 둔 채 집사람에게 쓰지 말라고 경계하고, 또 하사 지급한 노비까지도 모두 마음대로 출입하게 방면하였다고 한다.[31] 이렇게 볼 때 비록 그가 어쩔 수 없이 위훈을 받게 되었지만 본의가 아니었고, 그 자신이 이를 부끄럽게 여겨 사양하고 정대한 처신을 하고자 한 노력을 볼 수 있다.

그런데 그의 위사공훈(衛社功勳)이 잘못되었다는 것은 대사헌 허자(許磁) 등이 올린 다음 상소에서도 잘 나타난다.

> 전번에 죄인을 잡을 것을 당초에 의논 주달할 때에, 정원에 있는 승지가 그 일에 전혀 참여한 적이 없는데, 또한 녹공(祿功)의 대열에 참여하게 되었으니, 알지 못하겠으나 무슨 공으로 막대한 상을 받게 되었습니까?[32]

---

30 같은 연보, 先生 39歲條.

31 같은 연보, 先生 39歲條.

32 같은 연보, 先生 39歲條.

이는 송기수 자신만이 부당하다고 생각하는 것이 아니라, 당시 대사헌, 대사간 등까지 그렇게 주장하고 있는 것으로 볼 때 추파에 대한 위훈 수여는 문제가 있었던 것이다. 그 이후 추파 자신이 계속하여 위훈의 철회를 요청했지만 받아들여지지 않았고, 양사(兩司)에서도 거듭 위훈의 철회를 주장했지만 수용되지 않았다. 이에 대한 대답은 항상 승지였기 때문에 공이 없어도 전례대로 주었다는 것이다.[33]

그 후 32년이 지난 1577년 추파의 나이 71세 때 위훈(僞勳) 삭제(削除)와 철회를 주청하기 20여 회 만에 마침내 삭훈(削勳)하라는 전교를 반포하게 되었으니, 평생의 소원을 이룬 것이었다. 그것은 그가 일찍이 "내 삭훈(削勳)이 되지 않고 죽게 되면 지하에 가서도 죄인을 면치 못한다"고 한 말에서도 짐작할 수 있다.[34] 이상의 과정을 돌아다볼 때 추파의 을사사화에 대한 위훈 수여문제는 충분히 납득되는 바 있고, 이에 대한 본인 스스로의 부끄러움과 진정한 뜻을 읽을 수 있다.

한편, 그의 생애를 돌아다볼 때 추파는 유학자로서의 의리정신에 투철하고 의리의 부식에 많이 노력하였음을 알 수 있다. 우선 추파는 관청의 사관으로서 당시 막강한 권력을 전횡했던 김안로(金安老)가 자신을 비방한 글이 사초(史草)에 기록된 것을 알고 이를 고치고자 기도했지만, 이를 알아차리고 중지시킨 일이 있다.[35] 이 일로 추파는 김안로의 미움을 사게 되었고, 김안로의 권세가 날로 높아지는데도 추파는 정도(正道)를 걸으니 조정에서 용납될 수 없었다. 이에 추파는 신병을 빙자하여 전랑을 사임하고 반년 동안 쉬었으나 나라에 대한 근심걱정은 변함없었다.[36]

---

33 《명종실록》, 국역 명종, 5권, 2년, 3월 14일(을축), 002.

34 《秋坡集》(重刊本), 〈秋坡先生年譜〉, 先生 71歲條.

35 같은 연보, 先生 29歲條.

36 같은 연보, 先生 31歲條.

또한 1546년 추파는 윤원형(尹元衡)의 형으로 을사사화를 일으킨 윤원로(尹元老)를 먼 변방으로 유배시키기를 주청하였다. 명종이 즉위하던 이튿날 삼공(三公) 육경(六卿)과 함께 그의 죄악을 의논하고, 또 그 이튿날에는 홀로 임금에게 아뢰었다.[37] 1559년 53세 때에는 이황(李滉), 이준경(李浚慶) 등과 함께 예조참판에 등용되어 윤원형이 자신의 측근인 형조판서 권찬(權纘), 안동부사 권소(權紹)를 부당하게 승진시키자, 임금에게 그 시정을 요구하여 관철시켰다.[38]

그는 1560년에는 대사헌으로서 기묘사화 때 억울하게 희생된 정암(靜庵) 조광조(趙光祖)의 신원(伸寃)을 주청하여 윤허를 받아냈으며,[39] 권세를 등에 업고 향교(鄕校) 성전(聖殿)의 오래된 오동나무를 베어 재목을 만들다가 교생과 시비가 벌어진 영천군수(永川郡守) 심의검(沈義檢)을 공척, 파직시키기도 하였다.[40] 1561년 55세 때에는 윤원형의 서녀 사위인 진도군수 이숙남(李叔男)을 탄핵시키고, 심통원(沈通源)의 아들인 심화(沈鏵), 이량(李樑)의 아들인 이정빈(李廷賓), 해안군(海安君)의 사위인 이규(李戣) 같은 당시 특권층 자제들의 과시(科試) 부정에 대해 수차 그 잘못을 개진하여 마침내 관철시켰다.[41]

1563년 57세 때에는 대사헌으로서 이른바 육간(六姦)인 이량(李樑), 이감(李戡), 이백원(尹百源), 신사헌(愼思獻), 권신(權信), 이령(李翎)의 유배를 거듭 주청하여 임금의 윤허를 받았다.[42] 1565년 59세 때 윤원형의

37 《명종실록》, 국역 명종, 1권, 즉위년, 7월 9일(기사), 006.

38 《秋坡集》(重刊本), 〈秋坡先生年譜〉, 先生 53歲條.

39 같은 연보, 先生 54歲條.

40 같은 연보, 先生 54歲條.

41 같은 연보, 先生 55歲條.

42 같은 연보, 先生 57歲條.

삭탈관직을 5회나 주청하였으나 허락받지 못했다. 이때 문정왕후가 죽자, 요승(妖僧) 보우(普雨)의 처벌을 주청했으나 역시 허락받지 못했다.[43] 이어 계사(啓辭)를 올려 윤원형, 이량의 석방을 반대하였고, 을사사화 때 유배를 당한 사람들의 석방을 주장하였다.[44] 1567년 61세 때 명종이 세상을 떠난 후 역시 을사사화 때 피해를 입은 사람들에 대한 신원을 주청하였다.[45] 1568년 62세 때 추파는 이조판서로서 유배되었다가 석방된 백인걸(白仁傑), 김란상(金鸞祥), 노수신(盧守愼), 유희춘(柳希春) 등을 발탁하여 등용할 것을 주청하였다.[46]

또한 1570년 64세 때 이조판서로서 이기(李芑), 정언각(鄭彦慤) 등의 추탈(追奪)을 주청하여 허락을 받았고, 정미, 기유년의 면옥(寃獄)을 신원(伸寃)할 것을 청하였으나 윤허 받지 못했으며,[47] 좌참찬이 되어 종형 송인수(宋麟壽)의 억울한 죽음을 상세히 설명하고 그의 신원을 주청하였다.[48] 1576년 70세 때 예조판서로서 충암(沖庵) 김정(金淨)의 행장을 썼고, 송인수(宋麟壽)의 사손(嗣孫)을 세우는 데 적극 노력하였으며,[49] 그의 묘문(墓文)을 지어 새기기도 하였다.[50]

이상의 행적을 통해서 볼 때, 추파는 당시 권력을 전횡하며 만백성의 지탄을 받던 김안로, 윤원로, 윤원형 등과 맞서 싸운 의리를 볼 수 있고, 심의겸(沈義檢), 이숙남(李叔男), 심화(沈鏵), 이정빈(李廷賓), 이규(李戣)

43 같은 연보, 先生 59歲條.
44 같은 연보, 先生 59歲條.
45 같은 연보, 先生 61歲條.
46 같은 연보, 先生 62歲條.
47 같은 연보, 先生 64歲條.
48 같은 연보, 先生 64歲條.
49 같은 연보, 先生 70歲條.
50 같은 연보, 先生 71歲條.

같은 특권층과 이량(李樑) 등 이른바 육간(六姦), 그리고 이기(李芑), 정언각(鄭彦慤) 등의 불의에 항거한 자취를 볼 수 있다. 이를 통해 그가 비록 사화기라는 불의의 시대에 관직생활을 했지만, 나름대로 학자적 양심과 유교적 의리에 입각해 살고자 한 고뇌의 흔적을 짐작할 수 있다. 요컨대 추파는 사림 중심의 정국운영을 지향하되, 비 사림계의 척신 훈구세력을 점진적으로 해체하거나 어느 정도 타협과 무마를 통해 그것을 실현해 보려 시도한 인물이었다고 할 수 있다.[51]

5. 송기수의 인품

추파 송기수의 75년의 생애를 통해 그의 인품을 짐작해 보기로 하자. 한 인간에 대한 평가는 결코 쉬운 것이 아니다. 그의 삶 속에 드러난 업적과 사업도 중요하지만, 그 내면에 자리한 인격 또는 인품으로서의 사람됨은 더욱 중요하다. 더욱이 이 내면적 인품을 가늠한다는 것은 실로 어렵다. 그럼에도 이제 문헌을 통해 추파의 삶 속에 드리운 그의 인품을 가늠해 보기로 한다.

그는 어릴 때부터 단아하고 진중하며, 특히 남보다 뛰어나며, 응대(應對)하고 무릎 꿇고 절하며 온공(溫恭)스럽고 삼가하여, 보는 사람 누구나 이미 그의 비범함을 알게 되었다 한다.[52]

또한 다른 유학자들의 경우처럼 그도 부모에 대한 효성이 극진하였던 것으로 보인다. 그는 어려서 생과일을 먹어 복통으로 부모에게 걱정을 끼

51 송기섭, 〈추파 송기수의 생애와 사상〉, 《대전문화》, 第7호, 대전광역시시사편찬위원회, 1998, 149쪽.

52 《秋坡集》(重刊本), 〈秋坡先生年譜〉, 先生 5歲條.

쳤다 하여, 그 후로는 다시 생과일을 먹지 않았다 한다.[53]

그는 또 매양 닭이 울면 세수와 양치질을 하고, 관대를 매고 부모의 처소에 나아가 따뜻하고 추운가를 살펴보고, 부드러운 용모와 화한 빛으로 그 사랑과 공경을 다하니, 부모와 종족들이 그의 효를 칭찬하였다.[54] 또 그는 자신을 봉양하는 데는 매우 인색하고 부모를 봉양하고 제사지내는 데 갖춤은 극진히 하여 부족함이 없었다. 매양 기일을 당하면 재계(齋戒)한 마음과 깨끗한 생각으로 종일토록 슬퍼하여 웃지 않고, 반드시 조상이 살아 있는 듯이 정성을 다해 늙도록 소홀히 한 적이 없었다.[55] 20세 때 부친 판서공이 60세의 연로한 나이로 정부인(貞夫人)의 상을 당해 건강이 극도로 쇠약해지니, 추파는 아버지를 대신해 의약(醫藥)을 구완하여 극진히 효도하고, 때로는 하늘에 말없이 기도하기도 하였다.[56] 그 이듬해 부친의 상을 당해서는 상제(喪祭)에 관한 절차는 모두 주자의 가례(家禮)를 따르고, 여묘(廬墓)에서 3년을 지냈다.[57] 또한 45세 때 모부인이 이질로 아프게 되자, 의술에 밝은 정렴(鄭磏)과 조성(趙晟)으로 하여금 처방을 받았으며, 시탕(侍湯)함에 옷의 띠를 풀지 않고 잠을 자지도 않은 채 약을 손수 끓여 먼저 맛을 보았고, 다른 자제나 노비들에게 맡기지 않았다.[58] 그해 9월 모부인 상을 당하여 판서공 묘 앞에 장사지내고, 모든 상제(喪祭) 등 의절(儀節)에 앞서 부친의 상사 때와 같이 하고, 3년 동안 여묘(廬墓)에서 생활하였다 한다.[59] 이를 통해 그의 부모에 대한 지극한 효성을

---

53 《秋坡集》, 卷4, 附錄, 〈家狀〉.

54 같은 글.

55 같은 글.

56 《秋坡集》(重刊本), 〈秋坡先生年譜〉, 先生 20歲條.

57 같은 연보, 先生 21歲條.

58 같은 연보, 先生 45歲條.

짐작할 수 있다.

또한 추파는 개인적 수기나 임금의 성학(聖學)에 있어 경(敬)을 매우 중시하였는데,[60] 그는 이를 평소 생활화하였다. 그것은 그가 〈회잠(悔箴)〉, 〈계잠(戒箴)〉, 〈창명(囪銘)〉 등 잠명(箴銘)을 지어, 마음공부와 자기 수양의 방편으로 삼고 있는 데서도 알 수 있다.[61] 또 74세 때에는 자제로 하여금 범준(范浚)의 '심잠(心箴)', 정자(程子)의 '사물잠(四勿箴)', 주자(朱子)의 '경재잠(敬齋箴)'을 좌석 우측에 쓰게 해서 마음공부의 지침으로 삼도록 하였다.[62]

추파의 셋째 아들 송응순(宋應洵)은 〈가장(家狀)〉에서 부친의 인품을 다음과 같이 설명하고 있다.

> 부군께서는 젊었을 때부터 의용(儀容)이 단중(端重)하시고, 청수(淸秀)하심이 세속을 초월하시어, 바라보매 정인군자(正人君子)됨을 알 수 있었다. 일찍부터 사우(師友)와 더불어 의리의 학문을 강마(講磨)하여 실천함이 독실하셨다. 평생에 몸소 행하고 입신(立身)함이 장중(莊重)하고 안상(安詳)하시며, 강직방정(剛直方正)하시고 정직하셨다. 또 명예를 좋아하지 않으시어 깊이 온축하고 감추시었다. 어긋나고 괴이한 행실이나 가식적 행동을 하신 적이 없었다. 평생에 여색을 친근히 하지 않으시고, 매양 말씀하시되, "선현이 이르기를 부모가 주신 몸을 비천한 창기(娼妓)에 짝할 수 있으랴 했으니, 참으로 격언(格言)이다" 하셨다.[63]

---

59 같은 연보, 先生 45歲條.

60 같은 연보, 先生 66歲條, "是日入侍書講, 講畢啓曰, 學問雖多端, 然其中最緊要者, 敬之一字也. 敬者, 萬善總腦處而統動靜貫內外工夫也."

61 송영준, 《秋坡實記》, 농경출판사, 1997, 250~251쪽.

62 《秋坡集》(重刊本), 〈秋坡先生年譜〉, 先生 74歲條.

물론 자식의 입장에서 부모를 추앙했다는 점을 감안하더라도 추파의 훌륭한 인품을 짐작하게 한다. 단중(端重), 장중(莊重)한 용모, 의리지학(義理之學)의 강마(講磨)와 실천, 강직방정(剛直方正)한 기품(氣品), 성실한 행의(行儀), 여색에 대한 경계 등에서 그의 인품이 종합적으로 그려진다. 추파는 1581년 세상을 떠나던 해 정월 초하루 자제에게 세 가지의 유훈(遺訓)을 남겼으니, 시호(諡號)를 청하지 말 것, 서원을 건립하지 말 것, 시론(時論)에 아부하지 말 것이었다.[64] 이를 통해서도 추파의 고결한 인품을 짐작할 수 있다.

추파의 외손이었던 상촌(象村) 신흠(申欽)은 〈신도비명(神道碑銘)〉에서 추파의 인품을 다음과 같이 종합적으로 평가하고 있다.

> 중종, 인종 두 대왕이 이어서 승하하고, 간신들이 국권을 농락하여 명종 초년에 이르렀다. 선비로서 형틀을 밟지 않으면 도깨비라도 나올 것 같은 장소에 위리안치(圍籬安置)되었다. 이러한 때를 당하여 그 이름을 온전히 한 사람은 세상을 떠났거나 혹은 때로는 일어났다 때로는 주저앉아 겨우 액운을 면해 온전했던 사람들이다. 만약 정상적인 행로를 밟고 바르게 살아 명망과 실지가 아울러 높고 오복을 받아 그 지위에서 고종(考終)을 하여, 보전하기를 기하지 않고 스스로 보전했던 사람은 오직 우리 외조부 참찬공일 것이다.[65]

---

63 《秋坡集》, 卷4, 附錄, 〈家狀〉, "公自少儀容端重, 淸秀拔俗, 望之知其爲正人君子也. 早從師友, 講明義理之學, 踐履篤實, 平生行己立身, 莊重安詳, 剛方正直, 又不好名, 深自韜晦, 崖異之行, 邊幅之飾, 不設於身, 平生不近女色, 每日, 先賢云, 父母遺體, 以耦賤娼乎, 此眞格言也."

64 《秋坡集》(重刊本), 〈秋坡先生年譜〉, 先生 75歲條.

65 《秋坡集》, 卷4, 附錄, 〈神道碑銘〉, "中宗仁宗兩大王繼陟, 壬人竊國柄, 迄明廟初年, 士不蹈於刑楊接摺, 則亦荊棘魑魅爾, 當其世, 名完人者, 或長往遠逝, 以成其完, 或時起時躓, 僅得其完, 若履順居正, 望實兼隆, 享用五福, 考終于位, 不期完而自完者, 惟我外王父參贊公, 其人哉."

물론 신흠은 추파의 외손이라는 점도 있지만, 신흠의 추파에 대한 이러한 평가는 매우 적절하다고 생각된다. 그것은 무엇보다 불의의 시대, 정치적 격변기를 살아가는 유학자로서의 처세가 얼마나 어려운가를 말해주는 것이기도 하다. 추파는 비록 그러한 불의에 항거해 죽지는 못했지만, 불의의 시대라도 누군가는 해야 할 역사의 몫을 무난히 해냈다는 평가를 받을 만하다. 왜냐하면 폭군의 정치에서도 누군가는 나라를 지키고 민생을 책임져야 하기 때문이다. 난세에 명망(名望)과 실지, 명분(名分)과 실리(實利)를 아울러 갖추며 당시 국정의 중심에 서서 유학자로서, 경세가로서의 책무를 온전히 했다는 점이 평가받을 만하다. 이는 그의 문집에서 보이는 학문적 교유(交遊)의 폭을 보더라도 충분히 알 수 있다. 그는 이언적, 김안국, 이황, 이준경, 조욱, 유희춘, 김인후, 성제원, 성운, 이항, 노수신, 송인수 등 당대를 대표하는 유학자들과 영호남을 막론하고 폭넓게 교유하였음을 알 수 있다.[66] 만약 추파의 학문과 인품 그리고 처세가 기대에 미치지 못했다면 이러한 교유는 불가능했을 것이다. 다만 큰 아들 송응개(宋應漑)가 율곡을 비판하는 데 앞장서고, 이 일로 후대 당파의 와중에서 추파의 삶과 인품이 왜곡되고 오해된 측면을 간과해서는 안 될 것이다.

---

66 이는 〈湖堂修稧錄〉에 수록된 호당(湖堂) 동학(同學)들의 면면을 보아도 알 수 있으니, 최연(崔演), 임설(任說), 윤현(尹鉉), 임형수(林亨秀), 나세찬(羅世纘), 이황(李滉), 김주(金澍), 정유길(鄭惟吉), 김인후(金麟厚), 민기(閔箕), 이홍남(李洪男) 등이 있다. 특히 이황과 김인후가 호당의 동학임을 알 수 있다.

제3절 입암 민제인의 삶과 학문

1. 삶의 자취

민제인(閔齊仁; 1493, 성종 24~1549, 명종 4)은 16세기 전반 조선조 사화 시대의 유학자요 관료로서, 자(字)는 희중(希仲), 호(號)는 입암(立巖), 본관은 여흥(驪興)이다. 그가 호를 '입암(立巖)'이라 한 것은 청주 고향집에 있을 때 기괴하게 빼어난 입암(立巖)의 모습을 사랑하여 호를 삼았다 한다.[1]

민제인은 우리 학계에 생소한 인물이다. 그는 대체로 16세기 전반을 살았는데, 이 시기는 역사적으로 사화 시대에 해당한다. 무오사화(戊午士禍)가 1498년에 일어났고, 갑자사화(甲子士禍)가 1504년에 일어났고, 기묘사화(己卯士禍)가 1519년에 일어났으며, 을사사화(乙巳士禍)가 1545년에 일어났으니, 이른바 4대 사화가 모두 그의 생애 동안에 일어났다. 정치적으로는 연산 시대와 중종반정(中宗反正)을 겪고, 인종, 명종의 왕위 교체가 이어지는 정치적 혼란기를 살았다고 할 수 있다. 그와 함께 활동했던 이로는 조광조(趙光祖; 1482~1519), 서경덕(徐敬德; 1489~1546),

---

1 《국역 입암집》, 追補 2, 〈行狀〉.

이언적(李彦迪; 1491~1553), 성수침(成守琛; 1493~1564), 성운(成運; 1497~1579), 이항(李恒; 1499~1576), 조식(曹植; 1501~1572), 이황(李滉; 1501~1570) 등이 있었다.

그의 가계(家系)를 살펴보면 여흥(驪興) 민씨(閔氏)의 시조는 고려조에 중국에서 귀화하여 상의봉어(尙衣奉御)를 지낸 민칭도(閔稱道)인데, 그는 공문(孔門) 10철(哲)로서 덕행과 효성으로 유명한 민자건(閔子騫)의 후손이라고 한다. 민칭도는 고려의 사신으로 왔다가 여흥(驪興; 驪州)에 정착하여 그 후손들이 관향으로 삼게 되었다.[2]

민제인의 고조 민심언(閔審言)은 현량과(賢良科)에 천거되었는데, 세조가 선위(禪位)를 받으면서 형조참판으로 불렀으나 나아가지 않고, 동성(童城; 지금의 통진현通津縣) 향리(鄕里)에 돌아가 90여 세로 세상을 마쳤다. 증조 민충원(閔沖源)은 유일(遺逸)로 발탁되어 사헌부(司憲府) 집의(執義)에 임명되었고, 조부 민수(閔粹)는 이조정랑(吏曹正郎)으로 점필재(佔畢齋) 김종직(金宗直)과 교유(交遊)했으며 시에 능하다는 소문을 들었다. 부친 민구손(閔龜孫)은 한훤당(寒暄堂) 김굉필(金宏弼)을 사사(師事)하였고 전적(典籍)을 지냈는데, 단정하고 결백하다는 칭송이 있었다. 이처럼 양대(兩代)가 점필재, 한훤당 문하에 종유(從遊)하여 사우(師友)의 연원이 있다.[3] 이렇게 볼 때, 민제인은 조부, 부친을 통해 김종직, 김굉필의 학맥에 닿아 있음을 알 수 있다.[4]

민제인은 젊어서부터 늙도록 독서하기를 좋아하여 경서와 역사에 능

---

2 한남대 충청학연구소 편, 《여흥민씨의 인물과 유적》, 향지문화사, 2004 참조.

3 《국역 입암집》, 附錄, 宋時烈 撰, 〈神道碑銘〉, 閔鼎重 撰 〈行狀〉.

4 민제인이 김굉필에게 사사했다고도 하는데(한남대 충청학연구소, 《여흥 민씨의 인물과 유적》, 향지문화사, 2004, 60쪽), 그의 연보, 행장, 신도비명 등에는 이러한 기록이 없다.

숙하였고, 《논어》와 《맹자》를 근본으로 하였다 한다.[5] 그리하여 1513년 21세에 진사시에 합격하고, 1520년 28세에 별시 문과에 합격하였다. 그 이듬해 승문원권지부정자(承文院權知副正字)로 선발되었다가 곧 예문관검열(藝文館檢閱)로 직을 옮겼다. 1522년 30세에는 승문원(承文院) 주서(注書)로 있으면서 사건에 연루되어 광주로 귀양을 갔는데, 이 해에 찬성공(贊成公)의 상을 당했다. 이후 성균관전적(成均館典籍), 사간원정언(司諫院正言), 홍문관부교리(弘文館副校理), 사헌부장령(司憲府掌令), 성균관사성(成均館司成), 의주목사(義州牧使), 사간원대사간(司諫院大司諫), 함경남도병마절도사(咸鏡南道兵馬節度使), 평안도관찰사(平安道觀察使), 사헌부대사헌(司憲府大司憲), 의정부좌찬성(議政府左贊成), 오위도총부도총관(五衛都摠府都摠管) 등 내외 관직을 두루 역임하였다.

명종 대 가뭄이 매우 심해지고 대기근(大饑饉)이 발생하였는데, 이때 민제인은 의정부 좌찬성으로 구황(救荒)을 총괄하여 책임지는 진휼사(賑恤使)로 임명되었다. 그는 동, 서의 진제장(賑濟場)과 상평창(常平倉)을 열게 하였고,[6] 굶주린 백성들이 혜택을 입지 못하는 실상을 보고하고 군량을 풀어 진휼(賑恤)하도록 건의하였으며,[7] 심각한 피해를 입은 황해도에는 서울에 비축해 둔 경곡(京穀) 4천 석을 보내도록 건의하여 시행하는 등 큰 업적을 남기기도 하였다.[8]

그러나 1548년(명종 3년)에 안명세(安名世; 1518~1548)의 사초(史草) 문제로 삭탈관직되어 공주로 유배되었고, 그 이듬해인 1549년(명종 4년)

---

5 《국역 입암집》, 서, 6쪽.

6 《明宗實錄》, 卷73, 1월 21일(戊戌).

7 같은 책, 卷73, 2월 1일(戊申).

8 김문준, 〈입암 민제인의 생애와 사상〉, 《대전문화》, 제10호, 대전시사편찬위원회, 2001, 207~208쪽 참조.

57세를 일기로 공주 유배지에서 별세하였다. 그 후 1565년(명종 20년) 원흉 등이 복죄(伏罪)되고, 민제인의 무고가 사림의 공론으로 정해짐으로써 1568년(선조 원년) 율곡(栗谷) 등 제현들의 공의(公議)로 신원(伸寃)되고 삭훈(削勳)이 회복되기에 이르렀다.

정치적 격변기에 대처하는 지식인의 태도는 세 가지 유형으로 생각해 볼 수 있는데, 하나는 절의를 지키고 불의에 항거하는 지사형(志士型)이고, 둘째는 곡학아세(曲學阿世)하고 권세에 아부하고 가문의 영달을 꾀하는 소인배형이고, 셋째는 곡학아세는 하지 않으나 자신과 가문을 보존하면서 자신이 처한 상황에서 양심과 역할에 충실하는 현실안정형이다. 그런데 민제인의 경우는 현실안정형이라고 볼 수 있다.[9] 그는 당시 사림의 존경을 받았지만 을사사화 때 적극적으로 사류들의 희생을 막지 못한 것을 항상 부끄럽게 생각하였고, 권간(權奸)들이 안명세의 사초를 고치려 하자 이를 홀로 반대하다 결국 삭탈관직을 당하고 공주로 귀양가 생애를 마치게 되었다.

민제인의 학문과 사상을 알 수 있는 자료는 적은 편이다. 그의 문집 《입암집(立巖集)》이 있지만, 시(詩), 부(賦)가 대부분이어서 체계적인 철학사상의 면모를 알기 어렵다.[10] 《실록(實錄)》 등 주변 자료를 참고할 수밖에 없는데, 이는 아마도 그가 사변적 이론탐구보다는 내면적 자기수양과 실천을 중시한 데 기인하는 측면도 없지 않을 것이다.

그런데 근래 민제인의 《동몽선습(童蒙先習)》 초간본(初版本)이 발견되

9 같은 논문, 196쪽.

10 《立巖集》 追補 1에 〈箕子爲武王陳洪範論〉이 있으나, 짧은 글이고 또 주목할 만한 내용도 아니다. "무릇 나는 홍범(洪範)이라는 것은 기자(箕子)의 도(道)라고 하지 않고 천도(天道)라 생각하며, 그가 진술한 것도 나는 무왕(武王)을 위한 것이 아니라 천하를 위한 것이라고 생각한다"는 것이 이 글의 요점이다.

어 학계의 비상한 관심을 모으고 있다. 이 책은 본래 박세무(朴世茂)의 저술로 알려졌으나, 1981년 서지학자 안춘근(安春根)에 의해 이 책이 중종 38년(계묘癸卯, 1543년)에 평안도관찰사 민제인이 저술한 것으로 밝혀졌기 때문이다.[11] 아직도 저자에 대한 서지학계의 논란이 있으나, 유부현은 논문에서 "《동몽선습(童蒙先習)》의 저자는 박세무와 민제인이 중종 39년 이전에 공술(共述)했으며, 중종, 명종 대의 인물인 어숙권(魚叔權)이 이에 이두(吏讀)를 단 것으로 간주(看做)된다"[12]고 하였다. 이렇게 볼 때, 민제인이 《동몽선습》을 저술한 것이 사실이라면 이는 조선조 교육사연구에 매우 중요한 자료가 될 것이다. 이에 대한 학계의 전문적인 연구를 기대해 본다.

민제인에 관한 연구는 별로 이루어지지 못했는데, 김문준의 〈입암 민제인의 생애와 사상〉,[13] 남명진의 〈입암 민제인의 삶과 학행에 관한 연구〉[14]가 대표적이다. 그 밖에 《동몽선습》의 저작문제를 다룬 몇 편의 논문들이 있다.[15] 본고는 선행 연구를 참고하여 민제인의 삶에 드러난 인품과 학문 경향을 검토해 보고자 한다.

---

11 민병수, 〈입암집 해제〉, 《국역 입암집》, 여강출판사, 1989, 12쪽.

12 유부현, 〈《동몽선습》의 서지적 연구〉, 중앙대대학원(석사), 1989, 5쪽.

13 《대전문화》, 제10호, 대전시사편찬위원회, 2001.

14 남명진, 〈입암 민제인의 삶과 학행에 관한 연구〉, 《조선유학의 실천정신과 철학사상 - 여흥 민문을 중심으로-》, 한국동양철학회, 한국사교학술원, 2006.

15 류부현, 〈《동몽선습》의 서지적 연구〉, 중앙대대학원(석사), 1989.
안춘근, 《한국서지의 전개과정》, 범우사, 1994.
안춘근, 《한국고서평석》, 동화출판공사, 1986.

2. 인품과 처세

한 인간에 대한 평가는 드러난 업적을 중심으로 할 수도 있지만, 내면적인 인품에 대한 평가도 중요하다. 특히 유학의 입장에서 보면 전 생애를 통해 형성된 인격은 또 하나의 학문적 과정이라는 점에서 의미가 크다. 유학에서의 학문이란 단지 논리적인 지식의 체계만을 의미하지 않고, 삶 그 자체와 그 속에서 형성된 인품까지 일컫기 때문이다.

민제인은 사변적(思辯的)인 유학자이기보다 실천적인 유학자였다. 그는 성리(性理)를 논하는 이론가가 아니라 유학 본래의 입장에서 수기치인(修己治人)을 실천했던 유자(儒者)였다.[16] 따라서 그의 온축(蘊蓄)된 인품이 어떠하였는가를 살피는 것은 의미 있는 일이다.

민제인은 여러 자료들을 검토해 볼 때 온화하고 인후(仁厚)한 인품의 소유자로 짐작된다. 그는 온화(溫和)하고 인후(仁厚)하며 근신하여, 비록 비복(婢僕)들이라도 악한 말로 꾸짖지 않고, 그가 한 말은 실행하지 않음이 없었다고 한다.[17] 후손인 민정중(閔鼎重)은 그의 인품을 다음과 같이 묘사하고 있다.

> 공은 천성이 인후(仁厚)하고 용의(容儀)가 빼어났으며, 온화한 낯빛과 근엄한 의양(儀樣)을 지녔다. 마음은 바르게 견지하고 말은 화순(和順)하여 보는 이는 존경하지 않는 이가 없고, 그 말씀을 듣는 사람은 열복(悅服)하지 않는 자 없었다. 기개(氣慨)는 호탕하고 담력(膽力)은 남보다 뛰어났는데, 겸하여 노래와

---

16 김문준, 〈입암 민제인의 생애와 사상〉, 《대전문화》, 제10호, 대전광역시사편찬위원회, 2001, 198쪽.

17 宋時烈 撰, 〈神道碑銘〉.

사어(射御)에도 능했으며 잡예(雜藝)도 두루 통하였으니 놀라운 일이 아닐 수 없다. 그러나 겸양하고 공손한 태도로 이를 숨겨 세상에서 아는 이가 없었다.[18]

이를 통해서 볼 때, 민제인은 단순히 온화하고 인자한 것만은 아니었던 것 같다. 온화하기만 하면 위엄을 잃기 쉽다. 그런데 그는 인후(仁厚)하면서도 근엄한 의양을 지녔다는 것이다. 이는 마치 공자의 인품이 "온순하면서도 엄하였고, 위엄이 있으나 사납지 않았다"[19]는 표현과 흡사하다. 기개가 호탕하고 담력이 남보다 뛰어났다는 데서 그의 인후한 성품과 조화를 잘 이루고 있다.

그의 이렇게 온후(溫厚)하고 후덕(厚德)한 성품은 부모형제에 대한 사랑으로 나타났고, 나아가 백성에 대한 사랑으로 확충되었다.

> 그 부모를 섬기는 데는 뜻을 잘 받들어 즐겁게 하고 정성을 다해 봉양했으며, 아우 제영(齊英)과는 우애가 돈독했으며, 가난한 족인(族人)들을 구원하는 데 성심껏 하여 미치지 못하는 것 같이 하였으며, 사람을 구원하고 만물을 이롭게 함에 정성을 다했으므로, 그가 관할한 곳에서는 주민들이 감격하여 가요로 나타내는 데까지 이르렀다.[20]

이처럼 부모에 대한 효성이 극진하였고, 아우에 대한 우애가 돈독하였다. 그리고 이러한 따뜻하고 넉넉한 마음은 행정에까지 미쳐 주민들이 감격하고 이를 칭송하여 노래하는 지경까지 갔던 것이다. 이러한 그의 인품은

18 《국역 입암집》, 追補 2, 〈行狀〉.
19 《論語》, 〈述而篇〉, "子溫而厲, 威而不猛, 恭而安."
20 宋時烈 撰, 〈神道碑銘〉.

다음에서도 잘 나타나 있다.

> 집에 계실 때도 매우 훌륭한 행실이 있었다. 진작 찬성공(贊成公)을 여의고 대부인(大夫人)만을 봉양한 지 28년 동안 즐거운 마음으로 성실히 봉양하기를 하루같이 하였었다. 함경도 병마절도사로 부임할 당시 모친을 모시면서 오락기구를 성대히 펼쳐 대부인을 기쁘게 해 드리기도 하였다. 공은 동생인 민제영과 우애가 독실하였다. 그가 질병에 놓인 것을 마음 아파하면서 별장을 지어 주어 조섭을 편케 하였고, 또한 전택(田宅)을 구입해 산업을 마련해 주었는데, 지금까지 그 후손들은 이에 힘입어 생활하고 있다. 그런데 공의 자손들은 송곳 꽂을 만한 땅도 없는 형편이다. 그리고 자손이 귀한 원족(遠族)이 혼인을 때맞추어 하지 못하는 경우가 생기면 봉록을 쪼개 도와주었다. 항시 이르기를 "노복(奴僕) 역시 사람이니, 지나치게 박대해서는 안 된다"고 하면서, 자제들에게 함부로 그들을 욕하지 못하게 하였고, 심부름을 시킬 때면 모두 이름을 불렀지 이놈 저놈 하는 따위의 말을 쓰지 않았다.[21]

특히 노복(奴僕)에 대한 인격적 배려는 그의 인간적 면모를 잘 보여 주는 사례라고 할 수 있다. 그의 사랑은 가깝게는 부모로부터 형제에까지 그리고 원족(遠族)과 노복(奴僕)에게도 유감없이 발휘되었으니, 그의 후덕한 인품, 인자한 품성을 짐작할 수 있다. 다음 〈행장(行狀)〉의 글도 그의 인후한 성품을 잘 말해 주고 있다.

> 또 "공은 지성으로 사람을 대하고 물건을 아끼는 마음을 지녀, 주리고 곤궁한 사람을 보면 반드시 힘껏 구제하면서 매우 안타까워하였다. 그래서 사람들

21 《국역 입암집》, 追補 2, 〈行狀〉.

이 공의 덕을 사모하였고, 어리석은 하천(下賤)들이라도 공의 풍문을 듣고 감복하지 않는 자가 없었다. 그래서 걸인들은 때로 공이 출입할 적에 무리를 지어 수레를 에워싸곤 하였다. 그러면 공은 이들을 데리고 돌아와 그들의 주린 배를 채워 주었다 한다. 흉년이 들 때면 조정에서는 공에게 백성들의 진휼(賑恤)을 맡기었고, 공이 이를 맡아 볼 적에는 언제나 새벽에 일어나 관아로 나가 몸소 죽의 맛을 보고 그 묽기와 청결상태를 살폈다. 담당자들도 모두 공의 뜻에 부응하여 힘쓴 까닭에 생활에 도움을 받은 이가 매우 많았다. 하루는 공이 길가에서 끌려가는 시신의 두 발이 가늘게 떠는 것을 보고, 아직 생기가 있다고 판단하여 종자(從者)를 시켜 데려와 구호케 하였더니 마침내 살아났다"고 한다.[22]

이렇게 볼 때, 민제인의 온후한 인품은 걸인은 물론 죽어 가는 사람을 살리는 데까지 발휘되었다. 당시 신분사회의 한계를 고려하면 그의 이러한 애민(愛民)의식은 매우 값진 것이다. 유학에서의 왕도정치가 민본에 기초하고, 인간 본연의 인심(仁心)을 사회현실, 정치현실에 실현하는 것이라고 할 때, 그의 백성에 대한 사랑은 분명 왕도정신의 실현이라고 할 수 있다. 왕도란 성선(性善)의 정치적 실현을 의미한다. 인간은 누구나 선한 본성을 구유(具有)했고, 그 선한 본성을 가정, 사회, 국가, 세계에 실현할 때 왕도가 된다. 왕도의 근본은 선한 인간성에 있다. 치자가 측은지심(惻隱之心)을 사회, 국가, 세계에 펼치는 것이 곧 왕도다. 차마 하지 못하는 사람의 마음을 가지고 차마 하지 못하는 정치를 하는 것이 왕도다.[23]

민제인의 이러한 인품을 마침내 사림들이 추앙하게 되었고,[24] "공이

22 같은 책, 追補 2, 〈行狀〉.

23 《孟子》, 〈公孫丑〉, 上, "……以不忍人之心, 行不忍人之政, 治天下, 可運於掌上."

관서에 계실 때 오랫동안 은혜를 베풀자, 그곳 백성들이 부모처럼 받들고 노래를 지어 공의 덕을 칭송했다"고 전해 오고 있는 것이다.[25]

우암 송시열은 그의 〈신도비명(神道碑銘)〉에서 "나는 생각건대 공의 문장과 절행(節行)은 남들보다 훨씬 뛰어났으나, 만난 때가 궁박하고 막혀 대략 생각한 것이 처음의 뜻과 어긋나 숨기는 바가 되었으나, 홀로 적음(積陰) 중에서 회복하여 궁액(窮厄)과 비분(悲憤)으로 그 일생을 마쳤으니 또한 슬퍼할 만하다"[26]고 평가하였고, 사신(史臣)은 그를 평가하여 "민제인은 본래 정중한 명망이 있어 관서에 있을 적에 정무를 관대하게 하여 사람들이 인후(仁厚)한 장자(長者)라고 칭송하였는데, 이때에 이르러 세상의 평판이 더욱 중해졌다"[27]고 하였다.

이렇게 볼 때, 민제인은 사화 시대라는 격랑을 맞아 몸소 현실정치, 행정에 깊숙이 참여하면서도 유학자로서의 본령을 잃지 않고자 노력하였고, 사화 시대의 일시 처세에 대한 논란이 있기도 했지만, 우암의 평가처럼 홀로 '적음(積陰) 중에 회복하여 궁액(窮厄)과 비분(悲憤)으로 일생을 보낸' 불운(不運)의 유학자였다고 할 수 있다.

3. 학문과 정신

민제인의 전문적인 글은 보이지 않는다. 따라서 그의 철학적 논지는 찾아보기 힘들다. 그의 문집과 주변 자료들을 통해 그의 학문과 사상의 면모를 구성하는 수밖에 없다. 그 이유는 아마도 그의 이력에서 보듯이

24 《국역 입암집》, 附錄, 宋時烈 撰, 〈神道碑銘〉.
25 같은 책, 追補 2, 〈行狀〉.
26 宋時烈 撰, 〈神道碑銘〉.
27 《국역 입암집》, 補遺, 〈附 史草 13條〉.

평생 관직에 있으면서 현실정치와 행정에 깊숙이 참여했던 데서 연유하는 것이라고 생각된다. 그가 현실 행정과 정치에 분주해서 그런 측면도 있을 것이고 아예 사변적인 유학에 대해 무관심한 측면도 있을 것이다. 또한 그의 문집을 통해서 보아도 알 수 있듯이 시(詩), 부(賦)에 능하여 일찍부터 문학적 자질을 높이 평가받았고,[28] 또 문집에서도 많은 문학작품을 남기고 있는 것으로 보아, 사장유(詞章儒)로서의 입장에서 철학 이론을 의도적으로 꺼린 것이 아닌가 생각되기도 한다. 이렇게 볼 때, 민제인은 순정(醇正)한 유학자로서의 '산림유(山林儒)' 이기보다는 현실정치에 적극 참여했던 '묘당유(廟堂儒)' 라고 평가되며,[29] 또 철학적 관심보다는 문학적 취향이 많았던 사장유(詞章儒)가 아닌가 짐작된다.

더욱이 그가 활동했던 16세기 전반은 조선유학사에서 정암(靜庵)의 도학(道學) 시대에서 화담(花潭), 회재(晦齋) 등을 통해 16세기 성리학의 전성기를 준비하는 시기였다. 이 시기의 전반적인 사상적 흐름은 성리학의 시대라고 말할 수 있지만, 사화 시대를 맞아 현실정치에서 벗어나 '은거자수(隱居自守) 성현자기(聖賢自期)' 의 도학군자풍(道學君子風)이 성수침(成守琛), 성운(成運), 조식(曹植), 이항(李恒), 서경덕(徐敬德), 조욱(趙昱), 성제원(成悌元) 등을 통해 조성되는 시기이기도 했다.[30]

민제인은 앞서 살펴본 대로 가학적(家學的) 연원으로 보면 조부 민수

---

28 〈행장〉에 의하면 용재(容齋) 이행(李荇)은 문장에 대해 좀처럼 허여하지 않았지만, 단지 민제인만큼은 높이 인정했으며, 정사룡(鄭士龍), 소세양(蘇世讓) 같은 문장가들도 그를 높이 평가했다 한다.

29 김충열은 선비의 유형을 '산림유(山林儒)' 와 '묘당유(廟堂儒)' 로 구분하고, 현실 정치세계에 나아가 백성을 다스리는 이를 묘당유라 하였고, 진리의 편에 서서 대도(大道)를 밝히고 현실정치를 비판하는 이를 산림유라 하였다. (《유가의 윤리》, 배영사, 1983, 85쪽)

30 김충열, 〈우율사칠논변평의〉, 《성우계사상연구논총》, 우계문화재단, 1991, 16쪽.

(閔粹)는 김종직(金宗直)과 교유하였고, 부친 민구손(閔龜孫)은 김굉필(金宏弼)을 사사(師事)했으므로, 이른바 김종직(金宗直)-김굉필(金宏弼)과, 정여창(鄭汝昌)-조광조(趙光祖)의 학맥에 닿아 있다고 볼 수 있다. 도학적 측면에서 보면 이론적 탐구보다는 내면적 자기 수양이 중요하다고 볼 때 그의 저술 부족을 이해할 수 있다. 실제로 위의 성수침, 성운, 조식, 서경덕, 성제원, 조욱 등은 모두가 성리의 이론적 탐구보다는 내면적 자기 수양과 실천을 더욱 중시하여 문집이 소략한 것이 특징이다.

이제 제한된 자료를 통해 그의 학문과 사상의 자취를 검토해 보기로 하자. 우선 그의 문집을 통해서 볼 때 그의 철학적인 자취는 매우 미흡하다. 단적으로 존재 문제나 윤리 문제나 경세 문제를 본격적으로 다룬 글이 없다. 다만 〈대덕돈화부(大德敦化賦)〉라는 다음 문학작품 속에서 그의 우주자연에 대한 소박한 견해 그리고 《중용》에 대한 이해를 엿볼 수 있는데 이를 검토해 보기로 하자.

> 아득히 먼 원시(元始)를 보아 대화(大化)의 근본을 구하니, 위로는 크고 커 틈이 없고, 아래로는 아득하고 아득하여 끝이 없네. 심오한 음양오행(陰陽五行)이 묘합(妙合)하고 만상(萬像)을 함축해 혼륜(渾淪)하니, 이는 태극(太極)이 바로 조화(造化)의 근원이 됨이다. 지극한 덕이 그 가운데 엉기어 넓고 넓어 성대하고 빽빽하게 섞여 융합하네. 묘(妙)는 깊고 멀어 쉬지 않고, 이에 끝없이 흘러내려 천하의 만물을 가득히 채우니, 만물이 무엇이든 리(理)를 근본으로 삼지 않음이 있으리오.
>
> 어지럽게 새는 날고 물고기는 뛰며, 혹은 꿈틀거리며 살고 혹은 엎드려 살기도 하네. 해와 별은 찬란하게 비추어 주고, 내와 산은 흐르고 솟아 있는 곳이 정해져 있네. 바람과 우레 움직여 비를 내리고, 음양오행의 묘는 같이 행하여 어긋나지 않으며, 변화됨이 다함이 없고 이미 도타와, 근원은 그 큼을 헤아릴 수 없

으나, 만 가지 다른 것이 한 근본임을 보아 천인(天人)이 서로 통함을 깨달았네. 어찌 성인의 온전한 덕이 하늘과 간격이 없다 하리오. 중(中)이 자리를 이뤄 천지에 짝하니, 이는 정(靜)을 주로 삼아 표준을 세운 것이네. 굳세게 중(中)을 밟고 정위(正位)에 거(居)하여, 묵묵히 위로는 자연의 이치를 본받고, 아래로는 일정한 이치를 따른 것이네. 대본(大本)을 마음에 세우고 변화를 낳아 쉬지 않음이 많네…….

비록 체(體)는 소리와 냄새에 숨었으나, 도(道)는 고기와 솔개로 나타나서, 교화는 광대함보다 더 큼이 없고, 덕은 심원(深遠)함보다 더 큼이 없으니, 이 공부자(孔夫子)가 높이 뛰어난 것이네. 태극(太極)의 혼연(渾然)함에 나아가면 하늘은 고명(高明)한데 그치고, 땅은 넓고 두터움에 편벽되어, 모두 덮어 주시고 실어 주며 체용(體用)을 겸했으니, 오직 지극히 지성(至誠)이라야 유구할 수 있네. 아름다운 성인의 마음이여, 실로 이 리(理)가 붙여져 있는 곳이네. 이미 그 덕이 지극히 큼으로 그 감화한 것이 넓은 것이네. 아! 성인은 멀어지고 도는 없어져 백성이 능히 중용을 지키지 못한 지 오래다. 한갓 자연히 화(化)한 것만 볼 뿐이니, 어찌 근본을 만물의 비롯됨에서 구하는 것을 알리요. 천인(天人)을 둘로 나누어 보니, 또 누가 그 덕이 같음을 알리오.

생각건대 나는 식견(識見)이 우매(愚昧)하니 어찌 천도(天道)를 감히 헤아리리오. 오직 스스로 밝은 것은 성(誠)이라는 실로 옛 가르침이 귀에 가득하니, 고요히 몸에 돌이켜 잠시도 잊지 않으면 거의 속이지 않고 스스로 강해질 것이다. 그래서 이렇게 말한다. "고요하고 조짐이 없는 곳에 이기(理氣)가 모이고, 혼연하여 아직 나뉘어지지 않는 곳에 형상이 갖추어 지는 것이다. 심원(深遠)한 한 근원은 무궁한 데서 나오고, 순일하게 하기를 그만두지 않으면 삼재(三才)의 덕(德)이 똑같으니, 온갖 물건이 수없이 많으나 모두 내 마음속에 있으며, 한 근본으로 혼합되었으니 구하면 여기에 있다. 밝히어(明) 성(誠)함은 사람이 다 할 수 있으니, 공부자의 자연은 한 태극(太極)일 뿐이다.[31]

이 글은 《중용》을 근거로 '대덕돈화(大德敦化)'에 대해 논한 글인데, 이 글 속에서 그의 우주자연에 대한 소박한 견해를 엿볼 수 있다. 그는 "음양오행(陰陽五行)이 묘합(妙合)하고 만상(萬象)을 함축해 혼륜(渾淪)하니, 이는 태극(太極)이 바로 조화의 근원이 됨이다"라고 하였다. 여기에서 그는 이 세계가 태극과 음양오행이 어우러진 세계임을 말하고, 조화의 근원이 바로 태극이라고 보았다. 아울러 만물은 무엇이든지 리(理)를 근본으로 삼지 않는 것이 없다고 하여, 우주자연, 만사만물의 생성변화에서 태극(太極; 理)이 근본이 됨을 분명히 하였다. 이는 그의 존재론적 지평이 전통적인 이기이원론(理氣二元論)에 바탕을 두고 리의 본원성을 인정하고 있음을 의미한다. 음양오행은 곧 기(氣)요 태극은 리(理)라고 볼 때, 이기묘합(理氣妙合)의 세계관을 묘사한 것이다.

그는 또 현상세계를 다양하게 설명한다. 하늘에서 새가 날고, 연못에서는 물고기가 뛰며, 해와 별이 찬란하게 비추고, 내와 산이 솟아 있고, 바람과 우레가 움직여 비를 내리는 모든 것이 음양오행의 오묘한 작용이라고 하였다. 그리고 이러한 변화는 무궁하다고 하면서, 만 가지로 다른 것이 한 근본임을 보아, 천인이 서로 상통함을 알 수 있다 하였다. 이는

---

31 《국역 입암집》, 卷6, 〈大德敦化賦〉, "至德凝乎其中, 廓巍蕩而盛大, 鬱磅礴而沖融. 妙於穆而不已, 斯流出之無窮, 盈天下萬物, 夫孰不本於是理. 紛羽騰而鱗躍, 或蠕生而蟄起. 日星粲其照臨, 川嶽奠而流峙. 風雷動兮雲雨施, 妙並行而不悖, 化不窮而旣敦, 根莫測夫其, 大觀萬殊之一本, 悟天人之交貫. 豈聖人之全德, 而與天其無間. 中成位而配兩, 乃主靜而立極. 蹇蹈中而居正, 默上律而下襲. 立大本於方寸, 芸生化之不息 …… 體雖隱於聲臭, 道自著於魚鳶, 化莫大於浩浩, 德莫弘於淵淵, 期夫子之卓爾. 卽太極之渾然, 天固止於高明, 地亦偏於博厚, 該覆載而兼體用, 唯至誠爲能悠久. 懿聖人之方寸, 實斯理之所寓. 旣其德之至大, 故闢化之斯溥. 噫! 聖遠而道喪, 民鮮能之久矣. 徒觀化之自然, 孰求本於物始. 分天人而兩看, 又孰知其同德. 顧余識之愚昧, 何天道之敢測? 惟自明而誠之, 寔古訓之洋洋, 靜反身而服膺, 庶不欺而自强. 係曰, 冲然無眹理氣聚兮, 渾然未祛形衆具兮. 於穆一元出無窮兮, 純亦不已德三同兮, 萬類芸芸吾度內兮, 一本混混求斯在兮. 明以誠矣人可得兮, 夫子自然一太極兮."

유학에서의 체용일원(體用一源)과 이일분수(理一分殊)를 말하면서, 천인합일(天人合一)의 의미를 겸하여 설명한 것이라 할 수 있다. 삼라만상이 다양하게 전개되지만, 그 근본은 하나로 돌아간다. 다양한 사물의 전개는 음양오행 즉 기의 소위(所爲)지만, 만사만물이 궁극적으로 하나임은 리에 근본을 둔다. 물론 리의 측면에서도 이일분수(理一分殊)를 말할 수 있고, 기의 측면에서도 기일분수(氣一分殊)를 말할 수 있는데, 여기에서는 이일분수(理一分殊)의 차원에서 한 말이다.

또한 그는 "고요하고 조짐이 없는 때에 이기(理氣)가 모이는 것이요, 혼연하여 아직 나눠어지지 않는 때에 형상이 갖추어지는 것이다"라고 하였는데, 전자는 본체상에서의 이기묘합(理氣妙合)을 말한 것이고, 후자는 현상적 측면에서의 언표라고 할 수 있다.

민제인은 이 글에서 주정(主靜), 중(中), 대본(大本)에 입각한 성인의 덕을 강조하고, 다른 한편으로는 지성(至誠)의 공능을 강조하면서, 성인의 덕이 천도(天道)와 합일하는 것임을 말하였다. 이러한 그의 설명은 이 글이 '대덕돈화(大德敦化)'를 주제로 한 것이라는 데 연유하는 것이기도 하지만, 이를 통해 그의 《중용》에 대한 깊은 이해를 짐작할 수 있다.

다음은 그의 의리적 언행과 경세관을 살펴보기로 하자. 그는 조광조(趙光祖)를 매우 존경하였고, 그의 죽음을 안타까워하며 그의 신원(伸寃)을 위해 적극 노력하였다. 중종을 도와 지치(至治)를 실현하고자 했던 조광조(趙光祖)는 민제인의 11년 선배가 된다. 그러나 정암은 기묘사화(己卯士禍)로 38세의 젊은 나이에 자신보다도 먼저 억울한 죽음을 당하였다. 앞에서 언급한 대로 민제인의 가학적(家學的) 연원으로 보면 조광조와 학연(學緣)을 함께한다. 그의 조부가 김종직과 교유(交遊)했고, 부친이 김굉필을 사사(師事)했기 때문이다. 이러한 가학적 연원은 그에게도 영향이 적지 않았을 것으로 짐작된다. 물론 을사사화 때의 애매한 처신이 비판의 대상이 되기도 하지만, 회재(晦齋) 이언적(李彦迪)과 같은 경우라고 볼 수 있다. 자신의 전 생애가 사화 시대였던 그에게 현실참여와 의리의 실천은 매우 어려운 과제였다고 생각된다. 더욱이 평생을 관직에 참여했던 그에게 의리적 처신은 쉽지 않았을 것이다. 그럼에도 현실참여 속에서 유학자로서의 의리를 지키고 정도(正道)를 걷는 모습을 볼 수 있다.

송시열은 그의 〈신도비명(神道碑銘)〉에서 "기묘사화 이후로 사람들이 모두 조정암(趙靜庵)과 그 제현(諸賢)들에 대해 말하기를 꺼렸으나, 공은 성심으로 추모하여 일찍이 대사헌으로 있으면서 마침내 원통함을 씻고 관직을 회복하도록 청했으니, 정도가 소멸된 뒤로 이 일을 말한 사람은 공보다 먼저 한 사람이 없었다"[32]고 평가하였다. 이는 민제인이 올린 〈헌부차자(憲府箚子)〉에 잘 나타나 있는데 그 내용을 보자. 그는 차자에서 말하기를 조광조는 선조(先朝)에 마음을 다하여 스스로 도를 행해 세상을 구제함이 천 년에 한 번 있는 때라 여기고, 분연히 용기를 내어 다른 것을 돌아볼 겨를이 없었다 한다. 그래서 당시의 사림들이 일치하여 높이고 숭상했는데, 음험하고 간사한 무리들이 시샘하고 미워하여 청류(淸流)의 괴수(魁首)라 지목해 극형에 처하게 했으니 그 화가 참혹하였다고 술회하였다. 그리고 조광조의 충정(忠正)으로 마침내 그 학덕을 다하지 못하고 뜻을 품은 채 죽게 된 것을, 오직 그 당시에만 모두 애석하게 여긴 것이 아니고 지금까지도 듣는 사람은 억울하게 여기지 않는 사람이 없다고 통탄하였다.[33] 아울러 조광조 등은 선조에 충성을 다하여 항상 세상의 도의(道義)가 비하(卑下)됨을 염려하고, 개연(慨然)히 삼대(三代)의 정치를 만회하는 것으로 책임을 삼고, 삼가 동지들을 거느리고 평생도록 쌓은 바를

32 宋時烈 撰, 〈神道碑銘〉.

33 《국역 입암집》, 補遺, 〈憲府箚子, 又〉.

다하여, 다시 오늘날에 옛날의 왕도정치가 실현되기를 바랐는데, 불행하게도 본받고 사모하는 무리들이 점점 과격한 풍습을 이루니, 조광조가 진실로 걱정했으나 또한 금지시킬 수 없었고, 당시 중도에 지나친 실수도 있었다고 하였다. 그러나 그 마음을 추구해 보면 일월과 빛을 다툰다 해도 옳다 하고, 이것으로 관찰해 보면 조광조의 충정은 온 나라사람들이 다 같이 좋아한 것이며, 공론이 있는 바라고 추앙하였다.[34]
이와 같이 민제인은 가정의 훈도를 입어 유자(儒者)로의 바른 의리를 연마하여 항상 조정암과 같은 어진 이들의 곧은 논의를 사모하면서, 지난날 조정암의 발탁으로 벼슬길에 나간 것을 우러러 감사하였다. 기묘년에 사화가 일어나자 모든 사람들은 화가 두려워 조심했지만, 민제인은 홀로 정성껏 존신(尊信)하면서 늙어서까지 그 마음이 기울어지지 않았다. 그 때문에 간흉(奸兇)들이 죄를 주려고 말을 꾸몄는데, 즉 "민모(閔某)는 항상 기묘(己卯) 때의 인물들을 존모(尊慕)했던 까닭에 사류(士類)들로부터 중망(衆望)을 받았다" 하였고, 민제인의 문집 서문에도 "선을 즐겨하고 선비를 사랑하였으며 늘 기묘의 어진 이들을 사모하니, 당시 동료들이 공을 따르면서 모두들 위인이라 추숭(推崇)하였다"고 했는데, 모두가 실지를 기록한 것이라고 하였다.[35]

민제인의 조광조를 향한 존경, 그에 대한 추모, 기묘제현(己卯諸賢)에 대한 존모(尊慕) 등을 볼 때 그의 학풍과 입장이 잘 드러난다. 더욱이 당시 사화 시대의 현장에서 언로(言路)가 막히고 정론(正論)이 설 수 없는 상황에서, 대사헌의 신분으로 가장 먼저 정암(靜庵)의 신원(伸寃)과 명예회복을 주장한 것은 참으로 용기 있는 결단으로 높이 평가할 만하다.

---

34 같은 책, 補遺, 〈憲府箚子〉.

35 같은 책, 追補 2, 〈行狀〉.

그는 또 계(啓)를 올려 간흉(奸凶) 윤원로(尹元老)의 처벌을 주청(奏請)하였는데 그 내용은 다음과 같다.

윤원로(尹元老)는 본래 음흉하고 간사하여 속이는 사람입니다. 그가 선조(先朝) 때에 교묘하게 배반하는 말을 꾸며 양궁(兩宮)을 이간시키고 인심을 의심하게 하며 조정에서도 두려워했으니, 이는 실로 종사(宗社)의 적이요 선왕에게 죄지은 사람입니다. 그가 궁금(宮禁)을 빙자하여 한 쥐나 여우 같은 짓과 귀신과 물여우 같은 형상은 상께서도 어찌 모르시겠습니까? 죄악이 이미 극심하니 비록 지친(至親)이라 할지라도 용서할 수 없습니다. 바라건대 속히 먼 곳으로 귀양 보내어 종사를 편안하게 하소서.[36]

이와 같이 당시 윤원형(尹元衡)과 함께 간흉(奸凶)으로 지탄의 대상이 되었던 윤원로의 처벌을 주장하였으니, 이 또한 용기 있는 행동이었다고 할 수 있다.

또한 민제인은 권간(權奸)들이 사관(史官) 안명세(安名世)의 사초(史草)를 고치려 하자, 이를 반대하다가 결국 공주로 유배되었는데, 이를 통해 그의 강직한 의리를 볼 수 있다. 민정중(閔鼎重)은 〈행장(行狀)〉에서 이에 관해 다음과 같이 기술하고 있다.

무신년(戊申年)에 사관 안명세(安名世)가 시사(時事)를 직서(直書)한 이유로 형을 받은 적이 있다. 권간(權奸)들이 안명세의 사기(史記)를 고치려고 논의하기에 공이 "안명세의 사필(史筆)은 개변(改變)할 수 없다"고 건언(建言)하자, 권간들이 공을 논박하기를 "그는 역적을 치죄(治罪)할 때마다 계속하여 그들을

36 같은 책, 補遺, 〈請尹元老竄啓〉.

구원하였고, 또 명세가 역적을 비호한 곡필(曲筆)을 고칠 수 없다고 공공연히 발언하여 사특한 여론을 부추기며 사람들의 귀를 현혹시켰습니다. 그리하여 사람들도 좇고 있으니 공훈을 깎고 관작을 추탈(追奪)하소서" 하자, 공은 곧바로 공주 유성의 향리로 돌아갔다.[37]

을사사화의 전말(顚末)을 기록한 안명세의 사초가 자신들에게 불리하다 하여 간흉들이 이를 고치려 하자, 민제인 홀로 그 불가함을 주장하며 정론을 펴다 1548년(명종 3년) 관훈(官勳)을 삭탈당하고 공주로 유배되어 이곳에서 생애를 마치게 되었던 것이다.
그가 세상을 떠나고 1565년(명종 20년) 원흉(元凶)들이 마침내 죄를 자복하고 공론(公論)이 다시 진작되었으며, 1568년(선조 원년) 율곡(栗谷) 등 제현(諸賢)들의 공의(公議)로 그 출척(黜陟)이 명백하게 밝혀져 관작(官爵)이 다시 회복되었던 것이다. 이를 통해서 볼 때 그가 비록 평생 내외 관직에 오래 머물렀지만 사화 시대의 여건에서도 정도를 걷고자 하였고, 대의(大義)를 망각하지 않아 사림의 추앙을 받았음을 알 수 있다.

끝으로 그는 '인검(仁儉)' 두 글자를 제왕의 수기(修己) 덕목으로 강조하였는데, 이는 여러 곳에서 공통적으로 강조되고 있다. 그는 경연(經筵) 주사(奏事)에서 다음과 같이 '인검(仁儉)'의 중요성을 말하였다.

요즈음 재변이 잇달아 상께서 두려워하며 수양하고 반성하는 뜻이 다하지 않음이 없습니다. 그러나 수양하고 반성하는 방법은 그 근본이 단지 '인검(仁儉)' 두 글자에 있습니다. 또 인군의 덕을 닦는 방법도 진실로 한 가지만이 아닙니다. 송나라 사마광(司馬光)은 '인명무(仁明武)' 세 글자로 임금에게 행하도

37 같은 책, 閔鼎重 撰 〈行狀〉.

> 록 권면했으니, 인(仁)이란 임금의 덕에 머리가 되니, 상께서 먼저 그 인(仁)을 행하시고 또 검소한 데 힘쓰면, 그 하늘을 공경하고 백성을 절약하게 하는 방법을 거의 얻은 것입니다. 요즈음의 폐습은 사치와 탐욕하는 풍습이 날로 일어나는 것이니, 때문에 특별히 검자(儉字)로 감히 아뢰오니, 항상 인후(仁厚)함으로 마음을 삼으면 온 나라의 복이 될 것입니다.[38]

여기에서 그가 말하는 인검(仁儉)이란 인후(仁厚)와 검소(儉素)를 말한다. 즉 인후(仁厚)란 어질고 두터운 인정을 베풀어야 한다는 말이요, 검소(儉素)란 사치의 폐습을 고쳐 검약하는 기풍을 진작해야 한다는 말이다. 임금의 입장에서 백성을 사랑하는 어진 마음을 갖게 되면 자연 사치할 수 없고 검소한 생활을 할 수 있다는 것이다. 따라서 인후(仁厚)와 검소(儉素)는 하나로 연결되는 것이다.

그는 〈옥당차자(玉堂箚子)〉에서 "엎드려 원하옵건대, 전하께서는 총애함을 절제하시고 궁중을 청신(清新)하게 하시며, 검소한 덕을 숭상하고 실상 있는 은혜를 힘쓰시어, 위로는 하늘의 책망을 답하시고 아래로는 민심을 위로하소서"[39]라고 하였다. 그리고 〈연중주사(筵中奏事)〉에서도 다음과 같이 검소와 인후의 민본행정을 할 것을 주청하였다.

> 근래 해마다 흉년이 들어 백성들이 극히 궁핍하여 떠돌아다니며 살 곳을 잃고 스스로 보존하지 못하여, 더러는 중이 되고 도적도 되어 군액(軍額)이 날로 줄어드니, 만일 뜻하지 않은 변방의 틈이라도 생기면 어찌 하시겠습니까? 상께서 백성들의 일을 측은하게 생각하시기 때문에 이미 지난해의 환상(還上)[40]을

---

38 같은 책, 補遺, 〈筵中奏事, 又〉.

39 같은 책, 補遺, 〈玉堂箚子〉.

징수하지 말도록 명하시고, 또 공물과 세금을 감하도록 명하셨으니, 백성을 사랑하는 정성은 진실로 큽니다. 그런데도 백성이 혜택을 받지 못하는 것은 무슨 까닭입니까? 백성들이 고생하는 것은 저와 같은데, 서울 안의 대소의 조관(朝官)과 서민들에 이르기까지 집과 의복과 음식의 사치함은 점점 전보다 갑절이나 더하여 폐습이 이미 이루어졌으니, 만약 그 폐습을 바로잡으려면 상께서 몸소 행하는 실상이 있어야 합니다. 3대 이후로는 오직 한(漢)나라의 문제(文帝)가 몸소 절약하고 검소함을 행하였으므로 온 세상의 살림이 넉넉해졌습니다. 상께서 몸소 절약하고 검소함을 잘 행하여 한결같이 지성으로 하시면, 조정에서도 따라서 받들며 검소함을 숭상하지 않는 이가 없어, 아래 백성들은 자연히 보고 느낌이 있을 것입니다. 이렇게 되면 백성들의 고생도 거의 조금은 구제가 될 것입니다.[41]

이와 같이 조정이 검소와 절약의 모범이 된다면 백성들은 자연히 따르게 되고, 백성들의 어려움도 어느 정도 나아질 것이라고 하였다.

또한 그는 인심의 안정, 민심의 안정을 위해서는 무엇보다 인후(仁厚)한 정치가 중요하다 하고, 정치권력의 따뜻한 시혜와 관대한 행정을 주문하였다.[42] 심지어 근래 기강이 해이하니 마땅히 위엄과 형벌로 기강을 세워야 한다고 하면서도, 인후한 덕으로 근본을 삼는 것이 마땅하다 하였다. 이렇게 하면 조정과 사방이 모두 감복하여 인심이 마침내 진정될 것이라 하였다.[43] 이는 유가의 인정(仁政), 불인인지정(不忍人之政)을 말하는 것으로 왕도(王道)에 상응하는 것이라 할 수 있다.

---

40 춘궁기에 백성에게 대여한 곡물을 추수 후에 일정한 이자를 붙여 징수하는 제도.

41 《국역 입암집》, 補遺, 〈筵中奏事, 又〉.

42 같은 책, 補遺, 〈筵中奏事, 又〉.

43 같은 책, 補遺, 〈筵中奏事, 又〉.

민제인 역시 유학자로서 갖는 우환(憂患)의식이 투철하였다. 그는 임금을 향한 사랑과 시대를 걱정하는 마음을 하루라도 잊은 적이 없었다.[44] 《중종실록(中宗實錄)》에서 그는 당시 민생의 참상을 다음과 보고하고 있다.

> 백성들은 조세도 아직 또는 못했는데 부역의 독촉이 성화 같아서, 부유한 자는 가축을 팔고 가난한 자는 전답과 집을 팝니다. 그리하여 아비는 자식을 기를 수 없고 남편은 아내를 거느릴 수 없으며, 건장한 자는 사방으로 흩어져 중이나 도둑이 되며, 늙거나 어려 자기 힘으로 살아갈 수 없는 자는 도로에서 부둥켜안고 구렁으로 구릅니다.[45]

공물(貢物), 진상(進上), 군역(軍役) 등 조세제도의 난맥상으로 백성들이 겪고 있는 고통과 불편, 그리고 이로 말미암아 가정이 해체되어 가족들이 이산(離散)하는 참상을 적나라하게 표현하고 있다. 앞에서 말한 대로 그는 매우 인후(仁厚)한 인품의 소유자로 알려졌거니와, 정치에서도 인후의 덕을 강조하였는데, 이는 구체적으로 백성의 생계를 책임지고 국가의 안녕을 정책적으로 구현하는 데 있다. 말과 이론이 아니라 행정과 정치를 통해 백성들의 고통과 불편을 해결해 주고, 의식주를 해결해 주는 것이 인정(仁政)의 요체였던 것이다. 이런 점에서 그는 평생 내외 관직을 두루 역임한 전형적인 묘당유(廟堂儒)였지만, 유학 본래의 의리와 왕도를 현실정치에 실현하고자 노력한 자취를 알 수 있다.

---

44 宋時烈 撰, 〈神道碑銘〉.

45 《중종실록》, 卷87, 33년 2월 29일(계유).

제2장

율곡학파의 학문과 사상

제1절 사계 김장생의 학문연원과 예학

1. '성리학에서 예학으로'의 관심전환

사계(沙溪) 김장생(金長生; 1548~1631)은 율곡학파의 적전(嫡傳)이다. 사계의 유학사적 공헌은 무엇보다 17세기 이후 조선유학의 방향을 '성리학에서 예학으로' 전환한 것이라 할 수 있다. 물론 사계가 성리학을 완전히 배제한 것은 아니지만, 이는 한국유학사에서 매우 중요한 일임에 틀림없다. 그러므로 임진왜란 이후부터 실학이 대두되기 이전 약 백여 년을 예학의 시대로 규정하는 것이다.[1] 예학이 융성하게 된 첫 번째 배경은 성리학의 심화과정에서 예의 의식적이고 자율적인 준행(遵行)을 강조하는 추세로 나타난 것이고, 또 하나는 임진왜란과 병자호란의 결과 기존의 사회질서는 물론 가치와 윤리의식이 혼란에 빠져 윤리강상의 재건이 필요했기 때문이다.[2] 전자는 사상적 배경이 되고 후자는 역사적 배경이 된다. 즉 17세기에 이르러 예학이 하나의 시대사상으로 흐름을 갖게 된 것은 무엇보다 성리학과의 표리관계에서 찾을 수 있다. 본래 성리학은 예학의 철

---

1 이병도, 《한국유학사》, 아세아문화사, 1987, 296쪽.

2 같은 책, 297쪽.

학적 근거가 되고, 예학은 성리학의 외재적(外在的) 실현에 그 목적이 있다. 예의 원리는 의리를 밝히는 데 있고, 의리를 탐구하려면 성리학에 조예가 깊고 논리가 정밀하지 않으면 안 된다. 따라서 궁리(窮理)의 학으로서 성리학을 연구하고 천리(踐履)의 학으로 예를 연구하게 된다.[3] 이처럼 성리학과 예학은 상호 내외표리의 관계가 되어 어느 하나도 폐할 수 없다. 16세기 성리학의 발달은 필연적으로 예의 의식적이고 자율적인 실천을 요청하지 않을 수 없었다. 결국 17세기 예학의 대두는 16세기 성리학 시대의 뒤를 이은 자연한 현상이라고 볼 수 있다.

또한 예학 시대 도래의 역사적 배경은 임진왜란 이후 조선조가 처한 현실적 상황에서 찾을 수 있다. 즉 임진왜란, 정묘호란, 병자호란과 같은 외침을 당하였고, 당쟁의 심화, 이괄의 난, 임꺽정의 난, 광해군의 패륜, 인조반정 등 정치, 사회적인 혼란과 가뭄, 기근, 질병 등으로 말미암은 민생의 궁핍현상은 미증유의 국가적 위기였다. 이러한 현실에서 개인과 가정, 사회, 국가의 윤리질서가 급격히 혼란을 맞게 되었고, 가치관에서도 엄청난 변화를 수반하고 있었다. 이에 새로운 시대를 위한 질서의 재편과 윤리의 확립이 절실히 요청되었다. 따라서 임란과 호란을 전후하여 전국 곳곳에 향안(鄕案)과 향약(鄕約) 및 동약(洞約)이 일반화되었고[4] 서원이 급증했다는 데에서[5] 윤리재건을 위한 당시 지식층의 자구적(自救的)인 노력과 윤리의식의 사회화 경향을 충분히 엿볼 수 있다.[6]

---

3 유승국, 〈사계, 신독재전서 해제〉, 《사계, 신독재전서》, 상, 광산김씨문원공염수재, 1978.

4 김인걸, 〈조선후기 향안의 성격변화와 재지사족〉, 《김철준박사화갑기념사학논총》, 지식산업사, 1983, 337~547쪽 참조.

5 정만조, 〈17~18세기의 서원, 사우에 대한 시론〉, 《한국사론》, 2집, 1975.

6 한기범, 〈사계 김장생과 신독재 김집의 예학사상 연구〉, 충남대대학원(박사), 1991, 47쪽.

그러면 사계의 관심이 성리학에서 예학으로 변화된 것은 어떤 배경에서 가능했던 것일까? 물론 사계의 경우도 위에서 지적한 두 가지의 사상적, 역사적 배경을 적용할 수 있다. 그럼에도, 사계의 관심이 성리학에서 예학으로 전환된 배경을 생각하지 않을 수 없다. 대체로 이제까지의 학계 시각은 위와 같은 관점에서 크게 벗어나지 않았다. 그런데 사계의 경우 성리학에서 예학으로의 전환은 역사적 배경보다는 성리학에 충실한 나머지 도학적 사명감에서 비롯된 면이 더 컸던 것으로 생각된다.

사계는 13세 때 구봉(龜峰) 송익필(宋翼弼; 1534~1599)의 문하에 들어가 사서(四書)와 《근사록(近思錄)》을 통해 성리학을 배웠고,[7] 또한 예학의 기초적인 공부를 했다. 사계는 《가례집람(家禮輯覽)》 서문에서 "내가 어려서부터 《가례(家禮)》를 받아 읽었는데 능히 밝게 알지 못함을 병으로 여겨, 친우 신의경(申義慶)과 몇 해 동안 강론하고 또 사문(師門)에 나아가 질정(質正)하여 드디어 그 대략을 알게 되었다"[8]고 하였다. 이를 통해서 볼 때, 사계는 어려서부터 예학에 남다른 관심을 가졌고, 예학에 조예가 깊었던 구봉의 문하에서 예학에 대한 관심과 열정은 더욱 고조되었다. 특히 그는 어려서 《가례》를 받아 공부를 하면서도 그 의미를 제대로 이해하지 못함을 근심하여, 친우인 신의경과 함께 오랫동안 강론하고 또 스승인 구봉에게 질문하고 다른 유학자들과 학문적으로 교류하여 그 대체를 이해하게 되었다 한다.

이렇게 볼 때, 사계의 예학에 대한 관심의 전환은 일차적으로 사계 자신의 예학적 필요와 깊은 탐구열에서 비롯되었다. 이는 그의 생애에서 예

7 《沙溪年譜》, 13歲時, "十二月, 服闋, 從學于宋龜峰先生 …… 至是從龜峰, 受四子近思錄等書, 專心探究, 不懈益勤, 學日益進."

8 《沙溪遺稿》, 卷5, 〈家禮輯覽序〉, "余自幼受讀家禮, 嘗病其未能通曉, 旣而從友人申生義慶, 與之講論, 積有年紀, 又就正于師門, 遂粗得其梗概."

학에 대한 탐구가 초년부터 만년에 이르기까지 일관되어 있음에서도 입증되는 바 있다. 그의 나이 36세 때(1583년) 스승인 구봉은 사계가 예학에서 큰 진보를 이뤘음을 알고 탄복했다는 기록이 있으며,[9] 이 해 친우인 신의경의 《상례비요(喪禮備要)》를 저본으로 하여 이를 보완 《상례비요》의 완성을 보았다. 이것이 그의 최초의 예서 저술이다. 또 52세 때(1599년)에는 《가례집람(家禮輯覽)》을 완성하였고, 71세 때(1618년)에는 영남예학의 대가였던 한강(寒岡) 정구(鄭逑)에게 예설을 질정하여 학술적 대화를 나누었으며, 77세 때(1624년)부터는 인조반정 초의 국가전례(國家典禮) 문제에 적극적인 관심을 갖고 자신의 주장을 피력하였다. 그리고 평소 문인, 친우들과 더불어 예에 대해 의심나는 부분을 강론하고 물음에 대답한 것을 기록한 《의례문해(疑禮問解)》 8권을 만년에 냈으니, 그의 예학에 대한 연구와 활동은 가히 전 생애를 거쳐 일관되고 있다고 볼 수 있다. 이와 같이 사계의 '성리학에서 예학으로'의 전환은 무엇보다 자신의 학문적 관심에서 연유된 것임을 알 수 있다.

또한 사계의 예학에 대한 관심 전환은 도학적 사명의식에서 비롯되었다고 생각된다. 다음 송시열이 사계의 문묘종사를 위해 올린 상소문은 이를 잘 설명해 주고 있다.

> 주자가 예서(禮書)를 증정(證定)하다 반도 못 이루고 죽게 되매, 면재(勉齋)가 이어서 이루려 했으나 품증(稟證)하기에 미치지 못한 것이 있어, 이른바 천고에 한이 되는 일이더니, 문원공(文元公) 신(臣) 김모(金某)가 정주(程朱)의 학문을 문성공(文成公) 이이(李珥)에게서 얻어 이미 그 학설을 다 이어받았고, 마음속에 증험하고 몸소 행하여 만년에 오로지 예서에 뜻을 두었으니, 대개 면재

9 《沙溪年譜》, 36歲時, "論小祥練服, 龜峰答曰, 前後二札, 極盡情禮, 歎服, 禮學有進云云."

(勉齋)가 쓴 예서에 감개스러움이 있지만, 다시 생각해 보아야 할 점이 없지 않기 때문이다.[10]

그래서 사계는 《가례집람》 서문에서 "주자가 만년에 뜻을 둔 것은 오직 예서에 있었으니, 후학은 마땅히 여기에 더욱이 마음을 다해야 한다"[11]고 하였다. 이렇게 볼 때, 사계는 《가례》가 주자에 의해 다시 교정을 보지 못한 아쉬움이 있고, 또 주자 자신도 만년에 뜻을 둔 것이 예서 연구였음을 밝히고, 이를 계승해 예학의 미비점을 보완하는 것이 자신의 사명이라고 인식했던 것이다.

또한 그는 스승인 율곡이 '박문(博文)'에는 능하나 '약례(約禮)'에는 부족하다고 인식해서,[12] 율곡이 미지처(未至處)로 남겨 둔 '약례(約禮)'의 과업을 계승하고자 하였다.[13] 이렇게 볼 때, 사계는 주자와 율곡에게 남겨진 과제였던 예학을 학문적 사명으로 인식하고 이를 평생의 과제로 삼았음을 알 수 있다. 아울러 사계의 입장에서 보면 성리학적 과제는 주자나 율곡에게 어느 정도 이룩되었다고 생각하고, 주자나 율곡에게 미진한 분야라고 생각한 예학을 자신의 평생 과제로 삼았다. 이는 그의 저술이나 관심이 성리학보다는 예학에 좀 더 치중해 있음에서도 입증된다.

---

10 같은 글, "朱子於禮書證定未半, 而易簀託勉齋, 而踵成亦有未及稟證者, 此所謂遂成千古之恨者, 文元公臣金某得程朱之學於文成公李珥, 旣盡受其說驗之心而體於身, 晚年專意禮書, 蓋以勉齋之書, 猶有可憾, 而不無更商量者故也."

11 《沙溪全書》, 卷50, 附錄, 〈家禮輯覽後序(宋時烈)〉, "常以爲, 朱夫子晚年所致意者, 惟在禮書, 則後學於此, 尤當盡心焉."

12 《沙溪遺稿》, 卷10, 〈語錄(宋時烈 錄)〉, "博文約禮二者, 於聖門之學, 如車兩輪, 如鳥兩翼. 栗谷每誦此言以敎之, 然余所見, 栗谷於博文之功最多, 而於約禮, 猶有所未至也."

13 한기범, 〈사계 김장생과 신독재 김집의 예학사상 연구〉, 94쪽.

2. 사승관계와 기타 연원

학문이나 사상의 형성에서 누구로부터 배웠느냐 하는 것은 매우 중요하다. 그것은 학풍의 수수(授受)관계가 될 수 있고 또 반대로 스승과는 다른 독창의 길을 갈 수도 있기 때문이다. 사계의 경우 사승관계는 분명해 보인다. 즉 그는 13세 때(경신庚申, 1560년) 구봉(龜峰) 송익필(宋翼弼)의 문하에 나아가 글을 배웠는데, 이에 대한 〈연보〉의 기록을 보기로 하자.

> 12월에 어머니에 대한 상복을 벗었다. 구봉 송선생의 문하에서 학문하였다. 이에 앞서 아버지 황강공(黃岡公)이 윤원형(尹元衡)의 무리에게 미움을 사서 외직으로 축출되어, 선생은 서울에서 할아버지 찬성공(贊成公)이 기르게 되었는데, 어리고 잔약한 데다 어머니가 없는 것을 가련히 여겨 항상 슬하에 두고 밖의 스승에게 보내지 않았다. 조금 성장함에 스스로 분발하여 글을 읽고 뜻을 격려하고 세속의 추향(趨向)과 좋아하는 것은 일체 대수롭지 않게 여겼다. 처음으로 송구봉에게 종학(從學)하여 사서, 근사록 등의 글을 배우는데 전심(專心)으로 연구하고 더욱 부지런히 하여 이로부터 학문이 날로 진취되니, 황강공이 기뻐하면서 말하기를, "우리 아이의 학문이 이미 이와 같으니 내게 아무런 근심이 없다"고 하였다.[14]

이와 같이 사계의 초등교육은 구봉 송익필을 통해 이루어졌다. 구봉은 율곡, 우계와 인근에서 함께 생장하며 학문을 탁마해 온 외우(畏友)요 동지였다. 그는 여산인(礪山人)으로 자(字)는 운장(雲長)인데, 경기도 고양에서 첨추(僉樞)에 오른 송사련(宋祀連)의 3남으로 태어났다. 구봉은 그

14 《沙溪年譜》, 先生 13歲條.

의 조모 안씨의 신분[15]과 그의 부친 송사련이 1521년 신사사화(辛巳士禍)[16]를 일으킨 장본인으로 사림에게 죄를 지음으로써 늘 신분 문제가 제기되었다. 고청(孤靑) 서기(徐起)는 구봉을 제갈량(諸葛亮)에 비유하였고, 구봉은 정박(精博)한 학문에 통투(洞透)한 식견을 가졌으며, 나라를 빛낼 만한 문장에다 경세제민(經世濟民)의 재조가 있었지만, 불우한 신분과 당화(黨禍)로 귀양살이와 떠돌이 신세를 면치 못했다. 그리하여 그 뜻을 조금도 펴 보지도 못하고 가난과 불운 속에서 세상을 마쳤으니, 사문(斯文)의 재앙이 아니며 지사(志士)가 분개할 바 아니냐고 하였다.[17] 그는 성리학과 예학에 조예가 깊었는데, 성리학에 관한 〈태극문(太極問)〉과 예설에 관한 〈가례주설(家禮註說)〉을 썼다.

특히 구봉은 율곡, 우계에 비해 예학에 밝아 사계의 예학 형성에 많은

---

15 안씨는 기묘 명상인 안당(安塘)의 얼매(孼妹)로 그의 모친 중금(重今)은 백부인 감사 안관후(安寬厚)의 비(婢)였다가 안당의 부친 돈후(敦厚)가 상처한 후에 비첩(婢妾)으로 삼았다. 그 딸 감정(甘丁)이 바로 송사련(宋祀連)의 모로, 안당 일가에서는 송사련을 친자제같이 출입하게 하며 사랑하고 믿고 지냈다. (배상현, 〈구봉 송익필〉, 《한국인물유학사 2》, 709쪽)

16 송사련(宋祀連)은 기묘(1519년) 이전에 잡과출신으로 5품인 관상감판관을 역임한 바 있다. 기묘사화 후에 사림의 보호자이던 안당(安塘)이 파직당하게 되자, 그의 아들 안처겸(安處謙)이 기묘권간(己卯權奸)인 남곤(南袞), 심정(沈貞) 일파를 제거하여 국정을 바로잡을 것을 시도하였다. 이에 동석하였던 송사련은 신변에 위협을 느껴 그의 처남 정상(鄭瑺)과 함께 안당의 부인상에 참여한 조객록(弔客錄)과 발인 시 역군부(役軍簿)를 가지고 고변(告變)하니, 이것이 바로 '안처겸(安處謙)의 옥(獄)' (1521년, 辛巳士禍)이다. 신사사화로 안처겸 등은 물론 그의 부친인 안당도 사사(賜死)되었고, 송사련은 그 공으로 절충직(折衝職)에 승급되고 종신토록 녹을 받았다. (배상현, 같은 글)

17 《龜峰集》, 卷10, 〈行狀〉, "徐孤靑, 則語其學者曰, 爾輩欲知諸葛亮之何狀, 須見宋龜峰也. 非但龜峰似諸葛, 卽諸葛似龜峰也 …… 噫! 以先生精博之學, 通透之識, 華國之文, 經濟之才, 限於門地, 阨於黨禍, 流離竄謫, 不能少行其志, 而終於窮悴以歿也, 豈非斯文之厄, 而志士之所可慨耶."

영향을 미쳤다. 그는 정철, 성혼, 이이 등이 그에게 예에 관해 자문을 구할 만큼 예학에 정통하였고, 〈가례주설〉, 〈예문답(禮問答)〉 등의 예서를 저술하여 후대에 많은 영향을 미쳤다.[18] 특히 그의 예서인 〈가례주설〉은 16세기 말에 성립된 본격적인《가례》주석서라는 점에서 높이 평가된다.[19]

율곡 스스로도 관직생활을 하느라 일이 많아 고례(古禮)를 살피지 않고 급히《격몽요결(擊蒙要訣)》을 만들었기 때문에 옳지 않은 부분이 많다는 것을 시인하면서, 훗날 구봉의 의견을 따라 고치려고 하였으나 세상을 떠남에 허사가 되고 말아 안타깝다고 하였다.[20] 이렇게 볼 때, 구봉은 당대 율곡으로부터 인정받을 만큼 예학의 전문가였으며, 사계는 이로부터 예학적 학업의 기초를 쌓아 '동방예학의 종장(宗匠)'으로 대성했던 것이다.

또한 사계는 청년기의 학문적 수업을 율곡(栗谷) 이이(李珥; 1536~1584)로부터 받았다. 그의 〈연보〉에 의하면 20세 때 1576년(정묘丁卯) 율곡의 문하에 들어가 수업한 것으로 전해지는데, 이제 그 내용을 보기로 하자.

> 율곡 이이 선생의 문하에서 수업하였다. 이로부터 성학(聖學)의 깊은 뜻을 상세히 듣고 잠심(潛心)하여 힘써 행하고 자신의 임무를 매우 무겁게 생각하였다. 이이 선생이 해서로 돌아감에 곧 따라가 그 문하에 머물면서 전에 배운 것을 익히고 새로 얻은 것을 탁마(琢磨)하였다. 더욱 예학에 정통하여 절목(節目)이 다 갖추어졌고, 크고 작은 일을 모두 거론함에 이이 선생이 항상 믿음직하게 여겨 기대가 특별히 깊었다.[21]

---

18 고영진,《조선중기예학사상사》, 한길사, 1995, 217쪽.

19 같은 책, 215쪽.

20 《龜峰集》, 卷5, 〈書叔獻別紙後〉, "右叔獻書別紙也, 論所作擊蒙要訣非是處所答, 做官多事, 不省古禮, 忽忽說過, 多不是其, 後一一遵吾言欲改云, 而未及改印而辭世, 悲哉."

여기에서 살펴볼 수 있듯이, 사계는 율곡으로부터 수업을 받으면서 유학의 본질을 십분 이해하고 자신의 도학적 사명을 투철히 인식하였다. 그것은 "이로부터 성학의 깊은 뜻을 상세히 듣고 잠심(潛心)하여 힘써 행하고 자신의 임무를 매우 무겁게 생각하였다"는 말로 입증된다. 그리고 이때 이미 예학에 정통하여 율곡으로부터 막중한 믿음과 기대가 컸던 것을 알 수 있다. 또한 사계는 "나는 어려서는 배울 기회를 잃었고, 약관(弱冠)이 되어서야 비로소 소학, 사서 및 육경, 정주(程朱)의 여러 글들을 읽었다"[22]고 하여, 자신의 학문이 본격적으로 시작되어 유가의 제 경전을 두루 섭렵하게 된 것은 율곡의 문하에서 이루어졌다고 볼 수 있다. 율곡의 가르침을 통해 성학 또는 도학의 깊이를 인식하게 되었고, 자신의 도학적 책무가 무엇인가를 깨닫게 되었다는 말이다.

또한 송시열은 사계의 문묘종사를 위해 올린 상소문에서 김장생은 정주(程朱)의 학문을 이이(李珥)에게서 배워 터득했다 하고,[23] 또 송준길은 사계 〈시장(諡狀)〉에서 사계는 이미 이문성(李文成)의 적전(嫡傳)을 얻었다고 하였으며,[24] 장유(張維)는 사계 〈신도비명〉에서 선생의 학문은 본래 율곡에서 나왔다[25]고 하였다. 따라서 사계의 율곡에 대한 존숭(尊崇)은 다음 글에서도 잘 나타난다.

> 우리나라의 도통(道統)은 포은(圃隱) 정몽주(鄭夢周)가 고려 말의 끊어진 학

---

21 《沙溪年譜》, 20歲時, "受業于栗谷李先生之門. 自是備聞聖學之奥, 潛心力行, 自任甚重. 李先生及歸海西, 輒隨往留止門下, 愽溫舊學, 琢磨新得. 尤精於禮學, 節目該盡, 巨細畢擧, 李先生常倚重之期許特深."

22 《沙溪遺稿》, 卷5, 〈經書辨疑序〉, "余少而失學, 及弱冠, 始讀小學四子, 以及六經程朱諸書."

23 《宋子大全》, 卷17, 〈論文廟從祀疏〉, "是以故文元公臣金長生得程朱之學於文成公李珥."

24 《沙溪遺稿》, 卷13, 〈諡狀〉, "蓋先生旣得李文成嫡傳……."

25 같은 책, 卷13, 〈神道碑銘〉, "先生之學, 本出於栗谷……."

> 문을 창도(倡道)하였고, 한훤당(寒暄堂) 김굉필(金宏弼)이 조선조에 이를 계승했으나 미언(微言)을 드러내지 못했고, 지극한 도(道)를 창달(暢達)하지는 못했으나 정암(靜菴) 조광조(趙光祖) 선생이 성명(誠明)의 학으로 군민(君民)의 책무를 맡아 조정에 나아가 정치를 베풀어 울연(蔚然)히 볼 만하였으니, 그 유풍(遺風)과 여운은 백세를 풍동(風動)할 만한 것이었다. 그 후에 한두 명의 유현(儒賢)들이 나와 세상에 이름을 날렸으나 높게 도를 전한 이는 보지 못하였다. 퇴계(退溪) 선생은 많은 유현들이 사화를 당한 뒤인데도 능히 유학의 흥기(興起)를 자신의 책임으로 여기고 경전을 깊이 연구하고 의리를 밝게 해석해 밝혔으며, 일신의 겸양의 덕을 지키면서 내세의 후학을 깨우쳐 주었으니 그 공이 크다고 이를 만하다. 명백순수(明白純粹)하고 통철무재(洞徹無滓)하며 진지실천(眞知實踐)하여 성인의 종지(宗旨)를 얻어, 언행에 실증하여 하자가 없고, 사업을 시행함에 시의(時宜)에 합당하고, 출처(出處)를 정(正)으로써 하고 진퇴(進退)를 의(義)로써 하여, 성인을 계승하고 미래의 학문을 열어 주는 큰 책임을 맡아, 도학(道學)의 맥을 무궁하게 하신 이는 오직 율곡 선생 한 사람뿐이다.[26]

이와 같이 사계는 우리나라의 도통을 정몽주로부터 시작하여 김굉필, 조광조, 이황을 거쳐 이이로 규정하고 있다. 이들이 각기 역사적 의미가 있으나 명백하여 순수하고 통철하여 조금도 찌꺼기가 없으며 진지 실천하여 성인의 뜻을 언행에 실증하여 조금도 부족함이 없고, 사업을 시행함

---

26 같은 책, 卷12, 〈行狀〉, "……又論東方道學之統, 以鄭圃隱夢周倡絶學於麗季, 金寒暄宏弼繼墜緖於我朝, 而微言未著, 至道未暢, 趙靜菴先生光祖以誠明之學, 任君民之責, 立朝施設, 蔚有可觀, 其遺風餘韻, 足以聳動百世矣. 自是厥後, 間有一二儒賢挺生名世, 而未見有卓然傳道者. 退溪先生承群賢斬伐之餘, 能以興起斯文爲己任, 沈潛經傳, 講明義理, 守一己之謙德, 牖牖後學於來世, 其功可謂大矣. 至如明白純粹, 洞徹無滓, 眞知實踐, 得聖人之宗旨, 考之言行而無瑕尤, 措之事業而合時宜, 出處以正, 進退以義, 任繼開之丕責, 壽道脈於無窮者, 惟吾栗谷先生一人而已."

에 시의(時宜)에 합당하고 출처진퇴를 정의(正義)로써 하여, 성인을 계승하고 미래의 학문을 열어 주는 큰 책임을 맡아 도학의 명맥을 무궁하게 한 사람은 오직 율곡뿐이라 하였다. 이는 율곡이 정암을 그렇게 자리매김했던 것과 마찬가지로 사계는 율곡을 도학적 측면에서 높이 평가하고 존숭하였다.

그런데 사계는 '박문약례(博文約禮)' 이 두 가지는 성학(聖學)에서 수레의 두 바퀴와 같고 새의 양 날개와 같다고 했다. 그래서 율곡 선생이 항상 이 말을 암송하여 가르쳤다고 한다. 그러나 자신이 생각할 때 율곡은 박문(博文)의 공은 가장 많지만, 약례(約禮)에서는 오히려 부족하다는 평가를 하고 있다.[27] 이러한 사계의 율곡에 대한 인식에서 '약례'라는 과업이 예학의 과제로 나타났던 것이며, 이는 곧 율곡을 잇는다는 도통적 사명감과 일치했던 것이다. 존경하는 스승 율곡이 미쳐 못 이룬 학문적 과업인 약례(約禮) 또는 예학(禮學)을 평생의 사명으로 알고 몸소 진력실천했던 이가 바로 사계였던 것이다.

이와 같이 사계의 학문은 일면 구봉을 통해 이루어졌고, 일면 율곡을 통해 이루어졌다. 다만 이들 두 스승의 학문적 영향의 구체적인 내용은 뒤에서 검토하기로 한다.

그런데 구봉, 율곡이 사계의 유년기와 청년기의 교육을 맡게 되었던 것은 그의 부친 황강(黃岡) 김계휘(金繼輝; 1526 ~1582)와의 돈독한 관계에서 비롯되었다. 부친 황강공은 고봉 기대승, 율곡과 매우 치밀한 교우관계였음을 알 수 있는데 이는 그의 행장을 통해서 잘 알 수 있다.

---

27 같은 책, 卷10, 〈語錄(宋時烈 撰)〉, "博文約禮二者, 於聖門之學, 如車兩輪, 栗谷每誦此言, 以教之. 然余所見, 栗谷於博文之功最多, 而約禮猶有所未至也."

공은 …… 일찍이 고봉(高峰) 기대승(奇大升)과 율곡(栗谷) 이이(李珥)와 더불어 도의지교(道義之交)를 맺어 일세의 의표(儀表)가 되었다. 경세(經世)의 재간에서는 공으로서 으뜸을 삼았다. 기공(奇公)이 공보다 먼저 죽음에 이공(李公)이 공과 더불어 시종 함께 행동하였는데, 매양 조정에서 말하기를 '참으로 정승을 구하고자 한다면 중회(重晦; 김계휘)가 그 사람이다' 라고 하였다.[28]

율곡 선생은 고봉 기대승과 도의로서 사귀었는데, 율곡이 일찍이 일컫기를 중회(重晦)는 학식이 다 통하고 깊고 덕량(德量)이 넓어 경세제민의 일을 맡을 만하다고 자주 집정 대신에게 말하였는데, 마침내 등용되지 않아 식자(識者)가 한스럽게 여겼다.[29]

이와 같이 사계의 부친 김계휘는 고봉, 율곡과 도의지교(道義之交)를 맺어 매우 친밀한 관계였으며, 경세(經世)의 재질이 있어 율곡으로부터 재상의 적임자로 일컬어졌음을 알 수 있다.

그러면 김계휘와 기대승과의 관계는 어떠하였는가? 이에 대한 직접적인 전거는 보이지 않지만, 김계휘와 기대승, 율곡이 도의로서 사귀어 친밀했고, 또 율곡, 우계가 도의지교(道義之交)를 맺어 평생을 친하게 지낸 바 있으며, 구봉 또한 같은 지역에서 두터운 우의를 지니고 있었다. 이렇게 볼 때, 황강공은 이들 서인 또는 기호유학의 중심인물이라 할 수 있는 율곡, 우계, 구봉과 매우 친밀한 관계였음을 충분히 짐작할 수 있다.[30] 이

---

28 《象村集》, 卷28, 〈行狀〉, "嘗與奇高峰大升李栗谷珥爲道義交, 羽儀一時. 而至論經世之才, 以公爲之首. 奇公先公歿, 李公得與之終始周行, 每言于朝曰, 欲求眞政丞重晦其人也."

29 《沙溪遺稿》, 卷8, 行狀, 〈黃岡先生家狀〉, "……與栗谷先生奇高峰大升爲道義交, 栗谷嘗稱重晦學識該通, 德量恢弘, 可任經濟, 屢以言于執政大臣, 而竟不能用, 識者恨之."

30 한기범, 〈사계 김장생과 신독재 김집의 예학사상 연구〉, 68쪽.

에 김계휘는 김장생을 송익필에게 맡겨 유아기의 교육을 시켰고, 또 송익필은 이를 기꺼이 받아들여 우리나라 예학의 큰 인물로 키웠던 것이다.

그 밖에 직접적인 가르침은 받지 않았더라도 사계의 학문적 연원에서 빼놓을 수 없는 이로는 우계(牛溪) 성혼(成渾; 1535~1598), 토정(土亭) 이지함(李之菡; 1517~1578), 우복(愚伏) 정경세(鄭經世; 1563~1633), 그리고 그의 친우 신의경(申義慶; 1557~1647)을 말할 수 있다. 그의 〈연보〉에 따르면 사계가 1580년 33세 때 파산(坡山)으로 우계를 배알한 기록이 있으나, 직접 그의 가르침을 받은 기록은 보이지 않는다. 다만 다음 글을 통해 우계에 대한 존경과 흠모가 매우 컸음을 알 수 있다.

> 선생이 일찍이 송문정(宋文正) 시열(時烈)에게 말하기를, "나는 율곡에게는 기쁜 마음으로 심복(心服)하여 항상 더할 바가 없다고 여겼으나, 우계에 대해서는 차등적인 생각이 없지 않았다. 그러므로 우계 문하의 사람들이 불평하지 않을 수 없었는데, 그 후에 자주 왕래하여 그 기모(氣貌)를 살펴보고 그 의론을 들은 후에야 율곡이 도의로서 사귄 이유를 알게 되었다"고 하였다.[31]

이와 같이 사계는 처음에는 우계의 인품과 학식에 대해 율곡과 차이를 두고 생각해 왔는데, 그 후 자주 왕래하며 기모(氣貌)를 살펴보고 그의 말씀을 들은 후에야 비로소 율곡이 도의로서 사귄 이유를 알게 되었다고 하였다. 그뿐만 아니라 아들 김집(金集)과 문인 윤선거(尹宣擧)와의 예문답에서는 사계와 우계 간의 학문적 대화와 교류가 있었음을 짐작하는 기록

---

31 《沙溪年譜》, 33歲時, "先生嘗語宋文正時烈曰, 吾於栗谷心悅誠服, 常以爲不可尙已, 而於牛溪, 不能無差殊觀. 故牛溪門下人頗不能平也. 其後往來熟習, 見其氣貌, 聽其議論然後, 知栗谷之以爲道義交有以也."

이 보여 주목된다.

> 이것은 큰 절목(節目)이다. 선인(先人; 김장생 - 저자 주)께서 이미 신장(申丈) 의경(義慶)으로 더불어 강정(講定)하시고, 또한 반드시 우계, 율곡 양 선생과 상의하여 확정하시었다.[32]

이렇게 볼 때, 사계의 학문 형성에서 비록 율곡이나 구봉에 미치지는 못하더라도 우계의 영향도 전혀 없지 않았음을 짐작할 수 있다.

또한 그의 나이 20세 때(1567년) 토정 이지함을 보령으로 찾아가 배알한 기록이 보인다.

> 토정 이지함을 보령에 가서 뵙다. 이때에 토정이 궁민(窮民)의 생계를 위해 해변에서 소금을 굽는데, 연기가 눈에 가득하여 사람이 오래 감내할 수 없었으나, 선생은 조금도 얼굴빛을 고치지 아니하고 서로 마주보며 이야기하다가 날이 저물어 돌아가매, 토정이 바라보며 송별해 말하기를, '참으로 덕인(德人)이라' 하였다.[33]

이를 통해서 볼 때 사계가 직접적으로 토정의 가르침을 받은 흔적은 없으나, 보령까지 찾아가 인사를 할 정도였고 또 토정의 사계에 대한 신뢰와 기대가 컸음을 이해할 수 있다.

---

32 한기범, 앞의 책, 88쪽.
《愼獨齋全書》, 卷14, 〈疑禮問解續〉, "……此是大節目, 先人旣與申丈義慶講定, 而亦必商確於牛栗兩先生矣."

33 《沙溪年譜》, 20歲時, "往見土亭李公之菡於保寧. 時土亭爲窮民營生, 燔鹽於海邊, 煙埃滿目, 人不堪久處, 先生略不改容, 晤語終日而返, 土亭目送之, 曰眞德人也云."

또한 예학적 측면에서 영남의 우복(愚伏) 정경세(鄭經世)의 영향을 말할 수 있다. 비록 사계보다 후배였으나 사계는 그를 가리켜 "예학이 퇴계보다 나으며 금일에 더불어 학문을 논할 사람은 이 한 사람뿐"이라 하여, 예학적 측면에서 그를 높이 평가하였다.[34] 따라서 그는 문인인 동춘당(同春堂) 송준길(宋浚吉)을 통해 퇴계와 우복의 영남예학을 접할 수 있었다. 《의례문해》 가운데 송준길의 질문이 무려 240건으로 가장 많았는데, 송준길은 장인인 정경세와 퇴계의 예론을 간접적으로 사계에게 소개하고 토론함으로써, 사계로 하여금 영남예학과 기호예학이 소통될 수 있는 계기를 만들어 주었다.[35]

또한 그의 친우 신의경(申義慶)[36]은 사계의 예학 연구에 많은 도움을 주고받은 것으로 짐작된다. 사계는 《가례집람》 서문에서 일찍이 신의경과 함께 여러 해 동안 《가례》를 강론했다 하였고,[37] 《상례비요》 자서(自序)에서는 "나의 친구 신의경은 예학에 깊어 일찍이 널리 경적(經籍)을 상고하여 그 대요(大要)를 살펴 하나의 책을 엮었으니 상례비요(喪禮備

34 《同春堂集》, 卷19, 〈行狀〉, "沙溪先生每稱愚伏自是質直人, 禮學淹博, 過退陶, 當今可與論學者, 惟此一人."

35 한기범, 앞의 책, 137~140쪽 참조.

36 《평산신씨문헌록》에 의하면 신의경은 명종 12년(1557)에 출생하여 인조 25년(1647)까지 생존한 인물이다. 문희공(文僖公) 신개(申槩; 세종대 좌의정)의 5대손이고, 전주부윤 신숙근(申叔根)의 증손으로, 광해군 12년(1620)에 생원, 진사시에 합격하고, 학행으로 사헌부 대관을 역임하였다. 동 문헌록에 의하면 양인은 아홉 살 차이이고, 김장생이 《상례비요(喪禮備要)》를 완성한 것이 36세 때의 일이므로, 신의경의 《상례비요》는 그가 27세 이전에 이룬 셈이 되나 분명치는 않다.
신흠(申欽)이 신개(申槩) 동생의 후손이고 또 김장생의 외사촌이 되는 관계이나, 그의 묘지(墓誌; 不傳)를 김집(金集)이 쓴 사실을 고려해 본다면 양인의 관계는 돈독했던 것으로 생각된다. (한기범의 박사논문, 111쪽 참조)

37 《沙溪遺稿》, 卷5, 〈家禮輯覽序〉, "……旣而從友人申生義慶, 與之講論, 積有年紀……."

要)라 부른다"[38]고 하였다. 이와 같이, 신의경은 사계의 예학 공부에 있어 학문적 동지였음이 분명하고, 《상례비요》의 저술 과정에서 보듯이 그의 영향이 적지 않았음을 짐작할 수 있다.

이렇게 볼 때, 사계의 학문 형성에 직접적으로 많은 영향을 미친 스승은 송익필과 이이임은 재론의 여지가 없으며, 그 밖에도 성혼, 이지함, 정경세, 친우 신의경의 영향 또한 적지 않았을 것으로 생각된다.

3. 사상적 연원

(1) 예학적 연원

사계는 평생 예학에 진력함으로써[39] '동방예학의 종장'[40]으로 불리었다. 그는 평소 문인 및 교우들과의 예에 관한 질의응답을 묶어 《의례문해(疑禮問解)》 8권을 저술하였고, 친우 신의경의 《상례비요》를 저본으로 하여 이를 보완한 《상례비요(喪禮備要)》 1권을 저술하였으며, 주자의 《가례》를 제가(諸家)의 설과 자신의 주를 달아 편찬한 《가례집람(家禮輯覽)》 3권을 저술하였으며, 국가전례(國家典禮)의 당면과제였던 복제(服制)와 추숭(追崇)의 문제를 다룬 《전례문답(典禮問答)》을 남겼다. 이러한 그의 저술을 통해 조선 예학은 마침내 학문적 수준을 갖춘 예학이 되었으며,[41] 예학의 학술적 기초를 마련하여 조선조 예학의 일대 종사(宗師)가 되었

38 같은 책, 〈喪禮備要序〉, "吾友申生義慶, 深於禮學. 嘗博攷經籍, 撮其大要, 編爲一書, 名曰喪禮備要."

39 같은 책, 卷12, 〈行狀〉, "蓋先生平生用力, 最多於禮學也."

40 유승국, 〈사계 김장생의 예학에 관한 연구〉, 《한국사상과 현대》, 동방학술연구원, 1988, 107쪽.

41 황원구, 〈근대 한중의 학술교류와 예론에 관한 제 문제〉, 연세대대학원(박사), 1983, 156쪽.

다.[42] 그뿐만 아니라 사계의 예학은 한국철학정신사에서 정맥(正脈)이라 할 수 있으며, '동방예의지국' 또는 '군자국(君子國)' 이라는 본의를 유감없이 발휘한 것이다. 그리고 사계의 예학은 민족사에 길이 영향을 주어 사계 사후 병자호란 그리고 서세(西勢)의 동점(東漸)과 구한말 일본의 침략 및 민족수난기에 삼학사(三學士)의 저항정신, 송시열(宋時烈)의 춘추대의(春秋大義), 이항로(李恒老)의 자주의리를 통해서 민족자주의식을 고취할 수 있게 하였다.[43]

그런데 사계의 학문관이나 학문하는 차서 속에서 우리는 그의 예학적 학풍을 이미 엿볼 수 있다. 사계는 성문(聖門)의 지결(旨訣)이 박문약례(博文約禮)에 불과하다 하고, 이 둘 가운데 하나만 폐하더라도 학문이 아니라고 하면서,[44] 스승인 율곡은 박문(博文)의 공은 많지만 약례(約禮)에는 부족한 점이 있다고 평가하였다.[45] 사계는 이러한 율곡의 '약례' 라는 과제가 자신의 할 일이라 생각했던 것이다.

또한 우암에 따르면 사계의 학문은 오로지 '확(確)' 한 글자에서 나왔는데, 늘 '직(直)' 한 글자로서 입심(立心)의 요체로 삼았다고 하였다.[46] 이 '직(直)' 은 공자, 맹자를 거쳐 주자가 문인들에게 유언한 것이었으며, 또 사계가 우암에게, 우암이 문인들에게 준 유언이었다. 그런데 이 '직' 은 송익필에게는 삶의 도요 죽음의 도요 천지를 세우는 도요 고금을 관통

42 이병도, 《한국유학사》, 아세아문화사, 1987, 297쪽.

43 유승국, 〈한국예학사에 있어서의 사계의 위치〉, 《사계사상연구》, 1991, 49쪽.

44 《沙溪全書》, 卷50, 〈諸篇序跋(金壽恒 序)〉, "夫聖門之旨訣, 不過曰博文約禮, 二者廢其一, 則非學也."

45 같은 책, 卷45, 附錄, 〈語錄(宋時烈 錄)〉, "余所見, 栗谷於博文之功最多, 而於約禮猶有所未至也."

46 《宋子大全》, 卷131, 雜著, 〈看書雜錄〉, "沙溪先生之學, 專出於確之一字, 而每以直之一字, 爲立心之要."

하는 도였다.[47] 따라서 사계의 직(直)은 공자, 맹자, 주자에게서 연원하는 것이지만, 가까이는 송익필에게서 연원하는 것이다. 결국 사계는 이 '직'의 사상을 계승하여 예학으로 발전시켰던 것이며, 사계 예학의 사상적 근거가 이 '직'에 있었던 것이다.

그리고 학문하는 순서를 주자는 《소학》, 《근사록》, 《대학》, 《논어》, 《맹자》, 《중용》, 육경(六經), 사자(史子)의 순으로,[48] 율곡은 《소학》, 《대학》, 《논어》, 《맹자》, 《중용》, 오경(五經), 성리제서(性理諸書)의 순으로,[49] 사계는 《소학》, 《가례》, 《심경》, 《근사록》, 《대학》, 《논어》, 《맹자》, 《중용》, 오경의 순으로 삼았다.[50] 또 구봉과 우계도 《소학》과 《가례》를 매우 중시했던 것이다. 이렇듯, 사계는 사서 이전에 읽어야 할 필독서로서 《소학》, 《가례》, 《심경》, 《근사록》을 들고 있으며, 《소학》은 주자, 율곡, 구봉, 우계, 사계가 모두 공통적으로 학문의 첫 번째 교재로 택하고 있음을 알 수 있다. 이러한 《소학》이나 《가례》의 중시는 사계의 예학 중시와 일치하는 교학 태도로서 주목해야 할 점이다.

그러면 사계 예학사상의 연원을 어떻게 보아야 할 것인가? 이미 위에서 언급했지만 일차적으로는 주자 《가례》의 보완 필요성과 주자가 만년에 뜻을 둔 것이 예학에 있었으므로, 이 문제의 해결이 후학으로서의 도학적 책임이라는 것과, 사계가 지적했듯이 율곡의 약례(約禮)에 대한 미비점과 예학에 대한 불비(不備)를 자신이 계승, 보완해야 한다는 사계 나름의 도학적 사명의식을 지적할 수 있다.

그러나 직접적으로는 구봉과 율곡의 영향이 가장 크다. 이에 대해서는

47 《龜峰集》, 卷3, 〈金槃字直伯說〉, "……以直而生, 以直而死, 立天地以直, 貫古今以直."

48 노인숙, 〈사계예학고〉, 《사계사상연구》, 156쪽.

49 《栗谷全書》, 卷27, 〈擊蒙要訣〉, 讀書章.

50 《沙溪全書》, 卷48, 〈行狀〉.

약간의 이론이 있음을 볼 수 있다. 즉 하나는 사계의 예학적 연원을 오직 구봉으로만 보려는 견해이고,[51] 또 하나는 구봉과 율곡 두 사람 모두에게 연원을 두려는 견해이다.[52]

먼저 사계의 예학적 연원을 구봉과 연관해 보는 논거는 사계가 13세에 구봉의 문하에 들어가 수업을 했고, 구봉의 학문이 특히 예학에 뛰어났다는 데 근거하고 있다. 이는 그의 《가례집람》 서문의 다음 글에서도 볼 수 있다.

> 내가 어려서부터 《가례》를 받아 읽었는데 능히 그 밝게 알지 못함을 병으로 여겨, 친우 신의경(申義慶)과 몇 해 동안 강론하고, 또 사문(師門)에 나아가 질정(質正)하여 그 대략을 알게 되었다.[53]

여기에서 어려서부터 《가례》를 읽었다는 것은 13세경 구봉의 문하에서 공부했음을 가리키는 말이다. 다만 '사문(師門)에 나아가 질정하여 그 대략을 알게 되었다'는 말에 대해서는 이를 구봉으로 보아야 할 것인가 율곡으로 보아야 할 것인가의 문제가 생긴다.[54] 물론 이 글이 《가례집람》의 서문이고 《가례집람》이 씌어진 시기가 1599년이라면, 율곡은 이미

---

51 배상현, 〈조선조 기호학파의 예학사상에 관한 연구〉, 고려대대학원(박사), 1991, 68쪽.

52 조준하, 〈사계 김장생의 예학사상〉, 《사계사상연구》, 122쪽.
한기범, 〈사계 김장생과 신독재 김집의 예학사상 연구〉, 89쪽.
고영진, 《조선중기예학사상사》, 한길사, 1995, 235~236쪽.

53 《沙溪遺稿》, 卷5, 〈家禮輯覽序〉, "余自幼受讀家禮, 嘗病其未能通曉, 旣而從友人申生義慶, 與之講論, 積有年紀, 又就正于師門, 遂粗得其梗槪."

54 이에 대해 한기범은 율곡으로 해석하고 있으나 배상현은 구봉으로 해석하고 있다. 배상현이 구봉으로 보는 이유는 《가례집람》의 저술 시기가 1599년이고 율곡은 1584년에 이미 세상을 떠났기 때문으로 설명하고 있다.

1584년에 세상을 떠났으므로, 구봉으로부터의 지도를 받은 것으로 보아야 할 것이다. 또 사계는 36세 때 구봉으로부터 예학에 큰 진보가 있음을 칭찬받은 기록이 보이고,[55] 그의 학문이 《소학》과 《가례》를 바탕으로 이루어졌다는 데서도 구봉의 영향을 짐작할 수 있다.[56] 그러나 《가례집람》이 씌어진 1599년은 구봉이 세상을 떠난 해이고, 이때 그의 일문 70여 명은 화를 피하기 위해 각지에 분산, 유리되는 참혹한 신세가 되었으며, 구봉 자신도 유랑하다가 결국 남의 농막에서 객사하였다고 볼 때, 사계가 구봉에게서 지도를 받을 만한 여건은 아니었던 것으로 추정된다. 이렇게 볼 때, 사계가 사문의 질정을 받았다는 이것은 1599년으로만 국한해 볼 것이 아니라 율곡과 구봉을 통한 사문의 질정으로 폭넓게 해석함이 옳다고 생각된다.[57]

다음으로 율곡의 예학적 연원에 관해 검토해 보기로 하자. 사계가 율곡의 문하에서 예학을 공부한 흔적은 다음 글에서 보인다.

> 율곡 이이 선생의 문하에서 수업하였다. 이때로부터 성학(聖學)의 깊은 뜻을 상세히 듣고 마음을 가다듬어 힘써 행하고 자신의 임무를 매우 무겁게 여겼다. 이이 선생이 해서로 돌아감에 곧 따라가 그 문하에 머물면서 전에 배운 것을 강구하고 새로 얻은 것을 연마하였다. 더욱 예학에 정통하여 절목이 다 갖추어졌고, 크고 작은 일을 모두 거론함에 이이 선생이 항상 믿음직하게 여겨 특별히 기대하였다.[58]

---

55 《沙溪年譜》, 36歲時, "論小祥練服, 龜峰答曰, 前後二札, 極盡情禮, 歎服, 禮學有進云云."

56 배상현, 〈조선조 기호학파의 예학사상에 관한 연구〉, 고려대대학원(박사), 1991, 101쪽.

57 이는 《의례문해속(疑禮問解續)》에서 김집과 윤선거와의 다음 예문답을 통해서도 입증된다.("이것은 큰 절목이다. 선인(金長生)께서 이미 신장(申丈) 의경(義慶)으로 더불어 강정(講定)하시고, 또한 반드시 우계, 율곡 양 선생과 상의하여 확정하시었다.")

여기에서 사계가 율곡의 문하에 머물면서 예학에 정통하여 절목이 다 갖추어졌고, 크고 작은 일을 모두 거론함에 율곡 선생의 신뢰와 기대가 컸다는 말은 사계의 예학형성에 있어 율곡의 영향을 짐작하게 하는 대목이다. 또 《의례문해속(疑禮問解續)》에서의 김집과 윤선거와의 예 문답에서도 사계예학의 율곡적 연원을 짐작하게 한다.

사계는 예설을 정립하기 위해 먼저 친우인 신의경과 토론 과정을 거치고 반드시 우계, 율곡 양 선생과 상의하여 확정지었음을 알 수 있다. 아울러 그의 《의례문해》에 율곡의 예설이 20여 회나 거론되고 있고, 특히 사계가 율곡의 예설을 존신(尊信)하고 있음에서도[59] 율곡의 예학적 영향을 짐작할 수 있다. 이미 언급했듯이 사계는 스승인 율곡이 박문(博文)에는 탁월하나 약례(約禮)에는 부족하다고 인식하였으며, 나아가 율곡이 못다 한 '약례(約禮)'의 과업을 계승하는 것이 자신의 도학적 책무라고 깨달았던 것이다.[60] 이렇게 볼 때, 사계의 예학형성에서 율곡의 영향을 전혀 배제키는 곤란하다. 따라서 사계 예학의 사상적 연원은 구봉에 주로 있다 하겠지만 율곡의 영향도 간과할 수 없다.

(2) 성리학적 연원

사계의 학문은 예학이 주류가 되겠지만 성리학도 큰 비중을 차지한다. 그는 13세 때 구봉에게서 《근사록》을 받아 수업했으며, 그의 문인인 우암을 만났을 때에도 《근사록》으로 시작하여 가르쳤다. 또 51세에 《근사록석

---

58 《沙溪年譜》, 20歲時, "受業于栗谷先生之門. 自是備聞聖學之奧, 潛心力行, 自任甚重. 李先生及歸海西, 輒隨往留止門下, 燖溫舊學, 琢磨新得. 尤精於禮學, 節目該盡, 巨細畢擧, 李先生常倚重之期許特深."

59 한기범, 〈사계 김장생과 신독재 김집의 예학사상 연구〉, 89, 138, 139, 140쪽 참조.

60 같은 글, 94쪽.

의(近思錄釋疑)》를 완성할 때까지 평생 이에 대한 연구가 매우 깊었다. 《근사록》은 성리학의 필독서로서 사계가 이를 얼마나 중시했는가를 짐작할 수 있다. 그는 또 71세 때 《경서변의(經書辨疑)》를 완성하였고, 76세 때에는 한교(韓嶠)에게 〈사단칠정변(四端七情辨)〉을 지어 보내기도 하였다. 이와 같이 사계는 일면 예학에 전념하면서도 성리학적 연구를 게을리하지 않았으며 적극적인 관심을 지니고 있었다.

그러면 사계의 성리학 형성에 영향을 주고받은 요인들은 어떠한 것들이 있을지 검토해 보기로 하자. 우선 주자에 대한 그의 존숭(尊崇)을 지적할 수 있다. 그는 말하기를 만약 주자가 없었다면 요, 순, 주공, 공자의 도가 어둡게 되었을 것이라 하고, 비록 이정(二程)이 경전을 해석하였으나 의심할 곳이 많고 또 따르기 어려운 곳이 있었다 한다. 그리고 율곡의 "내가 다행이도 주자 뒤에 태어나 학문이 거의 그르치지 않게 되었다"는 말을 인용하고 있다.[61] 이렇게 볼 때, 사계도 주자의 성리학적 공헌을 인정하고 있을 뿐 아니라 그에 대한 존숭이 매우 깊었음을 알 수 있다.

다음은 율곡적 연원을 들 수 있다. 사계는 20세 때 율곡의 문하에서 성리학을 공부하게 되었는데, 이때부터 성학의 깊은 뜻을 상세히 듣고 침잠(沈潛)하여 힘써 행하고 자신의 임무를 매우 무겁게 생각하였다.[62] 그는 또 《경서변의(經書辨疑)》 서문에서 어려서는 배울 기회를 잃었고, 약관(弱冠)이 되어서야 비로소 《소학》, 사서 및 육경, 정주(程朱)의 여러 책 등을 읽게 되었다[63]고 하였다. 이를 통해서 볼 때, 사계의 학문이 본격적으로 들어서고 성학의 진수를 파악하기 시작한 것은 율곡의 가르침을 받고부

---

61 《沙溪遺稿》, 卷10, 〈語錄(宋時烈 錄)〉, "若無朱子, 則堯舜周孔之道晦矣. 雖二程, 其所釋經傳多有可疑處, 又有難從處. 栗谷常曰, 余幸生朱子後, 學問庶幾不差矣."

62 《沙溪年譜》, 20歲時.

63 《沙溪遺稿》, 卷5, 〈經書辨疑序〉, "余少而失學, 及弱冠, 始讀小學四子, 以及六經程朱諸書."

터인 것으로 생각된다.

그런데 사계의 성리학 형성에서 율곡의 영향이 어떠했느냐 하는 문제는 약간의 이견이 존재한다. 대체로 많은 사람들이 예학은 구봉에게서 배웠고 성리학은 율곡에게서 배웠다는 데 동의하고 있다.[64]

이제 사계의 성리학이 율곡에 연원하고 있는 바를 구체적으로 검토해 보기로 하자. 사계의 이기론(理氣論)은 기본적으로 율곡의 설을 계승하고 있다. 그것은 이기이원(理氣二元)의 존재관, 이기(理氣)의 개념 설명, 기발이승일도설(氣發理乘一途說)과 이통기국설(理通氣局說)에 동의하고 있고, 이기지묘(理氣之妙)의 사유를 특히 강조하는 점에서 더욱 그렇다.[65] 또 사단칠정론에서도 율곡의 '칠포사(七包四)'의 논리를 수용하고 있는 점, 사단칠정이 모두 '기발이승(氣發理乘)'의 구조라는 점, 사단칠정이 모두 발하는 것은 기(氣)요 발하는 소이(所以)가 리(理)라고 보는 점, 사단의 부중절(不中節)을 인정하고 있는 점 등이 율곡과 궤를 함께하는 것이다.[66] 다만 사계가 율곡의 인심도심상위종시설(人心道心相爲終始說)에서 도심의 인심화를 반대하고 율곡과는 달리 인심을 곧 인욕으로 보아 부정적으로 보는 것은[67] 사계 나름의 견해에 속한다. 또 그는 율곡이 《중용》

64 진단학회, 《한국사(근세후기)》, 을유문화사, 442쪽.
이병도, 《한국유학사》, 아세아문화사, 1987, 297쪽.
최완기, 《한국성리학의 맥》, 느티나무, 1993, 173~174쪽.
윤용남은 사계가 구봉의 이기설을 바탕으로 하고 그 위에 율곡의 이기설을 절충하여 자기의 학설을 세웠다고 주장하는데(〈사계 김장생의 철학사상〉, 《사계사상연구》, 284쪽), 필자는 오히려 사계가 율곡의 성리학에 바탕을 두고 있다고 생각한다.

65 황의동, 《율곡학의 선구와 후예》, 예문서원, 1999, 282쪽.

66 같은 책, 286쪽.

67 《沙溪全書》, 卷2, 〈上龜峰宋先生〉, "……發於人心而爲道心則可, 發於道心而爲人心則未穩. 若以道心而轉爲人心, 則卽爲人慾也, 未知如何."

의 '비이은(費而隱)'의 비(費)를 리(理)의 용(用)이라 하고는, 정철이 구용(九容)을 소당연(所當然)의 측면에서 리의 용으로 보는 것을 용납하지 않은 것은 분명히 문제가 있다고 보았다.[68] 이러한 것은 사계가 스승의 설에 무조건 따르지 않고 성리의 정밀한 분석을 통해 자신의 견해를 밝힌 것으로 그의 학문적 자주성이 돋보인다. 혹자는 사계가 리를 절대시하고 사단과 도심을 절대시했으며, 또 이기불상리(理氣不相離)의 관점에만 서 있다는 점에서 그의 성리학적 특성을 설명하기도 하는데, 이는 재고의 여지가 있는 것으로 생각된다.[69]

이렇게 볼 때, 사계의 성리학에서 그 학문적 연원은 주자를 거쳐 율곡에게 있었다고 볼 수 있다. 다만 구봉이 예학만 한 것이 아니라 〈태극문(太極問)〉을 지을 만큼 성리학에도 조예가 깊었고, 또 13세 때 사계가 구봉으로부터 사서와 《근사록(近思錄)》을 배웠다고 볼 때, 구봉의 성리학적 영향도 배제할 수 없을 것이다.

4. 예학사상

사계는 예행(禮行)을 몸소 실천하여 문인과 동료들로부터 존경을 받았

---

68 《沙溪遺稿》, 卷3, 〈答金巘問目〉, "栗谷亦嘗以中庸之費, 爲理之用, 至其所以然者, 是理之體, 理之隱也, 與此不同也. 竊恐栗谷未及分析而言也. 朱子又曰, 惻隱氣也, 所以惻隱理也. 九容以發動言之, 則亦可謂之氣也. 栗谷松江之言, 意各有在, 兩行不悖也."

69 장세호는 사계가 리(理)의 실재성과 가치성을 인정하였고(〈김장생의 이기심성설〉, 《철학논총》, 8집, 영남철학회, 301~302쪽), 사단과 도심을 절대시했다는 점에서(같은 글, 295, 301쪽) 그의 성리학적 특성을 말하고 있으며, 윤용남은 "율곡은 이기불상잡(理氣不相雜)을 주로 하고 이기불상리(理氣不相離)를 겸하지만, 사계는 시종 이기불상리(理氣不相離)의 입장에서만 본다"(〈사계 김장생의 철학사상〉, 《사계사상연구》, 283쪽)고 사계 성리학의 특성을 설명하고 있는데, 논자는 이와 견해를 달리한다.

을 뿐 아니라, 학문적으로 예학 연구에 정진하여 우리나라 예학의 개척에 선구적 역할을 담당하였다. 그는 1583년 36세 때 《상례비요(喪禮備要)》를 저술하였고, 1599년 52세 때에는 《가례집람(家禮輯覽)》을 완성하였다. 또한 1624년 77세 때에는 국가전례(國家典禮)에 대한 자신의 견해를 밝힌 《전례문답(典禮問答)》을 썼으며, 만년까지 그의 문인 지구(知舊)들과 함께 예에 관하여 강론하고 문답한 내용을 엮은 《의례문해(疑禮問解)》를 저술하였다. 이와 같이 그는 방대한 분량의 예서(禮書)를 저술하여 예학 시대의 기초를 마련하였는데, 이제 저술별로 그 속에 담겨진 예학사상을 간략히 정리해 보고자 한다.

(1) 《상례비요》를 중심으로

《상례비요(喪禮備要)》는 그의 친구인 신의경(申義慶)의 《상례비요》를 원본으로 한 것인데, 거기에 주체적인 관점에서 자신이 첨삭(添削)을 가하고 정밀한 고증작업을 하였으며, 이후 지속적인 연구를 거쳐 이루어진 저술이다. 이에 대한 〈사계연보〉의 설명을 보기로 하자.

> 《상례비요》가 완성되다. 서본(書本)은 신공(申公) 의경(義慶)이 《가례(家禮)》 〈상례편(喪禮篇)〉을 기본으로 삼고, 여기에 고금의 예와 제가의 설을 참고하여 조(條)를 따라서 보충해 넣고, 사이사이에 또한 시속(時俗)의 제도를 첨부하여 실용에 편하게 한 것인데, 신의경의 수정(修整)이 더해지지 못했고 빠진 것이 많았으므로, 이때에 이르러 선생이 다시 그것을 취하여 첨삭증정(添削證定)하여 드디어 이 책을 이루었다. 그리고 길제(吉祭), 개장(改葬) 2조는 《가례》에 없는 것인데, 역시 고례(古禮)와 구준(丘濬)의 〈의절(儀節)〉에서 뽑아서 첨보(添補)하였다.[70]

여기에서 우리는 사계가 《상례비요》를 저술할 때 《가례》 〈상례편〉을 기본으로 삼고 여기에 고금의 예와 제가의 예설을 참고하여 보충하였음을 알 수 있고, 또 당시 시속의 제도를 고려하여 쓰기에 편리하도록 실용성에 유의하였음을 알 수 있다. 아울러 《가례》에도 없는 길제(吉祭)와 개장(改葬)의 2개조를 고례(古禮)와 〈의절儀節〉에서 뽑아 첨보(添補)하였음을 알 수 있다. 이러한 저술의 의도는 《상례비요》의 다음 서문에서도 잘 나타나 있다.

> 주자가례에 실려 있는 바가 진실로 상세히 갖추어져 있으나, 혹은 고금의 마땅함이 다르고 시용(時用)에 합당하지 않음이 있어서 시골의 선비들이 능히 그 요점을 이해하지 못하여 그 변상(變常)을 통하지 못함이 병통이다. …… 몽학지사(蒙學之士)로 하여금 이 책을 열면 환하게 알아 갑자기 일을 당하였을 때 참고할 바가 있어서 실수하는 일이 없게 하고자 한다.[71]

여기에서 사계는 《상례비요》의 저술 목적을 분명하게 제시하고 있다. 주자의 《가례》에 상례의 상세한 내용을 갖추고는 있으나 때에 따라 마땅함이 다르고 시용(時用)에 합당하지 않음이 있기 때문에, 시골의 선비들이 실제로 정상적인 상황과 비상적인 상황에 적의하게 대처할 수 없는 문제점을 안고 있다고 보았다. 따라서 이들로 하여금 갑자기 상사(喪事)를 당하였을 때 당황하거나 실수함이 없도록 하기 위해 이 책을 짓게 되었다는 것이다.

---

70 《沙溪年譜》, 36歲條.

71 《喪禮備要》, 序, "朱子家禮所載, 固已詳備, 而或有古今異宜, 不合於時用者, 委巷之士, 有不能領其要, 而通其變常, 以是病焉 …… 愚 …… 欲使蒙學之士, 開卷瞭然, 倉卒之間, 有所考据而無失."

또한 《상례비요》의 범례(凡例)에서는 이 책이 비록 《가례》를 조술(祖述)한 것이지만, 그 사이에 부득이하게 덧붙일 것은 덧붙이고 고칠 것은 고치고 옮길 것은 옮기었다고 하였다.[72] 이는 사계가 《가례》를 조술했다고 하면서도 사실은 덧붙이고 고치고 옮김으로써 창작에 가까운 작업을 하였음을 말해 주는 것이다. 이는 공자의 이른바 '술이부작(述而不作)'에 가까운 겸사(謙辭)의 표현이라 하겠다.

(2) 《가례집람》을 중심으로

사계는 주자의 《가례》를 보완하는 의미에서 《가례집람(家禮輯覽)》을 저술하였는데, 그의 서문에 그 취지와 경과가 잘 설명되고 있다. 그는 어려서부터 《가례》를 받아 읽었는데, 능히 환히 알지 못함을 병통으로 여겨 친우인 신의경(申義慶)과 몇 해 동안 강론하고 또 사문(師門)에 나아가 질정(質正)하여 마침내 그 대략을 알게 되었다 한다. 이에 함께 제가(諸家)의 학설을 취하여 각 조목 아래에 주를 달고 하나의 책을 엮어 《가례집람》이라 하였다 한다.[73]

그리고 그는 주자(朱子)의 《가례》 체제를 존중하면서도 그대로 좇지 않고 자신의 의견을 반영하여 보충하였으며, 철저한 고증은 물론 자신의 견해를 덧붙이는 방식을 취하였다. 또 국속(國俗)의 경우도 그것이 편리한 것이면 모두 기록하여 사용함에 편리하도록 배려하였다. 그러므로 그는 권 머리에 도설(圖說)을 붙이고 어려운 용어나 문자는 쉽게 풀어 설명

---

72 같은 책, 凡例, "此書, 雖祖述家禮, 而其間或有不得已, 可補者補之 …… 可改者改之 …… 可移者移之."

73 《沙溪遺稿》, 卷5, 〈家禮輯覽序〉, "余自幼受讀家禮, 嘗病其未能通曉, 旣而從友人申生義慶, 與之講論, 積有年紀, 又就正于師門, 遂粗得其梗概, 因共取諸家之說, 要刪纂註於逐條之下, 編爲一書, 名以家禮輯覽."

하였으며, 생소한 인명에 대해서는 〈소전(小傳)〉을 붙여 초학자라도 쉽고 편리하게 사용하도록 저술하였다. 그리고 이를 편집하면서 약 80여 종에 이르는 국내외의 관계서적을 들어 고증하고 그 인용 서목(書目) 및 예설의 예가(禮家)를 자세히 밝히고, 곳곳에 '안(案)'이라 하여 자기의 예설을 첨가하였다. 이러한 그의 고증적 자세는 《가례집람》에서 주자 《가례》의 〈가례도(家禮圖)〉가 원래 주자의 작이 아님을 밝힌 데서도 분명하게 드러난다.

또한 사계의 《가례집람》은 송익필의 《가례주설(家禮註說)》과 구성면에서 비교해 볼 때, 《가례주설》은 《가례》에 주설(註說)을 달되 그가 필요하다고 생각되는 항목에 대해서만 선별적으로 채록하고 있어 세목(細目)이 총체적으로 일목요연하게 구비되어 있지는 못하고 그 주설도 매우 간단한 것인 데 비해, 《가례집람》은 《가례》의 체제에 따라 그 전체 내용을 수록하고 이에 대한 각 항목 각 조별로 관계되는 주설을 집대성하였으며, 또 고증을 겸한 자신의 예설을 곳곳에 첨가한 매우 상세한 것이어서 조선의 예학이 사계에 이르러 학문적인 수준에 이르게 되었음을 알 수 있다.

또한 사계는 《가례집람》에서 《가례》에 관한 중국인의 예서와 예설을 집성했음은 물론, 이에 관한 조선학자들의 제 예설과 조선사회의 예제 및 속례(俗禮)를 널리 수집하여 이를 집성하는 노력을 겸하였다. 이를 통해서 볼 때 《가례집람》의 저술은 단순히 주자 《가례》의 완성에만 목적이 있었던 것이 아니고, 한국적인 가례를 만들고자 함에 있었음을 알 수 있다. 그의 이러한 노력은 가례에 대한 조선인의 예설과 조선의 가례를 정리하는 계기를 마련하여 마침내 '조선적인 가례의 집성'이 이루어질 수 있었던 것이다.[74]

---

74 한기범, 〈사계 김장생과 신독재 김집의 예학사상 연구〉, 126~129쪽 참조.

그런데 이러한 사계의 《가례》에 관한 적극적인 관심과 연구노력은 그의 도통(道統)의식에 근거하고 있다는 점이다. 그의 〈연보〉에 의하면 《가례》는 본래 초본(草本)으로서 주자가 미처 수정작업을 마치지 못한 미완의 글이었다는 것이며,[75] 주자가 늘 예서의 불비(不備)를 한탄한 것을 사계가 근심하여 만년에 예서의 연구에 전념하였다는 것이다.[76] 이는 다음 우암의 〈가례집람후서(家禮輯覽後序)〉를 통해서 잘 알 수 있다.

> 대개 이 책은 초본(草本)으로써 미처 재수(再修)하지 못한 것이어서 후세의 의논이 감히 주자가 편술(編述)한 것이 아니라 하는 등 그 오류가 더욱 심했다. 그런데 관혼(冠婚)의 예절은 이미 〈통해(通解)〉의 머리에 나타냈으므로 학자들이 그 본말을 추구하더라도 후세의 분분한 논란은 족히 염려될 바 아니었다. 오직 상제(喪祭) 이례(二禮)는 재수(再修)할 겨를이 없었던 것이다. 면재(勉齋) 황간(黃幹)의 속편(續篇)이 비록 매우 상세하고 정밀하나 학자들이 오히려 주자의 감수(監修)를 받지 못한 것을 유감으로 여겼다. 그러므로 선생이 이 상제(喪祭) 이례(二禮)에 깊이 공을 쏟아 물을 담아도 새지 않을 정도가 되게 했으니, 이 책은 가히 면재의 속편과 더불어 주문(朱門)에 도움이 크다 할 것이다.[77]

이와 같이 당시에도 주자의 《가례》가 초본이고 또 주자의 온전한 감수를 거치지 아니한 점이 지적되고 있었던 것이다. 특히 상례와 제례의 경

---

75 《沙溪年譜》, 52歲條, "九月, 家禮輯覽成. 家禮之書, 出於草創亡失之餘, 讀者病其未能通曉."

76 배상현, 〈사계 김장생의 예학사상고〉, 《사계사상연구》, 98쪽.

77 〈家禮輯覽〉後序(宋時烈 撰), "蓋以此卽草本, 而未及再修者. 故後世之議論, 敢到而至或以爲, 非夫子之所編, 則其謬益甚矣. 然冠婚之修, 旣冠於通解之首, 則學者自可推本求末, 而後世紛紛不足慮矣. 惟喪祭二禮未暇及焉, 勉齋續編, 雖甚詳審精密, 然學者猶以未經夫子之手, 不能無遺憾焉. 以故先生於此二禮, 用功尤深, 雖謂之置水不漏可也. 然則是書也, 可與勉齋續編, 共爲輿衛於朱門也審矣."

우 더욱 그러하여 이를 한스럽게 여긴 사계가 진력(盡力), 보완하여 《가례집람》을 완성하게 되었던 것이다.

이는 "주자가 만년에 뜻을 둔 것은 오직 예서에 있었으니 후학이 이에 마음을 다하는 것이 참으로 마땅하다"[78]는 사계의 말에서 그의 도통적(道統的) 사명의식이 더욱 극명해지는 것이라 하겠다.

(3) 《의례문해》를 중심으로

사계의 예학에 대한 관심과 연구는 거의 평생을 일관했다 해도 지나치지 않는데, 《의례문해(疑禮問解)》는 이러한 그의 노력을 실증하기에 족하다. 《의례문해》는 사계가 그의 문인이나 친우들과 함께 예에 관해 토론하고 문답한 내용을 모아 엮은 책이다. 그는 《가례집람》과 함께 이 책에 대한 수정과 보완 작업을 만년에까지 계속한 것으로 그의 〈연보〉는 말해 주고 있다.[79] 이 책은 8권에 이르는 방대한 양의 예 문답서이고, 또 그의 만년 역작이라는 점에서 그의 예학사상이 가장 잘 표현된 예서라고 할 수 있다.

《의례문해》의 내용을 살펴보면 상제례(喪祭禮)에 관한 내용이 80퍼센트가 넘고, 특히 상례가 71퍼센트나 된다. 문례자(問禮者) 13명 가운데 그의 문인 송준길(宋浚吉)의 질문이 240건으로 44.3퍼센트가 되고, 그의 주요 문인이라 할 수 있는 송시열, 송준길, 이유태(李惟泰)의 질의가 295건이나 되어 전체의 반을 넘고 있다.

또한 예 문답에서 인용되고 있는 조선학자들의 예서 및 예설이 무려 134회나 되고, 특히 《상례비요》, 《격몽요결(擊蒙要訣)》 등의 예서가 30여

78 〈家禮輯覽後序〉, "……常以爲朱夫子晩年所致意者, 惟在禮書, 則後學於此, 尤當盡心."

79 《沙溪全書》, 卷45, 〈語錄〉.

회나 인용되고 있음을 볼 수 있다. 또한 그는 예서의 해당사례에 관한 예문(禮文)이 잘 구비되어 있지 못한 것이나 그 적용이 애매한 경우에는 자신의 집에서 실행하고 있는 자가례(自家禮)를 예로 들어 설명을 보충하고 있다.

또한 사계는 이 책에서 주자《가례》의 체제를 따르면서도 한국적인 변례(變禮)를 보충 삽입하였고 철저한 고증을 덧붙였던 것이다. 특히 그가《의례문해》에서 문례자(問禮者)와 그 내용을 모두 수록한 것은《가례집람》에서 우리나라 학자들의 예설을 집성(集成)한 것과 상통하는 것으로 조선 예학의 성립과 정리에 크게 기여한 것으로 평가된다.[80]

(4)《전례문답》을 중심으로

사계는 1624년 당시 유림(儒林)의 대 원로로서 국가전례(國家典禮)에 관한 자신의 견해를 편지형식으로 밝혔고, 또 다른 사람들의 예론에 대해 자신의 견해를 제시하거나 복제(服制), 추숭(追崇)에 대해 고증한 바 있었는데 이러한 글들을 모아《전례문답(典禮問答)》이라 한다.

먼저 그는 유교적 종법(宗法)을 중시하는 입장에서 정통(正統)의 확립을 강조하였다. 본래 인조는 광해군의 폭정을 응징한 인조반정을 통해 임금이 되었고, 선조의 다섯째 아들인 정원군(定遠君)의 아들이지만 할아버지인 선조의 뒤를 이어 임금이 되었다. 인조 원년 5월 인조가 사묘(私廟)에 친제(親祭)하려 할 때, 당시 예조판서 이정구(李廷龜)와 부제학 정경세(鄭經世) 등이 대신들과 더불어 사친(私親)에 대해 '고(考)'라고 칭하고 임금 자신을 '자(子)'라고 칭해도 무방하다고 진언한 데 대해서, 사계는 이의 부당성을 상소로서 논증하였다.

---

80 한기범, 〈사계 김장생과 신독재 김집의 예학사상 연구〉, 132~138쪽 참조.

지금 성상께서 선조의 왕통을 계승하고서 또 사친(私親)을 계승하려고 한다면, 이는 이른바 소종(小宗)으로 대종(大宗)에 합하려는 난륜실례(亂倫失禮)가 되는 것입니다. 또 이미 고(考)라 칭하면 반드시 3년 상을 지내야 할 것이니, 어찌 대통(大統)을 계승하고 또 사친(私親)을 위하여 3년 상을 지낼 수 있겠습니까?[81]

여기에서 사계는 인조가 비록 선조의 손자지만, 선조의 왕통을 계승한 이상 부자의 도가 있으므로 사친(私親)에 대해 '고(考)'라 칭할 수는 없고 사친을 위하여 더욱이 3년 상을 지낼 수는 없다고 보았던 것이다.

또한 1624년(인조 2년) 영월군수 박지계(朴知誡)가 상소를 올려 정원군(定遠君)을 위해 사묘(私廟)를 세우고 3년 상을 지내고, 이때 백관도 따라서 복을 입게 할 것을 청하였고, 또 그 뒤를 이어 박지계의 문인인 이의길(李義吉)이 정원군의 추숭을 청하였다. 이에 사계는 경전과 역사와 선유들의 제설을 참고하고 축조(逐條), 논변하여 편지를 만들어 제공(諸公)에게 보내어 왕가의 종통(宗統)을 바로잡고자 하였다.

또한 1626년(인조 4년)에는 인조의 생모인 계운궁(啓運宮; 인헌왕후仁獻王后)의 상을 맞아 이에 인조의 복제(服制) 문제가 발생하였다. 인조의 복을 3년으로 할 것인가 아니면 장기(杖朞)와 부장기(不杖朞) 가운데 어느 것을 택할 것인가로 의론이 분분할 때 사계는 상소를 올려 다음과 같이 진언하였다.

무릇 천자나 제후가 그 소생모(所生母)를 위하여 강등(降等)하는 것은, 이미

---

81 〈沙溪行狀〉, "聖王繼承宣祖之統, 又以私親上繼祖廟, 則正所謂以小宗合大宗, 亂倫失禮者也. 且旣稱之爲考, 必爲三年喪, 豈有入承大統, 而爲私親之理乎?"

> 종묘사직의 주인이 되었는데도 만일 사친(私親)을 위하여 3년 상을 지낸다면 그동안 종묘에 제사를 드릴 수 없기 때문입니다. …… 정이 비록 지극히 중한 것이나 3년 동안 조종(祖宗)의 제사를 폐하는 것은 미안한 일이 아니겠습니까?[82]

이와 같이 사친을 위한 3년 상이 불가한 이유는 3년 동안 왕실의 제사를 중단할 수 없다는 현실적인 이유에서였다. 그리고 그는 주자의 이른바 "남의 후계로 들어가 대통(大統)을 계승한 자는 소생(所生) 부모를 위하여 부장기(不杖朞)로 한다"는 이론적 근거를 제시하였고, 이는 또《의례(儀禮)》에도 보인다고 하였다.[83]

이를 통해서 볼 때, 사계는 제왕가(帝王家)의 예와 사대부의 예를 구별하려는 입장에 서 있었다고 볼 수 있는데, 이는 후일 복제예송(服制禮訟)에서 남인들의 3년 설에 기초적인 논리가 되기도 했다. 그런데 이 예송(禮訟)에서 그의 문인이었던 송시열, 송준길 등이 오히려 종법(宗法)의 보편성을 강조하여 사계의 분별주의적 입장과 상반되었음은 주목할 만한 일이다.[84]

5. 사계 예학의 특성

위에서 사계의 예서를 중심으로 그의 예학사상을 간략히 살펴보았는데, 이를 통해서 사계 예학사상의 특성이 무엇인지 기존 연구성과를 참고

---

82 《典禮問答》, 〈答申敬淑(欽)書〉, "凡天子諸侯, 爲其所生母降等者, 旣爲宗廟社稷之主, 若爲三年喪, 則不得祭宗廟也 …… 情雖至重, 三年廢祖宗之祀, 無乃未安乎?"

83 같은 책, 〈答申敬淑書〉, "朱子以爲, 入繼大統者, 爲其所生父母, 不杖朞, 此說亦見儀禮."

84 이영춘, 〈사계예학과 국가전례〉, 《사계사상연구》, 1991, 174쪽.

하여 정리해 보기로 하자.[85]

사계예학의 가장 중요한 특성 중의 하나는 주자의 《가례》를 중심으로 한 예학이라는 점이다. 그는 어려서부터 《가례》를 읽었는데, 그것을 밝게 알지 못함을 병으로 여겨, 친우인 신의경(申義慶)과 여러 해 동안 토론하고 또 사문(師門)에 나아가 지도를 받고서야 그 대개의 뜻을 이해하게 되었다 한다.[86] 이처럼 사계는 어려서부터 《가례》를 배웠고 이를 독실히 연구해 왔음을 알 수 있다. 여기에서 우리는 송익필(宋翼弼)의 예학적 영향을 짐작할 수 있고, 그가 문인들의 교육에서 《소학》과 《가례》를 최우선의 교과목으로 삼아 가르친 점에서도 잘 나타난다.

이러한 그의 《가례》에 대한 관심은 마침내 《가례집람(家禮輯覽)》의 저술로 나타났고, 《상례비요(喪禮備要)》, 《의례문해(疑禮問解)》 또한 《가례》가 그 중심이 되고 있다는 점에서 사계예학의 특성이라 할 만하다.

둘째, 상례(喪禮)와 제례(祭禮)를 중시했다는 점이다.[87] 그는 관혼상제(冠婚喪祭)의 사례(四禮) 중에서도 가장 어려운 상제례(喪祭禮)에 많은 노력을 기울였다. 그는 《상례비요》 서문에서 다음과 같이 상례의 중요성을 언급하고 있다.

---

85 사계예학의 특성에 관해 한기범은 (1) 수신 위주의 예학 (2) 가례와 상제례를 위주로 한 예학 (3) 종법(宗法)주의적 성격이 강한 예학 (4)실용성을 지닌 계몽적 예학 (5)학문적 수준을 갖춘 최초의 전문적인 예학 (6) 호서 예학파의 형성에 기초를 제공한 예학이라 규정하고 있고(한기범, 앞의 글, 153~155쪽), 배상현은 (1) 종법을 통한 통(統)의 수립 (2) 합리성의 추구 (3) 실용성의 추구 (4) 고증학을 통한 변정(辯訂)으로 설명하고 있다(배상현, 앞의 글, 99쪽).

86 《沙溪全書》, 卷5, 〈家禮輯覽序〉, "余自幼受讀家禮, 嘗病其未能通曉, 既而從友人申生義慶, 與之講論, 積有年紀, 又就正于師門, 遂粗得其梗概."

87 노인숙, 〈사계예학고〉, 《사계사상연구》, 164쪽.

> 예는 보통 길상(吉常)의 때에는 행하기 쉬우나 갑자기 당하는 흉변(凶變)의 경우에는 빠뜨리는 것이 많다. 그러므로 평소에 강습(講習)하여 둔 바가 아니면 합의(合宜)하기가 어려우며 행해야 할 절목을 하나라도 빠뜨리면 나중에 후회해도 바로잡을 기회가 없다. 이것이 바로 효자가 유감없이 이를 다 행하려 하고, 사례(四禮) 중에서도 중요하고 절실하게 여기는 까닭이다.[88]

이와 같이 길상(吉常)의 예는 행하기 쉬우나 상례와 같이 갑자기 당하는 흉변(凶變)의 예는 절목대로 지키기 어렵기 때문에 평소 강습하지 않으면 실수하게 되고 또 반드시 후회를 남기게 된다는 것이다. 따라서 상례에 대한 자상한 절목의 이해와 실천은 매우 중요하다고 보고 사계는 《상례비요》를 저술했던 것이다. 이러한 특성은 그의 서초(書鈔)와 문인, 시인(時人)들과 토론한 글 중에서도 상제례(喪祭禮)에 관한 내용이 가장 많은 데서 입증된다.[89]

셋째, 자주적이고 주체적인 예학풍이라는 점이다.[90] 그는 주자의 《가례》를 매우 존신(尊信)하면서도 그대로 묵수(墨守)만 한 것은 아니었다. 그는 《상례비요》를 저술할 때에도 《가례》에도 없는 길제(吉祭), 개장(改葬)의 2개조를 첨보(添補)하였고,[91] 주자의 《가례》도 고금의 마땅함이 다르고 시용(時用)에 합당하지 않음이 있기 때문에 우리 현실에 맞도록 고치지 않을 수 없다고 보았다.[92] 그리고 덧붙일 것은 덧붙이고, 고칠 것은

---

88 〈喪禮備要序〉, "禮之用, 易行於平間吉常之時, 而多失於急遽凶變之際. 苟非素所講習, 則難以合宜而應節, 一有所失, 悔不可追, 此孝子之所以必欲自盡, 而在四禮爲尤重且切焉者也."

89 노인숙, 앞의 글, 163쪽.

90 노인숙, 같은 글, 164쪽.
조준하, 〈사계 김장생의 예학사상〉, 《사계사상연구》, 122쪽.

91 〈沙溪年譜〉, 36歲條.

92 〈喪禮備要序〉.

고치고, 옮길 것은 옮겨 거의 창작에 가까운 노력을 했던 것이다.[93] 《의례문해》도 《가례》의 체제를 따르면서도 한국적인 변례(變禮)를 보충 삽입하였으며, 《가례집람》의 저술에서도 권 머리에 도설(圖說)을 붙이고 예제상의 어려운 용어나 문자는 쉽게 풀어 설명하였고, 자신의 견해를 붙여 자주적인 《가례》의 정립을 시도하였다.

또한 사계는 예설에 있어서 스승인 구봉(龜峰) 송익필(宋翼弼), 선유(先儒)인 퇴계(退溪) 이황(李滉), 한강(寒岡) 정구(鄭逑)는 물론 주자의 설까지도 과감히 비판하는 학문적 자주성을 보여 주었고,[94] 《가례부주(家禮附註)》를 지은 양복(楊復)의 설에 대해서도 비판을 아끼지 아니하였다.[95] 그의 예설이 《가례》를 기본으로 하면서도 우리나라 현실에 맞도록 주체적인 노력을 했으며, 스승이나 선유의 설이라도 권위에 구애받지 않고 자주적 입장에서 예학을 정립하려 했다. 주체적 입장에서 한국적인 《가례》, 한국적인 예학을 정립하고자 했던 사계의 노력은 이후 그의 문인들에 의해 계승되어 예학 시대를 열어 갔던 것이다.

넷째, 고증적인 학문태도와 합리성을 추구했다는 점이다.[96] 그는 《상례비요(喪禮備要)》를 지을 때도 신의경(申義慶)의 《상례비요》를 저본(底本)으로 했지만, 자신이 다시 첨삭(添削)하고 고증하였고, 특히 길제(吉祭), 개장(改葬)의 2개조를 새로 넣을 때에도 고례(古禮)와 구준(丘濬)의 〈의절(儀節)〉에서 뽑아 넣었던 것이다.[97] 또 《가례집람(家禮輯覽)》을 저술할 때에도 제가의 설을 취하여 각 조목 아래 주를 달았으며,[98] 이를 편집

93 〈喪禮備要〉, 凡例.

94 배상현, 〈사계 김장생의 예학사상고〉, 《사계사상연구》, 83쪽.

95 같은 글, 96쪽.

96 같은 글, 89쪽.

97 〈沙溪年譜〉, 36歲條.

할 때에도 약 80여 종에 이르는 국내외 관련서적을 들어 고증하고 그 인용 서목(書目) 및 예설의 예가(禮家)를 자세히 밝혔다. 그의 이러한 고증적인 학문 태도는《가례》의〈가례도(家禮圖)〉가 원래 주자의 작이 아님을 고증한 데서도 분명해진다.[99] 또한《의례문해(疑禮問解)》의 저술도 주자《가례》의 체제를 따르면서도 한국적인 변례(變禮)를 보충 삽입하였고, 철저한 고증을 덧붙였다. 이러한 고증적 학문 태도는 그의《전례문답(典禮問答)》에서도 잘 나타나 있다. 그는 1624년 박지계(朴知誡)와 그의 문인 이의길(李義吉)이 인조의 생부인 정원군(定遠君)의 3년 상을 지낼 것과 추숭(追崇)을 청한 데 대해, 고금의 경전과 역사 그리고 선유들의 제 학설을 참고하고 축조(逐條) 논변하여 그 부당성을 지적했다. 여기서도 그의 고증적인 학문 태도가 유감없이 발휘되었다. 이러한 고증적 학문 태도는 곧 예의 합리성을 확보하려는 노력의 하나였다고 볼 수 있다. 본래 예는 일면 인정에 기초해야 하지만 또한 합리성을 갖추어야 한다. 사계의 고증적인 학문 태도와 예학에서의 합리성의 추구는 그의 예학이 '학문적인 예학'의 수준으로 제고되는 데 기초가 되었다.

다섯째, 실용성의 추구다. 예는 합리적이어야 하며 사용하기에 쉽고 편해야 한다. 사계의 예학은 이러한 실용성을 바탕으로 하고 있다. 그는《상례비요》의 저술에서 고금의 예와 제가의 학설을 참고하여 조(條)를 따라 보충해 넣고, 그 사이사이에 시속(時俗)의 제도를 첨부하여 실용에 편리하도록 배려하였다.[100] 또《가례집람》의 저술할 때에도 주자《가례》의 체제를 존중하면서도 국속(國俗)의 경우 그것이 편리한 것이면 모두 기록

98 《沙溪遺稿》, 卷5,〈家禮輯覽序〉.

99 한기범,〈사계 김장생과 신독재 김집의 예학사상 연구〉, 127쪽.

100 〈沙溪年譜〉, 36歲條.

하여 사용자가 선택해서 쓸 수 있도록 하였고,[101] 권 머리에 도설(圖說)을 붙이고 어려운 용어나 문자는 쉽게 풀어 설명하였으며, 생소한 인명에 대해서는 〈소전(小傳)〉을 붙여 초학자라도 쉽고 편리하게 사용하도록 하였다. 이러한 그의 실용성 추구는 다음 김상헌(金尙憲)의 평가를 통해서도 잘 드러난다.

> 의심나는 일이나 문의사항이 있으면 시비를 가릴 것 없이 한번 이 책을 열면 마치 얼음이 녹는 것 같고, 밝은 스승과 유익한 친구가 좌우에서 논하고 입으로 외는 것 같아, 비록 시골에서 독학하는 사람이라도 고루하여 통하지 못하는 근심이 없어지게 되었다.[102]

이와 같이 사계의 《의례문해》는 예에 관한 궁금증을 풀어 주는 편리한 안내서였는데, 이는 무엇보다 일상적인 예행(禮行)에서의 구체적인 예 문답서였기 때문이다. 그리고 예의 실용성을 추구하는 그의 학문정신이 잘 반영되었기 때문이었다.

여섯째, 실천적인 예학풍에 있다. 그를 일러 '동방예학의 종장(宗匠)'이라 일컫는 것은 저술에 드러난 해박한 지식만을 가리켜 말함이 아니라, 평소의 마음가짐과 행동거지가 예법에 맞아 모범이 되었기 때문이다.[103] 그의 〈행장〉에 의하면 사계는 평상시 가정에서 매일 아침 일찍 일어나 세수하고 머리 빗고 의관(衣冠)을 바르게 하고 가묘(家廟)에 나아가 뵌 다음, 물러와 서당에 처해 고요히 책상을 대함에 조금도 사물에 마음이 동

---

101 〈家禮輯覽〉, 凡例, "……然有俗制之便宜者, 則幷存之, 使其用者, 有所擇焉."

102 〈疑禮問解〉, 序, "使人心有所疑事, 有可質不待婜訟, 一開卷而渙然氷釋, 有若名師益友近在, 左右面論而口訟之, 雖窮鄕獨學, 擧無固陋未達之患."

103 유승국, 〈한국예학사에 있어서의 사계의 위치〉, 《사계사상연구》, 39쪽.

요하지 않았다 한다.[104] 이처럼 그는 평소 절제된 생활로 일관하여 수도(修道)에 가까운 자기수양을 하였음을 알 수 있고, 이러한 그의 예행(禮行)은 예학의 이론과 하나가 됨으로써 관념적인 예학이 아닌 실천적인 예학풍을 열었던 것이다.

또한 그는 《의례문해》에서 예서에 그 해당사례에 관한 예문(禮文)이 구비되어 있지 못한 경우라든가 그 적용이 애매한 경우에는 자신의 집에서 실행하고 있는 자가례(自家禮)를 예로 들어 설명을 보충하고 있다. 이는 예학의 대가인 사계 자신의 예행이 곧 당시 예 실천의 한 모범으로 정착되고 있었음을 시사해 주는 바라 하겠다.[105] 그의 이러한 실천적인 예학풍은 이후 그의 문인들에 의해 계승되었고, 당시 국가기강과 사회질서가 혼란했던 상황에서 예학의 사회적 기능이 가능했던 것이라 하겠다.

6. 사계 예학의 의의

사계의 예학은 한국유학사에서 어떤 의미를 갖는지 검토해 보기로 하자. 첫째, 예학을 상식적인 수준에서 학문적 수준으로 끌어올렸다.[106] 사계 이전의 예학은 문헌에 의한 고증은 없이 그저 묻는 데 따라 대답하는 형식으로 이루어져 확실한 전거(典據)가 없이 사견(私見)에 빠질 가능성이 많았다. 그런데 사계에 의해 주도면밀한 고증이 이루어지고 제가의 설을 비교, 논증함으로써 학문적 차원의 예학으로 승화되었다. 이렇게 볼 때, 우리나라의 예학은 사계에 의해 비로소 체계화되었다고 볼 수 있

104 《沙溪全書》, 卷48, 〈行狀〉.

105 한기범, 〈사계 김장생과 신독재 김집의 예학사상 연구〉, 138쪽.

106 같은 글, 154쪽.

다.[107] 이는 예학의 학문화 또는 철학화가 이루어졌다는 것으로 한국 유학사에서 매우 중요한 의미를 갖는다.

둘째, 한국적 예학의 기초를 수립하였다. 사계는 《상례비요(喪禮備要)》, 《가례집람(家禮輯覽)》, 《의례문해(疑禮問解)》, 《전례문답(典禮問答)》 등 그의 예서에서 주자의 《가례》를 기본적으로 존신(尊信)하면서도 한국적 적용의 문제를 늘 염두에 두었다. 즉 주체적인 학문자세를 견지하였다. 따라서 그는 선유의 설이나 제가의 설을 두루 섭렵, 참고하는 가운데 예설을 정립했으며, 특히 당시 국속(國俗)의 예나 시속(時俗)의 예를 결코 소홀히 하지 않고 이를 십분 활용함으로써 한국적 예학의 기초를 세웠다. 더욱이 예는 그 실행면에서 상황성이 중요하다고 볼 때, 한국적인 예학의 정립을 위해 노력한 것은 한국유학의 정체성의 측면에서도 매우 의미 있는 일이다.

셋째, 예의 대중화, 사회화에 크게 기여하였다.[108] 사계에 의해 수정, 보완된 《상례비요》는 내용이나 실용면에서 다른 예서를 압도하고 지역, 학파, 당색을 떠나 생활예로서 널리 활용케 되었다.[109] 이는 조인영(趙寅永)이 "가례를 이어 예를 말한 것으로는 조선에서 《상례비요》가 가장 절실하고 긴요하며 사대부들이 모두 준행(遵行)한다"[110]고 말한 데서도 잘 입증된다. 특히 사계 자신의 집안에서 준행된 자가례(自家禮)를 통해서 예의 사회화 또는 대중화의 일면을 짐작할 수 있다. 더욱이 사계 이후 그의 문인들에 의해 활발하게 전개된 예학풍은 단지 학문적 관심에서뿐만

---

107 조준하, 〈사계 김장생의 예학사상〉, 《사계사상연구》, 123쪽.

108 한기범, 앞의 글, 154쪽.
조준하, 앞의 글, 123쪽.

109 배상현, 〈사계 김장생의 예학사상고〉, 76쪽.

110 趙寅永, 〈四禮便覽跋〉, "繼家禮而言禮者, 在我東惟喪禮備要爲最切, 今士大夫皆遵之."

아니라 17세기가 직면한 윤리재건의 자구적(自救的)인 노력에 일익을 담당했던 것이다.

넷째, 기호예학 또는 예학 시대 전개의 길을 열었고, 기호예학과 영남예학의 소통을 도모할 수 있었다. 사계의 예서 저술과 예학적 관심은 17세기 예학 시대를 여는 데 결정적인 계기를 마련해 주었고, 김집(金集), 송준길(宋浚吉), 송시열(宋時烈), 이유태(李惟泰), 윤선거(尹宣擧), 유계(兪棨) 등 그의 문인들에 의해 기호 예학파의 형성을 보게 되었다.[111] 특히 그의 문인이었던 송준길은 장인인 우복(愚伏) 정경세(鄭經世)의 예학까지도 접하게 되었고, 사계는 동춘당을 통해 영남예학을 접함으로써 기호예학과 영남예학의 소통이 어느 정도 이루어질 수 있었다.[112] 동춘당은 사계에게 가장 많은 예 질문을 하고 있었다는 점에서 그 의미는 더욱 크다 할 것이다.

111 한기범, 〈사계 김장생과 신독재 김집의 예학사상 연구〉, 155쪽.

112 배상현, 〈사계 김장생의 예학사상고〉, 96쪽.

제2절 우암 송시열의 학풍과 학문적 위상

1. 학문적 배경과 학풍

우암(尤庵) 송시열(宋時烈; 1607~1689)은 기호학파의 적통(嫡統)을 계승하였다. 그의 〈연보〉에 따르면 그는 12세에 율곡의 《격몽요결(擊蒙要訣)》을 읽었고, 24세에 사계(沙溪) 김장생(金長生)의 문하에 들어가 《근사록(近思錄)》, 《심경(心經)》, 《가례(家禮)》를 배웠으며, 그 이듬해 사계가 세상을 떠나자, 송준길(宋浚吉), 이유태(李惟泰), 윤선거(尹宣擧) 등과 함께 신독재(愼獨齋) 김집(金集; 1574~1656)의 문하에 들어가 수학하였다. 이러한 그의 사계, 신독재 문하에서의 수학은 율곡 성리학과 예학의 수학이었다.

또한 우암의 학문 형성에 지대한 영향을 미친 것은 주자요 주자학이다. 정조가 〈양현전심록(兩賢傳心錄)〉 서문에서 밝혔듯이, 우암은 곧잘 주자에 비견된다. 그는 공자 이후에 여러 유학자들을 집대성(集大成)한 이가 바로 주자라 하고, 후학들이 본받아야 할 것은 크고 작은 모든 일을 마땅히 한결같이 주자를 따라야 한다고 하였다.[1] 물론 이것은 그의 부친 송

1 《宋子大全》, 卷75, 〈與李彝仲(丁未, 別紙)〉, "又竊念孔聖以後, 集群儒之大成, 唯晦庵夫子, 則

갑조(宋甲祚)의 '주자는 후대의 공자요, 율곡은 후대의 주자'라는 교훈에서 비롯된 것이지만, 그의 주자에 대한 존경과 믿음은 거의 절대적이었다.

> 하늘이 공자에 이어 주자를 낳은 것은 실로 만세의 도통(道統)을 위해서라고 나는 생각한다. 주자 이후로 어느 한 이치도 드러나지 않은 것이 없으며, 어느 한 책도 밝혀지지 않은 것이 없다. 그런데 윤휴(尹鑴)가 어떻게 스스로 자신의 독자적 견해를 세워 온 힘을 다해 주자를 비판한단 말인가? 이는 실로 사문(斯文)의 난신적자(亂臣賊子)이다.[2]

> 또한 주자 이후에 분명하지 않은 이치가 없고 설명되지 않은 말이 없다. 주자와 같은 사람이 다시 나온다 해도 독창적으로 내세우는 견해는 다시 없을 것이며, 그저 주자의 견해를 지킬 것이다. 이렇게 하지 않는다면 주자와 같은 사람이 아니라 육상산(陸象山), 왕양명(王陽明) 등의 무리일 뿐이다.[3]

이와 같이 우암의 주자에 대한 존신(尊信)은 가히 종교적이라 할 만큼 철저하였다. 이러한 우암의 주자학에 대한 절대적 신봉은 일면 그의 순정(醇正)한 주자학도로서의 면모를 유감없이 보여 주는 것이지만, 다른 한편으로는 그의 학문적 경직성을 보여 주는 측면도 없지 않다.

그러면 이러한 배경에서 형성된 우암의 학풍은 무엇인가? 우암의 학

後學之所依倣, 無小大巨細, 當一於是矣."

2 같은 책, 卷78, 〈答韓汝碩〉(別紙), "愚以爲天之繼孔子而生朱子, 實爲萬世之道統也. 自朱子以後, 無一理不顯, 無一書不明, 鑴何敢自立其見, 而排斥之不有餘力耶. 是實斯文之亂賊也."

3 같은 책, 卷104, 〈答金仲固〉, "且惟自朱子以後, 則無一理不明, 無一言不釋, 縱使如朱子者復起, 更無所自立之言, 只守朱子之說而已. 苟不如此, 則定不是如朱子者, 而爲象山陽明之倫而已."

풍은 크게 세 가지로 대별해 볼 수 있다. 하나는 성리학이고 둘째는 의리학이며 셋째는 예학이라고 할 수 있다.

그의 성리학은 율곡, 사계의 적통으로서 스승들의 학설을 계승한다는 의미와 함께 기호학파 또는 율곡학파의 정체성을 확립한다는 의미가 있다. 그것은 우암대에 이르러 영남 지역 퇴계 후학들의 율곡 학설에 대한 시비와 비판이 본격적으로 제기되었기 때문이다. 따라서 우암의 입장에서는 율곡학설을 지키고 옹호해야 할 뿐 아니라 나아가서는 율곡학파의 정체성을 확립해야 한다는 현실적 요구도 반영되었다. 그는 사계를 통해 전수된 율곡 성리학을 충실히 계승하였고, 어느 일면에서는 스승들에게서 미진했던 문제들을 보완하는 측면도 있었다.

또한 우암은 성리학을 체(體)로 하면서 용(用)으로서의 예학과 의리학에 매진했다.[4] 16세기 율곡 시대의 성리학은 이제 새로운 시대를 맞아 적용되지 않으면 안 되었다. 즉 인간 성리의 올바른 구현 또는 사회적 실현이라는 측면에서 예학이 요청되었고, 청나라의 침략 앞에서 민족 자주의 대의명분과 유교문화의 자존의식이 의리학풍을 낳게 되었다. 우암은 당시 기호예학을 선도하고 '예학의 종장(宗匠)'으로 추앙받던 사계학단(沙溪學團)에서 자연스럽게 예학을 배우게 되었다. 그는 많은 예학적 저술을 하였거니와[5] 기해예송(己亥禮訟)을 비롯한 예 논쟁의 중심에서 활약하였고, 이로 말미암아 유배를 당하고 당쟁의 와중에서 온갖 시비와 갈등을

4 황의동, 〈우암의 성리학과 의리사상〉, 《송자학논총》, 2집, 충남대 송자연구소, 1995, 465쪽.

5 한기범은 우암의 예문답서인 《예의문답(禮疑問答)》은 986항목에 이르는 방대한 분량으로, 스승인 사계, 신독재의 예문답서를 합한 것보다 많은 분량이며, 내용면에서도 향례(鄕禮), 왕조례(王朝禮), 학궁례(學宮禮) 등 비가례적(非家禮的) 요소를 포함하는 새로운 측면을 보여 주고 있다고 평가한다. (〈우암의 예학사상과 현대사회〉, 《충청학연구》, 2집, 2001, 한남대 충청학연구소, 148쪽)

겪었다. 이처럼 성리학과 예학은 그의 철학적 면모를 잘 보여 주는 것이지만, 우암의 학풍을 특징적으로 보여 주는 것은 역시 의리학풍이라고 할 수 있다.[6] 이는《오현수언(五賢粹言)》에서 우암의 학문적 특징을 '의리'에 두고 있는 데서도 잘 알 수 있다.[7]

우암의 의리적 학풍은 부친 송갑조의 의리적 삶, 큰형 송시희(宋時熹), 종형 송시영(宋時榮)의 의리적 삶 등 가학(家學)의 영향도 컸고, 당시 정묘, 병자호란을 당한 현실에서 복수설치(復讐雪恥)의 대의명분론과 북벌을 향한 효종과의 특별한 인연도 한몫을 했다고 볼 수 있다.

2. 우암의 성리학

우암의 이기론(理氣論)은 기본적으로 율곡, 사계를 비롯한 기호학파 또는 율곡학파[8]의 이기론을 충실히 계승하고 있다고 볼 수 있다. 그는 이 세계, 만사만물을 형이상자(形而上者)인 리(理)와 형이하자(形而下者)인 기(氣)로써 이루어졌다고 본다. 즉 형상이 있다고 이르는 모든 것들은 모두 이기(理氣)가 있는데, 소위 도(道)는 리(理)요 소위 기(器)는 기(氣)라고 하였다.[9] 우암은 선유들의 해석에 따라《주역》〈계사전(繫辭傳)〉의 도(道)를 리(理)로, 기(器)를 기(氣)로 해석하고, 일체의 존재가 모두 이기

6 황의동, 〈우암의 성리학과 의리사상〉,《송자학논총》, 2집, 465쪽.

7 〈오현수언(五賢粹言)〉에서는 정암의 재지(材志), 퇴계의 덕학(德學), 율곡의 이기(理氣), 사계의 예교(禮敎), 우암의 의리(義理)를 특징적으로 언급하였다.

8 기호학파는 영남학파에 대해 상대적으로 쓰는 말이다. 따라서 기호학파라고 할 때는 율곡학파뿐만 아니라 우계학파까지도 포함한다. 기호학파를 곧 율곡학파라고 동일시 하는 경우도 있지만, 엄밀히 말하면 율곡학파는 기호학파의 한 줄기다.

9 《宋子大全》, 卷113, 〈答朴景初(癸丑)〉, "只謂凡物之有形者, 皆有理氣. 所謂道者理也, 所謂器者氣也."

(理氣)의 묘합(妙合)임을 언표하였다. 마찬가지로 대개 사람이나 사물이 아직 생기지 아니하였을 때 리와 기는 본래 혼융(混融)해서 사이가 없다. 그러므로 기가 모이고 형(形)이 이루어질 때, 리는 스스로 이 형 가운데 갖추어져 있다고 한다.[10] 이처럼 우암은 이 세계가 형이상의 리와 형이하의 기가 하나의 존재양상으로 있다고 설명하였다. 이러한 그의 세계관 또는 존재관은 정주(程朱) 또는 율곡, 사계의 입장을 충실히 계승한 것이다.

그런데 우암의 형도기삼건물사설(形道器三件物事說) 또는 이기형삼건물사설(理氣形三件物事說)은 그의 성리학에 대한 풍부한 식견과 정밀한 이론을 짐작할 수 있는 중요한 자료로 파악된다.

> 형이상(形而上)과 형이하(形而下)에 관해서 퇴계(退溪), 사계(沙溪) 두 선생의 해석은 매우 불안하다고 생각한다. 본래 마땅히 형자(形字)를 위주로 하고 도자(道字)와 기자(器字)를 각각 형(形)의 위아래에 배치하여 형도기(形道器) 삼건물사(三件物事)로 구분해서 보면 해석이 정연해서 이해하는 데 어려움이 없다. 그런데 양 선생은 형(形)과 도(道)만 둘로 가르면서 형(形)과 기(器)는 하나로 보니, 공자의 본래 취지와 일치하지 않는 것 같다. 대개 도(道)는 리(理)요 기(器)는 기(氣)다. 그런데 이 리(理)와 기(氣)가 묘합해서 엉김으로서 만물의 형상이 생하는 것이므로, 《중용》 수장(首章) 주(註)에 "하늘이 음양오행(陰陽五行)으로 만물을 화생(化生)함에 기(氣)로써 형(形)을 이루고 리(理)도 또한 품부(稟賦)하는 것이다"라고 하였다. …… 그러니 이는 모두 리(理), 기(氣), 형(形) 세 글자로 구분해서 말한 것이다. 이제 리, 기, 형 세 글자로 구분해서 말하면, 응당 도(道)는 형이상자가 되고 기(器)는 형이하자가 된다.[11]

---

10 같은 책, 卷101, 〈答鄭景由(丁巳 別紙)〉, "盖人物未生時, 理與氣本自混融而無間. 故氣聚成形之時, 理自具於此形之中矣."

여기에서 우암은 퇴계와 스승인 사계의 《주역》〈계사전〉 '형이상자위지도(形而上者謂之道) 형이하자위지기(形而下者謂之器)'에 대한 해석에 문제가 있다고 비판하고 있다. 즉 퇴계와 사계가 '형(形)'과 '기(器)'를 동일시하여 혼동하고 있는데, 이는 형(形), 도(道), 기(器) 삼자(三者)에 대한 분명한 이해가 부족하기 때문이라는 것이다. 우암에 따르면 형(形)은 형이상(形而上)의 도(道; 理)와 형이하(形而下)의 기(器; 氣)를 포함하는 것으로 존재 자체 즉 사물을 의미한다는 것이다. 도(道)와 기(器), 리(理)와 기(氣)가 하나로 묘합해 있는 존재 그 자체가 바로 형(形)이라는 말이다. 따라서 형이상자인 도(道)와 형이하자인 기(器)를 구별해야 할 뿐 아니라, 존재 자체인 형(形)과 존재 자체의 형이하인 기(器)를 동일시해서는 안 되고 반드시 구별해 보아야 한다는 것이다. 그래서 그는 도(道), 기(器)의 사이에 공통적으로 한 형자(形字)를 두면, 그 혼융무간(混融無間)함을 볼 수 있고, 이미 한 형자(形字)를 두었으나 또 모름지기 상하(上下) 두 글자를 두면, 그 리는 스스로 리고 기는 스스로 기임을 볼 수 있다고 하였다.[12] 이를 통해서 우암의 성리에 대한 정밀한 식견을 짐작할 수 있고, 퇴계와 스승인 사계에 대해서도 비판을 서슴지 않는 데서 엄정한 학자적 면모를 볼 수 있다.

그런데 이러한 형(形), 도(道), 기(器)에 대한 분명한 이해는 이미 조선초 15세기 일두(一蠹) 정여창(鄭汝昌; 1450~1504)에 의해 언급되고 있음

---

11 같은 책, 卷130, 〈朱子言論同異攷〉, "形而上形而下, 退溪沙溪二先生所釋, 殊不甚安. 故嘗以爲當以形字爲主而處, 道字器字於形之上下, 以形道器三件物事所釋, 井井無難矣. 二先生, 則以形與道爲二, 而形與器爲一, 似與孔子本旨不合矣. 蓋道則理也, 器則氣也, 理氣妙合而凝, 以生萬物之形, 故中庸首章註, 天以陰陽五行化生萬物, 氣以成形, 理亦賦焉 …… 是皆理氣形三字, 分別言之矣, 旣以理氣形三字, 分別言, 則當以道爲形之上, 器爲形之下矣."

12 같은 책, 卷113, 〈答朴景初(癸丑)〉, "今於道器之間, 通著一形字, 則可見其混融無間, 旣著一形字, 而又須著上下字, 則可見其理自理氣自氣也."

을 참고할 필요가 있다.[13]

정여창은 그의 〈이기설(理氣說)〉에서 우암이 제기하고 있는 도(道), 기(器), 형(形) 삼자(三者)의 혼동 문제를 합간(合看)과 이간(離看)으로 명료하게 설명하였다. 즉 상하(上下)에 모두 공통적으로 형자(形字)가 붙어 있는 데서 형(形)이 곧 상하를 포함하는 구체적 사물존재요 상하가 오묘하게 하나의 존재 양상으로 있음을 알아야 하고, 또 형자(形字)에 상하(上下) 두 글자를 붙여 구별한 데서 도(道), 기(器)가 둘로 구별됨을 알아야 한다는 것이다. 이처럼 상하(上下), 도기(道器)가 하나로 묘합해 있으면서 또 상과 하, 도와 기가 각각 구별됨을 알아야 이기지묘(理氣之妙)를 이해할 수 있다 하였다. 정여창의 이러한 분석과 설명은 율곡이나 우암에 앞선 선구적인 성리 이해로 평가된다.

다음은 우암의 심성론을 간략히 검토해 보기로 하자. 우암은 심(心)을 곧 기(氣)라고 하였는데, 이는 주자가 '심자(心者) 기지정상(氣之精爽)'[14]이라 하고, 또 율곡이 '심시기(心是氣)'[15]라 한데서 연유한다. 이는 심에 대한 존재론적 설명이 아니라 심이 지각 기능을 가지고 있고, 또 성(性)을 담는 그릇과 같다는 의미에서 한 말이다.[16] 다시 말하면 '심시기(心是氣)'란 '성시리(性是理)'에 상대해서 한 말이다.[17] 율곡이나 우암의 '심시기(心是氣)'는 존재론적 표현이 아니다. 그것은 심은 이기론적으로 기에

---

13 《一蠹集》, 續集, 卷1, 〈理氣說〉, "孔子曰, 形而上謂之道, 形而下謂之器, 須知上下皆著形字, 又分著道器之意, 乃能知理氣之妙也. 蓋無理, 氣無所凝做, 無氣, 理不得流行, 二者相須, 而能生成萬物, 此可見理氣之分. 然而萬象已具於沖漠無朕之中, 則初非二物也."

14 《性理大全》, 卷32, 〈性理4〉.

15 《栗谷全書》, 卷10, 書2, 〈答成浩原〉.

16 유남상, 〈우암의 이기심성론과 의리사상에 관한 연구〉, 《우암사상연구논총》, 사문학회, 1992, 157쪽.

17 현상윤, 《조선유학사》, 민중서관, 1948, 236쪽.

속할 수 있다는 기능적 측면에서의 설명이다.[18]

다음 우암의 사단칠정(四端七情), 인심도심(人心道心)에 대한 견해를 검토해 보기로 하자. 우암은 사단칠정에 대해 기본적으로 율곡의 설을 따르고 있다. 우암에 따르면 칠정은 통틀어 일컬은 것이고, 사단은 칠정이 리(理)에 맞는 곳이니, 이는 율곡의 설이 이미 자상하다고 하였다.[19]

그는 또 천하에 성(性) 밖에 물(物)이 없는데, 소위 성은 단지 인의예지(仁義禮智)일 뿐이라 한다. 맹자가 측은(惻隱)으로써 인(仁)의 단(端)을 삼은 것은 사단으로써 말한 것이고, 주자가 애(愛)로써 인(仁)의 용(用)을 삼은 것은 칠정으로써 말한 것이라 하였다. 따라서 사단칠정이 실은 하나라 하였다.[20] 이처럼 우암도 율곡처럼 '칠포사(七包四)'의 입장에서 인간의 감정을 일원적으로 이해하여 사단이나 칠정이나 실은 하나로 보았다.

그러나 우암은 율곡의 설 가운데 사단을 칠정 중에 절도에 맞는 것으로 본 것은 온당치 못하다고 하여 이를 비판하고 있다.

> 율곡 선생의 여기에 대한 변론은 매우 자상하나, 다만 사단을 칠정 중의 절도에 맞는 것으로 여겼는데, 이를 말한 것은 온당하지 않다. 주자가 말씀하기를 "측은수오(惻隱羞惡)에는 중절(中節)과 부중절(不中節)이 있다"고 하였다. 이렇다면 사단에 또한 부중절이 있는 것이니, 어찌 율곡이 우연히 보지 못한 것이 아니겠는가?[21]

---

18 황의동, 《율곡학의 선구와 후예》, 예문서원, 1999, 361쪽.

19 《宋子大全》, 附錄, 卷15, 〈語錄(金榦)〉, "先生曰, 七情是統稱, 四端是七情之合理處, 此則栗谷先生之說已詳矣."

20 같은 책, 卷90, 〈答李汝九(壬子, 別紙)〉, "又嘗思之, 天下無性外之物, 而所謂性者, 只是仁義禮智而已. 孟子以惻隱爲仁之端者, 以四端言也. 朱子以愛爲仁之用者, 以七情言也. 然則四端七情, 其實一也."

21 같은 책, 卷133, 〈退溪四書質疑疑義 2〉, "栗谷先生於此, 辯論甚詳, 而但以四端爲七情中中節

여기에서 우암은 주자의 '측은수오(惻隱羞惡)에 중절(中節)과 부중절(不中節)이 있다'는 말을 인용하여, 사단에도 부중절이 있을 수 있다는 논거를 삼고 있다. 이러한 관점에서 우암은 율곡뿐만 아니라 퇴계, 고봉, 우계도 사단을 순선(純善)하다고 여겨 사단도 불선한 경우가 있다는 것을 몰랐다고 하였다.

> 퇴계, 고봉, 율곡, 우계는 모두 사단을 순선(純善)하다고 여겼으나, 주자는 사단에도 불선(不善)한 점이 있다고 여겼다. 알지 못하겠구나. 네 분 선생들이 주자의 이 말을 보지 못했는가? 사단이 어떻게 불선한 것이 있는가? 사단도 기가 발함에 리가 타기 때문이다. 발할 때에 그 기가 청명(淸明)하면 리도 순선하지만, 그 기가 분잡(紛雜)하면 리도 역시 가린 바가 되어 그런 것이다.[22]

이처럼 우암은 사단도 결국 '기발이승(氣發理乘)'의 구조이므로 그 기에 따라 선악이 달라질 수 있다는 것이다. 즉 기가 청명(淸明)하면 리의 순선(純善)이 보장되어 사단의 정이 순선하지만, 기가 어지럽게 섞이어 리를 가리게 되면 사단의 정도 어쩔 수 없이 불선한 경우가 생긴다는 것이다. 이렇게 사단에도 불선의 경우가 있다는 것은 이미 주자가 언급한 바 있는데, 율곡뿐만 아니라 퇴계, 고봉, 우계도 이를 간과했다고 보면서 우암 나름의 학문적 자부를 보여 주고 있다.

그러나 우암의 퇴계를 비롯한 선유들이 사단의 불선을 미처 몰랐다고 하

者而言, 此爲未安. 朱子曰, 惻隱羞惡有中節不中節, 是則四端亦有不中節者, 豈栗谷偶未之見也?"

22 같은 책, 卷130, 〈朱子言論同異攷〉, "退溪高峰栗谷牛溪, 皆以四端爲純善, 朱子以爲四端亦有不善者, 未知四先生未見此說乎? 夫四端何以亦有不善乎? 四端亦氣發而理乘之故也. 發之之時, 其氣淸明, 則理亦純善, 其氣紛雜, 則理亦爲之所掩而然也."

는 이러한 비판은 오히려 그 자신이 선유의 설을 정밀히 이해하지 못한 데서 기인한다. 율곡의 경우만 보더라도 이미 〈어록하(語錄下)〉와 〈성학집요(聖學輯要) 2〉에서 사단의 부중절과 불선의 경우를 분명히 언급하고 있기 때문이다.[23] 율곡은 〈어록하〉에서 '사단 가운데 기를 주로 해서 말한 경우가 있는데, 이것이 주자 소위 사단의 부중절'[24]이라고 언급하고 있고, 또 〈성학집요 2〉에서도 "인(仁)이 어긋날 때에는 애정이 흘러 탐욕이 되고, 의(義)가 어긋날 때에는 단제(斷制)가 흘러 잔인(殘忍)이 되며, 예(禮)가 어긋날 때에는 공경이 흘러 아첨이 되고, 지(智)가 어긋날 때에는 지모(智謀)가 흘러 사기(詐欺)가 된다. 이것을 미루어 그 나머지를 알 수 있다"[25]고 하여, 사단의 불선을 분명히 언급하고 있다. 이러한 율곡의 설명은 이미 주자가 언급한 것이기도 하다. 주자는 말하기를, "인(仁)은 단지 좋아하는 것이다. 좋아하면서도 의(義)로서 단제(斷制)하지 않으면 곧 사사건건 모두 좋아하게 된다. 그래서 사물도 좋아하고 관작(官爵)도 좋아하고 돈도 좋아하여, 사사건건 모두 좋아하여 탐욕하게 된다[26]고 하였다.

이렇게 볼 때, 우암이 율곡을 비롯한 선유들이 사단의 부중절(不中節) 또는 불선(不善)을 미처 몰랐다고 한 것은 율곡에서 보듯이 오히려 우암이 선유들의 설을 정밀하게 보지 못한 것으로 보인다.[27]

---

23 황의동, 《율곡학의 선구와 후예》, 예문서원, 1999, 367쪽.

24 《栗谷全書》, 卷32, 〈語錄 下〉, "四端中亦有主氣而言者, 朱子所謂四端之不中節者是也."

25 같은 책, 卷20, 〈聖學輯要〉, 2, "仁之差也, 則愛流而爲貪, 義之差也, 則斷流而爲忍, 禮之差也, 則恭流而爲諂, 智之差也, 則慧流而爲詐, 推此可見其餘."

26 《朱子語類》, 卷87, "蓋是仁只是愛, 愛而無義以制之, 便事事都愛好, 物事也愛好, 官爵也愛, 錢愛, 事事都愛, 所以貪."

27 이봉규도 〈송시열의 성리학설 연구〉(서울대대학원(박사), 1996, 99~100쪽)에서 "송시열은 사단의 순선(純善)함에 근거해서 이발(理發)을 주장했던 이황의 주장을 본원적으로 부정할 뿐 아니라, '선일변(善一邊)'으로 사단의 의미를 특징지었던 이이의 관점

다음은 우암이 사단칠정론에서 퇴계를 비판하는 논거를 검토해 보기로 한다. 여기에 대한 우암의 견해를 보기로 하자.

이기설(理氣說)은 퇴계와 고봉, 율곡과 우계 사이에 반복 논쟁한 것을 다 기록할 수 없다. 퇴계가 위주로 한 것은 다만 주자가 이른바 '사단은 리(理)의 발(發)이며 칠정은 기(氣)의 발(發)이다' 라고 말한 것이다. 율곡은 해석하기를 '사단은 순수한 선으로서 기가 섞이지 않았으니 리의 발이고, 칠정은 혹 불선이 섞이었으니 기의 발이다' 라고 하였다. 그렇다면 칠정 가운데 예컨대 순(舜) 임금의 기쁨, 문왕의 노함 같은 것은 어찌 순수한 선이 아니겠는가? 대체로《예기》나 자사(子思)가 통틀어 칠정을 말할 때, 그것은 모두 성(性)에서 나왔다. 성은 곧 리이다. 그것은 성에서 나왔다. 모두 기가 발함에 리가 탄 것이다. 맹자는 칠정 중에서 순선한 것을 끄집어낸 것을 사단이라고 하였다. 이제 주자설에 따라 사단칠정을 리의 발, 기의 발이라 하는데, 주자설이 혹시 기록하는 자의 잘못이 아닌지 어찌 알겠는가?[28]

우암은 퇴계가 주자의 '사단시이지발(四端是理之發) 칠정시기지발(七情是氣之發)' 을 인용하여, 자신의 호발설(互發說)을 삼는 데 대해 이는 아

도 수정하게 된다" 하고, "이이의 기발론(氣發論)에 내재된 이론적 난점도 해결하고 있다"고 높이 평가하고 있는데, 이는 율곡의 사단 부중절(不中節) 또는 불선(不善)에 대한 견해를 간과한 것으로 재론의 여지가 있다.

28 《宋子大全》, 卷130, 〈朱子言論同異攷〉, "理氣說, 退溪與高峰, 栗谷與牛溪, 反覆論辯, 不可勝記. 退溪所主, 只是朱子所謂四端理之發七情氣之發, 栗谷解之曰, 四端純善而不雜於氣, 故謂之理之發, 七情或雜於不善, 故謂之氣之發. 然於七情中如舜之喜文王之怒, 豈非純善乎? 大抵禮記及子思統言七情, 是七情皆出於性者也. 性卽理也, 其出於性也, 皆氣發而理乘之. 孟子於七情中摭出純善者謂之四端, 今乃因朱子說而分四端七情以爲理之發氣之發, 安知朱子之說或出於記者之誤也?"

마도 기록한 자의 실수인 듯싶다고 말하였다. 따라서 사단이나 칠정은 모두가 정(情)으로, 그것은 기가 발함에 리가 탄 것인데, 맹자는 칠정 중에서 순선(純善)한 것만을 끄집어내어 사단이라 한 것이라고 보았다. 우암은 율곡의 말을 통해 사단은 순수한 선으로써 기가 섞이지 않았기 때문에 리의 발이라 할 수 있고, 칠정은 혹 불선이 섞일 수 있으니 기의 발이라 할 수 있다는 것이다. 이는 퇴계, 주자의 '사단시이지발(四端是理之發) 칠정시기지발(七情是氣之發)'에 대한 율곡, 우암의 해석이라고 볼 수 있다.

다음은 우암의 인심도심설(人心道心說)을 검토해 보기로 하자. 우암에 따르면 "대개 주자의 뜻은 인심과 도심이 모두 이발(已發)이요, 이 마음이 식색(食色)을 위해서 발하면 이것이 인심이 되지만, 그러나 또 그 발한 바를 헤아려 도리에 합당케 하면 도심이 된다. 식색을 위해 발한 것도 심이요, 그 발한 것을 헤아리는 것도 이 심이다. 어찌 두 가지의 마음이라 할 수 있겠는가? 대개 심은 활물(活物)이다. 그 발용은 무궁하지만 본체는 하나다. 어찌 절제하는 것이 하나의 심이 될 수 있고 명령을 듣는 것도 또 하나의 심이 되는가?"[29]라고 하였다. 우암은 주자의 설에 따라 심은 본체상 하나지만 그 발용은 무궁하다는 것이다. 따라서 인심이나 도심이 모두 이미 발한 마음인데, 식색을 위해 발한 마음이 인심이고, 그 발한 것을 헤아리는 것도 심이라 하였다. 그는 또 《중용》에 근거해서 인심과 도심에 대해 다음과 같이 설명하고 있다.

이제 《맹자》는 잠시 제쳐 두고 《중용》으로만 서로 발명해 보면, 《중용》 첫머

---

29 같은 책, 卷90, 〈答李汝九(庚戌)〉, "蓋朱子之意, 以人心道心, 皆爲已發者矣. 此心爲食色而發, 則是爲人心, 而又商量其所發, 使合於道理者, 則是爲道心, 其爲食色而發者, 此心也, 商量其所發者, 亦此心也, 何可謂兩樣心也. 大槪心是活物, 其發無窮, 而本體則一, 豈可以節制者爲一心, 聽命者又爲一心也."

리의 이른바 '하늘이 명(命)한 성(性)'이 어찌 리(理)가 아니겠으며, 서문의 이른바 '도심은 성명(性命)에 근원한다' 한 것이 어찌 《중용》 첫머리의 성명(性命)을 말한 것이 아니겠는가? '희로애락(喜怒哀樂)이 발하기 이전을 성(性)이라' 한 성이 어찌 《중용》 첫머리의 '하늘이 명한 성'과 서문에 있는 성명(性命)이 아니겠는가? 그렇다면 도심이란 진실로 성에서 나온 것이니, 이른바 희로애락이라는 것도 성에서 나온 것이 아니고 무엇이겠는가? 이미 성에서 나왔다면 그것을 인심이라고 할 수 있겠는가? 서문에도 '인심은 형기에서 나온다'고 하지 않았는가? 이미 형기에서 나왔다 하고 또다시 그것을 성에서 나온 것에 해당시키면, 어찌 서로 모순이 아니겠는가?[30]

우암은 《중용》 수장(首章)의 '천명지위성(天命之謂性)'의 성(性)이 바로 리(理)이며, 서문의 '도심은 성명(性命)에 근원한다'는 성명이 바로 《중용》 수장의 성명과 같다고 보았다. 그리고 '희로애락(喜怒哀樂)이 발하기 이전을 성(性)'이라 한 성이 '천명지위성(天命之謂性)'의 성과 '혹원어성명지정(或原於性命之正)'의 성명(性命)과 같은 것이라고 하였다. 따라서 도심이란 성에서 나온 것이니, 이른바 희로애락이란 것도 성에서 나온 것이라고 하였다. 그리고 이미 성에서 나왔다면 그것을 인심이라고 할 수 있느냐고 반문하고, 〈서문〉에서 말했듯이 '인심은 형기(形氣)에서 나온다'고 하였다.

또한 우암은 율곡이 "발(發)할 때에는 기가 이미 용사(用事)한 것이 인

30 같은 책, 卷133, 雜著, 〈退溪四書質疑疑義 1(丁巳)〉, "今且除却孟子, 只以中庸互相發明, 則首句所謂天命之性, 豈非理乎? 序文所謂道心原於性命者, 豈非首句之性命乎? 喜怒哀樂未發之謂性, 又豈非首句及序文之性乎? 然則所謂道心者, 固出於性也, 所謂喜怒哀樂者, 不出於性而何? 旣出於性則謂之人心可乎? 序文不曰人心生於形氣乎? 旣曰出於形氣, 而又以其發於性者當之, 豈不自相矛盾乎?"

심이니, 칠정에는 선악이 함께 있다. 그 기가 용사하는 것을 알고 정밀히 살펴 올바른 이치로 나간다면 인심이 도심의 지시를 따를 것이고, 정밀히 살피지 못하여 그의 향하는 데로 방치한다면, 정이 우세하고 욕이 강하여 인심이 더욱 위태로워질 것이다"라고 한 데 대해서, 율곡이 논한 것을 바꿀 수는 없지만, '용사(用事)' 라는 글자에 대해서 인심이 발할 때 리(理)가 주가 되고 기(氣)가 용사하지 않는다면, 이것 또한 도심이라는 말은 곡직(曲直)한 면은 없고 지나치게 통쾌한 것이 병통이라고 지적하였다. 만약 그렇다면 순(舜)임금이 왜 반드시 두 갈래로 설을 세워 도심과 서로 상대가 되도록 하였겠는가라고 반문하였다. 인심이 처음에는 비록 형기에서 발했더라도, 반드시 도심의 지시를 따른 다음에 인심의 바름을 얻는 것이다. 그러나 만약 바르게 된 그것을 바로 도심이라고 한다면, 더욱 인심이란 이름을 붙일 곳이 없고, 이른바 인심이란 것은 결국 다 좋지 않은 마음이 될 것이니, 다만 위태로울 뿐이 아니다. 그렇다면 인심 또한 도심이라는 설은 특히 선유가 순임금의 언외(言外)의 뜻을 발명한 말로서 마땅히 넓게 보아야 할 것이라고 하였다. 《중용》 서문에 '아무리 상지(上智)라도 인심이 없을 수 없다' 고 하였는데, 대개 상지의 인심은 본디 안정되어 위태롭지 않은데, 만약 이를 가리켜 도심이라고 한다면, 상지에게는 마침내 인심의 이름이 없을 것이라고 하였다.[31]

여기에서 우암이 율곡의 설에 대해 의문을 제기하고 있는 '인심이 발

---

31 같은 책, 卷104, 〈答李君輔〉, "栗谷先生曰發之之際, 氣已用事則人心也, 七情之合善惡也. 知氣之用事, 精察而趨乎正理, 則人心聽命於道心也. 不能精察, 而惟其所向, 則情勝欲熾而人心愈危矣. 用事字, 栗谷所論不可易矣. 來說以爲人心之發也, 理爲主而氣不用事則亦爲道心, 此恐無曲折而病於太快也. 若然則帝舜何必兩下立說, 使與道心相對也. 始雖發於形氣, 而必須聽命於道心, 然後得人心之正. 然若以得其正者直謂道心, 則更無人心之名, 而所謂人心者, 皆是不好底心, 不但危而已. 然則人心亦道心之說, 特以先儒發帝舜言外之意, 似當活看也. 中庸序曰, 雖上智不能無人心. 盖上智人, 心本自安帖而不危, 若指此爲道心, 則上智終無人心之名矣."

할 때 리가 주가 되고 기가 용사하지 않는다면 이것 또한 도심'이라는 설은 율곡 초기의 설이라고 볼 수 있다. 율곡이 처음에는 도심을 기와 관계없이 올바른 리에서 직접 나와 발하는 것으로 보았지만, 후에는 이기지묘(理氣之妙), 기발이승(氣發理乘)의 입장에서 도심 또한 인심과 마찬가지로 기와의 관계 속에서 발용되는 심으로 고쳐 보았다.[32] 그리고 그는 어버이를 사랑하고 임금을 사랑하는 도심이나 식색을 좋아하는 인심은 모두 본연의 리라 하고, 문제는 그 식색의 욕구 때문에 자칫 인욕으로 흘러 악에 이르게 되는 것이라고 하였다.[33] 인심을 곧 인욕이라고 할 수는 없지만, 그것은 인욕으로 흐르기 쉬운 것이라 하였다. 만약 인욕에 흐르게 되면 곧 사사(私邪)가 되는데, 이 '사(私)' 한 글자야 말로 백 가지 일의 병통이 된다고 경계하였다.[34] 이처럼 우암은 인심을 곧 인욕으로 보지는 않았다. 다만 인심이 인욕으로 흐르기 쉽다는 점을 경계하였다.

3. 우암의 학문적 위상

이상에서 우암의 성리학에 관해 검토해 보았는데, 이를 바탕으로 우암의 학문적 위상에 대해 살펴보기로 하자. 우암은 기호학파 또는 율곡학파의 적전(嫡傳)으로 율곡, 사계의 학통을 이어받고 후일 율곡학파의 융성

---

32 황의동, 《율곡사상의 체계적 이해 1》, 서광사, 1998, 235쪽.
《栗谷全書》, 卷10, 書2, 〈答成浩原〉, "人性之本善者理也, 而非氣則理不發, 人心道心, 夫孰非原於理乎?"

33 《宋子大全》, 卷90, 〈答李汝九(壬子, 別紙)〉, "夫性卽理也, 性中有所謂仁, 故能愛其愛親愛君者, 道心也, 其欲食色者, 人心也, 是皆本然之理也. 至於人欲食欲色之心, 而流而至於紾兄臂踰東家牆者, 是惡也, 原其初, 則亦豈非自理而出乎?"

34 같은 책, 附錄, 卷9, 〈年譜〉, 癸亥(77歲)條, "盖人心者, 非直謂人欲也. 其流易入於人欲, 若流於人欲, 則便爲私邪, 私之一字, 百事之病."

에 크게 기여하였다. 이제 우암의 학문적 기여와 그 위상을 구체적으로 고찰해 보기로 하자.

첫째, 영남 주리학파(主理學派)의 도전에 대한 율곡학파의 정체성 확립에 앞장섰다. 율곡이 우계(牛溪) 성혼(成渾)과의 학술논쟁을 통해 퇴계의 성리학을 비판하자, 퇴계 후학들의 이에 대한 비판이 나오게 되었다.

1650년(효종 1년) 영남 유생 유직(柳稷; 1602~1662) 등이 율곡, 우계 등의 문묘배향(文廟配享)을 반대하는 상소를 올렸는데, 율곡을 비판하는 요점은 첫째 주기자(主氣字)를 오로지 하여 그것을 리(理)라 한 까닭에 이기(理氣)는 일물(一物)이라 하였고, 둘째 '심시기(心是氣)'라 하였고, 셋째 사단칠정을 모두 기발(氣發)이라 하였으니, 이러한 병통은 뿌리가 육가(陸家)의 도(道)와 기(器)를 구별하지 않는 견해에서 나온 것이며, 넷째 "주자가 참으로 이기호발(理氣互發)이라 생각했다면 주자 또한 잘못이다"라고 하여 감히 전현(前賢)을 비방하기에까지 이르렀다고 하였다.[35]

그 뒤를 이어 퇴계학파의 갈암(葛庵) 이현일(李玄逸; 1627~1704)은 1688년 8월 〈율곡이씨논사단칠정서변(栗谷李氏論四端七情書辨)〉을 지어, 율곡이 우계와 논변한 것을 19개조에 걸쳐 축조(逐條) 비판하였다.

이러한 영남 퇴계학파의 도전에 대해 우암은 적극적으로 대응하는가 하면,[36] 다른 한편으로는 율곡학파의 정체성 즉 율곡학설의 정당성을 확보하기 위한 노력을 하였으니, 이것이 《주자언론동이고(朱子言論同異攷)》의 저술 작업이다.

우암은 주자의 어록 가운데 '사단시이지발(四端是理之發) 칠정시기지발(七情是氣之發)'이 퇴계(退溪) 호발설(互發說)의 논거가 되고 있음에

35 유명종, 《조선후기성리학》, 이문출판사, 1985, 46쪽.

36 《宋子大全》, 卷21, 〈擬兩賢辨誣疏〉, 辛卯.

《주자어류(朱子語類)》의 어록(語錄)을 기록한 보한경(輔漢卿)의 기록에 문제가 있지 않을까 하는 생각에서 주자의 모든 언론을 정밀히 조사하여 동일 사물, 동일 술어에 대하여 시대에 따라 그것이 우발(偶發)인가 정설(定說)인가 또 그것이 일시의 언사(言辭)인가 아언(雅言)인가를 구명할 목적으로 우암이 세상을 떠난 해인 1689년 《주자언론동이고》라는 고증적 저술을 쓰기 시작하였다. 우암은 겨우 10여 조만을 쓰고 세상을 떠나자, 문인인 수암(遂庵) 권상하(權尙夏)를 거쳐 1741년 남당(南塘) 한원진(韓元震)에 와서야 50여 년 만에 완성되었다.[37] 이 책은 퇴계학파의 이발설(理發說)에 대한 고증으로 시작하였지만, 주자의 성리학설을 이해하는 데 매우 중요한 저술이었다. 물론 이 책을 통해 율곡학파는 기발이승(氣發理乘)의 논리를 확증하고자 하였고, 반대로 퇴계 호발설(互發說)이 주자학의 본의가 아님을 논증했던 것이다. 이처럼 우암은 영남 퇴계학파의 학문적 도전에 적극적으로 대응하였고, 이러한 방편으로 《주자언론동이고》의 저술에 나섰던 것이다. 그리고 이를 통해 율곡학파의 학문적 정체성의 확립에도 크게 기여했던 것이다.

둘째, 이학(異學)의 배척과 주자학풍의 진작에 앞장섰다. 우암의 주자에 대한 존신(尊信)과 주자학에 대한 믿음은 거의 종교적이었다 해도 지나치지 않는다. 그는 공자 이후 여러 유학들을 집대성(集大成)한 이가 주자라고 평가하고, 후학들이 본받아야 할 것은 크고 작은 모든 일을 마땅히 한결같이 주자를 따라야 한다 하였다.[38] 또 맹자 이래 선비들이 모두 꿈을 꾸는 사람들과 같았는데, 주자 이래로 도학이 밝혀져 남김이 없으니, 그 큰 요령은 이치를 밝히고 의리를 판별하는 것이라 한다. 그러므로 마침

37 현상윤, 《조선유학사》, 민중서관, 1948, 234쪽.

38 《宋子大全》, 卷75, 〈與李彝仲(丁未, 別紙)〉.

내 만 길이나 우뚝 서서 만세 스승의 표준이 되었다고 하였다.[39] 우암의 주자에 대한 존숭은 그가 평생 이룩한 학문적 저술을 통해서도 입증된다. 그는 《주자어류(朱子語類)》와 《주자대전(朱子大全)》 그리고 주자의 주석까지도 경전의 위치에 추대하였다. 특히 《주자대전》에 대해서는 "세상에 가르침이 되는 것으로 보면 사서(四書)나 육경(六經)보다 아래에 있는 것이 아니다",[40] "내가 배운 것은 일부 《주자대전》일 뿐이다. 감히 배운 것을 버리고 다른 학문을 할 것인가?"[41]라 하였고, 《주자어류》에 대해서는 "학문을 하는 자는 하루라도 《어류》 없이는 안 된다. 의복을 팔아서라도 사야 된다"[42]고 하였다. 이로써 그는 '주자후일인(朱子後一人)' 또는 '후주자(後朱子)'라는 일컬음을 받게 되는 것이다.[43] 특히 우암은 《주자대전차의(朱子大全箚疑)》의 편찬에 혼신의 힘을 다해 마침내 72세 때(1678년) 유배생활 도중 배소(配所)에서 완성을 보기도 했다.

주자의 교훈은 모두 세도(世道)와 관계되는데, 그 가운데 우암이 특히 평생토록 간직하여 지켰던 네 가지 대강이 있다. 이를테면 피행(詖行)과 음사(淫辭)를 거절하여 삼성(三聖; 禹, 周公, 孔子)을 받들고, 절의(節義)를 숭앙하여 동주(東周)를 높이며, 징토(徵討)를 엄하게 하여 윤기(倫紀)를 부식(扶植)하고, 향원(鄕愿)을 미워하여 정도(正道)로 되돌리는 것이었다.[44] 이러한 입장에서 그는 윤휴의 학설을 이단으로, 사문난적(斯文亂賊)으로 규정하고 그로부터 주자성리학을 옹호하는 것을 자기의 의무로

---

39 같은 책, 〈答李彝仲(丙辰)〉.

40 같은 책, 卷25, 〈假注書宋相琦傳諭後書啓〉.

41 같은 책, 卷77, 〈與金遠明〉.

42 같은 책, 附錄, 卷16, 〈語錄〉(朴光一 錄).

43 최영성, 《한국유학통사》, 중, 심산, 2006, 261쪽 재인용.

44 《宋子大全》, 附錄, 卷19, 〈記述雜錄〉(金昌翕 錄).

삼았다. 이단의 폐해로부터 주자성리학을 보위하는 것을 자신의 사명으로 자처한 우암은 윤휴의 학설을 공격하고 그에 가담한 윤선거(尹宣擧)를 반대하기 위해 자기의 동료와 제자들을 설득시켜 그를 배척하도록 많은 노력을 했다.[45] 이처럼 우암이 박세당(朴世堂)이나 윤휴의 경전주석을 사문난적으로 단죄(斷罪)했던 것도 벽이단(闢異端)의 입장에서 사문(斯文)을 지켜야 한다는 사명감 때문이었다. 그러므로 노주(老洲) 오희상(吳熙常; 1763~1833)은 "우리 조선 선유의 학술은 거의 다 주자를 헌장(憲章)으로 하였는데, 그 전문한 공으로 논하면 앞에는 퇴계가 있고 뒤에는 우암이 있다. 그러나 퇴계는 논학문자(論學文字)에 치력(致力)하고, 우암은 시사(時事)와 출처(出處)에 치력(致力)하였으니, 각기 그 한편에 힘써 성취함으로 말미암아 서로 다르게 된 것이다"[46]라고 평가하였다.

이렇게 볼 때, 우암의 주자 또는 주자학에 대한 존숭과 믿음은 주자학의 입장에서는 그의 학문적 순정성(醇正性)을 인정할 수 있을지라도, 객관적 입장에서 보면 학문적 경직성으로 인한 문제점을 지적하지 않을 수 없다. 왜냐하면 학문은 믿음이 아니기 때문이다.

셋째, 율곡의 '심시기(心是氣)'를 계승하여 영남 주리학파들이 율곡학파를 '주기학파(主氣學派)'로 부르는 데 영향을 미쳤다. 율곡에 의해 언급된 '심시기(心是氣)'를 우암도 계승하였다. 우암은 이를 별로 강조하지 않았으나 '심(心)이 곧 기(氣)'라는 사상을 확인하고 또 그 태도를 명백히 한 것은 조선유학사상 중요한 의미가 있다. 왜냐하면 이 '심시기(心是氣)'라는 견해는 '심즉리(心卽理)'를 주장하는 학파에 대해 정반대의 학

---

45 정성철, 《조선철학사 2》, 과학백과사전출판사 편, 1988, 177~178쪽 참조.

46 《老洲集》, 卷25, 〈雜識3〉, "國朝先儒學術, 幾皆憲章紫陽, 而若論其專門之功, 則前有退陶, 後有尤庵, 然退陶致力於論學文字, 尤庵致力於時事出處, 各因其一偏而成就之, 所以異也."

파에 속하게 되는 까닭이다. 이 '심시기' 사상은 후에 한남당(韓南塘)에 이르러 더욱 강조하게 되었는데, 이것이 곧 후일 주로 영남 지방에서 발전된 주리학파들로 하여금 율곡, 우암, 남당 및 그 학파들을 가리켜 주기학파라고 지칭(指稱)하는 구실을 갖게 한 것이다.[47] 다시 말해 우암은 율곡의 '심시기'를 계승하여 주기학파의 대원칙으로 삼았다. 율곡은 주자의 심의 허령지각(虛靈知覺)의 측면을 중시하여 심을 기로 보았는데, 우암은 이를 적극 수용하였다. '심시기'는 기호학파의 가장 중요한 당론으로, 영남학파의 심즉리(心卽理)와 정반대되는 이론이었다. 이 이론은 우암 이후 그 문도들에 의해 사색의 심화에 따라 논의가 더욱 정밀해졌다.[48]

넷째, 한국유학사에서 율곡학파의 정체성이 뚜렷해지고 학파로서의 위상이 확립된 것은 우암에 의해서라고 할 수 있다. 조선 주자학계가 퇴계학파와 율곡학파로 분화된 이후 율곡학파가 그 정점에 달한 것은 우암에 이르러서라고 보아도 좋다.[49] 그것은 당시 우암의 학문적, 정치적 위상에 따라 많은 문도가 모여들어 율곡학파의 융성을 이룩하였고, 소론 계열, 남인 계열 학자들과의 논쟁 속에서 율곡학파의 정체성이 은연중 형성되게 되었다.

기호학파는 크게 율곡학파와 우계학파(牛溪學派)로 나누어 볼 수 있는데, 이들 양 학파가 당쟁과 연관하여 분기(分岐)된 것도 우암과 관련이 있고, 율곡학파의 학문적 정체성이 분명해진 것도 우암에 의해서라고 할 수 있다. 이러한 율곡학파의 정체성은 발(發)하는 것은 기(氣)요 리(理)는 발하

---

47 현상윤, 《조선유학사》, 민중서관, 1948, 235~236쪽 참조.
《宋子大全》, 卷21, 〈擬兩賢辨誣疏〉, 辛卯, 爲太學生等, "知聖賢論心以知覺爲主, 而知覺卽氣, 則知珥心是氣也之說, 說得明快, 妙契于聖訓, 而有功於後學也."

48 이동희, 〈기호성리학의 형성과 전개〉, 《유학연구》, 제2집, 충남대 유학연구소, 1994, 25쪽.

49 김용헌, 〈율곡학의 비판적 계승, 낙학파〉, 《조선유학의 학파들》, 예문서원, 1996, 349쪽.

지 않으며, 모든 존재는 발하는 기 위에 리가 올라타 있다는 '기발이승일도설(氣發理乘一途說)', 인간의 감정은 칠정으로 대표되는데, 그 칠정 속에 선한 감정이 사단이라는 '칠포사(七包四)'의 감정론, 성(性)이 리(理)라면 심(心)은 기(氣)라고 상대적으로 보는 데서 나온 '심시기(心是氣)', 이기(理氣)의 분변(分辨)을 간과하지 않지만 존재론적 관점에서 이기(理氣)의 유기적 관계를 중시하는 '이기지묘(理氣之妙)'의 입장 등이라고 볼 수 있다. 사실 주자의 학문은 율곡이 논리적으로 발전시켰고, 율곡의 논리는 우암이 더욱 철저화하였다고 볼 수 있다.[50]

이러한 율곡학파의 정체성 강화는 결국 자설(自說)과 다른 것은 용납하지 않는 경직성(硬直性)으로 나타났고, 변화와 조화를 거부한 채 율곡학설만을 고집하는 보수적 색채를 띠게 되었다. 이는 본래 율곡의 학풍이 매우 개방적이었다는 점을 생각하면 율곡철학의 정신과는 반하는 것이었다. 이런 측면은 율곡의 특징적 학풍으로서의 무실학풍(務實學風) 또는 실학풍(實學風)도 율곡학파 직계보다는[51] 오히려 윤선거(尹宣擧), 윤증(尹拯) 부자, 그리고 권득기(權得己), 권시(權諰) 부자 등[52] 우계학파에서 더욱 강조되고 있음을 주목할 필요가 있다.[53]

---

50 이병도, 《한국유학사》, 아세아문화사, 1987, 269쪽.

51 율곡직계 계열은 실리론(實利論)보다 오히려 명분론(名分論) 또는 의리론(義理論)에 기울어 있었다고 볼 수 있다.

52 풍담(楓潭) 권극중(權克中; 1560~1614)은 우계(牛溪) 성혼(成渾)의 문인인데, 만회(晩悔) 권득기(權得己; 1570~1622)는 숙부인 권극중에게서 배웠고, 탄옹(炭翁) 권시(權諰; 1604~1672)는 부친 권득기와 부친의 친우인 잠야(潛冶) 박지계(朴知誡; 1573~1635)에게서 배웠다. 이들은 학문연원만 우계에 닿아 있는 것이 아니라 학풍에서도 이론 성리학보다는 도학적 실천과 내면적 수양을 중시하였고, 강한 무실(務實)학풍을 보여 주고 있다.

53 황의동, 《우계학파연구》, 서광사, 2005, 86~89쪽 참조.

제3절 동춘당 송준길의 철학정신

1. 시작하는 말

동춘당(同春堂) 송준길(宋浚吉; 1606~1672)은 17세기 조선조의 대표적인 성리학자요 예학자로서, 문묘에 종사된 동국(東國) 18현(賢)의 한 사람이다. 그는 우리나라 '예학(禮學)의 종장(宗匠)'으로 일컬어지는 사계(沙溪) 김장생(金長生)과 그의 아들 신독재(愼獨齋) 김집(金集; 1574~1656)의 문인으로 율곡-사계, 신독재로 이어지는 기호학파 또는 율곡학파의 정맥을 계승하였다. 그는 정치적으로는 우암과 뜻을 함께한 서인이었고, 학문적으로도 평생 같은 길을 걸어, 세상에서는 이들을 '양송(兩宋)'이라 부르기도 하였다.[1]

동춘당과 우암은 은진 송씨를 대표하는 유학자로서, 가까운 집안이었고 숙질의 관계였으므로 평생 매우 친밀한 관계를 유지하였다. 그동안 동춘당의 위상은 사실 우암에 가리어 그의 학문과 정신이 온전하게 파악되지 못한 면이 없지 않다. 그것은 동춘당과 우암에 대한 연구 성과만으로도 많은 차이가 난다.[2] 동춘당은 성리학, 예학, 경세학, 서예미학 등의 측

---

1 《顯宗改修實錄》, 卷5, 顯宗2年 6月, 己丑條.

면에서 학문적 접근이 가능하지만, 특히 예학에서 높은 평가를 받는다. 동춘당에 관한 연구 성과를 분석해 보면 철학계와 역사학계의 연구가 주류를 이루는데, 내용면에서는 생애, 철학, 역사, 경세, 예학, 문학 등 비교적 균형 있는 연구가 이루어지고 있는 것은 다행한 일이다.[3]

동춘당의 문집을 보면 대체로 성리학과 예학이 주류를 이룬다. 성리학의 경우는 전문적인 논문이 보이지 않고, 그의 편지나 경연에서의 강의를 통해 겨우 그 내용을 알 수 있다. 이는 우암이 성리학의 이론적 계발에 많은 노력을 기울인 것과는 대조적이다. 앞에서 동춘당과 우암은 정치적으로나 학문적으로 같은 길을 걸었다고 했지만, 여러 문헌들을 고려해 보면 기질면이나 학풍의 면에서 차이를 발견할 수 있다. 동춘당의 경우는 성리의 이론적 천착보다는 오히려 예학의 계발과 함께 내면적인 마음공부를 더욱 중시한 감이 없지 않다. 따라서 동춘당의 학문 세계는 논리나 이론이 아니라, 그의 생애에서 우러나온 고결한 인품과 함께 실천중시의 도학풍에서 찾아야 한다고 생각된다.[4] 이러한 관점에서 그의 생애와 학문 활

---

2 우암에 대한 연구는 철학계와 역사학계를 중심으로 1970년대부터 저서, 석, 박사논문, 일반논문의 발표 등 전반적으로 매우 활발하게 이루어져 왔다. 이에 비해 동춘당에 관한 연구는 1995년 충남대 유학연구소에 의해 〈동춘당의 체계적 조명〉이라는 주제로 국제학술대회가 이루어진 이후 한남대 충청학연구소에 의해 지속적으로 학술대회가 이루어지고 관련 논문이 발표되고 있는 실정이다. 우암에 대한 연구가 전국적으로 폭넓게 이루어지고 있는 데 비해, 동춘당에 관한 연구는 충청 지역에 국한된 면이 없지 않다. 이는 동춘당과 우암의 학문적 폭과 깊이에 따른 결과라고도 볼 수 있다.

3 동춘당에 관한 대표적인 연구 성과로는 저서로 《동춘 선생 언행록과 유사》(계성회, 1999), 송인창의 《동춘당 송준길》(청계, 2007), 충남대 유학연구소 편 《동춘당 송준길 연구》(경인문화사, 2007)가 있고, 그 밖에도 많은 논문들이 있다.

4 송시열이 쓴 〈동춘당묘지(同春堂墓誌)〉에 의하면 동춘당은 평생 지평(持平) 3회, 진선(進善) 6회, 집의(執義), 찬선(贊善) 각 7회, 대사헌(大司憲) 26회, 참찬(參贊) 12회, 이조판서(吏曹判書) 3회에 제수되었으나, 번번이 사퇴해 조정에 선 날자는 겨우 1년여였다고 한다. 이와 같이 그는 현달(顯達)보다는 학문, 영예를 추구하기보다는 묵천(默踐)

동에서 드러나는 철학정신을 살펴보고, 그것이 현대적으로 어떤 의미를 갖는지 검토해 보고자 한다. 물론 그것이 전통유학 또는 선유의 것을 넘어서는 것은 아니지만, 현대적 안목으로 새롭게 조명해 본다는 데 의미가 있다.

2. 삶의 자취와 인품

(1) 학문 형성의 배경

동춘당의 학문과 사상이 형성되는 데에는 먼저 그의 7세조인 쌍청당(雙淸堂) 송유(宋愉; 1389~1446)의 영향이 크다. 그는 유정(幽貞)의 덕(德)과 고고(孤高)한 절개를 지녔던 인물로, 일찍이 벼슬에 나갔다가 신덕왕후(神德王后)를 태묘(太廟)에 부사(祔祀)하지 않는 것은 의리에 어긋난다고 생각해, 바로 사퇴 귀향하여 회덕 백달촌(白達村)에 은거하면서 평생 조용히 의리를 실천한 백이풍(伯夷風)의 유학자였다. 그는 초당(草堂) 주변에 청송(靑松)과 취죽(翠竹)을 심어 놓고 하객을 모아 문예로써 붕우강습(朋友講習)의 도락(道樂)을 즐겼으며, 모친 유(柳)씨 부인에게 효성이 지극하였고, 제사에는 항상 정결(精潔)을 힘쓰고 예행(禮行)에는 반드시 고제(古制)를 준행(遵行)하였다. 그러므로 그 당(堂)을 단종을 위해 수절한 박연(朴堧; 1378~1458)이 '쌍청당(雙淸堂)'이라 편명(扁名)하여 시로 학행(學行)을 읊었으며, 안평대군이 이에 화답하였고, 이어 단종을 위해 죽음으로 절의를 지킨 박팽년(朴彭年; 1417~1456)이 기문(記文)을 지어, 송공(宋公)의 고고청명(孤高淸明)한 덕행과 의리를 칭송했다. 이

을 택했던 것이다. (최근덕, 〈동춘당의 유학사적 위치〉, 《동춘당 송준길의 사상과 예술》, 한남대 충청학연구소, 2004(4월 24일), 15쪽.

렇게 볼 때, 쌍청당의 의의는 박팽년의 기문에 따르면, 천지간 풍월(風月)의 청명(淸明)함과 쌍청당 송유의 덕광(德光)이 화광동청(和光同淸)된다는 뜻으로써, 이러한 송유의 유정(幽貞)의 덕과 고고한 절개의 정신이 그대로 후손에게 전승되어, 동춘당의 예학사상과 우암의 대의정신으로 집대성되었던 것이다.[5]

이와 같이 동춘당의 학문 형성에 쌍청당 송유의 '종용취의(從容就義) 물아쌍청(物我雙淸)'의 도학정신이 많은 영향을 미쳤으니, 그의 당명(堂名)이요 호(號)인 '동춘(同春)'이 바로 이러한 정신을 계승한 '물아무간(物我無間) 여물동춘(與物同春)'에서 연유했다는 것을 주목할 필요가 있다.[6]

또한 18세에 사계 김장생의 문하에 들어가 수학하였고,[7] 사계가 세상을 떠남에 그 아들 신독재 김집의 문하에서 예학을 배웠다. 그는 사계에게서 《소학》, 《가례》 등을 배웠는데, 그는 동춘당에 대해 "이 사람이 훗날 반드시 예가(禮家)의 종장(宗匠)이 될 것이다"라고 칭찬하였다.[8] 또한 동춘당은 스승 신독재 김집의 학문적 위상을 다음과 같이 평가하고 있다.

> 생각건대 우리 노(老)선생(김장생 - 저자 주)은 실로 이문성공(李文成公)의 적전(嫡傳)으로 오로지 박실(朴實)한 데에 노력하였는데, 선생(김집 - 저자 주)이 그 지결(旨訣)을 계승하였으니, 문로(門路)가 심히 바른 즉, 통(統)을 전함이 거의 폐단이 없다고 이르겠다.[9]

---

5 유남상, 〈여말 선초의 유학과 대덕〉, 《대덕군지》, 대덕군지편찬위원회, 1979, 494~495쪽 참조.

6 황의동, 〈동춘당의 이기심성론〉, 《동춘당 사상의 체계적 조명》, 충남대 유학연구소, 1995(11월 11일), 56쪽.

7 《同春堂先生文集, 續集》, 卷6, 附錄1, 〈年譜〉, 癸亥 條.

8 같은 책, 같은 곳, "沙溪方以禮敎人, 喜曰此哥佗日必作禮家宗匠……."

9 《同春堂集》, 卷21, 〈崇政大夫判中樞府事愼獨齋金先生(集)諡狀〉, "惟吾老先生實得李文成公

이와 같이 그의 학문 형성 특히 예학적 측면에서 사계, 신독재 부자의 영향은 매우 컸던 것이다.[10]

또한 그는 성리학에 있어 율곡을 계승하였고, 그의 학문과 정신을 배우고자 하였다. 그는 율곡의 말은 고명통투(高明通透)한데, 〈성학집요(聖學輯要)〉의 학문과 정치의 도는 가장 절요(切要)하여 익히지 아니할 수 없다고 하였다.[11] 그는 또 율곡의 《격몽요결(擊蒙要訣)》 가운데 격언 수십여 조를 방에 써 놓아 독서의 순서로 삼고 학도를 교수하는 데 참고하였으며, 〈은병정사학규(隱屛精舍學規)〉를 제시하여 아침저녁으로 살피도록 하였다.[12]

이와 같이 동춘당의 학문 형성에 율곡, 사계, 신독재가 중요한 위치에 있었는데, 이는 그가 바로 율곡학파 또는 기호학파의 학문적 전통을 계승하고 있었기 때문이다.

그뿐만 아니라 그는 영남의 퇴계(退溪) 이황(李滉; 1501~1570)과 우복(愚伏) 정경세(鄭經世; 1563~1633)를 매우 존숭하였기에, 이들의 학문적 영향을 간과할 수 없다. 그는 퇴계의 학문적 장점이 정상신밀(精詳愼密)함에 있다고 칭송하고,[13] 퇴계를 평생 스승으로 삼았다.[14] 그리하여 그가

嫡傳, 專於朴實頭用功, 而先生承其旨訣, 門路甚正, 則庶或傳之無獘云."

10 한기범, 〈기호학맥과 동춘당의 학문연원〉, 《동춘당 송준길의 학문연원》, 한남대 충청학연구소, 2005(4월 30일), 33~39쪽 참조.

11 《同春堂集》, 別集, 卷1, 〈經筵日記〉, "浚吉曰 …… 珥之言, 高明通透矣 …… 珥所進聖學輯要, 於人君爲學爲治之道, 最爲切要, 不可不講也."

12 같은 책, 卷7, 附錄, 〈遺事〉, 黃世禎 錄, "先生取栗谷先生擊蒙要訣中格言數十餘條, 書之座隅, 常目在之, 而先生以爲其讀書次第, 尤可爲學者法, 教授學徒之際, 亦遵其制焉. 先生在道山墳菴時, 學徒多聚, 先生以朱夫子白鹿教條, 及栗谷先生隱屛精舍學規文憲書院學規等, 文字揭之楣間, 以爲朝夕觀省之地……."

13 같은 책, 別集, 〈經筵日記〉, "浚吉曰, 精詳愼密, 李滉長處……."

14 같은 책, 別集, 卷9, 附錄, 〈墓誌文〉, 宋時烈, "……本朝, 則李文純公滉, 爲終身師法之

세상을 떠나던 해 꿈속에서 퇴계를 뵙고, 다음과 같은 시를 써서 기렸던 것이니, 이를 통해서도 그의 퇴계에 대한 존경과 흠모를 엿볼 수 있다.

> 평생토록 퇴계 선생님 공경해 우러르니
> 세상 떠나셨어도 그 정신 오히려 감통시키네.
> 오늘밤 꿈속에서 가르침 받았는데,
> 깨어 보니 달빛만 창가에 가득하네.[15]

아울러 정경세는 그의 장인으로 동춘당의 예학에 영향을 미쳤는데,[16] 정경세는 유성룡(柳成龍; 1542~1607)의 문인이요 유성룡은 퇴계의 문인으로 퇴계학맥의 중심에 자리하고 있다. 그 밖에도 선유 가운데 이연평(李延平; 1093~1163)을 사모하였는데 그의 질의정명(質懿精明)함을 높이 평가하여,[17] 그를 율곡, 우계와 함께 문묘에 종사시킬 것을 현종에게 소청하기도 했다.

이상에서 살펴본 것처럼 동춘당의 학문과 사상은 7대 선조 쌍청당 송유의 가학적 전통과 율곡, 사계, 신독재의 기호학파 선유의 가르침, 그리고 퇴계와 장인 우복의 영남 선유, 그리고 송대 이연평에 대한 사숙을 통해 형성되었던 것이다.

地……."

15 같은 책, 續集, 卷6, 〈年譜〉, 壬子, 45年, 先生 67歲條, "平生欽仰退陶翁, 沒世精神尙感通, 此夜夢中承誨語, 覺來山月滿牕櫳."

16 한기범, 〈기호학맥과 동춘당의 학문연원〉, 《동춘당 송준길의 학문연원》, 한남대 충청학연구소, 2005. 4. 30, 38~39쪽 참조.

17 《同春堂集》, 別集, 卷9, 附錄, 〈墓誌文〉, 宋時烈, "……於先儒最慕延平之質懿精明, 常以不得祀於聖廟爲慊……."

(2) 동춘당의 인품

한 인간에 대한 평가는 그의 생애를 통해 이룬 외면적인 업적도 중요하지만, 그의 삶 내면에 자리한 인격에 대한 평가도 간과해서는 안 된다. 더욱이 유학의 입장에서 보면 아는 것도 중요하지만, 어떻게 사는가가 더욱 중요하기 때문이다. 그리고 유학은 궁극적으로 수기를 통해 군자가 되고 성인과 같은 인격을 함양하여, 가정, 사회, 국가 그리고 세계인류를 위해 봉사, 헌신함에 학문의 목표가 있기 때문이다. 따라서 한 인간의 삶에 투영된 내면적인 면모를 밝히는 작업은 매우 중요한 의미를 갖는다. 이러한 관점에서 동춘당의 삶에 드리운 인격의 모습을 가늠해 보고자 한다.

동춘당의 문집 속에 있는 〈연보(年譜)〉, 〈유사(遺事)〉, 그리고 남궁원(南宮垣)이 쓴 〈동춘당언행록(同春堂言行錄)〉 등을 검토해 볼 때, 동춘당은 온화함과 냉철함을 겸비하였을 뿐 아니라 세속에 초연한 삶과 함께 유가적 도덕사회의 구현을 위한 현실참여의 삶을 살았다고 볼 수 있다.

송시열(1607~1689)은 동춘당의 인격을 설명하면서, 사람을 대함에 온화하였다 하였고,[18] 남궁원은 다음과 같이 그의 원만한 인품을 설명하고 있다.

> 선생은 안색이 온화하시고 말씀이 즐거우시며, 그 인품이 옥 같으시고 용모가 그 마음 같으시니, 세상이 모두 춘풍좌상(春風座上)이라고 하였다. 일찍이 빠른 말씀과 급한 태도를 나타내지 않으시고, 또한 남의 장점과 단점을 들으시지 않으시며, 사람이 혹 남의 과실을 논하면 마음으로 매우 좋지 않게 여기시고 응답하지 않으셨다. 시골에 살며 일을 처리하매 늘 아름다운 말과 착한 행실로써 하시고, 겸손함을 몸에 체질화하였다.[19]

---

18 같은 책, 〈遺事〉, "公接人溫和……."

이와 같이 동춘당의 인품은 '춘풍좌상(春風座上)'이라 불릴 만큼 온화하고 넉넉하며, 남의 장점과 단점을 시비하지 않으며, 겸양의 덕을 체질화했던 것이다. 이러한 그의 인품은 그의 호인 '동춘(同春)'을 통해서도 잘 드러난다. 포저(浦渚) 조익(趙翼; 1579~1655)은 〈동춘당기(同春堂記)〉에서 '동춘'의 의미를 다음과 같이 쓰고 있다.

> 무릇 하늘의 덕에는 원형이정(元亨利貞) 네 가지가 있는데, 원(元)이 그 첫째이고, 그 기(氣)의 흐름 또한 춘하추동 넷이 있는데, 봄이 그 첫째이다. 그러니 봄이란 원(元)이 제때에 맞추어 나오는 것이므로, 원(元)은 봄이며 인(仁)은 하나인 것이다. …… 송군이 동춘(同春)을 그 당(堂)의 이름으로 한 것은 인(仁)을 구하는 데 있음을 알겠다. 무릇 인(仁)은 천지의 공변됨이요 모든 착함의 근본이다.[20]

이와 같이 그의 당호(堂號)인 '동춘'의 의미가 유학의 중심 이념인 인(仁)과 상통하는 것인데, 천지가 만물을 낳는 착한 마음이 동춘 속에 내재해 있다. 따라서 동춘당은 자신의 호인 '여물동춘(與物同春)'의 정신을 체득하고자 노력하였고, 봄바람같이 훈훈한 인정과 넉넉한 도량을 몸소

---

19 《同春先生言行錄》, 南宮垣, "先生顏色溫和, 言辭樂易, 其人如玉, 貌如其心, 世皆謂春風座上. 未嘗見疾言遽色, 亦未聞論人長短, 人或言人過失, 則心甚非之, 不爲應答. 居鄕處事, 每以嘉善, 而矜不能爲主."

20 《浦渚集》, 卷27, 〈同春堂記〉, "夫天之德有四, 而元其首也. 其氣之流行亦有四, 而春其首也. 然則春者, 元之行乎時者也. 人之仁, 卽出於此, 故元也春也仁也一也. 程子曰, 靜後觀萬物, 皆有春意. 又曰, 萬物之生意最可觀, 此元者善之長也, 斯所謂仁也. 夫天地以生物爲心, 元者天地生物之心也, 春者天地生物之氣也. 萬物之生, 皆受之天地, 故萬物皆有生意也. 所謂春意, 乃生意也. 仁者, 人之生物之心也. 宋君以同春名其堂, 則可見其志在於求仁也. 夫仁, 天地之公, 萬善之本也. 宋君之志乃在於此, 其志豈不大哉."

함양 실천했던 것이다. 그러므로 수암(遂庵) 권상하(權尙夏; 1641~1721)는《동춘당연보》의 서문에서 "옛적에 회옹부자(晦翁夫子)께서 일찍이 명도(明道) 선생을 찬하여 말하기를, '서일상운(瑞日祥雲)이요 화풍감우(和風甘雨)라' 하였다. 어리석은 내가 항상 이 글을 읽으면서 무릎 치며 탄복해 말하기를, '백세후에 누가 능히 이 말씀과 같다 할 것인가?' 하였더니, 가만히 엎드려 생각하니 우리 동춘 선생이 거의 이와 같으셨다"[21]고 하였다. 이처럼 동춘당의 인품은 송대 정명도와 비슷하게 일컬어졌던 것이다.

또한 그는 자기 주장만이 옳다고 주장하거나 자기 문호를 내세워 경쟁하거나 다투지 아니하고, 대립과 갈등을 뛰어넘어 상보적 관점에서 전체를 보고자 했다.

> 선생은 평생에 스스로 '옳다' 하는 성격이 없으시고, 이기기를 좋아하는 마음이 없으시고, 일찍이 남들이 각각 문호를 내세우는 것을 미워하시고, 자기 주장을 내세워 높은 체하지 않으시고, 겉만 힘써 명예를 요구하지 않으시고, 먼저 실천하시고 후에 의논하시므로 사람을 취하되 반드시 먼저 겸양하고 공손한 것을 본받고, 겉모양만 꾸미고 만들어 이루고 헐뜯고 칭찬하며 엎치락뒤치락 하는 자는 끊고 내 마음을 주지 말도록 하였다.[22]

여기에서 동춘당의 원만한 인품과 사소한 시비를 초월한 대인의 풍모

---

21 《同春堂年譜》, 序, 權尙夏, "昔晦翁夫子嘗贊明道先生曰, 瑞日祥雲, 和風甘雨, 愚常誦此而擊節曰, 由百世而後, 誰能彷彿乎斯言. 竊伏思之, 我同春先生庶幾焉."

22 《同春先生言行錄》, 南宮垣, "先生平生, 無自是之癖, 無好勝之心, 嘗疾人各立門戶, 不立異以爲高, 不務外以要名, 先踐履後談論, 故取人必先謙讓恭謹者, 修飭作爲, 抑揚反覆者, 絕勿與許."

를 읽을 수 있다. 더욱이 자기편을 만들어 남들과 싸워 이기는 것을 미워하고, 겉보다는 내실을 중시하고, 말보다는 실천을 중시하며, 겸양과 공손이 체질화된 동춘당의 면모를 잘 알 수 있다.

그러나 이러한 동춘당의 인품은 자칫 오해받을 수도 있다. 즉 자기 주견이 없다든가 마음만 좋아 맺고 끊는 과단성이 없다는 평을 받을 수도 있다. 동춘당은 이런 점에서 따뜻하고 온화한 성품을 지녔으면서도 추상 같은 냉철함과 과단성을 지녀 조화로운 인품을 지녔던 것으로 짐작된다. 남궁원은 농암(農巖) 김창협(金昌協; 1651~1708)의 동춘당에 대한 평을 다음과 같이 소개하고 있다.

> 을해년(乙亥年)에 내가 농암(農巖) 김대감과 더불어 동호(東湖)에 같이 배를 탔다. 농암대감이 선생의 덕을 매우 칭송해서 말하기를, "일에 임하여 흔들리지 않으시고, 끊기를 칼같이 하시고, 악한 것 보기를 더럽힐 것 같이 하시며, 미워하기를 원수같이 하시고, 강하시며 군센 집념은 남들이 미칠 바가 아니다" 하고, "세상 사람들은 한갓 양기(陽氣)가 온화함의 하나만 알았지 참으로 선생의 덕은 알지 못한다"라고 하였다.[23]

이와 같이 동춘당의 인품은 세상 사람들이 아는 대로 봄바람같이 훈훈한 인품, 좋은 사람만으로 보아서는 안 된다는 것이다. 온화한 성품 속에 시시비비를 준엄하게 가리는 냉철함이 있고, 선악정사를 엄정하게 변별하며, 군센 집념과 강한 추진력을 겸비하고 있다는 것이다. 문인 황세정(黃世楨)은 동춘당의 인품을 '온후함은 봄볕과 같고, 엄숙함은 가을 서리

23 같은 책, "乙亥年間, 余與農巖金台, 同舟東湖. 農台盛稱先生之德曰, 臨事不撓, 斷之如刀, 見惡若浼, 嫉之如讐, 剛毅之執, 非人所及, 而世之人, 徒知一於陽和, 非眞知先生之德者也."

와 같다'고 묘사하였으며,[24] 남궁원은 '선생의 성품은 비록 관화(寬和)하지만 악을 미워하기를 원수와 같이 하였고, 종족(宗族) 향인(鄕人)이 혹 과실이 있으면 앞에서 크게 책망하고 반복 규계(規戒)하여 성의를 다하였다'[25]고 술회하였다. 이는 동춘당의 인품이 외유내강(外柔內剛)임을 말해주는 것이고, 또 따뜻함과 차가움, 온화함과 냉철함을 겸비했음을 알 수 있다.

위에서 살펴본 대로 그의 인품을 통해 살아 있는 교훈과 삶으로 드러난 생활철학을 배울 수 있다.

3. 동춘당의 철학정신

(1) 성인됨과 왕도의 실현

유학은 본래 내성외왕(內聖外王)을 학문의 목표로 삼는다. 개인적으로는 누구나 수기를 통해 성인의 인격을 갖추는 데 학문의 목적이 있고, 나아가서는 현실사회에 왕도를 실현함을 궁극의 목표로 삼는다. 이는 유학의 학문적 차서와 규모를 제시한 《대학》에 잘 나타나 있으니, 명명덕(明明德)이 성인이 되기 위한 수기라면, 신민(新民, 親民)은 왕도의 실현을 의미한다. 아울러 격물(格物), 치지(致知), 성의(誠意), 정심(正心), 수신(修身)은 수기의 일이라면, 제가(齊家), 치국(治國), 평천하(平天下)는 왕도의 일이다.

이러한 내성외왕의 정신은 유가 경전에 보편적으로 반영되어 있다. 즉

---

24 《同春堂集》, 別集, 卷9, 〈遺事〉, 黃世楨, "溫厚則春陽也, 嚴肅則秋霜如也……."

25 《同春先生言行錄》, 南宮垣 錄, "先生性雖寬和, 嫉惡如讐, 宗族鄕人, 或有過失, 則當面切責, 反覆規戒, 務盡誠意."

《논어》에서는 '수기(修己)'와 '안민(安民; 安百姓)'을, 《맹자》에서는 '정기(正己)'와 '물정(物正)'을, 《중용》에서는 '성기(成己)'와 '성물(成物)'을 일컫고 있다. 이처럼 유학은 본래 개인적으로는 부단한 수기를 통해 성인과 같은 인격을 갖추어야 하며, 그러한 성인의 자질을 가지고 가정, 사회, 국가, 세계에 왕도를 실현해야 한다.

동춘당은 이러한 유학의 전통을 계승하여 학문의 목표, 삶의 목표를 성인됨과 왕도의 실현에 두었다. 그는 임금에게 성인이 되기를 스스로 기약할 것과 하(夏), 은(殷), 주(周) 삼대(三代)의 왕도정치를 실현할 것을 정치적 입지로 제시하였다. 이를 위해 인재를 발굴하여 마땅하게 임용하면 민심이 복종하게 될 것이라 하였다. 또한 법제를 변통(變通)하여 백성들의 근심을 구제하고, 극기(克己)로서 선도(善道)를 좇으면 폐습이 제거되어 그 영향이 멀고 가까운 곳에 두루 미치게 될 것이라 하였다. 또한 자주 경연을 베풀어 훌륭한 신하들과 친하고 도를 익히면 성덕(聖德)이 날로 높아지고, 정치의 실효가 날로 새로워질 것이라 하였다.[26] 이처럼 동춘당에게 학문과 정치의 목표는 일차적으로는 성인이 되기 위해 성덕을 높이는 데 있고, 훌륭한 인재를 발굴하고 법제 개혁을 통해 백성들의 아픔을 해결하고 정치의 실질적인 혜택을 베푸는 데 있었다.

그러므로 그는 임금을 향해 천지를 위해 마음을 세우고, 생민(生民)을 위해 이념을 세우고, 지난 성인들을 위해 끊어진 학문을 계승하며, 만세를 위해 태평한 세상을 열어야 한다 하였다. 이는 송대 장횡거(張橫渠)의 말을 인용한 것으로, 그의 철학정신이 잘 표현된 것이다. 그리고 이 뜻을

---

26 《同春堂集》, 卷1, 〈應旨兼辭執義疏〉, "……然殿下旣以聖人自期, 三代爲治, 則根本立矣. 知人善任, 擧錯得宜, 則民心服矣. 變通以救民隱, 克己以從善道, 則弊習可祛而遠邇風動矣. 頻於經筵, 親賢講道, 則聖德日躋, 而治效日新矣."

굳게 견지하고 변함없이 물러섬 없이 먼저 5년, 7년의 규모를 세우고 1년에 반드시 1년의 공부가 있으니, 뜻과 일이 세워지고 일에 따라 뜻이 이루어져서, 장차 전하가 하고자 하는 바를 하게 될 것이라 하였다.[27] 유학에서의 학문적 목표는 천지에 입각한 마음의 정립이며, 정치나 학문의 목표가 생민(生民)을 위해 이념을 세운다는 것이다. 이념의 내용이 무엇이며 색깔이 어떠한가가 문제가 아니라 '생민'을 위한다는 목적이 중요한 것이다. 이는 다름 아닌 지나간 성인들의 정신을 계승하는 것이요 단절된 유학의 도통(道統)을 계승하는 것으로, 궁극적으로는 만세토록 태평한 세상을 여는 데 있다. '만세태평(萬世太平)'의 왕도실현이야말로 유학의 이상이며 동춘당의 철학정신이다. 또 이를 위해서는 먼저 성인과 같은 자질을 함양하기 위해 부단히 노력해야 한다. 개인적 수기와 사회적 왕도의 실현이라는 두 가지의 목표는 유학의 지향점이자 동춘당의 철학정신이다.

(2) 윤리세계의 구현

동춘당이 평생에 걸쳐 추구한 정신은 윤리세계의 구현에 있다. 천부적인 본성에 입각하여 인간의 양심, 인의(仁義)의 질서가 구현되는 세상을 희구하였다. 물론 그것은 동춘당만의 염원은 아니고 유학 본래의 정신이기도 하다. 그는 《논어》의 공자의 말대로 정령(政令)이나 형벌로 정치를 하게 되면 백성들은 벌을 면하려고만 하고 죄에 대한 부끄러움은 없게 된다고 보았다. 따라서 덕(德)과 예(禮)로써 정치를 해야 죄에 대한 부끄러움도 갖고 바르게 될 수 있다고 보았다. 그리고 동춘당은 이에 대한 주자

27 같은 책, 같은 글, "惟殿下爲天地立心, 爲生民立極, 位去聖繼絶學, 爲萬世開太平. 堅持此志, 無變無退, 先立箇五年七年規模, 一年必有一年工夫, 則志與事立, 事隨志成, 將惟殿下之所欲爲矣."

의 해석을 좇아 덕과 예는 정치가 나오는 근본이고, 덕은 예의 근본이라고 보았다.[28] 이와 같이 동춘당이 소망하는 정치는 덕과 예에 의해 질서가 유지되는 사회다. 덕(德)이란 무엇인가? 인의(仁義)의 본성이요 천부적인 양심이다. 인간의 선천적인 도덕률에 의해 정치권력이 행사되고, 양심에 의해 사회질서가 유지되는 것이다.

그는 공자의 말을 인용하여 능히 예양(禮讓)으로써 한다면 나라를 다스림에 무슨 어려움이 있겠느냐 하고, 예양으로써 나라를 다스릴 수 없다면 예는 해서 무엇 하느냐고 하였다. 또《예기》의 말을 인용하여 예가 다스려지면 나라가 다스려지고 예가 어지러우면 나라도 어지러워지며, 예가 있으면 나라도 있고 예가 없으면 나라도 없다 하였다. 따라서 위로는 임금으로부터 아래로는 백성에 이르기까지 상하가 모두 예를 숭상하고 공경과 양보하는 미덕이 흥행하면, 조정과 여항(閭巷)에서 날마다 쓰는 언행이 예로 말미암지 않음이 없게 된다 하였다.[29] 이처럼 동춘당은《논어》와《예기》에 입각하여 예의 사회적, 정치적 기능을 강조하고, 모든 백성이 예를 숭상하고 서로 공경하고 양보하는 윤리사회를 구현할 때, 수준 높은 정치가 이룩되고 일류 문화국가가 된다고 보았다. 그러므로 그는 우리나라 예학의 종장(宗匠)으로 일컬어지는 사계, 신독재 문하에서 예학을 배워 예서에 정밀하고 박학하였다. 그리하여 사계는 동춘당에게 "이 사람이 후일 반드시 예가의 종장이 될 것이다"라고 격려하기도 하였다.[30] 동춘당

---

28 같은 책, 같은 글, "孔子曰, 道之以政, 齊之以刑, 民免而無耻, 道之以德, 齊之以禮, 有耻且格. 朱夫子釋之曰, 政者爲治之具, 刑者, 輔治之法, 德禮所以出治之本, 而德又禮之本也. 聖賢所論, 可行之萬世而無獘."

29 같은 책, 卷1, 〈謝特賜儀禮經傳通解及圖疏〉, "且嘗聞之, 孔子之言曰, 能以禮讓, 爲國乎何有? 不能以禮讓爲國, 如禮何? 記曰, 禮治則治, 禮亂則亂, 禮存則存, 禮亡則亡 …… 上下崇禮, 敬讓興行, 朝廷閭巷, 日用云爲, 無不由禮……."

30 《同春堂年譜》, 癸亥, 先生 18歲條, "受學於沙溪金先生之門. 沙溪先生卽先生表從叔也. 先受

은 이러한 기대에 부응하여 당대 예학을 대표하는 위치에 있었고,[31] 경연과 예문답 등을 통해 예학의 계발과 예문화의 보급에 적극 노력하였다.

그는 우암과 더불어 기해예송(己亥禮訟)의 중심에 서 있었는데, 종통(宗統)과 대통(大統)의 계승문제를 별개로 생각하여, 효종이 이미 대통을 계승하여 인의(仁義)를 실현하려고 노력하였으므로, 효종의 경우 왕통(王統)과 종통(宗統)의 일치 문제를 중요하게 생각하지 않았다. 천명사상에 입각한 왕의 지위를 강조하여, 인조가 선왕의 적장자가 아니라도 왕위계승은 문제될 것이 없다는 것이다. 왕통의 문제에서는 종통의 문제보다 인의에 입각한 천명의 문제가 더욱 중요하다고 생각한 것이다. 이러한 동춘당과 우암의 주장은 인조와 효종의 왕위 계승에서 왕통과 종통을 별개로 하여, 종통은 종법에 입각하고 왕통은 덕위일치(德位一致)에 의한 천명사상에 따른다는 주장으로 한국 사림정치의 본령을 보여 주었다 할 수 있다.[32]

또한 그는 가정과 사회가 두루 윤리가 바르고 은의(恩義)가 돈독해야 한다 하였다. 옛날의 성제명왕(聖帝明王)은 먼저 대궐을 엄숙하게 하고 가법(家法)을 정제(整齊)하는 것을 힘쓰지 아니함이 없었다 하고, 《주역》 가인괘(家人卦)의 '정윤리(正倫理) 독은의(篤恩義)'의 말을 인용하여, 무릇 '독은의(篤恩義)'라는 것이 어찌 가인(家人)의 본실(本實)이 아니겠느냐 하고, 성인은 반드시 윤리를 바르게 하는 것으로 먼저 시작하였다고

啓蒙書, 自是往來, 盡通諸書. 且於禮書精博, 如誦己言, 沙溪方以禮教喜曰, 此哥佗日, 必作禮家宗匠."

31 현상윤, 《조선유학사》, 민중서관, 1948, 180쪽.
이병도, 《한국유학사》, 아세아문화사, 1987, 296~311쪽 참조.

32 김문준, 〈동춘당의 기해예송과 예송의식〉, 《동춘당 송준길의 사상과 예술》, 한남대 충청학연구소, 2004(4월 24일), 49쪽.

하였다. 진실로 고금을 통해서 윤리가 바르지 않고 은의가 독실한 자는 없다 하고, 비록 사대부일지라도 오히려 이와 같거늘, 하물며 제왕가(帝王家)에서야 말할 것이 없다고 하였다.[33] 이처럼 동춘당은 왕실은 말할 것도 없고 가정과 사회 전반이 윤리가 바르게 실현되고 은의가 충실한 윤리사회를 실현해야 한다고 보았다. 이러한 동춘당의 철학정신은 비록 새로운 것은 아니지만, 유학의 정신과 이상이 그러했듯이 인간의 자율적인 도덕률에 따라 사회질서가 유지되고 국가가 운영되어야 한다고 보았다. 이는 오늘날 현대사회가 법치를 자랑으로 삼지만, 법치조차도 실현하지 못하는 것을 생각할 때, 진정한 문화국가를 향한 동춘당의 강한 의지를 읽을 수 있다.

(3) 마음공부의 중요성

동춘당은 도덕적 인간, 도덕적 사회 그리고 도덕적인 세계를 실현하기 위해서는 마음공부가 중요하다고 보았다. 그는 인주(人主)의 한 마음이 만화(萬化)의 근본이라 하고,[34] 천하만사가 한 가지도 인주의 마음에 근본이 되지 않는 것이 없다고 하였다.[35] 정치에서 치자(治者)의 한 마음이 정치의 성패를 좌우한다는 말이다.[36] 동춘당은 인군은 마땅히 학문으로써 근본을 삼아야 하는데, 학문의 근본은 마음에 있다고 하여,[37] 마음공부

---

33 《同春堂集》, 卷6, 〈應求言別論仍乞解職疏〉, "古之聖帝明王, 莫不以嚴肅宮禁整齊家法爲先務. 在易家人之傳曰, 正倫理篤恩義, 夫所謂篤恩義者, 豈非家人之本實, 而聖人必以正倫理先之者, 誠以古往今來, 未有倫理不正而恩義能篤者, 雖於搢紳大夫, 猶尙如此, 況在帝王家乎?"

34 같은 책, 같은 글, "人有恒言, 人主一心, 萬化之源."

35 같은 책, 卷7, 〈因別諭宣召具陳所懷兼辭職名疏〉, "臣聞天下萬事, 無一不本於人主之心."

36 서원화, 〈동춘당의 수양론〉, 《동춘당사상의 체계적 조명》, 충남대 유학연구소, 1995(11월 11일), 99쪽.

37 《同春堂年譜》, 丁酉30年, 先生 52歲, 8月 己丑日, "人君當以學問爲本, 而學問之本在心……."

가 인군에게 가장 중요한 근본문제임을 강조하였다. 마음이란 나가고 들어감에 때가 없고, 요동치고 흩어져 잃기 쉽고 보존하기 어려우니, 반드시 서책을 친근히 하여 이 마음으로 하여금 한가로이 즐겨 그 가운데에 침잠해 유지하여, 날이 가고 달이 오면 점점 돈독함이 굳게 쌓인 연후에, 거의 달아나는 근심이 없고 길이 편안하게 이루는 효과가 있게 될 것이라 하였다.[38] 마찬가지로 사람의 마음은 나아가고 들어감이 때가 없고 버림이 무상하여, 존양성찰(存養省察)의 돈독함 또한 그칠 수 없으니, 실로 이것이 천하에 어려운 일이라 하였다.[39] 이처럼 인간의 마음은 활물(活物)로서 출입에 때가 없고 변화무상하여 그 본심을 잡기 어려운 것이다. 그러므로 독서에 침잠하여 마음공부를 독실하게 하는 방법도 있고, 존양성찰의 노력을 통해 본래의 마음을 붙들고 지키는 방법도 있는 것이다.

동춘당은 선유들이 그랬듯이, 《서경》의 이른바 16자 심법(心法)을 만세(萬世) 심학(心學)의 근본이라 하여 매우 중시하였다.[40] 즉 '인심유위(人心惟危) 도심유미(道心惟微) 유정유일(惟精惟一) 윤집궐중(允執厥中)'의 16자 심법은 요(堯), 순(舜), 우(禹)에 걸친 상전심법(相傳心法)으로 제왕의 마음공부는 물론 개인적 수기의 근본이 된다고 보았다.

그런데 동춘당에게 마음공부는 결국 극기(克己)공부를 말한다. 극기란 사사로운 자기를 이기는 것이다. 욕심과 이기심을 극복하는 것이다. 인주에게 사심이 있으므로 사재(私財)가 있고, 사재가 있으므로 사인(私人)이

---

38 《同春堂集》, 卷7, 〈因別諭宣召具陳所懷兼辭職名疏〉, "蓋心之爲物, 出入無時, 搖動散渙, 易失而難保, 必須親近書册, 使此心優游悅豫, 浸灌於其中, 以維持而湊泊之, 日往月來, 積漸純固, 然後庶無走作之患, 永有安成之效矣."

39 같은 책, 卷7, 〈辭召命仍陳戒疏〉, "惟人此心, 出入無時, 操舍無常, 存養省察, 純亦不已, 實是天下難事."

40 《同春堂年譜》, 丁酉, 30年, 先生 52歲, 10月 壬午日, 壬午入侍夕講, "對曰 …… 十六言者, 萬世心學, 實本於此……."

있게 되니, 이것이 고금의 뜻있는 선비가 통한(痛恨)하여 깊이 분개한 바라 하였다.[41] 사(私)란 온갖 병의 근원이다. 필부에게 이것이 있어도 수기와 제가에 방해가 되는데, 하물며 인군은 밖으로 징험이 드러나니, 열 눈이 볼 뿐 아니라 열 손가락이 가리키는 것처럼 명백한 것이다. 그러므로 동춘당은 임금이 즉위한 이래 정사가 모두 사(私)에 따라 움직이고 관계되어, 안팎의 사람들이 모두 '사(私)' 한 글자를 임금의 고질이라고 말한다는 것이다.[42] 이와 같이 사(私)는 개인적 수기나 제가는 말할 것도 없고, 정치에서도 모든 병폐의 근원인 것이다. 사(私)로 말미암아 사심(私心)이 생기고, 이 사심, 사욕으로 말미암아 사사로운 재물을 탐내 도모하게 되고, 나아가 사사로운 내 사람까지 갖게 되는 것이다. 결국 이 사(私)는 공정성, 공익성, 공평성을 해친다. 그리고 공동체의 안정과 평화를 파괴한다.

동춘당은 이 사(私)를 극복하는 방법으로 경(敬)을 제시하였다. 경하면 마음이 곧 하나가 된다. 하나란 곧 성(誠)이다. 성(誠)이라고 말한 것은 실(實)일 따름이다. 실심(實心)으로써 실사(實事)를 행하여 한 터럭의 사의(私意)가 그 사이에 섞이지 아니하면, 이것을 주일(主一)이라 하고 무적(無適)이라 하는 것이다.[43] 동춘당의 이 설명은 사(私)와 성(誠)과 경(敬)의 관계를 매우 요령 있게 설명한 것으로, 그의 성리에 대한 탁월한 식견을 짐작하게 한다. 우리의 마음이 경(敬)을 실천하면 마음이 곧 하나

---

41 《同春堂集》, 卷8, 〈內司奴婢請勿復戶許允編伍斜付啓〉, "人主有私心, 故有私財. 有私財, 故有私人, 此古今志士之所痛恨而深慨者."

42 같은 책, 卷5, 〈辭憲職兼論君德疏〉, "蓋私者, 百病之源也. 匹夫而有此, 猶足以妨乎修齊之道, 況人君則其符驗之著於外者, 不翅十目之視, 十手之指而已也. 殿下自卽位以來, 凡政事施措, 動涉於私, 中外之人, 皆謂私之一字, 實爲殿下之痼疾."

43 《同春堂年譜》, 丁酉, 30年, 先生 52歲, 10月 甲午日, 甲午 入侍召對進袖箚, "對曰, 敬則心便一, 一卽誠, 誠之言實而已矣. 以實心行實事, 無一毫私意, 參錯於其間, 便是主一, 便是無適."

가 된다. 하나가 된다는 말은 다름 아닌 성(誠)이요, 그 성이란 말은 곧 거짓이 없는 참을 말한다. 따라서 진실한 마음을 가지고 진실한 일을 해서 조금도 사사로운 생각을 갖지 아니하면, 그것이 곧 주일(主一)이요 무적(無適)이다. 정이천(程伊川)과 주자(朱子)에 의해 경(敬)은 주일무적(主一無適)으로 설명되어 왔다.[44]

동춘당에 따르면 주일(主一)은 곧 지경(持敬)공부다. 주자가 이 마음으로 하여금 잡된 생각과 어지러운 생각을 없게 해서 주일(主一)하였으니, 일(一)이라는 것은 성(誠)이다. 성(誠)이 아니면 물(物)이 없으니 무슨 일을 하겠느냐고 하였다.[45] 주자는 우리의 마음이 하나를 주로 한다고 할 때 그 하나가 바로 참으로서의 성(誠)이라고 보았다.

그러므로, 사심, 사욕을 버리고 방지하는 데 경(敬)은 중요한 것이고, 그 경은 다름 아닌 진실한 마음을 가지고 거짓을 하지 않는 것이었다. 그러므로 그는 범사에 실(實)이 귀한 것이라 하고,[46] 대학공부는 지(知)와 행(行)과 추(推)인데, 격치(格致)는 지(知)가 되고, 성(誠), 정(正), 수(修)는 행(行)이 되고, 제(齊), 치(治), 평(平)은 추(推)가 된다고 하였다. 그리고 성의(誠意)가 자수(自修)의 머리가 되어 상하를 관통하니, 능히 뜻이 참되지 못하면 지(知), 행(行), 추(推)를 모두 할 수 없다고 하였다.[47] 동춘당은 격물(格物), 치지(致知)는 지(知)의 공부가 되고, 성의(誠意), 정심(正心), 수신(修身)은 행(行)의 공부가 되는데, 성의(誠意)가 자기수양의

---

44 《二程遺書》, 第15, "敬, 只是主一也."
《朱子語類》, 卷96, 〈程子之書 2〉, "主一之謂敬, 無適之謂一, 敬主於一……."

45 《同春堂年譜》, 丁酉, 30年, 先生 52歲, 12月 辛巳日, 辛巳 入侍召對, "對曰, 主一乃持敬工夫, 朱子欲使此心, 無胡思亂想, 以主于一, 一者誠也. 不誠無物, 何事可做."

46 《同春堂集》, 卷6, 〈應求言別論仍乞解職疏〉, "凡事唯實之爲貴也."

47 《同春堂年譜》, 己酉, 42年, 先生 64歲 2月, 己巳入侍召對, "講正心章附註, 先生曰, 大學工夫, 知行推也. 格致爲知, 誠正修爲行, 齊治平爲推. 誠意爲自修之首, 通貫上下. 不能誠意, 則知行

으뜸이 된다는 것이다. 그리고 수기를 미루어 제가, 치국, 평천하까지 나아가야 하는데, 수기치인(修己治人), 내성외왕(內聖外王), 지(知), 행(行), 추(推)를 관통하는 것이 성의(誠意)라고 보았다. 성의(誠意)란 뜻이 참된 것이니, 위에서 말한 마음공부로서의 경(敬)과 상통하는 것이다. 따라서 홀로 있을 때를 삼가라는 《중용》의 '신독(愼獨)'은 천고(千古)에 성현들이 서로 전한 지결(旨訣)이라 하고, 반드시 성(誠)하고 반드시 경(敬)하기를 아침저녁으로 하고, 또 날마다 게을리하지 않고 더욱 공경한다면, 청명(淸明)이 몸에 있고 지기(志氣)가 신과 같아, 일이 마땅히 해야 하는 것과 마땅히 해서는 안 되는 것이 심목(心目) 사이에 분명하지 않음이 없게 된다고 하였다.[48] 이러한 동춘당의 마음공부는 비록 유학의 전통을 계승하고 있지만, 유학의 수기론을 명확하게 설명한 것이라고 볼 수 있다.

이렇게 볼 때, 동춘당은 인군의 정치나 개인의 수기에서 마음공부 특히 경(敬)이 가장 중요한 것임을 강조하였고,[49] 구체적으로는 사심의 극복을 위해 경(敬), 성(誠), 성의(誠意), 신독(愼獨) 등 유학 본래의 수양론을 제시하였던 것이다.

4. 동춘당 철학정신의 현대적 의미

동춘당은 기호학파 또는 율곡학파의 중심적 인물로 이론 성리학에도

推皆無可爲矣."

48 《同春堂集》, 卷7, 〈遺疏〉, "君子愼其獨, 此實千古聖賢相傳旨訣 …… 必誠必敬, 朝焉夕焉, 日復一日, 不懈益虔, 則淸明在躬, 志氣如神, 事之當爲而不容已與不當爲而不容不已者, 無不瞭然於心目之間……."

49 송인창, 〈송준길의 유학사상과 자주정신〉, 《기호학파의 철학사상》, 예문서원, 1995, 444쪽. 〈문정공 동춘당 송준길〉, 《동국18현》, 율곡사상연구원, 1999, 565쪽.

매우 밝았다. 그럼에도 그는 이기론이나 사단칠정 등 심성론에 주력하기보다는, 17세기의 변화된 시대적 환경 속에서 윤리사회의 재건에 깊은 관심을 가졌다. 16세기 말에 불어닥친 임진왜란, 이어 청의 침략에 의한 정묘, 병자호란, 광해군의 패륜(悖倫), 당쟁의 심화, 가난과 기근으로 말미암은 민생의 피폐, 민심의 이반, 윤리강상의 이완 등 전반적인 위기 앞에서, 그는 예의질서가 확립되고 사회정의가 실현되는 윤리사회를 적극 추구하였다. 이는 구체적으로 그의 문집이나 생애에서 보듯이, 그의 주요 관심이 예학의 계발과 예치(禮治)의 실현에 있었음을 상기할 필요가 있다. 이는 당시 실학풍이 국력의 제고와 민생의 위기를 해결하고자 했던 것과는 대조적으로, 당시의 정신적 위기, 도덕적 위기를 심각히 인식하고 윤리의식의 제고와 윤리강상의 회복을 중시했던 것이다.

동춘당의 철학정신은 누구나 성인과 같은 자질을 함양해야 한다는 것이요, 나아가 윤리와 경제가 조화된 왕도정치를 실현함에 있다. 성인은 고정불변의 존재로 특정된 것이 아니라, 누구나 그 가능성을 가지고 있으므로 노력하면 가능하다는 것이다. 그리고 그러한 성인의 자질을 가지고 이웃과 나라 그리고 세계인류를 위해 봉사함으로써, 물질적으로 풍요롭고 정신적으로 정의로운 왕도세계를 실현해야 한다는 것이다. 이는 유학의 이상이자 동춘당의 이상이지만, 현대적으로도 중요한 의미를 갖는다. 만인평등의 인간관을 전제로 누구나 노력하면 성인이 될 수 있다는 유학의 이념은 현대적으로도 매우 가치 있는 이론이다. 아울러 윤리와 경제가 어우러진 왕도의 이상은 현대정치의 모델로 삼아도 좋다. 그것은 윤리와 경제의 조화야 말로 동서고금을 막론하고 정치의 보편적 이념이기 때문이다.

또한 그가 윤리세계를 추구하고 예학을 중시한 것은, 수준 높은 문명국가, 일류사회의 염원을 담은 것으로 중요한 의미가 있다. 경제적으로

부강한 것도 중요하지만, 예의염치가 서지 않고 윤리강상이 무너졌을 때, 이는 곧 야만적 사회요 미개사회라는 위기의식이 자리했던 것이다. 도덕적 양심에 의해 자율적으로 규율되어지는 윤리세계의 실현이 동춘당의 꿈이자 이상이었다. 오늘날 우리는 법치국가를 자랑하지만, 법치조차도 미흡한 현실을 부끄럽게 생각해야 한다. 동춘당이 법치의 차원을 넘어서서 예의와 염치 그리고 도덕적 양심에 의해 자율적으로 규율되어지는 수준 높은 예의사회를 추구한 것은 현대적으로도 중요한 의미를 갖는다.

특히 그가 성인이 되고, 왕도를 실현하고, 윤리사회를 건설하기 위한 전제로서 인군과 만백성의 마음공부를 중시하여 경(敬), 성(誠), 성의(誠意), 신독(愼獨) 등을 강조한 것은 현대적으로도 중요한 의미를 갖는다. 현대사회는 제도나 사회적 환경의 중요성을 강조한다. 물론 그러한 측면도 없지 않지만, 궁극적으로 정치나 교육을 막론하고 인간의 모든 활동은 인간 주체 자신의 마음이 중요하다. 문제는 나의 마음, 나의 생각, 나의 의지가 문제가 된다. 제도나 환경은 그다음의 문제다. 동춘당이 유학의 본래 입장을 견지하면서 마음공부의 중요성을 인식하고, 전통적인 수양론을 제시한 것은, 현대 정치나 교육의 바람직한 미래를 제시해 주고 있다는 점에서 그 현대적 의미가 크다.

제4절 연재 송병선의 의리학풍과 성리학

1. 학문연원과 삶

송병선(宋秉璿; 1837, 헌종 3~1905, 고종 42)은 한말의 대표적인 유학자로서 목숨을 바쳐 의리를 실천한 인물이다. 그의 자(字)는 화옥(華玉), 호(號)는 연재(淵齋)인데, 우암의 후손으로 충청도 회덕(懷德) 석남리(石南里)에서 태어났다. 그는 9세 때 백부(伯父) 수종재(守宗齋) 송달수(宋達洙)에게서 《소학》을 배웠으며,[1] 숙부(叔父) 입재(立齋) 송근수(宋近洙)와 장인 그리고 백계(白溪) 김박연(金博淵)과 학문적으로 교유하였다. 특히 숙부 송근수와는 난세에 있어 출처의 의리를 논하기도 하고, 성범인물(聖凡人物)의 심성동이(心性同異)를 비롯하여 그 밖의 성리에 관해서도 많은 대화를 나누었다.[2] 이렇게 볼 때, 연재(淵齋)의 학문은 가학을 통해 율곡학파의 학문과 사상을 익혔다고 볼 수 있다.

연재의 학문적 계보는 송시열(宋時烈; 尤庵)-정호(鄭澔; 丈巖)-김위재(金偉材; 迷庵)-김정묵(金正默; 過齋)-송치규(宋穉圭; 剛齋)-송달수(宋達

1 《淵齋集》, 卷50, 〈年譜〉, 先生 9歲條.

2 같은 책, 卷53, 〈行狀〉 및 卷50 〈年譜〉, 先生 33歲條 참조.

洙; 守宗齋)－송병선(宋秉璿; 淵齋)으로 이어진다.[3] 따라서 연재는 기호학파 가운데 율곡학파의 정맥을 계승하고 있다고 볼 수 있다.

연재는 유학자로서 독실한 학문적 성취와 함께 서세동점(西勢東漸)과 일제의 침탈 앞에서 몸소 죽음으로 항거한 실천적 유학자였다는 점에서 높이 평가된다. 그의 저술을 보면 35세에 〈벽사설(闢邪說)〉을, 39세에 〈근사속록(近思續錄)〉을, 45세에 〈동유연원록(東儒淵源錄)〉을, 64세에 〈경세설(警世說)〉을 썼고, 65세에 〈동감강목(東鑑綱目)〉을 썼으며, 70세에 〈방례변오(邦禮辨誤)〉를 썼다.[4] 이를 통해서 볼 때, 연재의 학문적 관심은 성리학은 물론 예학, 역사 그리고 위기의 시대에 있어 출처의 의리와 경세에까지 폭넓게 걸쳐 있다고 볼 수 있다.

연재(淵齋) 송병선(宋秉璿)은 참으로 불우한 시대적 환경에서 태어나 지성인의 사명과 역할을 다하다가, 1905년 을사보호조약이 체결되자 스스로 약을 먹고 순국(殉國)하였다. 그는 죽음에 임해 "도(道)가 있으면 나타나고 도가 없으면 숨는 것은 오히려 평상시의 일이거니와, 이제 인류가 다 없어지고 오도(吾道)도 이미 다했으니, 이는 만고에 걸쳐 지극히 끝나는 곳이니, 한 번 죽는 것 외에 다시 다른 길이 없다. 내 뜻은 이미 결정되었고 행낭 속에 감춘 약물은 내가 이미 먹었다. 군(君) 등은 다시 말할 필요가 없다" 하고, 검소한 장례를 유언으로 남기고 세상을 마쳤다. 그는 망해 가는 나라의 운명을 목도하고 안타까운 심정으로 우국충정을 토로하고 있다.

3 노관범, 〈연재 송병선의 생애와 사상〉, 《연재선생 순국100주년기념학술대회 발표문》, 한남대 충청학연구소, 2005, 35쪽.

4 《淵齋集》, 卷50, 〈年譜〉 참조.

대개 오백 년 예의의 나라가 암흑의 불안한 지경에 들어가고, 하늘과 땅이 바뀌고 관과 신발이 뒤바뀌게 되었다. 백성이 생겨난 이래로 이때와 같은 적이 없으니, 이 또한 천지간에 일대 액운이니 어찌 할까 어찌 할까?[5]

따라서 금일 국가의 형세가 마치 사람의 염통 밑까지 큰 병이 들어간 것 같아, 비록 화타(華陀)와 편작(扁鵲)의 훌륭한 처방이라도 손댈 수 없는 지경에 이르렀다고 보았다.[6] 그러면서도 그는 임금에게 올린 〈조진팔사(條陳八事)〉와 〈중화전주차(中和殿奏箚)〉에서 당시 위기의 현실을 타개하기 위한 구체적인 대안을 제시하기도 했다.[7]

송병선에 관한 기초적 연구 성과가 약간 있으나, 이는 대부분 역사학계의 연구이고 철학적 연구는 매우 미흡한 실정이다.[8]

---

5 같은 책, 卷5, 〈上叔父〉(甲午, 8月 24日), "蓋五百年禮義之邦, 入於黑窣窣之地, 天壤易處, 冠屨倒置, 自生民以來, 又未有此時若, 是亦天地間一大劫運, 奈何奈何?"

6 같은 책, 卷53, 〈行狀〉, "今日國家之勢, 如大病之入人膏肓, 雖華扁良方, 莫可下手."

7 같은 책, 卷53, 〈行狀〉, "上封事, 條陳八事, 其一曰, 懋聖學以正心志, 其二曰, 開言路以聞過失, 其三曰, 輔元良以固國本, 其四曰, 信賞罰以立紀綱, 其五曰, 昭儉德以節財用, 其六曰, 重名器以定民志, 其七曰, 停進貢以存事體, 其八曰, 斥倭和以絶邪敎."
같은 책, 卷4, 〈中和殿奏箚〉, "斬諸賊以正王法, 進賢能以充部任, 據盟義公辦各館, 立紀綱以正名分, 派御史巡察民情, 整財政以紓國力, 尙正學以養賢士, 闢邪說以遏賊黨, 養軍力以備不虞."

8 역사학계의 논문으로는 박경목의 〈연재 송병선의 위정척사운동〉(충남대대학원(석사), 1999), 〈연재 송병선의 위정척사운동〉(《호서사학》, 27, 호서사학회, 1999), 〈연재 송병선의 학맥과 민족운동〉(《대동문화연구》, 39, 성균관대 대동문화연구소, 2001), 김경수의 〈동감강목의 사학사적 고찰〉(《한국사학사학보》, 3, 한국사학사학회, 2001), 노관범의 〈연재 송병선의 생애와 사상〉(《연재선생순국100주년기념학술대회 발표문》, 한남대 충청학연구소, 2005)이 있고, 문학적 연구로는 이영휘, 송기섭의 〈연재 송병선의 학맥과 작품세계〉(《어문연구》, 43, 어문연구학회, 2003)가 있다. 연재 송병선에 대한 전문적인 연구 논문은 보이지 않고, 다만 금장태가 《유학 근백년》(박영사, 1984)과 《화서학파의 철학과 시대의식》(태학사, 2001)에서 최익현과 송병선의 논쟁에 대해 간단히

2. 의리학풍

연재는 공자를 배우고자 하면 마땅히 먼저 주자를 배워야 하고, 주자를 배우고자 하면 마땅히 먼저 우암을 배워야 한다고 하여,[9] 주자, 우암을 학통의 근간으로 설정하고 있다. 이는 그의 〈성현유상찬(聖賢遺像贊)〉에서도 확인되는 바로 요(堯), 순(舜), 우(禹), 탕(湯), 문왕(文王), 무왕(武王), 주공(周公), 공자(孔子), 증자(曾子), 자사(子思), 염계(濂溪), 명도(明道), 이천(伊川), 횡거(橫渠), 회암(晦庵), 우암(尤庵)의 성현도통(聖賢道統)을 제시하고 있다.[10] 이와 같이 연재가 율곡이나 사계를 뛰어 넘어 직접 주자에서 우암으로 도통을 말하는 것은[11] 마치 화서(華西) 이항로(李恒老)가 "학자가 주자를 종주(宗主)로 삼지 않으면 공자의 뜰에 들어갈 수 없고, 송자(宋子)를 본받지 않으면 주자의 서통(緖統)에 접할 수 없다"[12]는 것과 상통한다. 따라서 연재의 이러한 도통(道統)의식을 통해 그의 학풍이 의리적 특성을 갖는다고 볼 수 있고, 또 다른 한편으로는 직접적으로 선조인 우암의 의리사상을 계승한다는 측면이 크다.

철학은 시대의 산물이라 하듯이, 연재의 학풍은 당시 시대적 상황에

언급하고 있으며, 이상익은 《한국유학사상대계 3》(한국국학진흥원, 2005)에서 송병선의 학문적 위상에 대해 매우 간략하게 언급하고 있는 정도이다.

9 《淵齋集》, 卷17, 雜著, 〈隨聞雜識〉, "欲學孔子, 當先學朱子, 欲學朱子, 當先學尤翁."

10 같은 책, 卷29, 〈聖賢遺像贊〉.

11 그러나 수문잡식(《隨聞雜識》)에 의하면 송병선이 우암만 존숭한 것이 아님을 알 수 있다. 그는 여기에서 우리나라의 선현으로 평치(平治)의 학문이 있고 평치의 자질을 겸해 있는 이는 오직 정암, 율곡, 우암 세 선생뿐이라 하고, 학문은 마땅히 퇴계, 사계의 법문에 따라 들어가야 한다고 하였다.

12 《華西集》, 附錄, 卷9, 〈年譜〉, "學者不宗主朱子, 無以入得孔子門庭, 不憲章宋子, 無以接得朱子統緖."

따라 의리적 특성을 갖는다. 그는 우리나라에 이르러 퇴계의 학문, 율곡의 이기(理氣), 사계(沙溪)의 예학, 우암의 존양(尊攘) 또한 시의(時宜)를 따르기를 힘쓴 것이라 하였다. 그리고 오늘의 학자가 강명(講明)할 것은 오직 의리와 이익을 판별하고 인간과 금수의 변별에 있을 뿐이라 하였다.[13] 이에 관해 그는 다음과 같이 강조하였다.

> 나라가 있으면 도(道)도 함께 있고 나라가 망하게 되면 도도 함께 망하니, 황천(皇天)이 폐하에게 부탁한 것이 어찌 심상(尋常)하겠는가? 신의 선조가 처한 바가 화이지분(華夷之分)이다. 이(夷) 또한 인류가 됨을 해치지 않으나, 그 주된 바의 도는 다르므로 그 존양(尊攘)의 방법에 피를 뿌리며 힘쓰고 한을 품고 죽었던 것이다. 신의 처한 바도 인간과 금수의 구분이다.[14]

이와 같이 연재는 나라가 망하면 도(道)도 망한다는 신념으로 나라를 구하기 위해 중화(中華)와 오랑캐의 구분이 필요하고 인간과 금수의 구별이 필요하다고 보았다. 그리고 자신의 선조인 우암이 목숨을 걸고 지키려 했던 가치가 바로 중화와 오랑캐의 구분이요 인간과 금수의 구분인데, 자신도 우암을 따라 이 입장을 지키고자 한다 하였다.

그러면 중화와 오랑캐, 인간과 금수가 다른 까닭은 무엇인가? 이에 관해 연재는 다음과 같이 설명한다.

---

13 《淵齋集》, 卷17, 雜著, 〈隨聞雜識〉, "至於我東, 退溪之學問, 栗谷之理氣, 沙溪之禮學, 尤庵之尊攘, 亦務遵時宜也. 今之學者所可講明, 惟在判義利辨人獸而已."

14 같은 책, 卷53, 〈行狀〉, "國存則道與之存, 國亡則道與之亡, 皇天所以付託陛下者, 豈其尋常乎哉. 臣之先祖所處, 華夷之分也. 夷亦不害爲人類, 而以其所主之道異, 故其於尊攘之方, 瀝血致力, 飮恨而死, 臣之所處, 人獸之分也."

> 무릇 화이인수(華夷人獸)의 구분은 비유하면, 음양과 밤낮이 서로 반함과 같으니, 화(華)가 이적(夷狄)과 다른 까닭은 그 도(道)가 있음에 있다. 이 도는 상천(上天)이 준 바의 충(衷)을 받은 것으로, 법도로는 인의예지(仁義禮智)가 되고, 베풀어서는 부자(父子), 군신(君臣), 부부(夫婦), 장유(長幼), 붕우(朋友)가 되며, 이를 몸에 닦고 가정에서 징험하고 사해(四海)에 베풀어 그 쓰임이 다할 수 없는 것이다. 오제삼왕(五帝三王)이 천하를 바르게 한 것도 이 도(道) 때문이며, 공(孔), 맹(孟), 정(程), 주(朱)가 미래의 학문을 연 것도 이 도 때문이며, 폐하가 하늘과 조종(祖宗)의 무거운 부탁을 크게 계승한 것도 또한 이 도 때문이다. 이 도가 한 번 없어지면 천지가 없어지고 해와 달이 어둡게 되고, 중화와 오랑캐, 인간과 금수가 저절로 서로 짓밟아 나라가 나라가 될 수 없는 것이다.[15]

이와 같이 연재는 중화와 오랑캐가 구별되고 인간과 금수가 구별되는 척도가 도(道)에 있다고 보았다. 이 도는 하늘로부터 부여받은 것으로, 인의예지(仁義禮智)의 법도가 되고, 부자(父子), 군신(君臣), 부부(夫婦), 장유(長幼), 붕우(朋友)의 오륜지도(五倫之道)가 되며, 나아가 이는 인간 삶의 바른 길이 된다고 보았다. 따라서 이 도가 없어지면 인간이 인간다울 수 없고 나라가 나라다울 수 없다고 보았다. 결국 연재가 말하는 인수지분(人獸之分)과 화이지분(華夷之分)의 도는 다름 아닌 '의리(義理)'인 것이다. 그러므로 그의 〈행장〉에서는 다음과 같이 그의 인품을 평가하고 있다.

---

15 같은 책, 卷53, 〈行狀〉, "夫華夷人獸之分, 譬如陰陽晝夜之相反. 華之所以異於夷狄者, 以其有道也. 人之所以異於禽獸者, 以其有道也. 斯道也, 受之上天所賦之衷, 而紀之爲仁義禮智, 張之爲父子君臣夫婦長幼朋友, 修之於身 驗之於家, 施之於四海, 而不能盡其用者也. 五帝三王所以正天下者, 以此道也, 孔孟程朱所以開來學者, 以此道也, 陛下所以丕承惟天惟祖宗付畀之重者, 亦以此道也. 此道一亡, 則天地陷缺, 日月昏黑, 華夷人獸, 自相蹂躪, 國不得爲國."

> 오호라, 선생은 순강(純剛)의 자태와 정대(正大)한 기상으로 조업(祖業)을 이으시고 독신호학(篤信好學)하였다. 천리를 보존하고 인욕을 막으며, 정맥(正脈)을 지키고 이단을 물리쳤다. 왕법윤기(王法綸紀)의 무너짐을 탄식하여 은사(殷師)의 자정(自靖)을 지키고, 화이인수(華夷人獸)의 구분이 없어짐을 통탄하여 춘추의 대경(大經)을 밝힘으로써 지나간 성인을 계승하고 후손을 깨우쳐 천추에 사도(斯道)를 부식(扶植)하였으니, 참으로 부끄러움이 없는 문정부군(文正府君)의 초손(肖孫)이 되었는데, 선생이 전일에 논한 바 도학의 큰 끝맺음은 역시 선생이 마땅했다고 할 만하다.

이처럼 연재는 우암의 의리정신을 계승하였는데, 이는 우암과 연재가 처한 시대적 상황과 밀접한 관계가 있다. 즉 우암의 경우는 병자호란이라는 청의 침략을 맞아 민족적 자주와 문화적 자존을 지켜야 할 의리가 요청되는 때였고, 연재의 경우는 일제의 침략이 노골화되어 역시 나라의 운명이 위기에 처해 있을 뿐 아니라 서양문물의 거센 도전 앞에 전통문화가 위기에 처한 시대적 상황이었다. 우암과 연재가 처한 시대적 상황이 유교적 의리를 요청하는 때였고, 우암과 연재는 이에 맞게 의리를 실천했다는 점에서 궤를 함께한다. 이렇게 볼 때, 연재의 의리적 학풍은 시대적 상황의 소산일 수 있지만, 무엇보다 우암의 의리정신을 계승한다는 측면이 더욱 크다고 생각된다.

3. 이기론

송병선은 이 세계를 어떻게 이해하고 있는가? 그의 문집에는 이기론(理氣論)과 태극음양(太極陰陽)에 관한 논의가 다소 보이는데, 이를 통해 그의 세계에 대한 인식을 가늠해 보기로 한다. 연재는 자신이 질문에 답하는 형식으로 이기심성(理氣心性)에 대한 논의를 하고 있지만, 성리의 사변적(思辯的)인 논쟁에 대해서는 비교적 비판적임을 알 수 있다. 그는 이기(理氣)의 설은 선현들이 논한 것이 이미 자상하다 하고, 오늘날 사람들이 본원(本原)의 경지를 깊이 탐구하지 못하고, 단지 언어 문자상에 근거해서 그 말을 믿기 때문에 서로 다름이 생긴 것이라 하였다. 주리(主理), 주기(主氣)로 분열하여 많은 문호(門戶)가 있으니, 이는 근일의 큰 병폐라고 우려하였다. 따라서 현명한 사람은 삼가하여 이와 같아서는 안 된다고 하였다. 먼저 모름지기 성현의 글을 반복해 자세히 읽고 스스로 마음을 다스리고 몸을 닦는 공부에 힘써, 많은 시간이 지나면 저절로 견득처(見得處)가 있게 될 것이라 하였다.[16] 연재는 지루한 성리논쟁이 언어 문자상에 근거해서 생긴 것이라 하고, 성리의 본원에 들어가 침잠(沈潛)하고 마음공부에 많은 노력을 하면 저절로 진리를 깨닫게 된다고 보았다.

연재는 성리학 일반에서 보듯이, 이기이원(理氣二元)의 세계인식을 하고 있는 것으로 보인다. 그리고 형이상자(形而上者)로서의 리(理)와 형이하자(形而下者)로서의 기(氣)는 원래 서로 떨어져 있지 않다고 보았다.

> 대개 이기(理氣)는 원래 서로 떨어져 있지 않다. 주재(主宰), 성정(性情)의 묘용(妙用)은 비록 리(理)라고 말할지라도 기(氣)가 그 가운데에 있다. 형체귀신(形體鬼神)은 비록 기라고 말할지라도 리가 그 가운데에 있다.[17]

---

16 같은 책, 卷15, 〈答宋文甫(憲植) 瑞中(憲逵)問目〉, "理氣之說, 先賢論之已詳. 今人未深究乎本原之地, 而只據言語文字上而信口說話, 故互生歧異. 主理主氣, 分裂多門, 此是近日大弊, 願賢者, 愼莫如此, 先須將聖賢書, 反復詳讀, 而於自家治心修身之端, 煞用工夫, 消以許多歲月, 自有所見得處."

17 같은 책, 卷10, 〈答李景莊(圭錫)問目〉, "蓋理氣, 元不相離. 主宰性情妙用, 雖言理, 而氣在其中, 形體鬼神, 雖言氣, 而理在其中."

또한 율곡의 설명을 인용하여,[18] "리(理)가 아니면 기(氣)는 근본을 삼을 바가 없고, 기가 아니면 리는 의착할 바가 없다"고 하였다.[19] 이는 연재가 리를 기의 주재로 해석하고, 기는 그 리가 의착할 자구(資具)로 이해하고 있음을 의미한다. 여기에서 연재의 이기(理氣) 이해가 상보적(相補的) 관점에서 이루어지고 있음을 알 수 있다.

또한 연재는 마찬가지로 율곡의 말을 그대로 인용하여,[20] 이기의 개념과 성격 그리고 상호 역할을 다음과 같이 설명한다.

> (이기理氣는) 원래 서로 떨어지지 않는데, 형상이 없고 작위가 없으면서 형상이 있고 작위가 있는 것의 주재가 되는 것은 리(理)요, 형상이 있고 작위가 있으면서 형상이 없고 작위가 없는 것의 그릇이 되는 것은 기(氣)일 뿐이다.[21]

여기에서 리(理)는 무형(無形), 무위(無爲)로, 기(氣)는 유형(有形), 유위(有爲)로 설명된다. 즉 리는 시간과 공간에 구애되지 않는 무형의 형이상자요, 기는 시간과 공간에 제약을 받는 유형의 형이하자라는 것이다. 또 리는 작위하지 않는 것으로, 기는 작위하는 당체(當體)로 보아 율곡이나 우암의 이기관(理氣觀)을 그대로 계승하고 있다. 그리고 리는 기의 주재로 기는 리를 담고 싣는 것으로 각기 그 역할을 설명하고 있다. 여기에서 리가 기의 주재라 함은, 기의 활동과 운동 작용의 표준이 되고 근거가

---

18 《栗谷全書》, 卷10, 書2, 〈答成浩原〉, "理者, 氣之主宰也, 氣者, 理之所乘也. 非理, 則氣無所根柢, 非氣, 則理無所依著."

19 《淵齋集》, 卷18, 雜著, 〈老洲雜識記疑〉, "非理則氣無所根柢, 非氣則理無所依著."

20 《栗谷全書》, 卷12, 書4, 〈答安應休〉, "無形無爲, 而爲有形有爲之主者, 理也, 有形有爲, 而爲無形無爲之器者, 氣也."

21 《淵齋集》, 卷12, 〈答表敬來(東直)〉, "元不相離, 而無形無爲, 爲有形有爲之主者, 理也, 有形有爲, 爲無形無爲之器者, 氣耳."

된다는 논리적 의미다. 그렇다고 리의 주재가 기에 대해 전혀 의미가 없는 것은 결코 아니다. 왜냐하면 아무리 기가 발용하는 기능을 스스로 가지고 있다 하더라도 리와 함께 있지 아니하면 기의 작용도 발휘될 수 없기 때문이다. 이 점에서 리의 무위(無爲)를 곧 무능으로 보아서는 곤란하다. 또한 기가 리를 담는 그릇과 같다는 말은 기의 리에 대한 의착의 역할을 말한 것이다. 만약 리는 기가 아니면 있을 곳이 없다. 즉 어느 시간과 공간에 규정될 때 리는 실현될 수 있고 구상화된다. 따라서 기는 리의 실현 또는 리 현실화의 기반이다. 기로 인해 리는 관념적 존재로부터 벗어날 수 있다. 그러므로 리의 기에 대한 주재나 기의 리에 대한 의착은 상호 대등한 존재의미를 갖는다. 이는 이기이원(理氣二元)의 존재론의 특성이다.

연재는 또 주자의 '이기불상리불상잡(理氣不相離不相雜)'을 인용하여 이기의 불가분성과 함께 이기의 구별을 말하고 있다.

> 이천(伊川)의 도역기기역도(道亦器器亦道)의 설은 도기(道器)가 서로 떨어져 있지 아니한 것을 말한 것이다. 대개 태극(太極)은 음양(陰陽)과 떨어지지 아니하고 또한 음양과 섞이지 아니한즉, 도기(道器)가 비록 서로 떨어질 수 없을지라도 또한 서로 섞이지 않을 뿐이다.[22]

연재는 이정(二程)의 '기역도(器亦道) 도역기(道亦器)'를 인용하여 형이상자로서의 도(道)와 형이하자로서의 기(器)가 떨어질 수 없는 불가분의 관계임을 분명히 하였다. 아울러 태극과 음양의 관계도 마찬가지로 떨어질 수 없는 불가분의 관계라고 보았다. 그러면서도 연재는 도(道)와 기

---

22 같은 책, 卷13, 〈答呂馨(肇淵)問目〉, "伊川道亦器器亦道之說, 言道器之不相離也. 蓋太極不離乎陰陽, 亦不雜乎陰陽, 則道器雖不相離, 亦不相雜耳."

(器), 태극(太極)과 음양(陰陽)은 각기 다른 것으로 혼동해서는 안 된다고 하였다. 이는 주자나 율곡의 설을 그대로 계승한 것인데, 존재 자체로 보면 이기(理氣)는 떨어질 수 없는 하나의 양태로 있지만, 이를 개념적으로, 이론적으로, 가치상으로 보면 리는 리요 기는 기로써 엄연히 구별된다는 것이다.

다만 연재가 《이정전서(二程全書)》의 '기역도(器亦道) 도역기(道亦器)'를 정이천(程伊川)의 말로 본 것은 이론(異論)의 여지가 있다. 이는 《이정전서》 권(卷)1 〈이선생어록(二先生語錄)〉에 나오는 말로, 정명도(程明道)의 말이냐 정이천(程伊川)의 말이냐 하는 논란이 있는 것인데, 대체로 학풍상으로 볼 때 명도의 말로 보는 것이 일반적이다.[23] 다음은 연재가 노사(蘆沙) 기정진(奇正鎭)의 이론을 비판하고 있는 대목이다.

> 이존무대(理尊無對) 이것은 비록 진실로 그렇다하더라도 그것을 대거(對擧)해 논하면 기(氣)로써 상대하지 않을 수 없다. 그러므로 공자가 형이상하(形而上下)의 설로부터 시작하여 정주(程朱)에 이르러 리(理)와 기(氣)로써 대거해 말하지 않음이 없는 것은, 사람들이 도기(道器)의 변별에 어둡지 않게 하고자 한 것인데, 쉽게 깨닫는 바가 있다. 하늘이 비록 높아 상대할 것이 없다 하더라도 그러나 대거해 논하면 천지(天地)라 말하지 않을 수 없고, 임금이 비록 높아 상대할 것이 없다 하더라도 그러나 대거해 논하면 군신(君臣)이라 말하지 않을 수 없으니, 이기(理氣) 또한 이와 같다. 그런데 지금 대거해 말하기를 성인의 말을 비난하여 여지없이 타파하고, 시비가 오직 율옹(栗翁)을 배척하고 정주(程朱)와 함께 배치되었다.[24]

---

23 노사광 저, 정인재 역, 《중국철학사(송명편)》, 탐구당, 1989, 257쪽 참조.

24 《淵齋集》, 卷11, 〈答權公立問目〉, "理尊無對, 此雖誠然, 然論其對擧, 則不得不以氣當之. 故

이와 같이 연재는 기정진(奇正鎭)이 리(理)를 절대적으로 보는 데 대해, 이기이원(理氣二元)의 입장에서 비판하고 있다. 그것은 이 세계를 형이상하(形而上下)의 오묘한 조화체계로 인식하는 연재의 관점에서는 당연한 비판이다. 이기이원의 존재론에서 보면 기 없는 리는 존재할 수 없기 때문이다. 리가 있으면 반드시 기도 있어야 하고, 기가 있으면 리도 반드시 있어야 하기 때문이다. 여기에서 잠시 기정진의 말을 인용해 보기로 하자.

> 리(理)와 기(氣)를 대거(對擧)해 이기(理氣)라 부르게 됨은 언제 시작했던가? 나는 이것을 반드시 성인의 말이 아니라고 생각한다. 왜냐하면 리의 높음은 상대가 없으니, 기가 어찌 이것과 상대하여 짝하리오. 그 광활함이 상대가 없으니, 기는 리 가운데의 일이요, 이 리가 유행하는 손과 발이다. 리는 본래 대적(對敵)할 것이 없으니, 짝도 아니요 적도 아니면서 어찌 대거(對擧)하랴.[25]

이와 같이 노사(蘆沙)는 리를 절대시하고 기를 리 속에서 이해하였다. 그리하여 기는 리가 유행하는 것을 손발정도로 경시하였다. 이러한 노사의 이존설(理尊說)은 이기이원(理氣二元)의 관점에서 보면 납득하기 어려우므로 연재의 비판이 있게 되었다.

또한 연재는 노사가 율곡의 '기자이비유사지(機自爾非有使之)'를 비판

自孔子形而上下之說始, 而至程朱莫不以理與氣對擧言之者, 欲人不昧於道器之辨, 而易有所覺也. 天雖尊而無對, 然論對擧則不得不曰天地, 君雖尊而無對. 然論對擧則不得不曰君臣, 理與氣亦猶此也. 而今乃曰對擧, 非聖人之言, 打破無餘地, 是非惟斥栗翁, 竝與程朱而背馳焉."

25 《蘆沙集》, 卷12, 雜著, 〈猥筆〉, "把氣與理對擧, 喚作理氣, 始於何時, 愚意此必非聖人之言. 何以言之, 理之尊無對, 氣何可與之對偶, 其闊無對, 氣亦理中事, 乃此理流行之手脚, 其於理, 本無對敵, 非偶非敵, 而對擧之何哉."

한 데 대해서도 다음과 같이 반박하고 있다.

> 기자이비유사지(機自爾非有使之) 이것은 노인장이 변론한 대로 둘 수 없다. 만약 이와 같이 말한다면 그 기틀이 스스로 그렇지 않아 또한 이것을 시키는 자가 있겠는가? 노인장이 매양 기가 리의 자리를 빼앗음을 두려워하여 장황하게 설명하고, 자신의 말한 바를 깨닫지 못하고 도리어 리가 가고 기는 일을 맡는다는 설에 빠지게 되었다.[26]

율곡은 기의 고유한 작용성을 설명하면서 '기자이비유사지(機自爾非有使之)'라 했던 것인데, 이에 대해 노사는 기의 운동성을 리가 시키는 대로 기가 하는 것에 지나지 않는다고 보았다. 즉 기틀이 저절로 그렇다는 '기자이(機自爾)'를 부정한 것이다. 율곡의 '이무위(理無爲)'는 리의 무능을 나타낸 것으로 있으나 마나한 혹이요 천리마에 붙어 있는 파리에 불과하다고 비판했던 것이다.

이에 대해 연재는 노사가 리의 절대적 위치를 확보하기 위해 기의 위상과 역할을 여지없이 격하(格下)시켰다고 보았다. 따라서 노사가 리가 가는 것이고 기는 그 리가 시키는 대로 가는 일을 맡은 하수인에 불과하다고 본 것은 잘못이라고 비판했던 것이다.

이상 연재의 이기론을 종합적으로 검토해 볼 때, 그의 독창성은 잘 드러나지 않지만, 율곡, 우암의 이기설을 비교적 충실히 계승한 것으로 보인다.

---

26 《淵齋集》, 卷11, 〈答權公立問目〉, "其機自爾, 非有使之, 此老辨論不置. 若如此言, 則其機不自爾, 而亦有使之者乎? 此老每懼氣奪理位, 張皇說去, 不覺自家所言, 反陷於理行氣職也."

4. 심성론

연재의 문집을 보면 이기심성(理氣心性)에 대한 전문적인 글은 보이지 않는다. 다만 주고받은 편지와 잡저(雜著) 속에 그의 성리학적 견해가 산견(散見)된다. 이제 연재의 심성론에 대해 고찰해 보기로 하자.

연재는 주렴계(周濂溪)의 〈태극도설(太極圖說)〉 가운데 '각일기성(各一其性)' 이 본연지성(本然之性)을 가리키는지 기질지성(氣質之性)을 가리키는지에 대해 다음과 같이 상세한 설명을 하고 있다.

> 대저 태극도(太極圖)에서 처음 태극(太極)을 말하고, 다음 음양(陰陽)을 말하고, 그다음 오행(五行)을 말하였다. 또 여기에서 근본을 미루어 말하고 윗글을 맺었는데, 각일기성(各一其性) 한 구절은 근본을 미루어 말한 것으로, 각구일태극(各具一太極)이다. 만약 기질지성(氣質之性)으로 보면 이 한 구절은 단지 단구(單句)의 화두(話頭)를 지은 것이지, 따로 근본을 미루어 이어 접한 뜻이 없으니, 이 어찌 주자가 글을 지은 본래 뜻이랴.
>
> 또한 오행생(五行生)의 생(生)자와 윗글 동이생양(動而生陽) 정이생음(靜而生陰)의 생(生)자는 아마도 다름이 없는 듯하니, 어찌 이것으로서 오로지 기질지성을 가리킨 것이라 할 수 있으랴.
>
> 그런데 전(傳)에서 말하기를, 오행이 그 기질을 따라서 품수한 바가 같지 않다 하였으니, 소위 각일기성(各一其性)이다. 이에 의거하면 기질지성이라 할 수 있다. 그 아래에 또 말하기를, 각일기성은 혼연태극(渾然太極)의 전체로 각각 일물(一物) 가운데에 갖추지 아니함이 없다고 하였다. 이에 의거하면 마땅히 본연지성(本然之性)이라 할 수 있다. 그러므로 우옹(尤翁) 선조가 오로지 본연으로써 말해 말하기를, 오행의 리(理)가 사람에게 갖추어졌는데 인의예지신(仁義禮智信)이 된다. 이 인의예지신이 비록 그 덕(德)됨이 같지 않으니, 어찌 기질이

> 어서 본연지성이 아니라 할 수 있는가? 선조의 이 설은 극히 분명한데, 우리나라의 선현(先賢)으로 퇴계, 사계 양 선생이 모두 기질로써 논하였고, 문하 또한 이로써 말을 삼았다.[27]

우선 연재는 '오행생(五行生)'의 생(生)자와 '동이생양(動而生陽) 정이생음(靜而生陰)'의 생(生)자는 같은 것으로 이해하고, 각일기성(各一其性)에 대해서는 각기 근거를 가지고 본연지성(本然之性)과 기질지성(氣質之性)으로 설명하였다. 즉 "오행이 그 기질을 따라서 품수(稟受)한 바가 같지 않다"는 말에 근거해 보면, 각일기성은 기질지성이라 할 수 있고, "각일기성은 혼연태극(渾然太極)의 전체로 각각 일물 가운데에 갖추지 아니함이 없다"는 말에 근거해 보면, 본연지성으로 말할 수 있다는 것이다. 그러면서도 그는 우암이 "오행의 리가 사람에게 갖추어졌는데, 인의예지신(仁義禮智信)이 된다"는 말을 근거로 본연지성으로 해석했다고 말하고, 퇴계와 사계는 이와 달리 기질지성으로 이해했다고 보았다. 이렇게 볼 때, 연재는 우암의 설에 따라 각일기성을 본연지성으로 이해한 것이라 하겠다.

다음은 정자(程子)의 '인생이정이상불용설(人生而靜以上不容說)'에 대한 연재의 설명을 검토해 보기로 하자.

---

27 같은 책, 卷5, 〈上伯舅〉, "夫圖始言太極, 次言陰陽, 次言五行, 又於此推本言之, 以結上文者, 則各一其性一句, 乃是推本之言, 而各具一太極也. 若以氣質之性看之, 則此一句, 只作單句話頭, 別無推本承接之意, 此豈周子作文之本意哉. 且五行生之生字, 與上文動而生陽靜而生陰之生字, 恐無異, 豈可以此專指氣質之性耶. 然傳曰, 五行隨其氣質而所稟不同, 所謂各一其性也, 據此則可以謂氣質之性矣. 其下又曰, 各一其性, 則渾然太極之全體, 無不各具於一物之中, 據此則當以謂本然之性也. 故尤翁先祖, 專以本然言之, 曰五行之理具於人, 而爲仁義禮智信, 此仁義禮智信, 雖其爲德不同, 豈可謂之氣質而非本然之性乎? 先祖此說, 極爲分曉, 而我東先賢, 如退沙兩先生, 皆以氣質論之, 門下亦以此爲言."

인생이정이상(人生而靜以上)은 단지 천(天)의 리(理)에 있으므로 말할 수 없다고 한 것인데, '성(性)을 말하자마자'의 때는 곧 기질을 끼고 말한 것이지 성(性)의 본체가 아니다. 그런즉 정이상(靜以上)은 이미 말할 수 없는 곳을 끊어 말한 것이지, 아래 '성(性)이 아니다'라는 곳에 이른 것은 아니고 통틀어 논한 것이니, 형이 어찌 섞어서 한 모양으로 보는가?

또한 정(靜)과 미발(未發)은 저절로 같지 않은 것이 많은데, 단지 이 정(靜)자는 곧 미발(未發)이다. 아직 발하지 않은 때 어찌 악이라 할 수 있으랴.

보내온 편지에 생(生)자로써 기질을 수반한다 하는데, 생(生)자는 비록 기질을 수반한다 하더라도 이미 정(靜)이라고 말하면 이 기(氣)는 발용할 수 없어서 혼연히 천부(天賦)의 성(性)이 된다. 그러므로 주자가 말하기를, 인생이정(人生而靜)은 미발의 때 이상이니, 이는 인물(人物)이 아직 생겨나지 않았을 때로 성(性)이라 할 수 없고, 성이라 하자마자 곧 사람이 태어난 이후는 이 리(理)가 형기(形氣) 가운데에 떨어지니, 성(性)의 본체가 온전하지 않다. 이는 명백하여 다시 여온(餘蘊)이 없다. 대개 '재설성(纔說性)'의 성(性)은 기질을 겸한 성이고, '불시성(不是性)'의 성은 본연의 성이니, 내가 이와 같이 보는 것이 성의(盛意)에 어떠한지 모르겠다.[28]

여기에서 연재는 '인생이정이상(人生而靜以上)'은 천리의 차원을 말한 것이므로 성의 본체를 말하고, '재설성(纔說性)'은 기질을 겸해 말한 것

28 같은 책, 卷7, 〈答鄭景箕別紙〉, "人生而靜以上, 只是在天之理, 故謂之不容說, 而纔說性時, 則便是挾氣質而言, 非性之本體也. 然則靜以上, 已於不容說處斷言之, 非下至不是性處, 而乃統論之也, 兄何混作一樣看耶. 且靜與未發, 自多不同, 而但此靜字, 卽未發也, 未發時, 豈有惡之可名者乎? 來教以生字, 謂帶著氣質, 生字雖帶著氣質 而旣曰靜, 則此氣不能發用, 而渾然是天賦之性也. 故朱子曰, 人生而靜, 是未發時以上, 是人物未生時, 不可謂性 纔謂之性, 便是人生以後, 此理墮在形氣之中, 不全是性之本體矣. 此爲明白, 無復餘蘊. 蓋纔說性之性, 是兼氣質之性, 不是性之性, 是本然之性, 愚見如此, 未知盛意如何?"

으로 기질지성을 의미한다고 보았다. 그는 주자의 말을 인용하여 '인생이정(人生而靜)' 은 미발(未發)의 때 이상으로, 사람이나 사물이 아직 생겨나지 않은 때이므로 성(性)이라 할 수 없다고 보았다. 성이라고 하자마자 곧 사람이 태어난 이후는 리(理)가 형기 가운데에 떨어진 경우로 성의 본체가 온전하지 않다고 하였다. 그러므로 '재설성(纔說性)' 의 성(性)은 기질을 겸한 성이고, '불시성(不是性)' 의 성(性)은 본연의 성을 의미한다 하였다. 이러한 연재의 성에 대한 해석은 선유의 설에 근거하고 있지만, 성리에 대한 해박한 식견을 잘 보여 주는 것이다.

다음은 연재의 명덕(明德)에 대한 논의를 검토해 보기로 하자.

> 허령불매(虛靈不昧) 네 글자는 명덕(明德)의 뜻을 이미 족하게 말한 것이다. 우리 동방의 선배들이 율령(律令)이라고 생각해 높이 받들어 왕왕 명덕을 심(心)을 주로 해서 말한 경우가 있는데, 이것이 과연 그런가? 주자가 말하기를, 명덕은 전체의 묘(妙)를 가리킨 것이라 했고, 우옹(尤翁) 또한 명덕은 심성정(心性情)의 총명(總名)이라 말하였다. 이 두 가지 설에 근거하면, 명덕은 진실로 심성정의 통체(統體)로 해서 이름을 삼은 것이다. 그러므로 장구(章句)의 허령불매(虛靈不昧)는 심을 가리켜 말한 것이고, 구중리응만사(具衆理應萬事)는 성정(性情)을 가리켜 말한 것이다. '갖추어 응한다' 함은 비록 허령(虛靈)에 속할지라도 말의 뜻은 저절로 빈주(賓主)가 있어 하나만을 들어 하나를 버릴 수는 없는 것이다. 대개 심의 전체대용(全體大用)을 통틀어 들은 연후에 명덕이라 말할 수 있다. 명덕의 주심(主心), 주성(主性)은 선배의 이론이 한결같지 않아 바른 뜻을 다른 데서 구하기를 기다리지 말고 장구(章句)에 즉해 보면 이미 확연하다. 이미 '허령불매(虛靈不昧)' 라고 말하고 또 '구중리응만사(具衆理應萬事)' 라고 말하였으니, 대개 허령(虛靈)은 심의 본체요 또한 갖추어 응하는 것은 모두 심에 속한즉, 심이 진실로 주가 되고 하나의 허령을 두었을 뿐이다. 그러므

로 이기(理氣)를 합한 연후에야 갖추었다고 할 수 있다.[29]

명덕을 심성과 관련하여 어떻게 볼 것인가 하는 문제는 조선조 성리학의 논쟁거리 중 하나였다. 연재는 명덕을 심을 주로 해서 보아 온 선유들의 전통에 대해 자신의 입장에서 검토하고 있다. 연재는 '허령불매(虛靈不昧)' 네 글자는 명덕의 의미를 잘 설명해 준다고 말하고, 주자와 우암의 말을 인용하여 명덕을 '전체(全體)의 묘(妙)', '심성정(心性情)의 총명(總名)'이라고 하였다.

또한 《대학장구(大學章句)》의 허령불매(虛靈不昧)는 심(心)을 지칭한 것이고, '구중리응만사(具衆理應萬事)'는 성정(性情)을 지칭한 것이라 하였다. 따라서 명덕은 심의 온전한 체(體)와 큰 작용을 통틀어 말한 것이라 하고, 명덕을 심을 주로 해서 볼 것인가 성을 주로 해서 볼 것인가 하는 문제는 《대학장구》에 즉해 보면 확실하게 알 수 있다 하였다. 그리고 명덕은 주리(主理), 주기(主氣)로 보아서는 안 되고, 이기(理氣)를 합해 보는 것이 옳다고 보았다. 여기에서도 연재는 선유의 설을 근거로 명덕을 설명하고 있지만, 이를 통해 그의 해박한 성리학적 식견을 엿볼 수 있다.

29 같은 책, 卷17, 雜著, 〈隨聞雜識〉, "虛靈不昧四字, 說明德意已足之語, 我東先輩尊奉以爲律令, 往往有明德主心而言, 此果然乎? 朱子曰, 明德是指全體之妙, 尤翁又言, 明德者, 心性情之總名, 據此二說, 則明德固爲心性情之統體而名之者也. 是故章句虛靈不昧者, 指心而言也, 具衆理應萬事者, 指性情而言也. 具之應之, 雖屬虛靈, 語意自有賓主, 而不可擧一而遺一也. 蓋統擧心之全體大用然後可以謂明德也. 明德之主心主性, 先輩之論不一, 而正義不待他求, 卽乎章句, 已躍如矣, 旣曰虛靈不昧, 又曰以具衆理而應萬事, 蓋虛靈, 是心之本體也, 且具之應之, 皆屬於心, 則心固爲主, 而下一虛靈而已, 故合理氣然後可以爲該備矣."

제5절 조선후기 호서 은진 송씨 유학자들의 학문과 사상

1. 조선후기 호서유학의 흐름

조선시대 호서(특히 대전)에서 산림이 처음으로 배출된 것은 인조대에 강학년(姜鶴年; 1585~1647)으로 볼 수 있지만, 좀 더 적극적으로 중앙무대에 진출하게 된 것은 효종대부터였다. 이는 인조반정과 깊은 관련이 있는데, 서인계의 원로인 김장생의 적통 문인들에게 정계진출의 길이 열렸기 때문이다.[1]

조선 시대 호서 지방의 산림 현황을 살펴보면 붕당 정치기의 강학년, 권시(權諰; 1604~1672), 송준길(宋浚吉; 1606~1672), 송시열(宋時烈; 1607~1689), 이유태(李惟泰; 1607~1684), 송기후(宋基厚; 1621~1674), 탕평 정치기의 송명흠(宋明欽; 1705~1768), 송능상(宋能相; 1710~1758), 송덕상(宋德相; 1710~1783), 송환기(宋煥箕; 1728~1807), 송치규(宋穉圭; 1759~1838), 세도 정치기의 송계간(宋啓幹; 1764~1841), 송래희(宋來熙; 1791~1867), 송달수(宋達洙; 1808~1858), 개항전후기의 송병선(宋

1 한기범, 〈조선시대 대전지방 산림의 학맥과 학풍〉, 《충청학연구》, 제1집, 한남대 충청학연구센터, 2000, 158쪽 참조.

秉璿; 1836~1905) 등을 말하고 있는데,[2] 이들 이외에도 송규렴(宋奎濂; 1630~1709), 송상기(宋相琦; 1657~1723), 권이진(權以鎭; 1668~1734), 송근수(宋近洙; 1818~1902), 송병순(宋秉珣; 1839~1912) 등도 대표적인 유학자로 손꼽힌다.

이제 은진 송씨 유학자들을 중심으로 호서유학의 흐름을 개관해 보기로 한다. 은진 송씨의 대전 세거는 쌍청당(雙淸堂) 송유(宋愉; 1389~1446)로부터 비롯되는데, 그가 4세 때 어머니 유씨(柳氏) 부인의 등에 업혀 회덕에 살게 되면서 시작되었다.[3] 동춘당은 쌍청당의 7대손이고 우암은 8대손이다.

또한 우암의 고손이 송능상이며, 송환기는 5대손, 송치규는 6대손, 송근수, 송달수 형제는 8대손이 되며, 송병선, 송병순 형제는 9대손이 된다. 이와 같이 우암의 후손들은 율곡학파의 정맥을 이어가는 동시에 선조 우암의 학맥을 계승하였다.

송담(松潭) 송남수(宋枏壽; 1537~1626)는 쌍청당의 5대 종손이며, 그의 증손이 제월당(霽月堂) 송규렴인데, 그의 아들 송상기도 이름난 유학자였다.

송명흠, 송문흠 형제는 동춘당의 고손이다. 그리고 송명흠의 손자가 송계간이며, 송래희는 동춘당의 7대손이다. 이와 같이 호서의 은진 송씨 문중에서는 많은 유학자가 배출되었고, 이들은 기호학파 또는 율곡학파의 학문과 사상을 계승하면서 동시에 선조 우암과 동춘당의 정신을 잇고 있었다. 이는 혈연을 중심으로 한 가학적 전통을 의미하는 것이기도 하다.

다음은 이들의 학맥을 기호학파의 관점에서 검토해 보기로 하자. 기호

---

2 같은 글, 159~160쪽 〈표1〉 참조.

3 송염순, 《송촌의 인물과 유적》, 향지문화사, 1996, 15~16쪽.

학파는 율곡학파가 그 주류를 이루고 있으며, 이에 비견할 만한 학맥으로 우계학맥이 자리한다. 율곡학파는 다시 사계(沙溪) 김장생(金長生), 신독재(愼獨齋) 김집(金集), 우암(尤庵) 송시열(宋時烈), 수암(遂庵) 권상하(權尙夏), 남당(南塘) 한원진(韓元震)을 중심으로 한 율곡직계 계열이 있고, 비사승(非師承) 율곡 계열로 정관재(靜觀齋) 이단상(李端相) 문하의 김창협(金昌協), 김창흡(金昌翕), 임영(林泳) 그리고 김창흡 문하의 박필주(朴弼周), 어유봉(魚有鳳), 김신겸(金信謙) 등이 있으며, 또 하나 비사승 율곡 계열로 도암(陶庵) 이재(李縡) 문하의 김원행(金元行), 송명흠(宋明欽), 임성주(任聖周), 박성원(朴聖源), 임정주(任靖周) 그리고 김원행 문하의 홍대용(洪大容), 황윤석(黃胤錫), 박윤원(朴胤源), 오윤상(吳允常), 그리고 박윤원(朴胤源)-홍직필(洪直弼)-임헌회(任憲晦)-전우(田愚)의 계열과 오윤상(吳允常)-오희상(吳熙常)-유신환(兪莘煥)-서응순(徐應淳) 계열이 있다.

이제 은진 송씨 유학자들을 기호학맥에 연관시켜 설명해 보면, 송상기는 우암, 동춘당 양문하를 출입하였고, 송명흠, 송문흠 형제는 동춘당의 가학을 이으면서도 이재의 문인이 되어 낙론 계열과 연결되어 있다. 송능상은 우암의 고손으로 가학을 이으면서도 한원진의 문인이 되었고, 이는 송환기로 이어졌다.

또한 송치규는 우암의 6대손으로 역시 가학을 계승하면서 송시열-정호-김위재-김정묵의 학통을 계승하여, 이후 송달수, 송근수-송병선, 송병순으로 이어져 갔다. 이렇게 볼 때, 조선후기 호서 지역에서 은진 송씨의 유학은 한편 우암, 동춘당의 가학을 계승하면서도 송시열-권상하-한원진-송능상-송환기의 계열, 송시열-정호-김위재-김정묵-송치규-송달수, 송근수-송병선, 송병순의 계열, 그리고 이재-송명흠, 송문흠의 계열, 송시열, 송준길-송상기의 계열로 다양하게 전개되었던 것이다.

이 시기에 은진 송씨 외에 주목할 만한 유학자로는 유회당(有懷堂) 권이진(權以鎭)이 거론될 만하다. 그는 만회(晩悔) 권득기(權得己; 1570~1622)의 증손자요 탄옹(炭翁) 권시(權諰; 1604~1672)의 손자로서 윤증의 문인이기도 한데, 성리학에 매우 밝았다.

이렇게 볼 때, 조선후기 호서 지역에서 유교문화를 선도한 것은 은진 송씨 유학자들이었음을 알 수 있는데, 계열에 따라 약간의 학문적 차이도 없지 않다.

2. 조선후기 호서 지역의 은진 송씨 유학자들

(1) 제월당霽月堂 송규렴

송규렴(宋奎濂)은 송담 송남수의 증손으로, 회덕에서 태어났다. 그는 송국전(宋國詮)의 아들로 동춘당의 문인이다. 1654년 과거에 급제하여 검열, 지평, 정언, 군수 등을 역임하였다. 1667년 사간이 되고 집의를 거쳐 다시 사간으로 있을 때, 예론으로 귀양 간 송시열, 송준길의 신원(伸寃)을 주장하다 파면당하였다. 1680년 경신대출척(庚申大黜陟)으로 서인이 집권하자, 다시 기용되어 사성, 대사간, 승지를 지내고, 대사간, 대사헌 등을 역임하였다. 1694년 갑술옥사(甲戌獄事)로 정국이 바뀌자, 다시 대사헌, 대사간, 동지중추부사, 예조참판을 지내고 1699년 기로소(耆老所)에 들어갔다. 그 후 1709년 지돈령부사에 올랐다. 그는 송시열, 송준길과 함께 '삼송(三宋)'으로 불릴 만큼 우암, 동춘당의 학설과 입장을 따랐으며, 그들의 신원을 위해 노력하였다. 그는 상소문에서 임금의 마음이 만화(萬化)의 근본임을 강조하고, 성학(聖學)이 베풀어지고 인심이 유행하는 사회를 이상으로 하였다. 회덕의 미호(渼湖)서원에 배향되었으며, 저서에 《제월당집(霽月堂集)》이 있는데, 그의 행장은 아들인 송상기가 쓰고 신도

비명은 박필주(朴弼周)가 썼다.[4]

그는 스승인 동춘당의 숭현서원 배향을 청하는 상소에서, 송준길은 김장생의 고제(高弟)이고, 김장생은 실로 율곡의 적전을 얻어 남방에서 창도(倡道)하였다고 썼다.[5] 이렇게 그는 동춘당이 율곡학파 또는 기호학파의 적통임을 강조하였다.

그는 또 당시 시국의 폐단의 근본을 부역의 번중(煩重)함, 인징(隣徵)의 모순, 갖가지 불필요한 예산의 낭비, 관리들의 과중한 징세에 있다고 보고, 이것이 백성을 수탈하고 나라를 병들게 하는 요인으로, 이 가운데 하나만 해당되어도 나라가 망하지 않을 수 없는데, 하물며 이러한 폐단이 겹쳐 있으니 말할 필요가 있겠느냐고 한탄하였다.[6]

송규렴의 문집을 보면, 주로 시가 많고 철학적인 글은 거의 보이지 않아 그의 철학을 이해하는 데는 한계가 있다.

(2) 옥오재玉吾齋 송상기

송상기(宋相琦)는 송규렴의 아들로 자는 옥여(玉汝), 호는 옥오재(玉吾齋)이다. 그는 송남수의 고손으로 우암과 동춘당 양 문하를 출입하며 배웠는데, 동춘당에게서 《시경》을 배우매 한 글자도 틀리지 않고 읽었다 한다.[7] 그는 윤증의 문인인 나량좌(羅良佐)의 상소를 신랄하게 비판하고, 우

---

4 《유교대사전》, 박영사, 1990, 773~774쪽 및 송상기가 쓴 〈행장〉 참조.

5 《霽月堂集》, 卷4, 〈代湖儒請同春先生配享崇賢書院疏〉, 庚申, "臣等竊惟近故贈領議政臣宋浚吉, 卽故儒臣, 文元公金長生之高第弟子也, 金長生實得文成公李珥之適傳, 倡道於南方."

6 같은 책, 卷4, 〈辭大司諫兼陳時弊疏〉, "所謂弊源者, 賦役之煩重也, 隣族之侵徵也, 凡百浮費之無節也, 吏胥誅求之無厭也. 凡此皆是以剝民病國, 有一於此, 未或不亡, 況兼有而並萃者乎?"

7 《玉吾齋集》, 〈諡狀〉, 朴弼周, "公自幼受業於二先生門下, 嘗受詩經於同春, 誦讀朗然, 不錯一字."

암의 편에 서서 적극 옹호하였다. 그의 문집으로 《옥오재집(玉吾齋集)》이 있는데, 철학적인 내용은 별로 없으나 그의 많은 상소문 속에 내재된 무실(務實)학풍이 특징적이다.

특히 〈옥당응지12조진계차(玉堂應旨十二條陳戒箚)〉에서는 입성지지실(立聖志之實), 근성학지실(勤聖學之實), 융보양지실(隆輔養之實), 신용사지실(愼用舍之實), 명윤법지실(明倫法之實), 계부화지실(戒浮華之實), 숭절검지실(崇節儉之實), 납간쟁지실(納諫諍之實), 거편사지실(祛偏私之實), 고변어지실(固邊圉之實), 휼민은지실(恤民隱之實), 경천노지실(敬天怒之實) 등 12개조의 무실(務實)을 말하고 있다.[8] 그 밖에도 '오직 실효(實效)를 힘써야 한다(唯務實效)',[9] '오직 실득(實得)을 힘써야 한다(惟務實得)'고 하는가 하면, '실심(實心)으로 힘써서 실사(實事)를 행해야 한다(務以實心 行諸實事)'고 말하고 있다.[10] 또한 "공구수성(恐懼修省)은 역시 별다른 일이 없고, 실심으로써 실사를 행하는 데 불과할 뿐이다"[11]라 하여, 실심에 의한 실사의 실현을 강조하고 있다. 아울러 실심으로써 실사를 행하고, 실덕(實德)으로써 실정(實政)을 행하면, 거의 정신이 감통(感通)되고, 천의(天意)를 돌이킬 수 있으니, 변화의 기틀이 진실로 여기에 있다고 하였다.[12]

이와 같이 송상기의 문집에 나타난 그의 무실학풍은 율곡학풍의 계승이라고 할 수 있다. 대체로 율곡의 무실학풍이 율곡직계에서는 보이지 않

---

8 같은 책, 卷6, 〈玉堂應旨十二條陳戒箚〉.

9 같은 책, 卷5, 〈玉堂遇災陳戒箚〉.

10 같은 책, 卷5, 〈玉堂新元陳戒箚〉.

11 같은 책, 卷5, 〈玉堂故事〉, "所謂恐懼修省, 亦無別事, 不過曰以實心行實事而已."

12 같은 책, 卷7, 〈辭大司諫兼陳所懷疏〉, "要以實心行實事, 以實德行實政, 則庶幾精神感通, 天意可回, 轉移之機, 亶在是矣."

고, 오히려 윤선거(尹宣擧), 윤증 등 우계학파에서 특징적으로 보이고 있는데, 송상기의 이러한 무실학풍은 주목할 만하다.

(3) 늑천櫟泉 송명흠

송명흠(宋明欽)은 동춘당의 고손으로 자는 회가(晦可), 호는 늑천(櫟泉)이다. 그는 쌍청당의 11대손으로 군수인 송요좌(宋堯佐)의 장남이다. 그는 16세 때 사화를 피해 낙향하는 부친을 따라 옥천, 도곡, 종촌 등지로 옮겨 다니다 21세 때 송촌으로 이사해 살았다. 23세 때 화전으로 가서 도암(陶庵) 이재(李縡)의 문하에 들어가 수업하였고, 28세 때 섬촌(蟾村) 민우수(閔遇洙)와 함께 침식을 같이하면서 학문에 열중하였다. 30세 때 비래암 옥류각(玉溜閣)에서 운평(雲坪) 송능상(宋能相)과 함께 《맹자》와 주자서를 읽었다. 또 도곡에서 이종사촌인 녹문(鹿門) 임성주(任聖周)와 송능상이 함께 책을 읽었다. 32세 때 그해 겨울 비래암 옥류각에서 동생 송문흠, 송능상, 임성주와 함께 《대학》을 읽었는데, 그의 문집에 〈옥류강록(玉溜講錄)〉으로 전해진다. 35세 때 공릉참봉으로 제수되었으나 나아가지 않았고, 병천(瓶泉)에서 민우수와 함께 《논어》, 《주역》을 읽고, 보은 속리산에 들어가 주렴계(周濂溪)의 〈태극도설(太極圖說)〉을 강론하기도 하였다. 37세 때 동춘 선생의 연보를 중간하고, 처사 신소(申韶)에게 〈태극도설〉을 강의하기도 하였다.

46세 때 충청도사, 사헌부 지평, 사헌부 장령을 역임하고, 51세 때에는 모친의 간청으로 옥과현감을 맡아 선정을 베풀었다. 56세 때 예조참의, 승정원 동부승지를 역임하였고, 58세 때에는 숭현서원에서 60여 명이 모인 자리에서 《소학》을 강의하였고, 그 이듬해에는 경현당에 나아가 《중용》을 강의하고 동궁시좌로 《맹자》를 강의하였다. 60세 때에는 찬선으로 서연관이 되어 정치를 논하다 임금의 비위를 거슬러 파직당하기도 하였다.

이와 같이 그는 한편으로 동춘당의 가학을 계승하면서도 이재(李縡)의 문하에서 율곡학파의 성리학을 공부하였다. 그의 문집에 의하면 그가 주로 학문적 대화를 나눈 사람은 스승인 이재를 비롯하여, 이종사촌 임성주, 임정주 형제, 고종사촌 김원행, 아우 송문흠, 친족 송능상, 동학 민우수, 박성원, 김양행(金亮行)과 학문적 교유를 돈독히 하였다. 이러한 혈연, 학연 관계로 비사승 율곡 계열이며 낙론(洛論) 계열인 도암(陶庵) 계열에 속하게 되었던 것이다.

그의 문집을 보면 스승인 이재와 주고받은 편지가 10편인데 주로 예학에 관한 내용이 많고, 임성주와 주고받은 편지가 24편인데, 여기에서는 학문 태도, 예론, 성리학 등이 주된 내용이 되고 있다. 그 밖에도 민우수와 10편, 김원행과 27편, 송능상과 주고받은 편지가 6편이다. 그 밖에 잡저에서 〈중용차록(中庸箚錄)〉과 〈화전기문(花田記聞)〉에서는 성리를 논하고 있고, 〈가의(家儀)〉에서는 가정의례를 다루고 있다. 〈자경어(自警語)〉와 〈서실의(書室儀)〉 그리고 〈자경잠(自警箴)〉을 통해 자신의 마음공부와 수기에 전념한 흔적이 잘 나타나 있다. 〈유숭현원유(諭崇賢院儒)〉와 〈당약(堂約)〉에서는 독서법을 말하면서 율곡의 독서 차서를 표준으로 제시하고 있다.

또한 야은(冶隱) 길재(吉再)의 유허비문(遺墟碑文)을 썼고, 충암(沖庵) 김정(金淨)의 묘표(墓表)를 써서 도학과 절의를 존숭하기도 하였다.

그런데 송명흠의 경우 성리학에 관한 논의가 많고, 그 내용도 매우 정밀하다고 볼 수 있는데, 무엇보다 당시 기호학파의 중심적 과제였던 인물성동이(人物性同異) 논쟁에서 자신의 입장과 견해를 밝히고 있다. 그는 스승인 도암의 설에 따라 인성과 물성이 같다고 하는 인물성동론(人物性同論)의 입장에 선다. 인물성동이 논쟁의 초점은 본연지성을 무엇으로 보느냐 하는 데 있다. 외암(巍巖) 이간(李柬)은 본연지성을 이일지리(理一之

理)로 보아 사람과 사물의 보편성을 주장하지만, 남당(南塘) 한원진(韓元震)은 이 본연지성을 이기묘합(理氣妙合)으로서의 기질지성으로 보아, 사람과 사물의 차별성을 주장했던 것이다.[13]

그런데 송명흠은 "이미 기질을 겸하였다고 한다면 비단 사람과 사물만 다를 뿐 아니라 성인과 범인의 성도 또한 천차만별이다. 만약 단지 그 리(理)만 말한다면 성인과 범인이 본래 동일한 성일 뿐 아니라 사람과 사물 역시 성은 같은 것이다"[14]라고 하여, 이일지리(理一之理)의 관점에서 사람과 사물의 보편성을 말하였던 것이다. 그러나 이는 율곡의 이통기국설(理通氣局說)에서 이미 양 관점을 제시했던 것인데, 다시 각각의 관점에서 재론한 셈이었다.

(4) 운평雲坪 송능상

송능상(宋能相)은 우암의 고손이며 쌍청당의 12대손으로 자는 사능(士能), 호는 운평(雲坪)이다. 그는 감역 송한원(宋漢源)의 3남으로 한원진의 문인이다. 그는 1710년 11월 1일 공산(公山) 대전리(大田里)에서 태어났다. 18세 때 한원진의 아우 한계진(韓啓震)의 딸과 결혼하고 남당의 문하에 들어가 수업하여, 율곡-사계-우암-수암-남당의 맥을 계승하였다. 그리하여 그는 한편으로는 고조인 우암의 가학을 계승하면서도 다른 한편으로는 율곡학파의 정맥을 계승하였다. 한원진은 그에게 "모든 성현들이 서로 전하는 것은 '직(直)' 한 글자뿐이다. 원컨대 이것을 지녀 인생의 법도로 삼으라"고 가르쳤다. 이는 주자의 유언이었고, 사계가 또한 이를

13 황의동, 《한국의 유학사상》, 서광사, 1995, 245쪽.

14 《櫟泉集》, 卷9, 〈答徐元禮〉, 有魯, 丁亥, "……旣兼氣質說, 則非但人與物異, 聖凡之性, 亦千差萬別. 若單言其理, 則不獨聖凡之本同一性, 人與物亦同是此性矣."

유언하여 우암에게 전하였고, 우암이 또 권상하에게 전한 가르침인데, 남당도 이를 송능상에게 전하였던 것이다. 그는 친족인 송명흠과 매우 친하게 지내고 학문 연구를 위해 교유하였다. 28세 때 좌의정이던 송인상(宋寅相)의 추천을 받아 경연에 제수되었고, 31세 때에는 내시교관, 시강원자의, 경연관에 제수되고, 이후 장령, 집의 등 많은 관직을 받았지만 모두 사양하고 나아가지 않았다. 33세 때 세자가 입학함에 임금의 특별한 부탁을 받았으나 역시 나아가지 않았다. 당시 우의정이던 정우량(鄭羽良)이 경연에서 임금에게 우리나라의 도통을 말하면서, 김장생을 그 연원에서 빼고 윤증을 넣은 일이 있었는데, 송능상이 상소를 통해 그 불가함을 논하여 이를 물리치기도 하였다. 42세 때에는 모부인을 모시고 회덕 운평에 살면서 '운평(雲坪)'을 호로 삼고, 이곳에 머물면서 학문과 교육에 전념하였다. 49세 때에는 소중히 간직하던 《주자대전(朱子大全)》을 문인이며 조카인 송환기(宋煥箕)에게 물려주었다. 이는 우암의 손때가 묻은 책으로, 권상하, 한원진을 거쳐 송능상에게 전해지고, 다시 송환기에게 전해졌으니 의미심장한 것이었다. 그해 5월 묘향산에 들어가 강론을 하고 상원암에서 지내던 중 49세를 일기로 세상을 떠났다.[15]

그의 문집 《운평집(雲坪集)》을 검토해 보면, 스승인 한원진과 주고받은 편지가 11편인데, 주로 소강절(邵康節)의 원회운세설(元會運世說)과 선후천론(先後天論)이 주요 내용을 이루고 있다. 또 윤봉구(尹鳳九)와 주고받은 편지가 7편인데, 인물성동이에 관한 내용이 많으며, 송명흠과는 태극음양론과 이기론을 논하고, 송재만(宋載萬)과는 예론(禮論)을, 안표(安杓)와는 인물성동이론을, 홍조해(洪祖海)와는 명덕(明德)에 관해서, 송덕수(宋德秀)와는 율곡의 인심도심설에 대해 의견을 나누었다. 그 밖에

---

15 송성빈, 《조선조 송산림의 연구》, 향지문화사, 1997, 86~89쪽 참조.

도 장인 한계진, 김원행, 송문흠, 임성주 등 많은 사람들과 편지를 주고받았다.

그런데 송능상의 경우 예학에 관한 논의가 많은 것이 특징적이다. 송재만에게 보낸 답장에서는 상례(喪禮)와 복제에 대해 논하고 있고, 민백통(閔百通)에게 답한 편지에서도 간단한 예 문답을 볼 수 있다. 또한 유순보(兪純甫)에게 답한 편지에서 《문해속의(問解續疑)》를 논하고 있고, 이상익(李商翼)에게 보낸 답장에서는 전례(典禮)에 대해, 곽공진(郭拱辰)에게 보낸 답장에서는 상례를, 이광교(李廣敎)에게 보낸 답장에서도 예론을, 집안 숙부에게 보낸 글에서도 《의례》의 상복 참최장(斬衰章)에 대해서 논하고 있다. 또한 잡저에서도 〈고비정목(皐比正目)〉, 〈간서잡록(看書雜錄)〉, 〈독서수차(讀書隨箚)〉에 예론이 많이 언급되고 있으며, 〈상례비요지두사기(喪禮備要紙頭私記)〉, 〈예설변(禮說辨)〉은 예에 관한 전문적인 글이다. 이처럼 송능상은 예학에 능했고, 이에 대한 관심이 매우 컸음을 알 수 있다.

또한 스승인 한원진과의 편지에서 소강절의 선후천론과 원회운세설(元會運世說)을 다룬 것처럼, 잡저에서도 〈계사전질의(繫辭傳質疑)〉, 〈역학계몽질의(易學啓蒙質疑)〉, 〈역학계몽품목(易學啓蒙稟目)〉, 〈역학계몽원품(易學啓蒙原稟)〉 등 역학에 대한 전문적인 저술을 많이 남겼다. 아울러 그는 성리학에도 매우 밝아 이기론, 태극음양론, 명덕설, 인물성동이론에 대해 해박한 견해를 보여 주고 있다. 특히 인물성동이론에서는 스승인 남당의 견해를 좇아, 사람과 사물의 본성이 다르다는 입장을 보여 주고 있다. 그는 말하기를, "옛 사람이 어찌 일찍이 사람과 사물의 성이 같다고 한 적이 있었는가? 《맹자》의 생지위성장(生之謂性章)을 보건대, 맹자가 본래 리(理)로써 성(性)을 삼고 고자(告子)가 기질로써 성을 삼은 것은, 그 가리키는 바가 비록 각각 다름이 있을지라도, 만약 개와 소와 사람의 성이 같지 않은즉, 같은 말의 뜻을 그 문답의 말에서 보면 알 수 있다"[16] 고 하였다. 이와 같이 그는 기질지성을 본연지성으로 보아 인물성이론(人物性異論)의 입장을 견지하였다.

이렇게 볼 때 송능상의 학풍은 대체로 역학과 예학 그리고 성리학에 조예가 깊었던 것으로 짐작된다.

(5) 성담性潭 송환기

송환기(宋煥箕)는 쌍청당의 13대손이며 우암의 5대손이다. 그는 충북 문의현 신지리에서 태어났는데, 8세 때 부친이 세상을 떠나자 교육을 위해 종가가 있는 회덕의 소제로 이사하게 되었다. 그의 자는 자동(子東)이고, 호는 심재(心齋) 또는 성담(性潭)이다. 그는 24세 때 송능상의 문하에 들어가 그의 문인이 되어 우암-수암-남당-운평의 학맥을 계승하여, 우암의 가학과 함께 율곡학파의 학문을 계승하였다. 송능상이 운평에 살다가 송환기가 살고 있던 판교로 이사 오면서 매일 찾아가 스승으로 모셨으며, 이때 《태극도설》, 《역학계몽(易學啓蒙)》, 《가례(家禮)》 등을 배웠고, 이를 통해 성현의 학문에 뜻을 두게 되었다.

33세 때 고산사에서 김선지(金善之)와 《대학혹문(大學或問)》과 《태극도설》을 읽었다. 38세 때 〈지신요령도(持身要領圖)〉와 〈독서계급도(讀書階級圖)〉의 두 가지 그림을 그려지었는데, 이는 율곡의 《격몽요결(擊蒙要訣)》 〈지신장(持身章)〉 가운데 2조의 말을 취해 모아 그림을 이루고, 또 〈독서장〉 차례에 근거하여 계급도를 만든 것인데, 그는 이를 좌우명으로

16 《雲坪集》, 卷4, 〈答安士定杓〉, 戊辰 3月, "古人何嘗有以人物之性爲同者, 如以孟子生之謂性章見之. 孟子本以理爲性, 告子以氣質爲性, 其所指擬者雖各有異, 而若以犬牛人性不同, 則同一語意, 觀於其問答之辭可知矣."

걸어놓고 늘 반성하고 깨우쳤다.[17]

1758년 스승인 송능상이 묘향산으로 들어가면서 그가 갖고 있던 우암의 《주자대전(朱子大全)》을 그에게 물려주었으니, 율곡학파의 학맥으로 볼 때 매우 중요한 의미를 갖는다. 42세 때 작은 거처를 마련하여 학문에 정진하고 제자들을 가르쳤다. 그가 살던 소제에서 조금 떨어진 곳에 응봉(鷹峰)이란 곳이 있는데, 봉우리 아래에는 성족(盛族)이라는 마을이 있고, 마을 입구에 작은 연못이 있었다. 그곳의 경치를 좋아하여 거처를 마련하고 '성담(性潭)'이라고 이름 지었는데, 이것이 그의 아호가 되었다.

49세 때 감역이 되었으나 나아가지 않았다. 52세 때 좌의정 홍락순(洪樂純)의 추천으로 경연관이 되어 나아갔다. 이후 지평, 사헌부 장령, 사헌부 집의, 진산군수, 이조참의, 공조판서, 이조판서, 찬선, 성균관제주, 우찬성 등 내외 관직을 두루 역임하였다. 72세인 1799년 자신이 간직하고 있던 우암의 《주자대전》을 재종질 송치규(宋穉圭)에게 물려주었다. 이는 우암에서 수암, 남당, 운평을 거쳐 전해 온 것인데, 이제 송환기는 이를 송치규에게 전해 주었던 것이다. 송치규는 송시열-정호-김위재-김정묵의 학맥을 계승하고 있었지만 자신에게 배운 바도 있었다. 이를 통해 우암의 두 학맥은 하나로 통일되는 의미도 갖게 된다. 1807년 숭록대부에 올랐으나 병세가 악화되어, 그해 8월 3일 80세를 일기로 세상을 떠났다.[18] 그의 문집 《성담집(性潭集)》을 검토해 보면, 그와 편지를 주고받은 이로는 김정묵(金正默), 홍직필(洪直弼)을 비롯하여 30여 명이 되는데, 성리와 예학에 관한 논의가 주류를 이루고 있다. 앞에서 언급한 대로 그는 율곡

---

17 《性潭集》, 卷31, 附錄, 〈年譜〉, "庚辰, 先生 38歲, 三月, 作持身要領讀書階級二圖, 先生取擊蒙要訣持身章中二條語, 合而成圖. 又據讀書章次第, 以成階級圖, 揭之座名, 以備警省."

18 같은 책, 卷31, 附錄, 〈年譜〉 및 송성빈, 앞의 책, 92~97쪽 참조.

의 《격몽요결》의 〈지신장〉과 〈독서장〉을 참고하여 〈지신요령도〉와 〈독서계급도〉를 만들어 걸고 항상 반성하고 실천하였다 한다. 이를 통해 그의 학문적 기반이 율곡에 있음을 알 수 있다.

그런데 그의 문집 속에 나타난 저술로 볼 때 특징적인 것은, 예학에 관한 관심이 높다는 점이다. 그의 예학에 관한 저술로는 〈가례변오(家禮辨誤)〉, 〈숭현정별묘사실변(崇賢正別廟事實辨)〉, 〈육선생정배위도(六先生正配位圖)〉, 〈동춘철향시우암론정위차도(同春醱享時尤庵論定位次圖)〉, 〈동춘철향후위차도(同春醱享後位次圖)〉, 〈의종남헌지제방소목모양도(擬從南軒之制倣昭穆貌樣圖)〉, 〈정묘별묘위차도(正廟別廟位次圖)〉, 〈우암철향후위차도(尤庵醱享後位次圖)〉, 〈남당예설강의(南塘禮說講義)〉가 있다.

그는 또 선유들을 추념하고 기리는 일에도 많은 노력을 기울였으니, 스승인 운평 송능상의 제문을 썼고, 과재 김정묵의 제문도 썼다. 또한 노봉서원, 자양서원, 황강서원의 묘정비문(廟庭碑文)을 썼고, 충암 김정의 유허비문을 쓰기도 했다. 아울러 매죽헌 성삼문과 동강 남언경의 묘갈명을 쓰고, 수암 권상하의 묘표를 쓰고, 종숙부이자 스승인 운평 송능상의 행장을 쓰기도 했다.

그의 성리학은 대체로 율곡, 우암, 남당의 설을 계승하고 있다. 그는 말하기를, "리(理)와 기(氣)는 스스로 서로 떨어지지 아니하고 또 서로 섞이지 아니한데, 그 선후동정(先後動靜)의 유무(有無)를 논한 것이 어지러워 한결같지 않은 현실에서, 우암의 '종리종기(從理從氣) 종원두종유행(從源頭從流行)'의 설이 나와 그 한결같지 못한 바가 정해지게 되었다. 우암의 이 설은 실로 새어도 걱정할 것이 없고 넘어져도 깨어지지 않는다"[19]

---

19 같은 책, 卷5, 〈金善之別紙〉, 丙辰, "大抵理與氣, 自不相離, 亦不相雜, 而其論先後動靜之有無者, 紛紜不一, 則尤翁從理從氣, 從源頭從流行之說出, 而其所不一者定矣. 尤翁此說, 實爲滲

고 하였다. 이처럼 그는 이기설의 분분한 해석 문제가 우암의 설명으로 깨끗이 해결되었다고 평가하였다.

또한 명덕(明德)에 대한 해석에 대해서도 "소위 명덕은 심통성정(心統性情)을 가리켜 말한 것이니, 운봉호씨(雲峰胡氏)의 이론과 율곡, 우암의 설이 어찌 적확(的確)하지 않겠느냐"[20]고 하였다. 여기에서도 명덕에 대한 해석상의 논란에 대해 운봉 호씨의 설과 율곡의 설, 우암의 설에 근거해서 말하고 있다.

이렇게 볼 때, 송환기의 학문은 주로 예학과 성리학이 주를 이루고 있고, 율곡, 우암, 남당의 학풍을 계승하였다고 볼 수 있다.

(6) 강재剛齋 송치규

송치규(宋穉圭)는 쌍청당의 14대손이며 우암의 6대손으로, 자는 기옥(奇玉), 호는 강재(剛齋)이다. 그는 1759년 4월 18일 경북 안동 영가 구담리 외가에서 태어났는데, 13세 때 회덕 월포 본가로 돌아왔다. 18세 때 재종숙 심재(心齋) 송환기(宋煥箕)의 문하에 들어가 수업하였고, 이어 21세 때에는 과재(過齋) 김정묵(金正默)의 문하에 들어가 수업하였다.[21] 그리하여 그는 율곡-사계-우암에서 정호(鄭澔)-김위재(金偉材)-김정묵의 학맥을 잇고, 율곡학파의 또 하나의 학맥인 우암-한원진-송능상-송환기의 학맥까지도 겸하게 되었다. 40세 때 경상도 관찰사 한용화(韓用和)의 추천으로 영릉참봉을 제수 받았으나 나아가지 않았다. 42세 때에는 세자시강원 자의, 경연관 서연관으로 부름을 받았지만, 상소로써 사양하고

漏無病敗, 顚撲不破絶也."

20 같은 책, 卷8, 〈答南致泰〉, 癸丑, "所謂明德, 乃指心之統性情者而言也. 雲峰胡氏之論, 栗尤兩先生之說, 豈不的確乎?"

21 《剛齋集》, 卷15, 〈年譜〉 참조.

나아가지 않았다. 계속하여 호조 좌랑, 사헌부 지평, 사헌부 장령, 사헌부 집의, 성균관 제주, 세자시강원 찬선, 공조 참판, 사헌부 대사헌, 승정원 좌승지 겸 경연참찬관, 이조 참판, 형조 판서 등의 관직을 받았지만 나아가지 않았다. 이처럼 그는 40여 년간 정조, 순조, 헌종 세 임금의 융숭한 예우를 받고 벼슬을 받았지만 나아가지 않고, 오직 학문 연구와 후진 양성에 진력했다.

그의 문집으로 《강재집(剛齋集)》이 있는데, 홍직필(洪直弼), 홍석주(洪奭周), 안재묵(安在默), 윤광연(尹光演)과 주고받은 편지에서는 주로 심(心)에 대해 논하고 있고, 신탁(申晫), 신재응(申在應), 조낙규(曹洛奎)와의 편지에서는 예에 관해 논하고 있으며, 서기보(徐耆輔), 구봉주(具鳳周)와의 편지에서는 성리에 관해 논하고 있다.

(7) 수종재守宗齋 송달수

송달수(宋達洙)는 쌍청당의 16대손이고 우암의 8대손으로, 자는 언도(彦道)이며, 호는 수종재(守宗齋)이다. 그는 1808년 5월 17일 창평 외가에서 태어났는데, 7세 때부터 학문을 시작하였다. 19세 때 부친의 명으로 집안 조부인 강재(剛齋) 송치규(宋穉圭)의 문하에 들어가 수업하였는데, 강재는 그를 소중하게 여기고 실학으로 권면하였다. 28세 때 주자서를 강재의 문하에서 읽고, 그로부터 우암이 읽던 《근사록(近思錄)》을 받았다. 33세 때 관찰사가 선현을 본받았다 하여 그를 천거하였고, 36세 때에는 아우 송근수(宋近洙)와 함께 화양동 암서재에서 글을 읽고 동몽교관에 제수되었으나 나아가지 않았다. 38세 때에는 의금부 도사에 제수되었고, 40세 때에 관찰사가 덕망과 학술이 유림의 표본이 된다 하여 조정에 추천해 사헌부 감찰에 임명되었고, 장악원 주부, 경상도 도사를 역임하기도 하였다. 45세 때 추천으로 경연관에 제수되었으나 나아가지 않았고, 또 사헌부 지평에 제수되었으나 나아가지 않았다. 46세 때 다시 장령으로 불렀지만 나아가지 않고, 그 이듬해 겨울에는 승정원 동부승지에 올랐다. 50세 때 형조참의, 이조참의에 제수되었고, 임금이 순조의 묘호(廟號)를 추존(追尊)해 올릴 때 신주를 고쳐 쓰는 것이 합당한지 물은 데 대해 자문하였다. 51세 때 이세연(李世淵)과 함께 김정묵이 저술한 《남당집차변(南塘集箚辨)》을 교정하였고, 그해 12월 1일 석촌 정사에서 세상을 마쳤다. 그의 〈가장(家狀)〉은 송병기(宋秉琦)가 썼고, 묘지명(墓誌銘)은 이민덕(李敏德)이 썼으며, 묘표(墓表)는 송근수가 썼다.

그의 문집을 보면 송치규, 임헌회(任憲晦), 송근수 그리고 친우 이세연 등 많은 사람들과 편지를 주고받으며 학술적으로 교유한 것으로 보인다.

그런데 송달수의 경우 예학에 관한 저술이 가장 많아 그의 학문적 관심을 짐작하게 한다. 그는 스승인 송치규를 비롯하여 이세연(李世淵), 임종칠(林宗七), 김박연(金博淵), 송익수(宋翊洙), 이여교(李汝喬), 윤필현(尹弼鉉), 김석현(金錫玄), 이면익(李冕翼), 정경기(鄭景箕), 권종대(權鍾大), 김맹거(金孟擧), 박규동(朴奎東), 송태수(宋泰洙), 송근수 등과의 편지에서 예론을 주제로 대화하고 있으며, 잡저로서 〈전례변설(典禮辨說)〉, 〈간주서우록(看朱書偶錄)〉을 쓰기도 했다.

송달수는 당시 인물성 시비의 문제점을 지적하기를, "전에는 낙학(洛學)의 자제가 혹 호학(湖學)을 하기도 하고, 호학의 자제가 혹 낙학을 하기도 했다. 근래는 그렇지 아니하여 낙학의 자제가 혹 호학의 문하에 출입하고 호학의 자제가 혹 낙론의 문하에 출입하면 사람들이 모두 변절했다고 각각 지목한다. 이러므로 공자가 다시 태어나도 낙설이 이기게 되면 그 견해가 비록 공변될지라도 세상은 낙론으로 돌아가고, 호설이 이기면 그 견해가 비록 공변될지라도 세상은 호론으로 돌아간다. 그런즉 공자가 다시 태어나도 어찌 이 명목을 면하랴"[22]라고 하였다. 이처럼 그는 당시의 호락(湖洛) 논변이 학문적 객관성을 떠나 학연과 세력에 따라 좌우되는 현실을 비판하고 우려하였다.

(8) 입재立齋 송근수

송근수(宋近洙)는 우암의 8대손으로 자는 언술(彦述), 호는 입재(立齋)다. 그는 송흠학(宋欽學)의 아들로 태어나 송흠락(宋欽樂)에게 입양되었다. 그는 족형(族兄)인 송달수에게서 수업을 받아 송시열-정호-김위재-김정묵-송치규-송달수의 가학을 이어받았다.

그는 1848년(헌종 14년) 증광 문과에 병과로 합격한 뒤, 원릉참봉을 시작으로 경주부윤, 수원유수 등 지방관을 역임하면서 선정을 베풀고, 대사성, 대사헌, 판의금부사, 좌참찬 등 주요관직을 역임하였다.

그는 1882년(고종 19년) 5월 정부의 조미통상수호조약 체결 교섭에 반대하여 사직서를 올리고, 군제(軍制), 기예(技藝) 등 6조목의 시무(時務)를 논하였다. 1884년(고종 21년) 변복령(變服令)이 내리자 그해 6월 변복령의 철회를 주장하는 상소를 올려 반대하였다. 또한 〈삼정설(三政說)〉을 써서 전정(田政), 군정(軍政), 환곡(還穀) 삼정의 문란과 그 폐단을 비판하고 그 시정을 논하기도 하였다. 그는 또 〈석공(石工) 이춘복전(李春福傳)〉을 쓰고, 중봉(重峰) 조헌(趙憲)이 임진왜란 때 순절하자, 그의 문인 김략(金籥)이 추모비를 건립하고자 했을 때, 석공인 이춘복이 돈을 받지 않고 무료로 제공한 일화를 소개하면서 이춘복의 의리정신을 소개하기도 하였다. 또한 송병선(宋秉璿)에게 보낸 편지에서는 윤선거(尹宣擧)를 비

22 《守宗齋集》, 卷13, 〈語錄〉, "大抵自前則洛之子弟, 或爲湖學, 湖之子弟, 或爲洛學, 挽近以來不然, 洛之子弟, 或出入湖門, 湖之子弟, 或出入洛門, 則人皆以爲變, 各爲指目, 是以孔子復生, 而洛說爲勝, 則其見雖公也, 而世便歸之洛矣. 以湖說爲勝, 則其見雖公也, 而世便歸之湖矣. 然則雖孔子復生, 豈得免此目乎?"

관하면서 사문세도(斯文世道)의 폐해를 경계하기도 하였고, 《송자대전(宋子大全)》 가운데 어려운 내용을 뽑아 상세하게 설명한 일종의 주해서(註解書)로 〈송자대전수차(宋子大全隨箚)〉를 쓰기도 하였으며, 〈우암선생언행록(尤庵先生言行錄)〉을 써서 선조 우암의 학문과 사상 그리고 그 정신을 계승하고자 노력하였다.

이와 같이 그는 우암선조의 가학을 충실히 계승하면서도 한말의 위기에서 현실문제에 깊은 관심을 갖고 위정척사(衛正斥邪)의 입장을 분명히 하였으니, 이는 선조 우암의 의리정신을 계승한 것이다.

그의 문집인 《입재집(立齋集)》을 검토해 보면, 스승이자 족형인 송달수를 비롯하여, 송병선, 송병순(宋秉珣) 등 많은 사람들과 편지를 주고받았는데, 그 내용을 보면 예학에 대한 논의가 주류를 이루고 있고 성리에 관한 논의도 약간 보인다. 이견익(李見翼), 정경기(鄭景箕), 박제응(朴齊應), 원세순(元世洵), 정이원(鄭履源), 이덕하(李德夏), 이해익(李海翼), 노식(盧栻), 전상태(田相泰), 신기구(申夔求), 송병선(宋秉璿), 김영응(金永膺) 등과의 편지에서 주로 예론을 다루고 있고, 박제응, 전상태, 원몽우(元夢禹), 송병선, 송병순, 김영응과의 편지에서는 성리에 관한 의견을 나누고 있다. 그는 또 〈옥천군향약설(沃川郡鄉約說)〉, 〈향약의절(鄉約儀節)〉, 〈남간정사회강의절(南澗精舍會講儀節)〉, 〈용문서당회강의절(龍門書堂會講儀節)〉 등을 써서 향약과 서당에서의 의절에 대해서도 글을 남겼다.

그 밖에 잡저로서 〈성산잡록(星山雜錄)〉 상, 하가 있는데, 상권에서는 중국 성리학자와 우리나라 문인 학자들의 일화와 풍습, 제도 등을 소개하였고, 하권에서는 《대학》, 《맹자》에 대한 변석(辨析)과 함께 조광조, 이황 등 여러 학자들의 일화를 소개하고 있다.

이렇게 볼 때, 송근수의 학풍은 예학과 성리학이 주류를 이루는데, 우암의 의리정신을 계승한 흔적도 충분히 엿볼 수 있다.

3. 조선후기 호서유학의 학풍

17세기 이후 조선조 사회는 정치, 경제, 사회 모든 면에서 문제를 안고 있었다. 즉 정묘, 병자호란의 외침, 광해군의 패륜, 당쟁의 심화로 말미암은 지도층의 분열과 갈등, 가뭄과 흉년으로 말미암은 민생의 위기, 이괄의 난 등 민심의 동요로 총체적인 위기를 맞게 되었다. 이러한 역사적 배경에서 조선조 후기의 사상적 흐름도 변화하지 않을 수 없었으니, 16세기 성리학 중심에서 예학, 실학, 양명학, 의리학, 호락론(湖洛論) 등 다양한 흐름으로 나아가게 되었다.

그런데 이러한 철학의 다양성은 영남유학보다는 기호유학에서 더욱 활발했고, 기호유학 내에서도 율곡학파와 우계학파, 또 율곡학파 내에서도 율곡직계와 비사승(非師承) 율곡학파 사이에 철학적 색채가 약간 차이가 있었다.

그런데 조선조 후기 대전 지역의 학풍은 크게 볼 때 성리학풍과 예학풍 그리고 의리학풍이 그 주류를 이루고 있다.[23] 조선후기 호서 지역 특히 대전 지역의 유교문화를 주도했던 은진 송씨 유학자들은 모두가 우암, 동춘당과 혈연적으로 연결되어 있어 가학의 계승이라는 특성을 지니고 있고, 또 이들은 모두가 율곡학파의 일원으로서 율곡, 사계, 우암, 동춘당의 철학적 입장을 계승하고 있다. 이들의 문집을 통람해 볼 때 이기론, 심성론, 수양론, 격치론(格致論)을 막론하고 성리학의 대체로서 율곡 성리학 또는 우암의 성리학을 충실히 계승하고 있다. 즉 이기이원의 세계관, 기

---

23 이에 대해 한기범은 대전 지역 산림의 학풍적 특성을 도학적 학풍, 예학적 학풍, 춘추대의의 실천으로 나누어 설명한 바 있다. (〈조선시대 대전지방산림의 학맥과 학풍〉, 《충청학연구》, 제1집, 2000).

발이승(氣發理乘)의 입장, 이발(理發)의 부정, 칠포사(七包四)의 감정론 등은 율곡 성리학의 체계 속에 있다. 다만 인물성동이론(人物性同異論)에서는 송명흠을 제외하고는 호론(湖論)의 입장에 서 있음을 알 수 있다.

또한 조선후기 호서유학의 특징은 예학풍이라고 볼 수 있다. 이는 예학 자체가 율곡 문하의 사계가 그 중심이 되었고, 그 문하에 김집, 송시열, 송준길, 이유태, 윤선거, 유계 등이 중심이 되었기 때문이다. 더욱이 이들은 대전을 중심으로 한 연산, 공주, 금산 등지를 배경으로 예학을 융성하게 발전시켰다. 특히 사계, 신독재 문하의 송시열과 송준길은 호서예학을 대표하였기 때문에 이들의 후손이요 문하인 은진 송씨 유학자들에게 예학은 가학이나 다름없었다. 따라서 송명흠, 송능상, 송환기, 송치규, 송달수, 송근수, 송병선이 그들의 문집 속에서 예학에 대해 많은 논의를 하고 있으며 깊은 관심을 가졌던 것이다.

조선후기 호서유학의 또 다른 특징은 의리적 학풍에 있다. 이는 특히 이들의 선조인 우암의 학풍을 계승한 것이라 할 수 있다. 이러한 의리적 학풍은 한말 송근수, 송병선, 송병순을 통해 극명히 드러나는데, 송근수는 조미통상수호조약이 체결되려 하자 이를 반대하는 상소를 올렸고, 또 변복령이 내려지자 이를 위정척사의 관점에서 극렬히 반대하는 상소를 올렸다. 또한 송병선에게 보낸 편지에서는 벽이단(闢異端)의 관점에서 윤선거를 비난하며 세도(世道)의 확립을 말하고 있다. 특히 송병선, 송병순 형제는 을사보호조약이 체결되자 스스로 목숨을 끊어 의리를 실천하였으니, 이는 중봉, 우암, 화서로 이어지는 기호학파의 의리정신을 계승한 것이며, 직접적으로는 선조 우암의 의리정신을 계승한 것이다.

끝으로 송상기(宋相琦)의 경우 그의 문집에 무실(務實)학풍이 많이 보이는 점이 주목할 만하다. 무실학풍은 율곡학풍의 특징으로 조선조 후기 실학에도 영향을 주었고, 조선 중기 우계학파의 윤선거(尹宣擧), 권시(權

諰), 윤증(尹拯) 등에게서 많이 나타난다. 한말에는 도산(島山) 안창호(安昌浩)가 홍사단(興士團)을 창단하면서 무실역행(務實力行)을 핵심적 이념으로 삼아 강조하기도 하였다. 대체로 율곡직계 학파에서 별로 드러나지 않던 무실학풍이 송상기에 의해 강조되고 있음은 의미 있는 일이다.

결론적으로 조선조 후기 호서 지역의 정신적 맥락은 유교문화로 요약되어진다. 유교문화는 물질적 가치를 망각하지 않지만, 정신적, 도덕적 가치가 그 물질적 가치를 주도해야 된다고 생각하며, 무엇보다 인간의 존엄과 가치를 중시하는 문화체계라는 점에서 특장이 있다. 따라서 유교에서의 예문화, 의리정신, 성리학이 모두 이러한 유교문화의 표현이라는 점에서 볼 때, 조선조 후기 호서 유교문화의 현대적 의미를 새롭게 재인식해야 할 것이다.

제3장
우계학파의 학문과 사상

제1절 우계 성혼의 학문과 사상

1. 우계의 교육사상

교육이 인간의 바람직한 변화를 추구하는 활동이라면, 우계에게도 교육이 추구하는 목적이 있다. 그것은 한마디로 성현이 되는 데 있다. 우계에 따르면 학문이란 독서만을 말하는 것이 아니라, 궁극적으로 성현이 되는 데 목적이 있다.[1] 즉 학문이란 어버이를 섬기고 형을 쫓음에 그 당연함을 얻는 것이다. 다만 조지(操持)의 노력으로 동정(動靜)을 관통하여 행하고 남는 힘이 있을 때 강습(講習)의 방법을 보탤 따름이다.[2] 이와 같이 우계에게 학문이란 독서를 통한 단순한 지식의 탐구나 축적만이 아니라, 오히려 부자관계, 형제관계, 붕우관계, 부부관계 등에서 그 당연함을 얻는 데 있었다. 지식을 배워 익히는 따위의 주지적(主知的) 활동은 오히려 행하고 남는 힘이 있을 때 덧붙여 하는 교육에 지나지 않는다. 이는 우계의 학문관 또는 교육관이 전통유가에 뿌리하고 있음을 의미하며, 단순한

---

1 《牛溪集》, 卷6, 〈書示邊生〉, "古人所謂學者, 非但讀書之謂 …… 使之爲聖爲賢也."

2 같은 책, 卷5, 〈答崔丕承〉, "雖然學非但讀書之謂. 事親從兄, 得其當然, 乃學也. 但使操持之功, 貫通動靜, 而行有餘力, 可加講習之方耳."

지식이나 기술의 습득이 아니라, 인간 되어짐으로서의 인성교육에 오히려 교육의 목적을 두는 것이다. 오늘날 현대교육이 지나치게 주지적 편중성을 지녀 문제점을 안고 있음에 비추어 볼 때, 우계의 전인적(全人的) 교육관은 매우 시사하는 바 크다.

그러므로 우계는 사람이 배우지 아니하면 비록 영특한 재주와 훌륭한 재질이 있더라도 본분을 지킬 수 없어 '시골의 상인(常人)'이 될 수밖에 없어 헛되이 일생을 보내게 되니 애석한 일이 아닐 수 없다고 한탄하였다.[3] 아무리 타고난 바탕이 훌륭하더라도 후천적인 교육이 없다면 '시골의 상인(常人)'에 머물고 만다고 하여 교육의 중요성을 강조한 것이다.

그러면 이러한 교육을 통해 궁극적으로 배우고자 하는 것은 무엇인가? 우계에 따르면 그 자신이 읽은 바 육경사서(六經四書)는 도(道)가 실려 있는 책이라 하고,[4] 이 도의 체득 실천을 교육의 목표로 제시하고 있다. 유가에서의 도(道)란 인도(人道)를 의미한다. 인간이 가야 할 바른 길이요 인간이 인간답게 살아야 할 윤리를 말한다. 부자간의 효자(孝慈), 부부간의 별(別), 형제간의 경애(敬愛), 선후배간의 서(序), 친우간의 신(信)이 곧 인간이 가야 할 바른 길이다. 인간은 이 길을 밟지 않으면 인간으로서 살아갈 수 없다. 인간으로서 마땅히 가야 할 그 길이 곧 도요, 이 도를 체득 실천하는 것이 교육목적이었다. 또한 이 도를 체득 실천함에 가장 모범이 된 이를 성현(聖賢)이라 했던 것이다.

또한 우계는 인(仁)을 가리켜 천지가 만물을 낳는 마음이라 하고, 인간은 모두 이것을 얻어 마음을 삼았으므로 동중서(董仲舒)의 이른바 '도

---

3 같은 책, 卷5, 〈與鄭士朝書〉, "凡人不學, 則雖有英才美質, 不能守本分而爲鄕里之常人, 虛過一生, 豈非可惜耶."

4 같은 책, 續集, 卷3, 〈與李叔獻〉, "吾所讀六經四書, 載道之書矣."

(道)의 큰 근원이 천(天)에서 나왔다' 는 것이 바로 이를 의미한다 하였다.[5] 그는 또 대도(大道)의 요체는 그 뜻이 멀다 하고, 도체(道體)는 형상이 없어 참으로 아는 자가 드물다 한다. 그러나 천을 근본으로 하여 인간에게 세워져 몸에 체행(體行)하고 일에 시행하여 실리(實理)가 충만하여 위아래에 밝게 드러나니, 묵묵히 통달하면 좌우의 가까운 곳에서 진리를 만날 수 있는바, 애당초 아득하여 알기 어려움을 말하는 것은 아니라 하였다.[6] 이처럼 우계는 천지가 만물을 낳는 마음으로서의 인(仁)이 곧 인간의 본심이 된 것이므로 결국 도(道)의 큰 근원이 바로 천(天)에 있다고 이해하는 것이며, 천에 뿌리를 둔 대도(大道)가 사람에게 세워졌다고 이해하였다. 이렇게 볼 때, 우계에게 학문이란 다름 아닌 천도(天道)가 인간에 내재한 인도(人道)의 이해와 실천이다. 따라서 교육을 통해 추구해야 할 도의 근거가 바로 천에 있음을 알 수 있고, 인도의 이해와 실천이 곧 교육의 목적임을 알 수 있다. 우계는 또 '위기(爲己)' 로서 마음을 세우는 요령을 삼고, '구시(求是)' 로서 일을 처리하는 제도로 삼아야 한다고 하였는데,[7] 이는 교육의 본의가 남에게 보이기 위함이 아니라 자신을 위한 것임을 분명히 한 것이고, 또 옳음을 구한다는 진리적 목표를 분명히 제시한 것이다. 이러한 우계의 '위기지학(爲己之學)' 의 천명은 《논어》의 학문정신을 반영한 것이지만,[8] 학문하는 자세와 태도의 성실성 확보라는 측면에서 중요한 의미를 지닌다.

---

5 같은 책, 卷2, 〈辛巳封事〉, "蓋仁者, 天地生物之心, 而人得之以爲心, 卽所謂道之大原出於天者……."

6 같은 책, 같은 글, "臣惟大道之要, 其旨遠矣. 道體無形, 眞見絕鮮. 然根於天而立於人, 體之身而達諸事, 實理充塞, 上下昭著, 默而通之, 左右逢原, 初非窈冥之謂也."

7 같은 책, 續集, 卷3, 〈與李叔獻〉, "……以爲己爲立心之要, 以求是爲處事之制."

8 《論語》, 〈憲問篇〉, "子曰, 古之學者爲己, 今之學者爲人."

교육의 목표가 설정되어 있으면 그것을 실현할 교육의 내용이 주어져야 한다. 이를 교육과정이라 하는데, 이는 교육의 성패를 좌우하는 주요 요소다. 그리고 이 교육과정은 교육의 내용과 순서가 된다는 점에서 교육의 특성이 되기도 한다. 그러면 우계의 교육과정은 어떻게 설정되어 있는지 검토해 보기로 하자.

우계가 당시 유교적 교육체제에서 가르쳐야 할 교육과정을 구체적으로 언급한 것은 정종명(鄭宗溟)에게 보낸 편지에서라고 볼 수 있다. 여기에서 그는 배워야 할 교과의 내용과 순서를 이렇게 제시하고 있다.

> 《소학(小學)》, 《대학(大學)》, 《대학혹문(大學或問)》, 《논어(論語)》, 《맹자(孟子)》, 《중용(中庸)》, 《중용혹문(中庸或問)》, 《근사록(近思錄)》, 《주자서절요(朱子書節要)》, 《심경(心經)》, 《시경(詩經)》, 《서경(書經)》, 《주역(周易)》, 《춘추(春秋)》, 《예기(禮記)》, 《이정전서(二程全書)》, 《주자대전(朱子大全)》, 《이락연원록(伊洛淵源錄)》, 《연평답문(延平答問)》, 《이학통록(理學通錄)》, 《통감강목(通鑑綱目)》, 《속강목(續綱目)》, 《황명통기(皇明統紀)》.[9]

이와 같이 총 23책의 교과를 설정하고 있음을 볼 수 있다. 이를 내용별로 분류해 보면 유가경전이 9책(《대학》, 《논어》, 《맹자》, 《중용》, 《시경》, 《서경》, 《주역》, 《춘추》, 《예기》), 성리서가 모두 10책(《대학혹문》, 《중용혹문》, 《근사록》, 《주자서절요》, 《심경》, 《이정전서》, 《주자대전》, 《이락연원록》, 《연평답문》, 《이학통록》), 중국의 사서(史書)가 3책(《통감강목》, 《속강목》, 《황명통기》), 그리고 가장 기초적인 입문서로서 《소학》을 제시하고 있다. 이를 통해서 볼 때, 우선 율곡의 《격몽요결(擊蒙要訣)》에 제시

9 《牛溪集》, 續集, 卷4, 〈與鄭士朝(宗溟)〉.

된 교육과정과 비교해 보면, 《소학》에서부터 《주자대전》에 이르기까지의 과정은 거의 차이가 없다(율곡은 《주자서절요》를 포함시키지 않았음). 그리고 율곡은 〈가례(家禮)〉, 〈주자어류(朱子語類)〉 등 주(周), 장(張), 정(程), 주(朱)의 성리서와 사서(史書)를 배워야 한다고 하였다.[10] 이에 대해 우계는 《주자서절요》, 《이락연원록》, 《연평답문》, 《이학통록》, 《통감강목》, 《속강목》, 《황명통기》를 구체적으로 명시하고 있음이 특징적이다. 특히 우계가 퇴계의 저술인 《주자서절요》와 《이학통록》을 교육과정에 포함시킨 것은 우계의 교학(教學)에 미친 퇴계의 영향을 짐작하게 하는 요소로 보인다. 그것은 그 자신이 퇴계를 스승으로, 율곡을 벗으로 생각하고 있음에서도 분명해진다.[11]

또한 교육의 순서를 검토해 보면 수업의 기초적인 교재로 《소학》이 제시되어 있고, 이어 《대학》 및 《대학혹문》, 《논어》, 《맹자》, 《중용》 및 《중용혹문》 등 사서(四書)의 학습을 권장하고 있다. 이어 《근사록》, 《주자서절요》, 《심경》을 통한 성리학의 기초를 익힌 후에 《시경》, 《서경》, 《주역》, 《춘추》, 《예기》 등의 오경(五經)을 학습하고, 《이정전서》, 《주자대전》, 《이학연원록》, 《연평답문》, 《이학통록》 등의 성리서를 통해 성리학의 심화과정을 마치는 것으로 되어 있다. 그리고 《통감강목》, 《속강목》, 《황명통기》 등 중국의 역사서를 공부함으로써 철학과 역사가 씨줄 날줄로 연계되는 교육과정을 설정하고 있다.

이상의 우계 교육과정을 검토해 볼 때 중요한 특징은 '유학'이라는 철학이 교육내용의 중핵을 차지하고 있다는 점이며, 그 밖에 역사에 대한

10 《栗谷全書》, 卷27, 〈擊蒙要訣〉, 讀書章.

11 《牛溪先生年譜補遺》, 卷3, 〈祭文〉, 尹煌, "先生 …… 早承庭訓, 慨然志學, 師惟退陶, 友則栗谷."

이해를 고려하고 있다는 점이다. 더구나 여기에 제시된 역사서 또한 넓게는 유교적 관점에서의 역사서라는 점에서 보면 전체가 유학적 교육과정이라 해도 무방하다. 이는 당시 유교사회에서 부득이한 현상이라 하겠지만, 실용교과에 대한 고려가 전혀 없었다는 점에서 아쉬움과 한계를 느끼게 된다. 요컨대 우계의 교육과정에서 보면 유교이념의 체득과 이를 통한 유교적 교양인 또는 지도자의 육성이 교육의 목표였으며, 이러한 정신이 그대로 반영된 교육과정이었다고 평가할 수 있다.

교육목적이 설정되고 교육의 내용이 주어졌다면 이를 어떻게 가르칠 것인가가 중요한 문제가 된다. 이는 결국 교육의 방법문제가 된다. 우계도 전통적인 유가의 교육방법에서와 같이 배우고 생각하는 두 측면을 방법적으로 제시하고 있다. 이는 《논어》에 "배우기만 하고 생각하지 아니하면 어둡고, 생각만 하고 배우지 아니하면 위태롭다"[12]는 공자의 말에서 연유한다. 교육의 대전제는 먼저 아는 자가 늦게 아는 자를 알게 하는 것이며, 먼저 깨달은 자가 늦게 깨달은 자를 깨닫게 하는 데 있다. 그러므로 교육은 우선 배움을 전제로 한다. 배움에는 필연적으로 교사와 학생이라는 교육의 주체와 대상이 설정되게 마련이다. 교사에 의해 학생은 배우게 된다. 이 배움을 통해 인간은 지적(知的)인 앎이 더욱 커지게 하고, 도덕의식을 계발하고, 예능과 기술의 진보를 가져올 수 있다. 그러나 교육은 배움만으로는 부족하다. 배운 것을 주체적으로 생각하고 비판하고 창조하는 노력이 중요하다. 이를 통해 교육은 심화된다.

그러나 배우지는 아니하고 처음부터 생각에만 매달리면 그 학문은 위험하게 된다. 왜냐하면 이는 어디까지나 자신에 의한 주관적인 깨침이기 때문이다. 그러므로 진정한 교육은 '배움'과 '생각함'이 함께 병행되어야

---

12 《論語》, 〈爲政篇〉, "學而不思則罔, 思而不學則殆."

한다. 이것이 바로 '학(學)'과 '사(思)'의 병행이다.

우계도 이러한 유학의 전통을 계승하여 쉬는 시간에도 작은 틈을 내어 책을 베끼고 혹 의리를 강론하기도 하며, 태만하여 놓아 지내며 방일(放逸)하지 말라고 가르치고 있다.[13] 또한 글을 배운 후에는 단정하게 앉아 종일 독서하고 조금이라도 의심이 나면 매번 질문하고, 재삼 반복하여 조금이라도 모르는 것은 그저 놓아 버려서는 안 된다 하였다.[14] 또한 아침저녁으로 자주 배운 바를 점검하고 의리를 사색하고 체인한 바를 복행(服行)하고 마음이 조금이라도 방일하지 않도록 해야 한다고 하였다.[15] 이와 같이 우계는 학습에 있어서 책을 읽고 배우되 그것에 머물지 말고, 의심이 풀릴 때까지 질문하고 생각하여 모르는 것이 없도록 해야 한다 하였다. 나아가 배운 바를 점검하고 의리를 사색하고 체인한 바를 실천해야 한다는 그의 가르침은 배움과 생각함을 병행해야 한다는 교육방법을 분명히 한 것일 뿐 아니라, 진정한 교육은 지식의 습득에서 머물지 않고 체득(體得), 체인(體認), 실천궁행(實踐躬行)으로까지 나아가야 한다는 점을 강조한 것이다.

또한 우계는 학문이란 궁리(窮理)가 우선이고, 궁리는 반드시 독서에 있는데, 독서하는 방법은 반드시 문의(文義)에 통달한 후에 의리를 구극(究極)하여 자신의 견해로 삼을 수 있다고 하였다.[16] 이 말은 독서를 기초로 하되 거기에 깊은 사색과정을 통해 비로소 자신의 견해로 체득될 수 있음을 말한 것이다. 아울러 그는 홍석윤(洪錫胤)에게 주는 글에서도 서

---

13 《牛溪集》, 卷6, 〈書室儀〉.

14 같은 글.

15 같은 글.

16 《牛溪集》, 卷5, 〈答崔丕承書〉, "大抵爲學, 要須窮理, 窮理必在讀書, 而讀書之法, 必通達文義, 然後可以究極義理, 以爲己見."

책(書册)과 친근하되 독서와 사색을 떠나서는 안 된다고 당부했던 것이다.[17] 여기에서도 우계는 학문을 하는 데, 일면 독서, 일면 사색을 병행해야 한다는 점을 강조하고 있다.

우계는 또 하나의 교육방법으로서 독서를 통한 지식의 계발과 함께 거경(居敬)의 마음공부를 제시하고 있다. 이는 달리 말하면 궁리(窮理)와 거경(居敬), 격물치지(格物致知)와 성의정심(誠意正心), 도문학(道問學)과 존덕성(尊德性)의 병행을 일컫는 것으로 결국 지행(知行)의 병진(竝進)을 의미하는 것이다.

우계는 말하기를 학문이란 단지 독서만을 말하는 것은 아니지만, 책이 아니면 어떻게 길을 찾아 학문의 문정(門庭)을 들어갈 수 있겠느냐고 반문하였다.[18] 우계는 책을 읽어 지식을 넓히는 것만을 학문이라 할 수 없지만, 그러나 책을 읽지 않고 어떻게 학문의 길을 들어갈 수 있겠느냐고 하여 독서의 중요성을 강조하였다. 이러한 관점에서 학문하는 방법은 궁리보다 앞서는 것이 없으니, 궁리의 요령은 반드시 독서에 있다고 한다. 또 독서의 순서에 따라 정성을 다하는 것보다 더 귀한 것이 없고, 정성을 다하는 근본은 또한 거경(居敬)과 지지(持志)에 있으니 이는 바꿀 수 없는 이치라 하였다.[19] 이와 같이 우계는 학문하는 방법에서 가장 우선해야 할 일로 궁리를 꼽았고, 궁리의 요령은 반드시 독서를 통해 가능하다 하였다. 또한 독서는 교육과정의 순서에 따라 하되 정성을 다해야 하는데, 정성을 다하는 근본은 거경(居敬)과 지지(持志)라고 하였다. 거경(居敬)은

---

17 같은 책, 卷5, 〈答洪善應(錫胤)書〉 및 《牛溪先生年譜補遺》, 卷5, 〈師友錄〉, 洪進士(錫胤), "先生嘗以書勉之曰, 親近書册, 俯讀仰思."

18 같은 책, 卷5, 〈與鄭士朝書〉, "學非但讀書之謂, 然非書, 何以尋箇路脉以入門庭耶."

19 《栗谷牛溪兩先生年譜附錄》, "爲學之方, 便殿奏箚, 爲學之道, 莫先於窮理, 窮理之要, 必在於讀書, 讀書之法, 莫貴於循序而致精, 而致精之本, 則又在於居敬而持志, 此不易理也."

경(敬)의 생활화로서 동정(動靜)을 막론하고 마음을 하나에 모아야 한다는 것이요, 지지(持志)는 뜻을 잘 간직하는 것으로 일종의 입지(立志)와 같은 의미다.

이렇게 볼 때, 우계의 교육방법은 일면 남으로부터의 배움(學)과 주관적인 생각함(思)을 병행했던 것이며, 또 다른 한편 독서를 통한 궁리와 함께 거경(居敬), 지지(持志)의 병행을 강조했던 것이다. 이는 우계의 독창은 아니고 유학적 교학체제에서의 교육방법을 충실히 계승하고 있음을 의미한다.

그러면 우계 교육사상의 특성은 무엇인가 검토해 보기로 하자. 첫째, 도덕교육의 중시를 들 수 있다. 기본적으로 유가철학은 교육을 중시해 왔고, 그 교육의 본령은 '인간 되어짐'에 있었다. 인간 되어짐이란 인간의 바람직한 변화를 의미하는데, 지적(知的)인 측면에서의 변화, 도덕적 측면에서의 변화, 감성적 측면에서의 변화, 실천적 측면에서의 변화, 기능적 측면에서의 변화 등 전인적(全人的) 의미에서의 변화 일체를 의미하는 말이다. 그런데 유학에서는 그중에서도 교육의 본의를 인간성의 실현에 두고 이를 가장 중시해 온 특성이 있다. 따라서 경전을 읽고 익히는 지적인 탐구를 결코 무시하는 것은 아니지만, 오히려 그것은 덕성함양 다음의 과제였던 것이다. 이러한 유교 본래의 도덕중시 교육풍은 유교의 윤리적 특성을 반영하는 것이기도 하고, 궁극적으로 지식이나 기술은 도구적인 것으로 덕성교육이나 인성교육에 비해 덜 중요하다는 기본인식을 전제로 한 것이다.

유교의 이러한 도덕중시 경향에 따라 우계도 그 전통을 그대로 계승하고 있다. 우계는 수기(修己)를 매우 중시하여 '청수자립(淸修自立)'을 말하였고,[20] 예의(禮義)와 명절(名節)로서 스스로 부지런히 힘쓰면 굽어보나 우러러보나 부끄러움이 없어 내 마음에 얻음이 있게 될 것이라 하였다.[21] 따라서 우계는 한결같이 하학(下學)에 뜻을 두어 반드시 효제충신(孝悌忠信)을 근본으로 삼고, 겸손으로 바탕을 삼고, 침잠독실(沈潛篤實)로서 공을 삼아 힘들여 책을 완색(玩索)하고 조지(操持)를 견고히 하면 청명(淸明)의 미지(美志)가 마침내 이르게 될 것이라 하였다.[22] 이렇게 우계는 자수(自修)의 노력을 통해 '향리(鄕里)의 상인(常人)' 들과는 다른 인간이 되어야 함을 도처에서 강조하였다.[23]

이렇게 볼 때, 우계에게 교육은 '청수자립(淸修自立)' 의 수기를 의미하는 것이고, 이는 구체적으로 예의와 명절(名節)을 갈고닦는 공부였고, 효제충신(孝悌忠信)을 근본으로 삼아 침잠독실(沈潛篤實)하고 조지(操持)를 굳게 하는 공부였던 것이다.

이러한 도덕중시의 교육적 특성에서 우계는 도덕실천의 주체인 인간의 심(心)을 강조하였다. 우계는 천(天)이 만물을 낳는 것으로서 마음을 삼았는데, 사람이 이것을 얻어 마음을 삼았다고 하였다.[24] 인간의 마음은 곧 천이 만물을 낳는 마음 그것이며, 인심의 근거가 천에 있고 천심이 인심으로 내재화되고 내면화된 것이다.

그런데 인간의 마음은 온갖 이치를 다 갖추고 있고[25] 사물에 응할 수 있으나, 사물이 올 적에 마음을 비우고 순응하지 못하여 향하는 바가 혹 조금이라도 편벽된 것이 있으면, 거울처럼 비어 있고 저울대처럼 평평한

---

20 《牛溪集》, 卷2, 〈辭召命疏〉.

21 같은 책, 卷5, 〈與或人書〉, "……以禮義名節自砥礪, 則無愧於俯仰, 有得於吾心矣."

22 같은 책, 卷5, 〈答安士彦〉, "誠願一意下學, 必以孝悌忠信爲本, 以謙遜拙納爲質, 以沈潛篤實爲功, 劬書玩索, 堅苦操持, 則以淸明之美志, 終必有所至矣."

23 같은 책, 續集, 卷4, 〈與崔丕承〉, 〈與安士彦〉.
같은 책, 卷5, 〈與鄭士朝書〉.

24 같은 책, 卷3, 〈上王世子箚〉, "天以生物爲心, 而人得之以爲心."

25 같은 책, 卷3, 〈辛巳封事〉, "人之一心, 萬理咸備."

본체가 이미 가려져 있어, 마음속에 사물이 먼저 들어와 있음을 면치 못한다. 먼저 들어온 것이 조금이라도 나타나서 본래의 밝음이 다소라도 어두워지면 권탁(權度)이 잘못되어 사물의 이치가 숨어 버리게 된다.[26] 따라서 마음을 비우고 마음을 고요히 하는 공부가 중요하다. 이제 이에 대한 우계의 논의를 검토해 보기로 하자.

우계는 선비가 학문을 함은 진실한 마음으로 열심히 공부함에 있다고 하여,[27] 학문의 본의가 진실한 마음의 확립에 있음을 분명히 하면서 또 다음과 같이 강조하였다.

> 근심할 바는 실심(實心)이 서지 않으면 근본이 굳지 아니한다는 것뿐이다. 진심(眞心)이 이미 확립되고 힘을 다해 나아간다면 성현의 한마디 말을 종신토록 받아써도 남음이 있고, 진실로 그러하지 못한다면 비록 성명(性命)을 높게 말하고 현미(玄微)한 곳에 둔다 한들 나의 심신의 수양과 무슨 상관이 있겠는가?[28]

이와 같이 수기공부에서 가장 근본적인 문제는 실심(實心)의 확립이다. 진실한 마음이 서지 아니하면 아무리 고원(高遠)한 진리를 논하고 형이상학적 탐구에 전념하더라도 심신의 수양과는 무관하다. 이는 진정한 교육이 곧 진실한 마음의 확립에 있음을 더욱 분명히 한 것이다. 그러므

---

26 같은 책, 卷2, 〈己卯封事〉, "夫人之一心, 本以應物, 而事物之來, 不能虛心順應, 所向或有少偏, 則鑑空衡平之體, 已爲所蔽, 而未免有先入之物矣. 先入稍形而本明稍晦, 則權度差而物理隱矣."

27 같은 책, 卷5, 〈答安士彥書〉, "竊見士之爲學, 必有眞實心地, 刻苦工夫……."

28 같은 책, 卷2, 〈辛巳封事〉, "所患者實心不立, 根本未固耳. 眞心旣立, 竭力向前, 則聖賢一語, 爲終身, 受用而有餘, 苟不然, 雖高談性命, 妙入玄微於吾身心, 有向于涉乎?"

로 우계는 치자(治者)의 교육에서 '허심종선(虛心從善)'을 강조하였다. 즉 마음을 텅 비우고 남의 선(善)을 좇음은 인군의 큰 덕이며 나라의 중요한 도리라고 하였다. 선이란 사람이 중(中)을 받고 태어난 본연의 이치로 천하의 공리(公理)라고 하였다.[29] 여기에서 허심(虛心)은 위의 실심(實心)과 상통한다. 마음을 비운 그 마음이 곧 참된 마음이기 때문이다. 사리사욕에 가득 찬 마음은 실심도 아니고 허심도 아니다. 사리사욕에 치우치므로 공평할 수도 없고 밝을 수도 없다. 또 그 마음은 진실할 수도 없다. 여기에 마음을 비우고 마음을 참되게 하는 마음공부가 근본이 된다. 이러한 관점에서 우계는 심을 여러 가지로 다양하게 표현하고 있다. 즉 '진실심(眞實心)',[30] '극기지실심(克己之實心)',[31] '진심(眞心)',[32] '허심(虛心)'[33] 등으로 표현되는데, 이는 모두가 상통된다. 그런데 표현의 형식만으로 본다면 실심(實心)과 허심(虛心)은 상반되는 것으로 해석되지만, 실심과 허심은 같은 것이다.[34] 왜냐하면 실심이란 하늘로부터 부여받은 진실된 마음인데, 사심(私心)에 의해 그 진실성이 은폐되기 때문이다. 따라서 허심이란 사심이 제거되고 극복된 진심(眞心), 실심(實心), 진실심(眞實心), 본심(本心)을 의미한다.

이렇게 볼 때, 우계의 교육사상적 특성은 무엇보다 도덕성의 함양에 있었고, 이를 위해 인간 본연의 참된 마음을 회복하는 공부를 강조하였다.

둘째, 경(敬)의 생활화였다. 우계의 교육사상에서 마음공부가 중시되

---

29 같은 책, 卷2, 〈己卯封事〉, "臣聞虛心從善, 人君之大德, 而有國之要道也. 夫善者, 受中以生之本然, 而天下之公理也."

30 같은 책, 卷5, 〈答安士彥書〉, "竊見士之爲學, 必有眞實心地……."

31 같은 책, 卷3, 〈庚寅封事〉, "伏願殿下, 毋徒歸咎於頑民之惡逆, 而有未盡省身克己之實心也."

32 같은 책, 卷2, 〈辛巳封事〉, "眞心旣立……."

33 같은 책, 卷2, 〈己卯封事〉, "古之明王, 莫不虛心順理."

34 이을호, 〈우계의 실학정신〉, 《성우계사상연구논총》, 우계문화재단, 1988, 421쪽.

었다면 이를 위한 방법으로서 경(敬)이 또 강조되었다. 경은 유가의 도덕 교육에서 중핵적 위치에 있다고 볼 수 있다. 이미 《주역》에서는 '경이직내(敬以直內) 의이방외(義以方外)'라 하여,[35] 내면적 수기의 방법적 원리로서 중시되어 왔다. 그리고 송대 성리학에 와서는 '궁리(窮理)'와 함께 '거경(居敬)'으로 일컬어져 학문의 양익(兩翼)으로 존중되어 왔다. 특히 정이천과 주자에 의해 경은 매우 이론적인 체계를 갖게 되었고, 송대 진덕수(眞德秀)는 이를 이념화하여 《심경(心經)》을 저술하기까지 하였다. 이 《심경》은 우리나라에서도 많은 유학자들에게 필독서로 읽혀졌으며, 퇴계의 경우는 이 《심경》을 평생 애독하고 체득함으로써[36] 그의 학문 형성에 지대한 영향을 미쳤다. 경은 일반적으로 '주일무적(主一無適)'으로 해석된다. 한 가지에 마음을 주로 하여 이리저리 나아감이 없는 정신의 통일 또는 집중을 의미하는 말이다. 우리의 마음은 텅 비어 있고 또 사물을 알 수 있는 능력이 주어져 있으나, 변화무상(變化無常)한 까닭에 많은 노력이 요구된다. 이 마음을 잘 붙들고 간직하는 노력이 필요하다. 그래서 많은 선유들이 이 마음을 다스리는 공부에 열중하였고, 불교나 도가에서도 마음공부의 중요성을 강조하고 있다.

우계도 이러한 유학의 전통에 따라 마음공부의 방법적 측면에서 경의 생활화를 강조하였다. 그는 이를 다양하게 설명하고 있는데 이제 이에 관해 검토해 보기로 하자.

우계에 따르면 인군의 제일법(第一法)은 마땅히 몸과 마음을 수습(收拾)하고, 정신을 보존하고 아끼며, 오로지 한 가지 일에 열중하고, 물욕

---

35 《周易》, 〈坤卦文言傳〉.

36 《退陶先生言行通錄》, 卷2, "先生自言, 吾得心經而後, 始知心學之淵源, 心法之精微. 故吾平生, 信此書如神明, 敬此書如嚴父."

(物欲)이 이기는 바가 되지 않도록 하여, 지기(志氣)로 하여금 항상 맑게 하면 본원(本源)이 맑고 고요해지며 의리가 밝게 드러날 것이라 하였다.[37] 따라서 우계는 '보석정신(保惜精神) 전일응정(專一凝定) 지기상정(志氣常淸)'의 설이야말로 다만 마음을 기르는 큰 방법일 뿐 아니라, 겸하여 기를 기르고 병을 고치는 절요(切要)한 공(功)이요 국가의 운명을 길이 연장케 하는 것도 모두 여기로부터 나온다 하고, 이는 실로 우계 자신이 평생 생각해 온 바이기 때문에 감히 말하게 되는 것이라 하였다.[38] 이로 미루어 볼 때, '몸과 마음을 잘 거두어 잡는다' 든지, '정신을 보존하고 아낀다' 든지, '마음을 전일(專一)하게 하고 모아서 안정한다' 는 '수습신심(收拾身心) 보석정신(保惜精神) 전일응정(專一凝定)'의 설은 그가 늘 평소에 관심을 갖고 생각하고 실천해 온 수기의 방법이었음을 알 수 있다. 그런데 이들은 모두 경의 다른 표현에 지나지 않으며, '수습신심(收拾身心) 보석정신(保惜精神)'은 주자의 말에서 인용한 것임은 물론이다.

우계는 또 예부터 성현이 마음을 다스리는 방법을 말한 것은 달리 화평하고 편안한 방법이 있는 것이 아니라 하고, '계신공구(戒愼恐懼) 전전긍긍(戰戰兢兢)' 뿐이라 하였다. 대개 마음은 형상이 없으니, 마음을 간직하고 지키는 요령은 반드시 항상 놀라고 두려워함이 있도록 하는 것이니, 마치 혹 과실이 있을까 두려워하는 것과 같이 해야 그 마음을 보존하고 지킬 수 있다. 따라서 마음을 간직하고 지키는 체단(體段)은 이것을 알 뿐 달리 요묘(要妙)의 방법이 있는 것이 아니라 하였다.[39] 이른바 주일(主一)

---

37 《牛溪集》, 續集, 卷2, 〈擬登對啓辭草二條〉, "人君第一法, 當收拾身心, 保惜精神, 專一凝定, 不爲物欲所勝, 令志氣常淸, 則本源澄靜, 義理昭著矣."

38 같은 책, 같은 글, 〈登對思政殿啓辭〉, "其保惜精神, 專一凝定, 志氣常淸之說, 非但爲養心之大法, 兼亦是養氣養病切要之功. 命哲歷年, 皆有此出, 此實小臣平生所服膺者, 故敢達矣."

39 같은 책, 같은 글, 卷2, 〈登對宣政殿啓辭〉, "自古聖賢, 言治心之法, 非別有和平泰帖之法, 而

은 오로지 이 병통을 다스리는 것인데, 소위 고요하게 주일(主一)하면 객념(客念)이 다시 일어나지 않게 되고, 움직여 주일(主一)하면 외물이 마음속에 침입할 수 없으니 이것이 바로 병통을 고치는 방법이다. 비록 그러나 소위 거경(居敬), 주일(主一)은 힘을 쓰는 방법인데 《대학혹문(大學或問)》에 자세히 나타나 있다. 마땅히 이를 따라 힘을 써서 동정(動靜)을 관통해 중단됨이 없어야 한다. 또한 힘을 쓰는 데 너무 빨리 하거나 너무 천천히 하지 않을 줄 알아서 싫증이 나거나 구속을 받게 해서도 안 된다. 퇴계의 이른바 '평평존재(平平存在) 약략수습(略略收拾)' 이라는 것이 바로 심법(心法)의 절요(切要)한 방법이다.[40] 이처럼 거경(居敬; 主一)은 움직일 때나 고요할 때나 일관해야 하는 것이며, 너무 빠르거나 느리지도 않고 또 싫증이 나거나 구속을 받지 않도록 자연스러워야 한다. 여기에서 우계는 퇴계의 '평평존재(平平存在) 약략수습(略略收拾)' 을 인용하여 심법의 요체로 삼고 있는데, 이는 마음을 고루 다스려 간략하게 수습해야 한다는 말이다.

우계는 또 같은 맥락에서 '근근(勤謹)' 을 매우 강조하였다. 우계는 모름지기 정성스럽게 복응(服膺)하고 '근근(勤謹)' 두 글자는 잠깐 사이에도 어기지 말아야 한다 하였다.[41] 이 '근근(勤謹)' 은 《대학》이나 《중용》에 나오는 '신독(愼獨)' 과 같은 것으로 경의 다른 표현이라 하겠다. 그 밖에도 〈서실의(書室儀)〉에서는 "매우 얼크러져 어수선한 생각이 나지 않도록

乃曰, 戒愼恐懼, 戰戰兢兢云爾. 蓋以心無形象, 持守之要, 必常存警畏, 猶恐或有過失, 乃能保守厥心. 故其持守體段, 乃知此爾, 非別有要妙之法也."

40 같은 책, 卷5, 〈答韓瑩中書〉, "古人所謂主一者, 專爲治此病而設, 所謂靜而主於一, 則客念不復作矣. 動而主於一, 則外誘不能奪者, 正說治病之法也. 雖然, 所謂居敬主一, 用力之方, 大學或問詳之, 當依此用力, 使之通貫動靜, 無有間斷. 又知用力不疾不徐, 勿忘勿助, 毋令厭重, 毋令拘迫, 退溪先生所謂平平存在略略收拾者, 正是心法切要之方也."

41 같은 책, 卷6, 〈書室儀〉, "切須服膺勤謹二字, 造次不違."

하며, 다른 잡일을 이리저리 생각하지 말며, 사람들과 잡담을 하지 말며, 일어나서 쓸데없이 출입하지 말아야 한다"[42]고 가르치고 있다.

이렇게 볼 때, 우계의 교육사상에서 중요한 특징의 하나는 경의 생활화였다. 그것은 '수습신심(收拾身心)', '보석정신(保惜精神)', '전일응정(專一凝定)', '계신공구(戒愼恐懼) 전전긍긍(戰戰兢兢)', '거경주일(居敬主一)', '평평존재(平平存在) 약략수습(略略收拾)', '근근(勤謹)' 등 다양하게 표현되었지만, 이는 경의 다른 표현에 지나지 않는다. 그리고 이는 유학본래의 경의 계승이며, 정이천(程伊川), 주자(朱子), 《심경》, 퇴계의 경을 계승한 것이다.

셋째, 소학적 실천이다. 우계의 교육사상적 특성의 하나는 실천적 학풍에 있다.[43] 그것은 율곡의 말대로 '조행(操行)과 실천(實踐)이 돈독(敦篤)하고 확실(確實)함은 나도 미치지 못할 바'[44]라고 한 우계의 삶과 인품에서 분명해진다. 월사(月沙) 이정구(李廷龜)도 〈우계행장(牛溪行狀)〉에서 "그의 학문 연구가 정밀하고 실천이 돈독하여 확실하며, 앎과 행함이 함께 진보하고 경의(敬義)를 함께했다"[45]고 한 바 있다. 이처럼 그는 실천이 돈독하고 확실하게 하는 것이 학문과 교육의 목적이라고 보았다. 그러므로 우계는 율곡에게 보낸 편지에서 안민학(安敏學; 習之)의 성품이 학문에 소홀하고 특히 실사구시(實事求是)의 생각이 부족하다고 비판하고 있으며, 안민학이 아산현에 부임하였을 때 보낸 글에서도 "학문하는 공은 바야흐로 실제적인 일을 위함에 있다"[46]고 하였다. 여기에서 그가 《한서

---

42 같은 책, 같은 글.

43 유명종, 〈절충파의 비조 우계의 이기철학과 그 전개〉, 《성우계사상연구논총》, 우계문화재단, 1988, 336쪽.

44 《牛溪集》, 〈年譜〉, 卷1, 33年 甲寅 條, "……至於操履敦確, 則吾所不及云."

45 같은 책, 年譜附錄, 〈行狀〉, "……至其爲學, 則玩索精密, 踐履敦確, 知行兼進, 敬義夾持."

(漢書)》 하간헌왕전(河間獻王傳)에 나오는 '실사구시(實事求是)'를 인용하고 있음은 주목되거니와, 이 말은 뒤에 조선조 후기 실학자들이 실학이념을 설명하는 대표적인 용어가 되었다는 점에서 중요한 의미가 있다.

이러한 그의 실천적인 학풍 경향에 따라 글자의 뜻만 해석하는 것은 진정한 의미에서 학문이라 하기 어렵다고 볼 수 있다.[47] 달리 말하면 실천궁행을 도외시한 채, 책만 가지고 연구하는 지적인 탐구만을 학문이라 할 수는 없다는 말이다.

이러한 그의 실천적 학풍은 15세기 조선초기의 도학풍(道學風)과 그 궤를 함께한다. 윤리적 실천을 강조하며 사화 시대를 주도했던 김종직(金宗直), 김굉필(金宏弼), 정여창(鄭汝昌), 조광조(趙光祖) 등의 학풍을 도학이라 하는데, 우계의 부친인 청송(聽松) 성수침(成守琛)은 바로 정암(靜菴)의 문인이었다. 우계의 실천적 도학풍은 그의 부친을 통한 가학적 영향이며, 멀리는 매죽헌(梅竹軒) 성삼문(成三問) 이후 성운(成運; 1497~1579), 성제원(成悌元; 1506~1559) 등 성문(成門) 도학에서 그 연원을 찾을 수 있다. 성수침은 늘 우계에게 《소학》을 권하며 수신의 대요(大要)가 모두 이 책 안에 있으니, 이 책을 읽지 않고서 집안에서 어떻게 어버이를 섬길 것이며, 벼슬에 나아가 어떻게 임금을 섬길 수 있겠는가[48]라고 하였다. 이러한 부친의 교훈에 따라 그는 덕에 들어가는 문은 《소학》을 근본으로 삼아야 한다고 하면서,[49] 《소학》의 글 가운데 순제(順悌)의 방법과 경신(敬身)의 공(功)은 진실로 능히 깊이 음미하여 실천에 옮

---

46 같은 책, 卷6, 〈送安習之敏學赴牙山縣序〉, "……爲學之功 方爲實事矣."

47 같은 책, 續集, 卷2, 〈登對宣政殿啓辭〉, "解釋文義, 非所以爲學."

48 《明宗實錄》, 卷29, 明宗18年, 癸亥 12月 庚午 條, "(守琛)每以小學勸人曰, 修身大要, 盡在於此, 不讀是書, 則居家何以事親, 立朝何以事君乎?"

49 《牛溪集》, 卷3, 〈上王世子箚〉, "……至如入德之門, 則小學養其本……."

겨야 할 것이라 하였다.[50] 아울러 성현의 글이 복응실천(服膺實踐)의 요령 아닌 것이 없지만, 《소학》의 가르침은 초학자가 처음 양지(良知)를 계발함을 도와서 바르게 나아갈 바를 보인 것이라 하였다.[51]

《소학》은 유학의 기초적인 교재로서 인간의 가장 초보적인 윤리와 질서를 설명한 책이며, 양지의 계발과 실천의 요령을 갖춘 책이었다. 유교 교육체제에서 《소학》은 기초교재로서 매우 중시되었지만, 우계도 부친의 도학적 가르침을 이어받아 《소학》의 중요성을 인식하고 교육에서 소학적 실천을 강조하였다. 그리하여 그의 〈서실의(書室儀)〉에는 다음과 같은 소학적 실천규범을 구체적으로 예시하고 가르쳤다.

> 서실(書室)에 들어가는 사람은 먼동이 틀 무렵 일어나서 스스로 자기 침구를 쌓아 정돈한다.

> 나이 어린 사람은 비를 가지고 방을 깨끗이 청소하고 그리고 세수하고 머리를 빗질한다. 다음에 의관을 바르게 한다.

> 식사할 때는 나이에 따라 조용히 앉아 먹고, 희롱하면서 먹어서는 안 된다. 식사가 끝나면 나이 순서에 따라 밖에 나가 잠시 소요하고, 다시 서실에 들어와 책상을 정돈하고 배울 책을 가져다 점검한다.

> 잠을 잘 때는 손을 가지런히 하고 발을 모으고 생각을 하지 말아야 한다.

---

50 같은 책, 續集, 卷5, 〈與全國老〉, "小學書中, 順悌之方, 敬身之功, 苟能深玩而服行焉."

51 같은 책, 卷6, 〈小學輯註跋〉, "嗚呼! 聖賢之書, 何莫非服膺踐實之要, 而小學之敎, 加之幼穉之, 初發良知, 而示趨向正."

관자(冠者)가 드나들 때는 어린 사람이 일어선다.[52]

이를 통해 우계의 교육사상에서 소학적 실천이 얼마나 중시되었는가를 충분히 확인할 수 있다.

그런데 진정한 교육 특히 인성교육 또는 도덕교육은 가르치는 사람 자신의 도덕적(인격적) 모범이 교육의 성패를 좌우한다. 도덕교육은 교사의 인격적 감화를 전제로 한다. 따라서 교사의 도덕적 솔선수범은 매우 중요한 요소다. 우계는 이런 점에서 매우 탁월했던 것으로 평가된다. 이정구(李廷龜)가 쓴 〈행장〉에 나타난 그의 인품을 살펴보기로 하자.

그 외면에 나타난 것을 보면 씩씩한 모습은 화기(和氣)가 넘치는 듯하고, 엄숙한 기개는 너무 구속된 듯한 태도가 없었다. 언사(言辭)는 분명하면서도 시원스러웠고, 행동거지는 단정하면서도 조용하였다. 평상시에도 반드시 새벽에 일어나 사당에 들어가 배알(拜謁)하고, 저녁에도 똑같이 하면서 춥고 더울 때와 바람 불고 비올 때도 일찍이 폐하지 않았다. 물러가서는 해가 지도록 서실에 앉아 있었는데, 권태로운 모습은 조금도 보이지 않았다. 남을 대하거나 일에 임해서는 한결같이 겸손하고 화기로웠기 때문에, 남들이 저절로 두렵게 여기고 공경하면서 말을 함부로 하지 못했다.[53]

이를 통해 유학적 교양과 자기관리에 엄격했던 우계의 면모를 잘 이해할 수 있다. 또한 그의 문인이었던 중봉(重峰) 조헌(趙憲; 1544~1592)은

52 같은 책, 卷6, 〈書室儀〉.

53 같은 책, 年譜附錄, 〈行狀〉, "自其著於外者觀之, 儀貌莊重, 而有安和之色, 志氣靜肅, 而無拘束之勤. 言辭明剴, 動止端詳. 平居, 晨起必拜謁祠堂, 夕亦如之, 寒暑風雨, 未嘗廢也. 退處書室, 終日儼然, 惰慢之容, 不見於體. 接人遇物, 一於謙和, 而人自畏敬, 不敢以褻慢進也."

우계의 인품을 말하기를 "법도를 삼가하여 지키고 단계가 매우 엄정하며, 날마다 쓰는 말과 행동이 모두 스승을 삼을 만했고, 학생이 비록 바탕이 무딘 사람일지라도 반드시 소득이 있게 한 것은 우계 선생이다"[54]라고 하였다. 여기에서 우리는 스승의 모범을 통해 교육을 성취한 우계의 경우를 분명히 볼 수 있다. 그는 또 어려서부터 효성이 지극하여 부친의 병환이 위독하자, 다리의 살을 베어 불에 태워 약에 타서 드린 바 있어,[55] 일찍이 효자로 칭송된 바 있다. 그러므로 그의 문인 신응구(申應榘)는 항상 말하기를 "우리 선생의 효행을 세상 사람들이 아는 자가 드무니, 선생이 일찍이 학행(學行)으로 이름나셨기 때문에 한 선행으로 칭찬받지 못하는 것일 뿐, 실제는 참으로 효자이시다"[56]라고 하였다. 이와 같이 우계는 효의 실천에서도 매우 모범이었던 것으로 전해진다. 또한 포저(浦渚) 조익(趙翼)은 그의 인격을 우러러 다음과 같이 평하고 있다.

> 마음과 몸의 동정(動靜)을 한결같이 법도를 따랐다. …… 함양(涵養)하고 체인(體認)하는 공부가 깊고 지극하여 종일토록 엄숙히 앉아서 마치 소상처럼 앉아 있었다.[57]

그는 또 명예와 절개를 소중히 여겨 무너진 풍속을 격양(激揚)하였고, 남을 대할 때에는 겸손함으로 자처하였으며, 남과 더불어 조금이라도 경

---

54 《牛溪先生年譜補遺》, 卷1, 〈重峰語錄〉, "謹守規矩, 階級其嚴, 日用言行, 皆可師法. 及門者, 雖鈍根之人, 必有所得者, 牛溪先生也."

55 《牛溪集》, 〈年譜〉, 卷1.

56 《牛溪先生年譜補遺》, 卷1, 〈德行〉, "門人申應榘每言, 吾先生孝行, 世人鮮有知之者, 蓋先生早以學行名. 故不以一善見稱, 實則眞孝子也."

57 같은 책, 〈趙浦渚乙亥疏〉, "其心身動靜, 一循繩墨 …… 蓋其涵養體認, 功深力到, 終日儼然, 坐如泥塑."

쟁에 관계되는 일이면 즉시 버리고 돌아보지 않았다 한다.[58] 그의 행실은 매우 준엄하였으나 포용하는 도량이 너그러워 사람들이 잘못을 범해도 일일이 따지지 않았으며, 평소 사람들을 교만하게 대하거나 미워하는 일이 없었다. 그리고 혹 불선한 행실이 있는 자를 보면 조용히 경계하고 타이를 뿐, 일찍이 그의 잘못을 남에게 드러내어 말하지 않았으므로, 오래되면 그 사람이 스스로 복종하고 나쁜 행실을 고친 자도 많았다 한다.[59]

이와 같이 우계는 그 스스로의 높은 인격과 도덕적 모범을 통해 많은 사람들의 존경과 흠모를 받았으며, 그의 인격적인 감화를 통해 실제로 교육이 이루어졌다. 오늘날 현대교육이 주지(主知)주의에 치우쳐 전인교육 또는 인성교육의 위기를 맞고 있음에 비추어 볼 때, 우계의 교육적 감화 사례는 시사하는 바 크다.

2. 우계의 현실인식과 경세사상

유학은 본래 나라와 백성에 대한 우환(憂患)의식을 특징으로 한다. 진정한 유학은 자기수양, 자기결신(自己潔身)에서 끝나지 않기 때문이다. 우계도 16세기 조선 — 특히 임난(壬亂)의 격동기 — 를 살면서 나라와 백성에 대한 근심을 결코 놓지 않았다.

우계는 당시의 상황을 설명하기를, "지금 전야(田野)의 백성들은 생활이 날로 곤궁해져서, 금년이 작년만 못하고 내년이 금년만 못할 것이니, 이런 상황이 계속된다면 마침내 어떤 지경에 이르겠습니까?"[60]라고 하였

58 같은 책, 卷1, 〈德行〉, "平生 …… 尤重名節, 激揚頹俗, 而接物之際, 卑以自救, 與人少涉爭競, 卽棄去不顧."

59 같은 글, "先生制行甚峻, 而容量甚寬, 犯而不校, 平生無慢惡於人 …… 見其有不善, 則從容戒勗之而已, 未嘗暴揚其失於人. 故其人久而自服, 或因而改行者亦多."

고, "오늘날은 백성들이 제대로 부양되지 못한 지 오래되었으니, 굶주리고 헐벗으며 고통을 겪어 근심하고 원망하며 고초를 겪는 소리를 차마 귀로 다 들을 수가 없습니다"[61]라고 하였다.

임진왜란의 상처는 깊고 깊어 백성들이 삶을 포기하는 지경에까지 이르렀다. 우계에 따르면 병란(兵亂)이 일어난 이래로 전쟁에 죽고 굶어 죽고 전염병에 죽어서, 인민이 거의 다 없어져 백골이 들판을 뒤덮고 밥 짓는 연기가 끊어졌다. 이에 임금이 애통해하고 서글퍼하여 여러 번 분명한 성지(聖旨)를 내려 진상하는 공물을 줄이도록 조처했지만, 수령들은 임금의 뜻을 실행하지 않고 백성들에게 징수하기를 평소와 다름없이 하며, 그 사이에 혹 국가를 빙자하고 사사로움을 경영하여 간사한 이익을 탐하는 자가 있다고 한탄하였다. 이 때문에 외로운 백성들이 그 고통을 이기지 못해, 전전하며 구걸하러 다니다 죽어서 시신이 도랑에 버려지고 있다 하고, 백성들이 윗사람에게 원망을 돌리고 기회를 틈 타 난리를 일으키려는 마음을 품어 근본이 이미 뽑혀지고 인심이 더욱 이반(離叛)되니, 장차 어떻게 나라를 다스리겠느냐고 하였다.[62]

다음은 우계의 개혁론에 대해 검토해 보기로 하자. 먼저 개혁은 왜 필요한지 우계가 한 말을 살펴보기로 하자.

> 백성들이 가장 두려워하는 것은 죽음이니, 반드시 그대로 앉아 죽기만을 기다리지는 않을 것입니다. 그렇다면 마침내 백성들이 서로 빼앗아먹기를 그치지 아니하여 반드시 서로 잡아먹는 지경에 이를 것이니, 대란(大亂)의 조짐이 손바

60 성혼 지음, 성백효 옮김, 《국역 우계집》, 3, 〈연보〉, 민족문화추진회, 2001, 36쪽.

61 같은 책, 1, 〈경인년에 올린 봉사〉, 166쪽.

62 같은 책, 1, 〈시무에 적절한 계책을 조목별로 아뢴 계사〉, 218쪽.

닥을 보듯이 분명합니다. 그런데 의논하는 자들은 그대로 태연하게 움직이지 않아 변통(變通)할 방법을 생각하지 않으니, 이 어찌 섶을 쌓아 놓고 누워서 불타기를 기다리는 것과 다르겠습니까?[63]

우계에 따르면 백성들이 가장 두려워하는 것이 죽음인데, 백성들이 가난과 고통이 극에 달하면 그냥 앉아서 죽기를 기다리고 있지 않을 것이라 한다. 결국 조정과 나라에 한을 품고 대란(大亂)을 획책할 것이니, 사전에 이를 알고 대비해야 하며 그것은 곧 다름 아닌 개혁이요 변통이라는 것이다. 우계가 이르기를 예로부터 개혁은 참으로 어려워서, 개혁하여 좋게 된 경우는 겨우 열에 한 번쯤이고, 나쁘게 된 경우가 훨씬 많았다 한다. 그러므로 임금이 개혁을 어렵게 여기는 것은 당연하다 하였다. 그러나 이처럼 성명(聖明)한 세상을 만나 훌륭한 일을 할 수 있는 뜻을 갖고 있으면서도 바로잡아 정돈하지 않는다면, 어떻게 은혜가 백성들의 마음에 도달하여 천명을 영원히 얻는 근본으로 삼을 수 있겠느냐 하였다.[64]

우계는 말하기를, 이전 시대들을 일일이 살펴보면 쇠미(衰微)해지는 형상이 반드시 중엽에 나타나는바, 반드시 중흥시키는 군주가 나와 진작하고 개혁해야 민심이 돌아오고 하늘의 뜻이 거듭 새로워져서, 이로써 후손들에게 편안함을 물려주고 국운(國運)이 신장되었으니, 이는 바로 만고불변의 진리라고 하였다.[65] 당시 16세기 후반의 조선조야말로 중쇠기(中衰期)로서 개혁해야 할 시기이고, 중흥 군주가 나와 개혁을 해야 민심이 돌아오고 국운이 융성해질 수 있다 하였다.

63 같은 책, 1, 〈신사년에 올린 봉사〉, 76쪽.

64 같은 책, 3, 〈연보〉, 36쪽.

65 같은 책, 1, 〈신사년에 올린 봉사〉, 76쪽.

우계는 개혁의 당위에 대해 말하기를, "신이 어찌 감히 조종조(祖宗朝)의 법을 다 고치려고 하겠습니까? 다만 성왕의 법도 오래되면 병폐가 생기게 마련이니, 그 병폐를 바로잡으려고 하는 것일 뿐입니다"[66]라고 하여, 아무리 훌륭한 성왕의 법제라도 그것이 오래되면 폐단이 생기고, 그 폐단은 마침내 백성에게 불편을 초래하고 해롭기 때문에 고쳐야 한다는 것이다. 이는 법제란 고정불변으로 절대 고칠 수 없는 것이 아니라 폐단이 생기면 변통할 수 있음을 말한 것이다. 이러한 관점에서 우계의 다음 글은 매우 중요한 시사를 던져 준다.

> 법의 폐단을 윗사람이 이미 개혁하려 하지 않는다면 진실로 어쩔 수 없으나, 때에 따라 가감하여 되도록 공적(公的)인 의리를 시행하면서도 사사로운 것을 해치지 않게 하며, 적절히 참작해서 백성들과 더불어 마땅하게 한다면, 위로는 법을 폐지하지 않고 아래로는 백성들을 괴롭히지 않을 것이니, 선우(鮮于) 씨가 세 가지 어려운 일을 잘 말했다고 한 것을 배울 수 있는 것이다.[67]

개혁은 매우 어려운 작업인데, 항상 문제가 되는 것은 공적(公的) 이익과 사적(私的) 이익의 충돌과 갈등이다. 이에 대해 우계는 때에 따라 가감하여 되도록 공적인 의리를 시행하면서도 사사로운 것을 해치지 않게 하며, 적절히 참작하여 백성들과 더불어 마땅하게 해야 한다 하였다. 여기에서 주목되는 것이 공리(公利)와 사리(私利)의 조화 문제다. 오늘날 현대사회에서도 공익(公益)과 사익(私益)의 충돌은 국가경영과 행정에서 난제의 하나다. 특히 개혁을 하는 데에는 공익과 사익이 갈등하게 마련이

66 같은 책, 3, 〈연보〉, 36쪽.

67 같은 책, 2, 〈문경현으로 부임하는 李應仁(棨春)을 전송하는 서〉, 54쪽.

다. 당시 16세기 조선조 사회를 감안하면 분명히 국가적 공익이 우선이었다고 볼 수 있다. 그런데 우계는 공적인 의리를 시행하면서도 사사로운 것을 해치지 않게 해야 한다 하여, 개인의 사익에 대한 중요성을 인식하고 있다. 이는 시대적 한계를 고려할 때 매우 근대적인 사고라고 할 만하다.

또한 우계는 개혁의 구체적 내용을 도처에서 언급하고 있는데, 주로 공물, 진상, 군역 등 백성들이 당면한 의무의 불편과 불합리에 대한 개혁이었다. 우계는 당시 공물과 진상 배정에 문제점을 말하고, 특히 방납의 폐해로 겪는 고통과 불편을 지적하고 있다. 우계는 또 말하기를, 대체로 국초에 백성들에게 부과한 것은 일용하는 물건을 바치게 하는 데 불과할 뿐이었는데, 지내 온 햇수가 오래되면서 소비하는 물건이 점점 많아졌다고 한다. 그리하여 옛날과 지금의 기습(氣習)에 따른 사치함과 검소함의 차이가 거의 몇 배에 이르러 국가의 비용이 많아지고, 이것이 바로 지금 백성들이 부세(賦稅)가 무거워서 그 고통을 감당하지 못하는 이유라고 하였다.[68] 그뿐만 아니라 공안(貢案)의 법을 주현의 전결의 많고 적음에 따라 부과하지 않고, 한갓 지방관의 품계의 존비(尊卑)에 근거하여 고하(高下)의 등급을 삼기 때문에, 작은 주현의 백성들은 특히 그 고통을 받고 도망하여 다른 고을로 들어가는 자가 많다고 하였다. 또 서울에 있는 각 관사들은 혹 써야 할 비용은 많은데 바치는 것이 적으므로, 내년의 것을 미리 징수하여 사용해도 부족한 경우가 있는가 하면, 혹은 써야 할 비용은 적은데 바치는 것이 많으므로 가득 쌓아 두어 진토(塵土)로 변하는 경우도 있으며, 남쪽 지방에서 생산되는 물건을 경기의 가까운 고을에 부과하기도 하고, 육지에서 생산되는 것을 바닷가의 고을에서 거두기도 하니, 이와 같은 경우가 한두 가지가 아니라고 하였다.[69] 즉 공물을 배정하는 데

---

68 같은 책, 1, 〈경인년에 올린 봉사〉, 167쪽.

합리성을 결여하여 담세능력이 없는 백성들은 결국 도망, 이산(離散)을 하지 않을 수 없다 하였다. 또한 서울의 관사들은 수입과 지출이 맞지 않아 혹 부족하기도 하고 혹 남아돌기도 하는가 하면, 공물로 그 지역에 맞는 토산물을 배정하지 않음으로써 많은 민폐를 초래하고 있다고 비판하였다. 우계는 또 군역의 문제에 대해 언급하기를, 현재 군사와 백성들의 부역(賦役)은 고되고 덜함이 균등하지 않고, 전결에 대한 부세는 무겁고 가벼움이 일정함이 없는데, 임금은 개혁하는 것을 신중히 여기고 옛 규칙을 따르는 것을 편안히 여겨 정돈하지 않으니, 어찌 한 번 큰 은혜를 내려 무익(無益)한 것들을 제거해서 백성들의 힘을 소생시키지 않겠느냐고 하였다.[70]

또한 국가의 1년 경비를 회계하여 공물을 바치는 모든 법을 개정하되, 수입을 헤아려 지출하고, 다소 남겨서 비상사태에 대비하는 것을 기준으로 삼아 백성들에게 세금을 부과하며, 소속된 관료들은 8도를 나누어 맡아 군현을 순행하도록 해야 한다 하였다. 그리하여 호구의 많고 적음과 농토의 많고 적음과 물산(物產)의 있고 없음을 조사하여, 고르게 분배하고 공평하게 배정하며, 곡진하고 자세하게 규정을 만들되, 합병할 만한 작은 현은 합병하고 제거할 만한 불필요한 관원은 제거한다면, 부역의 10분의 5, 6이 제거되어 전리(田里)에 있는 백성들이 모두 생업에 편안할 수 있을 것이라 하였다. 부역이 가벼워지면 백성들이 뿔뿔이 흩어지거나 도망하는 자가 없어져 군정을 제대로 시행할 수 있을 것이니, 이것이 오늘날 백성을 구제하는 급선무 가운데 첫 번째라 하였다.[71] 이와 같이 우계는 개혁의 구체적 프로그램을 상세하게 제시하고 있으니, 불합리한 공물법

69 같은 책, 1, 〈경인년에 올린 봉사〉, 167쪽.

70 같은 책, 1, 〈경인년에 올린 봉사〉, 169쪽.

의 개정, 수입에 기초한 지출, 비상사태를 대비한 조세부과, 공물 배정의 공평성, 주현의 합리적 합병과 관원의 조정 등이 그것이다. 우계의 이러한 민본적, 도학적 개혁론은 조광조의 개혁론을 계승한 것으로,[72] 폐법의 개혁을 통해 지치(至治)의 이상을 실현하고자 한 것이다.

그런데 우계의 개혁론에서 주목되는 것이 이른바 '혁폐도감(革弊都監)'의 설치다. 그는 개혁을 주도할 기관으로 혁폐도감을 설치하자고 제의하였다. 대신들로 하여금 이 일을 총괄하게 하고, 여기에 소속될 관료들은 가장 현명한 자들로 선발하여, 조종조의 훌륭한 법 중에 폐지되고 행해지지 않는 것들을 다시 거행하고, 오래되어 병폐가 있는 것들은 덜 것은 덜고 보탤 것은 보태며, 가렴주구(苛斂誅求)하여 백성을 해롭게 하는 것들을 제거하고, 백성을 이롭게 하는 새로운 법들을 시행해야 한다고 하였다.[73] 이는 율곡의 개혁론에서도 볼 수 없던 것으로 매우 획기적인 제안이다. 개혁을 기획하고 추진할 전담기구를 설치하여 개혁 전반의 업무를 추진해야 한다는 제안이다. 이는 우계의 개혁론이 얼마나 구체적이고 실제적인가를 잘 보여 주는 예증이다.

이상의 개혁론에서 볼 수 있듯이, 우계는 성리만을 논했던 관념적인 도학자가 아니었다. 그는 누구 못지않게 나라와 백성에 대한 우환의식을 가지고 있었고, 혁폐도감에서 볼 수 있듯이 매우 구체적이고 실제적인 개혁안을 가지고 있었다. 이를 통해 우계에 대한 재평가와 재인식이 필요하다고 생각된다.

우계는 정치에 있어 백성을 근본으로 삼는다는 민본(民本)의식을 전제

71 같은 책, 1, 〈신사년에 올린 봉사〉, 75쪽.

72 장숙필, 〈우계의 도학적 경세설〉, 《우계학보》, 제15호, 우계문화재단, 1997, 24쪽.

73 《국역 우계집》, 1, 〈신사년에 올린 봉사〉, 75쪽.

하였다. 물론 유가철학 자체가 민본을 경세의 기본으로 삼지만, 우계도 마찬가지로 정치의 목적이 백성에 있음을 분명히 하였다. 우계는 말하기를, "지금의 급선무는 백성을 기르는 것보다 더 좋은 것이 없고, 백성을 기르는 요점은 부역을 가볍게 하는 것보다 더 간절한 것이 없습니다"[74]라고 하여, 백성의 생명과 재산을 보호하고 의식주를 풍족히 하는 양민(養民)이 급선무임을 강조하였다. 따라서 오직 급히 관대한 정사를 베풀어 은혜의 실제를 가해, 백성들로 하여금 따뜻하게 옷을 입고 배불리 밥을 먹으며 편안하게 지내게 해서, 원망하고 불평하는 기운을 점점 사라지게 하는 것이, 실로 지금의 급선무이며 백성을 기르는 요체로서 제일 먼저 실행하지 않을 수가 없다[75]고 하였다. 그리고 옛날에 고을을 다스린 자 중에는 '시민여상(視民如傷)' 이라는 네 글자를 벽에 써 붙여 놓고 보며 부끄러워한 자가 있으니, 이는 정사(政事)하는 근본이기 때문이며, 아전과 군졸들로 하여금 함부로 행동하지 못하고, 뜰 가운데에 흙이나 나무로 만든 허수아비처럼 꼿꼿이 서 있게 한 자가 있으니, 이는 기강을 엄숙하게 하기 위해서라고 하였다. 이 두 가지 중에 하나라도 빠진 것이 없은 뒤에야 근본이 서게 되고, 백성들이 인자한 은혜를 입고 기강이 확립되어, 아전들이 위엄을 두려워하여, 안과 밖이 서로 닦여져 강령과 조목이 모두 펴지는 것이라 하였다.[76] 이와 같이 우계는 유학의 왕도정치 이념에 따라 차마 하지 못하는 마음 즉 인심(仁心)을 기초로 인정(仁政)을 해야 한다 하였고, 그 인정의 실체는 먼저 민생이 보장되고 불편이 없어야 된다고 보았다. 이러한 관점에서 우계는 치자의 목민(牧民)윤리에 대해 다음과

74 같은 책, 1, 〈경인년에 올린 봉사〉, 172쪽.

75 같은 책, 1, 〈경인년에 올린 봉사〉, 181쪽.

76 같은 책, 2, 〈문경현으로 부임하는 李應仁(榮春)을 전송하는 서〉, 53쪽.

같이 언급하였다.

> 옛날 훌륭한 지방관들은 나라가 있음만 알고 자신이 있음은 알지 못하였으며, 백성을 아낄 줄만 알고 자기 집안을 아낄 줄 몰랐으며, 백성들의 곤궁함을 가엾게 여기고 자신의 뜻을 펴지 못함을 서글퍼하여, 날마다 행장을 챙겨 벼슬을 그만두고 집으로 돌아올 계획을 하였으니, 이는 배불리 먹고 따뜻이 입으려는 데에 뜻이 있지 않았던 것이다.[77]

우계에 따르면 진정한 공직자의 윤리는 선공후사(先公後私)에 있다는 것이다. 자기, 개인, 사익(私益)을 돌아보지 않고 오직 나라와 백성만을 위해서 일했다는 것이다. 또한 우계는 반드시 공법(貢法)을 가감하여 백성들의 힘을 펴 준 뒤에 조종조(祖宗朝)에서 전세(田稅)를 세 등급으로 매기던 법을 다시 시행한다면, 국가에나 백성들에게 모두 편리할 것이라 하여,[78] 공법 개혁의 목적이 백성들의 불편을 제거하고 편익을 돕는 데 있고, 이를 통해 백성들의 힘을 펴주는 데 있다 하였다. 가난과 고통에 지친 백성들에게 활력을 주고 삶의 의지를 주어야 한다는 데서 우계의 민본의식이 잘 나타나 있다.

우계는 목민윤리로서 청렴(淸廉), 신중(愼重), 근면(勤勉) 세 가지를 제시하였는데 그의 말을 살펴보기로 하자.

> 다시 고을을 다스리는 방법을 가지고 말하겠다. 옛 사람이 말하기를, "벼슬을 맡은 자는 세 가지 일을 지켜야 한다" 하였다. 그 첫 번째는 청렴(淸廉)인데,

77 같은 책, 2, 〈문경현으로 부임하는 李應仁(榮春)을 전송하는 서〉, 55쪽.
78 같은 책, 2, 〈선정전에 등대하여 아뢴 말〉, 107쪽.

> 이것은 군이 힘쓰지 않아도 잘할 것이다. 두 번째는 신중(愼重)함인데, 군은 기질이 소탈하여 작은 일에 소홀하니 완벽하게 하지 못할까 염려된다. 그리고 세 번째는 근면(勤勉)함인데, 군은 성품이 고매하여 세속의 일을 좋아하지 않는바, 현이나 도에서 정사를 할 때에 문서에 주묵(朱墨)을 찍어 처리하는 일과 쌀과 소금 등의 잡다한 일은 사람을 권태롭게 만드니, 이것을 소홀히 하여 살피지 않을까 매우 염려된다.[79]

우계는 아산현감으로 부임하는 안민학(安敏學)에게 당부하는 글에서 목민관(牧民官)이 지켜야 할 윤리로서 청렴(淸濂), 신중(愼重), 근면(勤勉)을 제시하였다. 첫째, 청렴은 공직자의 도덕성을 말하는 것으로, 다산(茶山) 정약용(丁若鏞)도 《목민심서(牧民心書)》에서 율기6조(律己六條)의 하나로 청심(淸心)을 말하였는데, 청심이 곧 청렴이다.[80]

둘째, 신중은 행정의 신중함을 말하는 것으로, 행정의 실수는 그 피해가 곧 백성에게 미치므로 매사 행정의 신중을 말한 것이다. 행정은 시험의 대상이 아니다. 사전에 면밀히 검토하고 분석하여 성공적인 행정을 수행해야 한다.

끝으로, 근면은 공직자의 성실성과 근면성을 강조한 것으로, 공직자가 몸소 부지런해야 그 혜택이 백성들에게 돌아가므로 근면을 말한 것이다. 공직자의 직무태만은 행정의 효율을 떨어뜨려 국가의 발전을 저해하고 백성들에게 돌아갈 시혜(施惠)를 줄이게 된다. 따라서 공직자는 근면 성실하여 모범이 되어야 하고, 백성을 위해 존재한다는 점을 늘 새겨야 한다.

또한 우계는 정치에서 민본이 중요하지만, 이를 실천하는 주체는 임금

---

79 같은 책, 2, 〈아산현으로 부임하는 安習之(敏學)를 전송하는 서〉, 58쪽.

80 《목민심서》, 제3권, 제2장, 〈律己6條〉.

이라고 보아 치자(治者)의 리더십, 치자의 덕망과 심법이 정치의 성패를 좌우한다고 보았다. 이러한 치자 중심의 경세론은 유가의 특성이기도 하다. 서양의 정치이론이 제도의 문제, 권력구조를 중시하는 데 비해 유가의 정치사상은 치자의 심법과 덕망 그리고 지도력을 매우 중시하는 데 특징이 있다. 우계의 경우도 이에서 벗어나지 않는다. 우계에 따르면, 인군은 한 세상의 표목(標木)이며 근원이다. 표목이 바르면 그림자가 바루어지고 근원이 맑으면 흐름이 깨끗해지니, 예로부터 지금에 이르기까지 군주가 잘못이 없으면서 나라가 제대로 다스려지지 않은 경우는 있지 않았다고 하였다.[81] 그리고 오늘날에 가장 시급한 일은 오직 근본을 배양하고 확립하여 군주의 덕을 이루는 것이라 하고,[82] 가장 시급하게 힘써야 할 것이 군주의 덕을 이루는 것이라 하였다. 왜 군주의 덕을 갖추어야 하는가? 그것은 군주의 덕망이 민심 획득의 요체이기 때문이다. 백성들이 군주를 신뢰하고 존경할 때 민심이 귀일되고, 그 민심이 귀일될 때 군주의 권력이 강해질 수 있다. 따라서 군주는 끊임없이 자기 수양을 위한 노력을 게을리할 수 없다. 우계는 군덕성취(君德成就)에 대해 다음과 같이 말하고 있다.

> 군주가 훌륭한 정치를 하려 한다면 마땅히 먼저 직분의 소재를 알아야 하고, 직분을 다하려 한다면 마땅히 먼저 본심을 잘 보전하고 잃지 말아야 하며, 본심을 보전하려 한다면 마땅히 먼저 제왕의 학문을 공부하여 스승으로 삼고 본받아야 하는바, 이는 고금에 도리가 이와 같아 변경할 수 없는 것입니다.[83]

---

81 《국역 우계집》, 1, 〈신사년에 올린 봉사〉, 79쪽.
82 같은 책, 2, 〈宋雲長(翼弼)에게 보내다〉, 166쪽.
83 같은 책, 1, 〈왕세자에게 올린 차자〉, 186쪽.

우계는 또 마음을 겸허하게 비우고 선을 따름은 군주의 큰 덕이며 국가를 다스리는 중요한 도리라 하고, 선은 사람이 중화(中和)의 기운을 받고 태어난 본연의 이치로 천하의 공리(公理)니, 자신에게나 남에게나 애당초 피차의 간격이 없다 하였다. 다만 나를 고집하는 사사로움을 힘써 제거한다면, 천하의 선이 모두 자신의 쓰임이 되어 그 선이 무궁할 것이라 하였다.[84] 임금은 부단한 자기 수양을 통해 덕을 쌓아야 하는데, 먼저 마음을 비워 겸허해야 하고, 사사로움을 제거해 자신의 선을 천하에 펼쳐야 한다.

또한 임금의 중요한 법은 반드시 몸과 마음을 수습(收拾)하고 정신을 보존하여, 전일(專一)하고 안정되게 하여 뜻과 기운을 항상 맑게 하면, 본원인 마음이 맑아져서 의리가 밝게 드러날 것이라 하고, 성현이 전수한 심법은 비록 일정한 원칙이 있으나, 또 일정한 원칙이 없기도 하다 하였다. 위에서 말한 '정일집중(精一執中)'과 '극기복례(克己復禮)'는 일정한 원칙이라 하고, 다만 사람이 상지(上智)의 성인이 아니면 기질에 그 누(累)가 남기도 하고 부족하기도 한 병폐가 있기 때문에, 옛날 학문을 잘한 사람들은 먼저 자신의 병통이 있는 곳을 살펴, 남는 것을 덜어내고 부족한 것을 보충해서 병을 살펴 치료하였는데, 사람마다 방법이 다르다고 하였다. 그러므로 일정한 원칙이 없는 것 같기도 한 것이라 하였다. 모름지기 간절히 묻고 가까이 생각하며, 요점을 알고 간략함을 지켜서 자신에게 절실한 공부를 한 뒤에야, 정일집중(精一執中)과 사욕을 이겨 다스리는 공부가 의거할 곳이 있어서 덕에 나아갈 수 있다 하였다. 이렇게 하지 않으면 비록 아름다운 자질을 타고났더라도 한쪽에 치우치는 사사로움을 면치 못해, 자신의 장점만 좋아하고 자신의 단점을 고치는 데 태만하여,

---

84 같은 책, 3, 〈연보〉, 민족문화추진회, 2002, 20쪽.

이러한 덕이 있는 것이 도리어 병통이 되고 만다고 경계하였다.[85]

이렇게 볼 때, 우계는 정치의 성패가 치자의 한 마음에 달려 있다고 보고, 치자의 덕망과 지혜를 기르는 공부 즉 제왕학의 중요성을 강조했다. 여기에서 치자의 공부는 결국 선을 알고 선을 실천하는 것이고, 다른 한편으로는 마음을 비워 공평정대한 심법을 가져 사사로움을 제거하는 데 있었다. 이러한 우계의 허심종선(虛心從善), 수성지도(修省之道)의 경세학은 이른바 다산의 수기치인(修己治人)의 수사학적(洙泗學的) 실학의 맹아(萌芽)를 보여 주는 것이기도 하다.[86]

또한 우계는 경세의 구체적 내용으로서 언로(言路)의 개방을 말하고 있다. 언로 개방은 우선 임금의 군덕 성취를 위해 요구된다. 언로는 임금의 마음을 바로잡고 모든 일을 바로잡아 본원이 항상 깨끗하여 정치의 본체가 흔들리지 않게 하는 것이다. 옛날 쇠퇴한 세상에도 언책(言責)을 맡은 자가 오히려 있었는데, 하물며 당당한 성조(聖朝)로서 정직한 기운이 언로에 있지 않게 할 수 있겠느냐고 반문하였다.[87]

우계에 따르면, 일반적으로 군주가 덕을 잃게 되는 경우는 한두 가지가 아니니, 자신의 과오를 듣기 싫어하는 것보다 더한 것이 없다. 군주가 자신의 과오를 듣기 싫어하면 충언(忠言)을 아뢰는 자가 날로 물러나고 아첨하는 자가 날로 나와, 정사가 반드시 혼란해지고 나라가 반드시 망하게 되니, 이는 단지 훌륭한 정치를 하지 못할 뿐만이 아니다.[88] 임금이 덕을 갖추고 성군으로서의 자질을 함양하는 데는 신하들의 충간(忠諫)이 필요하다. 그것은 임금도 한 인간이므로 실수가 있을 수 있고 절대 권력의

85 같은 책, 3, 〈연보〉, 24~25쪽.

86 이을호, 〈우계의 실학정신〉, 《성우계사상연구논총》, 1991, 412쪽.

87 《국역 우계집》, 1, 〈시무에 적절한 계책을 조목별로 아뢴 계사〉, 234쪽.

88 같은 책, 1, 〈신사년에 올린 봉사〉, 78쪽.

그늘에서 자만과 사심이 가득할 수 있기 때문이다. 그러므로 유교정치학에서는 충간이 제왕학의 한 요소로 중시되어 왔다.

우계는 국가에 변란이 있은 이래로 이러한 폐습이 아직도 남아 있다고 하였다. 옛 사람이 말하기를, "난리가 나서 성문이 닫혀지면 언로가 열린다" 하였는데, 오늘날은 성문이 닫혀져 있는 것뿐만이 문제가 아니라 한다. 언로가 아직까지 열리지 아니하는데도, 신하들이 옛날처럼 '예, 옳습니다' 라고만 대답하고 있으니, 자신이 걱정하는 것은 바로 이 점에 있다고 하였다.[89] 언로가 활발하여 임금의 잘못을 비판하고, 훌륭한 정책을 제시하며, 임금에게 선언(善言)을 들려줘야 하는데, 신하들이 자신의 지위를 보전하는 데 급급하여 침묵으로 일관하고, 임금은 그것을 즐겨 개혁의 의지가 없다고 하였다. 이렇게 볼 때, 언로의 개방은 임금의 군덕성취를 위해 필요하고, 훌륭한 정책대안과 개혁안을 수집할 수 있으며, 훌륭한 인재를 발굴하는 데 반드시 필요한 것이었다.

다음은 우계의 인사원리, 인재등용에 관한 생각은 어떠한지 검토해 보기로 하자. 유학에서는 본래 '현자재위(賢者在位) 능자재직(能者在職)'[90]이라 하여, 도덕적으로 훌륭한 사람이 그 지위에 있어야 하고 전문능력을 가진 사람이 그 직책을 맡아야 한다고 보았다. 이는 유가 왕도사상의 인사 원리라고 할 수 있다.

우계는 말하기를, 반드시 한 세상에 제일가는 현인과 군자를 얻어, 그를 보상(輔相)으로 삼아 임무를 맡기고 성공을 책임지우며, 인재를 널리 거두어 내외 여러 관직에 둔 뒤에야 훌륭한 정치와 교화를 이룰 수 있다 하고, 삼대의 훌륭한 군주들은 반드시 현명한 군주와 어진 재상이 서로

---

89 같은 책, 1, 〈시무에 적절한 계책을 조목별로 아뢴 계사〉, 232쪽.

90 《孟子》, 〈公孫丑〉, 上.

만나, 상하 간에 협력이 이루어져 치평(治平)의 공적이 드러났다고 하였다.[91] 훌륭한 정치란 군신의 협력으로 가능한데, 임금을 보좌할 수 있는 훌륭하고 유능한 인재의 등용이 반드시 요구된다. 한 나라의 정사를 임금 혼자서 도맡을 수 없기 때문에 유능한 인재들이 적재적소(適在適所)에서 임금을 도와야 한다. 여기에 도덕적 인품을 지닌 인재와 전문능력을 갖춘 인재의 발탁이 정치의 성패를 좌우하게 된다.

또한 우계는 왕도정치의 방법으로 사회정의의 실현을 강조하였다. 그것은 구체적으로 상벌의 공정성, 치자의 공정한 심법, 청렴한 공직기풍, 기강의 확립 등으로 나타난다. 우계는 먼저 상벌의 공정성에 대해 다음과 같이 설명한다.

> 군주는 형벌을 내리고 상을 주는 두 가지 일을 가지고 천하를 통제하니, 반드시 공과 죄를 의논하는 즈음에 시비의 귀결을 완전하게 밝혀, 명백하게 한번 결정한 뒤에는 비록 소원(疎遠)한 자라도 상을 내리는 것을 아끼지 않고, 비록 친애하는 자라도 용서하지 말고 벌을 주어야 합니다. 이 때문에 공과 죄가 지극히 합당하여 인심이 복종하는 것입니다. 신이 삼가 살펴보건대, 성상께서는 형벌과 상을 내리는 즈음에 신상필벌(信賞必罰)을 행하지 못하시어, 대체로 벼슬이 높은 자에게는 탄핵이 행해지지 않으며, 법을 적용하실 때에 사람들의 생각을 참작하여 너그럽게 용서해 주는 것을 많이 따르시는 듯합니다. 이 때문에 사람들이 법을 두려워하지 않아 국가의 기강이 서지 못하는 것입니다.[92]

치자가 정치를 함에 상과 벌은 중요한 수단이 된다. 공이 있는 자에게

---

91 《국역 우계집》, 3, 〈연보〉, 25쪽.
92 같은 책, 3, 〈연보〉, 35쪽.

는 상을 주고, 죄가 있는 자에게는 벌을 주어 시비(是非) 정사(正邪)를 분명히 해야 한다. 상이나 벌은 사사로운 감정이나 이해관계가 개재되면 공정성을 잃게 되어, 상벌의 권위를 잃게 되고 민심을 얻지 못한다. 그리고 그 결과는 민심의 이반과 기강의 해이를 수반하게 되므로 상벌의 공정성은 중요하다.

이러한 관점에서 우계는 천하의 다스림은 조정을 바로잡아 기강을 세움에 달려 있을 뿐이라 하고, 기강은 저절로 확립되는 것이 아니라, 반드시 임금의 마음이 공평정대하여 편당(偏黨)하거나 이랬다저랬다 하는 사사로움이 없은 뒤에야 기강이 확립되는 것이며, 인군의 마음은 저절로 바르게 되는 것이 아니라, 반드시 어진 신하를 가까이하고 소인을 멀리하여, 의리의 귀결을 강명(講明)하고 사사로움과 부정한 길을 막은 뒤에야 마음이 바루어질 수 있다 하였다.[93] 기강의 확립은 임금의 공평정대한 심법에서 출발한다. 즉 사사로운 마음이 없이 공평정대한 권력의 행사를 통해 기강이 세워지는 것이다. 그리고 이를 위해서는 군자와 소인을 엄격히 가려 인사를 해야 한다. 군자가 임금의 곁에서 보좌를 하고 임금의 신망을 받으면 민심이 귀결되지만, 반대로 소인배가 임금의 신임을 받아 국정을 농단하면 민심이 떠나고 사회정의가 무너져 국가기강이 확립될 수 없다.

우계는 과거 신라가 충의(忠義)를 숭상했던 기풍을 매우 중시하고, 이를 본받아야 한다고 다음과 같이 역설한다.

> 신라는 풍속이 가장 아름다워 충의(忠義)에 죽은 선비가 앞뒤로 이어졌습니다. 그리고 군주 또한 높은 관작(官爵)과 무거운 상을 아끼지 않고 표창하여 높이고 영화롭게 하였으니, 이 때문에 이처럼 아름다운 풍속을 이루었고 나라가

---

93 같은 책, 1, 〈경인년에 올린 봉사〉, 175쪽.

이에 힘입어 천년을 지내 온 것입니다. 오늘날 우리나라는 충성을 바친 자들을 표창하는 은전(恩典)을 급급히 거행하지 않을 수 없으니, 유극량(劉克良), 고경명(高敬命), 조헌(趙憲), 변응정(邊應井)처럼 힘써 싸우다가 진영에서 죽은 자와 송상현(宋象賢), 김연광(金鍊光)처럼 성을 지키다가 굽히지 않고 죽은 자들은 모두 충의가 뛰어난 자들입니다. 그리고 이 밖에 곳곳마다 충절을 위하여 죽은 자가 반드시 많이 있을 것이니, 마땅히 수소문하여 찾아내어 일일이 표창하고 추증(追贈)하며 그의 처자들을 구휼하여, 충혼(忠魂)을 위로하고 공렬(功烈)에 밝게 보답하여 한 시대의 충의의 기풍을 격려하는 것이 좋을 것입니다.[94]

우계에 따르면 신라 천년사직의 역사가 결코 우연이 아니라는 것이다. 국가가 충의를 기려 백성들로 하여금 나라를 위해 싸우고 나라를 위해 헌신하도록 포상하고 장려한 노력이 중요했다는 것이다. 신라 화랑의 희생과 용맹은 그러한 결과라는 것이다. 그런데 당시 조선의 현실은 그에 미치지 못한다는 지적이다. 임진왜란을 당해 목숨을 바친 수많은 충신과 장군, 병졸, 의사, 열사가 제대로 표창받고 포상받지 못하고 있다고 비판한다.

그러므로 전후에 걸쳐 충절을 지키다가 죽거나 전장에서 전몰한 자들을 자세히 조사하여 추증을 내리고 표창하며, 주현으로 하여금 그 집안에 제물을 내리고, 그 부모와 처자들을 구휼해 주어 충성스러운 넋을 위로하게 한다면, 군사들이 감격하고 눈물을 흘리며 흥기(興起)하여 분발하는 자가 있을 것이라 하였다.[95] 나라를 위해 목숨을 바치고 희생한 자들을 국가가 외면한다면 누가 나라를 위해 몸을 바치겠느냐는 것이다.

또한 우계는 당시 신분상 차별을 받고 있던 서얼(庶孼)이나 천민(賤民)

---

94 같은 책, 1, 〈행조에 올린 편의시무〉, 209~210쪽.

95 같은 책, 1, 〈시무에 적절한 계책을 조목별로 아뢴 계책〉, 230쪽.

에게 깊은 관심을 갖고 인사상, 세제상의 혜택을 주어 이들의 고통을 해결해 주어야 한다고 하였다. 우계에 따르면, 우리나라에는 서얼들을 금고(禁錮)하고 있는바, 이는 고금 천하에 일찍이 없었던 일이라 하고, 지금처럼 다사다난한 때에는 신분을 구별하지 말고 등용해야 하니, 마땅히 법을 변통(變通)해서 서얼들로 하여금 벼슬길에 나아갈 수 있게 하고 재능에 따라 임용해야 한다 하였다. 이렇게 한다면 실로 삼대 성왕의 제도에 부합하고 천지가 만물을 내는 어진 마음에 위배되지 않을 것이라 하였다.[96] 우계는 서얼 차대법(差待法)은 천하에 없는 악법이라 하고, 마땅히 법을 고쳐 서얼들도 벼슬길에 나아갈 수 있도록 하는 동시에 그들도 재능에 따라 등용될 수 있는 길을 열어 주어야 한다고 하였다.

또한 힘을 다해 싸우다가 진영(陳營)에서 죽은 장병들을 모두 찾아내어 두루 구휼하는 은전(恩典)을 더해서, 그의 처자식들에게 세금과 부역을 면제해 주며, 장수들은 관작(官爵)을 추증(追贈)하여 장려하고, 사졸(士卒)들은 쌀을 내려 주어 충분히 구휼하며, 공사천(公私賤)들은 천인의 신분을 면제받도록 허락해 준다면, 거의 충혼(忠魂)을 위로하고 남은 사람들을 감동시키고 사모하게 할 수 있을 것이라 하였다.[97] 즉 전쟁에 참여하여 용감히 죽은 공사천들은 그들의 신분을 면제받도록 해야 한다는 주장이다.

그뿐만 아니라 우계는 공사천과 양민과 사족(士族) 중에는 또한 쌀과 곡식을 보유하고 있는 자가 있을 것이니, 만일 추수하기 전에 백미 5석이나 혹은 밭에서 나는 쌀이나 보리쌀을 통틀어 7석, 혹은 대두(大豆) 7석을 바치면 공사천은 면천(免賤)하여 양민이 되게 하며, 자원하여 양역(良役)

---

96 같은 책, 1, 〈시무편의 15조〉, 191쪽.

97 같은 책, 1, 〈시무편의 15조〉, 193쪽.

을 내는 양민들은 영직(影職; 실직實職이 아닌 명예직) 4품을 내려 주고, 사족(士族)은 3품을 내려 주되 사족으로서 경력이 있는 자는 6품일 경우 당상관을 내리고 가자(加資)하게 하라 하였다. 이렇게 하면 거의 군량이 점차 넉넉해져서 많은 병력이 주둔하더라도 군량이 결핍되는 일이 없을 것이라 하고, 공사천으로서 양민이 된 자들은 곧바로 양민의 부역을 면제해 준다면 이들은 모두 병사가 될 것이니, 국가에 손해는 없고 유익함만 있을 것이라 하였다.[98]

이와 같이 우계는 당시 핍박받던 공사천, 서얼들에게 많은 관심을 갖고, 이들의 신분해방을 위한 대안을 다양하게 제시하고 있는데, 근본적으로 법을 고쳐 서얼들이 능력에 따라 벼슬할 수 있는 길을 열어 주어야 하고, 공사천의 경우는 전쟁에 참여해 죽은 자들에게 신분 상승의 기회를 주고, 또 공사천, 양민들이 군역을 내고 신분이동을 할 수 있는 방법도 제시하였다. 이렇듯 우계가 불우계층에 애정을 나타내고 신분해방의 길을 제시한 것은, 16세기 후반이라는 시대적 한계를 고려할 때 매우 근대적인 생각이라고 할 수 있다.

98 같은 책, 1, 〈시무편의 15조〉, 197쪽.

제2절 노서 윤선거의 무실(務實)사상

1. 역사적, 사상적 배경

윤선거(尹宣擧; 1610, 광해 2~1669, 현종 10)는 17세기 조선조의 유학자로서 '호서5현(湖西5賢)'으로 일컬어진다. 그의 자는 길보(吉甫), 호는 미촌(美村), 노서(魯西), 산천재(山泉齋)인데, '노서(魯西)'는 중형(仲兄) 동토(童土) 윤순거(尹舜擧)가 지어준 것이며, '미촌'은 거주한 바에 따라 학자들이 불러 준 이름이다.[1] 그는 팔송(八松) 윤황(尹煌; 1571~1639)의 아들이며 명재(明齋) 윤증(尹拯; 1629~1714)의 부친으로 우계(牛溪) 성혼(成渾; 1535~1598)의 외손자가 된다. 따라서 그는 가학으로 볼 때 조광조(趙光祖)-성수침(成守琛)-성혼(成渾)-윤황(尹煌)-윤선거(尹宣擧)의 학맥에 닿아 있으며, 다른 한편으로는 사계(沙溪) 김장생(金長生), 신독재(愼獨齋) 김집(金集)의 문인이면서 청음(淸陰) 김상헌(金尙憲), 포저(浦渚) 조익(趙翼)을 스승처럼 모시며 배우기도 했다. 그러므로 노서의 학문 연원은 파산(坡山)에서 나와 석담(石潭)을 사숙(私淑)하고 정암(靜庵)을

1 《魯西遺稿》, 附錄, 上, 〈遺事〉, "……曰魯西者, 仲氏童土公之所命也. 曰後塘, 曰美村者, 因所居而學者之所稱也."

정맥(正脈)으로 하였던 것이다.[2] 이렇게 볼 때, 그의 학문적 연원은 하나는 가학적(家學的) 연원이고 또 하나는 사승(師承)연원이라고 볼 수 있다.[3] 더욱이 율곡학파의 우암(尤庵) 송시열(宋時烈), 동춘당(同春堂) 송준길(宋浚吉), 초려(草廬) 이유태(李惟泰), 시남(市南) 유계(兪棨)를 비롯하여 남인 계열의 백호(白湖) 윤휴(尹鑴), 탄옹(炭翁) 권시(權諰) 등과도 각별한 우정과 학문적으로 교유하는 친밀한 관계에 있었다.

그는 매우 독실하게 학문하여 존경을 받았는데, 특히 예학과 역리(易理)에 밝았다. 그의 문집에 성리학에 대한 전문적인 저술이 거의 보이지 않는 것은 특이하다. 같은 시대를 살았던 송시열, 송준길, 이유태 등에게서는 아직도 이기심성론(理氣心性論)에 대한 논의가 많이 이루어지고 있는 데 비해 노서에게서는 이에 관한 논의를 거의 찾아볼 수 없음은 특징적이다.

노서는 이른바 '강도(江都) 사건' 때문에 평생 아픈 상처를 안고 살았다. 그는 평생 벼슬도 하지 않고 재야에서 학문과 강학에 전념하였다. 그래서 그는 문집에서 '무망이자(毋忘二字)'[4] '무망강도사자(毋忘江都四字)'[5] '사죄신윤선거(死罪臣尹宣擧)'[6]라 표현하여 강도 사건을 결코 잊지 않으려 하였고, 그 스스로 죽을 죄를 지은 것으로 자책했다. 이러한 유학자로서의 참회와 반성의 삶은 당대 동료 유학자들이 대체로 이해하고 용납했던 것이다.

---

2 같은 책, 附錄, 下, 〈祭文, 又〉, "……推其淵源, 坡山自出, 石潭私淑, 靜庵正脈……."

3 황의동, 〈윤선거의 학풍과 사상〉, 《동서철학연구》, 제36호, 한국동서철학회, 2005, 300~302쪽 참조.

4 《魯西遺稿》, 卷5, 〈與宋英甫〉.

5 같은 책, 卷5, 〈答宋英甫時烈〉.

6 같은 책, 卷4, 〈受食物辭召命箋〉, 三月.

박세채(朴世采)는 그의 〈행장〉에서 노서의 인품을 평가하기를, "선생은 나면서 뛰어난 자질을 받았고, 중간에 독실한 노력을 보태어, 말을 세워 가르침이 족히 세교(世敎)를 부식(扶植)하였고, 가정에서의 은의(恩義)가 족히 인륜의 모범이 되었으니, 이를 구하고 가까이 당김이 이미 동배(同輩) 중에 드물었다. 가장 그 연원이 참되고 절의가 정대(正大)한 것은 다른 유학자들이 미칠 수 없다"고 평가하였다.

윤선거에 대한 연구는 거의 이루어지지 않았다.[7] 이제 겨우 그의 문집《노서유고(魯西遺稿)》가 번역되었으며, 그의 예학과 역학에 대한 본격적인 조명도 필요한 시점이다. 저자는 노서의 무실(務實)사상에 관심을 갖는다. 그것은 이른바 '우계학파(牛溪學派)'의 학문적 정체성이 무실(務實)학풍에 있고, 노서가 그 중심에 서 있다고 보기 때문이다.[8] 무실사상은 물론 노서의 독창은 아니다. 이미 여말선초(麗末鮮初)의 많은 유학자들의 문헌 속에 간헐적으로 등장하고 있고, 특히 율곡에게서 본격적으로 거론되어 체계적인 논의가 이루어지고 있고, 외조부인 우계(牛溪) 성혼(成渾)에게서도 무실(務實)학풍이 강조된다.

이러한 관점에서 저자는 노서의 무실(務實)사상을 검토하되, 먼저 그 연원으로서 여말선초의 무실(務實)에 대한 인식과 율곡, 우계의 무실학풍에 대해 살펴보고자 한다. 그리고 이를 토대로 노서의 당대 무실(無實)현상에 대한 비판의식을 살펴보고, 그의 무실(務實)사상을 실심(實心)의 확립, 실덕(實德)의 함양, 실공(實功)의 추구로 나누어 고찰하고자 한다. 무실(務實)사상이 성리학, 실학, 양명학과 모두 연관된다는 점에서 새롭게

7 윤선거에 대한 연구로는 윤종빈의 〈노서 윤선거의 생애와 사상〉(2004년도 충남대 유학연구소 학술대회발표문, 2004. 6. 4)과 황의동의 〈윤선거의 학문과 사상〉(《동서철학연구》, 제36호, 한국동서철학회, 2005)이 있다.

8 황의동, 《우계학파연구》, 서광사, 2005, 87쪽.

주목되어야 하고, 한국유학사에서 무실사상의 재평가가 심도 있게 이루어져야 할 것이다.

2. 노서 무실사상의 연원

(1) 여말선초 유학자들의 '무실務實' 인식

'무실(務實)'이란 말은 '실(實)을 힘쓴다'는 말로, 이미 여말선초 선유들에 의해 폭넓게 사용되어 왔다.[9] 권근(權近; 1352~1409)은 실리(實理), 실심(實心)을 말하고,[10] 군신(君臣), 부자(父子), 부부(夫婦), 장유(長幼), 붕우(朋友)가 모두 가는 바에 따라 각각 그 직책을 다하는 것이 곧 유자(儒者)의 실학이라 하였다.[11] 또한 군자의 학문은 덕이 그 실을 힘쓰고자 하고, 마음은 겸허하고자 하는 데 있다고 하여,[12] 무실(務實)이 곧 군자지학(君子之學)의 학문 태도임을 말하였다.

권근에게 실학은 곧 유학 그 자체였다고 볼 수 있다. 군군(君君), 신신(臣臣), 부부(父父), 자자(子子)의 정명(正名)이 이루어진 유학이 곧 실학이었다.[13] 또한 변계량(卞季良; 1369~1430)은 '궁리지실학(窮理之實學)'

---

9 맹현주, 〈율곡철학에 있어서 실학적 성격에 관한 연구 - 무실론을 중심으로 -〉, 충남대 대학원(박사), 2006, 25~31쪽 참조.

10 《陽村集》, 卷14, 〈信齋記〉.

11 같은 책, 卷14, 〈永興府學校記〉.

12 같은 책, 卷21, 〈子虛說〉, "君子之學, 德欲其務實, 而心欲其謙虛."

13 실학이란 개념은 역사적으로 다양하게 사용되어 왔다. 여기에서 말하는 실학은 17, 18세기 이후 전개된 조선조 후기실학과는 구별해 사용하는 개념이다. 불교나 도가를 허무적멸(虛無寂滅)의 도(道), 공허한 비현실적인 학문이라고 비판하고 유학을 곧 실학이라고 본 입장에서 하는 말이다. 유학은 고원(高遠)한 형이상학이나 사변적인 현학(玄學)이 아니라 일용 평상의 윤리를 현실생활에서 쉽게 실천하는 실제적인 학문이요 철학이라는 점에서 유학을 곧 실학이라 규정하는 것이다.

이라는 말을 하고 있고,[14] 5세기 조선초의 김시습(金時習; 1435~1493)의 문집에는 '실리(實理)' 라는 말이 나온다.[15] 조광조(趙光祖; 1482~1519)는 그의 문집에서 성(誠)을 강조하면서, 실천(實踐), 실공(實功)을 말하고 있고,[16] 김정국(金正國; 1485~1541)은 그의 문집에서 성(誠)과 함께 무실(務實)을 정치의 도리로 강조하였다.[17]

한편 이언적(李彥迪; 1491~1553)은 "인사를 떠나 도를 구하면 공허(空虛)의 지경을 밟지 않을 수 없으니, 우리 유가의 실학이 아니다"[18]라고 하여, 불교나 도가의 허무적멸(虛無寂滅)에 대해 유학을 실학으로 규정하였다. 그 밖에 송인수(宋麟壽; 1487~1547)는 '무기성실(務其誠實)',[19] 이황(李滉; 1501~1570)은 '체험천리지실(體驗踐履之實)',[20] '무본실(務本實)',[21] 김인후(金麟厚; 1510~1560)는 '무기실덕(懋其實德)',[22] '무실(務實)',[23] 유희춘(柳希春; 1513~1577)은 '무실이진덕(務實而進德)',[24] 노수신(盧守愼; 1515~1590)은 무실(務實)이 귀하다[25]고 말하기도 하였다. 이처럼 선유들에 의해 사용된 무실적(務實的) 언표들은 대부분 간헐적인 표현이라고 볼 수 있다. 즉 무실(務實)에 대한 체계적인 사고나 심층적인 논

---

14 《春亭集》, 卷8, 〈策問題〉.

15 《梅月堂集》, 卷20, 〈生死說〉.

16 《靜庵集》, 卷3, 〈侍讀官時啓〉, 6, 16.

17 《思齋集》, 卷3, 〈策題〉.

18 《晦齋集》, 卷5, 〈答忘機堂第1書〉, "離人事而求道, 未有不蹈於空虛之境, 而非吾儒之實學矣."

19 《圭庵集》, 卷2, 〈因災救弊疏〉, 辛丑11月.

20 《退溪集》, 卷37, 〈答柳希范〉.

21 같은 책, 卷40, 〈答完姪〉.

22 《河西集》, 卷11, 〈弘文館箚子〉, 癸卯.

23 같은 책, 卷12, 〈策〉.

24 《眉巖集》, 〈經筵日記〉.

25 《穌齋集》, 上篇, 〈侍講錄〉.

의는 보이지 않는다. 그리고 위에서 본 것처럼 무실(務實), 실리(實理), 실심(實心), 실학(實學), 실천(實踐), 실공(實功), 무기성실(務其誠實), 무본실(務本實), 무기실덕(懋其實德) 등 매우 다양하다. 따라서 실(實)을 힘쓴다는 무실(務實)의 함의는 다양한 해석이 가능하다. 실리(實理)의 추구, 실심(實心)의 추구, 실천(實踐)의 추구, 실효(實效)의 추구, 실덕(實德)의 추구, 실질(實質)의 추구라는 여러 가지 의미를 함축한다. 여말선초 선유들의 이러한 무실(務實)의 강조는 결국 무실(無實)현상에 대한 반성의 의미를 갖는 것이며, 다른 한편으로는 불교나 도가를 공허한 학문, 고원(高遠)한 현학(玄學)으로 보면서 유학을 일용평상(日用平常)의 학문 즉 실학으로 보고자 한 데서 연유한 것이다.

(2) 율곡, 우계의 무실務實학풍

조선조 유학사를 통해 무실(務實)학풍을 일관되게 강조하고, 이를 깊이 있게 다룬 이는 율곡(栗谷) 이이(李珥; 1536~1584)가 대표적이다. 율곡이 실(實)을 강조하는 빈도는 그의 전 저술에 걸쳐 있으며,[26] 매우 철저하게 강조되고 있다는 점에서 율곡사상의 특징이라고 해도 지나치지 않는다. 그가 사용한 무실(務實)의 용례를 보면 다음과 같다.

> 實德, 實行, 實心, 實理, 實功, 實學, 實效, 實惠, 實事, 務實, 實踐, 實用, 實利, 務敦實, 實德之士, 修省之實, 躬行之實, 修己之實, 改過遷善之實, 修己治人之實 修己治人之實功, 任賢使能之實 好賢之實, 嫉惡之實, 明德之實效, 新民之實迹, 格致之實, 誠意之實, 正心之實, 修身之實, 孝親之實, 治家之實, 用賢之實, 去姦之實, 保民之實, 教

---

26 《栗谷全書》 가운데에서도 〈東湖問答〉과 〈萬言封事〉가 가장 대표적이며, 〈聖學輯要〉와 그의 수많은 소차문(疏箚文)에도 다양하게 언급되고 있다.

化之實, 保國安民之實, 上下無交孚之實, 臣隣無任事之實, 經筵無成就之實, 招賢無收用之實, 遇災無應天之實, 群策無救民之實, 人心無向善之實.[27]

그런데 이 무실(務實)의 실(實)은 유가경전에서의 성(誠)에서 연원한다. 《맹자》에서는 성(誠)은 천도(天道)라 하고 성(誠)을 실천하고자 함은 인도(人道)라 하였고,[28] 《중용》에서는 성(誠)은 사물의 끝이요 시작이니, 성(誠)이 아니면 그 어떤 것도 존재할 수 없다고 하였다.[29] 또 《맹자》에서와 마찬가지로 성(誠)은 천도(天道)요 성(誠)하고자 하는 것은 인도(人道)라고 하였다.[30] 이에 대한 해석에서 주자는 성(誠)을 '진실하여 거짓이 없는 것' 즉 '참'으로 보았다.[31] 특히 주자는 성(誠)을 도(道)에 있어서는 실유지리(實有之理)로, 사람에 있어서는 실연지심(實然之心)으로 해석하였다. 율곡은 이를 계승하여 성(誠)을 천(天)의 실리(實理)와 인심(人心)의 본체로 해석하고,[32] 실리(實理)의 성(誠)과 실심(實心)의 성(誠)으로[33] 구분하였다. 이처럼 선진유학에서의 성(誠)의 개념이 실(實)로 구체화된 것은 주자에 의해서라고 할 수 있다. 흔히 성실(誠實)이라는 용어를 쓰는데, 성(誠)이 곧 실(實)이며, 실(實)은 진실(眞實)의 실(實)로서 참의 의미라

27 맹현주, 〈율곡철학에 있어서 실학적 성격에 관한 연구 - 무실론을 중심으로 -〉, 충남대 대학원(박사), 2006, 68~70쪽 참조.

28 《孟子》, 〈離婁上〉, "誠者, 天之道也, 思誠者, 人之道也."

29 《中庸》, "誠者, 物之終始, 不誠無物."

30 같은 책 , "誠者, 天之道也, 誠之者, 人之道也."

31 '성(誠)'을 현대적으로 어떻게 해석할 것인가 하는 문제인데, 논자는 주자의 해석에 따라 '참' 즉 '진실하여 거짓이 없는 것'으로 해석하였다.

32 《栗谷全書》, 卷21, 〈聖學輯要〉, 3, "臣按誠者, 天之實理, 心之本體……."

33 같은 책, 拾遺, 卷6, 〈四子言誠疑〉, "誠者, 眞實無妄之謂, 而有實理之誠, 有實其心之誠. 知乎此, 則可以論乎誠矣."

고 볼 수 있다. 물론 실(實)은 율곡의 용례에서 보듯이, 착실(着實), 실용(實用), 실천(實踐), 실질(實質), 실효(實效), 실공(實功), 실사(實事) 등 많은 용례로 사용되지만, 근본적으로는 진실(眞實; 참)을 기초로 하고 있다고 볼 수 있다.

율곡은 그의 저술 곳곳에서 다양하게 실(實)을 강조하고 있는데, 그의 대표적인 상소문인 〈만언봉사(萬言封事)〉 서두에서 '정귀지시(政貴知時) 사요무실(事要務實)'[34]이라 하여, "정치를 하는 데에는 때를 아는 것이 귀하고, 일을 하는 데에는 실(實)을 힘쓰는 것이 중요하다"고 하였다. 그는 여기에서 7가지의 무실(無實)현상을 지적하였고,[35] 〈동호문답(東湖問答)〉에서는 격치지실(格致之實), 성의지실(誠意之實), 정심지실(正心之實), 수신지실(修身之實), 효친지실(孝親之實), 치가지실(治家之實), 용현지실(用賢之實), 거간지실(去姦之實), 보민지실(保民之實), 교화지실(敎化之實)을 강조하기도 하였다. 이러한 율곡의 다양한 용례의 실(實)의 추구를 종합, 정리해 보면, 무실(務實)의 실(實)은 진실성(實心), 실천성(實功), 실용성(實效)을 의미한다고 볼 수 있다.[36] 인간 주체의 진실성 확보는 가장 중요한 문제로 실심(實心)으로 표현된다. 진실한 마음으로 어떤 일을 행하면 그것이 곧 실천이 되어 실공(實功)으로 드러난다. 실심(實心)을 가지고 실공(實功)을 통해 드러난 진실한 효과가 실효(實效)라고 할 수 있다. 실심(實心)은 아직 관념적 단계인데, 실공(實功) 즉 실천을 통해 구체적 실사(實事)로 구현되고 이루어진다.[37] 마침내 이루어진 그것은 진실한 성

---

34 같은 책, 卷5, 〈萬言封事〉.

35 같은 책, 卷5, 〈萬言封事〉, "今之治效靡臻, 由無實功. 而所可憂者有七, 上下無交孚之實一可憂也, 臣鄰無任事之實二可憂也, 經筵無成就之實三可憂也, 招賢無收用之實四可憂也, 遇災無應天之實五可憂也, 群策無救民之實六可憂也, 人心無向善之實七可憂也."

36 황의동, 〈율곡의 무실사상〉, 《인문과학논집》, 제8집, 청주대인문과학연구소, 1989.

과, 진실한 효과를 가져 실용성, 실질성, 실리성(實利性)을 담지(擔持)한다. 참된 마음이 실천을 통해 참된 결과를 가져오는 것이다. 그래서 율곡은 "한 마음이 진실하지 못하면 만사가 모두 거짓이니 어디를 간들 행할 것이며, 한 마음이 진실로 참되면 만사가 모두 참이니 무엇을 한들 이루지 못하랴"[38]라고 하였다.

다음은 윤선거의 외조부인 우계 성혼의 무실(務實)학풍에 대해 검토해 보기로 하자. 윤선거가 평생 준수(遵守)한 것은 외조부 성혼의 학문을 계승하는 것이었다.[39] 그의 무실(務實)학풍만 하더라도 율곡의 영향뿐 아니라 외조부 우계의 영향도 컸던 것이다.

우계의 학문은 실천을 근본으로 하였고,[40] 우계학의 특징은 실천이 돈독하고 확실함에 있었다.[41] 그것은 율곡이 우계에 대한 평에서 "만약 견해의 경지를 따진다면 내가 조금 낫다고 할 수 있으나, 조리(操履)의 독실(篤實)함에 이르러서는 내가 미칠 수 없다"[42]고 한 데서도 입증된다. 우계가 비록 성리의 이론적 측면에서는 율곡에 미치지 못한다고 하더라도 실

---

37 '실공(實功)'에 대한 해석은 두 가지로 생각해 볼 수 있다. 하나는 '진실한 노력'으로 실천성을 의미하는 말이고, 다른 하나는 '진실한 공효(功效)'를 의미하는 말이다. 진실한 공효가 실천을 통해 가능하다는 점에서 양자는 상통된다. 율곡이나 노서의 경우 이 양자의 개념을 혼용하고 있다고 보여진다.

38 《栗谷全書》, 卷21, 〈聖學輯要〉, 3, "一心不實, 萬事皆假, 何往而可行, 一心苟實, 萬事皆眞, 何爲而不成?"

39 《定齋集》, 卷6, 〈爲羅顯道良佐上辨魯西先生疏〉, 丁卯 3月, "宣擧之平生遵守者, 其外祖文簡公成渾之學也."

40 유명종, 〈절충파의 비조 우계의 이기철학과 그 전개〉, 《성우계사상연구논총》, 우계문화재단, 1991, 336쪽.

41 유명종, 같은 글, 337쪽.

42 《牛溪集》, 年譜, 附錄, 〈行狀〉, "栗谷嘗稱曰, 若論見解所到, 吾差有一日之長, 操履篤實, 吾所不及云."

천적 측면에서는 우계가 율곡보다 낫다고 평가했던 것이다.

우계에게 학문이란 독서만을 말하는 것이 아니라, 궁극적으로 성현이 되는 데 목적이 있었다.[43] 우계에 따르면 학문이란 어버이를 섬기고 형을 좇음에 그 당연함을 얻는 것이다. 다만 마음을 잘 잡고 지니는 노력으로 동정을 관통하여, 행하고 남는 힘이 있을 때 강습(講習)의 방법을 추가할 뿐이다.[44] 그리고 그는 선비가 학문을 함은 마음을 진실하게 하고 공부에 각고(刻苦)함에 있다[45]고 하였다. '진실심지(眞實心地) 각고공부(刻苦工夫)' 는 황면재(黃勉齋)[46]가 강조한 말인데, 우계가 이를 원용하고 있다. 우계는 학문을 단지 독서나 지식의 축적에 있지 않고, 마음을 진실하게 하고 일상생활에서 마땅히 지켜야 할 도리를 실천하는 데 있다고 보았다.

또한 우계는 '위기(爲己)' 로서 마음을 세우는 요령을 삼고, '구시(求是)' 로서 일을 처리하는 제도로 삼아야 한다 하였는데,[47] 여기에서 '나를 위한 학문' 이라는 것은 유학 본래의 위기지학(爲己之學)의 정신을 잘 표현한 것으로 자신을 위한 진실한 학문 태도를 말하고, '옳음을 추구한다' 는 구시(求是)의 정신은 실학의 실사구시(實事求是)와 상통한다. 이렇게 볼 때, 우계가 말하는 '위기(爲己)의 정신' 이나 '구시(求是)의 정신' 은 그의 실학적 학문 태도를 잘 반영하고 있다.

그는 또 한결같이 하학(下學)에 뜻을 두어 반드시 효제충신(孝悌忠信)을 근본으로 삼고, 겸손으로 바탕을 삼으며, 침잠독실(沈潛篤實)로서 공

---

43 같은 책, 卷6, 〈書示邊生〉, "古人所謂學者, 非但讀書之謂 …… 使之爲聖爲賢也."

44 같은 책, 卷5, 〈答崔丕承〉, "……雖然學非但讀書之謂, 事親從兄, 得其當然, 乃學也. 但使操持之功, 貫通動靜, 而行有餘力, 可加講習之方耳."

45 같은 책, 卷5, 〈答安士彦書〉, "竊見士之爲學, 必有眞實心地, 刻苦工夫……."

46 송나라 때의 성리학자 황간(黃幹)을 말함.

47 《牛溪集》, 續集, 卷3, 〈與李叔獻〉, "……以爲己爲立心之要, 以求是爲處事之制."

을 삼아, 힘들여 책을 탐구하고 견고하게 마음을 잡고 지니면, 청명(淸明)의 아름다운 뜻이 마침내 반드시 이르게 될 것이라 하였다.[48] 여기에서 우리는 형이상학적 사변에 대한 탐구가 아니라 일용평상의 하학(下學)공부가 중요하다는 우계의 실학정신을 볼 수 있다. 이러한 관점에서 그는 "덕에 들어가는 문은《소학》을 근본으로 삼아야 한다"[49] 하고, "《소학》의 글 가운데 순종하고 공경하는 방법과 몸을 공경하는 노력을 진실로 깊이 음미하여 실천에 옮겨야 할 것이다"[50]라고 하였다. 이러한 우계의 소학공부의 강조는 정암(靜庵) 도학사상의 연장선상이라 할 수 있지만, 여기에는 고원(高遠)한 현학(玄學)의 탐구가 아니라 비근(卑近)한 일상의 윤리적 실천을 통해 건강한 자아를 실현해야 한다는 우계의 실학정신이 잘 나타나 있다.

3. 노서의 '무실無實' 인식과 '무실務實' 사상

(1) 무실無實현상에 대한 우려와 무실務實의 필요성

윤선거가 살았던 17세기는 임진왜란, 병자호란의 큰 전쟁을 겪고, 당쟁으로 지도층의 분열이 심각하고, 가뭄과 질병으로 민생의 위기를 맞고 있었다. 더욱이 병자호란 후 청나라에 당한 굴욕으로 복수설치(復讎雪恥)의 명분론이 고조되어 있었다. 이러한 시대의 변화는 이기심성(理氣心性)의 문제를 철학적으로 심화시켰던 16세기와는 다른 분위기였다. 따라서 철학도 이제 사변적인 성리학만으로는 간난(艱難)의 현실을 결코 구제할

---

48 같은 책, 卷5, 〈答安士彥〉, "誠願一意下學, 必以孝悌忠信爲本, 以謙遜拙訥爲質, 以沈潛篤實爲功, 劬書玩索, 堅苦操持, 則以淸明之美志, 終必有所至矣."

49 같은 책, 卷3, 〈上王世子箚〉, "……至如入德之門, 則小學養其本."

50 같은 책, 續集, 卷5, 〈與全國老〉, "小學書中, 順悌之方, 敬身之功, 苟能深玩而服行焉."

수 없다는 절박한 반성이 싹트고 있었다. 이러한 사상적 변화에서 17세기의 사상적 동향은 실학, 양명학, 예학 등 다양한 모색을 하게 되었다.

노서는 말하기를, '금일 근심하는 바는 이름만 힘쓰고 실(實)을 힘쓰지 않는 데 있다' 하고, '다스리는 한 가지 일은 단지 문구(文具)일 뿐'[51] 이라 하였다. 마찬가지로 '당세(當世)의 폐단은 실사(實事)를 힘쓰지 않는 데 있다' 하고, '오직 문구(文具)를 일삼는 것이 큰 폐단이라' 하였다. 그리고 '금일의 인재등용이 또한 문구로 돌아갈 뿐이라'[52] 하여 인사의 형식적 폐단을 지적하였다. 이러한 관점에서 그는 당시의 무실(無實)현상을 다음과 같이 설명하고 있다.

> 금일 근심할 바는 그 뜻이 없음을 근심하지 않고, 단지 그 실(實)이 없음을 근심한다. 한갓 선하기만 하고 위정(爲政)이 부족하고, 한갓 법제만 있고 스스로 행할 수 없다. 한갓 뜻만 있고 노력하지 않는다면 금일의 급무는 과연 언어에 있을 뿐인가.[53]

이처럼 당시 근심해야 할 문제는 위정자의 의지가 있느냐 없느냐가 아니라 실제 위정(爲政)을 실현하느냐 하지 않느냐에 있다고 보았다. 위정자의 선의지만 있고 법제를 통해 실현함이 없다면 정치의 실효를 기대할 수 없고, 또 백성의 입장에서도 실익이 없다는 것이다. 그러므로 당시의

---

51 《魯西遺稿》, 卷5, 〈與宋英甫〉(小註), "今日所患, 已在於務名不務實, 治繕一事, 只是文具而已."

52 같은 책, 卷12, 〈上季兄〉, "當世之獘, 不務實事, 唯事文具, 爲大獘也. 今日招賢之擧, 亦歸於文具耳."

53 같은 책, 卷5, 〈答宋英甫〉, "今日所患, 不患無其志, 而只患無其實矣. 徒善不足以爲政, 徒法不能以自行, 徒志不可以有爲, 則今日之急務, 果在於言語而已乎?"

급선무가 바로 공리공론을 배격하고 실천하는 데 있다고 보았다.

노서는 또 허성무실(虛聲無實)의 폐단을 극론(極論)해도 스스로 그 근본이 어긋남을 깨닫지 못한다[54]고 한탄하고, 조정의 위에서 허명(虛名)을 너무 숭상하여 실심(實心)이 서지 못함을 근심하였다.[55] 〈사진선소(辭進善疏)〉에서는 "진실로 허명(虛名)으로 선비를 구함을 그치지 아니하면, 비록 임금의 두터운 예로 어진 사람을 부르고 날로 초야(草野)에 내리더라도 족히 조가(朝家)의 글을 갖춘 하나의 정사(政事)일 뿐이니, 국사에 무슨 보탬이 있겠는가?"[56]라고 하였다. 이처럼 그는 매사에 형식과 허명(虛名)에 치우치는 폐단을 비판하고, 모든 것이 실심(實心)에 의한 실공(實功), 실사(實事)로 돌아가야 한다고 보았다.

노서는 "평상(平常) 무사(無事)한 때에도 오히려 허명(虛名)을 숭상 장려하고 부경지풍(浮競之風)을 기를 수 없거늘, 하물며 위급존망(危急存亡)의 때에야 더 말할 것이 있겠느냐"[57]고 하면서, 진심으로 천재(天災)에 대한 대응을 해야 한다고 하였다.

> 가만히 생각하니 근래 천재시변(天災時變)이 전보다 열 배나 되고, 크고 작은 근심과 두려움의 화기(禍機)가 어느 곳에 있는지 알지 못한즉, 정당히 군신상하(君臣上下)가 진심(眞心)으로 일을 하고 거조(擧措)에 마땅함을 얻은 후에야, 비로소 위로는 황천(皇天)의 노여움에 답할 수 있고 아래로는 백성의 바람

54 같은 책, 卷5, 〈答宋英甫〉, "極論其虛聲無實之弊, 而不自各其倒底也."

55 같은 책, 附錄, 上, 〈遺事〉, "……然先生則猶以朝廷之上, 虛名太崇而實心未立爲憂."

56 같은 책, 卷3, 〈辭進善疏(三疏)〉, "苟以虛名求士不已, 則雖使弓旌之招日降於草野, 適足爲朝家備文之一政而已, 其於國事, 有何少補哉."

57 같은 책, 卷3, 〈三疏〉, "平常無事之時, 尙不可崇奬虛名, 以長浮競之風, 況當此危急存亡之秋乎?"

을 위로할 수 있을 것입니다. 나무에 연해서 고기를 얻기를 구하고, 허명(虛名)으로서 실화(實禍)를 구제한다는 것은 신이 전에 들은 바가 아닙니다.[58]

이와 같이 천재지변에 군신상하가 진심으로 대응하지 않고 허명으로 실화(實禍)를 구하고자 한다면, 이는 나무에 올라가 고기를 잡고자 하는 것과 다를 바 없다고 하였다. 이처럼 당시 현실에 대해 노서가 깊이 우려하는 바는 무실(無實)현상에 있었다. 이름만 있지 실상이 없고, 말만 무성할 뿐 실천이 없으며, 형식만 있지 실제 내용이 없는 현실을 심각히 우려하고, 모든 분야에서 실(實)을 추구하는 무실(務實)의 기풍을 진작하고자 하였다.

(2) 실심實心의 확립

노서는 무실(務實)을 말하면서 가장 먼저 확립해야 할 문제가 바로 실심(實心)의 확립이라고 보았다. 진실한 노력을 통해 진실한 효과, 진실한 성과를 기대하고자 한다면 가장 근본적인 것이 실심의 확립이다. 인간 주체의 진실한 마음 즉 실심(實心)이 서야 한다. 주자나 율곡이 이미 말한 대로 천도는 실리(實理)이고 인심은 실심(實心)이다.[59] 즉 진실하여 거짓이 없는 것이 천도의 본래 모습이다. 진실한 천의 이치가 곧 실리(實理)이고, 그 실리가 인간의 마음으로 주어졌을 때 실심이 된다. 인간의 본래 마음은 진실하지만, 형기(形氣)로 말미암아 은폐되는 데서 문제가 야기된다.

---

58 같은 책, 같은 글, "竊念近來, 天災時變, 十倍於前, 大小憂惧, 莫知禍機伏於何處, 則正當君臣上下, 赤心做事, 擧措得宜, 然後方可以上答皇天之怒, 下慰百姓之望矣. 以緣木而求得魚, 以虛名而救實禍, 非臣之所前聞也."

59 《性理大全》, 卷37, "誠者, 在道則爲實有之理, 在人則爲實然之心."
《栗谷全書》, 拾遺, 卷6, 〈四子言誠疑〉, "天道卽實理, 人道卽實心也."

노서에 따르면 "주자 이후로부터 거경궁리(居敬窮理)의 방법과 정존동찰(靜存動察)의 요령과 성학문호(聖學門戶)의 차례가 찬연히 해와 별과 같아 밝지 않음이 없으니, 학자가 근심하는 바는 단지 실심이 서지 못함에 있고, 궁행이 독실치 못함에 있을 뿐이다. 안으로는 심술의 은미(隱微)함과 밖으로는 언행의 드러남이, 은미하게는 보이지 않고 들리지 않는 가운데, 현저하게는 사물에 접하는 즈음에, 가깝게는 인륜일용(人倫日用)의 평상(平常)과 멀리는 출처진퇴(出處進退)의 변화에, 작게는 물 뿌리고 청소하며 응대하는 절차와 크게는 도덕성명(道德性命)의 쌓임이 한결같이 성현의 유훈(遺訓)으로서 기준 삼지 않음이 없고, 강구(講究) 체찰(體察)해서 실천하였다"고 하였다. 또한 "얻지 못하면 분발해서 잠자는 것도 잊고, 이미 얻으면 복응(服膺)해서 잃지 않았다. 그러므로 행동거지의 법칙이 질서정연하여 저절로 이루어진 법도가 있고, 성명박약(性命搏約)의 노력이 독실(篤實)하여 조금도 빈틈이 없고, 표리가 일치해 서로 길렀다. 대개 그 마음을 학문에 뜻하기 시작하여 종신토록 한 때도 혹 그침이 없었다"고 하였다.[60] 이처럼 학자가 근심해야 할 바는 다름 아니라 실심이 서지 못함과 궁행이 독실치 못함이라 하고, 이 양자는 서로 표리가 되고 내외가 되어 하나로 일치되어야 한다고 보았다.

노서가 실심의 확립을 중시하는 이유는 율곡의 말대로 한 마음이 진실하지 못하면 만사가 모두 거짓이어서 어디를 가도 행할 수 없고, 한 마음

60 《魯西遺稿》, 附錄, 上, 〈遺事〉, "其爲學, 嘗曰自朱子以後, 居敬窮理之方, 靜存動察之要, 聖學門戶工程次序, 粲如日星, 無有不明. 學者所患, 只在實心之不立, 躬行之不篤耳. 內而心術之微, 外而言行之著, 隱而不覩不聞之中, 顯而應事接物之際, 近而人倫日用之常, 遠而出處進退之變, 小而灑掃應對之節, 大而道德性命之蘊, 莫不一以聖賢遺訓爲準, 講究體察而服行之 …… 未得則憤悱而忘寢, 旣得則服膺而不失. 是故威儀動止之則, 秩秩然自有成法, 誠明搏約之功, 慥慥焉無少間斷, 言行相顧而不違, 表裏一致而交養. 盖其心自志學至終身, 未有一時之或息也."

이 진실하면 만사가 모두 참되어 무엇을 해도 이루지 못할 리가 없기 때문이다.[61] 진실한 마음이 전제되지 않으면 하는 일도 진실할 수 없고 그 결과도 거짓일 수밖에 없다. 그러므로 노서는 도처에서 실심의 중요성과 실심의 확립을 반복해 강조했던 것이다.[62]

그런데 이러한 그의 실심의 강조는 스승인 신독재(愼獨齋) 김집(金集)의 영향을 많이 받은 것 같다. 다음 글을 참고해 보기로 하자.

> 일찍이 (신독재 선생이) 학자에게 말하기를, 오유(吾儒)의 법문(法門)은 오로지 실지상(實地上)에서 주로 함에 있다. 저들이 문사언어(文辭言語)의 말단을 위하는 것은 고루할 뿐이다. 비록 학자가 여기에 종사한다고 할지라도 또한 부화외식(浮華外飾)의 폐단을 면치 못한다. 대개 존성(存省)의 공(功)이 없어서 구이지습(口耳之習)에 젖으면 마음속에 쌓여 밖으로 드러나는 아름다움이 아니다. 설령 위의(威儀)가 익숙해지고 읍유(揖遊)가 편하고 민첩한들 자신의 실지(實地)에 무슨 보탬이 있으랴. …… 화려해서 실(實)하지 않음은 실로 선생이 일찍이 매우 싫어하신 바다. 선생의 가르치심이 반드시 먼저 소학을 따라 비로소 사람의 모양을 만들었다. …… 소위 진실한 마음으로 힘써 공부함은 실로 선생이 스스로 얻은 바인데, 또한 남을 가르치는 화두(話頭)가 되었다.[63]

---

61 《栗谷全書》, 卷21, 〈聖學輯要〉, 3, "一心不實, 萬事皆假, 何往而可行, 一心苟實, 萬事皆眞, 何爲而不成?"

62 《魯西遺稿》, 附錄, 上, 〈遺事〉, "……然先生則猶以朝廷之上, 虛名太崇而實心未立爲憂……."

63 같은 책, 卷14, 〈記愼獨齋先生遺事〉, "嘗語學者曰, 吾儒法門, 專主於實地上. 彼爲文辭言語之末者, 陋而已矣. 雖號爲從事於此學者, 亦未免浮華外飾之獘. 盖無存省之功而狃於口耳之習, 則實非積中發外之美. 假使威儀習熟, 揖遊便敏, 顧何益於自家之實地哉 …… 華而不實, 實先生之所嘗深厭者也. 先生敎人, 必先從小學, 始爲做人之樣子 …… 所謂眞實心地, 刻苦工夫, 實是先生所自得力, 而亦所以爲誨人之話頭矣."

여기에서 신독재(愼獨齋)의 성실(誠實)한 학풍을 짐작할 수 있거니와, '진실심지(眞實心地) 각고공부(刻苦工夫)'의 학풍이 바로 스승인 신독재의 강학정신이자 노서에게 큰 영향을 미치고 있음을 짐작할 수 있다.

(3) 실덕實德의 함양

노서의 무실(務實)은 실심(實心)의 확립을 통해 실덕(實德)을 함양하는 데 있다. 앞에서도 언급했듯이, 인간의 본심은 참되고 착하지만 육신을 가진 존재요 형기를 벗어날 수 없기 때문에 참되고 착한 본심을 잃기 쉽다. 그래서 맹자는 학문의 도는 다름 아닌 '구기방심(求其放心)'에 지나지 않는다고 하였다. 이때 부단한 노력을 통해 본심을 지키고 본심을 찾으려는 수기공부가 중요하다. 진실한 마음을 바탕으로 내면에 얻어진 진실한 덕이 곧 실덕(實德)이요, 이 실덕을 지닌 자가 바로 군자라고 할 수 있다. 노서는 이러한 실덕의 함양을 위해 겸양(謙讓), 경(敬), 수약(守約), 하학용공(下學用功) 등 다양한 논의를 하고 있는데, 이에 관해 검토해 보기로 하자.

노서에게 실덕(實德)은 자기를 낮추는 자기겸양에서부터 출발한다. 그는 이를 겸겸(謙謙), 퇴겸(退謙), 자비(自卑), 겸비(謙卑) 등으로 표현하는데, 이는 모두가 진실한 자기반성을 통해 끊임없이 자아완성을 향한 도정(道程)이라 할 수 있다. 실덕(實德)은 자만, 오만해서는 결코 이룰 수 없다. 항상 부족함을 느끼고 자신을 반성하는 참된 마음을 통해 가능하다.

노서는 그 스스로 '죽을 죄를 지은 신 윤선거(死罪臣尹宣擧)'라고 하는가 하면, 실(實)은 없으면서 이름을 훔쳐 세상을 속였다고 고백한다.[64] 물론 강도(江都) 사건으로 평생 짊어진 멍에의 표현이기도 하지만, 그의 겸

64 같은 책, 卷4, 〈受食物辭召命箋〉, 三月, "死罪臣尹宣擧 …… 無實而盜名欺世……."

비(謙卑)의 태도, 겸양(謙讓)의 인품이 잘 나타나 있다.

그런데 이러한 겸양의 학풍은 파문(坡門)의 전통이었다. 노서는 말하기를, '파문(坡門)의 여구(餘矩)는 실로 겸겸(謙謙)으로 자기 수양하는 것'[65]이라 하고, 대개 파문의 제공(諸公)들은 모두 퇴겸(退謙)으로 도를 삼아 스스로 스승의 설을 서술하여 어록에 나타남을 볼 수 없어, 우리 후생으로 하여금 상고하고 믿을 바가 없게 되었다고 한다. 그리고 대개 사문(師門)의 유법(遺法)은 오로지 겸비지도(謙卑之道)를 주로 한 데서 그러한 것[66]이라 하였다. 이와 같이 자신을 낮추고 겸양하고 물러서는 실덕의 학풍은 파산문하(坡山門下)의 일관된 가르침이요 전통이었다. 이러한 겸양의 정신은 다음 우계의 유언을 통해서도 짐작할 수 있다.

혼(渾)은 일찍이 아들에게 말하기를 "나는 평생 이름을 도둑질하여 국가의 은혜를 저버렸으니, 예로부터 신하가 은혜를 저버림이 누가 나와 같은 자가 있겠는가. 나의 죄가 크니, 나는 죽어도 눈을 감지 못할 것이다. 너는 마땅히 나의 유지(遺志)를 따라 국가에서 내리는 부의(賻儀)와 은수(恩數)를 사양하고 묘 앞에 '창령성혼묘(昌寧成渾墓)' 라는 다섯 글자만을 써서 자손들로 하여금 묻힌 곳을 알게 하면 충분하다. 옛 사람 중에 또한 묘 앞에 관직을 쓰지 말도록 명한 자가 있는데, 그는 깊은 뜻이 있어서였지만 나로 말하면 죄가 있으므로 스스로 폄하해서 성명만 쓰는 것이다. 일은 같으나 그 실제는 다르니, 옛 사람에 견주어 함께 논할 수 없다. 삼베옷을 입히고 종이 이불로 염습하여 소달구지에 싣고 돌아가 장례하여 나의 뜻을 어기지 말라" 하였다.[67]

---

65 같은 책, 卷8, 與宋明甫英甫(論滄浪碣銘), "……坡門餘矩, 實以謙謙自牧."

66 같은 책, 卷8, 〈與宋英甫〉, "大抵坡門諸公, 皆以退謙爲道. 無人自述師說, 著見於語錄上, 使我後生無所考信. 盖由師門遺法, 專主謙卑之道而然也."

67 《국역 우계집》, 2, 제6권, 잡저, 〈스스로 지은 묘지〉, 2001, 31쪽.

이와 같이 노서의 겸양의 학풍은 이미 외조부 성혼을 통해서도 알 수 있듯이, 파문(坡門)의 전통이라고 할 수 있지만, 다른 한편으로는 스승인 신독재(愼獨齋) 김집(金集)의 학풍이기도 했다.[68] 이런 점에서도 노서의 학문적 연원을 어느 하나로 단선화(單線化)해서는 안 될 것이며, 가학연원과 사승연원을 함께 고려한 복합적인 이해가 필요하다.

한편 노서의 실덕(實德)은 경(敬)을 통해 함양되어진다. 경은 유학에서 수기의 방법으로 중시되어 왔는데, 대체로 '주일무적(主一無適)'으로 해석되어 왔다. 마음이 이리저리 흩어지지 않고 오직 하나의 대상에 집중함을 말한다. 경은 학문의 방법과 수기의 방법으로 매우 중시되었다. 노서도 경을 일상화하여 거처함에 항상 '근엄(謹嚴)' 두 글자를 아껴 말하였다. 피곤하면 혹 눈을 감고 단정히 앉고, 혹 가지런한 걸음으로 천천히 걸었다. 또 암연히 항상 생각함이 있는 것 같고, 놀라서 항상 경계함이 있는 것 같았다. 비록 앉았다 서는 순식간에도 그 조존(操存), 성찰(省察)의 노력을 일찍이 조금도 게을리한 적이 없었다. 하루 사이에 홀로 있을 때 그 수렴(收斂)하고 근칙(謹飭)함이 항상 손님이 와서 문에 있는 것 같았고, 밤에는 반드시 잠자리에 이르러서야 비로소 의관을 모두 벗었다. 비록 매서운 추위에도 약간의 방한(防寒)의 도구라도 몸에 가까이함을 싫어하였고, 화롯불을 끼는 것을 즐기지 않았다. 몸이 만약 만족한 것 같으면 항상 관대한 것 같이 하였고, 비록 무더울지라도 버선을 벗지 않고 검속이 느슨하지 않아, 일찍이 땀이 흘러도 항상 시원한 것 같이 하였다. 스스로 돕고 일을 살핀 이래 일찍이 한 때도 법도의 밖으로 잃은 것을 본 적이 없었다.[69] 이처럼 그는 근엄(謹嚴), 조존(操存), 성찰(省察), 수렴(收斂),

---

68 《魯西遺稿》, 卷17, 〈祭愼獨齋金先生文〉.

69 같은 책, 附錄, 上, 〈遺事〉, "平居早起櫛盥, 衣冠必整肅, 枕席必整肅, 室庭必淨掃, 對案危坐,

근칙(謹飭)을 생활화하였는데, 이는 다름 아닌 경(敬)의 생활화였다.

노서는 1659년 8월 파산서원(坡山書院)에 우거(寓居)하여 우계의 〈서실의(書室儀)〉를 벽에 게시하고, 학생들로 하여금 준행(遵行)토록 하였다. 또 우계가 일찍이 주자서(朱子書)와 《주자어류(朱子語類)》를 베낀 수십 단의 글을 학생들에게 보여 주고, 그 머리 제목을 〈위학지방(爲學之方)〉이라 하여, 항상 학생들의 요결(要訣)로 삼아 먼저 읽어야 한다고 가르쳤다. 또한 이 글을 베낀 바가 비록 많지 않지만, 옛 사람의 학문하는 본말을 갖추지 아니함이 없고, 경(敬)을 지니는 방법의 표리가 친절하니, 우계가 스스로 노력한 것을 역시 여기에서 거의 볼 수 있다 하였다.[70]

박세채(朴世采)는 노서에게 올린 제문에서 파산(坡山)의 학문은 반드시 자기를 낮추고 마음은 오로지 안을 써서 무실(務實)을 주로 하고 독경(篤敬)을 대요(大要)로 삼았다고 하였다.[71]

또한 노서의 실덕(實德)은 소학율신(小學律身), 가례종사(家禮從事), 신심체인(身心體認), 제외양내(制外養內) 등 자수(自守), 수약(守約)의 공부를 통해 함양된다. 그는 《소학》으로서 자신을 규율하고, 《가례》로서 종

終日欽欽, 未嘗有惰慢之色. 書册器用必整頓, 勿令胡亂, 化筯擧措有定所, 不少放散. 盖無所不用其敬, 居常愛說謹嚴二字. 倦則或瞑目端坐, 或整步徐行. 儼然常若有思也, 瞿然常若有警也. 雖坐立瞬息之頃, 其操存省察之功, 未嘗少怠也. 日間獨處之際, 其收斂謹飭, 常若賓友之在門, 至於暮夜必臨寢, 方解巾襪縛袴. 雖隆寒, 不喜襯身狹少禦寒之具, 不喜擁爐火. 體若充然, 常若寬大, 雖溽暑, 不去縛襪, 不弛檢束, 未嘗流汗, 常若淸凉. 自拯省事以來, 未嘗見其一時自佚於繩墨之外也."

70 같은 책, 附錄, 上, 〈年譜〉, "己亥八月, 寓于坡山書院(先生書牛溪先生書室儀, 揭之壁上, 使諸生遵行焉. 牛溪嘗抄朱子書及語類數十段, 以示學者, 題其首曰爲學之方. 先生常以爲此是學者受用要訣, 不可不先讀也. 又以爲此書所抄雖不多, 而古人爲學本末, 罔不備具, 持敬之方, 表裏親切, 牛溪之所自用功者, 亦庶乎卽此而可見矣. 至是使諸生皆受讀焉)."

71 같은 책, 附錄, 下, 〈祭文, 又〉, "惟其坡山流派, 始出靜庵, 文敬嫡傳, 竝繇石潭. 其所成就, 能承先正之緖, 則可謂有所漸矣. 學必自卑, 心專用內, 務實以主, 篤敬爲大要……."

사(從事)하며, 규구(規矩)를 엄격히 지키고, 겸손하고 공손하고 부지런하고 삼가하여, 터럭만큼도 부허(浮虛)의 뜻이 없는 김집(金集)의 실덕(實德)을 배웠던 것이다. 그리하여 김집은 다른 사람들에게 말하기를, "윤모(尹某)는 행실이 독실하고 생각이 정밀하여 다른 사람이 미치지 못할 바가 있다"고 칭찬했던 것이다.[72]

노서는 제자들을 가르치는 데에도 일찍이 게으른 적이 없었다. 사도(師道)로서 자거(自居)하지 않고, 자기를 겸손하게 하여 남에게 힘썼다. 또한 오직 하학공부(下學工夫)에 착수하는 것으로 힘썼다. 일찍이 '체인(體認)'을 말하고, '물방과(勿放過)'를 말하고 '면강(勉强)'을 말하였으니, 이것이 그의 평소의 말이다. 그는 또 말하기를, "정이천(程伊川)의 문하에 이미 벼슬한 자들은 작록(爵祿)을 잊었고, 아직 벼슬하지 못한 자들은 기한(飢寒)을 잊었으니, 실심이 아니면 어찌 능히 이와 같으며, 실덕이 아니면 어찌 능히 사람으로 하여금 이와 같겠느냐" 하였다. 그는 또 말하기를, "옛 사람은 먼저 행한 후에 말하였으니, 언어는 진실로 말단의 일이라"고 하였다.[73] 이와 같이 그의 학문은 오로지 궁행으로써 위주(爲主)하고, 자수(自守)로써 종신(終身)하였으며,[74] 무릇 직책을 다하는 도리는 오

72 같은 책, 附錄, 上, 〈年譜〉, "丙戌六月, 候愼獨齋金先生. 會宋李諸公及從兄龍西公, 於遯巖書院(金先生年踰七十, 用功不懈, 先生在錦峽時, 往來參候, 事以師禮. 自此以後, 從游益親, 講貫益切, 先生嘗以爲愼齋以小學律身, 以家禮從事, 守定規矩, 謙恭勤謹, 無一毫浮虛務外之意, 此其實德也. 先生之所得於愼齋者盖如此, 而愼齋亦語人曰, 尹某之篤行精思, 諸人所不及也云)."

73 같은 책, 附錄, 上, 〈遺事〉, "接引學者, 未嘗有倦, 而不以師道自居, 謙己勉人, 唯以實下下學工夫爲務, 嘗曰體認, 曰勿放過, 曰勉强, 此其雅言也. 又曰, 伊川之門, 已仕者忘爵祿, 未仕者忘飢寒, 非實心, 惡能如此, 非實德, 惡能使人如此? 又曰, 古人先行而後言, 言語眞箇末事……."

74 같은 책, 附錄, 下, 〈成均館生員贈通政大夫吏曹參議魯西先生尹公行狀〉, "其學專以躬行爲主, 然其所以自守終身……."

직 처하는 곳에 있어 힘을 다하고 마음을 다하는 것일 뿐, 다른 신기하고 특이한 것이 없으니, '수약(守約)' 두 글자는 온갖 일을 이룰 수 있다고 하였다.[75] 이를 통해서 볼 때, 노서는 소학적 실천을 통한 자기완성을 꾀하면서, 실천궁행을 위주로 하고 자수(自守), 수약(守約)을 종신토록 실천했다. 여기에서 그가 성리학의 사변적인 탐구에서 벗어나 예학의 연구와 실천에 평생 종사한 의도를 짐작할 수 있다. 요컨대 예학도 유학 본래의 정신을 구현하는 실학의 하나였다고 볼 수 있다.

노서는 예학의 중요성에 대해 "초학(初學)의 선비는 먼저 예를 배우지 아니할 수 없으니, 예를 배우지 않으면 진실로 소위 이목(耳目)을 보탤 바가 없고 수족(手足)을 둘 바가 없다. 보고 듣고 말하고 움직이는 사이로부터 사물에 응하고 접함에 이르기까지 예가 있지 않음이 없으니, 하나하나 예에 합하기를 구하면 인욕이 용납할 바 없고 천리가 유행한다"[76]고 하였다. 여기에서 그는 우리들의 행위가 하나하나 예에 합당하면 인욕을 막을 수 있고 천리를 보존할 수 있다 하여, 예의 실천을 통해 '존천리(存天理) 알인욕(遏人欲)'을 실현하고 건강한 자아실현과 사회실현을 이룰 수 있다고 보았다.

노서에게 실덕(實德)의 함양은 말로 되는 것이 아니다. 그것은 학문에서도 마찬가지다. 만약 몸과 마음을 체인(體認)하여 밖의 행동을 제약하고 마음속을 기르지 않는다면, 비록 날마다 천경(千經)을 읽고 외워도 오히려 이로움이 없는 것이다.[77] 여기에 그의 실학적 학문관이 잘 나타나 있

75 같은 책, 卷12, 〈答從子抃正言晳翰林〉, "凡盡職之道, 唯在所處, 致力盡心而已, 別無新奇特異底物事, 守約二字, 百事可做."

76 같은 책, 附錄, 上, 〈遺事〉, "又曰, 初學之士, 不可不先學禮. 不學禮, 則眞所謂耳目無所加, 手足無所措也. 又曰, 自視聽言動之間, 至於應事接物, 莫不有禮. 一一求合乎禮, 則人慾無所容, 而天理流行矣."

다. 형식적으로 많은 경전을 읽고 외우는 것은 겉치레의 학문에 지나지 않는다. 진정한 실학은 몸과 마음을 체인하여 밖의 행동을 제약하고 마음속을 기르는 제외양내(制外養內)의 공부에 있다. 이론적 지식의 습득이나 양적 성과가 아니라 유교의 진리가 내 몸과 마음에 체득(體得)되고 실천하여 인격화될 때, 그것이 진정한 유가의 실학이 된다는 것이다. 오늘날 현대 교육이 주지적(主知的) 한계에 놓여 있고, 전인교육, 인성교육의 위기를 맞는 현실에서 노서의 실학적 학문 태도는 하나의 지남(指南)이 된다.

그런데 노서의 이러한 무실학풍은 '천리돈확(踐履敦確)'[78]과 '조리독실(操履篤實)'[79] 그리고 실심(實心), 진심(眞心)을 몸소 실천하고 강조한 외조부 우계의 학풍[80]을 계승한 것이다. 그러므로 박세채(朴世采)는 송시열(宋時烈)에게 보낸 글에서 "지금 노장(魯丈; 노서)의 학문은 비록 한마디로 말하기 어려우나, 요컨대 그 대체는 스스로 우계의 가르침을 이었고, 신독재의 글에 의거했다"[81]고 하여, 노서의 무실(務實)학풍이 우계와 신독재에 연원하고 있음을 밝히고 있다.

또한 명재(明齋) 윤증(尹拯)은 박세채에게 답한 글에서, 부친의 학풍을 '내(內)'와 '실(實)'로 특징지어 설명하였다.[82] 즉 부친의 학풍은 내성(內

---

77 같은 책, 卷12, 〈與子拯.推〉, "所謂優遊者, 亦非謂晝夜强讀書册. 若不體認身心, 制外養內, 則雖使日誦千經, 猶無益也."

78 유명종, 〈절충파의 비조 우계의 이기철학과 그 전개〉, 《성우계사상연구논총》, 우계문화재단, 1988, 336쪽.

79 《牛溪集》, 年譜附錄, 〈行狀〉, "栗谷嘗稱曰, 若論見解所到, 吾差有一日之長, 操履篤實, 吾所不及云."

80 황의동, 〈우계의 도학사상〉, 《우계학보》, 제16호, 우계문화재단, 1995, 22~25쪽.

81 《南溪集》, 卷26, 〈答宋尤齋〉, "今魯丈之學, 雖難一論, 要其大體, 自是述牛溪之訓, 而依愼齋之文者……."

82 《明齋遺稿》, 別集, 卷3, 〈答朴和叔〉, "先人之學, 內也實也, 尤翁之學, 外也名也."

聖)의 학이요, 실학(實學)이라 규정하였다. 이러한 관점에서 노서는 "〈주문지결(朱門旨訣)〉의 요령은 지경(持敬)과 궁리(窮理)하는 방법이며, 하학용공(下學用功)의 일은 곧바로 착수하는 것이 진실로 학문하는 지결(旨訣)이다"[83]라고 하여, 하학용공의 중요성을 강조하였다.

(4) 실공實功의 추구

노서의 무실(務實)사상은 궁극적으로 실공(實功)을 추구하는 데 목적이 있다. 실공(實功)이란 율곡에 따르면 일을 하는 데 참이 있어, 빈 말을 힘쓰지 않는 것을 말한다.[84] 즉 진실하여 말로만 하지 않고 실천, 실행함을 말한다. 따라서 실공이란 다름 아닌 진실한 노력, 진실한 행위를 말한다. 아무리 뜻이 좋고 이론이 훌륭해도 실천하지 않으면 결과는 없다. 노서는 당시 사회의 공리공론의 병폐를 비판하고 자기수양은 물론 매사에 실천궁행하는 기풍을 강조했다.

> 다만 말하는 것이 어려운 것이 아니라 행하는 것이 실로 어렵다. 왜냐하면 모든 일이 하지 않으면 그만이지만 한다면 반드시 성(誠)해야 한다.[85]

말하고 주장하는 것이 어려운 것이 아니라 행하기가 어렵다고 한다. 그 이유는 매사가 참되어야 하기 때문이다. 여기에서 성(誠)은 곧 진실하여 거짓이 없는 것을 말한다. 말로만 하고 실천하지 않는다면 그것이 곧 거짓이다. 언행(言行)의 일치가 실공(實功)의 길이다. 그는 또 말하기를,

---

83 《魯西遺稿》, 〈魯西遺事〉, "朱門旨訣, 則大要是持敬窮理之方, 而下學用功之事, 卽日使可下手, 眞爲學旨訣也."

84 《栗谷全書》, 卷5, 〈萬言封事〉, "所謂實功者, 作事有誠, 不務空言之謂也."

85 《魯西遺稿》, 卷12, 〈上仲兄〉, "第念辭之非難, 行之實難, 何者, 凡事不爲則已, 爲則必誠."

"사의(私意)를 제거한 후에 기강을 세울 수 있고, 문구(文具)를 제거한 후에 실공(實功)을 이룰 수 있다"[86]고 하여, 형식적인 태도를 시정한 뒤에야 진실한 공을 이룰 수 있다고 하였다. 이때의 실공은 진실한 성과를 의미하는 말이므로, 앞의 진실한 노력과는 구별되지만, 진실한 노력의 산물이 실공이라는 점에서 보면 상통하는 의미다.

노서는 그의 문집에서 이른바 명실론(名實論)을 말하고 있는데 그 일단을 보기로 하자.

> 신이 진실로 아래로 굴러 떨어지더라도 감히 명실(名實)의 변(辨)으로서 한두 마디 아뢰지 아니할 수 없습니다. 신이 듣건대, 옛날의 선비된 자는 땅의 높고 낮음이 다름이 있듯이 처지에 따라 크고 작은 구별이 있습니다. 대저 공문(孔門) 제자(諸子)의 현명함으로서 지혜를 두루 갖추지 않음이 없고 행실을 갖추지 않음이 없으나, 그 출처에 마땅히 같지 않은 바가 없습니다. …… 그런즉 힘이 작은 자는 무겁게 맡김에 부족하고, 재주가 보잘것없는 자는 정교한 데 쓰기에 부족하니, 한갓 아래로서 위에 응하지 못하는 것이 그렇고, 위에 이르러 아래를 구하는 것 또한 그렇지 아니함이 없습니다. 그러므로 능력을 헤아려 벼슬을 받는 것은 명(命)을 다하는 신하요, 덕(德)을 논해서 벼슬을 주는 자는 공(功)을 이룬 임금입니다. 옛 훌륭한 임금을 보건대, 반드시 널리 예로서 초빙하여 인재를 얻음을 먼저 힘썼는데, 그 임용하는 바 또한 반드시 그 실행(實行), 실공(實功)이 있음을 구하여 벼슬하게 하였습니다.[87]

---

86 같은 책, 附錄, 上, 〈遺事〉, "又曰, 去私意而後, 可以立紀綱, 除文具而後, 可以做實功……."

87 같은 책, 卷3, 〈辭進善疏(三疏)〉, 己亥, "臣誠隕越于下, 不敢不以名實之辯, 一二陳之. 臣聞古之爲士者, 地分有高下之殊, 故自處有大小之別. 夫以孔門諸子之賢, 智無不周, 行無不備, 其於出處, 宜無所不同 …… 然則力小者, 不足以任重, 才拙者不足以用巧, 非徒下之應乎上者爲然, 至於上之求乎下者, 亦莫不然. 故曰量能而受爵者, 畢命之臣也. 論德而授官者, 成功之君

노서는 명실론(名實論)에 입각해서 인사문제를 거론하고 있다. 즉 인재를 등용할 때에는 명분과 실상이 맞아야 한다는 것이다. 직책이나 직위가 있으면 거기에 맞는 인재가 등용되고 그 직위와 직책을 맡아야 한다. 현명한 자가 그 지위에 있어야 하고, 능력 있는 자가 그 직책을 맡아야 한다. 도덕적 능력에 걸맞은 지위가 주어져야 하고, 전문적 능력에 맞는 직책이 주어져야 명실상부(名實相符), 유명유실(有名有實)이 될 수 있다. 이는 달리 말하면 '군군신신부부자자(君君臣臣父父子子)'의 정명(正名)과도 상통하는 의미다. 그 이름에 맞는 직분이 주어지고, 그 직분을 그 이름에 맞도록 실천할 때 바로 정명(正名)이 된다. 노서는 특히 옛 임금들은 예로써 널리 인재를 초빙해 썼지만, 무엇보다 그 사람의 실행, 실공을 확인하고 등용하였다고 하였다. 이와 같이 노서는 먼저 실심을 확립하고 실덕을 함양하여 실공을 이루어야 한다고 하였다. 실심, 실덕, 실공으로 대표되는 그의 무실(務實)사상은 유학 본래의 정신으로 돌아가자는 의미가 짙고, 나아가 수기치인(修己治人), 내성외왕(內聖外王)의 진실한 구현을 의미한다고 할 수 있다. 즉 진정한 수기의 실천, 진정한 왕도의 실현이야 말로 노서 무실(務實)사상의 참뜻이라 할 수 있다. 이런 점에서 18세기 이후 전개된 조선조 후기실학과는 구별되는 의미의 실학풍이라 할 수 있다.

也. 歷觀前古有爲之主, 必以旁招之禮, 爲得人之先務, 而其所任用, 亦必求其有實行, 實功者而進之."

제3절 우암 송시열과 명재 윤증

1. 문제의 제기

우암(尤庵) 송시열(宋時烈; 1607~1689)과 명재(明齋) 윤증(尹拯; 1629~1714)의 만남은 특별한 의미가 있다. 그것은 조선조 17세기 역사의 중심에 섰고, 그 역사적 영향 또한 매우 컸기 때문이다. 우암이나 명재 모두 당대를 대표하는 학자요 정치가였다. 우암은 '태산교악(泰山喬嶽)', '대로(大老)'로 불릴 만큼 17세기 조선역사에서 정치적으로나 학문적으로 매우 중요한 위치에 있었고, 명재는 비록 평생을 벼슬길에 나아가지 않았지만, '얼굴 없는 재상'으로 불릴 만큼 존경을 받았고, 소론의 영수로 추대될 만큼 당대 소장 지식인들의 신망을 받았다.

그런데 불행하게도 양자의 만남은 갈등과 대립의 연속이었고, 그들이 죽은 후 조선조 역사는 물론 오늘날까지도 그 앙금이 여전히 남아 있다. 《조선왕조실록》이나 당쟁사를 다룬 책들의 경우 이들의 대립과 갈등이 주류를 이루고 있다.

우암이나 명재는 모두가 호서의 명현(名賢)이다. 우암은 대전 회덕을 중심으로 활동해 왔고, 명재는 논산 노성(尼山)을 중심으로 활동하여, 지역적으로도 가까운 동향이나 다름없었다. 또 이들은 복잡한 연혼(連婚)관계 속에 혈연적으로도 매우 가까운 사이였으며, 정치적으로도 같은 서인의 집안이었다. 더구나 명재의 부친 윤선거(尹宣擧)와 우암은 학문적 동지요 친우였고, 명재는 우암의 촉망을 받았던 고제(高弟)였다. 이러한 일련의 조건들을 살펴보면 이들 사이의 역사적 갈등은 참으로 이해하기 어려운 측면이 있다.

나이로 보면 우암이 명재보다 22년 선배다. 《송자대전(宋子大全)》에 의하면 우암이 명재에게 보낸 편지가 15편이고, 답장한 것이 32편으로 모두 47편이 실려 있다. 《명재유고(明齋遺稿)》에는 명재가 우암에게 보낸 편지가 14편이고, 답장한 것이 19편으로 모두 33편이 실려 있다. 우암이 명재에게 답장한 것이 32편이라고 보면, 명재가 우암에게 보낸 편지는 적어도 18편이나 빠져 있다고 볼 수 있다. 마찬가지로 명재가 우암에게 답장한 것이 19편이라면, 우암이 명재에게 보낸 편지도 적어도 4편은 빠져 있는 셈이다. 《송자대전》에 의하면 우암이 명재와 편지를 주고받은 시기는 1666년(명재 38세, 우암 60세)에서 1684년(명재 56세, 우암 78세)까지 약 18년 정도로 추정된다. 그러나 《명재유고》에 의하면 1674년(명재 46세, 우암 68세)에서 1684년까지 약 10년간의 편지밖에 실려 있지 않다. 논자는 29세에 명재가 우암 문하에 입문한 이후 초기 양자 간에 주고받은 편지를 보고 싶었지만 어느 곳에도 실려 있지 않았다. 명재로 본다면 29세에서 46세 이전의 편지가 없는 셈이고, 우암의 경우는 51세에서 56세 사이의 편지가 누락되어 있는 셈이다. 이를 통해 보아도 양자의 석연치 않은 저간의 사정을 짐작할 수 있다.

그러면 무엇이 이들을 갈등하게 했단 말인가? 이러한 양자의 갈등 요인을 역사적 바탕 위에서 검토해 보고, 그렇게 대립 갈등할 수밖에 없었던 양자의 입장을 종합적으로 이해하고자 한다. 그리하여 이 갈등의 역사가 갖는 의미가 무엇이며, 상보적(相補的) 시각에서 이해하는 화해(和解)

의 장(場)을 마련해 보고자 한다. 아울러 양자의 갈등 이면에 자리하고 있는 이념적, 사상적, 학문적 차이가 무엇인가를 고찰하는 동시에, 그 연원과 함께 이후 전개된 학파, 정파의 분기(分岐)에 대해서도 언급하고자 한다.

우암과 명재의 정치적 갈등을 역사적 시각에서 연구한 성과는 비교적 많은 편이다.[1] 그런 가운데 양자의 갈등과 대립을 학문적, 이념적 차이에서 찾고자 하는 노력도 활발하다. 필자는 이러한 기존 연구 성과를 바탕으로 양자의 이념적, 학문적 차이가 무엇인가를 고찰하고, 이에 기초한 학문적, 정치적 분기에 대해서도 언급하고자 한다.

2. 송시열과 윤증의 만남

(1) 사승관계

명재의 학문 배경은 참으로 복잡하다. 그것은 그의 사승(師承)관계가 단순하지 않고 복합적임을 말해 준다. 그는 명문가 파평(坡平) 윤씨(尹氏) 집안에서 행복하게 태어났다. 부친의 외조부가 우계(牛溪) 성혼(成渾)이요, 조부가 팔송(八松) 윤황(尹煌)이며, 부친이 미촌(美村; 魯西) 윤선거(尹宣擧)였다. 따라서 가학적 영향이 매우 컸음을 짐작하게 한다. 이러한 유복한 환경 속에서 명재는 당대 명유(名儒)의 폭넓은 가르침을 받

1 이는 주로 당쟁사의 연구라고 볼 수 있는데, 그 대표적인 것만 소개하면 이건창의 《당의통략》(광문회, 1912)을 비롯하여, 성낙훈의 〈한국당쟁사〉(《한국문화사대계 2》, 고려대민족문화연구소, 1970), 강주진의 《이조당쟁사연구》(서울대학교출판부, 1971), 이희환의 《조선후기당쟁연구》(국학자료원, 1995), 이은순의 《조선후기당쟁사연구》(일조각, 1992), 이성무의 《조선시대당쟁사 1, 2》(동방미디어, 2000) 등이 있다. 그 밖에 이병도의 《한국유학사초고》, 현상윤의 《조선유학사》(민중서관, 1949)도 참고할 만하다.

을 수 있었다. 14세에 시남(市南) 유계(兪棨)의 문하에서 수업을 하였고, 18세에는 장인인 탄옹(炭翁) 권시(權諰)의 문하를 출입하며 도학을 배웠다. 23세에는 부친의 스승이요 예학의 대가였던 신독재(愼獨齋) 김집(金集)을 방문하여 가르침을 받고, 그 이듬해에는 동춘당(同春堂) 송준길(宋浚吉)을 방문해 가르침을 받았다. 26세에는 구포로 포저(浦渚) 조익(趙翼)을 방문해 가르침을 받았으며, 29세에는 김집의 추천으로 우암 송시열의 문하에 정식 입문하여 성리학을 배웠다.

그러나 명재에게 의미 있는 사승관계는 부친 윤선거의 가학, 장인 권시의 도학, 송시열의 성리학이라고 할 수 있다. 명재가 우암의 문하에 들게 된 것은 부친 윤선거와 송시열이 김집의 문하에서 함께 수학하는 동문이었고, 또 김집이 당신의 문하 가운데 송시열이 주자학에 가장 밝다고 추천했기 때문이다.[2] 이리하여 그는 우암에게서 《주자대전(朱子大全)》을 비롯한 성리학을 공부하였고, 명재는 우암 문하의 촉망받는 제자이기도 했다. 이때 윤선거는 아들 명재에게 우암이 장점이 많이 있지만, 그의 기질이 좋지 못한 것이 병폐라 하여, 이런 것은 본받지 말도록 타이르기도 하였다.[3]

이와 같이 우암과 명재의 사제관계는 명재가 우암의 문하에 입문한 1657년부터 명재가 우암을 노골적으로 비판한 〈신유의서(辛酉擬書)〉가 쓰여진 1681년까지 유지되었던 것으로 보인다. 따라서 두 사람의 사제관계는 약 24년 동안 지속되었다고 볼 수 있다. 이건창(李建昌)의 《당의통략(黨議通略)》에 의하면 우암이 사사(賜死)된 후 명재는 심복(心服)을 입었다고 한다.[4]

---

2 《明齋先生年譜》, 卷1, "三十年丁酉三月受朱子于懷川(愼齋曰, 吾儕中英甫最熟……)"

3 같은 책, 같은 글.

그런데 우암과 명재의 관계는 부친 윤선거와 우암의 관계와 밀접히 연관되어 있다는 점에서 윤선거와 송시열의 관계를 검토해 보기로 하자. 윤선거의 〈연보〉에 따르면 1644년 여름 유계, 송시열, 이유태(李惟泰) 등 호서유림들과 함께 서대산 신안사에 모여 고례(古禮)를 강행하였고, 1646년 6월 김집을 방문하고, 송시열, 이유태, 종형 윤원거(尹元擧) 등과 함께 돈암서원에서 회동하기도 하였다. 1652년 가을에는 김상헌(金尙憲)의 죽음을 맞아 곡하였으며, 돈암서원에서 송시열, 이유태 등과 사흘을 함께 지내기도 하였다. 또한 1653년 윤7월에는 송시열, 유계, 이유태 등 여러 호서유림들과 더불어 황산서원(黃山書院)에 모여 윤휴의 사정(邪正)에 대해 토론하였다. 1655년에는 송시열, 이유태 등과 함께 돈암서원에 모여 《의례문해(疑禮問解)》를 교정하기도 하였다.[5] 이와 같이 윤선거와 우암은 사계, 신독재의 연산학단(連山學團)에서 동문수학한 처지였고, 윤황의 〈행장〉을 우암이 쓸 만큼 친밀했던 것이다. 그러나 강도 사건, 황산서원 모임, 예송(禮訟), 〈기유의서(己酉擬書)〉 그리고 윤휴와의 우호적 관계로 말미암아 소원해지게 되었다.

(2) 복잡한 연혼관계

우암과 명재의 관계에서 빼놓을 수 없는 것이 이들의 연혼(連婚)관계다. 당시 호서유학을 주도했던 송시열, 윤선거, 권시, 윤휴, 윤증, 박세채는 상호 복잡한 연혼관계에 있었다. 우선 명재의 중부(仲父)인 윤문거(尹文擧)의 아들이 윤박(尹搏)인데, 윤박은 우암의 딸과 결혼하였으며, 명재는 권시의 딸을 아내로 맞았다. 또한 우암의 사촌 형인 송시영(宋時榮)은

---

4 강주진, 《이조당쟁사연구》, 서울대출판부, 1971, 128쪽.

5 《魯西遺稿》, 附錄, 上, 〈年譜〉 참조.

윤선거의 중부인 윤전(尹烇)의 딸을 아내로 맞았으며, 우암은 권시의 아들 권유(權惟)를 큰 사위로, 윤문거의 아들 윤박(尹搏)을 둘째 사위로 맞았던 것이다. 이와 같이 명재의 집안과 우암의 집안은 사돈관계를 유지하고 있었다.

또한 우암의 계자(系子) 송기태(宋基泰)는 박세채(朴世采)의 딸을 아내로 맞았으며, 명재의 장인인 권시는 윤휴의 아들인 윤의제(尹義濟)를 사위로 맞았다. 따라서 윤증과 윤의제는 동서지간(同壻之間)이었다.

이렇게 볼 때, 윤휴는 우암과는 동학(同學)의 벗이요 권시를 통해 송시열과는 사돈 간이며, 윤선거와도 권시를 통해 사돈 간이며, 또 윤선거 일족의 외손이 되며, 권시와는 사돈이 될 뿐 아니라 처족이 되는 처지에 있었고, 또 윤휴의 문인이요 친밀한 제자인 이유는 윤선거와 사돈이 되었으니, 윤휴와 송시열은 물론이요 권시, 윤선거 양인과도 끊을 수 없는 혼인관계가 있을 뿐 아니라, 당시 윤휴 일가의 혼벌(婚閥)은 윤선거, 권시와 더불어 대단히 높은 편이었음을 알 수 있다.[6]

3. 송시열과 윤증의 갈등

(1) 강화도 사건

우암과 명재 사이에 갈등이 생기게 된 하나의 요인은 이른바 '강화도(江都) 사건'이다. 1636년(병자丙子) 12월 청 태종은 10만 대군을 이끌고 압록강을 건너 조선을 침략했다. 10여 일 만에 서울근교에까지 이르자, 조정에서는 왕실 가족들은 강화도로 피난시키고 인조는 소현세자와 더불어 남한산성으로 피난하게 되었다. 1637년 남한산성이 이미 적에게 포위

6 강주진, 앞의 책, 130쪽.

되고 강화도마저 함락되자, 윤선거는 친구들과 함께 성을 굳게 지키기로 맹세하였다. 성이 함락되자 그의 친구들이 모두 죽고 중부(仲父) 윤전(尹烇)도 자결하였으며, 아내 이씨(李氏)도 스스로 목숨을 끊었다. 그러나 윤선거 자신은 왕실 일행과 함께 강화도를 탈출하여 살게 되었다. 이것이 이른바 강화도 사건이다. 이에 대해 《숙종실록(肅宗實錄)》은 다음과 같이 기술하고 있다.

병자년 정월에 청나라 사람이 참호(僭號)하고 사신을 보내 이르니, 윤선거가 여러 유생을 창도(倡導)하여 상소해서 오랑캐 사신을 목 베도록 청하였다. 오랑캐 사신이 크게 놀라 도망갔으며, 그 아비 윤황이 간관(諫官)으로써 또한 화친(和親)을 주장하는 권세 있는 신하를 힘써 배척하였으니, 이로 말미암아 윤선거 부자의 강직하다는 명성이 온 세상을 움직였다. 청병(淸兵)이 우리나라를 침범하기에 미쳐, 윤선거는 강도(江都)로 피난하고 또 분사(分司)의 재집(宰執)에게 글을 올려 그 무모함을 책하였으며, 사인(士人) 김익겸(金益謙), 권순장(權順長) 등과 함께 성문을 나눠 지켜 일이 급하면 반드시 죽기로 서로 맹세하고, 아내와 더불어 함께 죽기로 약속하였다. 강도가 함락되자 김익겸 등이 과연 맹세를 저버리지 않고 모두 죽으니, 윤선거도 함께 죽고자 하여 그 아내 이씨를 몰아서 스스로 목매게 하였으나, 윤선거는 죽지 못하였다. 이때에 종실(宗室)인 진원군(珍原君)이 포위 속에서 오랑캐 장수의 시킴을 받아 남한산성의 행재소(行在所)로 가게 되었는데, 윤선거가 전에 진원군과 같은 마을에 살면서 서로 친하게 지냈으므로, 드디어 그 종이 되기를 구하여 이름을 선복(宣卜)이라 하고 진원군을 따라 나오니, 한때의 더러운 비방이 사람으로 하여금 거의 차마 들을 수 없게 하였다. 윤선거도 스스로 원망하고 스스로 단속하며 장가들지 않고 벼슬하지 않으며 뜻을 굽혀 문경공(文敬公) 김집(金集)의 문하에 배움을 청하였으니, 문하의 여러 사람이 그 진취(進就)를 인정하고 그 지나간 일을 마음에 두지 아니

> 하여 벗이 되기를 허락하였다. 송준길, 송시열, 이유태, 유계 등이 가장 그에게 친절하여, 절차강마(切磋講磨)하면서 서로 사귀어 칭찬하고 편들어 주었다. 효종이 여러 번 불렀으나 윤선거는 번번이 강도(江都)의 일을 끌어대어 스스로 죽을 죄를 지은 신하라고 일컫고 끝내 나아가지 않았다.[7]

이것이 윤선거의 강도 사건의 전말인데, 사료에 따라 약간의 차이는 있으나,[8] 대체로 전체적인 줄거리는 비슷하다. 이러한 상황에서 과연 죽는 것이 옳으냐 하는 문제는 별개로 치더라도, 당시 조선조 유교사회의 정서로는 비난의 대상이 될 수밖에 없었다. 그러나 위에서도 지적하고 있듯이, 윤선거는 이를 평생 부끄럽게 여겨 벼슬길을 단념하고 김집의 문하에서 오로지 학문에 독실했다. 이에 관해 윤선거는 임금에게 다음과 같이 자신의 의사를 피력했다.

> 신은 밖으로는 붕우들에게 부끄럽고, 안으로는 처자에게 부끄러우며, 중부를 좇지 못하고 노비가 되어 구차히 죽음을 면하였습니다. 난에 임하여 성(性)을 잃고 의(義)에 처하여 형상이 없으니, 지금 돌이켜 생각하니 죽음을 얻지 못한 것이 한스럽고, 몸과 이름을 무너뜨리고 더럽혔으며, 정리(情理)가 슬프게 새겨져 하늘을 우러러 보아도 땅을 굽어보아도 얼굴을 드러낼 수 없으니, 고향에 숨어 살기로 한평생을 기약하였습니다.[9]

---

7 《국역 숙종실록》, 015 10/05/13(무인)

8 《숙종실록(肅宗實錄)》과 《숙종실록보궐정오(肅宗實錄補闕正誤)》 사이에 이에 관한 내용이 약간 다른데, 이를 통해 당시 정치적 변동의 영향을 짐작할 수 있다.

9 《魯西遺稿》, 卷3, 疏狀, 〈辭啓議疏〉, "臣外負朋友, 內愧處子, 不從於仲父, 而爲奴以苟免焉. 臨亂失性, 處義無狀, 追思至今, 恨死不得, 身名敗衊, 情理痛刻, 俯仰天地, 無面可顯, 廢伏田里, 沒齒爲期."

이러한 윤선거의 처신에 대해 당시 호서의 대표적 명현이었던 송시열, 송준길, 이유태, 유계 등은 모두 높이 평가하고 학문적 동지로서 허락했던 것이다. 그것은 송시열이 지은 묘지명(墓誌銘)에도 강화이야기가 조금도 언급됨이 없는 것을 보아도 윤선거를 싫어하게 된 원인이 강도지사(江都之事)에 있는 것이 아님을 알 수 있다. 송시열이 윤선거를 미워하게 된 것은 윤선거와 윤휴와의 관계라고 볼 수 있다.[10] 물론 윤증도 부친의 이 강도 사건을 평생의 멍에로 짊어지고 벼슬길에 나아가지 않고 오직 재야의 선비로 살았다. 다만 이 사건이 우암과 명재의 갈등에 직접적인 원인이 된 것은 아니라 하더라도, 이후 양자의 갈등에 하나의 간접적 요인이 되었음은 부인하기 어렵다.

(2) 황산서원 모임과 동학사 모임

황산서원(黃山書院) 모임이란 1653년(효종 4년) 윤선거, 송시열, 유계, 윤원거 등 약 10여 명이 충남 논산의 황산서원에서 가진 모임을 말한다. 이 모임은 시회(詩會)로 만났으나 서원강당에서 동숙하면서 윤휴의 문제로 윤선거와 송시열이 크게 논쟁을 벌였다. 《송자대전》에 의하면 윤선거는 윤휴를 성인시하였으며, 그 학문의 정온(精蘊)함을 알기가 부족하다고 평가하였다. 이에 송시열은 윤휴가 주자를 공박하는 것으로 보아 사도(斯道)를 어지럽히는 적임을 알 수 있다 하였다. 이에 윤선거는 말하기를, 의리는 천하의 공물(公物)인데 윤휴가 그의 보는 바로써 주자의 주설(註說)을 논평하는 것이 무엇이 잘못이라고 이같이 공박하는가 하였다. 이에 송시열은 하늘이 주자를 낳으심은 실로 공자의 마음을 낳으심이다. 주자 이후로부터 한 가지 이치라도 밝지 않음이 없고 한 글자라도 혹 어두운 것

10 강주진, 앞의 책, 169쪽.

이 없는데, 무엇이 의심할 바가 있어 감히 의논을 보태는가? 혹 여기에 의심이 있으면 주자의 글에 대하여 그 분명치 않은 점을 지적하면 될 것이지, 왜 마음대로 주자의 중용을 소멸(掃滅)해서 자기의 설로 대신하려 하는가 하였다. 이에 대해 윤선거는 윤휴가 고명(高明)이 지나쳐 실수한 까닭이라고 하였다. 이에 송시열은 격노해서 말하기를, 공은 과연 주자는 고명하지 못하고 윤휴가 더 고명하단 말이냐고 하였다. 이에 윤선거는 말하기를, 고명이라 말한 것은 나의 실언이라 하고, 다만 경탈(輕脫)의 소치라고 하였다. 이에 송시열이 말하기를, 내가 난적(亂賊)이라고 말한 것은 바로 그 경탈을 말할 뿐이다. 춘추의 필법을 빌리면, 난신적자(亂臣賊子)는 먼저 그 당여(黨與)를 다스린다 하였으니, 공은 마땅히 윤휴보다 먼저 법의 다스림을 받아야 한다 하였다.[11]

이 기록은 비록 우암의 글이지만, 송시열과 윤선거 두 사람만의 논쟁이 아니라 10여 명이 함께 자리한 모임에서 있었던 논쟁이었으므로 신빙성이 있다. 특히 이수언(李秀彦)이 나량좌(羅良佐)를 논하는 상소 가운데서 이 사실을 전하고 있고, 윤선거, 윤증 부자도 이에 대해 다른 변명이 없었다는 점이 이를 말해 준다.[12] 그리고 이를 통해 윤선거가 1653년경부터 이미 윤휴와 뜻을 함께하고 있음을 짐작할 수 있고, 우암은 윤선거 자신을 미워한 것이 아니라 윤선거가 윤휴의 편에 서서 변명하는 것을 미워했다고 볼 수 있다.[13]

그로부터 12년 뒤인 1665년(현종 6년)에 다시 윤선거, 송시열, 이유태 등 사계 문하생들이 우계, 율곡의 연보간행을 상의하기 위해 동학사(東鶴

---

11 《宋子大全》, 卷122, 〈與或人〉 참조.

12 강주진, 앞의 책, 147쪽 참조.

13 같은 책, 147쪽.

寺)에서 모임을 가졌는데, 이 자리에서 다시 윤휴의 사정(邪正)문제로 논쟁이 벌어졌다. 이 모임의 대화내용을 《송자대전》의 기록에 따라 요약하면 다음과 같다.

송시열이 윤선거에게 말하기를, "이처럼 오래도록 다툴 필요 없이 일단 한마디로 결정하는 것이 좋겠네. 공이 한번 말해 보게. 주자가 옳은가 윤휴가 옳은가? 주자가 그른가 윤휴가 그른가?" 이에 대해 윤선거는 한참 골똘히 생각한 후에 이렇게 말했다. "흑백으로 논하면 윤휴는 흑이고, 음양으로 논하면 윤휴는 음이네"라고 대답하였다. 이에 송시열이 말하기를, "공이 비로소 크게 깨달았으니, 사문(斯文)의 다행이요 붕우(朋友)의 다행일세"라고 하였다.

그 이듬해 봄에 윤선거는 송시열에게 편지로서 동학사에서의 소위 흑백론에 대해 다시 그 진의를 설명하기를, "내가 윤휴를 가리켜 흑(黑)이니 음(陰)이니 한 것은 그의 학설에 한정될 뿐, 결코 인품 전체에 대한 평가는 아니다"라고 해명하였다.[14]

이를 통해서 볼 때, 윤선거의 윤휴에 대한 신망과 우정이 변함없음이 확인되었고, 우암의 입장에서는 윤휴의 편에 선 윤선거에 대한 불신과 미움이 더욱 컸던 것이다. 요컨대 황산서원 모임과 동학사 모임에서의 두 사람의 논쟁을 통해 양자의 갈등과 대립이 결코 사사로운 감정의 차원을 넘어서서 학문적, 이념적 간극이 컸다는 점을 알 수 있다.

(3) 기해예송과 갑인예송

윤선거와 송시열 사이에 갈등이 생기게 한 또 하나의 요인이 된 것이 이른바 예송(禮訟)이다. 제1차 예송은 1659년(기해己亥, 효종 10년) 효종

14 《宋子大全》, 卷122, 〈與或人〉 참조.

이 죽자 인조의 계비(繼妃)인 자의대비(慈懿大妃) 조씨(趙氏)가 효종을 위해 몇 년의 복을 입어야 하는가에 관한 예 논쟁이다. 인조의 장자인 소현세자가 인조보다 먼저 세상을 떠나자 차자(次子)인 효종이 인조의 뒤를 계승하였으므로, 효종은 가통(家統)으로 보면 차자지만, 왕통(王統)으로 보면 적자(嫡子)였다. 주자의 《가례(家禮)》에 의하면 부모상에는 3년 복을 입고 장자상(長子喪)의 경우 그 부모는 차남과 구별하여 3년 복을 입도록 되어 있다. 이에 대해 서인 계열의 송시열, 송준길 등은 효종은 결국 차자이므로 1년 복을 입어야 한다는 기년설(朞年說)을 주장하고, 남인 계열의 윤휴(尹鑴), 허목(許穆) 등은 효종이 왕위를 계승하였으니, 적자(嫡子)인 셈이므로 3년 복을 입어야 한다는 3년 설을 주장하여 격렬한 논쟁이 계속되었다. 결국 송시열계의 기년설이 채택되었는데, 이들 주장의 이론적 근거는 기년설은 가통을 중시한 반면 3년설은 왕통을 중시한 것이다.

그 후 1674년(甲寅) 효종의 비(妃)이자 현종의 모후(母后)인 인선왕후(仁宣王后)가 세상을 떠나자, 다시 자의대비의 복이 문제가 되어 제2차 예송이 일어나게 되었다. 서인계 학자들은 대공설(大功說)에 따라 9월 복을 입어야 한다고 주장하였고, 남인계 학자들은 기년설(朞年說)에 따라 1년 복을 입어야 한다고 주장하여 또다시 대립하게 되었다. 결국 남인계의 기년설이 채택되어 남인이 승리하고, 우암은 삭탈관직되어 덕원으로 유배되게 되었다.

이러한 예송은 윤선거와 우암 간 갈등의 직접적인 원인은 아니었다. 그것은 우암은 예송의 직접 당사자였지만, 윤선거나 명재는 예송에서 비켜서 있었기 때문이다. 특히 명재는 장인인 권시(權諰)에게 예송에 대한 자신의 입장을 다음과 같이 허심탄회하게 토로하고 있다.

3년 상의 예론이 같기도 하고 다르기도 해서 십년 동안 서로 다투어 왔는데,

혹은 저들이 옳고 이쪽이 그르며, 이쪽이 옳고 저들이 그르기도 하지만, 무슨 큰 문제가 있겠습니까? 3년이 옳다는 소견을 고치시고 기년(期年)의 소견을 가지시라고 청하는 것이 아닙니다. 대저 이 일이 이미 큰 문제가 되어 서로 공격해서 무한한 화기(禍機)를 빚어내고 있지만, 그 처음을 돌이켜 보면, 다만 하나의 조그마한 긴급하지 않은 복제(服制)에 대한 한 가지 일이었으니, 이것이 과연 무슨 모양의 가소로운 일입니까? 참으로 한숨지을 일입니다.[15]

명재에 따르면 예송 그 자체는 별로 중요하거나 긴급하지 않은 사안이며, 보는 관점에 따라 얼마든지 시비가 있을 수 있다는 것이다. 문제는 이를 가지고 파당을 삼고 지나치게 공격하여 정치적 대립갈등을 야기하고 있다는 데 대해 심각히 우려하였다.

그럼에도 우암과 명재의 갈등의 요인으로 이 예송문제가 대두되게 된 것은, 앞서 황산서원 모임이나 동학사 모임처럼 윤휴의 편에 서서 그를 옹호한 부친 윤선거의 처신 때문이었다. 부친 윤선거와 윤휴의 우정, 이념적 동질성이 우암으로 하여금 명재와 갈등하게 되는 데 하나의 요인으로 작용했다.

(4) 묘지명 사건과 〈기유의서〉

우암과 명재의 관계가 나빠진 하나의 사건이 바로 묘지명(墓誌銘) 사건이며, 이 묘지명을 송시열에게 부탁하는 과정에서 윤선거의 〈기유의서(己酉擬書)〉가 또한 문제 되었다.

---

15 《明齋遺稿》, 卷9, 〈上炭翁〉(4月), "三年之禮, 雖同異互爭, 至於十年, 或彼是此非, 或此是彼非, 亦何大害之有也. 非欲請變三年之見, 而爲期年之見也. 大抵此事已成大判, 互相攻擊, 釀出無限禍機, 環視其初, 特一小無關, 緊之服制一事而已, 此果何樣可笑可怪事耶."

그런데 이보다 앞서 윤선거의 상에 윤휴가 제문을 보내오자, 명재는 부친과의 평소 구의(舊誼)를 생각하여 이를 받아들였다. 이를 안 우암은 윤선거가 살아생전에 윤휴와의 관계를 깨끗이 청산하지 못하더니, 이제 그가 죽은 후 아들 명재조차 윤휴와의 관계를 끊지 못함에 매우 섭섭한 감정을 갖게 되었다. 그러던 차에 명재는 부친의 묘지명을 우암에게 부탁하였다. 그것은 우암이야 말로 누구보다도 부친을 잘 알 뿐 아니라 자신의 스승이기도 했기 때문이다.

그러나 우암은 "참으로 현석(玄石; 박세채朴世采)께서 그 찬양하심이 극진하셨기에, 나는 기술만 하고 짓지는 않은 채 이 명장(銘章)을 게재합니다"라고 써서 보냈다. 우암은 이미 명재가 윤휴의 제문을 받은 것에 대해 불만이었으므로 성실하게 써 줄 생각이 없었다. 아울러 박세채가 쓴 행장의 '실여교악(實如喬嶽)' 같은 극찬의 표현에 대해서도 불만이었다. 따라서 우암은 박세채가 행장에서 잘 썼으므로, 자신이 따로 할 말이 없다는 것이었다. 이에 이르자 명재는 섭섭한 마음과 불만을 갖게 되었으나, 꾹 참고 4, 5년을 두고 여러 번 편지를 보내 개찬(改撰)을 요청하였다. 더욱이 우암의 유배지 장기까지 가서 사정을 하기도 했다. 그러나 일부 부분적인 자구 수정일 뿐 내용의 전면적인 수정은 아니었다. 이에 명재는 묘지명의 개작(改作)을 단념하고, 1684년(숙종 10년) 5월 16일 우암에게 절교의 편지를 보내게 되었다.

그런데 송시열이 윤선거의 묘지명을 성의껏 써 주지 아니한 이유 중의 또 하나가 〈기유의서(己酉擬書)〉 때문이기도 하다. 〈기유의서〉는 1669년 윤선거가 우암에게 보내려고 써 놓았던 편지로, 우암이 조정에 있을 때 비판과 충고를 하고자 썼던 글인데, 그가 곧 조정을 떠나게 되어 보내지 못했던 것이다. 명재는 평소 부친이 우암에게 허심탄회했던 것을 생각하여, 묘지명을 청탁할 때 이를 함께 보냈던 것이다. 그런데 이 편지 가운데 다음과 같은 내용이 문제가 되었다.

윤휴, 허목 두 사람 같은 경우는 비록 미혹(迷惑)의 과실(過失)은 있지만, 어찌 마침내 참적독석(讒賊毒螫)의 인물로 단정하여 용납하지 못하도록 하였습니까? 오늘날에 있어 과연 예송을 시기하고 혐오하는 흔적을 씻어 버리고, 먼저 이 두 사람을 비롯하여 우리가 사사로움도 없고 인색하지도 않다는 마음을 보여 준다면, 안으로는 우리의 아량을 넓힐 수 있고, 밖으로는 사람들의 마음을 복종시킬 수 있을 것이니, 저 두 사람이 어찌 안일한 마음을 가졌겠습니까? 저 두 사람이 또한 기뻐하지 않겠습니까?[16]

이와 같이 윤선거가 윤휴, 허목에 대해 관용을 베풀어야 한다는 내용을 보자, 우암은 역시 윤선거가 윤휴와의 우호적 관계를 죽을 때까지 지속하고 있었다고 보고, 이에 따라 불쾌한 심기를 갖게 되었고 묘지명 찬술(撰述)에도 성의를 보이지 않았던 것이다.

이렇게 볼 때, 이 묘지명 사건도 결국 윤휴의 제문이 발단이 되었고, 특히 윤휴, 허목을 두둔했던 부친 윤선거의 〈기유의서〉가 갈등을 더욱 부채질했던 것이다.

(5) 〈신유의서〉 사건

〈신유의서(辛酉擬書)〉는 경신환국(庚申換局) 이듬해인 1681년(신유辛酉, 숙종 7년)에 명재가 우암에게 보내려고 쓴 글인데, 명재가 이 편지를 써서 박세채에게 보여 주자, 박세채는 그 내용이 우암을 지나치게 비난하고 있다고 발송을 만류하였다. 그런데 박세채의 사위이며 우암의 손자인

---

16 《尤庵年譜》, 崇禎 46年, 癸丑, 10月條 참조.

송순석(宋淳錫)이 박세채의 집에서 이것을 보고, 몰래 가져다 조부인 우암에게 전해 줘, 양자의 관계를 더욱 악화시키게 되었다.

〈신유의서〉는 1400여 자에 달하는 장문의 편지인데, 명재가 스승인 우암의 정치, 학문, 사상을 두루 비판하면서 자신의 학문과 정견을 제시한 글이다. 그 내용을 분석, 정리하면 다음과 같다.[17]

첫째, 우암의 학문이 주자학의 근본이라고 하나 실제로는 기질이 처음부터 편벽되어 있는 것을 고치지 못하여, 주자가 말하는 '강의준절(剛毅峻截)' 한 실학을 배우지 못해 일세(一世)의 풍교(風教)를 떨어뜨려 후세의 치소(恥笑)를 면치 못할 것이다. 그러므로 우암이 주자를 법문(法文)으로 하고 사림의 종장(宗匠)이 되기 위해서는 "참으로 문하의 기질은 본래 강직(剛直)하고 학문에 대한 공적도 일조에 분발하여, 쓰디쓴 살갗과 비늘을 씻어 낸 후 한결같은 정성이 확립되는 바에 따라 모든 뜻이 곧아서, 속에서부터 겉에 달하는 것과 작은 것에서부터 큰 것에 이르기까지 천리에서 나오지 않음이 없으니, 전대(前代)의 통서(統緖)를 이어 후대에 통서를 전하시어, 초지(初志)의 기대를 완수한 것이 참으로 호추(戶樞)를 움직이는 것 같이 쉽다고 하겠습니다"[18]라고 하는 바와 같이, 편벽된 기질을 고치고 주자의 정학(正學)으로 정진해야 된다는 것이다.

둘째, 우암이 오로지 내세우는 존명벌청(尊明伐淸)의 의리는 그 방법을 말로만 내세우고 실(實)이 없기 때문에, 주자가 경계한 '의리쌍행(義利雙行)' 이 되고 말았으니, '이행(利行)' 을 버리고 '의행(義行)' 을 실천해야 된다는 것이다. 명재는 그동안 우암이 자임전념(自任專念)한 이 존명

17 이은순, 〈명재 윤증의 생애〉, 《명재 윤증의 생애와 사상》, 충남대 유학연구소, 2001, 33~34쪽 참조.

18 《明齋遺稿》, 卷1, 崇禎 54年, 辛酉, 6月條 참조.

벌청(尊明伐淸)의 의리가 구체적으로 이룩한 실적도 없이, 오로지 밖에 드러난 것은 그의 작록(爵祿)만 높아져 이름만 세상에 넘치고 있으므로 실제로 병자 복수를 기도하려면 이 '허명(虛名)'과 '이행(利行)'을 하루속히 고쳐야 된다고 비판하였다.

이와 같이 명재는 〈신유의서〉를 통해 스승인 우암의 학문과 인격에 대해 노골적으로 비판을 서슴지 않았다. 우암의 학문은 기질의 편벽함 때문에 주자학의 본질에서 벗어나고 있으며, 그의 북벌의리도 실적은 없고 오로지 허명(虛名)일 뿐으로 의리쌍행(義利雙行)이 되고 말았다는 비판이었다. 이는 우암의 입장에서는 엄청난 모독이었고 도전이었다. 특히 제자인 명재로부터의 이러한 비판과 도전은 사제지간의 결별을 의미하는 것이며, 이제 돌아설 수 없는 길을 걸었다. 이후 양측의 문인들에 의해 공방이 가열되었고, 노, 소론의 분당이 본격화되었다.

4. 양자 갈등의 종합적 이해와 그 의미

이상 우암과 명재 사이의 갈등에 직접, 간접으로 영향을 미친 사건들을 검토해 보았다. 강도(江都) 사건은 부친 윤선거의 호란 중 처신에 대한 윤리적 비판의 문제였고, 황산서원 모임과 동학사 모임에서의 갈등은 윤휴에 대한 부친 윤선거와 우암 간의 사정(邪正)시비였다. 또한 두 차례의 예송(禮訟)시비는 송시열과 윤휴, 서인과 남인과의 예학적, 정치적 논쟁이었지만, 윤선거의 윤휴에 대한 우호적 관계가 문제가 된 것이다. 또 묘지명(墓誌銘) 사건은 윤휴의 제문, 박세채가 쓴 행장의 윤선거에 대한 과찬, 〈기유의서(己酉擬書)〉를 통한 윤휴와의 우호적 관계 확인 등 일련의 복합적 요인에서 우암의 감정이 증폭되어 발생한 것이다. 끝으로 〈신유의서(辛酉擬書)〉는 명재 자신이 작성한 것으로, 공교롭게도 우암의 손자인 송순석(宋淳錫)을 통해 우암에게 전달되어 양자의 결별을 초래한 것이다.

이렇게 볼 때, 우암과 명재의 갈등은 참으로 여러 가지 요인들이 복합적으로 관련되어 발생한 것으로 보인다. 여기에서 주목해야 할 것은 항상 '윤휴'의 존재가 양자 갈등에 직접적으로 혹은 간접적으로 작용했다는 사실이다.[19] 이는 1684년(숙종 10년) 회덕 판교촌에서 있었던 우암과 그의 문인 박광일(朴光一) 과의 다음 대화를 통해 확인할 수 있다.[20]

> 광일: 노론, 소론의 말이 한 번 나온 뒤로, 사문(斯文)의 변고가 아주 가까운 곳에서 일어나고 있습니다.
>
> 선생: 이미 노론, 소론의 말이 나왔으니, 무슨 일인들 있지 않겠느냐? 대체로 요즘 일은 그 근원을 따지면 윤휴를 가차 없이 배척한 까닭으로 이 지경에 이른 것이다.
>
> 광일: 무슨 말씀이십니까?
>
> 선생: 처음에는 윤휴가 총명하고 민첩하였으므로 내가 깊이 혹했다. 그런데 그 사람은 항상 퇴계, 율곡, 우계 등 제현의 단점을 말하기 좋아하여 내가 일찍이 매우 걱정했다. 그 후 다시 더욱 주자를 배척하고 거리끼

---

19 이성무, 《조선시대당쟁사 2》, 동방미디어, 2000, 51쪽.
강주진, 앞의 책, 151쪽.

20 《宋子大全》, 附錄, 卷16, 〈語錄3〉, "甲子十月, 與家弟光元往拜先生於懷德板橋村, 光一曰 …… 對曰, 老少之說一出, 斯文之變, 近出肘腋矣. 先生曰, 旣有老少之說, 何事不有? 大抵近日事, 其源則以痛斥尹鑴之故, 因仍至此矣. 曰何謂也? 先生曰, 當初尹鑴坡聰敏, 故吾果深惑. 而第其人也, 常喜言退溪栗谷牛溪諸賢之短處, 故吾嘗深憂之. 其後更加一層, 攻斥朱子, 無所忌憚, 是果斯文之亂賊, 而異端之甚者也 …… 此吾所以爲斯道斥鑴者, 而獨尹吉甫不遺餘力而救護之, 故嘗痛言之. 已亥以後, 則或意其置之棄絶之域矣, 及吉甫死後, 鑴乃作祭文, 送其子而致奠焉, 尹拯又不拒而受之也. 然後吾方知其終不拒絶也. 以故吾於祭文略示其微意, 而墓文亦然, 此尹拯所以怨懟, 而至有今日事也(甲子懷川語錄 下同)."

> 는 바가 없으니, 이는 과연 사문(斯文)의 난적(亂賊)이요 이단 중에서도 심한 자이다. …… 이 때문에 내가 사도(斯道)를 위해 윤휴를 배척한 것인데, 윤선거만은 극력 구호하므로 역시 내가 통절하게 나무랐다. 기해년 이후에는 혹 그가 윤휴를 단념하고 절교했는가 여겼는데, 윤선거가 죽은 뒤에 윤휴가 제문을 지어 보내자, 윤증도 또 거절하지 않고 그것을 받았다. 그런 뒤에야 나는 그가 끝내 윤휴와 절교하지 않은 것을 알았다. 이 때문에 내가 그의 제문에 그 미의(微意)를 약간 표시했고 묘문(墓文)도 그렇게 했던 것인데, 이것이 윤증이 나를 원망해 금일의 일에 이르렀다.

이처럼 만약 윤선거나 윤증이 윤휴에 대한 관계를 청산하였다면, 양자의 갈등이나 노, 소의 대립 가능성은 훨씬 줄어들었을 것이다. 따라서 우암과 명재의 갈등은 부친 윤선거와 윤휴와의 돈독한 우정과 신뢰가 그 중요한 요인이 되었으며, 부친과 스승의 양자관계를 고려하면 명재가 부득이하게 처신했던 측면이 이해된다.

그런데 여기에서 간과할 수 없는 것은 윤선거나 명재가 우암과의 갈등을 무릅쓰고 윤휴와의 우호적 관계를 유지한 배경을 이해하지 않으면 안된다. 그것은 명재의 〈신유의서(辛酉擬書)〉에 표현되어 있듯이, 양자 사이의 이념적, 학문적, 정치적 성향의 차이라고 볼 수 있다.

이렇게 볼 때, 우암과 명재의 갈등, 노, 소의 갈등은 어느 한 사건에서 비롯되었다고 보기 어렵고, 위에서 지적한 여러 사건들이 직접, 간접적으로 영향을 미쳤으며, 나아가 학문적, 이념적 성향의 차이와 함께 인간적인 감정도 어느 정도 영향을 미쳤다고 보아야 할 것이다.

5. 학문적 차이와 학파, 당파의 분기分岐

(1) 학문적 연원

우암의 학문연원에 대해 검토해 보기로 하자. 그는 12세 때 부친에게서 "주자는 후세의 공자요 율곡은 후세의 주자니, 공자를 배우려면 마땅히 율곡으로부터 시작해야 한다"는 가르침을 받았다. 이처럼 그에게 주자는 그의 정신적 고향이요 기반이다. 그가 윤휴의 경전주석에 반대하여 혹독한 비판을 서슴지 않고, 윤휴를 옹호하는 윤선거에게 미움을 갖게 된 것도 주자에 대한 존숭 때문이었다.

또한 그는 율곡의 학문적 연원을 갖고 있다. 그것은 그의 사승(師承)연원이 율곡, 사계로 이어지고 있다는 점에서도 그렇지만, 일찍이 그의 부친이 주자를 배우려면 율곡으로부터 학문을 시작해야 한다고 한 교훈에서도 비롯된다. 특히 그는 영남유학자들이 율곡의 성리학에 도전했을 때, 이를 이론적으로 무장하고 지키는 데 노력을 다했다.

또한 우암의 학문연원은 그의 스승이었던 김장생(金長生), 김집(金集) 부자에 있다. 그의 연보에 따르면 그는 12세에 율곡의 《격몽요결(擊蒙要訣)》을 읽었고, 24세부터 본격적으로 사계의 문하에 들어가 《근사록(近思錄)》, 《심경(心經)》, 《가례(家禮)》 등을 배웠으며, 그 이듬해 사계가 세상을 떠나자 신독재에게 배우게 되었다. 사계나 신독재는 모두 우리나라 예학의 중심적 인물이었음을 고려할 때, 그의 학문 형성에 많은 영향을 미친 것은 분명하다. 그가 이른바 예송(禮訟) 사건으로 우여곡절을 겪기도 했지만, 자신의 논리를 전개할 수 있었던 기반은 사계, 신독재에게 있었다. 그뿐만 아니라 우암의 사상체계에서 예학이 차지하는 비중을 간과할 수 없고, 또 한국유학사에서 그를 예학 시대의 중심인물로 볼 수 있게 된 것도 사계, 신독재의 영향이다.

끝으로 가학적(家學的) 연원을 들 수 있다. 그의 의리적 실천이나 의리사상의 형성에 영향을 미친 그의 가학적 전통을 고려하지 않을 수 없다. 그의 부친 송갑조(宋甲祚)는 본래 사람됨이 절의를 매우 중요하게 여겼다. 그는 사마시에 합격한 신분으로 이이첨 등 권간(權奸)에 의해 서궁(西宮)에 유폐된 인목대비에게 홀로 나아가 예를 갖춤으로써 유적(儒籍)에서 삭탈(削脫)된 일화가 있었다. 또 그의 종형(從兄) 송시영(宋時榮)은 강화도에서 순절(殉節)하였고, 큰 형인 송시희(宋時熹)는 정묘난(丁卯亂)에 피해를 입기도 하였다. 이러한 가풍(家風)은 그가 의리를 중시하고 평생 의리실천에 심혈을 경주했던 삶에 많은 영향을 미쳤다.

이렇게 볼 때, 우암의 성리학은 율곡에 그 연원을 두었다고 볼 수 있고, 예학은 김장생, 김집에 그 연원을, 그리고 의리사상은 부친을 비롯한 가학적 연원에 그 뿌리를 두었다고 할 것이다.

한편 명재는 자신의 삶이 매우 고단했던 것처럼 그의 내면적 사상체계도 복합적이어서, 그의 학문적 정체성에 대한 시비와 논란이 끊이지 않고 있다. 그것은 그의 학맥이 우계학파와 율곡학파의 양맥에 닿아 있을 뿐 아니라, 그의 사상적 색채 또한 성리학, 실학, 예학, 심학 등 다양한 요소를 포함하고 있기 때문이다.[21]

명재의 학문이 형성된 데는 여러 가지 배경이 자리하고 있다. 우선 그의 사승관계를 보면 그는 어려서부터 조부 윤황(尹煌)과 부친 윤선거(尹宣擧)의 슬하에서 학문적 기초를 배웠다. 윤선거는 그의 부친이면서 스승이기도 했다. 명재는 1642년 14세 때 부친의 학문적 동지였던 시남(市南) 유계(兪棨)가 3년간의 유배생활을 마치고 금산에 자리 잡게 되자, 부친을 따라 이웃에 같이 살면서 그의 문하에서 공부하였다. 1647년 19세 때에

---

21 황의동, 《우계학파연구》, 서광사, 2005, 242쪽.

는 탄옹(炭翁) 권시(權諰)의 딸과 결혼함에 따라 그의 문하에서 수업하기도 했다.

또한 1651년 23세 때에는 연산으로 신독재(愼獨齋) 김집(金集)을 찾아가 그의 문하에 출입하였고, 그 이듬해에는 동춘당(同春堂) 송준길(宋浚吉)을 찾아뵈었으며, 1654년 26세 때에는 구포로 포저(浦渚) 조익(趙翼)을 배알하였으며, 1657년 29세 때에는 우암에게서 주자서를 받고, 그의 문하에 들어가 성리학을 독실히 공부하였다.

이와 같이 그는 당대 명망 있는 유학자의 집안에서 태어나 조부와 부친의 가학을 이어받았을 뿐만 아니라, 유계, 권시, 송시열, 김집의 문하에 출입하여 그의 사승관계가 복잡함을 알 수 있다. 이러한 것이 그의 사상적 성격을 복잡하게 하는 한 요인이 되고 있다. 대체로 그의 성리학은 우암으로부터, 예학은 부친과 김집 그리고 유계로부터, 무실(務實)학풍 또는 도학풍(道學風)은 부친 윤선거와 장인 권시 그리고 멀리 부친의 외조부인 우계와 율곡의 영향을 받은 것으로 짐작된다.

(2) 학풍의 차이

우암과 명재의 학문적 뿌리는 같은 기호학맥에 위치해 있다. 그런데 기호학맥은 다시 율곡학파와 우계학파로 크게 나누어 전개되었다. 율곡과 우계는 도우(道友)로써 평생을 함께하였지만, 그 기질과 학풍에서는 다소의 차이가 있어 보인다.

우암과 명재는 모두가 성리학자임에는 틀림없다.[22] 성리학의 내용에서

22 윤증의 저술 속에 일부 양명학에 대한 긍정적 요소가 보이고, 또 그의 문하에서 우리나라 양명학을 대표하는 정제두가 나왔다 할지라도, 《명재유고》 등 그의 문헌에 보이는 전반적인 학풍은 성리학이 아니라 할 수 없다.

보면 양자는 별 차이가 없다. 이기론(理氣論)이나 심성론(心性論)에서 율곡 성리학을 계승하고 있기 때문이다. 양자가 성리의 이론에 밝지만, 우암이 좀 더 정밀한 성리체계를 가지고 있다. 이는 우암이 율곡학파의 적통(嫡統)으로 영남유학자들의 이론적 도전에 적극적으로 대응했기 때문이다. 반면 명재는 성리학의 이론적 천착보다는 마음공부에 더욱 관심이 컸던 것으로 보인다. 따라서 우암에게서는 사변적(思辯的)인 학풍을 엿볼 수 있고, 명재에게서는 실천적인 학풍을 엿볼 수 있다. 이러한 명재의 실천적인 학풍이 무실(務實)학풍으로 나타나게 되었다. 명재는 실심(實心)에 기초한 실학(實學)을 강조하였는데, 이는 율곡과 우계 양문의 학풍을 계승한 것이다.

그러나 의리적 측면에서는 반대로 명재의 경우 부친의 강도지사(江都之事)에 대한 부담과 자신의 처사적(處士的) 삶으로 말미암아 비교적 소극적이었다면, 우암의 경우는 병자호란 후 북벌론(北伐論)을 주도하고 평생 의리의 실천에 적극적이었다. 물론 명재의 경우도 자신이 처한 상황에 맞는 처신이었다고 보면 그것이 곧 의리적 실천이었다고 볼 수도 있다.

또한 현실에 임하는 태도에서도 명재는 위에서 말한 대로 평생을 벼슬에 나아가지 아니하고 오직 재야의 사림으로 활동했다는 점에서 은둔적이었다고 볼 수 있다. 그가 비록 재야에서 임금에게 현실 문제를 언급하고 나라의 장래를 우려하기도 했지만, 구체적인 현실대안이나 개혁의지 등은 매우 부족한 편이다. 반면 우암의 경우는 조정에 있든 밖에 있든 17세기 현실정치의 중심에 서 있었고, 시국에 대한 견해와 현실개혁의 대안을 제시하는 데 훨씬 적극적이었다. 그러나 우암의 경우도 그가 56년간에 걸쳐 왕의 부름을 받고 임명된 일이 무려 167회나 되지만, 이에 응한 것은 37회에 불과하며, 우의정, 영의정에 세 번이나 올랐으나, 조정에 나아가 집무한 것은 불과 49일에 불과했음을 참고할 필요가 있다.[23]

한편 학풍의 개방성이라는 측면에서 보면 우암의 학풍은 비교적 보수적이었다고 본다면, 명재의 경우는 비교적 개방적이었다고 볼 수 있다. 이는 윤휴나 박세당 등의 경전해석에 대한 갈등을 통해서도 잘 알 수 있다. 즉 우암은 이들의 행위야말로 사문(斯文)에 대한 도전이요 주자학적 진리에 대한 도전이므로 결코 용납할 수 없다는 경직된 태도를 보였음에 대해, 윤선거와 명재는 학문적 자유라는 측면에서 이해하고자 했다. 이는 예송(禮訟)에 대한 태도에서도 우암은 자신의 논리와 견해를 분명히 하며 갈등하지만, 명재는 예송 자체에 대해 무용한 논쟁이라는 견해를 갖고 비판적이었다.

이렇게 볼 때, 우암과 명재는 그들이 살아온 삶의 자취가 달랐듯이, 학문적 자취도 다소의 차이가 있었다. 명재가 내성적(內聖的)인 학풍이었다면, 우암은 외왕적(外王的)인 학풍이었다고 볼 수 있고, 명재가 실심(實心), 실효(實效)를 중시하는 무실(務實)학풍을 강조했다면, 우암은 대의명분(大義名分)을 중시하는 의리학풍을 강조했다. 그리고 우암이 율곡 성리학의 계승을 위해 성리의 사변적 탐구를 중시했다면, 명재는 성리학의 수양론에 관심을 갖고 마음공부를 강조했다. 이러한 학풍의 차이와 기질상의 차이가 당시의 현실적 갈등과 맞물려 더욱 심화되었던 것이라고 생각된다.

(3) 학파, 당파의 분기分岐

명재와 우암은 본래 사제(師弟)관계였고, 또 율곡과 우계를 중심으로 한 기호유학의 한 뿌리였지만, 결국 학파와 당파를 달리하게 되었다. 1680년 경신환국(庚申換局) 후 대남인(對 南人)정책의 차이와 병자호란의

23 황의동, 〈문정공 우암 송시열〉, 《동국 18현》, 하, 율곡사상연구원, 1999, 405쪽.

후유증을 극복하는 과정에서 나타난 서인 내부의 갈등은 결국 노론, 소론의 노선분립과 사상계의 재편현상으로 귀결되지만, 기본적으로는 공통의 태반에서 출발하였으므로 본질적인 차이점이 보이는 것은 아니었다.

그러나 학적(學的) 연원을 소급해 볼 때, 노론이 16세기 말 율곡의 적통(嫡統)을 계승하고 있음에 비해, 소론은 우계의 학문계보와 연결되어 있는 인물들이 편중되어 있다. 1636년 병자호란에 대한 대응방식에서도 전자는 이상론인 명분론을 고집하여 척화론(斥和論)을 고수한 계열이고, 후자는 현실론인 실리론(實利論)을 주장하여 주화론(主和論)을 내세운 계열이라는 차별성을 보이고 있다.[24] 이러한 경향이 그대로 계승되어 경신환국 후 정적(政敵)인 남인에게도 나타났으니, 전자는 송시열 중심의 강경파로 노론을 형성하고, 후자는 윤증 중심의 온건파로 소론을 이루게 되었다.[25]

이에 관해 이은순은 노, 소론 분당의 계기와 요인을 첫째, 변화된 대청(對淸)외교의 명분론(名分論)과 실리론(實利論)의 차이, 둘째, 조선왕조 건국이해를 둘러싼 역사의식의 차이, 셋째, 유학 내의 학풍의 차이를 들고 있다.[26]

이와 같이 애초에 이들 붕당(朋黨)은 학파를 모체로 하여 성립하였고, 계속 학파 곧 정파의 관계를 유지해 왔다는 점을 상정할 때, 이 노, 소론 분립의 배경을 이해하기 위해서는 우선 학문적 차이를 탐색하지 않을 수 없다.[27] 이런 관점에서 고영진은 1681년(숙종 7년, 신유辛酉) 윤증이 송

24 이러한 구별은 다소 문제가 없지 않다. 예컨대 윤황(尹煌)만 하더라도 척화(斥和)의 중심적 인물이었고, 안방준(安邦俊)의 경우도 의리에 투철했지만, 전체적으로 비교해 보면 이러한 구별도 가능하리라 생각된다.

25 정옥자, 《조선후기 조선중화사상연구》, 일지사, 1998, 65쪽 참조.

26 이은순, 《조선후기당쟁사연구》, 일조각, 1992, 9~15쪽 참조.

시열과 결별하면서 사상적으로도 무실(務實)과 실심(實心)을 강조하는 등, 본격적인 변화가 나타났으며, 이러한 변화가 노론의 공세에 정치적, 학문적으로 대응하는 과정에서 점점 체계화되고 정체성을 띠어 갔던 것이라고 보고 있다.[28]

이를 종합적으로 검토해 볼 때, 우암과 명재의 결별, 노론과 소론의 분기는 매우 다양한 복합적 요인 속에서 발생한 것임을 알 수 있다.[29] 우선 병자호란 후 현실대응에서 양자의 차이를 지적할 수 있다. 우암은 대의명분론을 앞세우며 척화의리(斥和義理)로 대응했고, 명재를 중심으로 한 소론계는 실리론(實利論)을 앞세워 주화론(主和論)으로 대처했다. 또한 역사인식에서도 위화도 회군에 대한 평가에서 우암은 태조 이성계의 존호(尊號)를 '소의정륜(昭義正倫)'으로 가상(加上)하자고 주장하였고, 소론계의 박세채는 태조가 위화도회군을 한 것은 '화가위국(化家爲國)' 하기 위한 것이지, 결코 대의(大義)에서 나온 것이 아니므로 존호가상(尊號加上)은 불가하다고 반대하였다.

특히 학문적 차이를 지적할 수 있다. 같은 유학을 하면서도 명재는 실심(實心)에 기초한 무실(務實)학풍을 강조하였고, 우암은 의리적 학풍을 강조하였으며, 명재는 예론이나 이론 성리학에 소극적이었다면, 우암은 성리학의 정당성 확보에 주력하였다. 이러한 학문적 차이에서 윤휴에 대

27 정옥자, 앞의 책, 54쪽.

28 고영진, 〈명재사상의 형성과정과 한국사상사적 위치〉, 《무실과 실심의 유학자 명재 윤증》, 청계, 2001, 30쪽.

29 그렇지만 대체로 노, 소론 분당의 직접적인 계기는 '고변사건'으로 보고 있다. 노론 측의 기록인 《숙종실록(肅宗實錄)》과 소론 측의 기록인 《숙종실록보궐정오(肅宗實錄補闕正誤)》가 모두 일치하는 것으로 평가되고 있다. (이성무, 《조선시대당쟁사 2》, 동방미디어, 2000, 58쪽; 성낙훈, 〈한국당쟁사〉, 《한국문화사대계 2》, 고려대민족문화연구소, 1970, 319~326쪽; 이희환, 《조선후기당쟁연구》, 국학자료원, 1995, 67쪽)

한 사정(邪正)시비도 나오게 되었고, 예송에서의 첨예한 갈등도 야기되었던 것이다. 그 밖에도 묘지명 사건, 강도 사건, 윤휴를 둘러 싼 개인적 감정이 양자의 갈등과 학파적, 당파적 분기를 촉진시켰던 것이다.

이렇게 볼 때, 명재를 중심으로 한 소론계는 우계학파로,[30] 우암을 중심으로 한 노론계는 우암학파로 율곡학파를 주도해 갔던 것이다.

우암과 명재의 갈등은 조선조 당쟁사의 핵심이며, 조선조 지식인 사회의 대표적인 갈등으로 인식되어 왔다. 이는 학문적, 정치적 갈등으로 이어졌고, 이에 감정적 갈등까지 겹쳐 갈등을 증폭시켰다.

위에서 우리는 우암과 명재의 만남에서부터 갈등의 전말 그리고 결국 학파, 정파의 분열에 이르는 과정을 살펴보았다. 연혼(連婚)관계, 사제(師弟)관계로 볼 때 이들 양자의 갈등은 이해하기 어려운 측면이 있다. 그러나 공교롭게도 이들 양자 간에 중첩된 여러 사건들이 가로 놓여 이들의 갈등을 야기했다. 특히 '윤휴' 라는 인물의 등장은 양자 갈등의 실질적인 요인이 되었다. 윤선거와 윤휴의 관계가 명재와 윤휴의 관계에 영향을 미쳤고, 이들 부자의 윤휴에 대한 우호적 관계가 우암과 명재의 갈등에 크게 작용했다.

그러나 역시 중요한 요인은 이들 양자 간의 이념적, 학문적 차이라고

---

30 '우계학파' 라는 말이 우리 학계에서 사용된 것은 최근이다. 장지연의 《조선유교연원》, 현상윤의 《조선유학사》, 유승국의 《한국의 유교》, 이병도의 《한국유학사》, 배종호의 《한국유학사》, 최영성의 《한국유학통사》에서도 우계학파라는 말은 보이지 않는다. 조선조 유학을 학파별로 본격적으로 논구한 《조선 유학의 학파들》에서도 우계학파는 없다. 그러나 유명종과 최완기는 기호학파 내에서 율곡학파와는 또 다른 학맥에 주목하고, 이를 '소론학파' 라고 불렀다. 특히 최완기는 《한국 성리학의 맥》에서 소론학파의 학맥을 상세히 다루고 있다. 또한 고영진은 《조선중기예학사상사》에서 '성혼학파' 라는 말을 사용한 바 있다. 이에 힘입어 필자는 《우계학파연구》(서광사, 2005)를 간행한 바 있다.

말할 수 있다. 이는 넓게 보면 명재를 중심으로 한 윤선거, 박세채, 권시, 박세당, 윤휴 등 우계학파와 우암을 중심으로 한 그의 문인들, 노론계 학자 등 우암학파와의 학문적, 이념적 차이가 양자 갈등에 중요한 요인이 되기도 했다.

우선 학문적 입장에서 우계학파는 비교적 개방적이고 자유분방한 학풍을 지향하고 있었으나, 우암학파는 율곡학의 계승이나 주자학에 충실한 나머지 매우 경직된 학풍을 지니고 있었다. 이것이 윤휴에 대한 양자의 갈등으로 빚어진 것이다. 또한 우계학파는 현실적이며, 실용적인 학풍을 견지하고 있는 데 비해, 우암학파는 의리적 특성을 강하게 지니고 있었다. 이는 병자호란 후 직면한 현실 대응의 차이에서 비롯된 것인데, 주화(主和)와 척화(斥和), 실리(實利)와 의리(義理)의 이념적 갈등이기도 했다. 성리학에 있어서 우계학파는 퇴계 성리학을 용납하면서 절충적 태도를 보여 주는 데 비해, 우암학파는 역시 율곡의 성리학을 고수하는 보수적 태도를 보여 주었다. 특히 우계학파는 성리학을 하면서도 경(敬)을 중심으로 한 마음공부, 실심(實心)공부에 주력하는 데 비해, 우암학파는 인물성동이론(人物性同異論)에서 볼 수 있듯이, 성리학의 이론적 천착에 몰두하였다. 이러한 양자의 이념적, 학문적 차이는 노, 소론의 분당과 학파의 분열에 중요한 요인이 되었다.

제4절 창령 성씨 유학자들의 학문과 사상

1. 창령 성씨의 가승家乘과 유학자들

창령 성씨의 시조는 고려 때 중윤(中尹) 호장(戶長)을 지낸 성인보(成仁輔)라고 한다. 그가 조정사(朝正使)로 송경(松京)에 갔다가 병으로 별세하자, 아들인 문하시중(門下侍中) 성송국(成松國)이 천리의 먼 길을 부친의 시신을 운구하여 창령의 청산원(靑山院)에서 장례를 모셨다 한다.[1] 2세조 성송국은 벼슬이 문하시중 또는 군기감(軍器監)이었다고 전해지고 있는데, 창령 물계서원(勿溪書院)에 주향(主享)되었다.[2] 성송국은 성공필(成公弼), 성한필(成漢弼) 형제를 두었는데, 성공필은 성혜암(成惠巖), 성군미(成君美), 성군부(成君阜) 3형제를, 성한필은 성군백(成君百), 성군보(成君補) 형제를 두었다. 총랑(摠郎) 성군미는 성한충(成漢忠), 성여완(成汝完) 형제를 두었고, 성여완은 성석린(成石璘), 성석용(成石瑢), 성석인(成石因), 성석번(成石璠) 4형제를 두었는데,[3] 창령 성씨를 대표하는 유학

1 성하주, 《창령성씨 동주공파가승》, 미화출판사, 단기 4328년, 53~55쪽.

2 같은 책, 53~56쪽.

3 같은 책, 18쪽 참조.

자들 대부분이 성여완의 후손이다. 따라서 창령 성씨에서 성여완은 매우 중요한 위치에 있다.

성여완(成汝完; 1309~1397)의 자는 한생(漢生), 한광(漢匡)이며, 호는 이헌(怡軒), 송창(松窓)이다. 고려 충선왕 원년(1309년)에 태어났고, 1336년 문과에 급제하여 예문관춘추검열(藝文館春秋檢閱)에 임명되었다. 군부정랑(軍簿正郎)을 거쳐 양광도(楊廣道)를 안렴(按廉)하였고, 해주목사, 충주목사, 민부상서(民部尙書), 정당문학상의(政堂文學商議) 등을 역임하고, 공양왕 때에 창령부원군(昌寧府院君)에 봉해졌다. 포은(圃隱) 정몽주(鄭夢周)와도 교분이 두터웠고, 이성계(李成桂)가 조선을 건국하자 말년에 고향에 돌아가 옛 임금을 위할 것을 청하고는 마침내 포천 왕방산(王方山)에 은둔하였다. 여기에 묘덕암(妙德庵)을 짓고 뒷산에 올라가 송악(松嶽)을 바라보며 통곡하였으며, 두문불출하고 왕방거사(王方居士)라고 호를 고쳐 왕씨를 잊지 않는 뜻을 표하니, 당시 사람들이 그 봉우리를 이름하여 두문봉(杜門峰)이라고 하였다. 조선 초에 기로(耆老)로 보국숭록대부검교문하시중(輔國崇祿大夫檢校門下侍中)에 제수(除授)되었으나 취임하지 않고 은거하였으며 창령부원군(昌寧府院君)에 봉해졌다. 《실록(實錄)》은 그의 인품을 "공의 성품이 간결(簡潔)하여 화려한 것을 좋아하지 않고, 자손을 법도 있게 가르쳤다"고 평하였으며, 조선 순조 때 물계서원에 배향되었다.[4]

성여완의 큰아들 성석린(成石璘; 1338~1423)의 자는 자수(自修), 호는 독곡(獨谷)이다. 18세에 사마시에 합격했으며, 공민왕 6년에 문과 제2인으로 급제하였다. 20세에 국자감(國子監) 학유(學諭)에 제수되었다가 사관을 맡았다. 그 후 전리총랑(典理摠郞), 해주목사(海州牧使), 성균사성

4 같은 책, 56~65쪽 참조.

(成均司成), 삼사좌윤(三司左尹), 지신사(知申事), 밀직제학(密直提學) 등을 역임했다. 우왕(禑王) 6년 여름 왜적이 쳐들어와 수도가 거의 함락되자, 원수(元帥) 양백연(楊伯淵)의 비장(裨將)이 되어 결사전을 벌여 왜적이 물러갔으나, 이에 연루되어 함안으로 유배되기도 했다. 소명(召命)을 받고 다시 돌아와 창원군(昌原君)에 봉해졌다. 얼마 후 정당문학(政堂文學)에 임명되었다가 양광도관찰사로 나갔는데, 건의하여 처음으로 의창(義倉)을 세웠다. 그는 이성계의 총애를 받아 조선 건국 후 문하시랑찬성사(門下侍郎贊成事)에 임명되었고, 그 후 판한성부사(判漢城府事), 개국원종공신(開國原從功臣)의 호를 받았고, 우정승(右政丞), 좌정승(左政丞)을 거쳐 판의정부사(判議政府事), 창령부원군(昌寧府院君)에 봉해지고 영의정(領議政)도 역임했다.[5] 문집으로 《독곡집(獨谷集)》이 있는데 내용은 거의 대부분이 시다.

그런데 성여완의 네 아들 가운데 2남 성석용(成石瑢; 1352~1403)과 3남 성석인(成石因; 1357~1414)의 후손들에게서 창령 성씨의 대표적인 유학자들이 배출되었다.

먼저 성석용의 후손 즉 회곡공파(檜谷公派)에 대해 검토해 보기로 하자. 성석용의 자는 자옥(自玉), 호는 회곡(檜谷)이다. 공양왕 2년 경연관(經筵官) 참찬관(參贊官)으로 경연에 참여하였으며, 밀직사지신사(密直司知申事)를 지내고 밀직부사(密直副使)로 원경(元京)에 다녀오기도 하였다. 밀직제학(密直提學)으로 있으면서 백형(伯兄) 성석린과 함께 이색(李穡), 우현보(禹玄寶)의 당(黨)에 연루되어 본향에 안치되었으며, 조선조에 들어와 개국원종공신(開國原從功臣)에 참예되었다. 그 후 강원도관찰사, 경기도관찰사, 전라도관찰사를 거쳐 대사헌을 역임하였다.[6] 또한 성

5 같은 책, 56~61쪽 참조.

석인의 자는 자유(子由), 호는 상곡(桑谷), 갈정(葛亭), 노은(老隱)이다. 21세에 문과에 장원하여 전의주부(典儀主簿), 사헌부지평(司憲府持平), 사간원헌납(司諫院獻納)을 거쳐 옥당(玉堂)에 들어갔다. 공양왕 2년 강독관(講讀官)으로 《정관정요(貞觀政要)》를 진강(進講)하였고, 조선조에 들어와 태종 3년 강원도도관찰사(江原道都觀察使), 충청도도관찰사(忠淸道都觀察使)를 역임하였고, 태종 6년 경연관에 임명되었으며, 우군총제(右軍摠制)로 있으면서 명나라에 사신으로 가기도 했다. 그 이듬해 대사헌에 임명되고 예문관대제학, 형조판서, 호조판서, 예조판서를 역임하였다. 권근(權近)은 그의 인품을 말하기를 "공은 타고난 바탕이 단후아중(端厚雅重)하고, 정심신밀(精深縝密)하였다. 어릴 때부터 생장하고 먹고 쉬는 것이 전훈(典訓)을 떠나지 않았다. 시예(詩禮)의 학문은 어려서부터 가정에서 들었고, 효우(孝友)의 명성은 일찍이 나라 안에 전파되었다. 말은 간략하면서도 통달하고 행실은 삼가 수행(修行)하였다. 사람을 성실(誠實)로 대하고 일은 공경(恭敬)으로 처리하였다. 중외(中外)의 관직을 역임하여 훌륭한 명성과 치적이 빛난다"고 하였다. 또한 변계량(卞季良)은 말하기를 "선생의 마음은 초연(超然)히 운연(雲煙)과 임천(林泉)의 취미가 있어 항상 외물의 밖에 마음을 두었으며, 정주(程朱)의 성리학에 침잠하여 그칠 줄 모르니, 부귀공명에 뜻을 두지 않음이 분명하다"고 평가하였다.[7]

성석용은 성달생(成達生), 성개(成槪), 성우(成祤) 3형제를 두었고, 성달생은 성승(成勝)과 성증 형제를 두었으며, 성개는 성희(成熺), 성조(成照), 성연(成然) 3형제를 두었다. 성승은 성삼문의 부친으로 수양대군이 어린 조카 단종의 왕위를 찬탈하자 사육신(死六臣)들과 함께 단종 복위를

6 같은 책, 70~77쪽 참조.

7 같은 책, 61~63쪽 참조.

꾀하다가 발각되어 무참히 처형되었다. 성삼문(成三問; 1418~1456)은 사육신의 한 사람으로 자는 근보(謹甫), 눌옹(訥翁)이며, 호는 매죽헌(梅竹軒)인데, 충남 홍성 노은동에서 태어났다. 1456년 도총관이었던 부친 성승, 그리고 박팽년(朴彭年), 이개(李塏), 하위지(河緯地), 유응부(兪應孚), 유성원(柳誠源) 등과 함께 단종복위 운동을 도모하다 발각되어 혹독한 고문 끝에 39세의 젊은 나이로 세상을 마쳤다. 그 자신은 말할 것도 없고 부친과 삼빙(三聘), 삼고(三顧), 삼성(三省)의 세 동생과 맹첨(孟瞻), 맹평(孟平), 맹종(孟終), 헌(憲), 택(澤), 그리고 갓난아기까지 여섯 아들이 모두 살해되었다.

성희(成熺; ?~1464)는 성삼문의 당숙으로 자는 용회(用晦), 호는 인재(仁齋)다. 그는 호서지역에 처음으로 창령 성씨가 자리를 잡게 한 인물이다. 1450년 문과에 급제하여 승문원교리가 되었고, 1452년에는 정인지(鄭麟趾) 등과 함께 《세종실록(世宗實錄)》을 편찬하고, 1454년에는 《문종실록(文宗實錄)》 편찬에도 참여하였다. 1456년 당질인 성삼문 등 사육신이 상왕인 단종의 복위를 꾀하다가 처형당할 때 당숙인 그도 연루되어 10여 차례나 혹독한 고문을 받으면서도 끝내 입을 열지 않았다. 훗날 송시열은 "인재(仁齋)가 죽지 않은 일은 매죽(梅竹)의 죽음보다 어려운 일이었다"고 그의 절의와 인품을 칭송했으며, 권상하(權尙夏)는 묘표(墓表)에서 "사육신과 더불어 강상(綱常)을 부식(扶植)하다 죽어도 후회하지 않았다. 그 마음은 밝고 밝아 일월(日月)과 빛을 다투고, 그 의리는 열렬하여 우주를 떠받쳤다"고 칭송하였다.[8] 성희는 이 사건으로 김해에 유배되었으며, 가솔과 재산은 모두 국가에 몰수당했다. 2년의 유배가 끝난 후 가족들이 있는 서울로 올라가려 하였으나, 부강(芙江)에 이르렀을 때 세조

8 《悔齋集》, 卷4, 補遺, 〈十一世祖考仁齋府君家狀〉 참조.

가 서울 3백리 바깥에 나가 살라고 명령하므로 더 이상 올라가지 못하고 부강 부근에 살기 좋은 곳을 선택하게 된 것이다. 이곳이 바로 충남 연기군 금남면 달전리였다 한다. 그는 창령 물계서원(勿溪書院)에 제향(祭享)되었고, 저서로는 《인재집(仁齋集)》이 있다.[9]

성희는 성담수(成聃壽; ?~1456), 성담년(成聃年; 1441~1483) 두 형제를 두었는데, 성담수는 아들이 없었고 성담년은 성몽선(成夢宣), 성몽정(成夢井) 형제를 두었다. 성담수의 자는 미수(眉叟)이고 호는 문두(文斗)이다. 성삼문과는 재종간(再從間)으로 1450년 진사가 되고 1456년 단종 복위 사건으로 성삼문 등 사육신이 처형되자, 이에 연좌되어 심한 고문 끝에 김해로 유배되었다. 3년 후에 풀려나와 벼슬을 단념하고 파주 문두리에 은거하여 살았으니, 생육신의 한 사람이다. 성담년의 자는 이수(耳叟)이고 호는 정재(靜齋)이다. 그는 1470년 문과에 급제하고 벼슬길에 올라 정언(正言)을 거쳐 공조정랑, 교리를 지냈고, 외직으로 황간 현감을 지내다가 벼슬을 버리고 성리학을 깊이 연구하며 소요했다. 그는 효행이 남달리 뛰어나 부친이 김해로 귀양 갔을 때는 따라가 부친을 모셨고, 부친이 연기 달전에 부처(付處)하게 되어 머무르게 되자 부친이 세상을 떠날 때까지 살폈으며, 부친이 타계한 곳에서 거주하며, 오늘날 충남 연기군 금남면 달전리 둔곡동을 비롯한 이 지역에 창령 성씨가 번성하도록 하였다.[10]

성몽선은 성효원(成孝元), 성예원(成禮元), 성제원(成悌元) 3형제를 두었는데, 동생인 성몽정이 아들이 없어 성예원을 양자로 삼았다. 성제원

9 이해준, 〈둔곡동 – 금강변에 숨어 있는 마을〉, 《대전문화》, 제12호, 대전광역시사편찬위원회, 2003, 372~373쪽 참조.

10 같은 글, 373쪽 참조.

(成悌元; 1506~1559)의 자는 자경(子敬), 호는 동주(東洲)다. 성제원은 14세에 학문에 뜻을 두었으나 그해 기묘사화가 일어나 많은 현인들이 참화를 당하였다는 소식을 듣고 책을 덮고, "당고의 화가 현세에도 일어났구나" 하고 탄식하며 은둔의 뜻을 가졌다 한다.[11] 16세에 김굉필(金宏弼)의 문인인 서봉(西峰) 유우(柳藕; 1473~1537)에게 나아가 학문을 배웠다. 따라서 그의 학맥은 정몽주(鄭夢周)-길재(吉再)-김숙자(金叔滋)-김종직(金宗直)-김굉필(金宏弼)로 이어지는 사림파(士林派)의 학맥에 닿는다. 그는 19세에 송세량(宋世良)의 딸과 재혼하였는데, 송세량은 서부(西阜) 송귀수(宋龜壽)와 규암(圭庵) 송인수(宋麟壽) 형제를 두었다. 성제원은 이들 두 처남과 자주 모여 도를 논하였는데, 매우 엄숙하고 공경스러워 그 집을 지나던 사람이 '삼현(三賢)'이라 일컬었다. 그는 효성이 지극했고 48세에 군자주부에 유일(遺逸)로 천거되었다가 그해에 보은현감이 되었는데 선정을 베풀어 칭송이 자자하였다. 보은현감의 직무를 무난히 마치고 옛 집으로 돌아와 연기 달전(達田)에서 54세의 나이로 세상을 마쳤다. 그는 공주의 충현서원(忠賢書院), 보은의 상현서원(象賢書院), 금화서원(金華書院), 창령의 물계서원(勿溪書院)에 배향되었다. 조헌(趙憲)은 상소를 통해 세상을 구제할 재사(才士)를 천거할 때, 이황(李滉), 김인후(金麟厚), 조식(曹植)과 함께 그를 병칭하면서 그를 '조정의 큰 그릇이요 세상을 구제할 큰 인재'라고 칭송하였다.

성제원의 아들은 성문덕(成聞德)이고, 성문덕은 성이후(成履厚), 성기후(成基厚), 성민후(成民厚) 3형제를 두었고, 성이후의 후손 가운데 유학자로서 성현(成灦; 1764~1834)과 성구용(成九鏞; 1906~1975)이 뛰어났다. 또 성기후의 후손 가운데 대표적인 유학자로는 성기운(成璣運;

11 《東洲先生逸稿》, 下, 附錄, 〈年譜〉 참조.

1877~1956)이 있다. 성현의 자는 성유(聖游), 호는 회재(悔齋)다. 그는 선비가 어찌 벼슬길만을 택하랴 하고 입신양명(立身揚名)보다는 성현의 학문에 전념하여 사서육경(四書六經)을 연찬하고 자사제집(子史諸集)과 천문, 지리, 의약, 복서, 병서 등을 두로 섭렵하였다. 특히 성리학을 깊이 탐구하고 역학(易學)에 더욱 노력하여 인근에 '주역군자(周易君子)'라 불릴 만큼 명성을 떨쳤다. 저서로는《회재집(悔齋集)》이 있고 선세(先世)의 문적이 병화로 없어진 것을 한스럽게 여겨 평생 유적을 수집하여《매죽집(梅竹集)》,《동주집(東洲集)》,《삼현주옥집(三賢珠玉集)》을 후세에 전하였다.[12]

성기운은 시조 성인보의 22세손으로 자는 순재(舜在), 호는 덕천(悳泉)이다. 1877년 경북 청도에서 태어나 어려서부터 총명하고 문장이 훌륭해 칭송을 받았다. 그는 학행이 뛰어나 부친의 권고로 기호 지방에 와서 공부를 하게 되어 간재(艮齋) 전우(田愚)의 고제(高弟)가 되었다. 면암(勉庵) 최익현(崔益鉉), 지산(志山) 김복한(金福漢) 등과도 교분이 두터웠다. 그는 일제의 창씨개명(創氏改名)에 반대하고 일경(日警)의 협박에도 굴하지 않고 지조를 지켰는데, 어느 일경은 그를 가리켜 정말 '진실한 의사(義士)'라고 감복하였다. 그는 한말의 유학자로 성리학에 밝았고, 일제 침략기를 맞아 항일의 의리를 몸소 실천하기도 하였다. 그의 저서로는《덕천집(悳泉集)》이 있고 성구용(成九鏞) 등 많은 문인이 있었다.

성구용은 시조 성인보의 24세손이요 성제원의 13세손이며 성현의 5세손이다. 그의 자는 성소(聖韶), 호는 의재(毅齋), 금암(錦岩)이다. 그는 한말의 유학자로서 항일의 의리를 지켰는데, 성기운에게서 배웠고 김노동

---

12 송성빈, 〈충절과 학문의 고장 달전리 답사기〉,《향토연구》제28집, 충남향토연구회, 2004, 175쪽.

(金魯東), 민태식(閔泰植) 등과 교유하였다. 그는 연기 달전에서 태어나 가학을 통해 학문을 닦아 성리학에도 조예가 깊었다. 그는 일경의 단발(斷髮)과 창씨개명에 반대하고 유교적 전통과 문화가 위기에 처한 현실을 개탄하였다. 그뿐만 아니라 스승인 성기운의 문집 간행과 병산사(屛山祠)의 건립을 주도하였다. 그의 저서로는 《의재집(毅齋集)》과 일기인 《항일지사 성구용선생50년일기》가 있다.

다음은 성여완(成汝完)의 3남인 성석인(成石因) 즉 상곡공파(桑谷公派)에 대해 검토해 보기로 하자. 성석인은 성엄(成揜), 성억(成抑), 성급(成扱) 3남을 두었고, 성엄은 성염조(成念祖), 성봉조(成奉祖), 성순조(成順祖) 3형제를 두었고, 성염조는 성임(成任), 성간(成侃), 성현(成俔) 3형제를 두었다.

성간(1427~1456)의 자는 화중(和仲), 호는 진일재(眞逸齋)이며, 극히 적은 분량의 문집 《진일유고(眞逸遺稿)》가 전해지고 있는데, 그 내용은 대부분이 시고 약간의 부(賦), 서(序), 기(記), 전(傳)이 들어 있다. 성현(1439~1504)은 조선 성종 때의 유학자로 자는 경숙(磬叔), 호는 용재(慵齋), 허백당(虛白堂), 부휴자(浮休子)이다. 그는 1462년 문과에 급제하여 예문관검열 겸 춘추관기사관을 거쳐 홍문관 정자를 겸임하였다. 예종이 즉위하자 경연관이 되어 경사(經史)를 강론하였다. 그 후 맏형 성임(成任)을 따라 연경(燕京)에 갔을 때 기행시 〈관광록(觀光錄)〉을 지었으며, 1476년 중시(重試)에 급제하여 직제학이 되었다. 이보다 앞서 8개조의 봉사(封事)를 올려 성종의 칭찬을 받기도 하였다. 대사간, 대사성, 동부승지, 우승지, 형조참판 등을 거쳐 평안감사를 지낸 뒤 대사헌, 경상감사, 예조판서를 역임하였다. 시호(諡號)는 문대공(文戴公)이고, 저서로는 문집인 《허백당집(虛白堂集)》과 수필집 《용재총화(慵齋叢話)》가 있다. 그는 또 유자광(柳子光)과 함께 《악학궤범(樂學軌範)》을 편찬하여 음악을 집대성하였다.[13] 성현은 성세형(成世亨), 성세통(成世通), 성세창(成世昌) 3형제를 두었는데, 3남 성세창(1481~1548)은 그 가운데 가장 뛰어났다. 성세창의 자는 번중(蕃仲), 호는 돈재(遯齋)다. 1504년 부친이 연산군 생모 폐비(廢妃) 윤씨(尹氏) 사건에 연루되어 유배되자, 그도 전라도 영광에 유배되었다. 중종 반정 후 풀려나와 과거에 급제하여 직제학에 올랐으나, 1519년 기묘사화가 일어나 벼슬을 버리고 3년간 물러나 있었다. 그 후 다시 등용되어 여러 벼슬을 거쳤다. 명나라에 다녀온 후 대사헌, 부제학으로 있으면서 김안로(金安老)를 탄핵하다 평해에 유배되었다가, 김안로가 처벌되자 풀려나와 형조판서, 홍문관 제학을 역임했다. 그 후 이기(李芑)의 모함으로 파직되어 관직을 박탈당하고 장연으로 유배되었다가 그곳에서 세상을 마쳤다. 선조 때 관직이 회복되었으며, 시호는 문장공(文莊公)이다.[14]

성억은 성득식(成得識)을, 성득식은 성충달(成忠達)을 낳았다. 성충달은 성세신(成世臣), 성세준(成世俊), 성세정(成世貞), 성세순(成世純) 4형제를 두었다. 성세준은 성근(成近), 성원(成遠), 성우(成遇), 성운(成運; 1497~1579) 4형제를 두었고, 성세순은 성수근(成守瑾), 성수침(成守琛; 1493~1564), 성수종(成守琮), 성수영(成守瑛) 4형제를 두었으며, 성수침은 성혼(成渾; 1535~1598)을, 성혼은 성문준(成文濬; 1559~1626)을 낳았다. 그리고 성지선(成至善; 1636~1693)과 성근묵(成近默; 1784~1852)도 상곡공파(桑谷公派)에 속한다. 성운은 선조 때의 은사(隱士)로 자는 건숙(健叔), 호는 대곡(大谷)이다. 30세에 사마시에 합격했으나 형 성우(成遇)가 을사사화로 화를 입자 벼슬을 버리고 보은으로 피해 '대곡(大谷)'이라

13 《虛白堂集》, 〈虛白堂先生文戴成公行狀〉, (金安國) 참조.

14 유홍열, 《국사백과사전》, 동아문화사, 1975, 711쪽 참조.

호를 짓고 숨어 살아 '대곡선생(大谷先生)' 이란 칭호가 생겼다. 여러 번 조정에서 등용하려 했으나 이를 거절하고 시를 짓고 거문고를 읊으며 소요하였다. 당대 처사로 존경받던 이지함(李之菡), 서경덕(徐敬德) 등과 친밀하게 교유하였다.

성수침(成守琛), 성수종(成守琮) 형제는 조광조(趙光祖)의 문인인데, 성혼(成渾)은 성수침의 아들이다. 성수침의 자는 중옥(仲玉), 호는 청송(聽松), 죽우당(竹雨堂)이다. 두 형제가 도학에 출중하였고 효성이 지극하였다. 1519년 기묘사화 때 스승인 조광조가 처형되고 많은 선비가 화를 당하자, 과거공부를 단념하고 두문불출 경서를 읽으며 학문에 전념하였다. 그 후 후릉참봉(厚陵參奉)에 임명되었으나 사퇴하고 파산(坡山)에 은거하였다. 글씨도 잘 썼고 사후 좌의정에 추증되었으며 파산서원(坡山書院)에 제향되었다.

성혼은 문묘(文廟)에 종사(從祀)된 동국(東國) 18현(賢)의 한 사람으로 율곡과 더불어 기호학파의 중심적 위치에 있었다. 그는 율곡의 도우(道友)로 다소간 견해 차이가 있었지만 율곡과의 우정을 평생 지켰다. 그는 부친으로부터 가학을 전수받았고, 부친을 통해 정암(靜庵)의 도학을 배울 수 있었다. 그리고 정암과 퇴계를 존모(尊慕)하고 율곡을 벗으로 삼아 자신의 학문을 갈고 닦았다.[15]

성혼은 1572년 율곡과 인심도심(人心道心), 사단칠정(四端七情) 등 성리논쟁을 통해 자신의 학문적 정체성을 밝히는 동시에 자신의 성리학을 좀 더 깊고 정밀하게 다듬는 계기가 되었다. 성혼은 창령 성씨를 대표하는 유학자라고 할 수 있다. 그의 학문적 연원은 멀리 여말 정몽주의 사림파에 닿아 있고, 그의 학문은 사위인 윤황(尹煌)을 통해 윤선거(尹宣擧),

15 《牛溪先生年譜》, 〈墓表陰記〉, 金集 撰, "聽松學于靜菴, 先生得之家庭, 又尊慕退陶而友栗谷."

윤증(尹拯)으로 이어져 파평 윤씨의 가학으로 전승되었으며 우계학파를 형성하게 되었다.

성문준(成文濬; 1559~1626)은 우계의 아들로 부친의 가학을 전수받았는데, 문장에 매우 능하여 이정구(李廷龜), 장유(張維)로부터 칭찬을 받았다. 그의 자는 중심(仲深), 호는 창랑(滄浪)이며, 저서로는 《창랑집(滄浪集)》과 《별집(別集)》이 전해진다. 또 성지선(成至善; 1636~1693)은 우계의 고손으로 자는 여중(汝中), 호는 제안재(制安齋)다. 그는 윤증(尹拯)으로부터 배웠고, 여러 벼슬을 거쳐 진위현령(振威縣令)을 지내기도 했다. 그 후 두 스승에 대한 세상의 무고(誣告)가 심해지자 벼슬을 그만두고 파산(坡山)에 은거하였다. 남평(南平)의 봉산서원(蓬山書院)에 제향(祭享)되었다.

성근묵(成近默; 1784~1852)은 우계의 8세손으로 자는 성사(聖思), 호는 과재(果齋)다. 그는 해은(海隱) 강필효(姜必孝)에게 배웠는데, 강필효는 성혼(成渾)-윤황(尹煌)-윤선거(尹宣擧)-윤증(尹拯)-윤동원(尹東源)-윤광소(尹光紹)의 맥을 잇고 있어[16] 우계학파에 해당한다. 1809년 사마시에 합격하였고, 양근군수(楊根郡守)를 역임하고 학문과 덕행이 높아 장령(掌令)으로 특진되어 경연관을 겸임하였고 철종 때 형조참의가 되기도 했다. 그는 《소학재규(小學齋規)》, 《소학재기(小學齋記)》를 편술하기도 하였다. 이조판서에 추증(追贈)되었고 시호는 문경공(文敬公)이다.

---

16 장지연 저 외, 〈유학연원약보〉, 《조선유교연원 외》, 명문당, 1983, 455쪽.

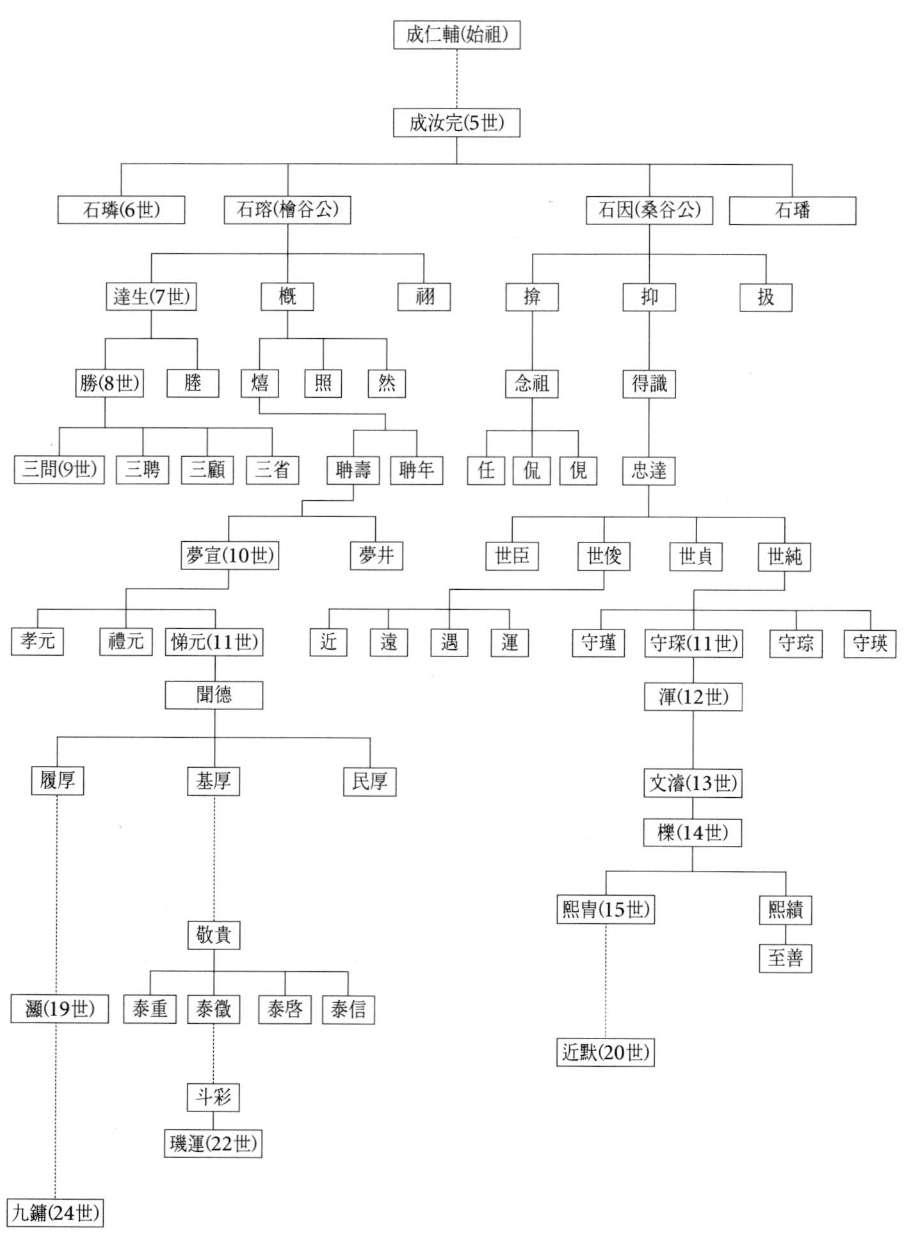

〈창령성씨(昌寧成氏) 세계(世系) 약도(略圖)〉

2. 창령 성씨 유학자들의 학문과 사상

창령 성씨 유학자들에게 성삼문의 죽음은 매우 중요한 의미를 갖는다. 그것은 이를 계기로 '은거자수(隱居自守) 성현자기(聖賢自期)'의 문중 학풍이 이어져 왔기 때문이다. 성삼문은 집현전 학사로서 세종의 두터운 신임과 촉망을 받았고, 1443년(세종 25년) 세종을 도와 정인지(鄭麟趾), 신숙주(申叔舟), 최항(崔恒), 박팽년(朴彭年), 이개(李塏) 등과 함께 한글창제를 주도했던 학자였다.[17] 그는 1445년 신숙주와 함께 요동에 파견되어 그곳에 귀양 와 있던 명나라의 학자 황찬(黃瓚)으로부터 음운학(音韻學)을 배워 오는데, 이후 13차례나 요동을 왕래하였다.[18] 1453년(단종 원년, 계유癸酉) 수양대군이 김종서(金宗瑞)를 죽인 후에 집현전의 여러 신하에게 정난공신(靖難功臣)의 칭호를 주었는데, 그는 이를 부끄럽게 여겼다. 여러 공신들이 이에 보답하고자 교대로 연회를 베풀었지만 그는 홀로 연회를 베풀지 아니하였다.[19] 1455년(단종 3년) 수양대군이 단종으로부터 선위(禪位)를 받을 때, 예방승지였던 성삼문은 국새를 끌어안고 통곡하였다. 1456년(세조 2년) 부친 성승, 박팽년 등과 함께 상왕인 단종의 복위를 도모하기 위해 명나라 사신을 청하여 연회하는 날 거사하기로 기약하였다. 그러나 김질(金礩)의 변절과 고발로 이 계획은 발각되고 참혹한 고문과 형벌이 이루어졌다. 그는 혹독한 고문 속에서도 충절과 의리를 굽히지 않고 '하늘에 두 태양이 없고 백성에게는 두 임금이 없다'는 불사이군(不事二君)의 의리를 실천하였다.

17 송재소, 〈해제〉, 《국역 육선생유고》, 민족문화추진회, 1999, 6쪽.

18 같은 글, 6쪽.

19 유영박, 《사육신》, 동방도서, 1996, 78쪽.

성삼문의 이 사건에 연루되어 혹독한 고문을 받으면서도 끝내 입을 다물었던 성희(成熺)는 자손들에게 정사에 참여하지 말 것과 서울은 보기도 싫으니 상여도 지나가지 말라는 유언을 남겼다 한다.[20] 또 성담수(成聃壽)는 이 사건에 연좌되어 심한 고문을 받았고, 김해에 유배되어 3년을 지내고 돌아와서는 벼슬을 단념하고 파주 문두리에 은거하였으니 세칭 생육신(生六臣)이라 하였다.

또한 성우(成遇)는 을사사화에 연루되어 화를 당했고, 한말 성기운(成璣運)과 성구용(成九鏞)은 항일의 의리를 실천하였다. 이와 같이 창령 성씨의 여러 유학자들은 부정과 불의를 용납하지 않고 대외적으로는 외세에 맞서 자주와 독립의 의리를 천명했다.

이러한 의리정신을 바탕으로 한 도학은 창령 성씨 유학자들의 학문적 토대가 되었다. 도학이란 본래 유학이나 성리학 그 자체를 말하기도 하지만, 송대에 와서 도학이라는 이름이 강조된 것은 유학 본래의 윤리적, 도덕적 실천을 강조한 측면이 있다. 즉 성리학이 지나치게 관념화되어 유학 본래의 실천성을 결여했다는 반성에서 실천적인 유학을 도학이라고 한다. 물론 도학이라 할 때의 '도(道)'는 요순지도(堯舜之道)의 도요, 성현지도(聖賢之道)의 도요, 공맹지도(孔孟之道)의 도로서 유학의 도를 의미한다. 그리고 그것은 하늘에 근거한 인성을 온전하게 실현하는 것이 곧 진정한 유학이라고 생각한다. 따라서 이 도학은 윤리적 성격을 갖는 것이요 강한 실천성을 갖는다.[21] 조선에 와서는 15세기 사화 시대를 맞아 의리적 기풍이 조성되고 유학 본래의 정신으로 돌아가야 한다는 유풍진작(儒風振作) 운동이 일어났으니 이것이 도학운동이다. 여말 정몽주, 길재

---

20 송성빈, 앞의 글, 171쪽.

21 윤사순, 〈조선 초기 성리학의 전개〉, 《한국철학사》, 중, 동명사, 1987, 144쪽.

에 연원을 두고 김종직의 문하에서 일기 시작한 도학풍은 김굉필, 정여창, 유숭조(柳崇祖), 김안국(金安國), 조광조를 통해 주도되었다. 율곡은 우리나라 도학의 실질적인 창시자를 조광조로 규정하고,[22] 도학은 수기로서의 내성(內聖)과 치인으로서의 외왕(外王)을 겸해야 한다고 보았다. 그리하여 도학지사(道學之士) 또는 진유(眞儒)는 조정에 나아가면 일시에 도(道)를 행하여 백성으로 하여금 태평을 누리게 하고, 관직에서 물러나면 가르침을 만세에 베풀어 배우는 이로 하여금 깊은 잠에서 깨어나게 하는 것이다.[23]

성수침(成守琛), 성수종(成守琮) 형제는 조광조의 문인으로 도학에 접했고, 이는 그의 아들인 성혼에게도 영향을 미쳤다. 또 성제원도 조광조의 문인인 유우(柳藕)에게서 수업을 받아 정암의 도학을 잇고 있다. 이들 성수침, 성운, 성제원은 서경덕, 조식, 조욱(趙昱), 이항(李恒) 등과 함께 16세기 초 사화 시대를 맞아 묘당(廟堂)에 나아가기를 꺼리고 산림에 묻혀 도학에 전념했다. 이들은 정주학(程朱學) 전환기에 그 방향을 '은거자수(隱居自守) 성현자기(聖賢自期)'의 도학군자풍(道學君子風)으로 전환하는 데 중추적인 역할을 했다.[24] 성혼의 경우도 그가 물론 이론 성리학에도 밝았지만 그의 철학정신은 도학에 있었다. 이는 "도(道)는 큰 길과 같고 성현의 가르침은 해와 별처럼 밝아서 알기 어렵지 않으나, 요는 힘써 행하여 그 앎을 채우는 데 있으니, 말로만 하는 학문은 도무지 소용이 없다"[25]

---

22 《栗谷全書》, 卷31, 〈語錄〉, 上, "鄭圃隱號爲理學之祖, 而以余觀之, 乃安社稷之臣, 非儒者也. 然則道學自趙靜庵始起."

23 같은 책, 卷15, 〈東湖問答〉, "夫所謂眞儒者, 進則行道於一時, 使斯民有熙皥之樂, 退則垂教於萬世, 使學者得大寐之醒."

24 김충열, 〈우율사칠논변평의〉, 《성우계사상연구논총》, 우계문화재단, 1991, 16쪽.

25 《燃藜室記述》, 卷11, 〈明宗朝遺逸 成守琛〉, "公嘗謂學者曰, 道若大路, 而聖賢謨訓, 昭如日星. 知之不難, 要在力行, 以實其知爾. 言語之學, 都不濟事."

는 부친의 가르침에 연원한다. 유가의 도를 아는 것도 중요하지만, 여기에 머물지 않고 몸소 체득하고 실천하는 것이 더욱 중요하다는 것이다.

성혼(成渾)에 따르면 선비란 가정에서 몸을 닦아 천하국가에 달하고, 장차 이 마음을 미루어 온갖 사물에 미치고자 하는 것이지 오직 자기 몸만 홀로 착하게 하려는 것이 아니라고 하였다.[26] 성현의 글을 읽고 군자의 학문을 하는 것은 누구나 이 마음을 온전히 가지려는 것이라 하고, 강호(江湖) 멀리 처해서도 농사의 근심을 품는데, 또 어찌 임금을 잊을 수 있겠느냐고 하였다.[27] 이와 같이 우계에게 학문의 본의는 수기와 치인, 내성(內聖)과 외왕(外王)에 있었으니, 이는 율곡이 말한 바 도학의 본래정신에 충실한 것이다. 특히 우계는 수기의 중요성을 강조하여 '청수자립(清修自立)' 을 말하고,[28] 예의와 명절(名節)로서 스스로 부지런히 힘쓰면 굽어보나 우러러보나 부끄러움이 없음을 내 마음에 얻게 될 것이라 하였다.[29] 그는 또 덕에 들어가는 문은《소학》을 근본으로 삼아야 한다고 말하고,[30]《소학》의 글 가운데 순종하고 공경하는 방법과 몸을 공경하는 노력을 진실로 깊이 음미하여 실천해야 할 것이라 하였다.[31] 이러한 소학 중시의 학풍은 부친의 가르침인 동시에 15세기 도학풍의 특징이었다.

창령 성씨의 유학자 가운데 성리학을 대표하는 이로는 성혼, 성현, 성기운, 성근묵, 성구용 등이 있다. 성혼은 율곡과 성리논변을 벌여 조선조

---

26 《牛溪集》, 卷2, 〈辭召命疏〉, "士修之於家, 而達之天下國家, 將欲推是心以及於物也, 非欲獨善其身而已也."

27 같은 책, 같은 글, "讀聖賢之書, 而爲君子之學者, 孰不欲全此心. 處江湖之遠, 而懷畎畝之憂者, 又豈能忘吾君哉."

28 같은 책, 卷2, 〈辭召命疏〉.

29 같은 책, 卷5, 〈與或人書〉, "……以禮義名節自砥礪, 則無愧於俯仰, 有得於吾心矣."

30 같은 책, 卷3, 〈上王世子箚〉, "至如入德之門, 則小學養其本……."

31 같은 책, 續集, 卷5, 〈與全國老〉, "小學書中, 順悌之方, 敬身之功, 苟能深玩而服行焉."

성리학의 수준을 한 단계 높이는 데 기여했고, 이기일발설(理氣一發說)에서 보는 것처럼 그의 성리학적 독창도 보인다.[32] 그는 1572년 율곡과 사단칠정(四端七情), 인심도심(人心道心), 이기(理氣)에 관해 논변을 하였는데, 1년 동안 아홉 차례에 걸쳐 편지가 오갔다. 성혼의 3, 7, 8, 9서는 유실되고 5편만이 전해지고 있는데, 이를 통해 그의 성리학적 입장을 어느 정도 짐작할 수 있다. 이 논쟁은 우계가 친우인 율곡의 인심도심설이 퇴계와 다를 뿐 아니라 율곡이 퇴계의 호발설(互發說)을 극력 비판하는 데 대해 질문함으로써 논변이 이루어졌다.

성혼은 심(心)이 아직 발하기 전에는 사단칠정을 구별할 수 없다고 하였다. 그러나 발하기 시작할 때에는 의욕(意欲)이 리(理)에서 발하게 되고 기(氣)에서 발하게 되는데, 리에서 발한 것이 사단이요 도심이며, 기에서 발한 것이 칠정이요 인심이라고 보았다. 여기에서 주리(主理), 주기(主氣)의 다름이 있을 수 있다고 보았으니, 퇴계가 아직 발하기 전의 근원처에서부터 이기(理氣)의 근원처에 따라 발하여 사단칠정이 생긴다고 한 것과는 다르다. 결국에는 아직 발하기 전의 '칠정 속에 사단을 포함한다(七包四)'는 구조는 기대승(奇大升), 율곡의 설과 상통하고, 리의 발용 이후에 사단칠정을 주리, 주기로 상대적으로 비교하여 보는 것은 퇴계의 설과 상통하는 데서 그의 절충적 성격이 잘 나타나 있다.[33] 따라서 우계의 이른바 '이기(理氣)가 하나로 발한다'는 이기일발(理氣一發)의 설은 절충적인 성격이 짙다.[34] 사실 우계의 경우에는 이론 성리학에도 매우 밝았지만, 율곡도 높이 평가했듯이 이론보다는 실천을 중시하여 문인 사우들

---

32 《牛溪集》, 卷4, 〈第6書〉.

33 황의동, 《율곡학의 선구와 후예》, 예문서원, 1999, 235쪽.

34 유명종, 〈절충파의 비조 우계의 이기철학과 그 전개〉, 《성우계사상연구논총》, 우계문화재단, 1991, 342쪽.

의 존경을 받았다.

성현(成灝)은 역학(易學)에 매우 조예가 깊어 역리(易理)에 바탕을 두고 성리(性理)를 해석하였다. 그의 문집인 《회재집(悔齋集)》을 잠시 분석해 보자. 1권에는 연천(淵泉) 홍석주(洪奭周)에게 보낸 편지를 비롯하여 6편의 편지가 있는데 내용은 역시 역리가 주류를 이룬다. 또 〈삼현주옥집서(三賢珠玉集序)〉 등의 서문과 〈관서해기(觀西海記)〉, 〈제동방명현록후(題東方名賢錄後)〉가 있다. 그는 〈제동방명현록후〉에서 포은 선생이 사학(斯學)을 창명(倡明)하고, 성조(聖朝)가 군현(群賢)을 배양하였으며, 한훤당(寒暄堂) 김굉필(金宏弼), 일두(一蠹) 정여창(鄭汝昌)을 배출하여 사도(斯道)로써 자기의 책임을 삼았다 하고, 이를 정암(靜庵)에게 전하고 퇴계에 이르러 더욱 크게 되었다고 하였다. 율곡이 늦게 나와 이를 계승하였으니, 참으로 소위 제설을 절충하고 군현(群賢)을 모아 대성하였다고 평가하였다.[35] 이와 같이 성현은 우리나라 유학의 도통(道統)을 정몽주, 김굉필, 정여창, 조광조, 이황, 이이로 보고, 특히 율곡이 군현(群賢)의 제설을 절충하고 집대성(集大成)했다고 높이 평가했다.

권(卷)2에서는 〈맹자의의(孟子疑義)〉, 〈경의(經義)〉, 〈하도문답(河圖問答)〉, 〈사례절문(四禮節文)〉, 〈계상문답(溪上問答)〉, 〈성리변의(性理辨疑)〉, 〈금양향약(錦陽鄕約)〉, 〈권학문(勸學文)〉, 〈문장해(文章解)〉 등이 있다. 성현은 〈성리변의(性理辨疑)〉에서 성리(性理)를 역리(易理)로 설명하고 있으며, 역통(易統)을 중국에서는 진희리(陳希夷)-소강절(邵康節)-정명도(程明道), 정이천(程伊川)-주자(朱子)로, 우리나라에서는 정몽주(鄭

35 《悔齋集》, 卷1, 〈題東方名賢錄後〉, "圃隱先生倡明斯學, 聖朝培養, 群賢輩出, 寒暄一蠹以斯道爲己任, 傳之靜庵, 至於退溪, 尤有大焉. 栗谷晩出而繼之, 眞所謂折衷諸說, 集群賢而大成者也."

夢周)-조광조(趙光祖)-이황(李滉)-이이(李珥)로 삼고 있다. 또 〈금양향약(錦陽鄕約)〉에서는 여씨향약(呂氏鄕約)이나 율곡의 향약을 손익(損益)하여 향약사목(鄕約事目)을 말하고 있으며, 권(卷)3, 4는 잡저인데, 〈주역(周易)〉, 〈서괘대상(序卦大象)〉, 〈명시책(明蓍策)〉, 〈괘서전(卦序傳)〉, 〈삼재형화일리(三才形化一理)〉, 〈팔괘육갑(八卦六甲)〉, 〈이기원류(理氣源流)〉 등이 있다.

특히 〈이기원류(理氣源流)〉에서는 '태극지진(太極之眞)', '이오지정(二五之精)', '태극일리지원(太極一理之原)' 등 역리(易理)에 입각한 성리 설명을 볼 수 있다. 보유(補遺)에서는 성여완(成汝完), 성석린(成石璘)의 행적과 성희(成熺)의 가장(家狀), 그리고 성담년(成聃年)의 행적, 부친 성석조(成錫朝)의 가장을 적고 있다.

5세손 성구용(成九鏞)이 쓴 행장에 의하면, 성현(成灦)은 성현지학(聖賢之學)에 전심(專心)하고 사서육경(四書六經)을 연찬(硏鑽)하고 자사제집(子史諸集)에 두루 통하여 천문지리(天文地理), 의약(醫藥), 복서(卜筮), 병가(兵家)에 이르기까지 섭렵하지 않은 것이 없었는데, 특히 역학을 깊이 탐구하여 태극음양(太極陰陽), 하락홍범(河洛洪範), 천지만물(天地萬物)에서 일월성수(日月聖數)의 도수와 인륜일용(人倫日用)의 도리와 천변무궁(千變無窮)의 현상에 이르기까지 그 이치를 궁구하지 않은 것이 없다고 하였다.[36]

이렇게 볼 때, 성현의 학풍은 주로 역학에 있었고, 그의 저술도 역학이 주류를 이루고 있다. 다만 성리학에 대한 약간의 언급이 있지만 역리적(易理的) 관점에서 성리의 대체를 언급하고 있을 뿐 이기심성(理氣心性)에 대한 체계적인 논의는 보이지 않는다.

---

36 같은 책, 附錄, 〈行狀〉 참조.

성기운(成璣運)은 간재(艮齋) 전우(田愚)의 고제(高弟)로 항일의 의리를 지키고 성리학에도 밝았다. 그의 이기론은 율곡의 설을 계승하고 있다. 기발이승일도(氣發理乘一途)의 입장에서 이발(理發)을 반대하고 있으며, 율곡의 이기지묘(理氣之妙)의 입장을 충실히 계승하고 있다.[37] 태극(太極)과 음양(陰陽)이 일시에 함께 있으니 어찌 기(氣)를 떠나 독립한 리(理)가 있으며, 리를 떠나 홀로 행하는 기가 있겠느냐고 하였다.[38] 또 도(道) 밖에 음양이 없고 음양 밖에 도가 없다. 그런데 음양은 스스로 음양이고 도체(道體)는 스스로 도체이어서 서로 떨어지지 않고 서로 섞이지도 않는 묘(妙)가 있다고 하였다.[39] 또한 리의 주재라는 것은 리가 직접 작위한다는 것이 아니라, 그 스스로는 작위가 없으면서 작위하는 기의 주재가 된다는 의미로 해석하여 리의 발을 부정하였다.[40]

심성론에서는 율곡의 설에 따라 사단은 칠정을 겸할 수 없으나 칠정은 사단을 겸한다 하고, 칠정은 통틀어 심의 움직임을 말한 것이니 7가지가 있고, 사단은 칠정 중에 나아가 그 선일변(善一邊)을 가리켜 말한 것이라 하였다. 주자의 소위 '발어리(發於理) 발어기(發於氣)'라는 것이 율곡이 말한 것처럼 '사단(四端) 전언리(專言理) 칠정(七情) 겸언기(兼言氣)'에 지나지 않을 뿐이라 하였다. 퇴계의 병통이 오로지 '호발(互發)' 두 글자에 있으니, 만약 주자가 참으로 이기(理氣)가 서로 발용함이 있어 상대해 각기 나온다고 했다면 주자도 아마 틀렸을 것이라고 하였다.[41] 그리고 그

---

37 황의동, 〈덕천 성기운의 철학사상〉, 《간재학논총》, 제3집, 간재학회, 2000, 273~274쪽.

38 《悳泉集》, 卷1, 書, 〈答宋瑩叔〉, "太極二五, 一時俱有, 豈有離氣獨立之理, 離理獨行之氣."

39 같은 책, 卷1, 書, 〈答林子敬(章佑)〉, "道外無陰陽, 陰陽外無道. 然陰陽自陰陽, 道體自道體, 而不相離不相雜之妙."

40 같은 책, 卷2, 書, 〈答李久之(悳均)〉, "是無爲而爲有爲之主, 非謂其有爲也."

41 같은 책, 卷4, 雜著, 〈經義問對〉, "栗谷曰, 四端不能兼七情, 而七情則兼四端. 七情統言心之動有此七者, 四端則就七情中擇其善一邊而言也. 朱子所謂發於理發於氣者, 其意亦不過曰四端

는 스승인 간재의 설을 계승하여 성사심제(性師心弟), 성존심비(性尊心卑)의 설을 말하고 있다. 즉 공맹정주(孔孟程朱)의 제 성현이 성(性)으로 심(心)의 주재를 삼고 심으로 성의 운용(運用)을 삼지 않음이 없다 하고,[42] 그는 성존심비(性尊心卑), 성사심제(性師心弟)의 설이 새롭게 이견을 세우고자 한 것은 아니라 하고, 세상의 유자들이 왕왕 심(心)으로서 리(理)를 삼아 방자하게 성명(性命)을 근본으로 하지 않아 다시 두려워하고 거리끼는 뜻이 없다고 우려하였다.[43]

한편 성기운(成璣運)은 당시 성리학의 공론적 경향을 비판하고 실심(實心)과 실천(實踐)을 강조하였다.[44] 심성이기(心性理氣)의 명목(名目)을 강론함이 우리나라에서 1, 2백 년이나 되었다 하고, 유학자의 고질적 폐단은 지(知)와 행(行)이 다르고, 말과 일이 어긋나고, 자기와 같은 것은 이끌어 주고 자기와 다른 것은 미루어 내며, 문호를 나누고 쪼개어 심성을 창으로 삼고 문장을 방패로 삼아 소리 없는 전쟁을 하여, 대대로 원수가 되고 있다고 한탄하였다.[45] 성리의 설은 과거의 학자들이 진실로 변론한 것이 많은데, 아는 것이 어려운 것이 아니라 행하기가 가장 어렵다고 하였다. 따라서 학자는 대개 그 원두(源頭)를 알고 역행실천(力行實踐)한다면 성현의 지위에 이르지 못할 것을 걱정하지 않는다고 하였다.[46]

專言理, 七情兼言氣耳. 退溪之病, 專在於互發二字, 若朱子眞以爲理氣互有發用, 相對各出, 則是朱子恐誤也."

42 같은 책, 卷1, 書, 〈答鄭衡七(璣淵)〉, "然則孔孟程朱諸聖賢, 無不以性爲心之所主宰, 以心爲性之所運用."

43 같은 책, 卷2, 書, 〈答李久之(悳均)〉, "若其性尊心卑, 性師心弟之說, 非欲刱新立異見, 世儒之往往, 以心爲理, 自恣自用, 不本於性命, 而無復有畏憚顧忌之意……."

44 황의동, 〈덕천 성기운의 철학사상〉, 《간재학논총》, 267~268쪽.

45 《悳泉集》, 卷2, 書, 〈答柳遠浚(辛未)〉.

46 《悳泉年譜》, 卷下, 〈語錄〉, "大抵性理說, 前哲固多辨論, 知之不難, 行之最難. 學者槩知其源

성근묵(成近默)은 한말의 유학자로 문집으로 《과재집(果齋集)》이 있다. 이 책은 8권 4책으로 되어 있는데, 권(卷)1, 2는 시(詩), 권(卷)3에는 소계(疏啓)와 수의(收議), 권(卷)4에는 서(書), 권(卷)5에는 서(書), 잡저(雜著), 서(序), 기(記), 권(卷)6에는 발(跋), 축고문(祝告文), 제문(祭文), 묘지명(墓誌銘), 묘갈명(墓碣銘), 권(卷)7에는 행장(行狀), 권(卷)8에는 행장(行狀), 사실(事實), 유사(遺事)가 수록되어 있다. 이 가운데 중요한 내용을 소개하면 1847년에 7월에 올린 〈정미봉사(丁未封事)〉는 그의 상소문을 대표하는데, 여기에서 그는 당시 양선(洋船)의 출몰과 서학에 대해 위정척사(衞正斥邪)의 입장에서 비판하고, 양학(洋學)을 난적(亂賊)으로 규정하고 있다. 아울러 이를 화이론(華夷論)과 춘추의리(春秋義理)에 입각해 비판하고 유학 본래의 정신으로 돌아가야 한다고 하였다.[47] 또 스승인 해은(海隱) 강필효(姜必孝)와 이양연(李亮淵), 강필노(姜必魯) 등과 문중 친족들과 주고받은 편지가 있다. 또 잡저로는 〈소학재규(小學齋規)〉, 〈파산서원재규(坡山書院齋規)〉, 〈가훈(家訓)〉, 〈성씨세대연표총론(成氏世代年表揔論)〉, 〈자경(自警)〉, 〈잡록(雜錄)〉 등이 있다. 〈소학재규〉와 〈파산서원재규〉는 교육적 의미가 있고, 〈가훈〉에는 존본심가(存本心歌), 삼강오륜설(三綱五倫說), 일가동심가(一家同心歌), 상하지분(上下之分), 장유지서(長有之序), 자제지직(子弟之職), 남녀지별(男女之別), 부인지행(婦人之行), 부인지직(婦人之職), 적첩지분(嫡妾之分), 비복지직(婢僕之職), 일용상규(日用常規), 매월삭망헌수지절(每月朔望獻壽之節) 등 일상 윤리와 예법이 제시되어 있다. 이를 통해 한말 창령 성씨 문중의 가내윤리와 신분질서, 예법 등에 대해 알 수 있다. 이렇게 볼 때, 성근묵의 전문적인 철

頭, 力行實踐, 則不患不到聖賢地位也(宋廷憲錄)."

47 《果齋集》, 卷3, 〈丁未封事〉, 七月 참조.

학적 저술은 보이지 않는다. 따라서 그의 철학적 특성이나 학풍은 구체적으로 알 수 없다.

성구용(成九鏞)은 율곡과 우암을 존숭했고, 학맥으로는 간재 전우-덕천 성기운을 잇고 있어 범 율곡학파의 말류에 해당한다. 그는 학문을 연구하거나 인물을 평론하거나 역사를 논평할 때 어느 한쪽에 편중되는 일이 없었고, 양론이 있을 경우에는 양편의 논거가 되는 문헌을 모두 고찰하여 공평무사한 평가를 내렸으며, 동시에 공명정대한 곧고 바른 길을 걸었다.[48]

또한 그는 학문의 폭을 넓혀 많은 서책을 탐독하고 섭렵하였으며, 교유도 간재연원에만 국한하지 않고 다른 연원으로 넓혔으며, 화서(華西) 이항로(李恒老), 성재(省齋) 유중교(柳重教), 중암(重庵) 김평묵(金平默), 지산(志山) 김복한(金福漢), 연재(淵齋) 송병선(宋秉璿), 면암(勉庵) 최익현(崔益鉉) 등 여러 선생들의 학문과 의리와 지조를 흠모하고 본받았다.[49]

그의 문집은 6권 3책의 《의재집(毅齋集)》과 2권 1책의 《의재속집(毅齋續集)》이 있고, 19세 때부터 71세로 별세할 때까지 약 50여 년에 걸쳐 쓴 일기가 전해진다. 문집 권(卷)1에는 한말의 대표적인 유학자인 성기운(成璣運), 송의섭(宋毅燮), 김노동(金魯東), 권순명(權純命), 유영선(柳永善) 등과 주고받은 편지가 있고, 권(卷)2에는 〈소학차의(小學箚疑)〉, 〈맹자차의(孟子箚疑)〉, 〈중용차의(中庸箚疑)〉, 〈덕천선생어록(悳泉先生語錄)〉, 〈수필(隨筆)〉, 〈성의설(誠意說)〉 등이 있다. 권(卷)3에서는 서(序), 제발(題跋), 기(記), 고축(告祝), 제문(祭文), 명(銘), 찬(贊), 묘지명(墓誌銘), 묘갈명(墓碣銘), 행장(行狀), 시(詩)가 있다. 또한 《속집(續集)》에는 서(書),

48 유승국, 〈서문〉, 《항일지사 성구용선생50년일기》, 1998.

49 같은 글 참조.

잡저(雜著), 서(序), 발(跋), 제발(題跋), 기(記), 고축(告祝), 명(銘), 찬(贊), 묘비명(墓碑銘), 비(碑), 묘표(墓表)가 있다.

그는 스승인 성기운에게 보낸 편지에서 당시 단발(斷髮), 단상(短喪)에 대한 비판, 서력(西曆) 사용에 대한 비판을 통해 위정척사(衛正斥邪)의 의리를 천명하고, 또 창씨개명(創氏改名)의 부당성과 춘추의리(春秋義理)에 입각한 윤리강상의 부식(扶植)을 강조하였다.[50] 이런 관점에서 그는 "우리 유가의 소위 의리를 지킨다는 것이 비록 더디고 빠름이 있을지라도, 필경 모두 이 욕을 면치 못하나니, 죽음 이외에 다른 길이 없는데, 어찌 차마 구차하게 의(義)를 버리고 개돼지의 삶을 함께하리요"[51]라고 하였다.

인물성동이론(人物性同異論)에 대해서는 간재(艮齋)의 설에 따라 동론(同論)을 주장하여,[52] 인물(人物)의 태어남에 천지의 리(理)를 같이 얻어 성(性)으로 삼는데, 천하에 성 없는 물이 없어 비록 곤충이나 초목도 또한 오행의 성이 있다. 다만 치우치고 바르고 통하는 기에 구속되므로 성의 발현 또한 따라서 어둡고 밝은 다름이 있다고 하였다.[53]

또한 〈소학차의(小學箚疑)〉, 〈맹자차의(孟子箚疑)〉, 〈중용차의(中庸箚疑)〉는 그의 경학(經學)을 알 수 있는 자료인데, 선유들의 설에 대한 자신의 견해를 밝히고 있다. 〈수필(隨筆)〉에서는 "정(情)의 발(發)이 모두 기발이승(氣發理乘)인데, 악은 기(氣)가 주로 발하여 된 것이고 선은 리(理)가 주로 발하여 된 것이다. 성인의 마음은 온전히 도심(道心)인즉, 모두

---

50 《日記》, 上, 707, 730~731쪽 참조.

51 《毅齋集》, 卷1, 〈上先生〉, "吾儒之所謂守義者, 雖有遲速, 必竟皆不免此辱, 死以外更無他道, 何忍苟且棄義而同狗彘之生哉."

52 《日記》, 上, 1925년 3월 19일조, 71쪽.

53 《毅齋集》, 卷1, 〈答宋廷憲〉, "夫人物之生, 同得天地之理以爲性, 則天下無無性之物. 雖昆蟲草木亦有五行之性, 但拘於偏正通塞之氣, 故性之發見亦隨而有昏明之殊."

리를 주로 한 발이니, 또 어떻게 기의 발을 보랴. 인심도심의 발 또한 이와 같고, 사단칠정의 발 또한 이와 같다"[54]고 하여, 사단칠정, 인심도심을 모두 기발이승(氣發理乘)의 구조로 보면서 선은 리 위주의 발, 악은 기 위주의 발로 이해하였다. 이렇게 볼 때, 성구용은 한말 서세동점(西勢東漸)의 위기와 일제의 침략기에 위정척사(衛正斥邪), 항일의 의리를 실천하는데 앞장섰던 유학자였고, 그의 문집에서 볼 수 있듯이 경학과 성리학에도 조예가 깊었던 것으로 보이나 전문적인 저술이 없어 그의 학문적 특성이나 독창을 찾을 수 없는 것이 유감이다.

54 같은 책, 卷2, 雜著, 〈隨筆〉, "凡情之發, 皆氣發而理乘. 惡者氣爲主發, 善者理爲主而發. 聖人之心, 渾是道心, 則是皆理爲主而發, 又何以見其爲氣之發耶? 人心道心之發亦如此, 四端七情之發亦如此."

제4장
도암 이재(李縡) 계열의 학문과 사상

제1절 이재(頤齋) 황윤석의 학풍과 성리학

1. 시작하는 글

황윤석(黃胤錫; 1729~1791)은 조선조 18세기 호남을 대표하는 성리학자요 실학자다. 그의 자는 영수(永叟), 호는 이재(頤齋)인데, 1729년(영조 5년) 전라도 흥덕현(興德縣) 구수동(龜壽洞)에서 출생하여 1791년(정조 15년) 63세를 일기로 만은재(晩隱齋)에서 별세하였다.

그는 8세 때 숙조부(叔祖父) 황재중(黃載重)의 위패를 구암사(龜巖祠)에 봉안(奉安)하면서 가학을 전수받았다. 그는 이 무렵 《사략(史略)》, 《소학》을 공부하였고, 이때 〈술지부(述志賦)〉를 지어 자신의 학문 목표와 인생진로에 대해 언급하였다. 그는 12세 때 《맹자》와 《논어》를 읽고, 그 이듬해에는 《서전》과 《시전》을 읽었다.[1] 14세 때에는 《주역》을 읽었고, 이해에 창계(滄溪) 임영(林泳; 1649~1696)의 《창계집(滄溪集)》을 읽고 비로소 이기(理氣), 상수(象數)에 관심을 갖게 되었다.[2]

---

1 《頤齋亂藁》, 제1책, 卷2, 丁丑, 9월 5일, 179쪽.

2 황윤석의 생애와 학문활동에 대해서는 권오영의 〈이재 황윤석의 학문생활과 사상경향〉(《《이재난고》를 통해 본 조선후기 생활사 연구》, 한국정신문화연구원, 2004)을 참조하였음.

황윤석은 미호(渼湖) 김원행(金元行; 1702~1772)의 문인인데, 김원행은 농암(農巖) 김창협(金昌協; 1651~1708)의 양손자(養孫子)이며 도암(陶庵) 이재(李縡; 1680~1746)의 문인이다. 김원행은 평생 관직에 나아가지 않고 경기도 양주에 있는 석실서원(石室書院)에서 학문 연구에만 전념하였는데, 이 서원은 고문(古文) 운동을 중심으로 한 새로운 학풍과 함께 상수학(象數學)에 대한 깊은 연구로 후대에 크게 영향을 미쳤다.[3]

이렇게 볼 때, 황윤석은 우암을 매우 존숭한 율곡학파에 속하며, 가학적 연원이나 호락론(湖洛論)의 관점에서 보면 김창협(金昌協), 김창흡(金昌翕), 이재(李縡), 김원행(金元行)의 맥을 잇는 기호 노론 계열 낙론파(洛論派)의 인물이라고 할 수 있다.[4] 한편 그는 남인계 실학자들과 소론계 학자들과도 학문적으로 교유하였다.

황윤석은 심성에 대한 연구를 주요 축으로 하는 성리학을 전체(全體)로 삼고, 천문학, 수학 등 자연과학에 대한 광범한 이해와 수용을 대용(大用)으로 삼았다.[5] 달리 말하면 그는 성리학을 학문의 기본으로 삼으면서도,[6] '박학(博學)'을 추구한 새로운 조선후기 지식인의 전형[7]이었다고 할

---

3 하우봉, 〈이재 황윤석의 사회사상〉, 《이재 황윤석》, 민음사, 1994, 24쪽.

4 현상윤(《조선유학사》, 293쪽)이나 최완기(《한국성리학의 맥》, 204쪽)는 이재(李縡)를 김창협(金昌協)의 문인으로 보고 있으며, 《유교대사전》에서도 이를 인정하고 있으나, 이병도는 이러한 김창협과 이재 사이의 사승(師承)관계를 부정한다.(《한국유학사》, 400쪽). 이재는 그의 연보에 의하면 어려서 중부(仲父) 이만성(李晩成)에게 배운 것 외의 뚜렷한 사승관계는 보이지 않는다. 따라서 이재는 사승 없이 율곡을 사숙(私淑)한 것으로 보아야 할 것이다.

5 권오영, 〈이재 황윤석의 학문생활과 사상경향〉, 《《이재난고》를 통해 본 조선후기 생활사 연구》, 한국정신문화연구원, 2004, 350쪽.

6 이종묵, 〈황윤석의 문학과 《이재난고》의 문학적 가치〉, 《《이재난고》를 통해 본 조선후기 생활사 연구》, 한국정신문화연구원, 2004, 61쪽.

7 같은 책, 62쪽.

수 있다.

그는 실학자답게 방대한 저술을 하였는데, 《이재난고(頤齋亂藁)》가 대표적이다. 이 책은 그가 10세 때부터 세상 떠나기 이틀 전까지 쓴 일기다.

황윤석의 학문적 업적에 대한 전반적인 검토는 1968년 유재영에 의해 처음 이루어졌고,[8] 이후 이강오 등 뜻있는 학자들에 의해 그의 학문과 사상에 대한 검토가 이루어졌다.[9] 그의 방대한 저술에 비추어 볼 때 황윤석에 대한 체계적이고 심층적인 연구에는 많은 시간이 필요하다고 생각된다.

그는 기호학파의 일원답게 성리학을 깊이 연구하여 〈성리대전주해(性理大全註解)〉를 저술한 것으로 알려져 있으나 현재 전해지지 않는다. 다만 스승인 김원행과의 문답과 석실서원 강의를 통해서도 그의 성리학적 식견을 가히 짐작할 수 있다.

2. 학문적 연원

황윤석의 학문적 연원은 크게 보아 가학과 기호학파 낙론 계열의 학맥으로 대별할 수 있다. 먼저 가학을 중심으로 한 그의 학문연원을 검토해 보기로 하자. 위에서 언급한 대로 황윤석의 가문은 문행(文行)을 두루 갖

8 유재영, 〈이조후기 국어학에 공헌한 실학사상 – 특히 이재 황윤석을 중심으로 –〉, 《연구조성비지급자 연구결과보고서》, 1968, 3, 15.
권오영, 〈이재 황윤석의 학문생활과 사상경향〉, 312쪽.

9 황윤석에 대한 연구는 여러 분야에서 이루어지고 있지만, 철학적 측면에서 참고할 만한 연구성과로는 이강오의 〈해제〉(《이재난고》, 제1책, 한국정신문화연구원, 1994), 〈이재 황윤석〉(《실학논총》, 전남대출판부, 1983), 유재영의 〈이조후기 국어학에 공헌한 실학사상 – 특히 이재 황윤석을 중심으로 –〉, 하우봉의 〈이재 황윤석의 사회사상〉, 권오영의 〈이재 황윤석의 학문생활과 사상경향〉, 김기현의 〈이재 황윤석의 학문체계 분석〉(《이재 황윤석》, 민음사, 1986) 등이 대표적이다.

춘 호남의 명문이었다.

그의 조부 황재만(黃載萬)은 사부(辭賦)에 능하였고 글씨를 잘 썼다. 그는 행의(行誼)로 명성이 자자하였다. 그는 송시열이 정치적 박해로 유배를 당하자, 부친의 명으로 나중기(羅重器)와 함께 송시열을 구원하는 상소를 올렸고, 1689년(숙종 15년) 6월 송시열이 정읍에서 사약을 받고 죽게 되자, 동생 황재중(黃載重)과 함께 기정익(奇挺翼)을 모시고 상차(喪次)에 나아가 곡을 하기도 하였다.[10]

그런데 그의 가문을 호남 학계에 크게 드러낸 인물은 숙조(叔祖)인 황재중(黃載重)이었다. 그는 기정익과 김창협의 문인으로 학행으로 당세에 이름이 있었다. 황재중이 작고하자, 1736년(영조 12년) 그를 향사(享祀)하는 구암사(龜巖祠)가 설립되었는데, 이로써 황윤석의 가문은 향현(鄕賢)을 배출하게 되어 호남의 사족(士族) 반열에 들게 되었다.[11]

또한 부친 황전(黃瑔)은 젊은 시절부터 책을 매우 좋아하여, 누군가가 《역경》, 《논어》, 《맹자》, 《중용》, 《대학》, 《주자어류(朱子語類)》, 《성리대전(性理大全)》 등 책을 팔러 오자 밭 갈던 소와 책을 교환하기도 하였다.[12] 그는 어린 시절 막내 외삼촌 남계(藍溪) 김신채(金愼采)에게 공부를 배웠고, 간간히 유지해(柳之楷)와 나서규(羅瑞奎)에게 나아가 학업을 익히기도 하였으며, 숙부 황재중이 운영하는 소요산서당(逍遙山書堂)에 가서 공부하기도 하였다. 황재중은 송시열, 기정익으로 전해지는 학통을 계승하고 있었는데, 황전도 숙부를 통해 송시열의 학맥을 계승하고 있었다.[13]

황전은 약관의 나이에 당시 태인에서 강학하던 은정화(殷鼎和)의 문하

---

10 《頤齋遺藁》, 卷8, 〈祖考山郁府君行狀〉, 〈叔祖龜巖先生行狀〉.

11 권오영, 〈이재 황윤석의 학문생활과 사상경향〉, 314쪽.

12 《晩隱遺稿》, 卷4, 附錄, 〈家狀〉.

13 권오영, 앞의 글, 314쪽.

에 나아가 당송(唐宋)의 시문(詩文)과 과문(科文)을 배웠다. 은정화는 염수재(念修齋) 유진석(柳晉錫)의 문하에서 《가례》, 《근사록(近思錄)》을 배웠고, 관곡(寬谷) 최서림(崔瑞林)의 학통을 이어 당시 호남 지역에 크게 문풍을 일으키고 있었다.[14] 유진석은 유희춘(柳希春)의 현손(玄孫)으로 서귀(西歸) 이기발(李起浡)의 문인이자 사위였으며, 유진석과 이기발은 김집(金集), 송시열(宋時烈)과 교유하였다.[15] 황전은 역범(易範), 예악(禮樂), 서수(書數), 성력(星曆), 병형(兵刑) 등의 설(說)이 모두 선비가 힘써야 할 실리(實理)의 학이라 생각하였다. 그는 당세의 학자들이 이러한 다양한 분야의 학문영역에 능하지 못하고 한 분야에 치우쳐 있다고 우려하였다. 그는 이학(理學), 예학(禮學), 수학(數學), 병학(兵學), 보학(譜學) 등 다양한 학문 명칭이 있는데, 이학과 예학 두 가지 이외에는 잡술로 몰고 있으니, 한심한 노릇이라고 하였다.[16] 이러한 부친의 개방적인 학문관은 주목할 만하다. 당시 성리학이나 예학만을 중시하고 경세적 실무(實務)의 학을 경시하던 풍토 속에서 잡학을 인정하고 그 유용성을 말했다. 이러한 부친의 실학적 사고와 학풍은 황윤석으로 하여금 성리학에 머물지 않고 실학에로 나아갈 수 있는 계기를 제공하였다.

또한 황윤석은 기호학파 낙론 계열의 학맥을 계승하면서, 주자, 송시열, 김창협, 김창흡, 김원행을 매우 존숭하였다. 따라서 그는 '우리의 가학은 진실로 우농파(尤農派)'[17]라고 자처하고 있으며, 황전은 "우암은 주자의 정맥(正脈)이고, 농암(農巖)과 삼연(三淵)은 우암의 충신이다"라고

---

14 같은 글, 315쪽.

15 유재영, 〈이조후기 국어학에 공헌한 실학사상 – 특히 이재 황윤석을 중심으로 –〉 재인용.

16 《晩隱遺稿》, 卷3, 雜著, 〈日識〉, 壬午.

17 《頤齋遺藁》, 卷14, 〈祭渼湖先生文〉, "蓋我家學, 寔尤農派……."

말하여, 송시열과 김창협, 김창흡으로 이어지는 학통의식을 강하게 가지고 있었다.[18] 따라서 그가 후일 김원행의 문하에 나아가 공부하게 되는 결정적 요인은 가문의 이러한 학문적 분위기에서 이루어진 것이다.[19]

황윤석은 성리학에 있어 철저한 주자 존신론자(尊信論者)였다. 그는 백호(白湖) 윤휴(尹鑴; 1617~1680)나 서계(西溪) 박세당(朴世堂; 1629~1703)의 고학적(古學的) 경전해석에 대해서는 극렬하게 비판하였으며, 육예학(六藝學)에 대해서도 소극적이었다. 고학이 실학파의 경학적 특성이라고 볼 때, 황윤석의 성리학은 그와 정반대이다.[20]

그는 "성리학을 논함에 이르러서는 주자 이후에 이미 논의가 정해졌으니, 후세 사람들은 오로지 마땅히 독실이 믿고 체험할 따름이다"[21]라고 하였고, 또 "후학들이 선유의 설을 대함에 있어서 만일 의심스러운 바가 있으면 마땅히 스스로 적어 두어 잊어버릴 것에 대비할 따름이다. 만일 새로운 말을 내세워 천하를 바꾸고자 함은 어리석지 않으면 망령된 것이다"[22]라고 하여, 주자학에 대한 존신(尊信)이 얼마나 철저한지 알 수 있다. 따라서 윤휴나 박세당의 경우처럼 주자의 경전해석에 반하는 자주적인 해석은 그에게 용납될 수 없었다. 이러한 황윤석의 주자에 대한 존신(尊信)과 경직된 학문태도는 그의 실학적 학풍과는 다소 모순되는 면이다. 그의 주자에 대한 존숭은 거의 절대적이라고 할 만한데, 다음 글들은 이를 잘 말해 준다.

---

18 《晩隱遺稿》, 卷4, 附錄, 〈家狀〉.

19 권오영, 〈이재 황윤석의 학문생활과 사상경향〉, 315쪽.

20 하우봉, 〈이재 황윤석의 사회사상〉, 《이재 황윤석》, 민음사, 1994, 32쪽.

21 《頤齋續稿》, 卷13, 〈行狀〉, "……至於論性理, 則以爲朱子以後, 旣有定論, 後人但當篤信體驗而已."

22 같은 책, 卷13, 〈行狀〉 및 卷14, 〈年譜〉, "後學之於先儒說, 如有可疑, 則惟當私箚記, 以備遺忘而已. 若欲立言以易天下, 非愚則妄也."

주자를 존중하면 나라가 잘 다스려지고 집안이 평안하지만, 주자를 배척하면 나라가 어지러워지고 집안이 위태롭다.[23]

주자는 하늘이 이 세상에 보낸 특출한 인물로, 주자를 높이는 자는 성인이 되고 현인이 될 수 있지만, 주자를 배반하는 자는 요망한 자가 되거나 역적이 된다.[24]

사대부의 행동거지의 대법이 주자서(朱子書)에 다 들어 있다.[25]

공자를 계승한 자는 주자 한 사람뿐이다.[26]

이러한 관점에서 그는 '천추에 인극(人極)은 자양옹(紫陽翁; 朱熹)'[27]이라 하였고, "일찍이 부사(父師)의 가르침을 듣건대, 늘 천하고금에 의리의 큰 곳을 말하며, 멀리는 마땅히 회옹(晦翁; 朱熹)을 주로 하고, 가까이는 마땅히 우암을 주로 해야 한다 하였다. 그런즉 사대부 출처어묵(出處語默)의 일대성법(一大成法)은 오직 주서(朱書)에 있을 뿐이다"[28]라고 하였다.

이처럼 그의 주자에 대한 존숭과 주자학에 대한 학문적 믿음은 지극했

23 같은 책, 卷14, 〈年譜〉, "尊朱者國治而家安, 背朱則國亂而家危."

24 《陶齋亂藁》, 제5책, 卷27, 己亥, 1월 15일, 407쪽, "盖如朱子亦天所以命世者也, 尊之者, 爲聖爲賢, 背之者, 爲妖爲逆."

25 《陶齋遺藁》, 卷7, 〈與趙仁叔鎭宅書〉, 癸巳, "然則士大夫出處語默, 一大成法, 惟朱書在耳."

26 같은 책, 卷8, 〈答羅舒川忠佐書〉, 丙申, "竊嘗獨惟繼孔子者朱子也."

27 같은 책, 卷4, 〈雜賦三絕〉.

28 같은 책, 卷7, 〈與趙仁叔鎭宅書〉, 癸巳, "嘗聞父師之訓, 每言天下古今義理大處, 遠當主晦翁, 近當主尤庵. 然則士大夫出處語默, 一大成法, 惟朱書在耳."

다. 그의 이러한 주자학의 계승은 율곡 이후 기호학파의 연원을 따라 이루어졌다고 볼 수 있다. 그는 우암이 율곡과 사계를 계승한 이래 주자학이 동방에 크게 밝아졌고, 우암의 학통이 김창협-이재-김원행에게로 이어졌다고 보았다.[29] 그 또한 18세 때 태인 고암서원(考巖書院)에 들러 송시열의 영정에 참배하고, 마음에서 우러나오는 존경의 감회를 억누를 수 없어 시를 읊기도 했다.[30]

황윤석은 17, 8세에 이미 스승을 구할 뜻이 있어 이재와 여호(黎湖) 박필주(朴弼周; 1680~1748)의 문하에 나아가 가르침을 받고자 하여, 박필주에게 편지까지 썼으나 그가 세상을 떠나 그의 제자가 될 수 없었다.[31] 이러던 차에 황윤석은 이재의 문인으로서 당대 성리학과 무실(務實)학풍으로 존경을 받고 많은 문인을 거느리고 있던 김원행을 찾아가 그의 제자가 되었다.

그는 1759년 아우 황주석(黃胄錫)과 함께 김원행을 찾아 집지례(執贄禮)를 행하고 정식 제자로 입문하였으며, 석실서원의 입학을 허락받았다. 그리하여 김원행으로부터 《소학》 공부의 중요성을 배웠다.[32]

1766년(영조 42년) 김원행은 황윤석에게 "군의 본 바탕이 처음부터 말할 것이 없다면 모르지만, 이미 호남의 호걸(豪傑)선비이니, 어찌 사장유(詞章儒)를 달게 여겨서야 되겠는가?"라고 하였다.[33]

그는 또 도학과 문장과 절의로 우리나라에서 가장 뛰어난 인물로 하서

---

29 《頤齋全書》, 〈記湖洛二學始末〉, 경인문화사, 447쪽.

30 《頤齋亂藁》, 제1책, 卷1, 丙寅, 〈回過考巖書院瞻謁尤庵眞像〉.

31 같은 책, 제1책, 卷1, 丙寅, 〈擬上黎湖朴先生弼周書〉.

32 《頤齋亂藁》, 제1책, 卷3, 己丑, 3월 16일, 209쪽.

33 《頤齋續稿》, 卷13, 附錄, 〈行狀〉.
《頤齋亂藁》, 제1책, 卷6, 丙戌, 4월 12일, 561쪽, "君之本質, 若初無可言則已矣, 旣是湖南豪傑之士, 豈可甘作詞章儒哉."

(河西) 김인후(金麟厚)를 거론하고,[34] 김인후는 일대의 유종(儒宗)이며 백세의 사표라고 추앙하고. "인후(麟厚)는 도의 오묘함에 묵묵히 맞아 대원(大原)을 통견(洞見)하였으며, 태극과 음양을 일물로 보고 도심과 인심을 체용으로 보는 설들이 있자 한마디 말로 쪼개어 분석함이 명백하고 적확(的確)하였으니, 문헌공(文憲公) 신 기대승(奇大升)이 일찍이 사단칠정을 논변함에 질의한 바가 많았고, 그의 인증(印證)을 얻은 후에 문순공(文純公) 이황(李滉)과 왕복 논란을 한 것이 거의 수만 마디의 말이니, 요컨대 모두가 인후의 뜻을 근본으로 하였다"[35]고 평가하였다. 그의 김인후에 대한 존숭은 물론 하서(河西)가 당대 호남을 대표하는 유학자였다는 점에서도 그랬지만, 도학, 문장, 절의의 세 측면에서의 평가라는 점에서 주목된다.

3. 성리학풍과 실학풍의 겸비

황윤석은 본래 성리학자로 출발하였다.[36] 그는 10세쯤 되었을 때부터 과거공부 외에 소위 성리학이 있다는 말을 듣고, 마음속 깊이 느낀 바 있어 이 학문에 몸을 의탁하고 종사할 뜻이 있었다고 술회하였다. 그는 18세 때에는 박필주(朴弼周)에게 편지를 보내 성리학을 공부하고자 하였으나 그의 별세로 뜻을 이루지 못했고, 31세 때에는 김원행(金元行)의 문하에 정식으로 입문하여 그의 제자가 되었다. 30세 때에는 당시 호서유학의

---

34 같은 책, 제3책, 卷16, 庚寅, 11월 9일, 446쪽.

35 《頤齋遺藁》, 卷13, 〈請先正臣文靖公金麟厚從享文廟疏〉, "有若先正臣文靖公金麟厚, 以一代儒宗, 百世師表 …… 麟厚默契道妙, 洞見大原. 有以太極陰陽爲一物, 道心人心爲體用者, 則一言剖破, 明白的確. 文憲公臣奇大升嘗於四端七情之辨, 多所質疑, 得其印證, 後與文純公臣李滉往復論難, 殆數萬言, 要皆本之於麟厚之旨者……."

36 권오영, 〈이재 황윤석의 학문생활과 사상경향〉, 331쪽.

대유(大儒)였던 병계(屛溪) 윤봉구(尹鳳九; 1681~1767)를 찾아 호학(湖學)에 대해 묻기도 하였다.

또한 36세 때에는 전주로 나가 호남의 대표적인 성리학자 목산(木山) 이기경(李基慶; 1713~1787)과 호락심성이기설(湖洛心性理氣說)에 대해 토론하기도 하였다. 그는 젊은 시절 삼동에는 밤을 지새우며 책을 읽었다. 37세 때에는 김수(金璲)와 더불어 《대학》 수장(首章)의 명덕(明德)과 퇴계, 율곡의 사칠이기(四七理氣)와 호락(湖洛) 제현(諸賢)의 심성동이지변(心性同異之辨)에 대해 토론하기도 하였다. 또 외암(巍巖) 이간(李柬; 1677~1727)의 이기심성설이 수암(遂庵) 권상하(權尙夏; 1641~1721)와 다른 뜻을 안형옥(安衡玉)과 토론하기도 하였다.

그는 《성리대전》을 매우 좋아하여 읽고 의심나는 부분은 차기(箚記)하고 잘못된 곳은 정정하였다. 그는 애경사를 제외하고는 거의 문 밖을 나가지 않고 일생의 가계(家計)로 생각하고 평생을 《성리대전》의 주석에 매달렸고, 그 주석은 매우 정치(精緻)하게 이루어졌으니 이것이 그의 〈성리대전주해(性理大全註解)〉다.[37] 이상 그의 생애에 걸친 성리학 연구는 매우 독실하고 진지한 것이었다. 그럼에도 이학(理學)의 방면에서는 그의 도학 연원에 의한 각 학파의 학설에 뜻을 같이할 뿐, 독특한 이론을 내세운 바는 없다고 생각된다.[38]

그런데 황윤석의 학문 이해에서 주목할 점은 그가 성리학의 이론적 작업에 머물지만은 않았다는 점이다. 그는 "차라리 참된 사대부가 될지언정 거짓된 도학자가 되기를 원하지 않는다", "명(明)과 성(誠)을 둘 다 닦고 박(博)과 약(約)을 서로 참조한다", "마음은 넓게 펴고자 하니 거리낌이

37 《頤齋亂藁》, 제6책, 卷31, 己亥, 9월 15일, 97쪽, 庚子, 2월 21일, 206쪽.

38 이강오, 〈해제〉, 《이재난고》, 한국정신문화연구원, 제1책, 1994, 55쪽.

없어야 한다고 말하는 것이 아니고, 문장은 밀찰(密察)해야 하니 어찌 너무 집착하라고 이르는 것이겠는가?"라는 말을 써 붙여 좌우명으로 삼고 참된 도학의 길을 걸었다.[39] 여기에서 진유(眞儒)로서의 도학자는 수기와 치인, 내성(內聖)과 외왕(外王)을 겸비해야 하는 것이요,[40] 성리(性理)와 실사(實事)를 겸해야 하는 것이다.

황윤석은 성리학을 넘어서서 실학의 길을 열고 있었다. 이는 스승인 김원행이 "사람에게 실심(實心)이 있어야 이에 실사(實事)가 있게 되며, 실사가 있어야 이에 실공(實功)이 있게 된다. 학문함에 실제로 볼 만한 공(功)이 없으면 이는 실심이 없는 것이다"[41]라고 한 데서 연유한다. 실심이 있어야 실사가 있게 되고, 실사가 있어야 실공이 있다는 말은 율곡이 실심과 실공 그리고 실효(實效)를 말한 것과 같다.[42] 여기에서의 실심은 진실한 마음으로 인간주체의 성실성을 말한다. 진실한 마음으로 일할 때 그것이 실사가 된다. 실사는 진실한 노력이요 실천으로 율곡의 실공(實功)이다. 실사라야 그 결과가 실질적인 이익이 될 수 있고 효과가 있다. 여기에서 실(實)은 경제적인 실이 되고 실용적인 실이 된다. 김원행의 다음과 같은 가르침은 황윤석의 학문관에 지침이 되었다.

> 학문이란 별다른 것이 아니다. 민생 일용사에 나아가 배울 것이요, 사정에 어두워서 일상생활에 적용할 수 없다면 참된 학문이 아니다. 옛날 학자는 이러

---

39 《頤齋續稿》, 卷13, 附錄, 行錄, 〈請贈職疏〉.

40 《栗谷全書》, 卷15, 〈東湖問答〉, "夫道學者, 格致以明乎善, 誠正以修其身. 蘊諸躬則爲天德, 施之政則爲王道."

41 《渼湖集》, 卷14, 雜著, 〈陶谷隨記〉, "夫人有實心, 斯有實事矣, 有實事, 斯有實功矣. 爲學而無實可見之功, 則是爲無實心者也."

42 《栗谷全書》, 卷21, 〈聖學輯要〉, "必有實心然後乃下實功."
같은 책, 卷3, 〈玉堂陳時弊疏〉, "所謂定聖志以求實效者……."

> 한 실(實)을 안 까닭에 천리에 밝고 인심이 밝았으며, 인륜에 질서가 있고 평화로운 날이 늘 많았다. 후세는 학자가 적으며 학문도 이름뿐이고 참된 것을 연구하지 아니하여 당무(當務)에 밝지 못한 까닭에 평화로운 날이 늘 적었으니, 이 어찌 학문의 본의이리오? 고금을 통하여 천리를 밝히고 인심을 바르게 하는 것이 곧 치세(治世)의 본질이다.[43]

> 이제 제군들은 이미 그 일을 시작했으니, 또한 한갓 그 이름만 사모하지 말고 반드시 그 실(實)에 힘써야 한다. 장구(章句)에 빠지지 말고 암송하는 데 골몰하지 말고, 반드시 마음으로 체득해서 궁행해야 한다.[44]

이와 같이 석실학단(石室學團)의 학문이란 형이상학적인 고원(高遠)한 학문이 아니다. 일상생활에 필요한 학문이요 실용적인 학문이다. 인간의 현실생활에 무관한 것이라면 진정한 학문이 아니다. 또 장구나 외우고 이름만 추구하는 공부가 아니라 마음으로 몸소 체득 실천하는 실학이었다.

김원행에 따르면 학문하는 요령은 오로지 문자에 의할 것이 아니라, 단지 이 마음을 일상에서 놓아 버리지 않으며, 행동, 말, 부모 섬김, 어른 공경, 사람과 접하여 실천하는 것이 곧 근본 공부다. 따라서 독서에서 의리를 밝힐 것이며, 넓게 보고 바쁘게 읽는 것을 숭상하지 아니해야 한다.[45] 문자에 의한 학문이 아니라 내 마음을 일상생활 속에서 방치하지 아

43 金相進 撰, 〈渼湖先生言行錄〉, 遺事.

44 《渼湖集》, 卷14, 〈論石室書院講生〉, "今諸君旣有以始其事矣, 亦無徒慕乎其名, 而必有以務其實焉. 無溺乎章句, 無役乎誦說, 必心體而躬履之."

45 같은 책, 卷9, 〈答黃胤錫〉, "爲學之要, 不專靠文字, 只得此心不放於日用, 作止語默, 事親敬長待人接物之間, 常尋一箇是處行之, 便是根本工夫, 至於讀書亦只要明此義理, 不以汎覽處讀爲尙."

니하고 매사에 성실하게 실천하는 것이 공부의 근본이라 하였다.

이러한 스승의 가르침에 따라 황윤석은 "유자가 되어 한 가지 일이라도 알지 못하는 것이 있다면 부끄러운 일이다"라고 하였다.[46] 여기에서 박학(博學)의 논리가 가능하고, 학문이 성리학이나 예학에 국한되지 않고 경세에 필요한 다양한 학문 모두를 용납하게 된다. 그리하여 그는 이학(理學)을 체(體)로 삼고 상수학(象數學) 즉 천문학과 수학 등을 용(用)으로 생각하였다. 그는 나라를 다스리는 도는 인주의 한 마음에서 비롯된다고 보고《대학》의 정심(正心)에 주목하였고, 정심을 통해 균전(均田)과 제산(制產), 인사(人事), 치병(治兵), 교육(敎育), 전례(典禮), 율법(法律) 등 경세치용(經世致用)의 학문을 할 수 있다고 생각하였다.[47]

이렇게 볼 때, 황윤석에게 학문은 종래의 유학에서 말하는 도덕과 그 이론을 무시하는 것이 아니라, 오히려 이 도덕과 이론학의 기반 위에서 경제와 실천이 수반되는 학문을 이룩하는 것이었다.[48] 다시 말하면 성리학적 이론과 의리를 부정하는 것이 아니라 그것을 체로 하여 민생과 평천하의 실질적인 준비를 하는 것이었다. 이것이 그의 실학적 사고요 실학풍이라고 할 수 있다. 그러므로 그는 한편 김원행(金元行), 윤봉구(尹鳳九) 등 호서의 유학자들과 성리학적으로 교유하는 한편, 담헌(湛軒) 홍대용(洪大容; 1731~1783), 연암(燕巖) 박지원(朴趾源; 1737~1805), 초정(楚亭) 박제가(朴齊家; 1750~1805), 아정(雅亭) 이덕무(李德懋; 1741~1793) 등 북학파(北學派) 실학자들과도 교유하였다.[49]

황윤석이 뜻하는 학문은 오직 '성현의 학'이었다. 그러나 그가 생각하

---

46 《頤齋續稿》, 卷13, 附錄, 〈行錄〉, "君子恥一物不知."

47 같은 책, 卷11, 〈漫錄〉, 中, 31~32쪽 참조.

48 이강오, 〈해제〉, 《이재난고》, 제1책, 53쪽.

49 《頤齋亂藁》, 제4책, 卷22, 385, 386, 393, 394쪽; 卷23, 499쪽.

는 성학(聖學)의 규모는 종래 우리나라의 전통적인 유학자들이 생각하는 것과는 전혀 다른 것이었다. 황윤석의 학문은 새로운 지식을 모두 추구하는 백과전서파에 속한다고 할 수 있다. 그는 참으로 선비가 되려면 널리 배워서 해박한 지식을 이루어야 하고, 이것을 법도 있게 행함으로써 지행합일(知行合一)이 되어야 한다고 생각하였다. 따라서 당시의 학자들이 정주학(程朱學)에 국한하여 이 밖의 학문은 모두 이단으로 취급하였으나, 그는 이기심성학(理氣心性學)의 편협한 이론학을 지양하여 좀 더 폭넓고 실용적인 면에서 모든 학문을 받아들이며, 유학으로 하여금 공리적(空理的)인 시비만을 따질 것이 아니라 인간생활의 실사(實事)에서 시(是)를 구하고 수신으로부터 평천하에 이르기까지의 생활에 이용후생(利用厚生)이 될 수 있는 실학이 되도록 해야 한다고 생각했다.[50]

그러므로 이강오는 "영정조의 연간에 김육(金堉), 유형원(柳馨遠)이 실학의 터를 닦은 전라도 땅에서 신경준(申景濬), 위백규(魏伯珪)와 더불어 실학의 공적을 쌓아 올림으로써, 공리무용(空理無用)에 빠졌던 유학의 실용적 가치를 발양한 실학파 석학의 한 사람이다"라고 평가하였고, 하성래는 '호남실학의 대가'라고 평가하였지만, 하우봉은 철학과 사회개혁론의 측면에서 보면 실학자의 범주에 넣기 어렵다고 평가하기도 하였다.[51] 사실 황윤석의 주자에 대한 존숭과 주자학에 대한 존신(尊信)에서 보이는 경직된 학문태도는 그의 개방적인 학문관과 상충되는 측면이 없지 않다.[52] 하우봉은 이러한 황윤석의 학문 또는 사상의 특성을 보수적인 성리

---

50 이강오, 〈해제〉, 《이재난고》, 제1책, 51~52쪽.
이강오, 〈이재 황윤석〉, 《실학논총》, 전남대학교출판부, 1983, 457쪽.

51 하우봉, 〈이재 황윤석의 사회사상〉, 《이재 황윤석》, 민음사, 1994.

52 황윤석은 주자를 지극히 존숭하고 주자학의 권위를 절대적으로 존신(尊信)하고 있다. 그는 윤휴(尹鑴)나 박세당(朴世堂)의 경우처럼 주자학에 대한 비판을 용납하지 않고

철학과 소극적인 사회개혁론, 박학지향과 실용성 중시, 국학의 연구로 규정하였는데,[53] 이러한 평가는 타당해 보인다.

요컨대 황윤석의 학문적 특성은 성리학과 실학을 겸하고 있다는 데 있다. 대체로 17세기 이른바 경세치용실학파들 — 유형원(柳馨遠)이나 이익(李瀷) 등 — 에게서는 아직도 성리학과의 완전한 결별을 볼 수 없지만, 18세기 북학파 실학자나 정약용(丁若鏞) 등에 이르러서는 성리학과의 단절이 분명하게 드러나는 것을 볼 수 있다. 그런데 이 시대의 실학자인 황윤석에게서는 아직도 성리학에 대한 깊은 관심과 주자학에 대한 존신(尊信)이 철저하게 남아 있다는 점이 특징적이다. 성리학과 실학의 양다리에 걸쳐 있으면서 고뇌했으리라는 점이 짐작된다.

4. 성리학에 대한 검토

(1) 이기론

황윤석은 앞에서 살펴본 바와 같이 일찍이 성리학에 대한 관심이 매우 깊었다. 이는 "태극이기(太極理氣)의 설은 천지의 온갖 이치를 온축한 것이어서 내가 능히 궁구하지 않을 수 없다"[54]는 그의 말로도 짐작할 수 있다. 그는 다른 성리학자들과 마찬가지로 이 세계를 형이상의 리(理)와 형이하의 기(氣)로 되어진 것으로 보았다. 그는 리가 기 속에 있으니, 태극

거의 벽이단(闢異端)의 입장에 서 있다. 그러면서도 그는 부친이나 스승인 김원행(金元行)의 가르침에 따라 성리학이나 예학만이 아닌 잡학의 유용성을 말하고 이를 실학의 차원에서 수용하고 있다. 이러한 그의 상충되는 학문태도는 당시 기호 노론계 학자로서의 자기 한계를 나타내는 것이며, 실학자로서의 면모로서도 의문스러운 점이다.

53 하우봉, 앞의 책, 32쪽.

54 《頤齋亂藁》, 제1책, 〈理藪新編序〉, 44쪽, "太極理氣之說, 蘊天地之萬理, 而余莫能究之."

이 음양오행과 더불어 본래 스스로 묘합하여 사이가 없다고 하였다. 다만 음양오행은 만물을 낳는 도구로 이 기가 모인 바에 사물이 각각 형(形)을 이루는데, 스스로 이 리가 있지 않음이 없다고 하였다. 그러면서 어찌 기 없는 리가 있으며, 리 없는 기가 있겠느냐고 하였다.[55] 여기에서 우리는 그가 이 세계를 리와 기, 태극과 음양이 묘합되어진 것으로 이해함을 알 수 있다. 리와 기, 태극과 음양은 본래 묘합 자재(自在)한 것이다. 양자 사이에 시간적 선후와 공간적 간극(間隙)이 없으니 묘합(妙合)이라 한 것이다. 이기 양자의 관계를 묘합으로 보고 불가분의 유기적 관계를 강조하는 것은 율곡학풍 또는 기호 성리학풍이라고 할 수 있다.

그러면 황윤석은 리(理)와 기(氣)를 어떻게 이해하고 있는가? 즉 리와 기의 개념이나 성격 그리고 역할과 기능에 대한 이해는 어떠한지 검토해 보기로 하자.

우선 그는 리는 무위(無爲)이고 기는 유위(有爲)인데, 기가 맑고 순수하고 바르면 리도 그와 같게 되며, 기가 흐리고 잡박하고 치우치면 리도 따라서 그렇게 된다고 하였다.[56] 그가 주자나 율곡이 리는 작용하거나 변화하지 않는 것, 기는 작용하고 변화하는 것이라는 입장을 그대로 계승한 것이다.[57] 이와 같이 발하는 것은 오직 기이고 리는 발하지 않는다는 이기관은 율곡 기발이승일도설(氣發理乘一途說)의 계승이며 나아가 영남 퇴계

---

55 같은 책, 제1책, 卷4, 甲申, 6月 16日, 385쪽, "胤錫曰, 理在氣中, 則太極之與陰陽五行, 本自妙合無間. 但陰陽五行, 生物之具也, 是氣所聚, 物各成形, 而莫不自有是理 …… 其實豈有無氣之理無理之氣哉."

56 《頤齋遺藁》, 卷6, 〈答丁丈垢書〉, "雖然理無爲氣有爲, 氣之淸也粹也正也而理亦如之, 氣之濁也駁也偏也, 而理亦隨之."

57 《朱子語類》, 卷1, 〈理氣〉, "蓋氣能凝結造作, 理却無情意, 無計度, 無造作."
《栗谷全書》, 卷12, 書4, "無形無爲而爲有形有爲之主者, 理也, 有形有爲而爲無形無爲之器者, 氣也."

학파와는 구별되는 관점이다.

또한 황윤석은 "기는 리가 아니면 진실로 근저(根柢)할 바가 없고, 리는 기가 아니면 또 걸릴 바가 없다"[58]고 하여, 리는 기에 대하여 근저(根柢)로서의 의미를 갖고 기는 리에 대하여 의착처로서의 의미를 갖는다고 하였다. 이는 율곡이 "리는 기의 주재요 기는 리의 탈 바이니, 리가 아니면 기는 근저할 바가 없고, 기가 아니면 리는 의착할 바가 없다"[59]고 한 말과 같다. 또 그는 "만약 이 리가 없다면 천지도 없고, 사람도 만물도 없으며, 그 무엇도 존재할 수 없다. 리가 있음으로써 기가 작용하여 만물의 발육이 있게 되는 것이다"[60]라고 하였다. 리는 형이상자로서 기발(氣發)의 소이(所以) 또는 주재(主宰)로서의 역할이 있고, 기는 리를 담고 싣는 의착처로서의 역할이 있다. 아무리 기가 발하는 기능이 있어도 리가 아니면 기발(氣發) 자체가 불가능하다. 기의 발용은 리와의 유기적 관계 속에서만 가능하다. 따라서 리가 비록 무위(無爲)라 하더라도 결코 무능한 것이 아니다. 또 기는 리로 하여금 시간과 공간 속에 머물게 한다. 만약 기가 아니면 리는 하나의 관념으로 머물고 만다. 기로 인해 그 리가 실현되고 우리 앞에 리가 현실화되어 나타난다. 이렇게 리와 기는 상호 보완적 의미와 역할을 지니게 된다. 이러한 이기(理氣)의 이해는 주자나 율곡의 철학정신을 바르게 계승한 것이라고 할 수 있다. 그는 이러한 이기의 상호 유기적 관계를 다음과 같이 설명하기도 하였다.

대개 음양오행이 만물을 화생(化生)하니, 이것은 천(天)이 명(命)한 바이고,

---

58 《渼湖集》, 卷9, 〈答徐默修〉, "蓋氣非理, 則固無所根柢, 而理非氣又無所掛搭."

59 《栗谷全書》, 卷10, 書2, 〈答成浩原〉, "理者, 氣之主宰也, 氣者, 理之所乘也. 非理則氣無所根柢, 非氣則理無所依著."

60 《頤齋全書》, 2, 〈理藪新編〉, 경인문화사, 7쪽.

인(人)과 물(物)이 함께 얻은 바이다. 이것은 본연의 체로 진실로 선하지 않음이 없고, 또한 동이(同異)를 말할 수 없다. 그러나 이 리는 공중에 매달려 독립하여 있는 것이 아니라, 반드시 형질(形質)이 이루어지기를 기다린 연후에 머무를 곳이 있으니, 이른바 기라는 것이 형을 이루는 바다. 이 기가 유행하여 이미 형을 이루면, 하늘이 명한 바의 리가 또한 따라서 그 속에 갖추어지고, 이것의 이면에 떨어지지 않는다.[61]

여기에서 황윤석은 기를 떠나 독립적으로 존재하는 리를 부정하고 있다. 즉 리는 공중에 매달려 독립해 있지 아니하고 반드시 형질(形質)이 이루어지기를 기다린 후에야 머무를 곳이 있게 되니, 이것이 기가 형(形)을 이루는 것이라고 하였다. 퇴계의 경우에는 리 없는 기가 없고 기 없는 리가 없다고 하면서도,[62] 기와 관계없는 리 즉 절대리(絕對理)를 인정하고 있다. 리는 지극히 높아 상대할 것이 없어 만물에 명령을 하는 것이지 만물에게서 명령을 받는 것이 아니라고 하였다.[63] 황윤석은 이와는 달리 율곡의 설에 따라 기 없이 독립적으로 존재하는 리를 인정하지 않았다.

또한 그는 "천하의 같은 것은 리고, 같지 않은 것은 모두 기다"[64]라고

61 《頤齋遺藁》, 卷6, 〈答丁丈垢書〉, "蓋陰陽五行化生萬物, 是則天之所命, 而人物之所同得也. 是其本然之體, 固無有不善而亦無有同異之可言矣. 然是理也, 不能懸空獨立, 而必待形質之成, 然後斯有掛搭安頓之處, 所謂氣也者, 非所以成形者耶? 是氣流行, 旣已成形, 則天之所命之理, 於是乎亦隨而具於其中, 而不離乎這箇裏面矣."

62 《退溪全書》, 卷36, 〈答李宏仲問目〉, "天下無無理之氣, 無無氣之理."

63 같은 책, 卷13, 〈答李達李天機〉, "理本其尊無對, 命物而不命於物, 非氣所當勝也."

64 《頤齋亂藁》, 제1책, 卷4, 甲申, 7월 25일, 410쪽, "又謂胤錫曰, 君亦識之, 天下之同者, 皆理也, 不同者皆氣也. 且如心字, 遂庵以下終始看作氣質, 朱子固謂, 心是氣之靈處, 此非專主氣而言也. 況朱子又云, 心比氣, 自然又靈比者, 以此較彼之謂也. 一彼一此然後, 可以相較, 以此言之, 心豈氣之謂乎? 卽氣而指其靈處言之耳."

하여, 리를 보편성, 기를 차이성으로 설명하였다. 이는 율곡이 "리는 형상이 없으므로 두루 통하고, 기는 형상이 있으므로 국한된다"[65]고 한 것과 같다. 여기에서 리를 보편성으로 삼는 것은 리가 시간과 공간을 초월하기 때문이며, 기를 차이성으로 보는 것은 기가 시간과 공간에 제약되기 때문이다.[66] 이러한 그의 이기(理氣)에 대한 개념과 성격 규정은 주자나 율곡의 설에서 벗어나지 않고 잘 계승하고 있다.

그런데 그는 이 세계를 원기(元氣), 태허(太虛) 등 기로써 설명하는 용례를 간간히 볼 수 있다. 그는 말하기를, "나는 하나의 원기가 태허(太虛) 가운데 꽉 차 있는 것을 본다. 마치 무(無)가 유(有)에 포함되어 있음을 믿고 실(實)에 공(空)이 있음을 비로소 안다"[67]고 하였다. 또 천지의 변화는 이기(二氣)일 뿐이고, 이기(二氣)의 운행은 본래 일기(一氣)라고 말한다.[68] 이러한 황윤석의 기론적(氣論的) 세계 설명은 실학자들의 존재 설명에서 공통된 현상이다.[69] 물론 위에서 무(無)가 유(有)에 포함되어 있다든지 실(實)에 공(空)이 있다는 표현은 이기묘합(理氣妙合)의 표현이지만, 전체적으로는 기론적(氣論的) 분위기라고 볼 수밖에 없다. 황윤석이 이렇게 전통적인 성리학의 이기론을 말하면서도 또 간헐적으로 기론적 우주론을 말하는 것은 당시의 학문적 분위기와 무관하지 않다고 생각된다.

---

65 《栗谷全書》, 卷10, 書2, 〈答成浩原〉, "理無形而氣有形, 故理通而氣局."

66 황의동, 《율곡사상의 체계적 이해 1》, 서광사, 1998, 146쪽.

67 《頤齋亂藁》, 제1책, 〈一氣吟二律〉, "吾觀一元氣, 充塞太虛中, 若信無涵有, 方知實在空."

68 같은 책, 卷11, 〈撫孤亭記〉, "天地之化, 二氣而已 …… 二氣之運, 本一氣也."

69 홍대용(洪大容)은 기(氣)가 모여 질(質)을 이루고, 기가 두루 퍼져 돌거나 멈추어 땅, 해, 별, 달 등이 된다 하였고(《湛軒書》, 〈答徐成之論心說〉), 박지원(朴趾源)은 만물의 낳음은 무엇이든 기 아닌 것이 없다 하고, 무릇 사물이 형(形)을 이루는 데는 반드시 질(質)이 있어야 하는데, 형은 비록 없어질지라도 질은 오히려 있다고 하였다(《燕巖集》, 〈答任亨五論原道書〉).

(2) 심성론

황윤석의 성리학에 대한 관심과 열정은 주로 당시 관심사였던 호락론(湖洛論)과 명덕(明德)에 대한 논의가 주를 이루었던 것으로 보인다.

먼저 황윤석의 호락론 또는 인물성동이론(人物性同異論)을 검토해 보기로 하자. 이 논쟁은 기호학파의 수암(遂庵) 권상하(權尙夏)의 문하에서 발단하여 18세기 이후로부터 약 200여 년 동안 조선조 유학사의 주요 주제로 등장하였다. 이 논쟁의 초점은 인간의 본성과 사물의 본성이 같으냐 다르냐 하는 것이었지만, 관점에 따른 견해 차, 성(性)의 개념에 대한 차이, 인용하는 전거(典據)의 해석 차이 등으로 말미암아 상호 이해가 가능하면서도 양자의 입장 차이는 분명했다.[70]

황윤석은 이미 20대 초반에 당대 기호학계의 주요 쟁점이었던 인물성동이론에 대해 자신의 의견을 밝힌 바 있다.[71] 그가 21세(1749년, 기사己巳) 때 정구(丁垢)에게 답한 글을 중심으로 고찰해 보기로 하자. 황윤석에 따르면 "대개 음양오행이 만물을 화생(化生)하니, 이것은 천(天)이 명(命)한 바이고, 인물(人物)이 함께 얻은 바이다. 이것은 본연의 체로 진실로 선하지 않음이 없고, 또한 동이(同異)를 말할 수 없다. 그러나 이 리는 공중에 매달려 독립해 있는 것이 아니라, 반드시 형질이 이루어지기를 기다린 연후에 머무를 곳이 있으니, 이른바 기라는 것이 형(形)을 이루는 바다. 이 기가 유행하여 이미 형을 이루면, 하늘이 명한 바의 리가 또한 따라서 그 속에 갖추어지고, 이것의 이면에 떨어지지 않는다"[72]고 하였

---

70 윤사순, 〈인성· 물성의 동이논변에 대한 연구〉, 《인성물성론》, 한길사, 1994.

71 《頤齋遺藁》, 卷6, 書, 〈答丁丈垢書〉, 己巳.

72 같은 책, 卷6, 〈答丁丈垢書〉, "蓋陰陽五行化生萬物, 是則天之所命, 而人物之所同得也. 是其本然之體, 固無有不善而亦無有同異之可言矣. 然是理也, 不能懸空獨立, 而必待形質之成, 然後斯有掛搭安頓之處, 所謂氣也者, 非所以成形者耶? 是氣流行, 旣已成形, 則天之所命之理,

다. 이처럼 그는 사람과 사물이 천명의 선한 성을 부여받았다는 점에서는 같다고 보았다. 본연의 체로 보면 사람이나 사물이 같고 다름을 말할 수 없다. 그러나 이 리는 홀로 고립적으로 존재하는 것이 아니라 반드시 형질 속에 함께 있다.

그러면 사람과 사물의 다름은 무엇 때문인가? 이에 대해 황윤석은 '기발이이수지일도설(氣發而理隨之一途說)'로 설명하고 있는데, 이에 대한 그의 설명을 보기로 하자.

> 비록 그렇지만 리(理)는 무위(無爲)이고 기(氣)는 유위(有爲)인데, 기가 맑고 순수하고 바르면 리도 그와 같게 되며, 기가 흐리고 잡박하고 치우치면 리도 따라서 그렇게 된다. 그러므로 사람과 사물이 태어남에 사물은 그 흐리고 잡박하고 치우친 것을 얻어서 사물이 되고, 사람은 그 맑고 순수하고 바른 것을 얻어 사람이 되니, 이것이 진실로 사람과 사물이 같지 않은 까닭이고, 이와 같은 까닭의 단서는 기가 발함에 리가 따른다는 한 가지 길에서 말미암는다.[73]

황윤석은 사람과 사물의 차이를 설명하면서 사람과 사물이 다른 까닭의 단서가 '기가 발함에 리가 따른다는 한 가지 길'에서 말미암는다고 하였다. 그러한 근본 이유는 리는 작위함이 없고 기는 작위함이 있기 때문이다. 즉 리는 시공을 초월해 변함없지만, 기는 시간과 공간에 따라 시시각각으로 변화를 일삼는다. 이러한 이기의 속성은 인간의 심성에서 볼 때 실질적으로 기가 리를 주도하는 것으로 생각될 수 있다.

於是乎亦隨而具於其中, 而不離乎這箇裏面矣."

73 같은 책, 卷6, 〈答丁丈垢書〉, "雖然理無爲氣有爲, 氣之淸也粹也正也而理亦如之, 氣之濁也駁也偏也而理亦隨之. 故人物之生也, 物得其濁者駁者偏者而爲物, 人得其淸者粹者正者而爲人. 是固人物之所以不同, 而其所以如此者, 端由於氣發而理隨之一途矣."

그런데 사물은 흐리고 잡박하고 치우친 기를 얻었고, 사람은 맑고 순수하고 바른 기를 얻었으므로, '기가 발함에 리가 따르는' 형식에서 보면, 사물은 본래 천명의 성을 부여받았어도 흐리고 잡박하고 치우친 기에 따르기 때문에 사물임을 면할 수 없고, 사람은 맑고 순수하고 바른 기가 발함에 리가 따르기 때문에 지적(知的) 영명성(靈明性)과 도덕적 양심을 지닌 만물의 영장일 수 있다. 이러한 인간과 사물의 이해는 리보다는 기에 그 주도권을 설정하는 것으로 새로운 의미를 갖는다. 왜냐하면 기존의 성리학에서는 천명(天命)으로서의 선한 본성이 중심이 되고, 다만 그것을 은폐하고 가리는 기가 문제되었기 때문이다. 그래서 퇴계의 경우는 위험스러운 기를 어떻게 리로부터 격리시키고 리의 순선(純善)과 존엄을 온전하게 지키고 보전하느냐 하는 것이 수양론의 핵심이었다. 율곡의 경우는 천명의 선한 본성을 지닌 인간이지만, 현실적으로 기 또는 기질을 떠날 수 없는 인간이므로 기질의 변화가 매우 중요한 문제였다. 즉 기질의 변화를 통해 선한 본성을 회복해야 한다는 논리였다. 그리고 이때 율곡은 기의 본연은 맑고 순수하고 깨끗하므로, 기의 본연을 회복하는 것이 곧 성(性)의 본연을 회복하는 길이라고 생각했다. 이에 대해 황윤석의 경우는 '기가 발함에 리가 따른다'고 전제하고, 기의 내용과 질(質)이 문제가 된다고 보았다. 즉 흐리고 잡박하고 치우친 기가 발함에 리가 따른 것이 사물이 되고, 맑고 순수하고 바른 기가 발함에 리가 따른 것이 사람이 된다고 보았다. 이러한 황윤석의 인간과 사물에 대한 이해는 주기론적(主氣論的) 색채가 매우 짙다. '기가 발함에 리가 따르는 한 가지 길'을 전제로 하는 한, 현실세계는 기가 주도하는 세계요 리는 기에 의해 그 가치가 규정될 수밖에 없다. 황윤석의 이러한 주장이 과연 그의 일관된 견해인지 그리고 앞서 논의된 그의 이기론과의 상충성을 고려할 때 다시 한 번 깊이 있게 검토해 볼 문제다.

다음은 그의 명덕(明德)에 대한 논의를 살펴보기로 하자. 황윤석은 명덕은 오로지 심으로 말할 수 없고, 또 오로지 성으로 말할 수도 없다고 하였다. 반드시 천에서 얻고 허령불매(虛靈不昧)하여 온갖 리(理)를 구비하여 만사에 응한다고 한 뒤에 옳은 것이라고 하였다.[74] 그리고 천지명명(天之明命)의 명(命)은 리인데, 그것을 사람들이 덕으로 삼는다. 그러므로 사람들이 명덕을 성으로 인식하게 되는 것이 혹 여기에서 기인하는 것이 아닌가 질문하였다. 이는 황윤석이 속한 학맥에서는 명덕을 심으로 보되, 그 심을 리로 주로 보지 않고 기의 정상(精爽; 영명靈明)으로 보았기 때문이다. 그는 주자가 명덕을 설명하면서 이른바 '구중리(具衆理)' 한 구절은 진실로 성(性)으로 말한 것이고, '응만사(應萬事)' 한 구절은 정(情)으로 말한 것인가 하고 문제를 제기한 뒤, 정이(程頤)가 다만 '성(性)은 곧 리(理)' 라고 말했고, '정(情)은 곧 사(事)' 라고 말하지 않았다고 하였다. 그러나 황윤석은 위의 '구중리(具衆理)' 구절로 말하면 성은 곧 리인데, 성은 마음속에 있으니 '구중리(具衆理)' 는 심이 되는 것이 명백하다고 하였다.[75]

또한 황윤석은 명덕에서 성인과 범인의 차이가 있다는 설에 대해 반박하였다. 그는 율곡의 〈어록〉에 나오는 '허령(虛靈)에 분수(分數)가 있다' 는 설에 의거하여, 호론(湖論)이 명덕에 분수가 있다는 설을 주장하고 있

---

74 《渼湖集》, 卷10, 〈答李圭緯〉, "明德不可以專言心, 又不可以專言性. 必曰得乎天而虛靈不昧, 具衆理而應萬事而後可也."

75 《頤齋亂藁》, 제1책, 卷4, 甲申, 5월 24일, 366쪽, "胤錫又問, 天之明命, 卽天之所以與我, 而我之所以爲德者也. 是言我之所得以爲德否? 曰旣言天之所以與我, 則我之所得乎天者, 卽是物也. 胤錫曰, 命理也, 而今言我之, 所以爲德, 則人之認明德爲性者, 其差或起於此歟? 曰此無多言. 只據在明明德一節, 章句, 截斷言之, 可也. 胤錫曰, 在明明德, 章句所謂具衆理一句, 固以性言, 應萬事一句, 固以情言. 然竊思之, 先賢, 只言性卽理也, 不言情卽事也. 今以上句言之, 性卽理也, 而性在心中, 則具衆理者之爲心明矣."

다고 하면서, 《대학》에 '사람이 하늘에서 얻어 허령불매(虛靈不昧)하여' 라는 구절에 의거하면, 성인과 범인이 구별이 없는 것 같다고 하였다. 그는 만약 성인과 범인이 스스로 구별이 있다고 하면, 범인은 성인을 배울 수 없게 된다고 보았다.

그런데 만약 성인과 범인이 명덕이 다르지 않다면 사람이 모두 이미 성인이니, 오히려 배울 필요가 없다는 견해가 있을 수 있다. 이에 대해 황윤석은 성인은 기가 맑고 질(質)이 순수하므로 명덕의 본체의 맑음이 그 온전함을 잃지 않지만, 범인은 기품에 얽매이고 물욕에 가려진 바가 되어, 그 본체의 밝음을 온전히 하지 못하므로 반드시 배움을 기다린 뒤에 그 밝음을 회복할 수 있다고 하였다.

황윤석은 명덕은 이른바 본심인데, 그 본체는 스스로 밝아 성인과 범인이라고 하여 다르지 않다고 보았다. 그러므로 비록 범인의 기가 흐리고 질이 잡박한 자라도, 진실로 변화의 공을 다하면, 본래 밝았던 것이 비록 때때로 어둡고 가려졌던 것이 밝아진다고 하였다. 그는 만약 본체에 다름이 있다면 장차 어떠한 방법으로 성인을 배우겠는가 하였다. 따라서 황윤석은 사람이 누구나 성인을 배울 수 있다는 것은 모두 명덕의 본체가 밝은 것이 같다는 데 있다고 하였다.[76] 이와 같이 그는 명덕을 심으로 보되 기의 정상(精爽)으로 보았고, 명덕은 본심인데, 그 본체는 스스로 밝아 성

76 같은 책, 제1책, 卷4, 乙酉, 1월 21일, 437쪽, "余曰, 明德, 有分數之說, 近日湖中, 亦說栗谷語錄, 所云虛靈, 有分數. 然只據章句, 人之所得乎天, 而虛靈不昧一節, 則恐是無別於聖凡也. 若使聖凡, 於此自別, 則凡人爲學, 將無以學聖矣. 金兄曰, 若使聖凡, 明德不異, 則是, 人皆已聖矣, 尙何待於爲學乎? 余曰, 聖人, 氣淸質粹, 故明德本體之明, 有以不失其全者, 若凡人, 則氣稟所拘, 物慾所蔽, 不能全其本體之明. 故必待學然後, 可以復其明矣. 蓋聞明德, 所謂本心也. 其體自明, 不以聖凡之有異, 故雖凡人之氣濁質駁者, 苟致變化之功, 則本明者, 雖有時昏蔽而 於是乎, 乃明矣, 若使本體之有異, 則其將何路, 得以學聖乎? 以愚見言之, 人皆可以學聖者, 都在於本明之同也."

인과 범인이 다르지 않다고 보았다. 비록 범인의 기가 흐리고 질이 잡박하더라도 변화의 노력을 다하면 본래의 밝음을 회복할 수 있다고 하였다.

(3) 수양론

성리학은 궁극적으로 수양을 통해 군자가 되고 진유(眞儒)가 되는 데 있다. 진유는 내면적인 자기수양을 통해 성인과 같은 인격을 갖추고, 밖으로는 왕도를 실현해 나라와 민생에 도움이 되어야 한다. 황윤석도 일찍이 '성인지도(聖人之道)'를 목표로 삼고 학업에 정진하였다. 그는 8세 때 쓴 〈술지부(述志賦)〉에서 다음과 같이 뜻을 세워 학문의 길을 준비하였다.

> 세상 사람들은 명리(名利)의 바다를 좇기를 기뻐한다. 넘쳐 망함에 이르러도 그치지 않으니 근심이 될 뿐이다. 내가 이 부(賦)를 지어 성인지도(聖人之道)로 돌아가고, 바라건대 경계하고 또한 스스로 반성하고자 한다.[77]

그는 1789년(정조 13년) 10월 28일 새벽에 꿈을 꾸면서 〈자만(自挽)〉 일율(一律)을 지으면서 "현인이 되기를 바람은 평생의 일이었고, 나라를 걱정함은 만년의 마음이었네"[78]라고 읊었다. 이를 통해 그의 평생 학문적 목표가 현인을 이룸에 있었고, 그의 학문이 성현지도에 있었음을 알 수 있다.

황윤석은 이러한 수기의 길에서 경(敬)의 중요성을 강조하고, "만사가 하나의 경을 오로지함만 같음이 없다"[79]고 하였다. 이는 스승인 김원행의

---

77 《頤齋遺藁》, 卷1, 〈述志賦 并序〉, 乙丑, "世人喜趨名利海, 以至溢然而亡而不之止焉, 吁其可閔也已. 余作此賦, 以聖人之道爲歸, 庶以警撕之, 亦以自省焉."

78 《頤齋亂藁》, 제8책, 卷44, 己酉, 10월 29일, 340쪽.

79 《頤齋遺藁》, 卷4, 〈自戒五絕〉, "萬事無如一敬專."

"학문은 쉬지 않는 것보다 더 큰 것은 없고, 쉬지 않는 요점은 경(敬) 한 글자보다 더 절실한 것은 없다"[80]고 한 가르침을 계승한 것이다.

그는 또 만화(萬化)의 원두(源頭)는 단지 일심(一心)에 있다 하고, 공부는 성(誠). 흠(欽)을 떠나지 않는다고 하였다. 그리고 성(誠)이 아니면 곧 거짓이고, 흠(欽)이 아니면 사(肆)니, 좋은 방법은 〈숙야잠(夙夜箴)〉에 분명하다 하였다.[81] 수기의 길에서 인간 주체의 한 마음이 중요하고, 공부의 방법은 성(誠)과 흠(欽)이라는 것이다. 여기에서 성(誠)은 거짓없이 진실함을 말하고, 흠(欽)은 매사에 정성스럽게 공경함을 말한다. 그는 이러한 진실과 공경의 공부에 가장 좋은 책이 진박(陳柏)의 〈숙흥야매잠(夙興夜寐箴)〉이라고 보아, 이를 항상 애독하고 생활 속에서 실천하였다.

그리하여 그는 《소학》, 《격몽요결(擊蒙要訣)》, 《심경(心經)》, 《근사록(近思錄)》, 《주자대전(朱子大全)》, 《주자어류(朱子語類)》 등에서 존양성찰(存養省察)하는 공부의 요결(要訣)을 취하였으며, 언제나 거처하는 벽 위에 〈원형이정(元亨利貞)〉, 〈통서(通書)〉, 〈서명(西銘)〉, 〈경재잠(敬齋箴)〉, 〈감춘부(感春賦)〉, 〈숙흥야매잠(夙興夜寐箴)〉 등을 붙여 두고 때때로 이를 외우면서 마음을 닦고 행동을 하는 계잠(戒箴)을 삼았다.[82]

또한 황윤석은 주자의 정론(定論)이 선후를 논하면 지(知)가 먼저이고 행(行)이 뒤이며, 경중(輕重)을 논하면 지가 가볍고 행이 중하다 하고, 또 지와 행은 하나도 폐할 수 없고 마땅히 병진(竝進)해야 한다 하였다. 따라서 한편 치지(致知)하고 한편 역행(力行)하여, 이 두 가지를 병행해 어긋

80 《渼湖集》, 卷14, 雜著, 〈書示黃胤錫〉, "學莫大於不息, 而不息之要, 又莫切於敬之一字, 敬者一心之主宰, 通動靜而貫始終者也."

81 《頤齋遺藁》, 卷4, 〈從古五絕〉, "萬化源頭只一心, 工夫都不離誠欽, 非誠卽僞非欽卽肆, 良法分明夙夜箴."

82 이강오, 〈해제〉, 《이재난고》, 제1책, 54쪽.

나서는 안 될 뿐이라고 하였다. 황윤석은 왕양명(王陽明)의 문장과 훈업(勳業)과 학술이 비록 명나라 중엽 이후 한 시대를 주도했으나, 처음부터 끝까지 간이(簡易)와 첩경(捷徑)을 주장했으니, 육구연(陸九淵)과 진헌장(陳獻章)의 여론(餘論)을 이었다고 하였다. 이 때문에 주자를 힘껏 배척하여 주자 만년의 견해가 육구연의 학설과 같게 되었다고 하니, 이것은 사리에 맞지 않는다고 하였다. 또한 왕수인(王守仁)이 지행합일론(知行合一論)을 주장하여 겨우 알면 문득 행이라고 하니, 그 근본을 생각해 보면 모름지기 치지(致知)를 먼저 한 연후에 바야흐로 역행(力行)이 옳으니, 즉지(卽知), 즉행(卽行)은 옳지 않다고 하였다.[83] 이처럼 그는 수기의 양 축인 격물치지(格物致知)와 성의정심(誠意正心) 공부, 즉 지와 행의 공부에서 주자의 견해에 따라 지와 행을 병진해야 한다고 하였다. 그리고 양명의 지행합일론에 대해서도 치지(致知)를 먼저 한 후에 역행(力行)하는 것이 옳지, 즉지즉행식(卽知卽行式)의 지행합일이란 문제가 있다고 비판하였다.

이와 더불어, 황윤석은 유학 본래의 정신으로 돌아가 효제(孝悌)와 충의(忠義), 그리고 삼강(三綱)을 매우 중시하였다.

> 인도(仁道)가 지극히 큰데, 군자가 효제(孝悌)를 인(仁)을 행하는 근본이라고 말하는 것은 무슨 까닭인가? 진실로 인(仁)은 애(愛)를 주로 하는데, 애(愛)

---

83 《頤齋亂藁》, 제5책, 407쪽, "余曰, 吾亦不能力學者, 但聞朱子定論以爲, 論先後, 則知先而行後, 論輕重, 則知輕而行重. 又云, 知行不可廢一, 當齊頭做. 盖一邊致知, 一邊力行, 使之竝行不悖耳, 須如朱子說, 方始無病. 若陽明文章勳業學術, 雖亦明朝中葉以後, 一世主世之佛, 而終始主於簡易徑捷, 得象山白沙之餘論者也. 以故力排朱子, 謂有晩年所見, 與象山同歸之說, 此已不成事理. 又爲知行合一之論, 以爲纔知則便是行, 夫知之於心, 行之於身, 畢竟固非二致, 而原其本, 則須是先致知, 然後方可力行, 安可以爲卽知卽行乎? 此亦厭煩移簡故耳."

는 어버이를 사랑하는 것보다 큰 것이 없다. 이를 백행(百行)에 미루면 모두 이 물(物)이란 비록 인(仁)의 한 가지 일이라 하더라도 작은 것은 밝힐 수 없다.[84]

유학에서 인도(仁道)가 가장 중요한 것인데, 그것은 애(愛)를 주로 하므로, 어버이를 사랑하는 효(孝)보다 중요한 것이 없다는 것이다. 따라서 이 애(愛)를 백행에 미루어 실천하는 것이 중요하다 하였다. 마찬가지로 천지 사이에 인(仁)은 부자(父子)보다 큰 것이 없고, 의(義)는 군신(君臣)보다 더 큰 것은 없다 하고, 무릇 그 자식으로서 능히 효하고 신하로서 능히 충하는 자 어찌 각기 마음속의 본연을 받은 것이 아닌가?[85]라고 하였다. 여기에서 인도(人道)는 인의(仁義)로 규정되고, 그 인의는 부자관계에서의 효(孝)와 군신관계에서의 충(忠)으로 구체화되었다.

황윤석은 충의(忠義)를 포장(褒奬)하는 것은 군상(君相)의 급무(急務)요, 조종(祖宗)의 공덕(功德)은 위아래가 통하는 법도라 하고, 옛 도(道)를 좇아 돌아오게 하는 것이니, 어찌 이것을 버리고 능히 나라가 있겠느냐[86]고도 하였다. 아울러 하늘의 법도와 사람의 법도를 부식(扶植)하는 것은 우리나라가 먼저 힘써야 할 것이요 고금의 통의(通誼)라 하고, 진실로 하루라도 이것이 없으면 삼강(三綱)이 무너지고 구법(九法)이 썩어 서로 오랑캐와 금수의 지경으로 돌아가게 될 것이라고 경계하였다.[87] 삼강

---

84 《頤齋遺藁》, 卷10, 〈代邑儒生呈方伯書〉, "仁道至大, 而君子曰孝悌也者, 爲仁之本, 此其故何哉. 誠以仁主於愛, 愛莫大於愛親, 推之百行, 皆是物也. 雖則以爲仁之一事, 而其不可小之也明矣."

85 같은 책, 卷10, 〈代古阜儒生呈郡守書〉, 乙未, "伏以天地之間, 仁莫大於父子, 義莫大於君臣. 凡闕以子而能孝, 以臣而能忠者, 豈非各率受中之本然乎?"

86 같은 책, 卷10, 〈代道儒呈領相書〉, 戊子, "伏以褒忠奬義, 君相之急務也. 祖功宗德, 上下之通軌也. 從古以還, 曷有捨是而能國者哉."

87 같은 책, 卷10, 〈代長城儒生呈方伯書〉, 辛丑, "伏以扶天彝植人紀, 斯乃邦國之先務, 古今之通誼也 …… 良以一日而無是, 則三綱淪九法斁, 而相與歸乎夷狄禽獸之域矣."

(三綱)의 중요함은 우주의 동량(棟梁)이니, 하루라도 이것이 없으면 사람의 법도가 없어지는 것이라고 하였다.[88] 이와 같이 그는 수기의 길에서 경(敬)을 중시하고 일심(一心)을 중시하였으며, 지행병진(知行竝進)을 강조하였는데, 이는 정주(程朱)나 율곡의 전통적인 수기론의 범주에 있는 것이라고 할 수 있다.

또한 그는 유학 본래의 효(孝), 충(忠), 의(義)를 수기적 가치로 중시하였고 삼강(三綱)의 윤리를 강조하였는데, 이는 그가 역시 18세기 조선조 유학자의 한 사람이었음을 말해 주는 것이다.

---

88 같은 책, 卷10, 〈代道儒呈考巖致祭承旨書〉, 乙巳, "伏以三綱之重, 棟梁乎宇宙, 日月乎氣霁, 一日無是, 人紀滅矣."

제2절 전재 임헌회의 성리학

1. 생애와 인품

임헌회(任憲晦; 1811~ 1876)는 한말 격동기 기호유학의 대표적인 학자로서, 아직 학계에 널리 소개되지 아니한 인물이다. 그의 초명(初名)은 헌구(憲龜), 자는 명로(明老)이며 호는 전재(全齋) 또는 고산(鼓山)으로 불린다. 그런데 '전재(全齋)'는 그의 스승인 매산(梅山) 홍직필(洪直弼)이 지어 준 것이며, '고산(鼓山)'은 부모의 산소가 있는 뒷산의 이름을 따서 스스로 부른 이름이다.

전재의 학맥은 비사승(非師承) 율곡 계열로 도암(陶菴) 이재(李縡)-미호(渼湖) 김원행(金元行)-근재(近齋) 박윤원(朴胤源)-매산(梅山) 홍직필(洪直弼)-전재(全齋) 임헌회(任憲晦)로 이어져 내려왔다. 따라서 그는 기호학파 또는 율곡학파에서 매우 중요한 위치에 있음에도 그에 관한 전문적인 연구는 거의 없는 것으로 보인다.[1] 그는 방대한 분량의 문집을 가지

---

1 임헌회(任憲晦)에 관한 소개는 현상윤이 《조선유학사》에서 간략히 소개한 후, 유명종이 《조선후기 성리학》에서 그의 성리학을 역시 간단히 소개하고 있으며, 《유교대사전》에서 생애와 사상을 소개한 것이 고작이다.

고 있을 뿐만 아니라, 그 내용에서도 성리학, 예학, 문학 등 다방면에서 조예가 깊었다. 더욱이 그는 당시 김평묵(金平默) 등 화서학파와 심성 문제를 중심으로 학술토론을 벌인 바 있고, 예학에서도 일가를 이루어 많은 저술을 남기고 있다. 특히 정암(靜菴), 퇴계(退溪), 율곡(栗谷), 사계(沙溪), 우암(尤菴) 5현(五賢)을 존숭하여 〈오현풍아(五賢風雅)〉와 〈오현수언(五賢粹言)〉을 문인들에게 편집하도록 하였다. 대체로 임헌회의 성리학적 경향에 대해서는 주기(主氣)로 이해해 왔고,[2] 이에 따라 그의 심성관도 주기적(主氣的) 관점에 서 있었다고 볼 수 있다.

임헌회는 1811년(순조 11년) 8월 21일 충청도 직산(稷山) 산음리(山陰里; 현 천안군 입장면 산정리) 외가에서 부친 임천모(任天模; 취국공醉菊公)와 모친 홍씨 부인의 사이에서 태어났는데 본관은 풍천(豊川)이다.

그는 태어나 용모가 단정하고 신채(神彩)가 정명(精明)하여, 마치 청옥(淸玉)처럼 깨끗하여 보는 사람들은 이미 그의 비범함을 알았다 한다. 모친 홍씨 부인은 그를 잉태할 때 용이 하늘로 올라가는 꿈을 꾸었다 하여 어려서 '성룡(成龍)'이라 부르기도 하였다.[3] 그의 나이 3세 때 부친이 말하기를 "너는 세 살인데 아직도 젖을 먹느냐. 이제 밤에 바깥방에서 나와 함께 자는 것이 좋겠다" 하니, 부친의 뜻에 따랐다. 이때부터 밤마다 부친이 읽어 주는 천자문을 배우고 암송하여 한 겨울 내에 모두 마쳤다 한다.[4] 6세 때 부친을 따라 아산 조산촌(造山村)으로 이사하였다. 8세 때 입학해서부터 독서를 좋아하여 배우는 것을 번거롭게 여기지 않았으니,[5] 이때부

---

2 현상윤, 《조선유학사》, 민중서관, 1948, 415쪽.
유명종, 《조선후기성리학》, 이문출판사, 1985, 204쪽.

3 《全齋全集》, 〈年譜〉, 辛未條.

4 같은 글, 癸酉, 先生 3歲條.

5 같은 글, 戊寅, 先生 8歲條.

터 그의 호학(好學)하는 태도를 볼 수 있다. 그 이듬해 모친이 병환에 걸리자 직산으로 가서 간병을 정성껏 하였다. 그해 2월 부친을 따라 염호(濂湖)로 이사하였는데, 3월 다시 직산으로 가서 모친을 배알하였다.

1821년(辛巳) 11세 때 종조(從祖) 절도공(節度公) 임태순(任泰淳)의 집으로 가서 책을 읽었다.[6] 그 이듬해 부친이 이질에 걸려 몹시 아팠을 때 그가 밤낮으로 곁에 모시며 울자, 어른들이 비록 말렸으나, 그는 그만두지 않았다.[7] 1831년 6월 평택 화포서원(花浦書院; 충정공忠正公 홍익한洪翼漢)을 배알하고, 9월 원동으로 파산(巴山) 조영(趙泳)을 배알하였는데, 그는 고명(高明)한 식견과 돈독한 행실로 향당(鄕黨)의 모범이 되었던 인물이다.[8] 그해 10월에는 아산 영인산(靈仁山) 신심사(神心寺)에서 책을 읽었다.[9] 1832년 2월 22세 때 부친을 따라 신양으로 이사하였다.[10] 1834년 9월 24세 때 괴산 청천의 우암 묘소를 배알하였다.[11] 1836년 8월 26세 때 감시(監試) 초시(初試)에 합격하였고, 9월에는 온양으로 가서 토실(土室) 이단용(李端容)을 배알하였다.[12] 그 이듬해 4월 27세 때 회덕 별촌(鱉村)으로 가서 강재(剛齋) 송치규(宋穉圭)를 배알하고, 그의 문하에 들어갔는데, 강재가 그의 기량(器量)을 매우 중히 여겼다.[13] 그러나 그 이듬해인 1838년 강재가 세상을 떠나게 되자 매우 애통해하였다.[14] 따라서 임헌회

6 같은 글, 辛巳, 先生 11歲條.
7 같은 글, 壬午, 先生 12歲條.
8 같은 글, 辛卯, 9月條.
9 같은 글, 10月條.
10 같은 글, 壬辰, 先生 22歲條.
11 같은 글, 甲午, 先生 24歲條.
12 같은 글, 丙申, 先生 26歲條.
13 같은 글, 丁酉, 先生 27歲條.
14 같은 글, 戊戌, 先生 28歲條.

가 강재의 문하에 들어간 것은 사실이지만, 실제로 그의 수업을 받은 것은 극히 미미하다고 볼 수 있다.

1839년 3월 그는 용산(龍山)으로 가서 대산(臺山) 김매순(金邁淳)을 배알하였으며, 또 광진(廣津)으로 가서 홍직필과 김매순을 배알하기도 하였다.[15] 그 이듬해 2월 다시 홍직필, 김매순, 연천(淵泉) 홍석주(洪奭周)를 찾아 배알하였다.[16] 1842년 2월 부친 취국공(醉菊公)이 별세하였고, 4월에는 홍직필에게 글을 올려 사생지의(師生之義)를 논하였는데, 이때 임헌회는 홍직필과 사제의 의리를 맺었다. 홍직필은 늘 말하기를 '지금 후생 가운데 임헌회가 오도(吾道)를 맡길 만한 가장 적임자'라고 칭찬하였다.[17] 이후 그는 홍직필을 찾아 본격적인 수업을 받았는데, '순리로 살고 편안히 죽어 다시 유감이 없다(生順死安無復餘憾)'는 여덟 글자를 법도로 삼았다.[18] 또한 홍직필이 서찬규(徐贊奎) 공에게 말하기를 "문하의 선비 가운데 자품(資稟)이 영명(英明) 온수(溫粹)하고 맑아 티끌이 없는 자는 임모(任某)만 한 이가 없다"고 극찬하였다.[19]

그런데 1852년 7월 임헌회가 존경하고 흠모했던 스승 홍직필이 세상을 떠나게 되었다. 이에 그는 조석으로 곡을 하고 심상(心喪) 기년(朞年)의 예를 다했다.[20] 이 해에 〈연평답문요어(延平答問要語)〉를 완성했는데, 그는 일찍이 연평(延平) 이통(李侗)의 학문을 우러러 탄복하였다. 그것은 저술에 매이지 않고 묵좌징심(默坐澄心)하여 천리를 체인하는 그의 위기

15 같은 글, 己亥, 先生 29歲條.
16 같은 글, 庚子, 先生 30歲條.
17 같은 글, 壬寅, 先生 32歲條.
18 같은 글, 戊申, 先生 38歲條.
19 같은 글, 辛亥, 先生 41歲條.
20 같은 글, 壬子, 先生 42歲條.

(爲己)의 학풍을 진유(眞儒)의 길로 여겼기 때문이다.[21] 1853년 7월 43세 때 파주 율곡으로 가 율곡 선생의 묘소와 자운서원을 배알하고, 또 청송(聽松), 우계(牛溪) 양 선생의 묘소를 배알하기도 하였다.[22] 1855년 45세 때 모친 홍씨 부인이 세상을 떠났다. 1858년 48세 때 좌의정 조두순(趙斗淳)의 주청(奏請)으로 효릉참봉(孝陵參奉)에 제수되었으나 나아가지 않았다.[23] 그 이듬해 49세 때 전라도도사(全羅道都事), 군자감정(軍資監正) 등에 제수되었으나 역시 나아가지 않았다.[24] 1861년 경연관(經筵官)에 피선되었고, 이어 사헌부지평(司憲府持平)에 제수되었으나 나아가지 않았으며, 그해 10월 스승 홍직필의 연보를 지었다.[25] 또 이듬해 3월에는 입헌(立軒) 한공(韓公)과 함께 〈매산선생문집〉의 교정을 보았다.[26] 1864년 54세 때 사헌부장령(司憲府掌令), 집의(執義)에 제수되었으나 나아가지 않았고, 그 이듬해 호조참의(戶曹參議)에 제수되었으나 나아가지 않았다.[27]

1868년 58세 때 부친과 모친의 묘소를 공주 명강동(明剛洞) 동고산(動鼓山; 현 공주군 사곡면 월가리)에 합장하였는데, 이로부터 스스로 '고산노부(鼓山老夫)'라 일컬었다.[28] 그해 10월 숙재(肅齋) 조공(趙公)과 《근사록(近思錄)》의 '생지위성(生之謂性)'의 의미에 대해 토론하였다.[29] 1869년 10월 59세 때 홍직필의 행장을 지었고, 이듬해 정월에는 〈사계선생찬(沙

---

21 같은 글.

22 같은 글, 癸丑, 先生 43歲條.

23 같은 글, 戊午, 先生 48歲條.

24 같은 글, 己未, 先生 49歲條.

25 같은 글, 辛酉, 先生 51歲條.

26 같은 글, 壬戌, 先生 52歲條

27 같은 글, 甲子, 先生 54歲條. 乙丑, 先生 55歲條.

28 같은 글, 戊辰, 先生 58歲條.

29 같은 글, 10月條.

溪先生贊)〉을 지었다.[30] 1873년 3월 63세 때 전의 상노장(上蘆長)으로 이사하였고,[31] 이후 사헌부대사헌(司憲府大司憲) 겸 성균관제주(成均館祭酒), 시강원찬선(侍講院 贊善) 겸 제주(祭酒), 경연관서연관(經筵官書筵官), 대사헌(大司憲) 등에 제수되었으나 나아가지 않았다.[32] 1876년 2월 66세 때 삼기(三岐; 현 연기군 남면 진의리 성전마을)로 이사하였고, 11월 여기에서 향년 66세로 세상을 떠났으며,[33] 그 이듬해 정월 공주 경천(敬天) 금반대(金盤臺; 현 공주군 계룡면 금대리)에 안장되었다. 1902년(고종 39년) 정이품자헌대부내부대신(正二品資憲大夫內部大臣)에 추증되었고, 1908년(순종 2년) '문경(文敬)'의 시호를 받았으니, 그 의미는 '도덕박문(道德博文) 숙야경계(夙夜儆戒)'의 의미였다.[34] 〈행장〉은 장남 진재(震宰)와 신응조(申應朝)가 쓰고, 〈묘지명(墓誌銘)〉은 오진영(吳震泳)이, 〈신도비명(神道碑銘)〉은 문인 전우(田愚)가 썼다.

또한 1990년 그의 후손과 지역유림에 의해 충남 연기군 남면 방축리 성전마을 부근에 임헌회와 함께 불궤재(不匱齋) 이재구(李載九), 병암(炳菴) 김준영(金駿榮), 성암(誠菴) 이유흥(李裕興), 노암(魯菴) 조홍순(趙弘淳), 경석(敬石) 임헌찬(任憲瓚) 5현을 향사(享祀)하는 덕성서원(德星書院)을 건립하였다.

그의 저술은 문집을 통해 잘 알 수 있는데, 김평묵(金平默), 전우(田愚) 등과 주고받은 편지를 통해 그의 성리학을 알 수 있다. 특히 1852년 42세 때 〈연평답문요어(延平答問要語)〉를 지었다. 그의 수양론을 알 수 있는 것

30 같은 글, 己巳, 先生 59歲條. 庚午, 先生 61歲條.

31 같은 글, 癸酉, 先生 63歲條.

32 같은 글, 甲戌, 先生 64歲條. 乙亥, 先生 65歲條.

33 같은 글, 丙子, 先生 66歲條.

34 같은 글.

으로는 〈시아배(示兒輩)〉, 〈학자수지(學者須知)〉, 〈거가요법(居家要法)〉과 많은 잠(箴), 명(銘) 등을 들 수 있다. 또한 예학에 대한 저술로는 〈제찬도설(祭饌圖說)〉, 〈거상의(居喪儀)〉, 〈조주체봉의(祧主遞奉儀)〉, 〈조주매안의(祧主埋安儀)〉, 〈예의쇄록(禮疑瑣錄)〉 등이 있고, 특히 〈전재선생예설(全齋先生禮說)〉 속에 관혼례(冠婚禮), 통례(通禮), 상례(喪禮), 제례(祭禮), 국례(國禮), 국휼(國恤) 등 예설 전반을 다루고 있다. 그 밖에 1848년 38세 때에는 정암, 퇴계, 율곡, 사계, 우암 5현의 잠(箴), 명(銘), 찬(贊), 문(文), 부(賦), 사(辭), 시(詩)를 모아 〈오현풍아(五賢風雅)〉를 편집하였고, 마찬가지로 5현의 말씀 가운데 가장 긴요한 것만을 뽑아 〈오현수언(五賢粹言)〉을 편찬하도록 문인들에게 부탁하였다. 그 목차를 보면 도체(道體), 위학대요(爲學大要), 격물궁리(格物窮理), 존양(存養), 개과천선(改過遷善), 극기복례(克己復禮), 제가지도(齊家之道), 출처진퇴사수지의(出處進退辭受之義), 치국평천하지도(治國平天下之道), 제도(制度), 군자처사지방(君子處事之方), 교학지도(教學之道), 개과급인심자병(改過及人心疵病), 이단지학(異端之學), 성현기상(聖賢氣象)으로 되어 있다. 그의 문인 전우(田愚)는 다음과 같이 〈오현수언〉의 의미를 부여하고 있다.

> 내가 일찍이 망녕되이 생각건대, 정암(靜菴)의 재지(材志)로써 퇴계(退溪)의 덕학(德學)이 있고, 율곡(栗谷)의 이기(理氣)와 합하고 사계(沙溪)의 예교(禮教)를 좇으며, 우암(尤菴)의 의리(義理)를 세우면 그 사람됨이 거의 성인에 가깝다고 할 만하다. 선사(先師)께서 일찍이 문인에게 명하여 주워 모아 14권을 만들어, 학자들로 하여금 사행(思行)으로 말미암아 그 덕을 이룸으로써 체를 밝히고 용에 나아가 이 세상을 경영하게 하니, 그 마음 씀이 가히 지극하다 할 만하고 입교(立教)가 바르다고 말할 수 있다.[35]

그 밖에도 1858년 48세 때 〈간서잡록(看書雜錄)〉, 〈경의쇄록(經義瑣錄)〉, 〈예의쇄록(禮疑瑣錄)〉 등을 저술하였다.

다음은 그의 인품에 대해 살펴보기로 하자. 전재는 타고난 효성으로 어렸을 때 부모가 병환이 있자 눈물을 흘리며 밥을 먹지 않았다. 또 부모를 봉양하는 데에는 애경(愛敬)을 겸하였고, 거상(居喪)에 여묘(廬墓) 3년을 실천하여 몸이 수척해져 거의 온전하지 못했는데, 부모의 두 상사를 맞아 모두 이와 같이 하였다.[36] 이처럼 임헌회는 효성이 천성이었을 뿐 아니라 부모 생존 시에나 사후를 막론하고 지극한 효성을 실천함으로써 스승 홍직필로부터 '전재(全齋)'라는 분암(墳菴)의 이름을 받고 이를 호로 삼았다.[37] 또한 그는 자대(自大)한 가운데 울연(蔚然)히 경제(經濟)의 자구(資具)가 있었고, 효연(囂然)히 자락(自樂)하면서 측연(惻然)히 우환의식을 지녔다. 그리고 그의 인품은 부드러운 듯하면서 강하고, 봄볕과 같이 따뜻하면서도 가을 산의 시원한 기상을 지녔다고 그의 문인 전우(田愚)는 추모하고 있다.[38]

이와 같이 그의 인품은 일면 안빈락도(安貧樂道)하고 세속의 근심을 초탈하는 위인의 풍모를 지녔으면서도 민생과 국가를 근심, 걱정하는 우환의식을 지녔던 것이며, 경세의 식견을 가지고 있었다. 아울러 그의 인품은 부드러운 듯하면서도 강하고 따뜻하면서도 시원하여 인(仁)과 의

---

35 《艮齋集》, 〈五賢粹言〉, "愚嘗妄謂以靜菴之材志, 有退溪之德學, 契栗谷之理氣, 循沙溪之禮敎, 立尤菴之義理焉, 則其於爲人可謂幾乎聖者矣. 先師嘗命門人, 撮取五先生粹言爲十四卷, 使學者由思及行, 以成厥德, 明體適用, 用經斯世, 其用心可謂至矣, 立敎可謂正矣."

36 《全齋全集》, 年譜, 附錄, 上, 〈行狀〉, "公孝性天植, 幼時父母有疾, 輒涕泣不食, 其致養也. 愛敬兼之, 居喪三年廬墓, 毁瘠幾不全, 二喪皆如之."

37 같은 책, 같은 글, "或有虎若來護者, 然文敬公名其墳菴曰全齋."

38 같은 책, 年譜, 附錄, 上, 〈祭文13〉, 門人 田愚, "……然自大之中有蔚然經濟之具者先生也, 囂然自樂而惻然有憂者先生也. 謂之柔則又似剛 …… 春陽之溫秋山之淸, 先生之氣象也."

(義), 리(理)와 정(情)이 어우러진 전인적 인품을 지니고 있었다.

그는 1855년 여름 몸이 아팠을 때 자식들에게 당부하는 글에서 일종의 유언을 하고 있는데, 여기에서도 그의 인품을 엿볼 수 있다. 그는 말하기를 죽은 후의 일은 한결같이 검약(儉約)을 좇고 심의(深衣), 두건은 평일 사용하던 옷과 이부자리로 하고, 관은 얇은 것을 쓰고 관내에는 베개를 쓰지 말며, 장례 전에는 음식을 올리지 말고 장례에는 곽(槨)을 쓰지 말며, 오로지 가례(家禮)에 따라 행하라고 하였다.[39] 또한 제사는 한결같이 이미 행하는 규범을 따르고 간결(簡潔)로써 위주하라 하였다.[40] 이처럼 전재는 자신의 죽음 이후 장례를 치르고 제사를 지낼 때 검약하고 간결할 것을 당부한 것으로 볼 수 있다.

또한 그는 '주색(酒色)' 두 글자는 반드시 죽음에 이르는 길이므로 통절히 배우고 절실하게 경계하라 하였다.[41] 그리고 사람으로서 조집(操執)이 없으면 사대부라 말할 수 없다 하고, 자신은 평소 조집으로써 세상에 일컬어졌다 하면서, 부디 선유, 선왕의 법도를 유념하여 혹시라도 사대부의 본분을 잊지 말라고 당부하였다.[42] 여기에서 '조집(操執)' 이야 말로 공자의 '조즉존(操則存) 사즉망(舍則亡)' 의 마음공부를 의미하는 것으로,[43] 조지(操持), 조심(操心)과 같은 것으로 경(敬)을 의미한다. 따라서 임헌회는 그 자신이 '조집(操執)' 으로 세상에 일컬어질 만큼 경의 실천에 투철했음을 알 수 있다.

---

39 같은 책, 卷8, 雜著, 〈示兒輩〉, "吾身後事, 一從儉約, 深衣幅巾, 以平日着用之衣衾, 棺用薄板, 棺內勿用枕, 葬前奠饌, 無論祖遣, 一從家禮, 葬勿用槨."

40 같은 글, "祭祀一遵吾已行之規, 以簡潔爲主."

41 같은 글, "西齋公戒子書云, 酒色二字, 是必死之門路, 此訓痛切, 切宜戒之."

42 같은 글, "人無操執, 不可謂士大夫. 吾任素以有操執, 見稱於世, 汝克念先法, 無或失士大夫本色."

43 《孟子》, 〈告子上〉, "孔子曰, 操則存, 舍則亡, 出入無時, 莫知其鄕, 惟心之謂與."

이렇게 볼 때, 임헌회는 타고난 천성으로서의 효성을 몸소 실천하였고, 세속의 이해를 초탈하여 도를 즐기면서도 민생과 국가의 장래를 근심하는 우환의식을 지녔던 것으로 보인다. 아울러 자녀들에게 당부한 글을 통해 검약과 간결을 생활신조로 하고, 조집(操執)에 투철했던 진유(眞儒)의 모습을 볼 수 있다.

2. 학문연원과 학풍

임헌회는 11세 때 종조(從祖) 절도공(節度公) 임태순(任泰淳)으로부터 유교의 기초교육을 받았다. 그 후 1837년 27세 때 회덕으로 강재(剛齋) 송치규(宋穉圭; 1759~1838)를 찾아 그의 문하에 들어갔으나[44] 그 이듬해 그가 세상을 떠남에 따라 실질적으로 그의 학문적 영향은 지극히 미미한 것으로 보인다.

그 후 1842년 32세 때에 부친이 세상을 떠난 후 홍직필(洪直弼; 1776~1852)의 문하에 들어가 수업을 받고, 그로부터 중망(重望)을 받으며 그의 고제(高弟)가 된다.[45] 따라서 임헌회의 학맥은 도암(陶菴) 이재(李縡; 1680~1746)에 연원한다. 이재의 문하에 미호(渼湖) 김원행(金元行), 겸재(謙齋) 박성원(朴聖源), 늑천(櫟泉) 송명흠(宋明欽), 녹문(鹿門) 임성주(任聖周), 운호(雲湖) 임정주(任靖周) 등이 있었는데, 이 중에 김원행의 문도가 많았다. 김원행은 김창협의 손자로 그의 문하에는 이재(頤齋) 황윤석(黃胤錫), 담헌(湛軒) 홍대용(洪大容), 근재(近齋) 박윤원(朴胤源), 영재(寧齋) 오윤상(吳允常) 등이 있었다. 또한 박윤원의 문하에 홍직필이 있어 임

44 《全齋全集》, 〈年譜〉, 丁酉, 先生 27歲條.

45 같은 글, 壬寅, 先生 32歲條.

헌회로, 다시 전우로 이어졌다. 이 도암 계열은 넓게는 율곡학파에 속하며, 호락(湖洛) 논쟁에서 주로 낙론(洛論) 계열에 속한다.[46]

그의 〈연보〉를 보면 21세 때 향리의 학덕 있는 선비였던 파산(巴山) 조영(趙泳)을 찾아 뵈었고, 26세 때에는 위기지학(爲己之學)으로 명망(名望)있던 토실(土室) 이단용(李端容)을 배알하였으며, 29세 때에는 대산(臺山) 김매순(金邁淳), 연천(淵泉) 홍석주(洪奭周)를 배알하기도 하였다. 이처럼 그는 강재와 매산을 스승으로 삼아 정식 입문하여 가르침을 받는 동시에, 당대 명망 있는 학자들을 찾아 폭넓게 교유하였음을 알 수 있다.

그러면 그는 도통(道統)의식을 어떻게 갖고 있었는지 살펴보기로 하자. 그의 문인 전우(田愚)는 그의 〈신도비명(神道碑銘)〉에서 다음과 같이 밝히고 있다.

> 그 도통(道統)을 논하면 주자 후에 포은(圃隱)이 여말에 창도(倡道)하여 아조(我朝)에 이르러 오직 정암(靜菴), 퇴계(退溪), 율곡(栗谷), 사계(沙溪), 우암(尤菴) 다섯 선생이 탁연(卓然)히 연원의 정종(正宗)이 되어 향원(鄕愿)의 도를 해침을 깊이 미워하시고, 서요(西妖)의 혹세(惑世)를 통절히 징계하셨으며, 심성이기(心性理氣)의 설에 있어서도 깊고 정밀하게 체찰(體察)하지 않음이 없어, 수역(帥役)의 능한 바를 볼 수 있었다. 본말분합(本末分合)의 묘를 변별함 또한 반드시 정주율우(程朱栗尤)의 이론으로 표준을 삼았으니, 가히 후세에 전함에 폐단이 없었다.[47]

---

46 황의동, 《율곡학의 선구와 후예》, 예문서원, 1999, 72~73쪽.

47 《全齋全集》, 〈年譜〉, 附錄, 上, 〈神道碑銘〉, 田愚, "其論道統, 則謂朱子後圃隱倡之於麗季, 至我邦惟靜退栗沙尤五先生, 卓然爲淵源正宗, 深惡鄕愿之害道, 痛懲西妖之惑世, 其於心性理氣之說, 無不深體密察, 而有以見其帥役能所之, 辨本末分合之妙, 又必以程朱栗尤之論爲準的, 可傳之後世而無弊也."

여기에서 임헌회는 주자 이후 우리나라의 도통을 포은으로부터 정암, 퇴계, 율곡, 사계, 우암으로 연결시켜 보고 있다. 이러한 그의 도통의식은 그가 정암, 퇴계, 율곡, 사계, 우암 5현(五賢)의 문집 속에서 잠(箴), 명(銘), 찬(贊), 문(文), 부(賦), 사(辭), 시(詩) 등을 선별하여 〈오현풍아(五賢風雅)〉를 편찬하고, 또 이들 5현의 수언(粹言)을 모아 〈오현수언(五賢粹言)〉을 편찬하도록 문인들에게 부탁한 데서도 알 수 있다. 특히 임헌회의 이들 5현에 대한 평가는 정암의 경우 재지(材志)를, 퇴계는 덕학(德學)을, 율곡은 이기론(理氣論)을, 사계는 예교(禮敎)를, 우암은 의리(義理)를 특징적으로 높이 평가하였다.

그런데 임헌회의 경우 그중에서도 주자와 우암에 대한 존숭과 학문적 신뢰는 더욱 깊었다고 볼 수 있다. 그는 공자를 배우려면 마땅히 주자로 말미암아야 하고, 주자를 배우려면 마땅히 우암으로 말미암아야 한다 하였으며,[48] 그는 항상 대명유민(大明遺民)을 자처하면서 주자와 우암의 이론을 주로 하고 제갈량(諸葛亮)과 퇴계의 뜻을 정도(正道)로 삼았다.[49]

또한 출처(出處) 어묵(語默)에 있어서는 주자와 우암의 유훈(遺訓)을 근수(謹守)하고, 심성이기(心性理氣)에 있어서는 율곡과 농암(農巖)의 정론(定論)을 준수하였다고 한다.[50] 마찬가지로 태극을 논하면 주자가 옳고 육상산(陸象山)이 그르며, 이기(理氣)를 변별하면 퇴계를 버리고 율곡을 취했다고 한다.[51]

---

48 같은 책, 卷3, 〈上梅山先生〉, 癸卯, "今承學孔子當由朱子, 學朱子當由尤翁之訓, 怳然有妙契於心, 而深加儆惕者."

49 같은 책, 〈年譜〉, 附錄, 下, 〈神道碑銘〉, 田愚, "每以大明遺民自處, 以朱宋之論爲主, 葛陶之志爲正."

50 같은 책, 〈年譜〉, 附錄, 下, 〈諸家記述〉, 艮齋私稿, "出處語默, 謹守朱宋遺訓, 心性理氣悉遵栗農定論."

51 같은 책, 같은 글, 〈諸家記述〉, 後學 李謙薰 錄, "論太極則是朱而非陸, 辨理氣則捨陶而取栗."

이렇게 볼 때, 임헌회의 학문에서 주자, 제갈량, 퇴계, 우암의 정신적 교훈은 매우 컸으며, 한편 성리이론의 측면에서는 주자, 율곡의 설에 기반하면서 농암(農巖)의 설도 높이 평가했다. 임헌회의 학풍은 비교적 유가 본래의 내성(內聖)과 외왕(外王)의 학, 성리와 경세를 온전히 추구하려는 정신이 보인다. 즉 한편으로는 주자, 율곡, 농암의 성리이론을 추구하면서도 우암의 의리정신을 잊지 않으며, 또 제갈량의 우국애민(憂國愛民)의 우환의식과 퇴계의 덕학(德學)을 존모(尊慕)하고 있다.

그럼에도 그의 문인 전우가 언급했듯이, 당시 19세기 한말 격동기의 와중에서 역사적 현실에 대한 유학자로서의 소신과 고뇌가 결여된 것은 아쉬움으로 남는다. 이는 그와 같은 시대를 살았던 화서(華西) 이항로(李恒老)가 위정척사(衛正斥邪)의 의리를 분명히 하고, 오도(吾道) 또는 전통문화의 수호에 앞장선 것과는 대조적이기 때문이다. 아울러 그의 많은 저술 가운데 이러한 시대적 과제에 대한 자신의 견해와 시무책(時務策)이 구체적으로 보이지 않는 것 또한 아쉬움으로 남는다.

3. 이기관

임헌회는 이 세계를 어떻게 이해하고 있는가? 그는 천하의 모든 것은 이기(理氣)를 갖추지 않았겠느냐고 반문하고,[52] 천하에 원래 리(理) 없는 물(物)은 없다고 규정하였다.[53] 마찬가지로 기(氣)는 원래 리 없는 기는 없으니, 기를 말하는 곳 또한 오로지 리자(理字)를 버린 것은 아니고, 특별히 주된 바가 기일 뿐이라고 하였다.[54]

---

52 같은 책, 卷4, 〈答李汝喬〉, 庚午, "凡天下之物, 若泛論, 則夫孰非該理氣."

53 같은 책, 卷3, 〈答金穉章〉, 癸丑, "天下元無無理之物, 則主於吾身者, 何獨無理."

이와 같이 그는 이 세계를 리와 기로 되어진 이기이원(理氣二元)의 존재구조로 이해하였다. 모든 것들은 리와 기 양자로 이루어진 세계임을 분명히 하였다. 설사 기를 말하더라도 리를 전제로 한 기임을 말하였는데, 이는 바꾸어 말하면 리를 말하더라도 기를 전제로 한 리임을 의미한다. 이런 관점에서 그는 주자의 '태극과 음양오행은 본래 혼융(混融)하여 사이가 없다'는 말을 '이재기중(理在氣中)'으로 이해하였다.[55] 이 말은 주자가 주렴계(周濂溪)의 〈태극도설(太極圖說)〉의 '무극지진(無極之眞) 이오지정(二五之精) 묘합이응(妙合而凝)'을 해석한 일단인데, 임헌회는 리가 기 가운데 있는 존재양상을 의미한다고 보았다.

이러한 임헌회의 이기론적(理氣論的) 존재관은 정주(程朱)의 전통적인 세계관을 계승한 것이며, 조선조에서는 퇴율(退栗)을 비롯한 많은 유학자들의 입장을 계승한 것이다. 따라서 그의 세계 이해나 인간 이해는 전통적인 성리학에서 크게 벗어나지 않는다.

그러면 임헌회는 리(理)와 기(氣)의 관계를 어떻게 이해하고 있는가? 그는 말하기를 "'논이기자불리부잡(論理氣者不離不雜)' 여덟 글자가 타개처(打開處)라 하고, 자신은 '불리(不離)'에 가깝고 김평묵(金平默)은 '부잡(不雜)'에 가깝다"고 평가하였다.[56] 임헌회는 주자의 말처럼 리와 기는 서로 떨어질 수 없는 관계지만(理氣不相離), 그것은 리와 기로 서로 섞일 수 없다(理氣不相雜)고 인식하였다. 이는 주자의 합간(合看)과 이간(離看)을 의미하는 것이며,[57] 이를 계승한 율곡의 견해를 좇는 것이기도 하다.

---

54 같은 책, 卷4, 〈答李樂汝〉, 丁未, "氣元無無理之氣, 則說氣處, 亦非專捨理字也, 特所主者氣耳."

55 같은 책, 卷7, 〈答李相集〉, "太極二五, 本混融而無間, 此言理在氣中也."

56 같은 책, 卷3, 〈答金穉章〉, 辛酉, "盖論理氣者, 不離不雜, 是八字打開處, 而愚說近於理, 盛見近於雜."

57 《朱子語類》, 卷74, 〈易10〉.

율곡은 이기(理氣)의 관계를 '일이이이이일(一而二二而一)'로 표현하고, 정명도(程明道)의 '기역도도역기(器亦道道亦器)'를 통해 합간의 근거를, 주자의 '이자리기자기(理自理氣自氣)'를 통해 이간(離看)의 근거를 설명하였다.[58]

그런데 임헌회 자신은 불리(不離) 즉 합간(合看)의 관점에 서 있고, 김평묵은 부잡(不雜) 즉 이간(離看)의 관점에 서 있다고 보았다. 여기에서 이기(理氣)의 유기적 관계성을 중시함은 존재론적 관점에 서 있는 것이고, 이기의 구별을 강조함은 가치론적 관점에 서 있음을 의미한다.

그러면 임헌회는 리와 기의 선후문제를 어떻게 이해하고 있는가? 이에 관한 그의 말을 살펴보기로 하자.

> 이기(理氣) 둘은 있으면 함께 있고 선후로 나눌 수 없다. 이생기(理生氣)가 아니라 기가 리에서 생한다고 하면 옳을 듯하나, 필경 기의 동정에 먼저 하여 동정하는 까닭의 리가 있으니, 기는 리에서 생긴 것이 아닌가? 그러므로 주자가 '태극이 음양을 생한다', '리가 기를 생한다'고 하였다.[59]

이와 같이 임헌회는 근본적으로 이기(理氣)는 시간적 선후를 말할 수 없고, 동시동재(同時同在)한다고 보았다. 따라서 이른바 '이생기(理生氣)' 즉 리가 기를 낳는다고 하는 것보다는, '기생어리(氣生於理)' 즉 기가 리에서 생한다고 말하는 것이 옳을 듯하다고 한다. 왜냐하면 기의 동정에서는 먼저 동정하는 까닭의 리가 전제되어야 하므로, 기는 리에서 생

---

58 《栗谷全書》, 卷20, 〈聖學輯要〉, 2, 修己上.

59 같은 책, 卷6, 〈答申得求〉, "理氣二者, 有則具有, 不可分先後, 則謂非理生氣, 氣生於理似可, 而畢竟氣之動靜先有所以動靜之理, 則氣非生於理者乎? 故朱子曰太極生陰陽, 理生氣也."

졌다고 보아도 무방하기 때문이다. 따라서 주자가 '태극이 음양을 생한다', '리가 기를 생한다'는 말이 모두 이에 지나지 않는다고 해석하였다. 결국 임헌회는 주자의 '이생기(理生氣)'나 '태극생음양(太極生陰陽)'을 생성론적 관점에서 실제적인 이선기후(理先氣後)로 이해하지 않고, 논리적 관점에서 기의 동정에 있어 그 근거가 되는 동정하는 까닭의 리의 전제를 이렇게 이해하였다.

다음은 임헌회의 이기(理氣)개념 또는 이기의 특성, 역할에 대한 이해를 검토해 보기로 하자. 우선 그는 이기를 형이상하로 규정하여 설명한다. 명덕(明德)의 경우 그것은 비록 형이하(形而下)일지라도 갖춘 바의 리는 형이상(形而上)이라 하였다. 또 쇄소응대(灑掃應對)라는 사건의 경우에도 청소하고 응대하는 일 그 자체는 형이하지만 그것의 소이연은 곧 형이상이라 하였다.[60] 여기에서 임헌회는 명덕이라는 사물, 청소하고 응대하는 일은 형이하의 기(器; 氣)로, 그것이 갖추고 있는 바의 리(理)나 소이연(所以然)은 형이상의 도(道; 理)로 본 것이다.

그는 또 북계진씨(北溪陳氏)의 이유능소설(理有能所說)을 인용하여 다음과 같이 이기(理氣)의 특성과 역할에 대해 설명하고 있다.

> 진북계(陳北溪)가 리(理)의 능연(能然)과 소연(所然)이 있다고 하였는데, 다만 이것은 리가 주재하나 능히 하는 것은 기니, 능하게 하는 소이가 곧 주재(主宰)의 리라고 말한 것이다. 리가 비록 주재할지라도 능연(能然)은 필경 기의 능력이다.[61]

---

60 같은 책, 卷3, 〈答金穉章〉, 癸丑, "明德雖形而下, 所具之理卽形而上也 …… 灑掃應對卽形而下也, 灑掃應對之所以然卽形而上也."

61 같은 책, 卷3, 〈答金穉章〉, 辛酉, "北溪理有能所之說, 只是理爲主宰, 能之者氣, 而所以使之能者, 卽主宰之理言之. 理雖主宰, 而能則畢竟是氣能之也."

여기에서 임헌회는 리가 비록 기를 주재하지만, 실제로 능히 하는 당체(當體)는 기라고 보았다. 따라서 리가 주재하고 있다 하더라도 능히 그럴 수 있음은 어디까지나 기의 능력이라고 보았다. 마찬가지로 그는 리는 기의 주재가 되는데, 능히 하는 것은 기라 하였다. 그런데 능하게 시키는 소이가 곧 주재의 리이므로 '태극이 스스로 동정한다'고 말했다는 것이다. 리가 이미 기의 주재가 된즉, 이를 일러 일개 사물(死物)이라 함은 진실로 불가하다고 한다. 비록 죽은 것이 아닐지라도 이를 일러 정의(情意), 조작(造作)이 있다고 말함은 더욱 불가하다고 하였다.[62]

이는 퇴계학파 또는 주리론자(主理論者)들이 율곡의 '이무위(理無爲)'에 대한 비판에서 리의 무능 또는 리의 무용론을 거론함에 대해, 이미 리가 기에 대한 주재 기능을 가지고 있는 한, 결코 리가 아무 역할도 못하는 사물(死物)은 아니라고 본 것이다. 그렇지만 리가 죽은 것이 아니라 해서 리에 정의(情意), 조작(造作), 계탁(計度)이 있다고 보는 퇴계류의 해석은 더욱 불가하다고 보는 것이 임헌회의 확고한 입장이다. 이상의 설명을 통해 그의 이기관이 율곡의 설에 충실하고 있음을 확인할 수 있다.

4. 심성관

임헌회의 성리학적 특징 중의 하나는 그의 주된 관심이 심(心), 성(性), 명덕(明德) 등 인간문제에 있었다는 점이다.[63] 구체적으로 말하면 그는 태극음양론이나 이기론적 논구보다는 심(心)을 리로 보아야 할 것

62 같은 책, 卷3, 〈答金稺章〉, 癸丑, "只是理爲氣之主宰, 能之者氣, 而所以使之能之者, 卽主宰之理, 故曰太極自會動靜也. 大抵理旣爲氣之主宰, 則謂之塊然一箇死物固不可, 雖非死物, 謂之有情意造作尤不可."

63 유명종, 《조선후기성리학》, 이문출판사, 1985, 204쪽.

인가 기로 보아야 할 것인가? '생지위성(生之謂性)'을 어떻게 이해해야 할 것인가? 명덕(明德)을 리로 볼 것인가 기로 볼 것인가? 하는 것이 그의 주된 관심사였다. 이제 이를 중심으로 그의 심성관을 고찰해 보기로 하자.

먼저 그의 심(心)에 대한 이해를 검토해 보면, 임헌회는 당시 화서학파의 김평묵 등이 심(心)을 리(理)로 보고자 함에 대해 이를 비판하고, 심을 기로 이해하려 하였다. 그는 《주자어류》의 '심(心)을 리(理)에 비하면 조금 자취가 있고, 기(氣)에 비하면 스스로 그러하며 또 영(靈)하다'는 말을 인용하고, 이에서 본다면 '심시기(心是氣)'이며 리가 아님을 알 수 있다 하였다.[64]

또한 주자가 '성(性)은 태극(太極)과 같고 심(心)은 음양(陰陽)과 같다'고 하였으니, 이는 성시리(性是理)요 심시기(心是氣)임을 분명히 한 것이라 하였다.[65] 특히 《맹자》〈진심장(盡心章)〉의 주(註) '심자(心者) 인지신명(人之神明) 소이구중리이응만사자야(所以具衆理而應萬事者也)'를 인용하여, 갖춘 것으로서 위주하면 소위 신명(神明)은 마땅히 기로써 위주하여 심을 말한 것이 분명하다고 보았다.[66] 마찬가지로 천하에 원래 리 없는 물이 없으니, 내 몸을 주재하는 것에만 어찌 홀로 리가 없겠느냐고 반문하고, 단지 이 리를 갖춘 것이 오로지 허령불매(虛靈不昧)의 심에 있으므로, 내 몸을 주재하는 것으로써 형이하에 속한다고 하였다.[67]

---

64 《栗谷全書》, 卷3, 〈答金穉章〉, 癸丑, "語類曰, 心比理微有迹, 比氣自然又靈. 愚以爲於此觀得破, 則可以知心是氣而非理也."

65 같은 책, 같은 글, "朱子曰, 性猶太極, 心猶陰陽, 此爲性是理心是氣, 八字打開處."

66 같은 책, 卷6, 〈答李巘在〉, "但孟子盡心註曰, 心者人之神明, 所以具衆理而應萬事者也 …… 以具者爲主, 則所謂神明, 所謂虛靈不昧, 當爲主以氣言心言明德, 恐無可疑也."

67 같은 책, 卷3, 〈答金穉章〉, 癸丑, "天下元無無理之物, 則主於吾身者, 何獨無理? 但所以具是理者, 專在於虛靈不昧之心, 故以主於吾身者, 屬之形而下也."

이렇게 볼 때, 임헌회는 심(心)이 합이기(合理氣)의 구조일지라도, 성(性)과의 비교적 관점에서 그리고 심의 신명성(神明性)이나 허령불매(虛靈不昧)에 입각하여 심시기(心是氣)를 주장했던 것이다. 이는 율곡의 '심시기(心是氣)'를 계승한 것이지만,[68] 율곡 이후 퇴계학파와의 논변과정에서 이 입장이 더욱 강화되었고, 임헌회의 경우에도 이를 벗어나지 않는다고 볼 수 있다. 여기에서 그의 주기론적 특성을 볼 수 있다.[69]

또한 임헌회는 명덕(明德)에 대해서도 리(理)가 아니라 기(氣)로 보아야 한다는 입장을 견지하였다. 그에 따르면 "대저 명덕이 갖춘 것은 비록 리일지라도 능히 갖추게 한 것은 허령(虛靈)한 기다. 명덕은 기라 할 것이지만, 리도 그 가운데 갖추었다고 한다면 어찌 옳지 않겠는가?"[70]라고 하였다. 이에 대한 그의 자세한 설명을 보기로 하자.

> 명덕(明德)이 주리(主理)인지 주지(主氣)인지 묻고자 하면 모름지기 먼저 명덕이 유위(有爲)인지 무위(無爲)인지 물어야 하고, 또 모름지기 리가 정의(情意)가 있는 것인지 없는 것인지를 알아야 한다. 대개 명덕은 정의(情意)가 있고 지각(知覺)이 있는 물사(物事)이고, 리는 단지 정의가 없고 지각이 없는 물사이다. 이를 알면 명덕이 주리인지 주기인지의 구분을 알 수 있다. 주기라 말하는 것은 리가 없다는 것이 아니요, 특별히 기를 주(主)로 하고 리를 빈(賓)으로 삼기 때문에 주기(主氣)라 말하는 것이다. 만약 빈주(賓主)를 구분하지 않고 한갓

---

68 율곡이 '심시기(心是氣)'를 말한 것은 성(性)을 리(理)로 보는 것에 대한 비교적 관점에서 한 말이며, 더욱이 심(心)의 작용성에 강조점을 둔 언표다. 율곡에게도 심의 존재구조는 '합이기(合理氣)'이므로, 존재론적으로 심이 곧 리라는 의미는 결코 아니다.

69 유명종, 앞의 책, 204쪽.
현상윤, 《조선유학사》, 1948, 민중서관, 415쪽.

70 《栗谷全書》, 卷3, 〈答金稺章〉, 辛酉, "今夫明德所具, 雖理而能具之者, 虛靈之氣也. 謂明德爲氣, 而謂理具於其中, 有何不可."

기 가운데 리가 있는 것으로서 주리(主理)라고 들어 말하면, 어찌 홀로 명덕만 그러하며, 기질(氣質), 형기(形器) 같은 것 또한 모두 주리의 이름을 삼는 것이 옳겠는가?[71]

여기에서 임헌회는 명덕(明德)은 정의(情意)가 있고 지각(知覺)이 있는 것이고, 리(理)는 단지 정의도 지각도 없는 것이므로 명덕을 주기(主氣)로 보아야 한다 하였다. 그가 명덕을 주기라 말하는 것은 리를 배제하는 의미가 아니라 특별히 기를 주로 하고 리를 객(客)으로 삼기 때문이다. 따라서 만약 화서학파(華西學派)들처럼 주객을 구별하지 않고 기 가운데 리가 있다는 것만으로 주리(主理)라고 말한다면 이는 잘못이라 하였다.

그는 또 명덕이 비록 형이하일지라도 갖춘 바의 리는 곧 형이상이라 하고, 그 마음을 따라서 이를 형이하라 말하고 그 갖춘 바의 리를 따라서 형이상이라 말하니, 이것이 소위 그 경우를 따라서 말하는 것으로 각각 마땅함이 있으니 어찌 불가하겠느냐 하였다.[72]

이와 같이 임헌회는 명덕이 비록 존재 구조상으로는 '합이기(合理氣)'의 구조라 하더라도 그 마음을 따라서 말하면 형이하라 볼 수 있고, 정의(情意), 조작(造作), 지각(知覺)의 작용성을 갖는다는 점에서 주기(主氣)로 볼 수 있다 하였다. '심시기(心是氣)'로 보았던 것과 같이 명덕 또한 기로 이해하려는 데서 그의 주기적 관점을 일관되게 볼 수 있다.

---

71 같은 책, 卷7, 〈答裵淵〉, 丙子, "欲問明德是主理是主氣, 須先問明德是有爲無爲, 又須知理是有情意無情意也. 盖明德是有情意有知覺底物事, 理只是箇無情意無知覺底物事. 知此則知明德主理主氣之分, 謂之主氣者非無理也, 特氣爲主而理爲賓, 故謂之主氣也. 若不分賓主, 徒以氣中有理, 而擧謂之主理, 則奚獨明德爲然. 如氣質形器, 亦皆爲主理之名其可乎?"

72 같은 책, 卷3, 〈答金穉章〉, 癸丑, "明德雖形而下, 所具之理卽形而上也 …… 從其心而謂之形而下, 從其所具之理而謂之形而上, 是所謂隨其地頭而言, 各有當, 有何不可."

다음은 임헌회의 성(性)에 대한 이해를 '생지위성(生之謂性)'을 중심으로 검토해 보기로 하자. 그는 생(生)이 있고 난 후에 비로소 성(性)이라 할 수 있는 까닭에 생(生)을 성(性)이라 한다 하고,[73] 만약 생(生)을 성(性)이라 한다면 사람이 생한 후에 바야흐로 비로소 성이라 하였다. 그리고 만약 성즉기(性卽氣)요 기즉성(氣卽性)이라 한다 해도, 기가 곧 성이요 성이 곧 기라는 것은 아니라 하였다. 대개 이 기를 타고 난 후에 인간의 형체가 비로소 성립되고, 반드시 이것에 명(命)하여 성이 되니, 성과 기는 떨어질 수 없다 하였다.[74]

그는 또《성리대전(性理大全)》에서 주자가 임덕구(林德久)에게 답한 글에, 무릇 성(性)이란 모두 기질(氣質)로 말미암은 말이라 하였고,[75]《어류(語類)》에 '생지위성(生之謂性) 성즉기(性卽氣) 기즉성(氣卽性)'을 물었는데, 이 말은 사람이 태어남에 성(性)과 기(氣)가 혼합한 것을 이 기가 있다고 말한 것이며, 사람이 되어서는 리가 몸에 갖추어지니 바야흐로 성이라 말한다 하였다. 또 김창협(1651~1708)은 인물(人物)이 태어나자마자 곧 성이 있다 하고, 성(性)은 곧 생(生)의 리(理)라 한다. 그러므로 글자가 심(心)과 생(生)을 좇았다 하고, 무릇 성(性)을 말하면 생자(生字)를 버리고는 얻지 못한다고 하였다. 또 노주(老洲) 오희상(吳熙常; 1763~1833)은 성(性)은 곧 기(氣)니, 정자(程子)가 성기(性氣)의 불리지묘(不離之妙)를 밝힌 것에 불과할 뿐이라 하였다.[76]

73 같은 책, 卷3, 〈答趙孺文〉, 戊辰, "有生然後, 始得言性."

74 같은 책, 같은 글, "如曰生之謂性, 謂人生而後, 方始謂之性. 如曰性卽氣氣卽性, 非謂氣便是性, 性便是氣. 盖必稟此氣然後, 人之形體始立, 必命之以是性, 二者蓋不能以相離也."

75 같은 책, 卷6, 〈答洪理禹〉, "大全答林德久書曰 …… 故凡言性者, 皆因氣質而言耳."

76 같은 책, 같은 글, "語類問生之謂性, 性卽氣氣卽性, 此言人生性與氣混合者曰有此氣, 爲人則理具於身, 方謂之性. 農巖曰, 人物纔生便有性, 性卽生之理, 故字從心從生, 凡言性舍生字不得. 老洲曰, 性卽氣, 程子不過性氣不離之妙而已."

이와 같이 임헌회는 주자, 김창협, 오희상의 말을 근거로 인용하여 자신의 생지위성설(生之謂性說)을 설명하였다. 즉 '성즉기(性卽氣) 기즉성(氣卽性)'은 성(性)이 곧 기(氣)라는 말이 아니라 성(性)과 기(氣)가 떨어질 수 없는 묘(妙)를 의미하는 말이라 하고, 적어도 성이란 기질로 말미암아 말하게 된다 하였다. 따라서 성이 곧 생의 리이고 성(性)자가 곧 심(心)과 생(生)의 함의(含義)에 따라 만들어졌다고 보았다. 그러므로 생자(生字)를 배제하고서는 결코 성(性)을 말할 수 없다고 보았다.

이러한 그의 성론(性論)은 '성즉리(性卽理)'를 금과옥조(金科玉條)로 삼는 주리적(主理的) 심성관(心性觀)과는 구별되는 것이며, 실제적 관점에서 인간을 보는 경우라 하겠다. 다시 말하면 관념적인 성을 배제하고 현실적 인간을 중심으로 인성을 논하는 경험주의적 인간관을 의미한다 하겠다.

5. 수양론

임헌회에게도 학문의 목표는 도(道)의 실현에 있고 또 성인됨에 있었다. 그래서 그는 도로써 뜻을 삼고 성인으로써 뜻을 삼아야 한다 하였다.[77] 성인이 되기 위해서는 어떻게 해야 할까? 그는 주자, 율곡의 설에 따라 거경(居敬), 궁리(窮理), 역행(力行)을 방법론으로 제시하였다. 그는 학문함을 주자의 거경으로서 그 근본을 세우고, 궁리로서 그 앎을 이루고, 역행(力行)으로서 실천함을 절도(節度)로 삼아야 한다 하였다.[78] 여기에서 궁리는 《대학》의 격물치지(格物致知)를 의미하고, 거경, 역행은 성

---

77 같은 책, 卷8, 雜著, 〈學者須知〉, "立心 …… 以道爲志 …… 以聖爲志."

78 같은 글, "爲學, 以朱子居敬以立其本, 窮理以致其知, 力行以踐其實, 爲節度."

의정심(誠意正心)을 의미한다. 따라서 궁리가 앎의 문제라면 거경, 역행은 실천, 행동의 문제가 되어 지행겸전(知行兼全)을 의미한다.

그러면 궁리는 어떻게 해야 할까? 그는 독서의 차서(次序)에 대해 자세히 설명하고 있는데 그 내용을 보기로 하자. 독서는 《대학》 및 사서로서 위주하여 순환 숙독한 후에 삼경(三經)에 미치고, 송대 선유들의 글인 《근사록(近思錄)》, 《심경(心經)》, 이정자(二程子)의 글, 주자의 글 또한 마땅히 정독해야 한다 하였다. 아울러 우리나라 선유들의 글인 《퇴계집(退溪集)》, 《율곡전서(栗谷全書)》, 《송자대전(宋子大全)》, 그리고 《농암집(農巖集)》도 읽는 것이 좋다고 하였다. 특히 율곡의 《격몽요결(擊蒙要訣)》은 가장 먼저 마땅히 읽어야 된다고 강조하였다.[79]

이렇게 볼 때, 임헌회는 《소학》과 사서를 기본으로 하여 삼경까지 나아가야 한다고 보고, 그 밖에 송대 선유들의 글과 우리나라 선유들의 문집을 공부해야 한다고 보았다. 특히 그가 《농암집》을 극찬하여 독서 목록에 포함시킨 것은 특이한 일이며, 아울러 율곡의 《격몽요결》을 가장 먼저 읽어야 할 필독서로 추천한 것도 특기할 만한 일이다.

또 그는 《의례(儀禮)》, 《가례(家禮)》의 중요성을 지적하면서 사계의 예설을 높이 평가하였다. 역사에서는 《강목(綱目)》을 위주로 하되 한원명(漢元明) 등의 역사를 알아야 한다 하였다. 그리고 문학에서는 마융(馬融), 사마천(司馬遷), 한유(韓愈), 구양수(歐陽脩)를, 시에서는 도연명(陶淵明), 두보(杜甫), 주렴계(周濂溪), 이정자(二程子)의 것을 배울 것을 권장하였다.[80] 이처럼 그는 철학뿐만 아니라 역사, 문학, 시에 이르기까지

79 같은 글, "讀書, 以小學及四書爲主, 循環熟讀, 如誦而言, 次及三經, 宋先正書近思錄心經程書朱書亦當精讀. 我東前輩書, 退溪集栗谷全書宋子大全不可不看, 農巖集亦好(擊蒙要訣, 最當先讀)."

80 같은 글, "講禮, 以儀禮家禮爲主, 古今異宜者, 沙溪說備焉. 看史, 以綱目爲主, 而兼看史, 漢

폭넓은 독서와 교양을 강조했다.

그러면 거경(居敬), 역행(力行)의 마음공부는 어떻게 해야 할 것인가? 임헌회는 지신(持身)공부의 요목(要目)으로 구용(九容), 구사(九思), 사물(四勿), 삼성(三省), 삼귀(三貴) 등을 제시하였다.[81] 여기에서 구용(九容)이란 《예기(禮記)》의 족용중(足容重), 수용공(手容恭), 목용단(目容端), 구용지(口容止), 청용정(聽容靜), 두용직(頭容直), 기용숙(氣容肅), 입용덕(立容德), 색용장(色容莊)을 말하며, 구사(九思)란 《논어》의 시사명(視思明), 청사총(聽思聰), 색사온(色思溫), 모사공(貌思恭), 언사충(言思忠), 사사경(事思敬), 의사문(疑思問), 분사난(忿思難), 견득사의(見得思義)를 말한다. 또 사물(四勿)이란 《논어》의 비례물시(非禮勿視), 비례물청(非禮勿聽), 비례물언(非禮勿言), 비례물동(非禮勿動)을 말하며, 삼성(三省)이란 《논어》의 '위인모이불충호(爲人謀而不忠乎)', '여붕우교이불신호(與朋友交而不信乎)', '전불습호(傳不習乎)'[82]를 말한다.

또한 그는 마음을 맑게 하는 청심(淸心)과 욕심을 적게 하는 과욕(寡欲)을 수양법으로 제시하기도 하고,[83] 제계(齊戒)의 도(道)에 최선을 다할 것을 강조하기도 하였다. 여기에서 제(齊)란 마음이 담연순일(湛然純一)함을 말하고, 계(戒)란 숙연경척(肅然警惕)함을 말한다.[84]

임헌회는 거경(居敬), 역행(力行) 외에 기질의 변화를 수양론의 중요한 방법으로 제시하였다. 그에 따르면 사람의 학문함이란 모름지기 기질을 바꾸는 것이다. 기질이 바뀌지 않는다면 성현이 될 수 없는 까닭에 학문

及元明等史可也. 文取馬遷韓歐, 詩取陶杜濂洛."

81 같은 글, "持身, 以九容九思四勿三省三貴等語爲要."

82 《論語》, 〈學而篇〉, "曾子曰, 吾日三省吾身, 爲人謀而不忠乎? 與朋友交而不信乎? 傳不習乎?"

83 같은 책, 卷8, 雜著, 〈偶記〉, "淸心寡欲, 一塵不到, 則可謂仙鄕."

84 같은 책, 같은 글, "湛然純一之謂齊, 肅然警惕之謂戒, 能盡齊戒之道, 其於爲學也何有."

하는 길은 다름이 아니라 기질을 바꾸는 것뿐이라 하였다. 따라서 수양한다는 것은 다만 기질의 더러운 찌꺼기를 융화(融化)할 뿐이며, 그 성(性)을 수양한다는 것은 아니라 하였다.[85] 율곡도 기질의 변화를 수양론의 중핵적 과제로 삼았는데,[86] 임헌회 또한 기질변화를 매우 중시하였다. 성현이 되는 길도 기질변화에 있고, 학문의 길 또한 기질변화일 뿐이라 하였다. 특히 그가 수위(修爲)를 본성을 닦는 것이 아니라 기질의 더러운 찌꺼기를 융화(融化)하는 것이라 설명한 것은 주목할 만하다. 대체로 주리론 수양론에서는 본성의 회복 즉 '복기성(復其性)'에 강조점을 두지만, 주기적 수양론에서는 기질의 변화 즉 '교기질(矯氣質)'을 강조하게 되는데, 임헌회는 그의 수양론에서도 주기적 관점을 분명히 보여 주고 있다.

---

85 같은 책, 〈先考鼓山先生家狀〉, "人之爲學, 須要變化氣質, 氣質不變化, 無以爲賢爲聖. 故曰學問之道無他, 變化氣質而已 …… 其所謂修爲者, 只要令氣質渣滓融化而已, 非修其性之謂也."

86 황의동, 《율곡사상의 체계적 이해 1》, 서광사, 1998, 323~325쪽 참조.
《栗谷全書》, 卷10, 書2, 〈答成浩原〉, "聖賢之千言萬言, 只使人撿束其氣, 使復其氣之本然而已."

제3절 덕천 성기운의 학문과 사상

1. 삶의 자취와 학문연원

성기운(成璣運; 1877~1956)은 아직 널리 알려지지 아니한 한말의 유학자다. 그는 경북 청도 출신으로 자는 순재(舜在), 호는 덕천(悳泉)이다. 본관이 창령(昌寧)이며 성두채(成斗彩)의 아들로 12세에 이종기(李種杞)의 문인인 반동락(潘東雒)에게서 수업하였다.[1] 14세 때 면우(俛宇) 곽종석(郭鍾錫)의 명성을 듣고 그를 좇아 공부하고자 하였으나, 선비는 스승을 가리지 아니할 수 없으니 조금 더 자라서 기호의 유현(儒賢) 문하에서 배우는 것이 좋겠다는 부친의 말을 따랐다.[2] 그리하여 22세 때 연재(淵齋) 송병선(宋秉璿), 심석(心石) 송병순(宋秉珣) 등 기호의 여러 유학자들을 찾아 학문을 물었으나 결국 간재(艮齋) 전우(田愚)의 제자가 되었다.[3] 24세 때 천안 금곡에서 간재를 배알하고 사제의 예를 행했는데, 전우는 그의 식견의 높음을 극구 칭찬하고 경제재구(經濟材具)가 있음을 허락하였다.[4]

---

1 〈悳泉年譜〉上, 戊子, 先生 12歲條.

2 같은 책, 庚寅, 先生14歲條, "入山讀書, 先生聞郭俛宇聲望欲往從學. 先公止之曰, 士不可以不擇師, 少俟稍長遊學于湖上儒賢之門可也."

3 같은 책, 戊戌, 先生 22歲條, "往拜艮齋田先生, 及宋淵齋心石蘭谷諸賢于湖上."

그 후 29세에 면암(勉菴) 최익현(崔益鉉)을 찾아 배알하고, 그 이듬해에는 선조 동주(東洲) 성제원(成悌元)의 일고(逸稿)를 간행하였다. 32세 때 덕천으로 이사하였고, 34세 때 경술국치(庚戌國恥)를 맞아 통곡하였다. 1912년 36세 때에는 스승 전우를 따라 계화도(繼華島)에 들어가 계화재(繼華齋) 곁에 집을 짓고 살며 학문을 닦았다. 한편 전우는 그의 서재의 이름을 '부양재(扶陽齋)'라 지어 주고 손수 현판을 써 주었다. 37세 때 매죽헌(梅竹軒) 성삼문(成三問)의 문집을 간행하였고, 간재선생문집을 교열하기도 하였다.

1917년 그의 나이 41세 때 창씨개명(創氏改名)을 하지 않는다고 청도경찰서에 끌려가 4차에 걸쳐 고초를 당했으나 끝내 굴복하지 아니하였다. 그는 일본경찰에게 "나는 대한국민이다. 너희 경찰서와는 하등 관계가 없다"고 하자, 일본경찰은 "호적을 올리지 않는 이유가 무엇이냐"고 물었다. 이에 그는 "나는 한국의 유민(遺民)이니 어찌 왜놈의 호적에 들어갈 수 있겠는가?"라고 대답하였다. 이에 일경은 "지금 한국이 어디에 있는가?" 하니, 그는 "내가 사는 곳이 곧 한국이다"라고 대답하였다.[5]

또한 같은 해, 5월 25일 사법실에서 문초를 받게 되었다. 소위 서장이라는 자가 "너는 역적이 아닌가?" 하고 크게 말하자, 그는 정색을 하며 "한국을 지키는 신하가 역적이 되는가 왜를 섬겨 노예가 되는 것이 역적인가? 천지귀신이 감림(鑑臨)하는데 너만 홀로 두렵지 않은가?"라고 꾸짖었다. 이에 저들이 협박하고 혹 달래기도 하였으나 그는 조금도 흔들리

---

4 같은 책, 庚子, 先生 24歲條, "艮齋先生時居天安金谷, 先生始行贄, 艮翁亟稱其識見之高, 且許經濟材具……."

5 같은 책, 丁巳, 先生 41歲條, "五月二十四日以不籍被拘于淸道警察署 …… 先生大罵曰, 我乃大韓國民, 何關於爾之警察署乎? 彼問不籍何義. 先生曰, 我是韓國遺民, 豈可入倭籍乎? 彼曰韓國今安在. 先生曰, 吾之所居卽韓國也."

지 않았다. 저들이 혹 음식으로써 권하기도 하였으나 끝내 불허하고 단단일심(斷斷一心)으로 반드시 죽기를 맹서하였다.[6] 그는 청도경찰서에서 문인들에게 "내가 이번에 잡혀가서 구차하게 살기 위해 굽히지 아니할 것이요 선성(先聖)들의 길을 걸을 것이니, 원컨대 그대들은 십분 노력하여 '존양(尊攘)' 두 글자를 제일의 정법안장(正法眼藏)으로 삼고 나의 구천(九泉)에 혼백을 위로해 달라"고 당부하였다.[7]

그는 5월 26일의 문초에서도 분연히 말하기를, "우리 태황제(太皇帝)께서 성덕(聖德)이 인자(仁慈)하신데, 불행히 누란(累卵)의 위기를 당해 간신(奸臣)이 조정에 가득하여 총명(聰明)을 막고 마침내 종사(宗社)가 망함에 이르렀다. 내가 한국 신민(臣民)으로서 마침내 나라가 이 모양이 되었으니, 춘추를 들어 난신적자(亂臣賊子)는 사람마다 죽일 수 있다는 의리에 입각하여 진실로 마땅히 네놈들을 토벌하여 조국을 회복해야 할 텐데, 돌아보건대 힘이 이미 미치지 못하니 슬픔을 참고 원통함을 머금어 궁벽산골에서 말라 죽을 뿐인데, 이제 입적(入籍)하지 않았다고 핍박하니, 나는 당당한 대한의 백성으로 학식이 비록 보잘것없으나 명색이 40년간이나 유자(儒者)의 반열에 있었던 사람으로 대략 춘추대의(春秋大義)를 알고 있는 터에 어찌 불공대천(不共戴天) 원수 오랑캐의 백성으로 들어갈 수 있겠는가? 죽음이 있을 뿐 그 밖에 다른 말은 모름지기 물을 것도 없다"고 단호히 대답하였다.[8] 그의 이러한 의리에 마침내 일본경찰까지 감

---

6 같은 책, 같은 글, "五月二十五日, 問招于司法室. 所謂署長大叫曰, 汝非逆賊乎? 先生正色曰, 守韓國僕爲逆賊乎? 事倭爲奴逆賊乎? 天地鬼神之所鑑臨, 汝獨不畏乎? 彼乃威脅之, 或曉諭之萬端, 先生不動一髮而怒罵之, 彼或勸以飮食, 先生終不許, 斷斷一心, 以必死爲矢."

7 같은 책, 같은 글, "惟願君輩十分努力以尊攘二字爲第一正法眼藏, 而以慰我泉下之魂."

8 같은 책, 같은 글, "五月二十六日又問招 …… 先生奮然曰, 惟我太皇帝聖德仁慈, 而不幸遭艱虞之會, 奸臣滿朝壅蔽聰明, 竟至宗社之亡矣. 余以韓國臣民, 終見屋社, 則擧春秋人人得而誅之之義, 固當討復, 而顧力旣不能, 則忍痛含寃, 枯死窮山而已. 今以不籍迫之, 我以堂堂大韓之

동하여 그를 일컬어 '참된 의사'라고 불렀던 것이다.[9]

46세에 《송서유선(宋書類選)》을 편집하였고, 그해 7월 스승 간재의 부음(訃音)을 듣고 달려가 통곡하였고, 심상(心喪) 기년(朞年)을 실천하였다.[10] 48세 되던 해 청주 문의 의성동으로 이사하였고, 그 이듬해에는 사방의 학자들을 맞아 향약례(鄕約禮)를 익히게 하고 강회(講會)를 베풀고 춘추정신을 일깨우며 사풍(士風)을 진작하였다.[11] 52세에는 선조들이 살았던 충남 연기 달전으로 옮겨 정착하여 이후 《소학증보(小學增補)》를 편집하고, 《규암송선생문집(圭庵宋先生文集)》을 교정하기도 했다. 특히 만년에 그는 평소 경제서(經濟書)에 관심이 많아 《주례(周禮)》, 《경국대전(經國大典)》, 《반계수록(磻溪隨錄)》, 《목민심서(牧民心書)》, 《흠흠신서(欽欽新書)》, 《만기요람(萬機要覽)》, 《공법회통(公法會通)》, 《대명율(大明律)》 등의 책을 틈틈히 자세히 읽고 그것을 절취손익(節取損益)하여 하나의 책을 이루고자 하였으나 뜻을 이루지 못하였으니 아쉬운 일이었다.[12] 그 후 남간사(南澗祠) 원장, 공주 충현서원(忠賢書院) 원장을 맡아 유림의 교육과 유풍(儒風)의 진작을 위해 노력하다가 1956년 달전(達田)에서 80세의 일기를 마쳤다.

그는 율곡과 우암의 연원을 우러러 간재의 장척(丈尺)을 얻었으나 불

民, 學識雖蔑劣, 名在四十年儒者之列, 而粗識春秋大義, 則豈可編入爲不共戴天讐虜之氓乎? 有死而已, 外他諸說不須問也."

9 같은 책, 같은 글, "五月二十七日放還 …… 所謂部長, 以手拍案曰, 水穀不口者四日, 炳炳一心, 矢死靡他, 眞義士也."

10 같은 책, 卷上, 壬戌, 先生 46歲條.

11 같은 책, 같은 글, 乙丑, 先生 49歲條.

12 같은 책, 같은 글, 卷上, 丙戌, 先生 70歲條, "……先生嘗有意於經濟書, 如周禮經國大典磻溪隨錄牧民心書欽欽新書萬機要覽公法會通大明律等書, 時時看詳, 欲其節取損益, 以成一書而未果."

행하게도 일제의 침략과 서세동점(西勢東漸)의 위기에서 다시 인간의 도리가 부재한 상황을 맞게 되었다. 이에 그는 강상의리(綱常義理)의 부식(扶植)에 힘을 다하였고, 존양대의(尊攘大義)를 천하후세에 천명함에 진력하였다.[13]

한편 그의 인품은 유자(儒者)로서의 전형(典型)으로 일컬어질 만큼 훌륭했던 것으로 보인다. 그는 의용(儀容)이 청수(清粹)하고 신채(神彩)가 정명(精明)하기가 마치 맑은 얼음과 깨끗한 옥과 같아 천자(天姿)가 자연히 도에 가까웠다. 일찍이 학문함을 알아 사우지간(師友之間)을 좇아 사귀면서 개연히 구도(求道)의 뜻이 있어 성리의 학을 전심(專心)으로 깊이 연구하여 묵묵히 통하였다. 또한 정밀하게 생각하고 실천하여 반드시 관통한 후에야 그만두었다. 그는 평소 종일토록 의관을 단정히 하여 신기(神氣)가 깨끗하여 나태한 모습을 보이지 아니하였다. 사람을 대할 때에는 일찍이 해학(諧謔)이나 비루한 속어(俗語)를 쓰지 않았으며, 논의가 소통(疏通)해서 막히지 아니하였으며, 문생들과 더불어 예의의식을 익힐 때에는 의관을 단정히 하고 읍양(揖讓)하는 절차에 능숙하고 날렵한 듯하되, 엄연(儼然)히 춘풍(春風)의 기상과 추월(秋月)의 금회(襟懷)가 범인에게 초탈한 듯하였다. 그 궁행은 반드시 거경(居敬)을 위주로 하여 응사접물(應事接物)에 각각 조리가 있어 문란하지 않았고, 의복, 음식, 의류에 이르기까지 또한 간택(揀擇)하는 바가 없었다. 다만 옷은 깨끗함을 취하고, 먹는 것은 담박함을 취하고, 글씨는 정성스러움을 본받았다.[14]

---

13 같은 책, 卷下, 〈語錄(許魯學 錄)〉, "先生仰栗尤之淵源, 得艮翁之丈尺, 而不幸際讐虜之充斥, 西潮之東漸, 天下無復人理矣. 於是綱常義理, 未嘗不竭力扶持屹若砥柱, 而尊攘大義, 將有辭於天下後世矣."

14 같은 책, 卷上, 附錄, 〈行狀〉, "嗚呼! 先生儀容淸粹, 神彩精明, 如氷淸玉潔, 天姿自然近道. 早知爲學及從師友之間, 慨然有求道之志, 專心性理之學, 潛究默契, 精思實踐, 必得貫通而後

이렇게 볼 때, 성기운은 일면 학문과 덕행의 내성(內聖)을 충실히 갖추었으면서도 일면 어려운 시대의 지성인으로서 몸소 불의와 맞서 의리를 실천했던 도학자였다.

성기운에 관한 전문적인 연구는 거의 없는 편이다. 그것은 이제 겨우 전우에 관한 연구가 본격화된 것에 비추어 보면 당연한 일인지도 모른다. 성기운은 한말 기호유학의 거유(巨儒) 전우의 문인으로서 성리학, 의리학적 측면에서 연구의 필요성이 있다. 특히 그는 의리적 실천에 모범을 보이면서도 명분론에 편중하지 않고 실학적 사고에도 충실했다는 점에서 더욱 주목되는 바 있다.

2. 학문관

성기운은 "인간은 학문이 아니면 인간이 될 수 없다"고 한다.[15] 학문은 곧 인간이 인간이 될 수 있는 조건이다. 학문의 목적이 단순한 지식의 추구에 있지 않고 '인간됨'에 있음을 말한 것이다.

그런데 인간이 인간이 될 수 있는 것은 또한 이 도(道)에 있다. 도가 아니면 인간이 인간이 아니고, 가정이 가정이 아니며, 나라가 나라가 아니다.[16] 따라서 그에게 학문이란 곧 도를 배움에 있다.

그러면 도(道)란 무엇인가? 도는 높고 먼 것이 아니라 일용상행(日用

已. 其平居終日衣冠整坐, 而神氣灑然, 不見其隤惰. 代人未嘗出諧謔俚俗之語, 論議疏通而不滯, 與諸生時或講禮習儀, 先生幅巾深衣端拱趨走於揖讓之間, 儼然若春風氣象秋月襟懷, 而超脫於凡人也. 其躬行也, 必居敬爲主, 應事接物, 各有條理而不紊, 至於衣服飮食之類, 亦無所揀擇, 而衣取潔, 食取淡, 筆法精……."

15 《悳泉集》, 卷3, 書, 〈答嶺中諸君(丙寅)〉, "人非學無以爲人."

16 같은 책, 卷3, 書, 〈答悳泉齋諸君(丁卯)〉, "人之所以爲人, 乃有此道矣. 而不以道, 人不人, 家不家, 國不國."

常行)에 있다. 어버이를 효로써 섬기고, 형제간에 우애 있고, 종족 간에 화목하고, 붕우 간에 믿음이 있는 것 등이다.[17] 마찬가지로 일용상행(日用常行)의 도가 학문의 일 아님이 없다.[18] 그에 따르면 사람이 평범한 것을 소홀히 하는 자는 도를 알지 못하는 자다. 그 자신도 과거에 자주 고원(高遠)한 마음을 도모하고 사모했으나 근일(近日)에서야 평범한 곳을 깨닫고 보니 도 아닌 것이 없다고 고백하였다.[19] 이처럼 학문이란 현묘기특(玄妙奇特)한 일이 아니다. 단지 발의 도리는 무겁고자 하고, 손의 도리는 공손하고자 하고, 눈의 도리는 단정하고자 하고, 입의 도리는 그치고자 하고, 소리의 도리는 고요하고자 하고, 머리의 도리는 곧고자 하고, 기운의 도리는 엄숙하고자 하고, 서는 도리는 덕 있게 하고자 하고, 얼굴빛의 도리는 씩씩하고자 하고, 어버이를 섬김에 마땅히 효를 다하고, 임금을 섬김에 마땅히 충(忠)을 다하고, 어른을 섬기고 친우를 사귐에 마땅히 공경과 믿음의 도리를 다하는 것일 뿐이라고 하였다.[20] 이와 같이 성기운에게 학문의 내용이 되는 도란 일상생활에서 지켜야 할 윤리요 구용구사(九容九思)와 같은 것이었다.

그러면 성기운의 학문관의 특징은 무엇인가? 그는 먼저 인간의 진실한 마음 즉 실심(實心)을 학문의 기반으로 삼고 있다. 진실성의 확보, 진실한 마음을 갖추는 것이 학문에서 가장 중요한 것이었다.

---

17 같은 책, 卷3, 書, 〈答朴泰桓(癸巳)〉, "道非高遠, 在於日用常行, 而事親而孝, 兄弟而友, 宗族而睦, 朋友而信."

18 《悳泉續集》, 卷上, 書, 〈答朴孝秀(丁亥)〉, "凡日用常行之道, 無非學問之事也."

19 《悳泉年譜》, 卷下, 〈語錄〉, "人之以尋常而忽之者, 不知道者也. 余昔年頻有企慕高遠之心, 近日覺得尋常處, 無非道也."

20 《悳泉集》, 卷3, 〈答朴錤熙(庚申)〉, "學當如何? 非玄妙奇特之事, 而只是足道理欲其重. 手道理欲其恭, 目道理欲其端, 口道理欲其止, 聲道理欲其靜, 頭道理欲其直, 氣道理欲其肅, 立道理欲其德, 色道理欲其莊, 而至於事親當盡孝, 事君當盡忠, 事長交友當盡悌信之道是已."

그에 따르면, 학자가 실지상(實地上) 노력을 하지 않는다면 일생 말한 바가 비록 많더라도 격언(格言), 지론(至論)이 단지 구이지학(口耳之學)일 뿐이라고 한다. 소위 학문이란 먼저 모름지기 그 심법을 바르게 하는 것이다. 심법이 바르지 아니하면 그 문장이나 사업이 비록 일세에 두드러진다 하더라도 모두 족히 일컬을 것이 없다. 심법이 이미 바르면 그 행한 바가 비록 혹 잘못된 것이 있더라도 이 또한 현자(賢者)의 한 실수에 지나지 않는다고 하였다.[21] 이처럼 학문을 한다는 것은 단지 실심(實心)에 있는데, 만약 헛된 것에 집착한다면 어떻게 학문에 착수하겠느냐고 반문하였다.[22]

그는 또 다른 곳에서 학문은 모름지기 실지상을 좇아야 하니, 언어가 진실하고 문사(文辭)가 진실하고 행동거지가 진실하고 용모가 진실하여 한 생각의 작은 것에 이르기까지 거짓을 용납하지 않아 참이 저절로 차면 진실의 공이 클 것이니, 이것이 진실로 학문의 본원이요 만사의 근본이라 하였다. 천지가 천지가 되는 까닭과 성인이 성인이 되는 까닭이 모두 실(實)일 뿐이니, 원컨대 이것으로서 입두(入頭)의 시작을 삼아서 기르는 노력을 극진히 하면 또한 세풍(世風)을 만회할 수 있을 것이라 하였다.[23]

이렇게 볼 때, 성기운의 학문관의 특성은 거짓이 없는 진실성에 있다. 마음이 참되지 아니하면 하는 일이 모두 거짓일 뿐이다. 이는 율곡이 한 마음이 참되지 아니하면 만사가 모두 거짓이니 어디를 간들 행할 수 있으

---

21 《悳泉年譜》, 卷下, 〈語錄〉, "學者不於實地上用工, 則一生所言雖多, 格言至論, 只是口耳之學也. 所謂學問者, 先須正其心法. 心法不正, 則其文章也, 事業也, 雖曰顯乎一世, 皆無足稱. 心法旣正, 則其所行, 雖或有差過, 是亦賢者之一失也."

22 《悳泉集拾遺》, 書, 〈答或人(乙丑)〉, "若泛言爲學, 只在實心. 若捕風捉影, 如何下手乎?"

23 《悳泉集》, 卷3, 書, 〈答許魯學〉, "學須從實地上去, 言語也實, 文辭也實, 動止也實, 容貌也實, 以至一念之微, 僞不容而實自充, 則實之爲功大矣哉. 此眞學問本源萬事根蔕也. 天地所以爲天地, 聖人所以爲聖人, 都是實而已. 願以此爲入頭之始, 而養之之極, 亦有以挽回世風也."

며, 한 마음이 진실로 참되면 만사가 모두 참되니 무엇을 한들 이루어지지 않겠느냐?[24]고 한 말과 상통된다. 나아가 《중용》의 "성(誠)은 사물의 끝과 시작이니 참되지 아니하면 사물도 존재할 수 없다"[25]는 말에 근원을 두고 있다. 이는 학문하는 자세, 마음가짐으로서의 진실성을 강조한 것으로 현대적으로도 매우 중요한 의미를 갖는다. 학문의 성실성은 곧 학문적 과실을 가늠하는 척도가 된다. 진실성이 없는 학문이란 사이비요 곡학(曲學)이며 가지(假知)라는 점에서 그가 실심을 학문의 본령으로 이해한 것은 중요한 의미가 있다.

또한 그의 학문관의 중요한 특징은 실천성에 있다. 그는 당시 우리 학계의 공론적 병폐를 심각히 비판하였다. 심성이기(心性理氣)의 명목(名目)을 강론함이 우리나라에서 1, 2백 년이나 되었다. 유학자의 고질적인 폐단은 지(知)와 행(行)이 다르고, 말과 일이 어긋나고, 자기와 같은 것은 이끌어 주고 자기와 다른 것은 미루어 내며, 문호를 나누고 쪼개어 심성을 창으로 삼고 문장을 방패로 삼아 소리 없는 전쟁을 하여 대대로 원수가 되고 있다고 한탄하였다.[26] 성리논쟁의 지리함은 물론, 성리의 본질을 외면한 채 자기 주장을 지키기에만 급급하여 패를 가르고 편을 만들어 싸우는 당시 학계의 고질적 풍토를 신랄하게 비판하고 있다. 마찬가지로 근세학자가 궁행을 힘쓰지 아니하고 훈고명목(訓詁名目)으로 일대가(一大家)를 삼아 자기와 같은 것은 이끌고 자기와 다른 것은 미루어 내기를 도

---

24 《栗谷全書》, 卷21, 〈聖學輯要〉, 3, "一心不實, 萬事皆假, 何往而可行, 一心苟實, 萬事皆眞, 何爲而不成?"

25 《中庸》, "誠者, 物之終始, 不誠無物."

26 《悳泉集》, 卷2, 書, 〈答柳遠浚(辛未)〉, "然心性理氣名目之講爲我東一二百年來, 儒者之痼弊何者 …… 知與行異, 言與事違, 援同擠異, 分門割戶, 至於心性爲戈戟, 文章爲櫓盾, 無聲之戰, 不下於楚漢風塵, 從以爲世讐者亦有之, 吾道之衰, 良由此夫."

모해, 이쪽은 이것을 옳다고 말하고 저쪽은 저것을 옳다고 말하여 마치 원수와 같이 보는 편협한 학문풍토를 비판하였다.[27] 만약 기송훈고(記誦訓詁), 문사지학(文詞之學)을 위주로 하여 한갓 그 이름의 높음만을 사모할 줄 알고 그 실용을 구하지 않고, 한갓 구이(口耳)에만 종사하고 몸과 마음을 돌이킬 줄 모르니, 이는 글의 죄인이지 자신이 권독(勸讀)하는 본뜻이 아니라 하였다.[28] 성기운은 학문의 본령이 글을 읽고 외고 쓰고 하는 데만 있는 것이 아니라, 글을 통해 몸과 마음을 돌이켜 인간의 참모습으로 돌아가는 데 있음을 분명히 하였다. 그가 학문에서 실천을 강조함은 여러 곳에서 볼 수 있다. 그에 따르면 공부는 오로지 독서에 있지 않고 그 마땅한 직분에 따라서 그 도를 다하는 것이니, 이는 곧 실천이라고 한다. 입으로 천만 마디 말을 하는 것보다 행함이 한두 가지 부족한 것이 오히려 낫다고 하였다.[29] 책을 읽고 학문하는 목적이 입으로 말하고 손으로 쓰는 데 있는 것이 아니라, 그 마땅한 직분에 따라 그 도리를 다하는 것 즉 윤리적 실천에 있다. 그러므로 도(道)를 배움은 리(理)를 밝혀 모든 일을 행함에 있다 하고,[30] 오도(吾道)는 본래 격치성정(格致誠正) 수제치평(修齊治平)의 방법이라고 한다. 따라서 어려서 배우는 것은 성장해서 행하고자 하는 것이니, 어찌 불(佛), 노(老), 저(沮), 익(溺)의 부류와 같은 것이겠느냐고 하였다.[31] 성리의 설은 과거의 철학자들이 진실로 변론한 것이

---

27 같은 책, 卷2, 書, 〈答辛(聖浩)〉, 壬戌, "竊觀近世學者, 不務躬行, 而以訓詁名目爲一大家, 計援同擠異, 此邊曰此是, 彼邊曰彼是, 視若仇讎……."

28 같은 책, 卷4, 雜著, 〈讀書說示諸君〉, "若或以記誦訓詁, 文詞之學爲主, 徒知慕其名之爲高, 而不究其實用, 徒從事於口耳, 而不知反於身心, 是則書之罪人, 非吾所勸讀之義也."

29 《悳泉續集》, 卷上, 書, 〈答禹夏禎(壬辰)〉, "盖工夫不專在於讀書, 隨其當分, 而盡其道, 是則實踐, 猶勝於口誦千萬言, 而行不得一二者也."

30 《悳泉集》, 卷1, 書, 〈上艮齋先生(丙午)〉, "學道所以明理而行諸事者也."

31 같은 책, 卷1, 書, 〈答洪誠吉(思哲)〉, 戊子, "吾道本是格致誠正修齊治平之術也. 幼而學之,

많은데, 아는 것이 어려운 것이 아니라 행하기가 가장 어렵다고 하였다. 따라서 학자는 대개 그 원두(源頭)를 알고 역행실천(力行實踐)한다면 성현의 지위에 이르지 못할 것을 걱정하지 않는다고 하였다.[32]

이와 같이 실천적 관점에서 그는 지행병진(知行竝進)을 일관되게 주장하고, 이는 마치 새에 두 날개가 있고 수레에 두 바퀴가 있음과 같으므로, 이 가운데 어느 하나도 폐해서는 안 된다고 하였다.[33]

이렇게 볼 때, 성기운은 학문에서 실심(實心)과 실천(實踐)을 강조함으로써 유학본래의 실학풍을 보여 주고 있다. 그런데 실심과 실천은 양자가 분리되어 생각될 수 없다. 실심은 진실한 결과가 있기 위한 바탕이며, 실심은 마땅히 실천되어 구현되지 아니할 수 없다. 따라서 본래 '실(實)'이란 의미 속에는 도덕적 의미의 '실(實)'과 경제적 의미의 '실(實)'이라는 의미가 복합적으로 내포된 것인데,[34] 참이 전제될 때만 진실한 결과를 기대할 수 있다.

또한 성기운은 정치와 학문, 경세와 철학이 둘로 갈라져 공론적이고 사변적인 철학으로 나아간 데서 학문의 폐단을 찾고 있다. 그에 따르면, 학문의 폐단 또한 정치와 학문이 둘로 이루어진 데서 시작된다. 유자(儒者)가 능히 그 배운 바를 행할 수 없고 단지 그 본체만을 연구해서 리(理)라 말하고 기(氣)라 말하고 심(心)이라 말하고 성(性)이라고 말해 논하니, 그 기품에 따라서 다름이 있음을 보게 된다. 이것이 한 번 전해지고 두 번

壯而欲行之, 豈若老佛沮溺之類哉."

32 《悳泉年譜》, 卷下, 〈語錄〉, "大抵性理說, 前哲固多辨論, 知之不難, 行之最難. 學者槩知其源頭, 力行實踐, 則不患不到聖賢地位也(宋廷憲錄)."

33 《悳泉集》, 卷4, 雜著, 〈經義問對〉, "然其實知行竝進, 如鳥之有兩翼, 車之兩輪, 不可以偏廢也, 非知至而後始乃行之也."

34 박종홍, 《한국실학사상논문선집(실학개념)》, 불함문화사, 1991, 23쪽.

전해져서 각각 문호를 삼고 마침내 원수와 같이 보기에 이르니 그 폐단이 우려된다[35]고 하였다. 이는 그가 철학적 이론이 현실과 접목되지 못하고 하나의 이론적 논쟁으로 끝나고 마는 병폐를 심각히 우려한 것이다. 학문이란 궁극적으로 인간의 현실에 적용되고 유용하게 쓰여져야 하는데, 당시의 학문 풍토는 고원한 성리논쟁으로 세월만 보내는 것을 비판하고 있다. 그러므로 학문은 마땅히 정치화(政治化)되고 경세화(經世化)되고 실용화(實用化)되어 '정학일치(政學一致)'가 이루어져야 한다. 이는 일종의 실학정신으로 조선후기 실학에서 학문의 유용성을 강조하는 것과 상통되는 바 있다. 이러한 그의 실학적 학문정신은 그의 생애에서 보듯이 《주례(周禮)》, 《경국대전(經國大典)》, 《반계수록(磻溪隨錄)》, 《목민심서(牧民心書)》, 《흠흠신서(欽欽新書)》, 《만기요람(萬機要覽)》, 《공법회통(公法會通)》, 《대명율(大明律)》 등 경세와 실학에 관한 서적들을 두루 섭렵하면서 하나의 경세대계(經世大系)를 구상하다가 뜻을 이루지 못한 데서도 잘 입증된다.[36]

그는 또 성리(性理)와 사공(事功)의 겸비를 주장하면서, 공부가 성리에 깊은 자는 사공에 소홀하고, 사공에 치력(致力)하는 자는 성리원두(性理源頭)에 용공(用工)이 부족하다고 지적하였다.[37] 이는 위에서 말한 학문과 정치의 일치를 주장하는 것과 맥을 함께하는 것으로, 당시 사변에 치우쳤던 학계의 잘못된 풍토에 대한 반성에서 비롯된 것이다. 본래 유학

---

35 《悳泉集》, 卷1, 書, 〈答林子敬(辛巳)〉, "學問之弊, 亦自政學二致, 儒者莫能行其所學, 只硏究其本體, 而日理日氣日心日性之論, 隨其氣稟而知見有異, 一傳二傳而各爲門戶, 終至視若仇敵, 其弊甚憂."

36 《悳泉年譜》, 卷上, 丙戌(先生 70歲), "先生嘗有意於經濟書, 如周禮經國大典磻溪隨錄牧民心書欽欽新書萬機要覽公法會通大明律等書, 時時看詳, 欲其節取損益, 以成一書而未果."

37 《悳泉集》, 卷1, 書, 〈上艮齋先生(丙午)〉, "蓋工深於性理者, 多忽於事功, 致力於事功者, 未甚用工於性理源頭……."

자체가 실용을 중시하고 실천성을 전제하는 것인데도, 조선조 성리학계의 풍토가 지나치게 이론적 사변에 치우쳐 경세나 현실문제를 경시한 측면은 비판의 대상이 되고 있다.[38] 성기운은 성리학을 하면서도 현실적인 경세문제를 경시해서도 안 되고, 또 경세문제에 전념하더라도 성리학적 연구를 무시해서도 안 된다고 보았다. 이는 결국 그가 성리(性理)와 실사(實事), 학문과 경세, 철학과 현실문제를 '일이이(一而二) 이이일(二而一)'의 조화적 관계, 상보적 관계로 보았음을 의미한다.

이렇게 볼 때, 성기운의 학문관은 실심과 실천을 강조하는 실학풍을 보여 주고 있는데, 이는 다시 정치와 학문의 일치, 지행(知行)의 병진(竝進), 성리(性理)와 사공(事功)의 겸비를 주장하는 데서 더욱 뚜렷해진다. 그의 이러한 학문관은 그가 간재(艮齋) 계열의 순유(醇儒)이면서도 당시 서세동점의 현실인식이나 일제침략에 대한 자각적 반성의 결과라고 생각되며, 특히 조선후기 실학풍에 대한 그의 긍정적 인식도 이러한 실학풍 형성의 요인이 되었으리라 짐작된다.

3. 이기론

성리학에서 이기론(理氣論)은 곧 존재관이라 할 수 있다. 인간과 자연의 존재구조에 대한 이기론적 해명을 말한다. 성기운도 이 세계를 형이상자인 리(理)와 형이하자인 기(氣)로 이루어진 세계로 인식하였다. 태극

38 물론 조선조의 성리학들이 모두 이론적 사변에 치우쳐 경세나 현실문제를 등한히 했던 것만은 아니다. 이이, 조헌 등에서 보듯이 성리연구에 전념하면서도 경세문제, 현실문제에 적극적인 관심을 갖고 고민하고 실천한 이들도 많이 있다. 그럼에도 조선조 후기 실학자들의 지적에서 보듯이 성리학의 사변적 논쟁과 경세문제에 대한 소극적 대응은 지적될 수 있다.

(太極)과 음양(陰陽)이 일시에 함께 있으니 어찌 기를 떠나 독립한 리가 있으며 리를 떠나 홀로 행하는 기가 있겠느냐 하였다.[39] 또 도(道) 밖에 음양이 없고 음양 밖에 도가 없다. 그런데 음양은 스스로 음양이고 도체(道體)는 스스로 도체이어서 서로 떨어지지 않고 서로 섞이지도 않는 묘(妙)가 있다고 한다.[40]

이와 같이 그는 이 세계 모든 사물은 리와 기로 되어 있는데, 양자는 하나이면서 둘이요 둘이면서 하나로 있다고 하였다. 그것은 인간의 심성세계도 마찬가지다.[41] 인간의 마음도 리(理)와 기(氣)의 합이라는 구조로 이해하고 있다.[42] 이는 주자나 조선조 선유의 이기론적 세계관을 그대로 계승한 것이다. 즉 존재 자체로 보면 리와 기는 서로 떨어질 수 없는 하나의 존재양상으로 있다. 그러나 이를 개념적으로 분변(分辨)해 보면 리와 기는 엄연히 구별된다.

그러면 리(理)와 기(氣)의 개념은 어떻게 구별되는가? 그는 먼저 태극(太極)을 리(理)로, 음양(陰陽)을 기(氣)로 이해하고, 동정(動靜)하는 소이(所以)는 태극이고 동정하는 당체(當體)는 음양이라고 한다.[43] 태극 즉 리는 그 자체가 운동하거나 작용하지 않는다. 형이상자인 리는 시간과 공간에 관계없이 불변이어야 하기 때문이다. 그러나 음양 즉 기는 그 자체가 동작과 정지를 일삼는 가변적 존재이어서 시간과 공간에 따라 변화한다. 따라서 그는 리는 작위가 없고 기는 작위가 있다고 한다. 따라서 태극

---

39 《悳泉集》, 卷1, 書, 〈答宋瑩叔〉, "太極二五, 一時俱有, 豈有離氣獨立之理, 離理獨行之氣."

40 같은 책, 卷1, 書, 〈答林子敬(章佑)〉, 戊寅, "道外無陰陽, 陰陽外無道. 然陰陽自陰陽, 道體自道體, 而不相離不相雜之妙."

41 같은 책, 卷2, 書, 〈答柳達浚(辛未)〉, "蓋理氣一而二二而一者, 而心性亦然也."

42 같은 책, 卷2, 書, 〈答李德夫(敎明)〉, 壬戌, "以一言斷之, 曰心是理氣之合而性情之主也."

43 같은 책, 卷2, 書, 〈答張致明(壎)別紙〉, 壬午, "其所以動靜者太極也, 動之靜之者陰陽也, 太極理也, 陰陽氣也."

이 어떻게 스스로 움직이고 고요할 수 있겠는가? 단지 타는 바의 기가 스스로 그런 것이라 하였다.[44]

이러한 관점에서 그는 리의 주재라는 개념을 리가 직접 작위한다는 개념이 아니라, 그 스스로는 작위가 없으면서도 작위하는 기의 주재가 된다는 의미로 분명히 해석하고 있다.[45] 이렇게 볼 때, 성기운의 리 개념에 대한 이해는 퇴계와는 달리 율곡의 이발(理發) 불가론을 계승한 것이다.

또한 성기운은 기를 리가 의착할 자구(資具)로 설명하였다. 리는 본래 기 위에 걸리고 실려 있어 기를 떠날 수 없다고 하여,[46] 기의 리에 대한 역할과 기능을 분명히 인정하고 있다. 리가 기를 주재하는 반면 기는 리를 실현시키고 구상화시키는 지반이다. 만약 기가 없다면 리는 하나의 관념적 존재로 남고 만다. 리는 기를 통해서 비로소 구상화되고 현실화되기 때문이다.

그러면 성기운은 리와 기를 가치적으로 어떻게 이해하고 있는가? 그에 따르면 태극은 천지를 낳아 지극히 높고 상대할 것이 없으며 순일(純一)하여 흠이 없다. 그런데 만약 치우치고 또 어둡다고 말하는 것은 천지가 본래 기를 타고 유행해서 생긴 것으로 치우치고 또 어둠을 면치 못한다.[47] 이처럼 리는 순수하여 무잡(無雜)한 것이고 기는 오르고 넘어져 만가지로 같지 않아 저절로 선악이 있다.[48]

그런데 기도 그 본원은 담일(湛一)하여 무잡(無雜)하다.[49] 미발(未發)

---

44 같은 책, 같은 글, "實則理無爲氣有爲也, 太極如何自動自靜, 只所乘之氣自爾者也."

45 같은 책, 卷2, 書, 〈答李久之(悳均)〉, 丁丑, "是無爲而爲有爲之主, 非謂其有爲也."

46 같은 책, 卷2, 書, 〈與徐明擧(周鉉)〉, 甲子, "要之理本掛搭在氣上亦不離氣, 而理不獨行."

47 같은 책, 卷4, 雜著, 〈島上問對〉, "太極是生天生地, 至尊無對, 純一無疵底, 而若謂偏且昏, 天地本乘氣流行而生者, 不免於偏且昏也."

48 같은 책, 卷4, 雜著, 〈正心說〉, "蓋理者, 純善無雜也, 氣者, 流行騰倒萬衆不齊, 而自有善惡者也."

의 때에는 기가 그 근본을 얻어 담일(湛一) 무잡(無雜)하다. 따라서 불선(不善)이란 발한 후의 일이다. 천지의 기는 그 근본을 말하면 불선이 없다. 그 기가 오고 가고 오르고 넘어지고 드날림이 있을 때 바른 것이 사(邪)가 되고 밝은 것이 어두워진다.[50]

이와 같이 그는 리는 본래 가치적으로 선하여 조금도 흠이 없는 순수한 것으로 보았고, 기는 그 본원이 리와 같이 담일(湛一) 무잡(無雜)한 것이지만 이미 발하게 되면 천차만별의 가치적 차별상이 드러나게 된다고 보았다.

이렇게 볼 때, 성기운의 이기론은 주자나 율곡의 이기론에 충실한 것으로 보인다. 이들과 구별되는 독창의 논리는 보이지 않지만 성리에 대한 정밀한 식견을 가이 짐작할 수 있다.

4. 심성론

성기운에 따르면 인간은 천지의 이기(理氣)를 품수(稟受)하여 생겼으므로 만물이 모두 나에게 갖추어 있다.[51] 사람은 태극(太極), 오행(五行)의 리(理)를 품수(稟受)하여 성(性)을 삼고 음양사시(陰陽四時)의 기(氣)를 받아 형(形)이 되었으니, 천지만물이 본래 나와 일체라 한다.[52] 이와 같이 그는 인간을 천지의 이기(理氣)를 품수한 존재로 인식하고, 구체적

49 같은 책, 卷1, 書, 〈上臨齋徐丈(贊圭)〉, 戊戌, "氣亦原其本, 則湛一無雜."

50 같은 책, 卷3, 書, 〈答成洛天(丙寅)〉, "未發時氣得其本, 湛一無雜, 而不善乃發後事也. 如天地之氣, 言其本則何嘗有不善, 滾去滾來, 騰倒飛揚有時, 正者邪, 明者昏也."

51 같은 책, 卷4, 雜著, 〈讀書說示諸君〉, "蓋人稟天地之理氣以生, 萬物皆備於我耳."

52 같은 책, 卷5, 記, 〈魚蓮塘記〉, "夫人稟太極五行之理以爲性, 賦陰陽四時之氣以爲形, 天地萬物本吾一體."

으로는 그 리가 성이 되고 그 기가 형이 된다고 보았다. 이러한 관점에서 인간은 천지만물과 본래 하나요 한 몸이라 하였다. 성기운은 인간을 천지자연과 유기적 관점에서 이해하고 인간의 본질이 곧 천지자연의 소산임을 분명히 하였다.

그러나 인간은 하찮은 몸으로 천지와 병립(竝立)해 셋이 되고,[53] 천지와 더불어 삼재(三才)가 된다. 그러므로 인간이 되는 이름은 참으로 중대하지 않을 수 없다.[54] 이는 그가 인간을 천지와 대등한 위상에 놓고 있음을 의미하는 말이다. 인간은 천지의 소산자(所產者)이지만 일면 능산자(能產者)의 위치에 병렬된다.

그러면 인간이 다른 동물과 구별되는 이유는 무엇인가? 그에 따르면 인간이 금수와 다른 까닭은 인의(仁義)가 있기 때문이다.[55] 즉 인간은 인의예지(仁義禮智)의 사단(四端)을 갖추었기 때문이다.[56] 그러나 기품(氣稟)이 있어 구애(拘碍)되고 물욕(物欲)이 따라 해치고 습염(習染)에 따라 더러워지게 된다.[57] 성기운은 인간의 본질에 대해 성선관(性善觀)에 입각해 긍정적으로 이해하고 있다. 사람은 누구나 인의예지의 본성을 지닌 도덕이성을 지닌 존재다. 다만 형기를 지닌 존재이기 때문에 부득이 기품이나 물욕 그리고 습염에 따라 그 본성이 본래 모습을 잃게 된다.

그러면 구체적으로 성기운은 인간의 심성을 어떻게 설명하고 있는가? 이에 대한 그의 전문적인 글은 보이지 않는다. 다만 그의 여러 글 속에서

---

53 같은 책, 卷4, 雜著, 〈贈鄭然道(己丑)〉, "人以稊米之身, 與天地竝立而爲三……."

54 같은 책, 卷4, 雜著, 〈立志說〉, "夫人以眇然之身, 與天地竝爲三才, 爲人之名, 豈不重且大矣乎?"

55 《悳泉年譜》, 卷下, 附錄, 〈虜獄日記(丁巳)〉, "先生曰, 人之所以異於禽獸者, 以其有仁義也."

56 《悳泉集》, 卷3, 書, 〈答朴熙昇熙敦(戊子)〉, "蓋人之所以異於禽獸者, 以其備仁義禮智四端也."

57 같은 책, 卷3, 書, 〈答芮敬基(庚申)〉, "夫人之有生, 孰不賦仁義禮智之性, 氣稟有以拘, 物欲從以害, 習染從以汙."

심성관의 일단을 유추(類推)해 볼 뿐이다. 그는 〈악기(樂記)〉 동정설(動靜說)을 인용하여 성(性)이 있으면 형(形)이 있고 형이 있으면 심(心)이 있으니, 이기심성(理氣心性)이 그 이치는 하나라고 한다. 이를 둘로 보면 둘이라 할 수 있고, 둘이 아니라고 보면 둘이라 할 수 없다고 한다. 대개 이기(理氣)가 하나이면서 둘이요 둘이면서 하나인데, 인간의 심성 또한 그렇다고 한다.[58] 이는 인간의 심(心)이나 성(性) 그리고 정(情)을 모두 하나로 통틀어 볼 수도 있고 또 달리 각기 구별해 볼 수도 있음을 의미한다.

또한 그는 심(心)으로 성(性)을 상대해서 말하면 성은 도(道)요 심은 기(器)라고 한다. 성과 심을 각기 말하면 심에 체용이 있고 성에도 체용이 있다. 마치 성발위정(性發爲情), 심발위의(心發爲意) 같은 것은 각기 자기 입장에 따라 말한 것으로 각기 마땅한 바가 있다고 보았다.[59] 성(性)을 도(道), 심(心)을 기(氣)라고 보는 것은 성이 심 속에 갖추어 있다고 보기 때문이다. 즉 성은 심의 이치요 심은 성을 담는 그릇과 같다. 그러므로 심성(心性)의 경우 얼마든지 체용법을 사용해 변통해 볼 수 있다.

그는 또 인심(人心)은 유위(有爲)요 도체(道體)는 무위(無爲)니, 성(性)이 어찌 홀로 발하겠느냐고 한다. 발하는 것은 어디까지나 심이요 발하는 까닭은 성이다. 일본(一本)에 말미암을 줄 알아서 주리주기(主理主氣)에 따라서 보면 혹 성발(性發)이라 하고 혹 심발(心發)이라 하니 모두 통할 수 있다고 보았다.[60] 엄밀하게 말하면 성은 발할 수 없다. 발하는 것은 심

---

58 같은 책, 卷2, 書, 〈答柳遠浚(辛未)〉, "又樂記動靜說曰, 有是性則有是形, 有是形則有是心, 理氣心性其理一也. 二之則俱可二之, 不可二之, 則俱不可二之也. 蓋理氣一而二二而一者, 而心性亦然也."

59 같은 책, 卷2, 書, 〈答李久之(悳均)別紙〉, 丁丑, "以心對性則性道心器, 性心各言則心有體用, 性有體用, 如性發爲情, 心發爲意, 是已隨其地頭而言, 各有所當."

60 같은 책, 卷3, 書, 〈答成洛天(丙寅)〉, "人心有爲, 道體無爲, 性何以獨發耶. 發之者心也, 所以發者性也. 知由一本而隨其主理主氣而看, 則或云性發, 或云心發, 皆可通也."

이다. 성은 곧 리이므로 그 스스로 발하는 것이 아니다. 그러나 심은 이기(理氣)를 합한 활물(活物)이므로[61] 외물을 느끼자마자 움직여 선악이 없을 수 없다.[62] 그러나 성발(性發)이라고도 하는 것은 '성발위정(性發爲情)'의 경우처럼 성체정용(性體情用)의 관점에서 이해될 수 있으며, 또 주리적(主理的) 관점에서 인의예지(仁義禮智)의 성이 사단의 정으로 현상화됨을 일컫는 말이다.

그러면 그는 사단칠정(四端七情)에 관해 어떤 견해를 가지고 있는가? 그는 율곡의 사단칠정설에 따라 다음과 같이 설명한다. 사단은 칠정을 겸할 수 없으나 칠정은 사단을 겸한다. 칠정은 통틀어 심의 움직임을 말한 것이니 7가지가 있고, 사단은 칠정 중에 나아가 그 선일변(善一邊)을 가리켜 말한 것이다. 주자 소위 '발어리(發於理) 발어기(發於氣)'라는 것이 그 뜻 또한 '사단전언리(四端專言理) 칠정겸언기(七情兼言氣)'를 말한 것에 지나지 않을 뿐이다. 퇴계의 병통이 오로지 '호발(互發)' 두 글자에 있으니, 만약 주자가 참으로 이기(理氣)가 서로 발용함이 있어 상대해 각기 나온다고 했다면 주자도 아마 틀렸을 것이다. 발하는 것은 기(氣)요 발하는 까닭이 리(理)다. 기가 아니면 발할 수 없고 리가 아니면 발할 바가 없다, 기는 유위(有爲)나 리는 무위(無爲)다. 심의 발이 기발이승(氣發理乘) 아님이 없다.[63]

이렇게 볼 때, 성기운은 기본적으로 율곡의 사단칠정설을 그대로 따르

---

61 《悳泉年譜》, 卷下, 〈語錄〉, "心是活物."

62 《悳泉集》, 卷4, 雜著, 〈正心說〉, "心是此氣之精華, 而纔感物而動也, 不能無善惡者也."

63 같은 책, 卷4, 雜著, 〈經義問對〉, "栗谷曰, 四端不能兼七情, 而七情則兼四端, 七情統言, 心之動有此七者, 四端則就七情中擇其善一邊而言也. 朱子所謂發於理發於氣者, 其意亦不過曰四端專言理, 七情兼言氣耳. 退溪之病專在於互發二字, 若朱子眞以爲理氣互有發用, 相對各出, 則是朱子恐誤也. 發之者氣也, 所以發者理也, 非氣則不能發, 非理則無所發, 氣有爲而理無爲, 心之發無非氣發而理乘也."

고 있음을 알 수 있다. 인간의 정은 칠정뿐이고 그중에 선한 정이 사단으로, 사단은 칠정 속에 포함된다는 '칠포사(七包四)'의 입장을 견지하고 있다.

그런데 그는 우암의 말을 인용하여 퇴계, 율곡이 모두 사단으로 순선(純善)을 삼았는데, 주자는 측은(惻隱), 수오(羞惡)에도 중절(中節), 부중절(不中節)이 있다고 한 것으로 보아 퇴계, 율곡의 말에도 문제가 있음을 지적하고 있다.[64] 그러나 이는 오히려 우암이나 성기운의 오해라고 볼 수 있다. 왜냐하면 율곡의 경우만 하더라도 〈어록하(語錄下)〉나 〈성학집요(聖學輯要) 2〉에서 사단의 부중절(不中節)과 불선(不善)의 경우를 분명히 언급하고 있기 때문이다.[65]

다음은 성기운의 심성론에서 성사심제(性師心弟) 또는 성존심비(性尊心卑)의 관점에 대해 고찰해 보기로 하자. 이는 그의 스승인 전우의 학풍을 계승한 것으로 그에게도 그대로 투영되어 있다. 전우에 따르면 공맹정주(孔孟程朱)의 제 성현이 성(性)으로서 심(心)의 주재를 삼고 심(心)으로서 성(性)의 운용을 삼지 않음이 없다고 말한다.[66] 성이 심의 주재요 심은 성의 운용에 지나지 않는 것이 곧 공맹정주(孔孟程朱)의 근본정신이라는 말이다. 따라서 이단은 기를 숭상하고 성학(聖學)은 리를 주로 한다고 말한다. 기는 참치부재(參差不齊)하나 리는 일본(一本)이다. 그러므로 최고 성현의 말이 비록 많으나 모두 이 리를 미루어 밝힌 것으로, 마치 한 바퀴

---

64 같은 글, "尤菴曰, 退栗皆以四端爲純善. 然朱子有曰惻隱羞惡也, 有中節不中節, 又曰惻隱是善, 於不當惻隱處惻隱是惡, 據此則退栗之言, 亦未爲定論也."

65 《栗谷全書》, 卷32, 〈語錄 下〉, "四端中亦有主氣而言者, 朱子所謂四端之不中節者是也."
같은 책, 卷20, 〈聖學輯要〉, 2 "仁之差也, 則愛流而爲貪, 義之差也, 則斷流而爲忍, 禮之差也, 則恭流而爲諂, 智之差也, 則慧流而爲詐, 推此可見其餘."

66 《悳泉集》, 卷1, 書, 〈答鄭衡七(璣淵)〉, 丙辰, "然則孔孟程朱諸聖賢, 無不以性爲心之所主宰, 以心爲性之所運用."

자국에서 나온 것과 같다고 하였다.[67]

그러면 왜 성(性)이 심(心)보다 중요하고 높여져야 하는가? 그에 따르면 성은 순선무잡(純善無雜)하고 심은 선악이 있기 때문이다. 대개 고요해서 대본(大本)이 조금도 치우치거나 기대하는 바가 없고 움직여서 달도(達道)가 어긋나는 바가 없으니, 모두 이 심의 묘용(妙用)이다. 그러므로 심이 성정(性情)의 주재가 된다고 말하니, 이는 곧 소위 인능홍도(人能弘道)이다. 심의 공용(功用)이 천지에 참여하고 화육(化育)을 돕는 데 이른다. 그러나 그 참여하고 돕는 까닭의 리(理)는 성(性)에서 나오지 심(心)에서 나오지 않는다. 그러므로 성이 심의 주재가 되니, 이것이 곧 소위 성이요 이것이 태극혼연(太極渾然)의 체(體)다. 이로 미루어 심성(心性)의 구분이 밝아진다.[68] 또한 무사무위(無思無爲)하면서 유사유위(有思有爲)의 체가 되는 것은 순선(純善)의 리(理)요 유사유위(有思有爲)하면서 무사무위(無思無爲)의 용이 되는 것은 본선(本善)의 심(心)이다. 무릇 순선(純善)한 것은 시종본말(始終本末)이 선에 한결같아서 흠이 없다. 본선(本善)한 것은 근본과 시작은 비록 선하나 말단과 끝이 불선(不善)으로 흐름을 면치 못한다. 그러므로 성인은 반드시 리를 근본으로 삼지 심을 근본으로 삼지 않는다.[69]

---

67 《悳泉年譜》, 卷下, 〈語錄〉, "異端尙氣, 聖學主理, 氣者參差不齊, 而理者一本也. 故千古聖賢之言雖多, 皆推明此理, 如出一轍也."

68 같은 글, "盖性則純善無雜, 心則有善惡故也. 盖靜而大本之無所偏倚, 動而達道之無所乖戾, 皆是此心之妙用. 故曰心爲性情之主宰, 此卽所謂人能弘道也, 心之功用, 至於參天地贊化育, 然其所以參贊之理, 則出於性, 而不出於心. 故性爲心之主宰, 此卽所謂性是太極渾然之體也. 以此推之, 則心性之分可以明矣."

69 《悳泉集》, 卷4, 雜著, 〈島上問對〉, "蓋無思無爲而爲有思有爲之體者, 純善之理也, 有思有爲而爲無思無爲之用者, 本善之心也. 夫純善者, 始終本末一於善而無疵也. 本善者, 本始雖善而末終未免流於不善, 故聖人必本理而不本心也."

이와 같이 성기운은 성을 순선의 리로, 심을 본선의 심으로 규정하여 구분하고, 성은 시작과 끝, 근본과 말단이 모두 한결같이 선해서 조금도 하자가 없지만, 심은 근본과 시작은 비록 선하더라도 결과적으로는 불선의 가능성을 결코 배제할 수 없기 때문에 성인은 반드시 리(理; 性)를 근본으로 삼는다고 보았다.

성기운은 성존심비(性尊心卑), 성사심제(性師心弟)의 설이 새롭게 이견(異見)을 세우고자 한 것은 아니라 하고, 세상의 유자(儒者)들이 왕왕 심으로써 리를 삼아 멋대로 방자하게 써서 성명(性命)에 근본으로 삼지 않아서 다시 외탄(畏憚), 고기(顧忌)의 뜻이 없다고 우려하였다.[70] 그리고 스승의 성존심비(性尊心卑), 성사심제(性師心弟)의 설이 갑자기 들으면 새로운 주장 같아서 의심하는 자도 있으나, 실은 성현의 말을 근본으로 한다 하면서, 공자의 '선천이천불위(先天而天不違) 후천이봉천시(後天而奉天時)', 자사(子思)의 '존덕성(尊德性)' 등의 많은 예를 들어 입증하고 있다.[71]

이런 관점에서 그는 문인들에게 심본성(心本性)의 설과 기질성(氣質性)의 이론은 일시에 써서 얻어진 것이 아니니, 자세히 풀어서 완미(玩味)하라고 가르친다. 야기(夜氣)가 청랑(淸朗)한 때에 체험하고 조존(操存)하며 날마다 말하고 행동하는 때에 미루어 이것을 알아야 한다고 하였다. 이는 나의 스승의 창언(倡言)이 아니라 전성(前聖)의 성훈(成訓)이며, 전성의 성훈이 아니라 나의 고유한 바를 알아서 마음마다 생각마다 반드시

70 같은 책, 卷2, 書, 〈答李久之(悳均)〉, 丁丑, "若其性尊心卑, 性師心弟之說, 非欲刱新立異見, 世儒之往往, 以心爲理, 自恣自用, 不本於性命, 而無復有畏憚顧忌之意……."

71 같은 책, 卷2, 書, 〈答辛(聖浩)〉, 壬戌, "師門性尊心卑性師心弟之說, 驟聞似若新倡, 而有疑之者, 然實本於聖賢之言, 孔子曰, 大人者, 先天而天不違, 後天而奉天時 …… 子思子曰, 君子尊德性章句, 尊者恭敬奉持之意, 德性者, 吾所受於天之正理……."

리에 근본해서 기습(氣習)이 부리는 바가 되지 않게 해야 한다 하였다.[72]

이는 그가 비록 인간심성의 존재론에서는 기발이승(氣發理乘) 또는 이기합(理氣合)의 존재구조를 견지하였지만, 심성(心性)이 지향해야 할 가치론적인 측면에서는 기(氣)보다는 리(理), 심(心)보다는 성(性)을 중시하는 스승 전우의 입장을 충실히 계승한 것을 알 수 있다.

5. 수양론

유학은 궁극적으로 내성외왕(內聖外王)에 그 목적이 있다. 성기운에게도 내성(內聖)으로서의 수기론은 매우 중요한 의미를 갖는다.

성기운은 인간됨의 길에서 먼저 기질변화(氣質變化)를 강조한다. 무릇 사람이 태어나 누구인들 인의예지(仁義禮智)의 성(性)이 주어지지 아니한 사람은 없다고 한다. 그러나 기품(氣稟)에 구애받고 물욕(物欲)에 따라 해를 입고 습염(習染)에 따라 더러워지게 된다고 한다. 혹 굳세고 혹 유약(柔弱)하고 혹 간교(奸巧)하고 혹 탐하고 혹 방광(放狂)하고 혹 야비(野鄙)해서 그 종류를 미루어 세분하면 만 가지로 같지 아니하다. 그런데 오성(五性)의 진(眞)은 일찍이 없은 적이 없다. 그러므로 그 기(氣)를 징치(澄治)하면 한 터럭의 부족함도 없어 기 또한 그 본연의 선에 근원한다 하였다.[73] 이처럼 인간은 누구나 인의예지의 본성을 구유(具有)한 존재다.

---

72 같은 책, 卷2, 書, 〈答柳禧卿(永善)〉, 丙辰, "向者, 心本性之說, 氣質性之論, 非直一時筆下寫得了, 細繹玩味, 於夜氣淸朗之時, 體驗操存, 於日閒云爲之地, 推而知此, 非吾師之倡言, 前聖之成訓, 非前聖之成訓, 知吾之所固有者, 心心念念, 必本於理 而不爲氣習所使……."

73 같은 책, 卷3, 〈答芮敬基(庚申)〉, "夫人之有生, 孰不賦仁義禮智之性, 氣稟有以拘, 物欲從以害, 習染從以汙, 或剛勁或柔弱, 或奸巧或貪婪, 或放狂或鄙野, 而推類細分, 有萬不同. 然五性之眞, 則未嘗無焉. 故澄治其氣, 則無一毫之不足, 而氣亦原其本然善矣."

다만 신체를 가진 존재이므로 형기(形氣)에 따라 기질의 변화를 겪지 않을 수 없다. 여기에 기의 징치(澄治)를 통한 본연의 선으로의 회복이 요구된다. 그는 또 말하기를 흐리고 잡박한 가운데 담일본연(湛一本然)의 기는 원래 이 속에 있다고 한다. 마치 물이 비록 혼탁하나 고요하게 두면 맑은 기가 저절로 생겨서 밖에서 빌지 않고서도 오는 것과 같다. 오직 경(敬)해서 리를 좇고 기를 다스리면 더러운 찌꺼기가 운동 변화해서 그 처음을 회복할 수 있다.[74] 성기운에 따르면 기의 본연은 본래 담일(湛一)한 것으로 이해된다. 다만 기의 운동 유행에 따라 천차만별의 가치적 구별이 생겨 경(敬)이 요구되고 '순리치기(循理治氣)'의 수양이 필요하다.

이런 관점에서 그는 경전에 천언만어(千言萬語)가 모두 학자로 하여금 그 기를 징치(澄治)해서 성(性)을 좇고 성을 높이고 천을 받드는 것으로 귀착된다고 말한다. 만약 도리어 성을 닦는다면 이기(理氣)의 자리가 바뀌어 장차 천하가 크게 어지러워질 것이라 우려하였다.[75] 그에 따르면 성은 본래 선하고 온전하여 더 이상 수위(修爲)의 필요가 없다. 따라서 성은 오로지 잘 좇고 받들고 높이기만 하면 된다. 만약 성을 닦는다고 한다면 이는 이기(理氣)의 혼동을 초래하는 것으로 가치적 혼란을 우려하지 않을 수 없다. 그러므로 오경사서(五經四書)가 말을 세운 것이 비록 다르나 그 돌아가는 요점은 성선(性善)으로 주본(主本)을 삼는다고 하였다. 그로 하여금 한결같지 않은 기를 징치(澄治)하여 그 본연의 선을 회복하게 해야 한다 하였다.[76] 이렇게 그는 수양론에서도 주리(主理) 또는 주성(主性)의

74 같은 책, 卷4, 雜著, 〈經義問對〉, "濁駁之中, 湛一本然之氣, 原是在這裏, 如水雖混濁, 靜而置之, 則淸氣自生而非假外面來也. 惟敬而循理治氣, 則査滓運化而可復其初也."

75 같은 책, 卷4, 雜著, 〈島上問對〉, "經傳千言萬語, 皆使學者, 澄治其氣, 以率性尊性奉天而其歸宿也. 若反修性, 是理氣易位, 而天下將大亂也."

76 같은 책, 卷3, 書, 〈答林在雨(辛酉)〉, "五經四書, 立言雖異, 其要歸, 則以性善爲主本, 而使之

관점에서 심(心)과 기(氣)를 다스리고 변화시켜야 한다는 일관된 태도를 보여 준다.

또한 성기운은 인간됨의 방법론으로 경(敬)을 강조하고 있다. 그는 학문의 도는 '구방심(求放心)'을 우선으로 삼는다고 한다. 구방심의 도는 오직 경(敬)에 있을 뿐이니, 옛 성현의 이론에 이미 갖추어 있다고 하였다. 그런데 경(敬) 한 글자는 가장 착수하기 어려우니, 오직 착실한 용공(用功)이 있어야지 한갓 일시적인 설화(說話)에 의지할 수는 없다고 하였다.[77] 이는 맹자의 '구방심(求放心)'을 학문의 정도(正道)로 본 것인데 구체적으로는 경으로 귀결된다. 그에 따르면 학문은 날마다 문자에만 구애되어 문자 밖의 참 뜻을 깨닫지 못하는 데 있지 않고, 어버이를 섬김에도 경(敬)이요, 친우를 사귐에도 경이요, 밭 갈고 곡식을 심는 데도 경이요, 고기를 잡는 데도 경이요, 나무하는 데도 경이다. 그 나타나 있는 바에 따라 그 경 공부를 다해야 한다.[78] 이처럼 그에게 경(敬)은 인간의 생활전반을 규율하는 것이었다. 그러므로 경신(敬愼)은 한 마음의 요법(要法)이요 만사의 묘도(妙道)라 하고, 밤낮 이것으로 존성(存省)하여 게으르지 말고 정밀하게 노력해야 한다 하였다.[79] 또 긍구(兢懼)는 경을 이르는 것이라 하고, 경은 성학의 위에서 아래요 시작을 이루고 끝을 이루는 것이라 하였다.[80] 대개 인정이 오래되면 태만이 생기는데, 태만하면 백도(百度)가

澄治其不一之氣, 復其本然之善也."

77 《悳泉年譜》, 卷下, 〈語錄〉, "孝秀問爲學之方. 先生曰, 學問之道, 求放心爲先也. 求放心之道, 惟在敬而已. 從古聖賢之論已備矣. 然敬之一字, 最難下手. 惟在着實用功, 不可徒憑一時說話(朴孝秀錄)."

78 《悳泉續集》, 卷上, 書, 〈答曹競煥金相鎬(丙子)〉, "學問非在日日尋行數墨, 事親也敬, 交友也敬, 耕也敬, 稼也敬, 漁也敬, 樵也敬, 隨其現在而盡其敬工焉."

79 《悳泉集》, 卷3, 書, 〈答甥姪金泌坤(甲申)〉, "然敬愼是一心之要法, 萬事之妙道, 夙夜以此存省, 毋怠毋荒."

모두 폐하게 된다. 그러므로 옛 사람이 오래도록 경(敬)을 귀하게 여겼다 하였다. 경(敬) 한 글자는 지신(持身)의 추요(樞要)가 된다. 독서도 경이요 언어도 경이요 음식도 경이요 거처도 경이어서 화복사생(禍福死生)의 경지에 이르도록 경이니, 이렇게 되면 반드시 조금도 어긋나는 바가 없게 될 것이라 하였다.[81]

그는 또 경(敬) 공부의 구체적인 방법으로 수렴(收斂)을 강조하였다. 책을 읽을 때 사려(思慮)가 어지러워 전일(專一)할 수 없으니 이 병통을 어떻게 제거해야 좋겠느냐는 물음에 대해, 그는 이것은 학자들에게 일반적 병통이라 하고, 심(心)은 활물(活物)이니 이와 같지 않을 수 없다고 한다. 모름지기 명목정좌(瞑目靜坐)하고 오래도록 잠잠히 생각하여 이 마음을 수렴(收斂)하면 어지럽게 드나드는 것이 저절로 방일(放逸)함에 이르지 않게 된다고 하였다.[82] 특히 경(敬) 공부가 정적(靜的)인 공부에 치우쳐서는 안 되고 동정상수(動靜相須)로 이루어져야 한다는 점을 강조하였다. 먼저 정적(靜的)인 공부를 기본으로 한 후에 수시수처(隨時隨處)에 따라 응용할 수 있다고 한다. 그러므로 선배학자들의 경 공부 또한 미발(未發)의 공부를 중시했는데, 그렇다고 마른 나무나 죽은 재처럼 되어서는 안 된다고 하였다. 오히려 이 마음을 또렷또렷하게 해서 잠자지 않고 지각이 명료한데, 다만 사단칠정의 정이 일어나지 않게 할 뿐이라 하였다.[83]

---

80 같은 책, 卷5, 記, 〈氷淵堂記〉, "兢懼者, 敬之謂也. 敬者, 聖學之所以徹上徹下, 成始成終也."

81 《悳泉續集》, 卷上, 書, 〈答全柄泰〉, "大抵人情久則怠慢生, 而怠慢則百度皆廢. 是以古人貴其久而能敬也. 敬之一字, 最是持身之樞要, 讀書也敬, 言語也敬, 飮食也敬, 居處也敬, 至於禍福死生之地也敬焉, 必無所差矣."

82 《悳泉年譜》, 卷下, 〈語錄〉, "問讀書時, 思慮紛擾, 不能專一, 未知如何除此病? 先生曰, 是學者之通病也. 心是活物, 不能不如此, 須是瞑目靜坐, 久久潛思, 收斂此心, 則紛紜出入者, 自不至放矣."

83 《悳泉集》, 卷1, 書, 〈上臨齋徐丈(贊圭)〉, 戊戌, "蓋工夫動靜相須以成, 不可以偏主. 然必先有

이와 같이 그는 경 공부에 있어 정좌(靜坐)에 치우치는 병폐를 경계하고, 동정을 관통하는 동정상수(動靜相須)의 경 공부를 강조하면서 또한 성성법(惺惺法)을 제시하였다.

성기운은 이러한 경(敬) 공부를 통해 이루어진 마음의 경지를 단계적으로 표현하고 있다. 능히 이 마음을 얻어서 만물 위에 펴면 물(物)은 내가 부리는 바가 되어, 내 마음이 편안하고 또 물도 편치 않음이 없다. 이렇게 되면 내 마음이 화(和)하고 물도 화하지 않음이 없다. 나아가 내 마음이 맑아지고 물도 맑지 아니함이 없게 된다. 또 내 마음이 검(儉)하고 물도 또한 검하지 아니함이 없다. 이렇게 되면 이 물이 모두 나에게서 명령을 들어 만감(萬感)이 객(客)이 되는 것이다.[84] 여기에서 성기운은 인간의 마음이 주체가 되어 대상적인 사물을 부릴 수 있어야 한다는 점을 강조한다. 이는 일종의 인간소외의 극복으로, 물질에 의해 인간이 부림을 받고 이용되는 것이 아니라, 인간이 사물을 이용하고 다스리는 주체여야 함을 분명히 한 것으로 매우 중요한 시사를 던져 준다. 그리고 궁극적으로는 이를 통해 내 마음과 사물이 하나가 되는 물아일체(物我一體)의 경지를 이상으로 여겼던 것이다.

이렇게 볼 때, 성기운은 마음의 경지를 단계적으로 설명하고 있음을 알 수 있다. 즉 오심지일(吾心之逸)에서 오심지화(吾心之和)로, 또 오심지청(吾心之淸)에서 오심지검(吾心之儉)에 이르러, 모든 대상적인 사물세계가 인간주체에 의해 인식되어지고 나아가 궁극적으로는 주객(主客)이 하

靜工以基本然後, 乃可隨時隨處以應用 …… 是以前輩使學者, 看喜怒哀樂未發時, 氣象未發時, 亦非枯木死灰, 此心惺惺不寐, 知覺瞭然, 而但四七之情不起耳."

84 같은 책, 卷2, 書, 〈答與李和贊(定基)〉, 戊子, "能存得此心, 而伸於萬物之上, 則物爲我所使吾心之逸也. 物無不逸, 吾心之和也, 物無不和, 吾心之淸也, 物無不淸, 吾心之儉也, 物無不儉, 則是物皆聽命於我, 而萬感爲客故也."

나가 되고 물아(物我)가 일체가 되는 경지를 추구하였다.

6. 경세론

유학이 수기를 통해 지향해야 할 바는 제가(齊家), 치국(治國), 평천하(平天下)의 외왕지사(外王之事)다. 성기운도 성리의 연구와 자기수양을 강조하면서 일면 현실인식과 경세문제에도 적극적인 관심을 표명하고 있다. 더욱이 그가 살았던 시대는 한말 서세동점(西勢東漸)의 위기와 함께 일제의 침략으로 국권을 상실한 민족사 최대의 위기의 시대였다. 그는 앞에서 설명한 것처럼 일제에 맞서 입적(入籍)을 거부하고 대한의 백성임을 당당히 천명하였으며, 이 때문에 일본경찰에 구금되어 고초를 겪기도 했다. 따라서 그에게서 의리적 실천의 문제는 매우 중요한 과제가 된다. 이러한 시대적 상황을 고려한다면 명분론과 의리론이 중심이 되어야 함은 충분히 이해가 되지만, 그러면서도 그는 경세적 실리론(實利論)을 소홀히 하지 않고 있다는 데 특징이 있다.

그는 역사를 동적(動的)인 관점에서 이해하고, 무릇 일이란 오래되면 폐단이 생기는 것은 형세가 저절로 그런 것이라 한다. 대개 정치의 도(道)는 옛부터 지금까지 인습(因襲)한 것은 반드시 바꿀 바에 따라서 수시로 손익(損益)함이 성인의 가르침이라 하였다.[85] 따라서 만약 이기원두(理氣源頭)를 통찰하고 고금의 치란(治亂)을 달관(達觀)하지 아니하면 가히 일대의 제도를 만들기 어려울 것이라 하였다.[86] 이와 같이 그는 모든

---

85 같은 책, 卷1, 書, 〈上約齋宋丈(乙卯)〉, "然凡事久則生弊, 其勢自爾者也 …… 蓋爲邦之道, 往古來今, 所因者, 必因所革者, 隨時損益, 聖人之敎也."

86 같은 책, 卷1, 〈答林子敬(辛巳)〉, "……如非洞察理氣源頭, 達觀古今治亂興亡, 難可以著爲一代之制也."

제도나 법제가 오래되면 자연히 그 폐단이 생기므로 상황에 따라 알맞게 고치지 아니하면 안 된다고 보았다. 이는 《주역》의 변통(變通)의 논리를 원용하여 개혁의 중요성을 설명한 것이다.

성기운에 따르면 정치의 근본은 인(仁)에 의한 교화다. 위정(爲政)의 근본은 인(仁)으로 교화하는 것이니, 이에 악이 없어지게 된다. 형벌이란 정치를 보조하는 도구다.[87] 이는 그가 덕치(德治)를 근본으로 하면서도 법치를 덕치의 보조수단으로 인정하고 있음을 의미한다. 여기에서 잠시 그의 윤리적 관점을 살펴보기로 하자. 성기운에 따르면 도학(道學)과 절의(節義)는 한 가지 일이다. 후세에 의리가 밝지 못하여 마침내 도학과 절의를 나누어 둘이 되었다. 절의를 버리고 도학을 하는 자를 아직 보지 못했다. 도학은 절의의 근본이 되고 절의는 도학의 울타리가 된다. 절의가 아니면 도학은 설 수 없으니, 울타리가 없으면 재산을 지킬 수 없는 것과 같다.[88] 따라서 도학으로 절의가 없는 것은 도학이 아니라고 극언하게 된다. 어떻게 의(義)를 굽히면서 도(道)를 펼 수 있겠느냐고 하였다.[89] 이는 한국유학사에서도 매우 중요한 문제라고 볼 수 있는데, 성기운이 이 문제를 본격적으로 제기하고 있다. 사실 한국유학사에서 이 문제는 매우 민감한 사안이며 앞으로 많은 논란이 있어야 할 과제다. 그런데 성기운은 이 문제에 대해 이론정연한 논리를 전개하고 있다. 도학과 절의란 본래 하나라는 관점이다. 그러나 절의란 도학 중의 한 가지 일이지만, 절의가 없는

---

87 같은 책, 卷4, 雜著, 〈扶陽齋私識〉, "爲政之本, 仁以化之, 乃無惡人, 刑者輔治之具……."

88 《悳泉年譜》, 卷下, 〈語錄〉, "節義爲道學中一事, 而後世義理不明, 遂分道學節義爲二. 然未見捨節義而爲道學者也. 道學爲節義之本根, 節義爲道學之藩籬, 非節義則道學無以立, 如非藩籬則家業無以守."

89 《悳泉集》, 卷3, 書, 〈答李欽榮(辛未)〉, "蓋道學而無節義者, 非道學也. 如何有義屈而道伸者乎?"

도학은 문제가 있다는 점이다. 도학은 절의의 근본이 되고 절의는 도학의 마지막 울타리가 되는 것이어서 어느 하나도 결여되어서는 안 된다. 요컨대 절의는 도학의 실천이다. 문제는 의리의 실천여부에 있다. 조선조 유학사에서 의리의 이론적 작업과 실천성의 문제가 별개로 나타난 경우를 종종 볼 수 있다. 이 점에서 성기운은 도학의 실천성을 중시하여 절의를 매우 중시하였다.

이러한 그의 윤리적 관점은 여러 가지 측면에서 강조되고 있다. 충의(忠義)란 천지의 원기(元氣)요 생민(生民)의 명맥(命脈)이라 하고, 제왕성현(帝王聖賢)이 부식찬양(扶植贊揚)하여 삼강오상(三綱五常)으로 하여금 떨어지지 않게 하는 것이라 한다.[90] 또 의(義)란 천지의 경위(經緯)로 모든 사람이 한 가지로 얻은 것이니, 늘 형기의 사(私)에 빠져서 그 성리의 바름을 지키기가 어려운 것이라 하였다.[91]

그는 또 강상(綱常)이란 우주의 동량(棟梁)이요 생민의 질간(質幹)이니, 이것이 아니면 가정이 될 수 없고 이것이 아니면 나라가 될 수 없다 하였다.[92] 또 같은 맥락에서 효(孝)는 하늘에 있어 사시의 가장 중요한 이치가 되고 사람에 있어 백행의 근원적인 이치가 된다고 하였다.[93] 마찬가지로 효는 천지생물의 인(仁)으로 인민백행(人民百行)의 근원이며,[94] 천

---

90 같은 책, 卷5, 序, 〈安義士實紀序〉, "忠義者, 天地之元氣, 生民之命脈, 故帝王聖賢, 扶植贊揚, 使三綱五常, 永世不墜者也."

91 《悳泉續集》, 卷下, 記, 〈義方齋記〉, "義者, 天經地緯, 而人所同得者, 每汨於形氣之私, 難守其性理之正也."

92 《悳泉集》, 卷5, 序, 〈烈孝錄序〉, "夫綱常者, 宇宙之棟梁, 生民之質幹, 家不以是, 無以爲家, 國不以是, 無以爲國."

93 같은 책, 卷5, 序, 〈驪興閔氏五歲忠孝錄序〉, "夫孝者, 在天爲四時首之理, 在人爲百行源之理."

94 같은 책, 卷6, 碑, 〈孝婦李氏紀蹟碑〉, "夫孝者, 天地生物之仁, 人民百行之源."

지의 경의(經義)요 인도의 가장 중요한 것이라 하였다.[95]

이와 같이 성기운은 스승 전우의 정신에 따라 주성(主性), 주리(主理)의 윤리적 관점을 일관되게 고수하며, 정치와 경세에서 윤리도덕이 근본이 되고 체가 되어야 한다고 보았다. 그렇지만 그는 특히 도덕과 과학기술을 본말체용(本末體用)으로 보고 양자의 조화와 균형을 강조하고 있는 것이 특징이다. 그에 따르면 지금 정치하는 자들이 속정(俗情)으로 보건대, 기예화학(技藝化學)을 반드시 먼저 하고자 한다고 비판한다. 그러나 범사가 모두 본말선후(本末先後)가 있는데, 하물며 나라의 큰 정치야 말할 것이 있겠느냐고 반문한다. 반드시 윤리강상을 먼저하여 백성으로 하여금 충군효친(忠君孝親)의 의리를 알 수 있도록 한 연후에 비록 하늘을 날고 바다에 잠기는 기능을 배우더라도 우리의 쓰이는 바가 된다고 하였다. 그렇지 않고 형세를 쫓고 이익에 붙어 아침저녁으로 바꾸면 쓸 수 없게 된다. 그러므로 성현이 정치를 논함이 반드시 그 본체를 먼저하고 후에 그 말단을 쓰는 것이라 하였다.[96] 마찬가지로 치국(治國)의 도는 반드시 오상삼강(五常三綱)을 근본으로 주장하면 구원할 수 있으나 그렇지 않으면 2, 30년이 지나지 않아 모두 망한다. 이것을 반드시 징계해서 도덕이 주가 되어야 한다. 다만 지금 서양제국이 기예(技藝), 화학(化學), 비천(飛天), 월해(越海)로서 동양을 엄습하니, 우리는 더욱 인의(仁義)를 닦아 저들을 교화시켜야 한다 하였다.[97]

---

95 같은 책, 卷6, 碑, 〈林孝子淳學紀蹟碑〉, "夫孝天經地義, 而人道之最重者也."

96 같은 책, 卷4, 雜著, 〈扶陽齋私識〉, "今之爲政者, 以俗情觀之, 技藝化學必欲爲先. 然凡事皆有本末先後, 而況國之大政乎? 必先倫綱, 使民能知忠君孝親之義, 然後雖學飛天潛海之技能, 爲我所用, 不然趨勢附利, 朝變夕改, 莫之爲用也. 故聖賢論政, 必先其本體而後其末用也."

97 같은 책, 같은 글, "治國之道, 必主本於五常三綱, 可以久遠, 而不然不過二三十年, 皆亡之. 此必徵戒, 而主其道德也. 但今西洋諸國, 以技藝化學飛天越海掩襲東洋, 我益修仁義, 使彼化之可也."

그는 또 사서오경이 경제(經濟)의 글이라 하고, 당(唐), 우(虞), 하(夏), 은(殷), 주(周), 한(漢) 및 송(宋), 명(明)으로부터 모두 이것을 썼는데, 삼강에 의뢰해서 사람이 서고, 백성에 의뢰해서 많고 부유해서 만세정통(萬世正統)의 나라가 되었다. 원(元), 청(淸)은 힘으로 통일했으나 오랑캐의 나라가 됨에 불과했으니, 어찌 춘추(春秋)의 배척하는 바가 아니겠느냐고 하였다. 저들의 소위 물리학(物理學), 기기학(機器學), 산술학(筭術學), 법률학(法律學), 지지학(地誌學)이 모두 오도(吾道)에서 이른바 말무(末務)이니, 만약 궁리(窮理), 성의(誠意), 정심(正心), 수신(修身)의 근본이 없으면 반드시 황음(荒淫), 교학(驕虐)에 이르게 된다 하였다. 비록 승천(升天), 입지(入地)의 기술이 있더라도 어떻게 우리의 쓰이는 바가 되겠느냐고 하였다. 그러므로 성현이 정치를 논함이 기예(技藝)를 말하지 않고 그 덕예(德禮)를 귀하게 여긴다. 만약 리(理)로 하는 정치를 하지 않고 그 기(氣)를 주로 하면 천하가 승부만을 구하여 안정될 날이 없을 것이니, 어찌 돌이켜 근본을 생각지 않을 수 있겠느냐고 하였다.[98] 또한 서양의 조류가 동양을 쳐서 수천 년의 미개(未開)를 열고 수천 년의 미화(未化)를 교화하여 하늘을 날고 바다를 달리니, 단지 기예의 중요함만을 알고 도학이 천지의 경위(經緯)가 됨을 알지 못해 학교의 가르침이 폐하게 되었다고 한탄하였다.[99] 여기에서 성기운은 삼강오상(三綱五常)의 윤리를 근본으로, 서양의 과학기술을 말단으로 보면서, 당시 서양의 과학기술에 현혹되

---

98 같은 책, 卷3, 〈答李昌基(辛酉)〉, "四書五經非經濟之書歟? 自唐虞夏殷周漢及宋明皆用此, 而三綱賴以立人, 民賴以富庶, 而爲萬世正統之國, 元淸則力能統一, 而不過爲夷狄之國, 豈非春秋之所誅斥者乎? 彼所謂物理學器機學筭術學法律學地誌學, 皆吾道所謂末務, 若無窮理誠意正心修身之本, 必至於荒淫驕虐矣. 雖有升天入地之術, 如何爲吾之所用, 是以聖賢論政治, 不言技藝, 而貴其德禮也. 若不爲理之治而主其氣, 天下角勝求, 無安定之日矣, 胡不反本思之哉."

99 같은 글, 卷5, 記, 〈鎭岑鄕校重修記〉, "西潮東拍, 開數千載之未開, 化數千載之未化, 飛天潛海, 只知技藝之爲重, 而不知道學之爲天經地緯, 校庠之敎廢矣."

어 윤리도덕을 경시하는 풍조를 심각하게 우려하였다. 아울러 윤리도덕을 리(理)로, 과학기술을 기(氣)로 보아, 리를 주로 하여 기를 운용하는 정치를 이상으로 여겼다. 이는 다름 아닌 그의 일관된 입장 즉 전우의 '성사심제(性師心弟)', '성존심비(性尊心卑)'의 가치관을 정치에까지 원용한 것이다.

성기운은 이러한 맥락에서 성리와 경제의 겸비를 중시하고 있다. 그에 따르면 우리나라는 근 2백 년 동안 유현(儒賢)이 조정에 서지 못하고 재야에 있었다. 그러므로 성리에 대한 언급은 많았지만 경제의 대책에 대한 말은 드물었다. 성리를 익히는 것이 근본인데 도리어 말단이 근본을 전도시키는 현상이 초래되었다고 우려하였다.[100] 따라서 이기(理氣)의 원두(源頭)를 통찰하고 고금치란흥망(古今治亂興亡)을 달관하지 아니하면 일대의 제도를 만들기 어려울 것이라 하였다.[101] 결국 경제의 근본은 성정수제(誠正修齊)임이 대경(大經)이다. 그래서 때에 따라 마땅히 만들어야 한다. 정형제구(政刑諸具)의 말무(末務)도 또한 익히지 않을 수 없지만, 실은 성의정심(誠意正心)의 내성지사(內聖之事)를 궁구하지 않을 수 없다.[102] 이와 같이 그는 당시 성리 일변의 학풍에 젖어 경세를 등한히 하는 현실을 비판하면서도, 성리가 경제의 근본이 되어야 함을 잊지 않았다.

이러한 그의 경세에 대한 관심은 도처에서 발견된다. 그는 일찍이 다산(茶山) 정약용(丁若鏞)이 지은 《목민심서(牧民心書)》를 보고 그 경제의

---

100 같은 책, 卷1, 書, 〈上約齋宋丈(乙卯)〉, "我東近二百年來, 儒賢不得立朝, 居於林下, 故多言及於性理, 而罕言其經濟之策也. 講其性理, 是經濟之本, 而末便枉此."

101 같은 책, 卷1, 〈答林子敬(辛巳)〉, "如非洞察理氣源頭, 達觀古今治亂興亡, 難可以著爲一代之制也."

102 같은 책, 卷2, 書, 〈答權文見(龍鉉)〉, "惟經濟之本, 則誠正修齊, 是大經. 然因時制宜, 政刑諸具之末務亦不可不講, 而實誠正者, 可以窮究也."

재질을 탄상(歎賞)하였다고 술회하고 있으며,[103] 근래 《반계수록(磻溪隨錄)》을 보니 참으로 경제의 대문자라고 극찬하고 있다.[104] 그는 또 자신이 일찍이 경제일서(經濟一書)를 짓고자 하여 《주례(周禮)》, 《반계수록(磻溪隨錄)》 등 10여 서를 대략 초출(草出)한 것이 있었으나, 스스로 그 식견과 역량이 미칠 수 없음을 두려워하여 책을 이루지 못했고, 이 또한 신사년(辛巳年)의 화재에 이미 타 버려 이제 다시 뜻이 있어도 서책을 찾을 길이 없으니 답답하고 답답하다고 한탄하였다.[105]

이렇게 볼 때, 성기운은 일면 성리연구와 의리적 실천에도 뛰어났지만, 경세적 실학에도 남다른 관심을 가져 대저술의 기획까지 했음을 알 수 있다.

그 밖에도 그는 관리의 수를 합리적으로 조정하고 행정기구도 간소화시켜 행정의 합리적 개혁을 해야 한다 하였고,[106] 법제와 이를 운용하는 인간의 심법을 함께 중시하였다. 대개 법이 비록 미진하더라도 잘 행하는 것은 공정하면 오히려 할 수 있다. 또 법이 비록 훌륭하더라도 이것을 쓰는 자가 그 사람이 아니면 행할 수 없다고 하였다.[107] 이는 법제와 이를 운용하는 인간의 심법이 함께 충족되어야만 정치나 행정의 실효를 이룰 수 있음을 말한 것으로 현대적으로도 중요한 의미가 있다. 따라서 덕(德)과 학문이 있는 자는 반드시 정사(政事)의 재질이 있는 것이 아니고, 정사

---

103 같은 책, 卷1, 書, 〈答宋瑩叔〉, "嘗見丁氏若鏞所著牧民心書, 歎賞其經濟之才矣."

104 같은 책, 卷2, 書, 〈答權文見(龍鉉)〉, "近看磻溪隨錄, 眞經濟之大文字……."

105 같은 책, 卷2, 書, 〈答柳禧卿(乙酉)〉, "璣嘗欲著經濟一書, 於周禮磻溪隨錄等十餘書, 略有草出者, 而自懼其識見力量之不逮, 未及成書, 此亦於辛巳火已爲灰燼, 而今更有意, 無書籍可攷, 悶鬱悶鬱……."

106 같은 책, 卷4, 雜著, 〈扶陽齋私識〉.

107 같은 책, 卷2, 書, 〈答柳禧卿(乙酉)〉, "蓋法雖未盡, 善行之者公正, 則猶可爲也. 法雖善矣, 用之者, 非其人, 則莫可行也."

의 재질이 있는 자가 반드시 덕학(德學)이 있는 것도 아니라 한다. 따라서 예부터 이 두 가지를 겸비한 자가 드물어 다스려지는 날은 적고 어지러운 날이 항상 많은 것이라 하였다.[108] 이와 같이 성기운은 정치나 행정의 실효를 거두기 위해서 도덕적 자질과 경세적 재능을 함께 겸비한 인물을 찾아야 하고, 또 그러한 인물을 길러야 한다고 보았다.

특히 그는 교육의 중요성을 강조하고 학교의 흥폐(興廢)가 도(道)와 나라의 비태존망(否泰存亡)에 관건이 된다고 보았다. 대개 학교가 학교로서 성립하는 이유는 사람의 도덕과 재예(才藝)를 가르치고 길러서 그 성취의 크고 작음에 따라 나라에 헤아려 쓰고자 하는 것이니, 어찌 서로 관계가 없겠느냐고 하였다.[109] 이처럼 학교는 정치의 근본이어서 정치의 수요에 대한 준비를 하는 데 학교의 목적이 있다고 보았다.[110] 이는 현대적으로도 교육의 목적이 곧 국가경영의 인재를 양성함에 있다는 점에서 학교의 존재 이유를 적의하게 설명한 것이다.

---

108 같은 책, 같은 글, "有德學者, 未必有政事之才, 有政事之才者, 未必有德學矣. 自古兼備者幾人, 是以治日常少而亂日常多……."

109 같은 책, 卷5, 記, 〈文義縣學記〉, "校之興廢, 道與國之否泰存亡係焉何也. 蓋校之所以爲校者, 敎養人道德才藝, 隨其成就大小, 而擬用於國者也, 豈不可以相關乎?"

110 같은 책, 같은 글, "校爲爲政之本, 而致治之需備矣."

【참고문헌】

《艮齋集》, 《剛齋集》, 《谿谷漫筆》, 《谿谷集》, 《高峰集》, 《果齋集》, 《龜峰集》, 《圭庵集》, 《近思錄》, 《南溪集》, 《蘆沙集》, 《魯西遺稿》, 《老洲集》, 《論語》, 《大東野乘》, 《悳泉集》, 《東洲先生逸稿》, 《同春堂先生文集續集》, 《同春堂年譜》, 《同春堂集》, 《同春先生言行錄》, 《晩隱遺稿》, 《梅月堂集》, 《孟子》, 《明齋先生年譜》, 《明齋遺稿》, 《明宗實錄》, 《眉巖集》, 《渼湖集》, 《白湖全書》, 《沙溪年譜》, 《沙溪遺稿》, 《沙溪全書》, 《思齋集》, 《三國史記》, 《象村集》, 《性潭集》, 《性理大全》, 《星湖僿說》, 《蘇齋集》, 《宋子大全》, 《守宗齋集》, 《肅宗實錄》, 《愼獨齋全書》, 《陽村集》, 《與猶堂全書》, 《櫟泉集》, 《燃藜室記述》, 《燕巖集》, 《淵齋集》, 《玉吾齋集》, 《牛溪先生年譜補遺》, 《牛溪集》, 《雲坪集》, 《栗谷全書》, 《隱峰全書》, 《毅齋集》, 《頤齋亂藁》, 《頤齋續稿》, 《頤齋遺藁》, 《頤齋全書》, 《二程全書》, 《仁宗實錄》, 《立巖集》, 《全齋全集》, 《正蒙》, 《靜庵集》, 《定齋集》, 《霽月堂集》, 《周易》, 《朱子語類》, 《中庸》, 《中宗實錄》, 《遲川集》, 《滄溪集》, 《秋坡集》, 《春亭集》, 《退溪全書》, 《退溪集》, 《退陶先生言行通錄》, 《浦渚全集》, 《浦渚集》, 《河西集》, 《虛白堂集》, 《顯宗改修實錄》, 《花潭集》, 《華西集》, 《悔齋集》, 《晦齋集》

강주진, 《이조당쟁사연구》, 서울대출판부, 1971.
고영진, 《조선중기예학사상사》, 한길사, 1995.
금장태, 《한국실학사상연구》, 집문당, 1987.
김충렬, 《유가의 윤리》, 배영사, 1983.
김형효, 《원효에서 다산까지》, 청계, 2000.
노사광 저, 정인재 역, 《중국철학사(송명편)》, 탐구당, 1989.
민제인 저, 이임기 역, 《국역 입암집》, 여강출판사, 1989.
박종홍, 《한국사상사논고》, 서문당, 1977.
배종호, 《한국유학사》, 연세대출판부, 1978.
배종호, 《한국유학의 철학적 전개》, 상, 연세대출판부, 1985.

성하주, 《창령성씨 동주공파가승》, 미화출판사, 단기4328년.
송성빈, 《조선조 송산림의 연구》, 향지문화사, 1997.
송염순, 《송촌의 인물과 유적》, 향지문화사, 1996.
송영준, 《추파실기》, 농경출판사, 1997.
송인창, 《동춘당 송준길》, 청계, 2007.
송창준 역, 《동춘선생언행록과 유사》, 계성회, 1999.
안춘근, 《한국서지의 전개과정》, 범우사, 1994.
안춘근, 《한국고서평석》, 동화출판공사, 1986.
오석원, 《한국 도학파의 의리사상》, 유교문화연구소, 2005.
유명종, 《조선후기성리학》, 이문출판사, 1985.
유승국, 《동양철학연구》, 근역서재, 1983.
유승국, 《한국의 유교》, 세종대왕기념사업회, 1980.
유영박, 《사육신》, 동방도서, 1996.
유정동, 《동양철학의 기초적 연구》, 성균관대출판부, 1987.
유홍렬, 《국사백과사전》, 동아문화사, 1975.
윤사순, 《퇴계철학의 연구》, 고려대출판부, 1983.
이동준, 《유교의 인도주의와 한국사상》, 한울아카데미, 1997.
이병도, 《한국유학사》, 아세아문화사, 1987.
이상익, 《기호성리학논고》, 심산, 2005.
이성무, 《조선시대당쟁사 2》, 동방미디어, 2000.
이수건, 《영남학파의 형성과 전개》, 일조각, 1995.
이은순, 《조선후기당쟁사연구》, 일조각, 1992.
정성철, 《조선철학사》, 좋은책, 1988.
정성철, 《조선철학사 2》, 과학백과사전출판사 편, 1988.
정옥자, 《조선후기 조선중화사상연구》, 일지사, 1998.
조남국, 《율곡의 삶과 철학 그리고 경제·윤리》, 교육과학사, 1997.
천관우, 《근세조선사연구》, 일조각, 1979.
최영성, 《한국유학통사》, 중, 심산, 2006.
최영진, 《퇴계 이황》, 살림, 2007.
최완기, 《한국성리학의 맥》, 느티나무, 1993.

충남대 유학연구소 편, 《동춘당 송준길 연구》, 경인문화사, 2007.

하기락, 《조선철학사》, 형설, 1992.

한국철학사연구회, 《한국철학사상사》, 한울아카데미, 1997.

한남대 충청학연구소 편, 《여흥 민씨의 인물과 유적》, 향지문화사, 2004.

현상윤, 《조선유학사》, 민중서관, 1948.

황의동, 《율곡학의 선구와 후예》, 예문서원, 1999.

황의동, 《율곡사상의 체계적 이해 1, 2》, 서광사, 1998.

황의동, 《율곡 이이》, 살림, 2007.

황의동, 《우계학파 연구》, 서광사, 2005.

황의동, 《한국의 유학사상》, 서광사, 1995.

고영진, 〈명재사상의 형성과정과 한국사상사적 위치〉, 《무실과 실심의 유학자 명재 윤증》, 청계, 2001.

권오영, 〈이재 황윤석의 학문생활과 사상경향〉, 《《이재난고》를 통해 본 조선후기 생활사 연구》, 한국정신문화연구원, 2004.

김교빈, 〈서화담의 기철학에 대한 고찰〉, 《동양철학연구》, 제5집, 동양철학연구회, 1984.

김기현, 〈이재 황윤석의 학문체계분석〉, 《이재 황윤석》, 민음사, 1986.

김문준, 〈입암 민제인의 생애와 사상〉, 《대전문화》, 제10호, 대전시사편찬위원회, 2001.

김문준, 〈동춘당의 기해예송과 예송의식〉, 《동춘당 송준길의 사상과 예술》, 한남대 충청학연구소, 2004.

김영달, 〈서경덕의 기일원론사상 연구〉, 《철학연구》, 제10집, 한국철학연구회, 1970.

김용헌, 〈농암 김창협의 사단칠정론〉, 《사단칠정론》, 서광사, 1992.

김용헌, 〈율곡학의 비판적 계승, 낙학파〉, 《조선유학의 학파들》, 예문서원, 1996.

김인걸, 〈조선후기 향안의 성격변화와 재지사족〉, 《김철준박사화갑기념사학논총》, 지식산업사, 1983.

김충렬, 〈우율사칠논변평의〉, 《성우계사상연구논총》, 우계문화재단, 1991.

남명진, 〈입암 민제인의 삶과 학행에 관한 연구〉, 《조선유학의 실천정신과 철학사상 - 여홍민문을 중심으로-〉, 한국동양철학회, 한국사교학술원, 2006.

노관범, 〈연재 송병선의 생애와 사상〉, 《연재선생순국100주년기념학술대회발표문》, 한남대 충청학연구소, 2005.

노인숙, 〈사계예학고〉, 《사계사상연구》, 사계. 신독재양선생기념사업회, 1991.

맹현주, 〈율곡철학에 있어서 실학적 성격에 관한 연구 - 무실론을 중심으로-〉, 충남대대학원(박사), 2006.

민병수, 〈입암집해제〉, 《국역 입암집》, 여강출판사, 1989.

배상현, 〈구봉 송익필〉, 《한국인물유학사 2》, 한길사, 1996.

배상현, 〈조선조 기호학파의 예학사상에 관한 연구〉, 고려대대학원(박사), 1991.

배상현, 〈사계 김장생의 예학사상고〉, 《사계사상연구》, 사계. 신독재양선생기념사업회, 1991.

서원화, 〈동춘당의 수양론〉, 《동춘당사상의 체계적 조명》, 충남대 유학연구소, 1995.

성혼 지음, 성백효 옮김, 《국역 우계집 3》, 민족문화추진회, 2001.

송기섭, 〈추파 송기수의 생애와 사상〉, 《대전문화》, 제7호, 대전광역시시사편찬위원회, 1998.

송성빈, 〈충절과 학문의 고장 달전리 답사기〉, 《향토연구》, 제28집, 충남향토연구회, 2004.

송인창, 〈송준길의 유학사상과 자주정신〉, 《기호학파의 철학사상》, 예문서원, 1995.

송인창, 〈문정공 동춘당 송준길〉, 《동국18현》, 율곡사상연구원, 1999.

송재소, 〈해제〉, 《국역 육선생유고》, 민족문화추진회, 1999.

신동호, 〈화담 서경덕〉, 《한국인물유학사 1》, 한길사, 1996.

안병걸, 〈영남학파의 학문적 특질과 현대적 의미〉, 《영남학파의 연구》, 병암사, 1998.

안병주, 〈서경덕의 기일원론의 읽고〉, 《한국철학사연구》, 중, 동명사, 1978.

안병주, 〈퇴계의 학문관〉, 《퇴계 이황》, 예문서원, 2002.

안재순, 〈조익의 심학사상〉, 《한국 사상가의 새로운 발견(조익연구)》, 한국정신문화연구원, 1994.

유남상, 〈여말선초의 유학과 대덕〉, 《대덕군지》, 대덕군지편찬위원회, 1979.

유남상, 〈우암의 이기심성론과 의리사상에 관한 연구〉, 《우암사상연구논총》, 사문학회, 1992.

유명종, 〈절충파의 비조 우계의 이기철학과 그 전개〉, 《성우계사상연구논총》, 우계문화재단, 1988.

유부현, 〈《동몽선습》의 서지적 연구〉, 중앙대대학원(석사), 1989.

유승국, 〈사계, 신독재전서 해제〉, 《사계, 신독재전서》, 상, 광산김씨문원공염수재, 1978.

유승국, 〈사계 김장생의 예학에 관한 연구〉, 《한국사상과 현대》, 동방학술연구원, 1988.

유승국, 〈한국예학사에 있어서의 사계의 위치〉, 《사계사상연구》, 사계. 신독재양선생기념사업회, 1991.

유승국, 〈한국근대사상사에 있어서 양명학의 역할〉, 《제1회 한국학국제학술회의 발표문》, 한국정신문화연구원, 1979.

유승국, 〈조선조 철학사상의 전개와 그 특성〉, 《철학사상의 제 문제 2》, 한국정신문화연구원, 1984.

유승국, 〈조선조 성리학의 특징과 현대적 의미〉, 《대동문화연구》, 13집, 성균관대 대동문화연구소, 1979.

유재영, 〈이조후기 국어학에 공헌한 실학사상 -특히 이재 황윤석을 중심으로-〉, 《연구조성비지급자연구결과보고서》, 1968.

윤사순, 〈조선 초기 성리학의 전개〉, 《한국철학사》, 중, 동명사, 1987.

윤사순, 〈인성. 물성의 동이논변에 대한 연구〉, 《인성물성론》, 한길사, 1994.

윤용남, 〈사계 김장생의 철학사상〉, 《사계사상연구》, 사계. 신독재양선생기념사업회, 1991.

윤종빈, 〈규암 송인수의 생애와 경세사상〉, 《2005년도 호서명현학술대회발표집》, 충남대 유학연구소, 2005.

윤종빈, 〈노서 윤선거의 생애와 사상〉, 《2004년도 충남대 유학연구소 학술대회발표문》, 2004.

이강오, 〈해제〉, 《이재난고》, 제1책, 한국정신문화연구원, 1994.

이강오, 〈이재 황윤석〉, 《실학논총》, 전남대출판부, 1983.

이동준, 〈16세기 한국성리학파의 역사의식에 관한 연구〉, 성균관대대학원(박사),

1975.

이동희, 〈율곡 이이의 성리학과 사회정책론〉, 《동양철학연구》, 제18집, 동양철학연구회, 1998.

이동희, 〈기호성리학의 형성과 전개〉, 《유학연구》, 제2집, 충남대 유학연구소, 1994.

이봉규, 〈송시열의 성리학설 연구〉, 서울대대학원(박사), 1996.

이상은, 〈사칠논변과 대설, 인설의 의의〉, 《퇴계 이황》, 예문서원, 2002.

이상호, 〈조선 성리학파의 분화에 관한 연구〉, 성균관대대학원(박사), 1993.

이영춘, 〈사계예학과 국가전례〉, 《사계사상연구》, 사계. 신독재양선생기념사업회, 1991.

이완재, 〈퇴계의 인간관〉, 《퇴계 이황》, 예문서원, 2002.

이은순, 〈명재 윤증의 생애〉, 《명재 윤증의 생애와 사상》, 충남대 유학연구소, 2001.

이을호, 〈우계의 실학정신〉, 《성우계사상연구논총》, 1991.

이종태, 〈전기사림파〉, 《조선유학의 학파들》, 예문서원, 1996.

이해준, 〈둔곡동 – 금강변에 숨어 있는 마을 –〉, 《대전문화》, 제12호, 대전광역시사편찬위원회, 2003.

장숙필, 〈우계의 도학적 경세설〉, 《우계학보》, 제15호, 우계문화재단, 1997.

장지연 저 외, 〈유학연원약보〉, 《조선유교연원 외》, 명문당, 1983.

정대환, 〈서경덕의 천인관〉, 《조선조성리학연구》, 강원대출판부, 1992.

정만조, 〈17~18세기의 서원, 사우에 대한 시론〉, 《한국사론》, 2집, 1975.

조준하, 〈사계 김장생의 예학사상〉, 《사계사상연구》, 사계. 신독재양선생기념사업회, 1991.

채무송, 〈퇴율성리학의 비교연구〉, 《율곡사상논문집》, 제1권, 율곡문화원, 1973.

최근덕, 〈율곡의 사회사상과 경세론〉, 《율곡사상연구》, 제3집, 율곡학회, 1997.

최근덕, 〈동춘당의 유학사적 위치〉, 《동춘당 송준길의 사상과 예술》, 한남대 충청학연구소, 2004.

최일범, 〈서경덕의 이기론에 관한 시론〉, 《동양철학연구》, 제11집, 동양철학연구회, 1990.

하기락, 〈서경덕의 주기설〉, 《조선철학사》, 형설출판사, 1992.

하우봉, 〈이재 황윤석의 사회사상〉, 《이재 황윤석》, 민음사, 1994.
한기범, 〈우암의 예학사상과 현대사회〉, 《충청학연구》, 2집, 한남대 충청학연구소, 2001.
한기범, 〈사계 김장생과 신독재 김집의 예학사상연구〉, 충남대대학원(박사), 1991.
한기범, 〈기호학맥과 동춘당의 학문연원〉, 《동춘당 송준길의 학문연원》, 한남대 충청학연구소, 2005.
한기범, 〈조선시대 대전지방 산림의 학맥과 학풍〉, 《충청학연구》, 제1집, 한남대 충청학연구센터, 2000.
황원구, 〈근대 한중의 학술교류와 예론에 관한 제 문제〉, 연세대대학원(박사), 1983.
황의동, 〈조성기의 철학사상에 관한 연구〉, 《동양철학》, 제9집, 한국동양철학회, 1998.
황의동, 〈퇴계의 리에 대한 고찰〉, 《청주대인문과학논집》, 제6집, 청주대인문과학연구소, 1987.
황의동, 〈동춘당의 이기심성론〉, 《동춘당사상의 체계적 조명》, 충남대 유학연구소, 1995.
황의동, 〈율곡의 이기설에 관한 고찰〉, 《동서철학연구》, 제3호, 한국동서철학연구회, 1986.
황의동, 〈우암의 성리학과 의리사상〉, 《송자학논총》, 2집, 충남대송자연구소, 1995.
황의동, 〈윤선거의 학풍과 사상〉, 《동서철학연구》, 제36호, 한국동서철학회, 2005.
황의동, 〈율곡의 무실사상〉, 《인문과학논집》, 제8집, 청주대인문과학연구소, 1989.
황의동, 〈문정공 우암 송시열〉, 《동국 18현》, 하, 율곡사상연구원, 1999.
황의동, 〈덕천 성기운의 철학사상〉, 《간재학논총》, 제3집, 간재학회, 2000.

【찾아보기】

[ㄱ]

[ㄷ]

[ㅌ]

[ㅍ]

[ㅎ]